한 권으로 끝내는

원가관리회계

김이배 · 김재준 · 정형록 · 김미옥 공저

교육과학사

머리말

4차 산업혁명은 미래 직업교육의 환경을 변화시키고 있다. AI 등 기술혁신으로 인한 반복적 직무는 감소되고, 고부가가치 창출을 위한 새로운 근로 형태로 이동하고 있다. 또한 기업 경쟁력 강화를 위해 이종 산업과의 융합을 꾀하고 있으며, 기업 경쟁방식도 플랫폼 및 생태계 경쟁 중심으로 전환되고 있다. 따라서 4차 산업혁명의 환경변화에 따른 대비가 필요한 시점에 있다.

과거 직업교육의 패러다임은 국가 차원의 필요한 산업인력을 양성, 역량중심의 기업에 맞는 평생직업교육의 역할 수행에 있었다면, 최근에는 능력중심사회의 구현을 위한 유연한 개인 맞춤형 수준별 평생직업교육의 역할을 수행하는데 초점이 맞추어져 있다. 역량중심의 기업에 맞는 평생직업교육의 예로는 NCS(National Competency Standards)를 들 수 있다. 국가직무능력표준(NCS)이란 산업현장에서 직무를 수행하기 위해 요구되는 지식·기술·태도 등의 내용을 국가가 체계화한 것을 말한다. 정부는 국가직무능력표준을 통해 능력 있는 인재를 개발해 핵심인프라를 구축하고 나아가 국가경쟁력을 향상시키는 데 목적을 두고 있다. 즉 학력이나 스펙보다는 능력을 중심으로 하는 역량 중심의 인적자원을 개발하겠다는 데 목적을 둔다. 그러나 직업교육의 패러다임 변화로 인해 이제는 새로운 직업교육의 등장이 필요해졌다. 새로운 직업교육의 패러다임 변화는 첫째, 인구감소 및 고령화 등에 따른 사회변화 둘째, 빅데이터, 3D, 클라우드 컴퓨팅, 모바일 기술 등의 기술변화 그리고 창의적이고 혁신적인 미래학습기반 능력 등이 수반된다.

이러한 급변하는 환경변화는 회계교육 환경에도 영향을 미치고 있다. 과거 회계교육의 인재상이 중견 전문인 양성이라면 이제는 창의 융합형 인재상이 필요한 시점에 와 있다. 또한, 학생 직무 역량에 대해서도 해당 직무에 요구되는 능력을 키우기보다 특정 기업에 요구되는 능력을 키우는 것이 중요해졌다. 이를 위해 미래 직업교육체제 개편의 다양한 시도들이 이루어지고 있다.

회계 교육의 전반적 위기감은 팽배해져 있지만 새로운 패러다임에 맞추어 어떻게 계획하고 운영하여야 할 것인가에 대해서는 의견이 분분하다. 아울러 재무회계 분야와 세무회계 분야는 많은 경쟁환경에 노출되어 있는 반면, 원가관리회계 분야는 블루오션환경이라 할 수 있다. 따라서 원가관리회계 분야에의 도전은 곧 개인의 경쟁능력 향상과 아울러 4차 산업혁명에 적합한 초전문가로서의 자리매김이 가능하다.

본 저서 『한 권으로 끝내는 원가관리회계』는 이러한 내용을 근본으로 하여 회계원리 과목을 학습한 학생들이 조직의 관리활동과 함께 원가의 중요성을 깨닫고, 기업경영 관련 의사결정에 필요한 정보를 마련할 수 있는데 초점을 두어 다음과 같이 구성되었다.

첫째로, 원가회계의 기초를 다룬다. 즉 조직에서 회계전문가는 어떠한 역할을 하고, 원가란 과연 무엇이며, 원가는 어떠한 형태로 움직이고, 결과적으로 원가-조업도-이익에 대한 관계를 어떻게 분석해야 하는지를 배운다.

둘째로, 조직의 원가흐름을 다룬다. 원가흐름을 통한 제조기업의 회계순환과정을 살펴보고 회계정보의 산출과정과 재무제표 작성과정에 대한 원가회계의 전반적인 관점을 학습한다.

셋째로, 조직의 경영활동을 위한 원가산출 과정을 다룬다. 기본적인 원가배부와 수익배부에 대하여 학습한 후, 개별원가계산, 종합원가계산 및 결합원가계산을 공부함으로써 전통적인 원가계산방법을 배운다.

넷째로, 경영계획 설정과 통제를 위한 도구에 대하여 다룬다. 변동원가계산과 함께 차이분석을 학습한다.

다섯째로, 혁신적 원가관리기법 및 조직의 성과평가, 종합예산 등을 다룬다.

현대 기업은 자원 고갈에 따른 문제 등으로 장기계획 및 투자에 대하여 보다 좋은 의사결정을 내려야 한다. 이를테면, 원가도 이제는 전략적으로 관리할 수 있어야만 기업의 생존이 가능하다는 판단을 내리는 상황이다. 따라서 본 저서에서는 원가회계에 대하여 포괄적으로 공부한 후, 계획과 통제에 필요한 원가정보를 제공하는 데 초점을 둔다.

본 저서는 회계학을 전공하는 학생들뿐만 아니라, 모든 조직에서 회계를 제대로 파악하여 직무를 수행하고자 하는 사람들에게도 유용한 역할을 할 것으로 판단된다.

본서의 내용 중 부족한 부분이나, 아직 다루지 못한 사안에 대해서는 전체의 틀을 유지하는 방향에서 향후 지속적으로 보완해 나갈 것이다.

본 저서의 출간을 흔쾌히 맡아주신 교육과학사 한정주 사장님과 이주표 부장님께 감사드린다.

2021년 2월

저자 일동

차례

제 1 장

조직에서의 원가회계의 이해

학습 목표

원가회계의 특성과 유용성을 이해하는 것은 원가회계의 여러 부분에 대한 개관과 앞으로의 학습에 대한 전반적인 관점을 제공해 준다.

본 장에서는 원가회계의 성격, 즉 누가 이용하며, 어떻게 이용할 것이며, 왜 이용하는가를 설명한다. 또한 원가회계의 유용성, 즉 원가회계가 제공하는 정보가 다른 분야들과 어떻게 연관되어 유용성을 갖게 되는가를 설명한 후, 다양한 원가회계시스템의 특성과 문제점에 대해 설명한다. 본 장의 학습목표는 다음과 같다.

1. 회계의 체계는 어떻게 구성되어 있는가?
2. 원가회계의 의의와 목적은 무엇인가?
3. 원가회계의 역할은 무엇인가?
4. 원가회계시스템은 어떻게 구성되어 있는가?
5. 원가회계시스템의 종류는 어떤 것이 있는가?

제1절 회계의 체계

현대 사회는 매우 역동적으로 변화하고 있으며, 이에 따라 한 사회를 구성하고 있는 조직도 변화에 대응해야 할 뿐만 아니라, 미래에 대하여 제대로 예측하고 적극적으로 변화를 이끌어낼 수 있어야 한다. 최근 이와 같은 변화에 대처하는 양상은 기업을 주축으로 하는 민간부문만이 아니라, 정부 등 공공부문에서도 적극적으로 수용되어 오고 있다. 더구나 우리나라에서는 1990년대 후반의 외환위기를 기점으로, 경영의 투명성과 함께 경영의 효과성이 널리 확산되어 회계의 역할이 어느 때 보다 중요해지기 시작하였다. 즉 단순히 과거의 기록에 머무는 회계개념을 토대로 하는 생산자 위주의 재무제표 작성에서 탈피하여 정보이용자 관점에서 유용한 정보를 제공하여 그들의 의사결정에 즉시 활용될 수 있도록 하는 것에 주안점을 두게 된 것이다. 여기서 구체적으로 회계의 체계에 대하여 알아보도록 하자.

1 회계의 체계와 회계정보의 특성

회계(accounting)란 정보이용자들이 자원배분에 관한 의사결정을 합리적으로 수행할 수 있도록 경제 실체의 다양한 경영활동을 화폐단위로 수집, 측정, 기록하고 이에 관한 정보를 분류, 요약, 분석하여 정보이용자들에게 전달하기 위해 고안된 정보생산체계이다. 이러한 정의에 부합하기 위해서 조직이 활용하는 회계는 경제 실체와 관련된 정보이용자들이 의사결정을 수행할 때 도움을 줄 수 있어야 한다.

회계정보를 필요로 하는 이용자들은 크게 내부정보이용자와 외부정보이용자로 구분된다. 내부정보이용자(internal users)는 경제 실체의 내부에 존재하는 대표이사, 이사회 등의 경영진이며, 외부정보이용자(external users)는 주식투자자, 채권투자자, 거래은행, 공급자, 고객, 정보중개인, 조세당국, 금융감독기구 등이다. 이렇게 경제 실체에 대하여 다양한 이해관계자들은 저마다 다른 의사결정문제에 직면하기 때문에 다른 정보를 요구하게 되며, 이를 만족시키기 위해서는 다양한 형태의 회계정보를 제공해야 한다. 즉, 경제 실체에 관련된 정보이용자들의 유형에 따라 제공되는 회계정보의 목적과 성격이 달라진다. 이러한 관점에서 회계를 관리회계와 재무회계로 구분할 수 있다.

관리회계(management accounting)는 경영진이 경영활동에서 수반되는 의사결정을 효율적 · 효과적으로 구사함으로써 조직 목표를 달성할 수 있도록 재무적, 비재무적 정보를 수집 · 분류 · 요약 · 분석하여 제공하는 회계분야로서 경제 실체에 관한 전략과 경영계획 및 통제활동에 초점을 맞추는 내부보고시스템(internal reporting system)이다.

재무회계(financial accounting)는 외부이해관계자인 주주나 채권자 등에게 경제적 의사결정에 유용한 정보를 제공하는 것을 목적으로 한다. 즉 주주나 채권자들이 합리적인 의사결정을 내릴 수 있도록 경제 실체의 재무상태, 경영성과, 재무상태의 변동에 관한 정보를 제공하는 분야이다. 따라서 재무회계에서는 정보이용자들에게 일반적으로 인정된 회계원칙(GAAP: Generally Accepted Accounting Principles)에 근거를 두어 작성된 공표용 재무제표를 통하여 정보를 제공한다.

일반적으로 경영자에 대한 보상은 내부적으로 실정된 평가지표의 비재무적 성과정보뿐만 아니라 재무제표를 통해 외부로 보고된 재무적 성과정보를 기초로 결정된다. 이에 따라 경영진은 관리회계와 재무회계에 모두 관심을 갖게 된다.

한편 원가회계는 관리 및 재무 분야를 위한 정보를 제공한다. 즉 원가회계는 조직이 자원을 취득하고 소비하는 것에 대한 재무적, 비재무적 정보를 측정 · 분석 · 보고하는 것이다. 이를테면, 제조기업의 경우 원가회계에서는 생산 및 영업활동에 관한 원가정보를 확인 · 분류 · 집계한다. 이렇게 제품원가정보는 대표적인 원가회계의 기능으로 재무상태표의 재고자산가액을 결정하고 포괄손익계산서의 매출원가를 산출하는데 필요한 정보를 제공하기 때문에, 재무회계와의 연결 관계를 가지고 있다. 또한 원가회계는 제품배합(product mix), 가격설정(pricing), 성과평가(performance evaluation) 등과 같은 관리적 의사결정에 필요한 정보를 제공한다. 곧 원가회계시스템은 재무회계와 관리회계의 목적에 필요한 정보를 제공하는 것이다. 특히 조직 관리의 관점에서는 현대의 원가회계시스템에서 산출되고 있는 원가정보가 기본적으로 기업의 내부의사결정과 밀접한 관계를 맺고 있으므로, 관리회계와 원가회계의 구분을 엄격하게 하지 않고 있는 추세이다.

원가정보제공

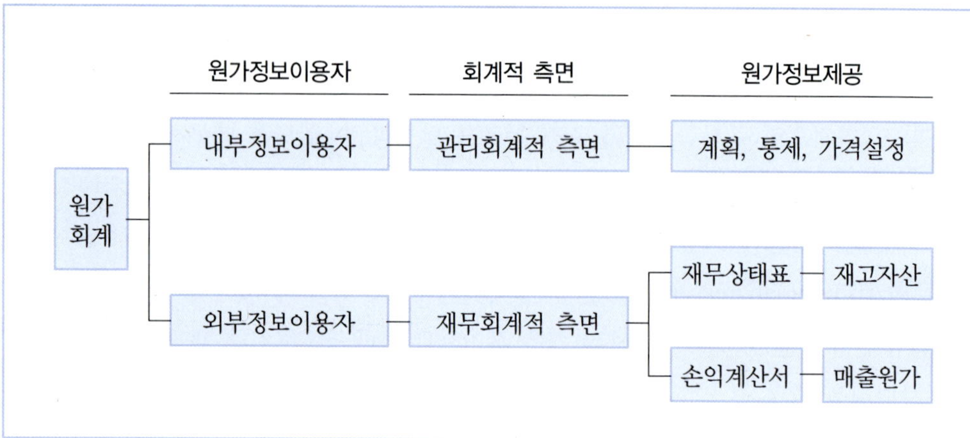

2 재무회계와 관리회계의 비교

다음 표는 재무회계와 관리회계의 차이를 함축적으로 비교한 것이다.

재무회계와 관리회계의 비교

구분	재무회계	관리회계
목적	기업의 외부이해관계자인 주주나 채권자 등에게 유용한 정보제공	기업의 내부이해관계자인 경영자 등에게 유용한 정보의 제공
회계정보이용자	외부정보이용자(주주, 채권자 등)	내부정보이용자(경영자 등)
원칙의 유무	일반적으로 인정된 회계원칙(GAAP)	기업이 내부적으로 설정한 원칙이나 규정
정보의 특성	객관성, 신뢰성	목적적합성, 적시성
정보의 유형	재무적 정보	재무적/비재무적 정보
범위	기업경영 전반의 기초적인 범위(기업전체)	경영활동의 각기 목적에 부합되는 범위(기업전체/사업부문/팀/개인)
시간적 관점	과거지향적임	미래에 대한 예측에 초점을 둠
보고수단	공표용 재무제표(재무보고)	특수한 의사결정 목적에 적합한 보고서
보고빈도	정기	수시

재무회계는 주주나 채권자, 신용평가사, 금융기관, 금융당국과 같은 외부이해관계자의 의사결정에 유용한 정보를 제공하는 것을 목적으로 하는 반면, 관리회계는 최고경영자, 중간관리자, 업무담당자 등 내부이해관계자의 의사결정에 유용한 정보를 제공하는 것을 목적으로 한다.

외부정보이용자는 본질적으로 기업의 내부정보에 접근할 수 없기 때문에 이들과 기업 사이에 정보비대칭이 크고, 기업마다 성격이 모두 다르므로 기업 간 비교가 어렵다. 따라서 재무회계 정보는 신뢰성과 비교가능성을 제고하기 위하여 기업 외부에서 강제된 일반적으로 인정된 회계원칙(GAAP)에 따라 산출된다. 따라서 재무회계 정보는 객관성(objectivity)과 신뢰성(reliability)의 특성을 지니며, 동일한 경제적 사건에 대해서 재무회계 정보는 모든 기업에서 동일하다. 반면 관리회계 정보는 원칙적으로 외부기준이 적용되지 않고, 기업이 내부적으로 미리 설정한 원칙이나 규칙에 따라 개별 의사결정이 신속하게 내려질 수 있도록 산출된다. 따라서 관리회계 정보는 목적적합성(relevance)과 적시성(timeliness)의 특성을 지니며, 동일한 경제적 사건이라도 주어진 상황이나 경영자의 의도에 따라 관리회계 정보는 기업마다 다를 수도 동일할 수도 있다.

재무회계는 기업전체의 재무상태, 경영성과 및 현금흐름 등과 같은 과거의 재무적 정보를 회계원칙에서 규정한 방식에 따라 작성된 공표용 재무제표를 통해 정보이용자에게 제공된다. 관리회계는 기업전체, 사업부문, 팀, 개인 등 경영활동의 각기 목적에 부합하는 대상에 대하여 개별 의사결정과 관련된 재무적 정보뿐만 아니라 고객정보, 생산시간, 배송거리 등과 같은 비재무적 정보까지 제공한다. 이러한 관리회계정보는 미래에 대한 예측에 초점이 맞추어져 있으며, 의사결정의 목적과 성격에 알맞은 형태로 자유롭게 정보이용자에게 제공된다.

한편 재무회계와 관리회계는 다음과 같은 공통점이 있다. 우선 재무회계와 관리회계는 특정한 경제 실체에 대한 동일한 회계정보시스템을 기반으로 정보가 마련되는데, 의사결정 주체와 범위에 따라 두 가지 정보로 구분되는 것이다. 그리고 재무회계와 관리회계 모두 책임(responsibility) 혹은 수탁책무(stewardship)의 개념에 의존하는데, 재무회계의 경우 조직 전체에 대한 수탁책무에 초점을 두는 반면에, 관리회계는 각각의 부서에 대한 책무감에 주안점을 두므로, 원가에 대한 책임의 경우 조직의 오직 한 사람에게까지 그 범위를 확대시키게 된다.

제2절 원가회계시스템

1 원가회계시스템의 구성요소

우리들은 일상생활을 해나가면서 의복, 서적, 가구 등 많은 물건들을 구입한다. 우리가 이러한 물건들을 획득하기 위해서는 어떤 희생을 치러야 하는데, 이와 같이 특정재화나 용역을 얻기 위해서 치른 희생을 원가(costs)라고 한다. 보다 일반적인 의미에서 원가란 특정목적을 달성하기 위해 희생된 자원의 가치, 즉 경제적 효익의 희생을 화폐단위로 측정한 것을 말한다.

원가회계(cost accounting)란 재무회계뿐만 아니라 관리회계의 목적에 필요한 원가정보를 제공하기 위하여 생산활동과 영업활동에 관한 원가정보를 확인, 분류, 집계하는 회계분야이다. 즉, 원가회계는 재무상태표상의 재고자산가액을 결정하고 포괄손익계산서상의 매출원가를 결정하는 데 필요한 원가정보를 제공하며, 예산설정, 경영활동의 통제, 가격결정, 성과평가 등과 같은 관리적 의사결정을 수행하는 데 필요한 원가정보를 제공하는 회계분야이다. 그러므로 원가회계담당자는 외부보고와 관련하여 원재료의 출고, 임금의 지급, 경비의 지출과 같은 일상적인 원가정보를 수집하고, 이를 특정 부문이나 제품에 배부함으로써 재무제표나 세무보고서를 작성하는 데 필요한 재고자산 평가액과 매출원가 등을 결정해야 한다.

또한 내부보고와 관련하여 특정의사결정문제에 필요한 원가정보를 선택하고, 이를 당면한 의사결정문제에 적합하도록 수정한 후 경영자들이 쉽게 이해할 수 있도록 원가정보를 분석해야 한다.

다음 그림은 관리회계시스템의 구성요소를 보여주고 있다. 원가에 관한 정보를 사용하는 기본목적으로 제품원가계산, 의사결정, 성과평가의 세 가지가 있는데, 이는 곧 원가회계시스템이 재무회계와 관리회계를 위한 기본자료를 제공한다는 사실을 말해 준다.

자산평가와 이익측정을 위해 원가를 집계하고 개별 제품 또는 서비스의 원가를 산출하는 과정을 원가회계로 분리할 수 있다. 제품이나 서비스의 원가정보는 매출원가, 재고자산 등의 계정과목으로 재무회계에 원가정보를 제공한다. 이럴 경우, 관리회계는 좁은 의미로 의사결정과 성과평가를 위한 내부보고체제나 정보시스템만을 포함하는 것으로 정의할 수 있다. 물론 경영자는 가격설정이나 투자 등의 의사결정에 원가정보를 사용하기도 하고, 사업부, 팀, 개인 등의 성과평가에도 해당 부문의 원가 및 수익성 정보를 활용하기도 한다. 즉 제품이나 서비스의 원가정보는 다양한 관점에서 경영자의 의사결정과 성과평가에 활용될 수 있다. 이럴 경우, 넓은 의미에서 관리회계는 원가회계를 포함하는 것으로 정의할 수 있다.

본서는 관리회계를 좁은 의미로 해석하여 주로 제품이나 서비스의 원가계산에 초점을 맞추고 있는 원가회계를 독립적인 영역으로 파악하여 논의를 전개해 나가기로 한다. 또한 전통적인 기업형태인 제조업의 제품원가계산을 중심으로 원가회계와 관련된 이론을 설명하도록 한다.

관리회계시스템의 구성요소

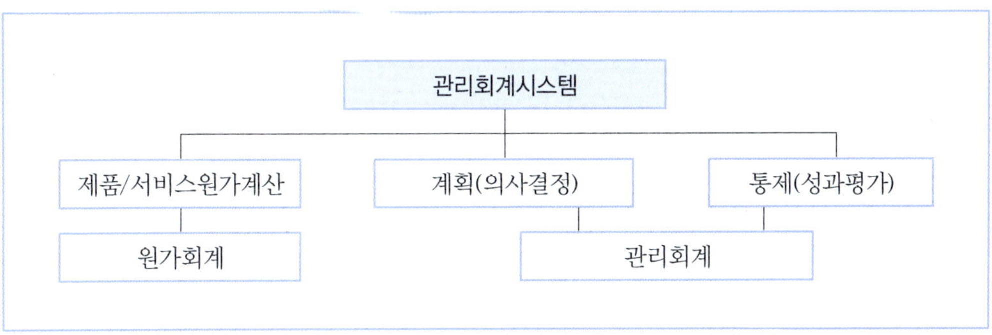

2 원가회계의 역할

원가회계가 경영관리 목적과 외부보고 목적을 위해 어떻게 이용되는가를 관리과정과 연결시켜 개괄적으로 나타내면 다음 그림과 같다.

관리과정 및 원가회계의 이용

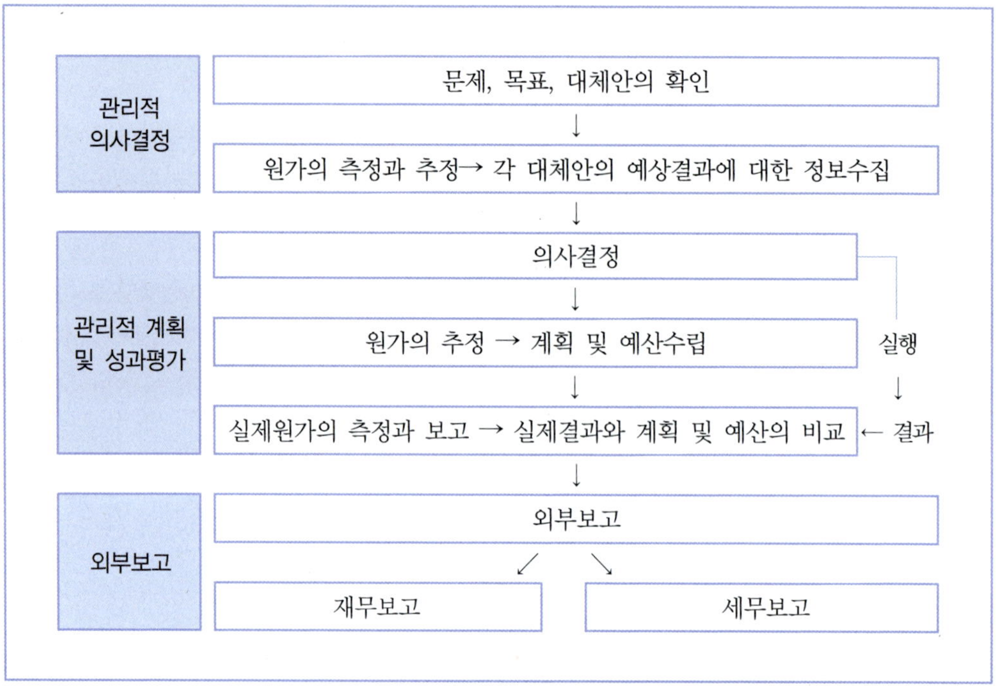

회계담당자가 회계처리를 하는 과정에서 특정 문제에 직면하였을 때 가장 먼저 고려해야 할 사항은 현재 작성 중인(또는 앞으로 작성될) 회계정보의 이용목적을 파악하는 일이다. 원가정보의 사용목적을 파악하는 이유는 동일한 경제적 활동에 대하여 원가정보를 이용하려는 목적에 따라 상이한 원가정보(different costs for different purposes)를 제공해야 하기 때문이다. 원가회계정보의 대표적인 용도는 다음과 같다.

첫째, 재무제표에 계상되는 재고자산평가액의 결정
둘째, 경영자의 관리적 의사결정 수행을 위한 차액원가 또는 관련 원가정보의 파악
셋째, 성과평가를 위한 자료의 수집과 분석

원가회계는 정보이용자들이 필요로 하는 원가정보를 확인·분류·집계하여 제공하는 것을 목적으로 하며, 이러한 목적과 관련하여 원가회계의 주요 역할을 요약하면 다음과 같다.

- 제품원가계산: 재무제표상의 재고자산평가액 및 매출원가 등의 결정을 위한 원가정보의 제공
- 계획 및 통제: 경영계획수립 및 통제를 위한 원가정보의 제공
- 세무회계상의 역할: 세무보고서의 작성을 위한 원가정보의 제공
- 보상회계상의 역할: 원가보상계약에 있어서의 보상금액 결정 혹은 이와 유사한 성격의 가격결정을 위한 원가정보의 제공

(예) 토스트 가게 운영

① 토스트 한 개 만드는데 원가가 얼마가 드는지 궁금할 것이다.(제품원가계산)
② 토스트 30개를 할인된 가격에 주문이 들어왔을 때 이를 받아들일 것인지를 결정해야 한다. (의사결정)
③ 후에 분점을 운영하게 되면 분점별로 책임자를 두어 분점별 성과를 평가하려고 할 것이다. (성과평가)

다음에서는 이들 각각에 대해 살펴본다.

1) 제품원가계산

제품원가계산이란 산출물의 단위당 원가를 측정하기 위해 기업이 투입한 재화나 용역의 원가를 수집하고 분석하는 과정으로 기업회계시스템의 하위시스템이다. 제품원가를 계산한다고 함은 원가정보를 확인 · 집계 · 분류하여 특정 원가 단위와 연관시키는 것으로서, 본서에서는 편의상 제조기업의 제품원가계산만을 다룬다.

원가정보의 확인이란 제품원가계산의 가장 기본적인 단계로서, 기업 내에서 발생하는 여러 가지 사건(events)을 제품생산과 관련이 있는 사건과 관련이 없는 사상으로 구분하는 과정을 말한다. 예를 들면, 생산 공정에 재료를 투입하는 것은 제품생산과 관련이 있는 사건이며, 생산된 제품을 광고부서에서 사용하는 것은 제품생산과 관련이 없는 사건이다. 그러나 경우에 따라서는 원가정보의 확인이 쉽지 않은 때도 있다. 즉, 공장건물을 보수하기 위해 재료를 사용하는 경우, 이러한 사상은 제품생산과 관련이 있는지를 판단하기가 쉽지 않다. 따라서 제품원가계산에서는 여러 가지 모호한 사상이 제품생산

과 관련이 있는지를 결정하는 것이 중요하며, 대부분의 회사에서는 이러한 상황에 대하여 사전에 정한 방침을 적용하여 제품생산과의 관련성 여부를 결정한다.

원가정보의 집계란 원가회계상의 원가범주별로 원가정보를 수집하는 것을 말한다. 기본적인 원가범주는 직접재료비, 직접노무비, 그리고 이 두 가지를 제외한 모든 제조원가를 포함하는 제조간접비로 구분한다.

원가정보의 분류란 수익·비용의 대응원칙에 따라 원가범주별로 집계된 원가요소를 다시 구분하는 것을 말한다. 이와 같이 원가요소를 다시 구분하는 이유는 기업이 얻게 되는 성과와 투입하는 노력을 적절히 대응시킴으로써 의사결정과 성과평가를 위한 보다 유용한 정보를 얻을 수 있기 때문이다. 일반적으로 원가요소는 수익과의 대응관계에 따라 제품원가와 기간원가(또는 기간비용)로 구분하며, 제품원가는 다시 특정제품에의 추적가능성에 따라 직접원가(예: 직접재료비와 직접노무비)와 간접원가(예: 제조간접비)로 구분한다. 직접원가와 간접원가는 모두 제품원가를 구성하는 것이지만, 각기 다른 방식으로 제품과 관련을 맺는다.

원가정보의 결부란 제품원가계산과정의 마지막 단계로, 각 범주의 원가를 전통적 원가회계방법에 따라 제품과 관련시키는 것을 말한다. 이를 통해 원가회계 담당자는 제품생산과 관련된 사상을 찾아내어 그 사상으로부터 제품원가정보를 얻어내는 과정을 완료한다. 여러 가지 제품원가계산방법 가운데 특히, 중요한 원가계산방법으로는 개별원가계산과 종합원가계산이 있다.

2) 계획 및 통제

원가회계의 중요한 역할 중의 하나는 경영자의 의사결정에 필요한 정보를 정확하고 필요한 때에 즉시 제공하는 것이다. 일반적으로 경영자의 의사결정은 계획의 수립과 조직의 통제와 관련된다.

계획은 조직의 목표를 설정하고 그것을 달성하기 위한 수단으로서, 조직이 이용 가능한 자원을 어떻게 사용할 것인지를 결정하는 과정이다. 원가회계는 기업의 생산활동이나 영업활동에 소요되는 원가정보를 제공함으로써 재료의 구입, 종업원의 채용과 교육훈련, 생산, 가격인하 또는 인상 등의 계획을 수립하는 데 필수적 역할을 하며, 나아가 자금조달, 투자결정 등을 수행하는 데에도 중요한 역할을 한다.

통제란 사전에 계획된 행동으로부터의 이탈을 방지하기 위하여 현재 일어나고 있는 사상을 추적하며, 이에 대한 정보를 해석하여 그에 대응하는 적절한 행동을 취하고자 하는 경영자의 노력이라고 할 수 있다. 통제는 개인, 제품, 부문 등 기업의 모든 수준에서 나타난다. 원가회계정보는 이러한 통제과정에서 매우 중요한 역할을 한다. 원가회계는 사전에 계획된 활동으로서 예산 또는 표준원가를 설정하며, 현재 일어나고 있는 사상에 대하여 실제원가를 집계함으로써 통제과정의 기본적인 정보를 제공한다.

3) 세무회계상 역할

세무회계는 기업의 당기순이익에 직접적으로 영향을 미치는 조세부담액의 산정과 관련된 재무회계의 한 분야이다. 원가회계 담당자는 적절한 세액의 산정에 필요한 원가정보를 제공하는 데 특별한 주의를 기울여야 한다. 재무제표 작성상의 규정과 세법상의 규정이 서로 다를 뿐만 아니라 일반적으로 세법상의 규정은 회계담당자가 집계해야 할 원가의 범위를 구체적이고 단정적으로 설정해 놓고 있으며, 또한 재무제표 작성상의 규정보다 훨씬 더 복잡하기 때문이다. 따라서 제품원가계산 측면에 있어서 원가회계 담당자는 서로 일치하지 않는 경우가 대부분인 재무제표상의 재고자산원가와 세무보고서상의 재고자산원가를 적절히 산정해 내는데 필요한 원가정보를 제공하는 것이 중요하다.

4) 보상회계상의 역할

보상회계 혹은 보상원가계산이란 기업이 재화와 용역을 제공하는 대가로 수취할 금액을 계산하거나 비영리기업이 기부금의 형태로 증여받을 금액을 계산할 목적으로 개별제품이나 용역 등에 원가를 할당하는 과정을 말한다. 원가회계는 이러한 보상회계에 있어서도 중요한 역할을 수행한다.

원가보상계약은 재화나 용역의 원가발생액에 대하여 일정비율 또는 일정액의 이윤을 가산한 금액을 제공된 재화나 용역의 대가로 지급하는 계약형태인데 주로 정부기관과 사기업간의 거래에서 많이 사용된다. 이러한 형태의 계약시에 사전에 원가의 정의, 측정방법 등을 충분히 합의해 두지 않으면 계약이행과정에서 쌍방간의 분쟁이 발생하여 소송문제로까지 발전할 우려가 있다. 그러므로 계약시에 원가의 정의나 측정방법 등을 명백히 밝혀 놓을 필요가 있으며, 이러한 점에서 본다면 원가회계담당자는 계약체결에 앞서서 계약원가의 결정과 관련된 중요한 역할을 수행한다.

3 원가회계시스템의 분류

원가회계시스템은 원가를 집계하는 방법, 제품원가를 계산하는 방법, 원가를 측정하는 방법에 따라 다양하게 분류할 수 있다. 다음에서는 이들 각각에 대해 살펴본다.

1) 원가의 집계

원가회계시스템은 원가를 집계하는 방법에 따라 개별원가계산과 종합원가계산으로 분류할 수 있다.

개별원가계산이란 개별작업별로 원가를 구분하여 계산하는 방법을 말하며, 종합원가계산이란 공정이나 부문별로 원가를 집계한 후, 집계된 원가를 총산출물에 균등히 배분하여 단위당 원가를 계산하는 방법이다. 주문품의 성격을 갖는 대형선박을 건조하는 경우에는 선박 제조에 소요되는 원가를 작업별로 집계하는 것이 쉬우므로 개별원가계산을 사용한다. 그러나 정유회사 또는 화학약품회사와 같이 연속공정에 의해 표준제품을 대량 생산하는 기업에서는 제품별로 원가를 집계하는 것이 쉽지 않기 때문에 일정한 회계기간을 기준으로 특정 공정 또는 부문에서 발생한 모든 원가를 집계하여 이를 제품에 평균적으로 배분하는 종합원가계산을 사용한다.

2) 제품원가의 계산

원가회계시스템은 제품원가를 계산하는 방법에 따라 전부원가계산과 변동원가계산으로 분류할 수 있다.

전부원가계산은 고정제조간접비를 포함한 모든 원가를 제품이 판매되는 시점에서 수익에 대응시켜 비용으로 계상할 수 있도록 제품원가로 처리하고, 판매 및 관리활동에서 발생한 원가는 기간비용으로 처리하는 원가계산방법이다. 이에 반해 변동원가계산은 고정제조간접비를 제외한 변동제조원가만을 제품원가로 처리하고, 고정제조간접비는 판매 및 관리활동에서 발생한 원가와 함께 발생한 기간의 수익에 대응시켜 기간비용으로 처리하는 원가계산방법이다. 따라서 전부원가계산과 변동원가계산의 차이는 고정제조간접비를 제품원가로 처리하느냐, 아니면 기간비용으로 처리하느냐의 여부에 달려 있다.

제품원가로 처리되는 원가는 재고자산원가에 포함시켜 차기로 이월할 수 있고, 판매시점에서 수익과 대응하여 비용화할 수도 있다. 그러나 기간비용으로 처리하는 원가는 재고자산원가에 포함시키지 않고, 발생 즉시 그 기간의 비용으로 처리한다. 따라서 어떤 원가계산방법을 적용하느냐에 따라 재고자산의 평가액 및 기간손익이 달라진다.

3) 원가의 측정

원가회계시스템은 원가를 측정하는 방법에 따라 실제원가계산, 정상원가계산, 표준원가계산으로 분류할 수 있다.

실제원가계산이란 개별 생산요소의 실제의 구입가격 및 실제의 사용수량을 기준으로 제품의 원가를 측정하는 방법을 말한다. 이에 반해 표준원가계산이란 개별 생산요소에 대해 사전에 정해진 표준가격 및 표준사용수량을 바탕으로 원가를 측정하는 방법이다. 정상원가계산은 실제원가계산과 표준원가계산을 결합한 원가측정방법으로 직접재료비와 직접노무비는 실제원가를 적용하고, 제조간접비는 미리 정해놓은 예정배부율에 따라 결정된 원가(일종의 표준원가)를 적용하는 원가측정방법이다.

여기서 원가를 측정하는 기준이 되는 '실제' 또는 '표준'이라는 용어에 대하여 다음의 예로써 설명한다. 예를 들어, kg당 ₩100짜리 얼음 1kg과 g당 ₩10짜리 색소 1g을 혼합하여 아이스크림을 만든다고 하자. 실제로 얼음을 kg당 ₩110에 구입한 후 얼음 1.2kg과 ₩10짜리 색소 1g을 혼합하여 아이스크림 1개를 만들었다면, 원래의 목표보다 얼음 구입에 있어서는 kg당 ₩10씩, 얼음사용에 있어서는 아이스크림 1개당 얼음 0.2kg이 초과하였다고 할 수 있다. 이 경우 아이스크림 1개당 얼음 1kg, 색소 1g은 수량에 있어서 표준이라 할 수 있고, 얼음 1kg당 ₩100과 색소 1g당 ₩10은 가격에 있어서 표준이라 할 수 있다. 이 예에서는 얼음의 실제구입가격 및 실제사용수량이 모두 표준가격과 표준수량을 초과하고 있다.

4) 원가회계시스템의 종류 및 선택

지금까지 설명한 원가의 집계방법과 제품원가계산방법 및 원가측정기준을 결합하면 다음 그림에 나타나 있는 것과 같이 여러 가지 조합의 원가회계시스템을 만들 수 있다.

예를 들어, 개별·전부·표준원가회계시스템을 채택하면서 그 외에 추가적으로 변동원가계산제도를 병행하는 조합을 생각할 수 있다. 이와 같은 시스템은 모든 제조원가를 제품에 부과하면서(전부원가계산), 작업별로 원가를 집계하고(개별원가계산), 사전에 결정된 표준원가와 실제원가를 비교하며(표준원가계산), 직접원가에 근거한 보고서도 부수적으로 작성(변동원가계산)하는 원가회계시스템이 된다. 이 밖에도 여러 가지 종류의 조합이 있을 수 있다.

원가회계시스템의 종류

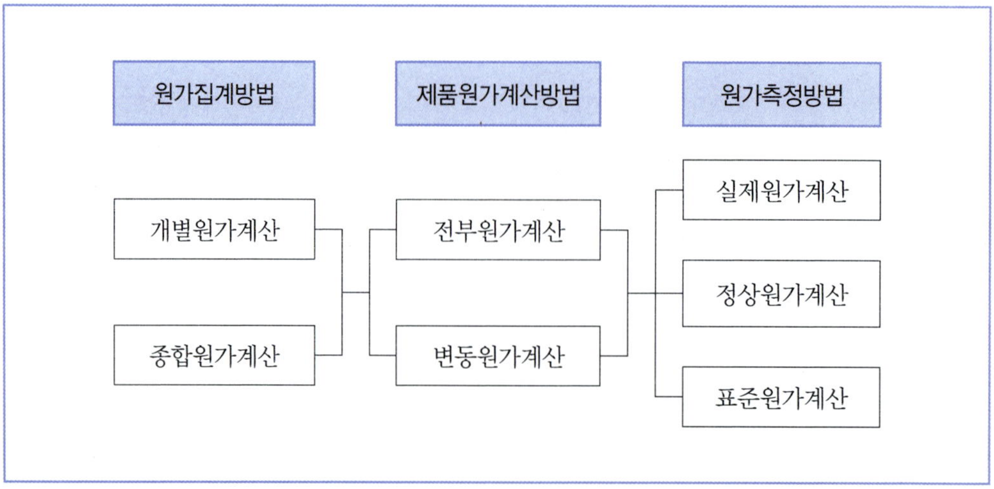

원가회계시스템의 선택은 경영자가 이용할 수 있는 원가정보에 중대한 영향을 미친다. 만일 실제원가계산제도를 채택한 기업에서 표준원가계산제도를 병행하지 않으면, 원가통제목적에 중요한 역할을 하는 표준원가와 실제원가의 차이에 관한 정보를 얻지 못하게 될 것이다.

한편, 전부원가계산제도를 채택한 기업에서 변동원가계산제도를 병행하지 않으면, 고정제조원가와 변동제조원가와의 관계를 명확히 파악할 수 없게 된다. 이러한 경우에 조업도의 변화에 따른 적정한 가격 인상 또는 하락 폭에 대한 정보를 알아내기가 어려울 것이다. 그러므로 원가회계시스템의 설계 및 선택에 관한 의사결정은 여러 가지 중요한 요소들을 고려하여 합리적인 방법으로 이루어져야 한다.

개별원가계산과 종합원가계산 중에 어느 하나를 선택하는 것은 특히 중요한 일인데, 이때에는 제조활동의 성격, 필요한 원가정보의 종류, 원가회계시스템 운영비용 등의 세 가지 기준을 신중히 고려하여 결정해야 한다. 이 중에서도 제조활동의 성격은 개별원가계산제도와 종합원가계산제도를 선택하는 데 있어서 가장 중요한 기준이 된다. 예를 들어, 어떤 기업의 제조활동이 유사한 종류의 제품을 계속적으로 동일한 공정을 거쳐 대량으로 생산하는 것이라면 그 기업에는 종합원가계산제도가 적합하며, 이와는 달리 제조활동의 성격이 특별주문 등을 접수하여 다양한 종류의 제품을 서로 다른 공정을 거쳐 생산하는 것이라면 그 기업에는 개별원가계산제도가 적합하다.

Ⅰ. 평가자 체크리스트

※ 다음 서술이 옳으면 T, 옳지 않으면 F를 기재하시오.

1.1 일반적으로 회계정보이용자들은 외부이용자들로 구성되어 있다.

1.2 내부정보이용자들은 대표이사, 이사회 등의 경영진들로 구성되어 있다.

1.3 원가회계는 관리 및 재무 분야를 위한 정보를 제공한다.

1.4 원가회계는 제품배합, 가격결정, 성과평가 등과 같은 관리적 의사결정에 필요한 정보를 제공한다.

1.5 특정 재화나 용역을 얻기 위해서 치른 희생을 원가(costs)라 한다.

1.6 생산 원가자료는 관리회계에서만 이용된다.

1.7 원가회계는 일반적으로 인정된 회계원칙에 의하여 이루어진다.

1.8 원가를 측정하는 방법에 따라 실제원가계산, 정상원가계산으로 분류할 수 있다.

1.9 원가를 집계하는 방법에 따라 개별원가계산과 종합원가계산으로 분류할 수 있다.

1.10 제품원가를 계산하는 방법에 따라 전부원가계산과 변동원가계산으로 분류할 수 있다.

Ⅱ. 객관식

1.1 원가회계의 특징으로 적합하지 않은 것은?

① 경영자의 계획과 통제를 위한 원가정보를 제공한다.

② 재무회계에 제공되는 원가 정보는 반드시 기업회계기준을 따른다.
③ 관리회계에 제공되는 원가 정보는 반드시 기업회계기준을 따른다.
④ 비영리기업이 증여받을 금액을 계산할 목적으로 개별제품이나 용역에 할당된 원가 정보를 제공한다.
⑤ 세금계산을 위한 원가 자료를 제공한다.

Ⅲ. 주관식

1.1 원가회계의 역할을 설명하시오.

1.2 다음 각각의 기준에 따라 원가회계시스템을 분류하고, 그 특징을 설명하시오.

① 원가를 집계하는 방법
② 제품원가를 계산하는 방법
③ 원가를 측정하는 방법

1.3 재무회계와 관리회계의 차이점에 대하여 설명하시오.

1.4 다음 내용에 대하여 재무회계(F)와 관리회계(M)를 구분 표시하시오.

① 외부보고를 위한 회계
② 내부이용자를 위한 회계
③ 계획과 통제기법을 주로 다루는 회계
④ 주주와 채권자를 위한 회계정보 제공
⑤ 경영자에게 보고하기 위한 회계
⑥ 업적평가를 위한 회계
⑦ 의사결정을 위한 회계
⑧ 조직전체보다 조직의 부문에 관심을 더 집중한다.
⑨ 비영리단체에도 적용 가능하다.
⑩ 공식적인 원칙이나 기준이 없다.

제 2 장

원가의 개념 및 분류

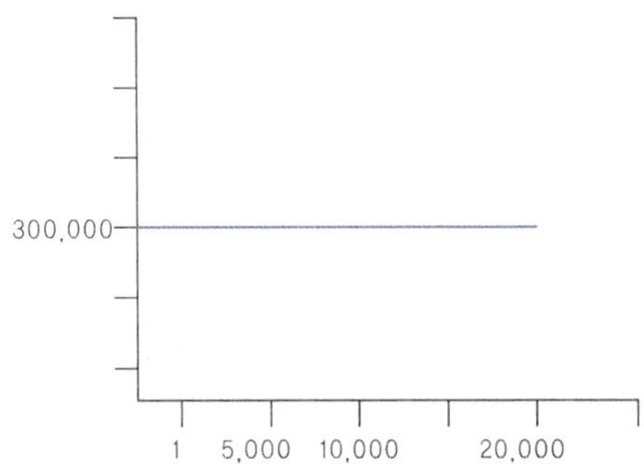

학습 목표

원가개념과 원가용어 그리고 그 분류에 대하여 잘 알게 되면, 원가·관리회계를 학습하여 적용하는 데 큰 도움을 받을 수 있다. 이는 어느 조직이든 간에, 활동을 시작하게 되면 원가는 언제든지 발생되는 것으로 이를 제대로 구분하는 것이 유용한 관리회계정보를 마련할 수 있는 요건이 되기 때문이다. 따라서 본 장에서는 다음과 같은 학습목표를 세운다.

1. 원가회계와 관리회계의 차이는 무엇인가?
2. 원가에 대한 정의는 어떻게 내려야 하는가?
3. 추적가능성과 원가행태에 따라 원가는 어떻게 구분되며, 원가유형 간의 관계는 어떻게 연결되는가?
4. 원가의 통제가능성은 왜 중요한가?
5. 제조원가는 어떻게 산출되며, 원가흐름은 어떻게 연결되는가?
6. 재무제표상에서 재고가능원가와 기간원가는 어떻게 표시되는가?

제1절 원가의 개념

원가회계란 외부보고용 재무제표를 작성하고, 기업 내부의 경영활동을 계획·통제하며 특수한 의사결정 및 경영자의 성과평가에 필요한 원가정보를 제공하기 위한 목적으로 기업의 원가자료를 확인·분류·집계하는 회계분야이다. 원가회계가 이와 같은 여러 목적을 달성하기 위해서는 사용목적에 따라 각각 다른 원가정보가 필요하기 때문에, 원가회계담당자는 특정목적에 가장 적합한 원가정보를 제공하기 위하여 어떤 원가자료를 확인·분류·집계할 것인가를 결정해야 한다. 한편, 관리회계는 경영자의 의사결정과 통제활동에 도움이 되는 각종 정보를 수집·분류·요약·분석하여 이를 이용자에게 보고하는 회계분야로서 내부경영계획과 경영통제활동에 초점을 맞추는 내부보고 지향적 회계분야이다. 따라서 관리회계의 목적은 특수목적의 재무제표나 보고서를 작성하여 기업내부 정보이용자의 의사결정에 유용한 정보를 제공하는 것이다. 이런 의미에서 원가회계와 관리회계의 가장 기본이 되는 사고는 '상이한 목적에 따라 상이한 원가를 적용한다'는 것이다. 이것은 원가를 정의하고 측정하는 방법에 여러 가지가 있으며, 그러한 원가정보를 이용하는 목적도 여러 가지가 있음을 의미한다.

원가의 정의를 다루기 전에 자산(asset)에 대해서 살펴보기로 한다. 자산을 기업이 보유하고 있는 미래 현금창출능력이 있는 경제적 자원이라고 할 때, 이 자원 중 특정 목적을 달성하기 위해 희생 또는 소모된 자원을 화폐액으로 나타낸 것이 원가(cost)이다.

예를 들어, 기업이 획득한 원재료를 이용해서 제품을 생산하였다면 이 원재료의 가액은 다음 기에 현금을 창출할 수 없기 때문에 재료원가로 계상된다. 그러나 이 원재료가 아직 제품의 생산 공정에 투입되지 않았다면, 원재료의 가액은 재무상태표의 자산항목인 원재료로 계상된다.[1)]

한편, 소멸자원인 원가는 그것이 수익창출에 기여했으면 비용으로, 수익을 창출하는데 아무런 기여도 하지 못하고 소멸되었으면 손실로 계상된다. 예를 들면, 아무런 수익

1) 실무에서는 원가와 비용을 엄격하게 구분하지 않고 혼용해서 사용한다. 기본적으로 수익창출을 목적으로 경제적 자원을 사용한다고 간주하므로 원가라는 계정을 사용하지 않고 비용이라는 계정을 사용하는 것이 불합리하다고는 판단되지 않으나 추후 수익창출에 기여하지 않은 부분에 대해서는 손실로 계상해야 할 것이다.

을 창출하지 못하고 소멸된 재고자산은 경제적 효익을 상실한 것이므로, 이 경우 소실된 재고자산의 원가는 재고자산감모손실과 같은 손실항목으로 계상된다.

원가의 정의

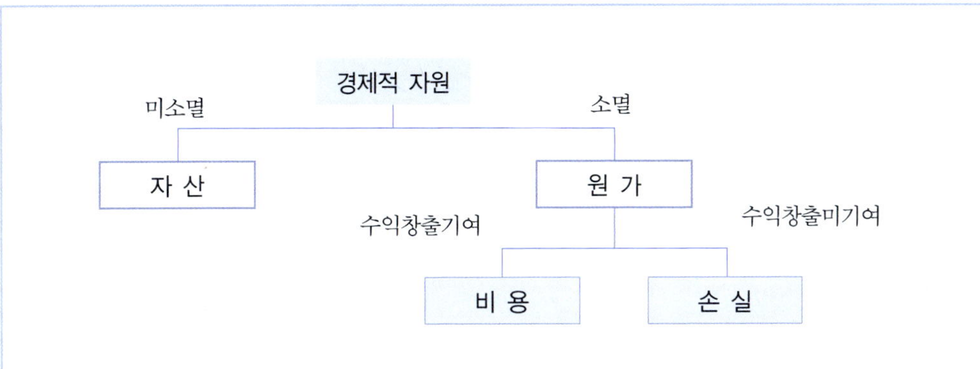

제2절 원가의 분류

원가정보의 실질적인 유용성을 도모하기 위하여 원가는 그 사용목적에 따라 분류된다. 즉 특정 원가는 어느 한 가지로만 구분되는 것이 아니라, 의사결정 목적에 따라 동시에 여러 가지로 분류될 수 있다.

1 직접원가와 간접원가

원가는 원가대상(cost object)의 추적가능성(traceability)에 따라 직접원가(direct costs)와 간접원가(indirect costs)로 구분할 수 있다.

경영자는 경영의사결정을 위하여 원가를 부담하는 '무엇'에 대한 원가정보를 필요로 한다. 이 '무엇'을 원가집적대상 또는 원가대상이라고 한다. 이러한 원가대상의 예로는 제품, 서비스, 고객, 브랜드, 부문 등을 들 수 있다.

직접원가는 특정 원가대상에 대해 직접적으로 특정제품 또는 특정부문에 직접 관련시킬 수 있는 원가이다. 예를 들어, 조선업체에서 엔진원가는 완성된 선박별로 추적할 수 있으므로 해당 선박에 대한 직접원가가 된다.

반면 어떤 원가가 원가대상과 관련성은 있지만, 그 원가대상에 직접적으로 추적할 수 없는 경우 그 원가를 간접원가라 한다. 예를 들어, 조선업체에서 공통으로 발생하는 공장감독자의 임금, 전력비, 기계유지비 등은 비록 제품을 생산하는 데 필요한 원가이기는 하지만, 이들 원가를 특정제품에 대하여 직접적으로 추적할 수 없으므로 간접원가가 된다.

원가를 추적가능성에 따라 직접원가와 간접원가로 분류하는 경우, 직접원가는 각 원가대상에 할당(assignment)하게 되는데 이를 원가추적(cost tracing)이라고 하고 간접원가는 별도의 부과방법을 이용하여 원가대상에 할당하는 것을 원가배부(cost allocation)이라고 한다. 간접원가의 배부는 원가·관리회계의 거의 모든 분야에 관련되는 것으로서 매우 중요하다.

추적가능성에 따른 원가분류

생산요소	제조원가	추적가능성	
		직접원가	간접원가
원재료	재료비	① 직접재료비	간접재료비
노동력	노무비	② 직접노무비	간접노무비
생산설비(용역)	경비	③ 제조간접비(경비, 간접재료비, 간접노무비)	

특정원가가 직접원가 또는 간접원가로 구분하는 것이 항상 고정된 것은 아니다. 즉, 동일한 원가라 할지라도 그 집적대상의 선택과 범위에 따라 추적가능성도 달라질 수 있다. 같은 공장감독자의 급여라고 하더라도 원가대상을 A 제품으로 설정했을 경우, A 제품을 감독하는 감독자의 노무원가는 직접원가로 구분할 수 있으나, 공장 전체를 통제하는 감독자의 노무원가는 특정 제품으로 추적하는 것이 용이하지 않으므로 간접원가로 구분해야 할 것이다. 이러한 원가는 위에서 언급한 바와 같이 원가배부를 통하여 원가대상에 할당해야 할 것이다.

한편, 비록 특정 원가대상에 실질적으로 추적가능한 원가항목이라 하더라도 원가－효익 기준(cost-benefit criteria)과 중요성 기준을 만족시키지 못할 때는 간접원가로 분류하는 것이 타당하다.

원가-효익 기준과 중요성 기준은 관련성과 신뢰성을 갖춘 유용한 회계정보를 정보이용자에게 제공할 때 고려해야 할 실무적인 요인들이다. 이러한 요인들은 회계정보가 가져야 할 질적 특성을 제한하므로 제약요인(constraints)이라고 부른다.

원가-효익 기준이 갖는 의미는 조직의 목표를 달성하기 위해 소비한 자원으로부터 기대효익이 기대원가를 초과해야 한다는 것이다. 기대효익과 기대원가를 측정하기는 용이하지 않지만, 이러한 원가-효익 기준은 자원배부 의사결정에 있어서 중요한 기준이다. 이를 원가분류에 적용하면 원가를 추적함으로써 얻을 수 있는 효익이 원가보다 작은 경우에는 간접원가로 분류하는 것이 타당하다는 것이다.

중요한 정보(material information)란 그 정보의 누락이나 오류로 인해 정보이용자의 의사결정이 바뀔 수 있을 정도로 중대한 영향(significant impact)을 미치는 정보를 가리킨다.

중요성(materiality)은 잠재적으로 관련성과 신뢰성이 있는 정보일지라도 중요하지 않다면(immaterial), 그 정보를 처리하는 방법이 논리적으로 타당한 회계이론이나 기준과 일치하지 않더라도 무방하며, 경우에 따라서는 그러한 정보의 공시를 생략할 수도 있다. 따라서 중요성은 회계항목이 정보로서 정확하게 제공되기 위한 최소한의 요건(threshold)이라 할 수 있다. 일반적으로 중요성은 해당 항목의 성격과 금액의 크기에 의해 결정된다. 이를 원가분류에 적용하면 특정제품을 생산하는 데 사용한 소모품의 원가가 그 금액이 미미하면 각 제품단위에까지 추적하여도 큰 효익이 없다. 이 경우 소모품 원가는 간접원가로 처리하는 것이 바람직하다.

2 변동원가와 고정원가

원가는 원가행태(cost behavior)에 따라 변동원가(variable cost)와 고정원가(fixed cost)로 구분할 수 있다.

먼저 원가행태란 조업도나 활동 수준이 변화함에 따라 총원가 발생액이 일정하게 변화하는 정도를 의미한다. 기업이 원가행태에 따라 원가를 분류하는 것은 경영계획과 통제목적에 유용한 정보를 제공할 수 있기 때문이다.

미래에 발생할 원가가 어떠한 양상으로 변화할 것인지를 예측하는 것은 미래의 일정 시점에 예상된 범주를 벗어날 경우 그 변화 금액을 알아야 하기 때문이다. 즉, 산출량 혹은 투입량의 변화에 따라 원가가 어떻게 변할 것인가를 알 수 있어야 원가정보를 계획과 통제목적에 유용하게 사용할 수 있다. 따라서 조업도나 활동수준의 변화에 따라 원가가 어떻게 변화하는가를 파악하는 일은 원가회계 담당자의 중요한 임무이다.

변동원가는 조업도나 활동수준의 증감에 따라 비례하여 총원가가 증감하는 원가항목을 말한다. 따라서 단위당 변동원가는 조업도나 활동수준의 증감과 관계없이 일정하다.

고정원가는 가격변화와 같은 외부요인의 변동이 없는 한 관련범위(relevant range)내에서 조업도나 활동수준의 증감에 관계없이 총원가가 일정한 원가항목을 말한다. 따라서 조업도나 활동수준의 증가(감소)하면 단위당 고정원가는 감소(증가)한다. 고정원가의 예로는 공장건물의 임차료나 정액법에 의한 감가상각비 등을 들 수 있다.

여기에서 관련범위란 조업도나 활동수준과 원가의 관계, 즉 원가함수를 유효하게 적용할 수 있는 조업도나 활동수준의 범위를 의미한다. 이러한 관련범위 내에서는 특정원가의 행태가 변화하지 않는다고 가정한다. 즉, 일반적으로 고정원가와 변동원가는 일정범위의 조업도 및 특정기간이 주어졌다는 전제하에서 정의된다.

예를 들면, 고정원가는 주어진 조업도나 활동수준에서만 총원가가 변하지 않는다. 즉 관련범위 내에서 조업도나 활동수준의 증감은 고정원가에 아무런 영향을 미치지 않는 것이다. 만약 해당 관련범위를 벗어나는 경우에는 고정원가의 총액이 변화한다. 따라서 관련범위를 어떻게 설정하느냐에 따라 원가의 구분은 달라질 수 있으며, 관련범위를 상당히 넓게 설정했을 경우에는 순수한 의미의 고정원가는 존재하지 않는 것이다.

이렇게 관련범위에서는 특정 원가의 행태가 변화하지 않는다는 것이 고정원가에만 해당되는 개념은 아니다. 변동원가 역시 해당 관련범위 내에서 조업도나 활동수준에 비례하여 총원가가 변동하므로, 해당 관련범위를 벗어나는 경우에는 조업도나 활동수준에 대하여 다른 비율(예: 대량구매에 따른 가격할인 등)로 변동할 수 있다.

원가행태에 따른 분류

제조원가	직접재료비	변동비	변동비	총연료비
	직접노무비		단위당 변동비	주행거리당 연료비
	변동제조간접비		준변동비	임차료+연료비
	고정제조간접비	고정비	고정비	임차료
			단위당 고정비	주행거리당 임차료
			준고정비	택시 추가 구입

예제

물음

현대자동차 아산공장에서 쏘나타 자동차의 타이어를 대당 ₩300,000에 구입하여 제조하고 있다. 또한 공장임차료가 ₩100,000,000이 발생한다고 하자. 10,000 20,000대의 관련범위 내에서 타이어의 총변동원가는 자동차 생산대수에 대한 단위당 변동원가 ₩300,000의 일정비율에 따라 비례적으로 증가하고 있으나, 임차료의 총액은 변화하지 않으므로 자동차 단위당 임차료는 감소하고 있다.

쏘나타의 생산대수 (A)	타이어의 단위당 변동원가(B)	타이어의 총변동원가 (C)=(A)×(B)	고정임차료 연간총액 (D)	쏘나타의 단위당 고정임차료 (E)=(D)/(A)
1	₩300,000	₩300,000	₩100,000,000	₩100,000,000
5,000	300,000	1,500,000,000	100,000,000	20,000
10,000	300,000	3,000,000,000	100,000,000	10,000
20,000	₩300,000	₩6,000,000,000	₩100,000,000	₩5,000

풀이

다음은 위의 예를 그래프를 통하여 구체적으로 설명할 것이다. 각 원가행태를 설명함에 있어서 그래프의 가로축은 독립변수인 자동차 생산대수를 나타내고, 세로축은 종속변수인 총원가를 나타낸다.

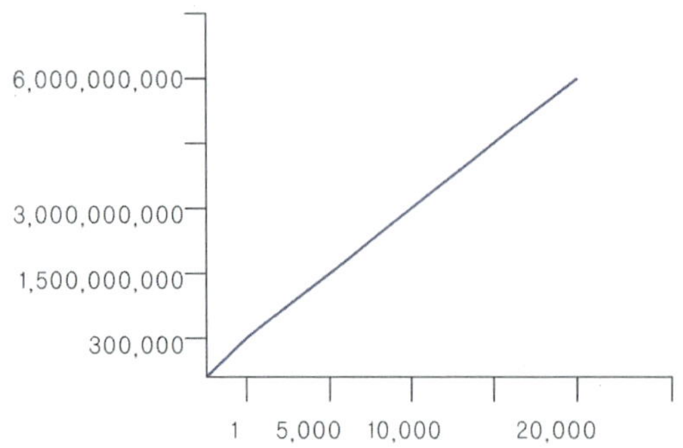

(패널 A) 타이어 총변동원가

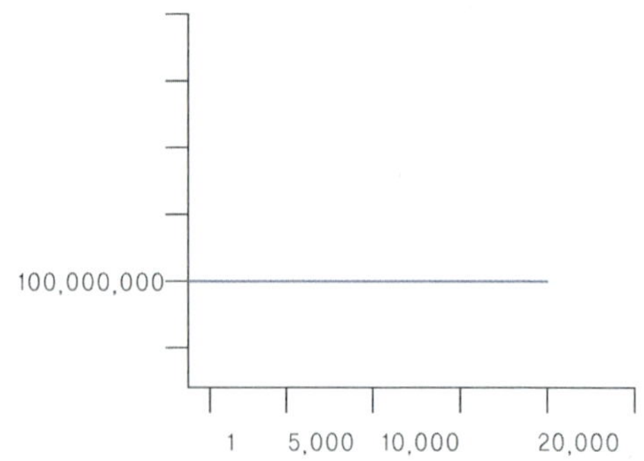

(패널 C) 아산공장의 고정임차료

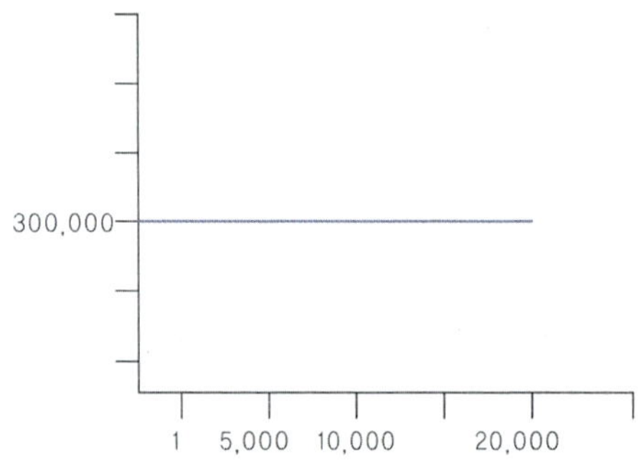

(패널 B) 쏘나타 1대당 타이어 변동원가

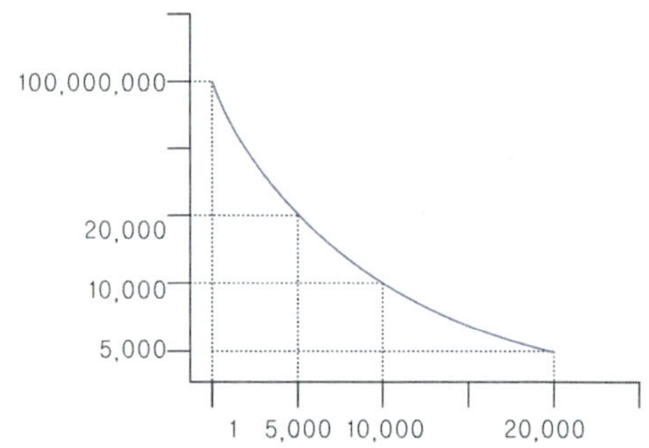

(패널 D) 쏘나타 1대당 고정임차료

원가동인(cost driver)이란 원가를 발생시키는 원인이 되는 변수이다. 대표적인 원가동인으로는 앞에서 원가행태에 따른 원가구분에서 언급한 활동이나 조업도 수준을 들 수 있다. 위의 그림에서 생산대수인 조업도를 독립변수로 사용한 이유도 조업도 수준의 증감과 원가대상에 대한 총원가수준의 증감 사이에 인과관계가 존재하기 때문이다.

변동원가의 원가동인은 그 원가를 비례적으로 변동시키는 활동 또는 조업도 수준이다. 위의 예에서 타이어 원가가 자동차 생산대수에 따라 변동되면 자동차 생산대수는 타이어 원가의 원가동인인 것이다.

관련범위 내에서 고정원가는 변화하지 않으므로 원가동인은 없다고 할 수 있지만 관련범위를 확대시키게 되면 총고정원가 역시 변화하게 되므로 이를 야기한 원가동인이 있을 것이다. 본 예에서 보면 조업도(자동차 생산대수)가 20,000대 이상이 되는 경우, 즉 관련범위를 벗어나는 경우에는 설비를 증대해야 하고 이에 따라 공장임차료를 추가로 지급해야 할 것이다. 장기적인 관점에서 보면 조업도가 공장임차료의 원가동인이 될 것이다.

3 제조원가와 비제조원가

1) 기업의 종류

기업을 크게 서비스기업, 상기업, 제조기업 세 가지 종류로 구분할 수 있다.

먼저 서비스기업(service company)은 고객에게 용역을 제공하는 기업이다. 대표적인 예로는 회계법인, 법무법인, 은행, 투자자문회사, 정보중개회사 등을 들 수 있다.

상기업(merchandising company)은 제품을 구입하여 고객에게 판매하는 것을 주된 영업활동으로 하는 기업이다. 상기업을 매매기업 또는 판매기업이라고도 하며 대표적인 예로는 소매업, 유통업, 도매업에 속하는 회사들이다.

제조기업(manufacturing company)은 원재료를 매입하여 생산 공정에 투입하고 추가적으로 노무원가와 제조간접비를 투입하여 제품을 생산한다. 그리고 이렇게 생산된 완제품을 고객에게 판매하는 활동을 주요한 영업활동으로 영위하는 기업이다.

회계정보 산출 측면에서 보면, 이렇게 서로 다른 형태의 기업들은 원가를 구성하고 있는 항목들의 비중 및 성격이 상이하므로 서로 다른 형태의 회계문제에 직면하게 된다.

상기업과 제조기업은 서비스 기업과는 달리 상품이나 제품을 거래하므로 이들의 매출원가를 계산한다는 것이 특징이다.

상기업에서는 매입활동, 판매활동이 이루어지고 제조기업에서는 매입활동, 판매활동과 더불어 생산활동이 복합적으로 이루어지므로 회계정보 산출과정과 재무제표가 서비스기업이나 상기업보다 복잡하다. 본서에서는 제조기업에 초점을 맞추어 원재료의 매입부터 판매활동에 이르기까지의 원가개념 및 계산에 대해 자세히 다루고자 한다.

2) 제조활동 관련성과 원가

제조활동과의 관련성에 따라 원가를 분류하면 제조원가(manufacturing costs)와 비제조원가(non-manufacturing costs)로 나눌 수 있다.

먼저 제조원가를 살펴보기 전에 제조기업의 생산과정에 따라 나타나는 재고자산에 대하여 알아보기로 한다. 제조기업은 인적자원과 물적 설비를 투입하여 구매한 재료나 부품을 물리적, 화학적 변환을 통해 재화를 생산하게 된다. 따라서 생산과정에 투입되기 전에 미사용되어 저장되어 있는 직접재료는 원재료재고(raw material inventory)라는 계정으로 재무상태표에 계상된다. 그리고 인적자원과 물적 설비를 투입하여 부분적으로 작업이 수행되었지만 미완성된 재화는 재공품재고(work-in-process inventory)계정에 표시되고 작업이 완료되었지만, 판매가 이루지지 않은 제품은 제품재고(finished goods inventory)계정에 표시된다.

제조원가는 제품을 생산하는 과정에 소요되는 모든 원가를 말한다. 제조원가는 보통 직접재료비, 직접노무비 및 제조간접비의 세 가지로 구분하며 각각 동일한 의미를 가진 재료비, 노무비, 경비계정을 사용하기도 한다.

직접재료비(direct material cost)는 원재료재고 중에서 제품을 생산하는 데 사용되는 재료원가 중 특정제품에 직접적으로 추적 가능한 원가이다. 예를 들면, 선박생산에 필요한 엔진의 원가가 직접재료비에 해당된다. 직접재료비는 생산조업도에 비례하여 변화하기 때문에 일반적으로 변동원가로 구분된다.

한편, 원재료 중에서 제품을 생산하는 데 사용되지만 원가대상에의 추적가능성이 떨어지는 재료원가는 간접재료비(indirect material cost)이며, 이는 제조간접비에 포함되는 원가항목이다. 간접재료비의 예로는 제품생산에 사용되는 접착제, 기계장치에 사용되는 윤활유 등이다.

직접노무비(direct labor cost)란 특정제품의 생산에 소요된 추적 가능한 인적자원에 대한 보상액이다. 예를 들면, 특정제품을 생산하는 작업자에게 지급된 임금, 보너스 등이다. 직접노무비도 직접재료비와 유사하게 생산조업도에 비례하여 변화하기 때문에 일반적으로 변동원가로 구분된다.

한편, 간접재료비와 유사하게 제품에 투입되지만, 원가대상에의 추적가능성이 낮은 인적자원에 대한 보상액은 간접노무비(indirect labor cost)이며, 이는 제조간접비에 포함되는 원가항목이다. 예를 들어, 공장관리인이나 감독자에게 지급하는 임금, 보너스 등은 직접적인 생산활동을 수행하지는 않지만 공장운영을 위해 필요한 종업원에게 지급한 보상액이다.

직접재료비와 직접노무비를 제외한 제조원가를 제조간접비(indirect manufacturing cost)라고 하는데, 제조간접비를 구성하는 항목들은 위에서 언급한 간접재료비, 간접노무비와 공장건물이나 설비자산에 대한 감가상각비, 재산세, 수도광열비 등과 같은 제조원가 항목이 여기에 해당한다.

제조원가의 개념

제조원가	추적가능여부	내용	예
직접재료비	추적가능	특정제품을 생산하기 위해 투입된 재료비	냉면을 만들기 위한 면
직접노무비	추적가능	특정제품을 생산하기 위해 투입된 생산직근로자의 임금	주방장의 급여
제조간접비	추적어려움	직접재료비와 직접노무비 이외의 모든 제조원가	수도광열비, 감가상각비, 보험료 등

* 추적가능성이란? 어떤 제품에 어떤 원가가 얼마만큼 투입되었는지를 개별적으로 파악가능여부

제조원가에 속하는 원가항목을 재구분할 수 있는데 직접재료비와 직접노무비를 합하여 기본원가(prime costs)라고 한다. 이는 제품을 제조하는데 직접적으로 관련된 원가항목이기 때문이다. 또한 직접노무비와 제조간접비는 원재료를 가공하여 제품을 생산하는데 소요되는 원가이므로, 이 두 원가항목의 합을 전환원가(conversion costs) 혹은 가공원가라고 한다.

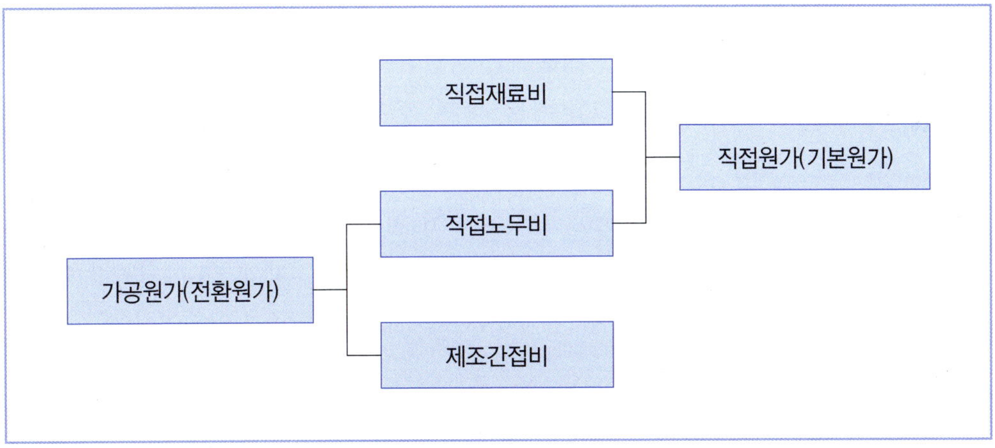

예제

다음은 한국타이어(주)가 생산하는 제품의 원가자료이다.
직접재료비 ₩20,000 직접노무비 ₩25,000 제조간접비 ₩40,000

물음

한국타이어(주)가 생산하는 타이어의 기본원가와 가공원가를 구하시오.

풀이

기본원가 = 직접재료비 + 직접노무비
= ₩20,000 + ₩25,000
= ₩45,000

가공원가 = 직접노무비 + 제조간접비
= ₩25,000 + ₩40,000
= ₩65,000

비제조원가는 기업의 제조활동과 직접적인 관련이 없는 원가로서 판매비와 일반관리비 항목이 대표적인 예이다. 판매비는 상품, 제품, 용역의 판매에 소요되는 비용이며 판매원 급여, 포장운반비, 광고선전비 등이다. 일반관리비는 기업 활동의 전반적 관리에 소요되는 비용으로 본사(본부)비용을 말하며, 임원 및 사무원의 급여, 복리후생비, 건물 및 설비 등의 감가상각비와 일반관리부문의 접대비, 통신비, 소모품비, 세금과공과 등이 이에 속한다. 제조원가와 비제조원가를 포함하여 원가의 구성이 이루어진다.

원가의 구성

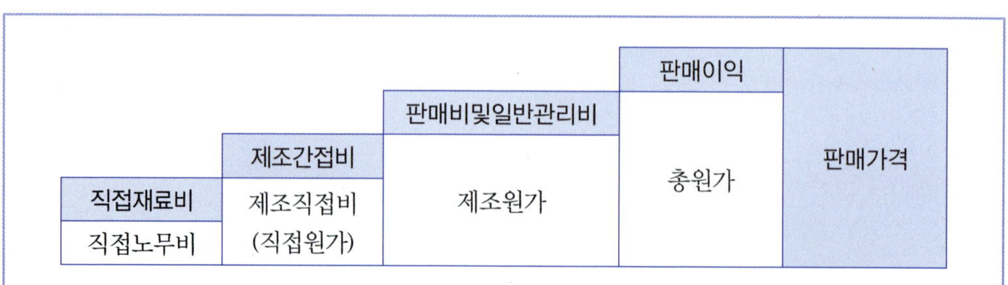

한편, 자산화 가능성에 따라 원가를 분류하면 재고가능원가(inventoriable cost)와 기간원가(period cost)로 구분할 수 있다. 재고가능원가는 원가 발생시 재무상태표에 자산으로 기록되는 원가를 말한다. 위에서 설명한 모든 제조원가는 재고가능원가이다. 또한 판매목적으로 제조한 제품에 소요되는 자원을 화폐액으로 나타낸 제품원가(product costs) 역시 재고가능원가이다.

제조과정이 진행됨에 따라 직접재료비, 직접노무비, 제조간접비를 재공품에 부과하였다가 제조과정이 완료됨과 동시에 제품계정으로 대체하고, 그 제품이 판매될 때까지 자산으로 계상함으로써 비용인식을 미래로 이연한다. 원가임에도 불구하고 재무상태표 항목으로 분류하는 이유는 제품이 미래현금창출능력이 있는 경제적 자원이라는 자산의 정의에 부합하기 때문이다. 이후 그 제품이 판매활동을 통해 수익을 창출하면 매출원가라는 항목으로 대체되는데 비용의 성격을 지니고 있으나 원가라는 명칭으로 불리고 있다.

기간원가란 재무상태표에 계상된 재고가능원가 이외의 모든 원가로서 재고가능원가와는 달리 해당 원가를 개별제품의 수익과 대응시키는 것이 현실적으로 어렵기 때문에, 비용인식을 미래로 이연하지 않고 발생한 회계기간에 즉시 비용으로 인식한다. 따라서 넓은 의미로 기간비용이라고도 한다. 위에서 설명한 비제조원가(예: 판매비와 관리비)는 기간원가의 대표적인 예이다.

재고가능원가와 기간원가

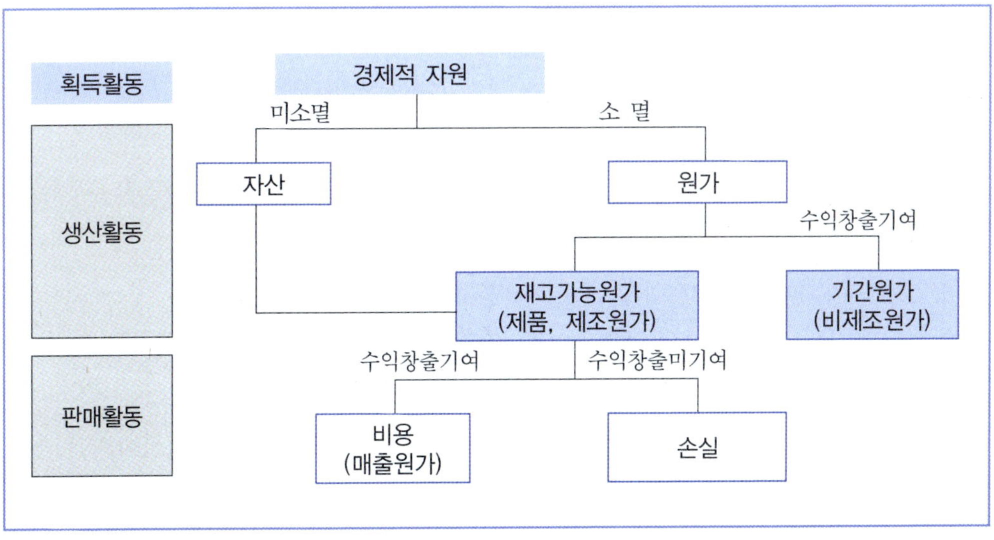

4 원가유형 간의 관계

지금까지 원가를 추적가능성에 따라 직접원가와 간접원가로, 원가행태에 따라 변동원가와 고정원가로 분류하였다. 또한 제조활동과의 관련성 여부에 따라 제조원가와 비제조원가로 원가를 구분하였다. 이러한 원가유형 간의 관계를 살펴보면 다음 그림과 같다.

원가유형 간의 관계

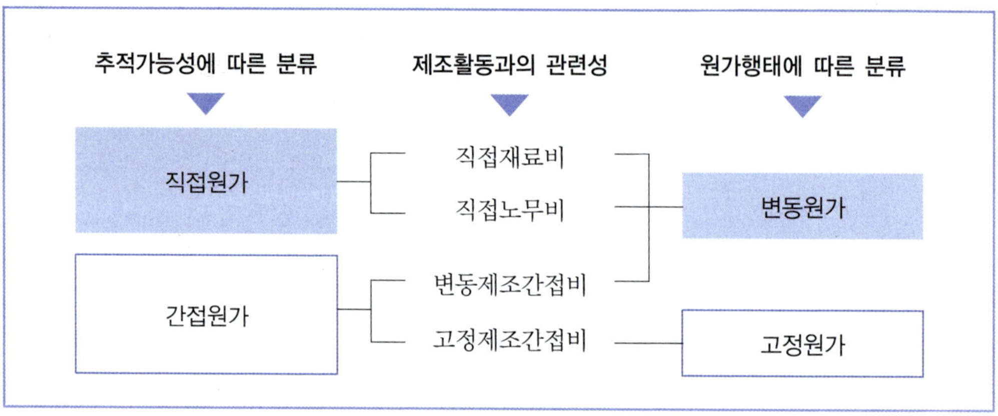

5 통제가능원가와 통제불능원가

통제가능성에 따른 원가를 구분하면 통제가능원가와 통제불능원가로 나눌 수 있다.

통제가능성이란 경영자가 특정원가항목을 관리할 수 있는 권한의 유무를 말한다. 따라서 통제가능하다는 것은 경영자가 원가발생액을 통제할 수 있는 재량권을 갖고 있음을 의미한다.

따라서 통제가능원가(controllable costs)란 경영자가 발생에 영향을 미칠 수 있는 원가를 말하며, 통제불능원가(uncontrollable costs)란 경영자가 발생에 영향을 미칠 수 없는 원가를 말한다.

이러한 통제가능성에 따른 원가분류는 책임중심점의 경영자를 성과평가하기 위해서 필요하다. 즉, 특정부문에서 발생하는 원가를 통제가능원가와 통제불능원가로 분류하여 부문경영자의 성과를 평가해야 한다.

원가와 통제

원가의 통제가능성: 책임중심점

통제가능원가와 통제불능원가

- 원가통제가능성(책임중심점)을 기준으로 한 원가분류임.
- 특히 고정원가에 대한 경영진의 의사결정이 주요사안임.

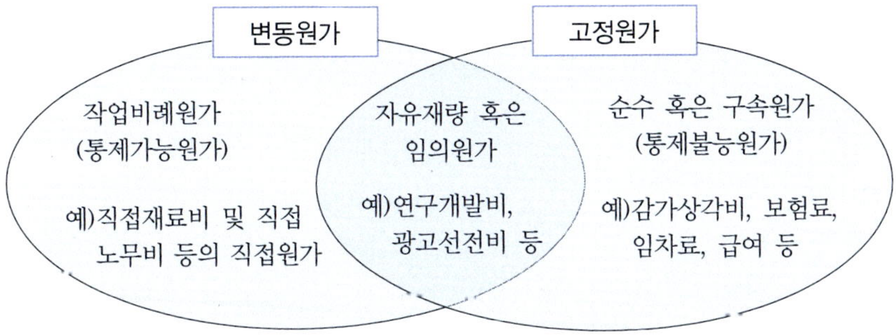

통제불능원가는 특정부문의 외부에서 이루어지는 의사결정에 의해 발생한다. 예를 들어, 공장부문에서 사용할 설비자산의 구입에 관한 의사결정이 최고경영진에 의해 이루어졌다면, 이 설비자산과 관련된 고정원가는 공장부문경영자가 직접적으로 관리할 수 없는 통제불능원가이다. 만약 이러한 원가를 포함시켜 성과평가를 수행했을 경우 공장부문경영자의 성과평가는 왜곡되게 된다. 따라서 공장부문경영자의 성과평가대상에서 이러한 원가정보는 제외시켜야 한다.

6 기타 기준에 따른 원가분류

지금까지는 원가의 추적가능성, 원가행태, 제조활동과의 관련성, 통제가능성 등의 기준에 따라 원가의 유형을 살펴보았다. 이외에도 다양한 기준으로 원가의 유형을 구분할 수 있다.

첫째, 원가는 의사결정과의 관련성(relevance) 여부에 따라 관련원가(relevant cost)와 비관련원가(irrelevant cost)로 구분할 수 있다. 경영자의 의사결정은 다양한 상황에서 이루어진다. 따라서 동일한 원가정보라 하더라도 하나의 상황에서는 중요하게 다루어지지만, 다른 상황에서는 중요하지 않을 수 있다. 관련원가는 여러 가지 대안 사이에 차이가 있는 미래원가로서 특정 의사결정에 중요하게 활용되는 원가를 말한다. 반면, 비관련원가는 여러 가지 대안 사이에 차이가 없거나 이미 발생한 과거의 원가로서 특정 의사결정에 영향을 주지 않는 원가를 말한다. 예를 들어, 조선업체가 신규로 선박을 수주할지를 결정할 경우, 신규 건조에 필요한 원재료 구입원가, 추가로 고용할 근로자에 대한 임금, 추가로 취득해야 하는 기계장치의 감가상각비 등은 중요하게 고려해야 할 관련원가가 된다. 하지만, 이미 건조 중인 선박에 투입된 원재료 구입원가, 기존 근로자의 임금, 사용 중인 기계장치의 감가상각비 등은 신규 선박건조와는 무관하게 발생하는 비관련원가이다. 특히 과거의 의사결정에 의해 이미 발생한 원가로서 현재 또는 미래의 의사결정에 의해 달라지지 않는 비관련원가를 매몰원가(sunk cost)라고 한다. 이러한 매몰원가는 경영자가 통제할 수 없고 여러 가지 대안 사이에 아무런 차이도 가져오지 않기 때문에 의사결정에서 고려하지 않아야 한다.

둘째, 원가는 측정단위를 기준으로 총원가(total cost)와 단위당 원가(unit cost)로 구분할 수 있다. 총원가는 특정 원가대상에서 발생한 모든 원가의 합계를 말하고, 단위당 원가는 총원가를 생산수량 또는 조업도로 나눈 값을 말한다. 예를 들어, 직접재료비 ₩20,000, 직접노무비 ₩25,000, 제조간접비 ₩40,000을 투입하여 제품 100개를 생산하였다면, 총원가는 ₩85,000(=₩20,000+₩25,000+₩40,000), 단위당 원가는 ₩850(=₩85,000÷100개)이 된다.

셋째, 원가를 경제학적 관점에서 기회원가(opportunity cost)로 파악할 수도 있다. 기회원가는 기업의 경제적 자원을 현재 사용하고 있는 곳이 아닌 다른 대체적 용도에 사용하였을 때 실현할 수 있는 최대금액을 말한다. 신규 투자의사결정을 할 경우에는 여러 가지 대안 중에서 차선의 대안을 포기함으로써 상실한 경제적 효익(economic benefit)이 기회원가가 된다. 기회원가는 제한된 경제적 자원을 여러 가지 목적에 활용할 수 있을 때 성립되는 개념이며, 경제적 자원이 무한하거나 하나의 용도밖에 사용할 수 없는 경우 기회원가는 ₩0이 된다. 일반적으로 기회원가는 회계시스템에서는 측정·기록되지 않으며, 현실적으로 기회원가의 측정이 어렵다. 그러나 합리적 의사결정을 위해서는 어떠한 형태로든 기회원가를 파악하도록 노력할 필요가 있다.

지금까지 설명한 원가개념을 정리하면 다음 표와 같다.

원가개념의 요약

개념		정의
원가		특정 목적을 달성하기 위해 희생 또는 소모된 자원을 화폐액으로 나타낸 것
비용		특정회계기간의 수익창출에 기여한 원가
손실		특정회계기간의 수익창출에 기여하지 못한 원가
추적가능성	직접원가	특정원가대상에 직접 관련시킬 수 있는 원가
	간접원가	특정원가대상에 직접 관련시킬 수 없는 원가
원가행태	변동원가	조업도에 따라 총액이 변하는 원가
	고정원가	조업도에 따라 총액이 변하지 않는 원가
제조활동 관련성	제조원가	제품을 생산하는 과정에서 소요되는 모든 원가
	비제조원가	기업의 제조활동과 식접직인 관련이 없는 원가
자산화 가능성	재고가능원가	원가발생시 재무상태표상 자산으로 계상되는 원가
	기간원가	발생기간에 비용으로 인식하는 원가
통제가능성	통제가능원가	경영자가 발생에 영향을 미칠 수 있는 원가
	통제불능원가	경영자가 발생에 영향을 미칠 수 없는 원가
의사결정 관련성	관련원가	경영자의 의사결정에 차이를 가져오는 원가
	비관련원가	경영자의 의사결정에 차이를 가져오지 않는 원가
측정단위	총원가	특정원가대상에서 발생한 모든 원가의 합계
	단위당 원가	총원가를 생산수량(또는 조업도)으로 나눈 원가
기타	매몰원가	과거의 의사결정에 의해 이미 발생한 원가로서 현재 또는 미래의 의사결정에 의해 달라지지 않는 원가
	기회원가	경제적 자원을 현재 사용하고 있는 곳이 아닌 다른 대체적 용도에 사용하였을 때 실현할 수 있는 최대금액 (또는 경제적 효익)

Ⅰ. 평가자 체크리스트

※ 다음 서술이 옳으면 T, 옳지 않으면 F를 기재하시오.

2.1 원가회계는 '일반적으로 인정된 회계원칙(GAAP)'에 따르지 않으며, 관련 측정치와 보고서는 원가·효익 분석에 근거를 둔다.

2.2 원가회계는 내부관리용 경영계획의 수립·통제, 특수한 의사결정 등 관리측면의 원가정보만을 제공한다.

2.3 원가회계는 조직 자원의 취득과 사용에 따른 원가와 관련된 재무적·비재무적 정보를 측정, 분석 및 보고한다.

2.4 원가회계는 포괄손익계산서 작성에 필요한 매출원가와 관련된 원가정보를 제공할 뿐만 아니라 재무상태표 작성에 필요한 재고자산 가액 결정을 위한 원가정보를 제공한다.

2.5 발생한 원가를 원가대상별로 추적할 수 있는가에 따라서 직접원가와 간접원가로 분류된다.

2.6 실질적 또는 경제적으로 특정 제품 등에 직접 관련시킬 수 있는 원가를 직접원가라고 한다.

2.7 조업도의 변동에 따른 원가행태(cost behavior)에 근거하여 직접원가와 간접원가로 분류된다.

2.8 고정원가는 조업도의 증감에 따라 비례적으로 증가 또는 감소하는 성격의 원가이다.

2.9 고정원가는 조업도가 증감하더라도 관련 범위 내에서는 고정적이기 때문에, 다른 조건이 동일한 경우 제품의 단위당 고정원가는 조업도의 증가에 따라 감소한다.

2.10 변동원가는 조업도가 0(영)인 경우에도 일정액이 발생하고, 그 이후로부터 조업도에 따라 비례적으로 증가하는 원가를 말한다.

Ⅱ. 객관식

2.1 원가에 대한 설명 중 가장 옳은 것은?

① 직접재료비는 기초원가와 가공원가 모두 해당된다.
② 매몰원가는 의사결정과정에 영향을 미치는 원가를 말한다.
③ 고정원가는 조업도와 상관없이 일정하게 증가하는 원가를 말한다.
④ 직접원가란 특정한 원가집적대상에 추적할 수 있는 원가를 말한다.
⑤ 공장감독자 급여는 기본원가에만 포함된다.

2.2 원가의 개념에 대한 설명으로 가장 옳지 않은 것은?

① 간접원가란 특정한 원가대상에 직접 추적할 수 없는 원가이다.
② 회피가능원가는 특정 대안을 선택하지 않음으로써 회피할 수 있는 원가이다.
③ 변동원가는 소업도가 증가할 때마다 원가총액이 비례하여 증가하는 원가이다.
④ 경영자가 미래의 의사결정을 위해서는 과거 지출된 원가의 크기를 고려하여야 하므로 매몰원가 역시 관련원가에 해당한다.
⑤ 제품생산량이 증가함에 따라 관련 범위 내에서 제품 단위당 고정원가는 감소한다.

2.3 원가회계의 특징에 대한 설명으로 가장 옳지 않은 것은?

① 손익계산서의 제품매출원가를 결정하기 위하여 제품생산에 소비된 원가를 집계
② 재무상태표에 표시되는 재공품과 제품 등의 재고자산의 가액을 결정
③ 기업의 경영계획 및 통제, 의사결정에 필요한 원가자료를 제공
④ 주로 외부이해관계자에게 의사결정에 대한 유용한 정보제공
⑤ 원가계산제도는 경영자의 판단에 의하여 변경이 가능하다.

2.4 공장감독자의 급여를 분류한 것으로 옳은 것은?

	기본원가	가공원가	제품원가	기간원가
①	아니오	예	아니오	예
②	예	아니오	예	아니오
③	아니오	예	예	아니오
④	예	아니오	예	예
⑤	예	예	아니오	예

2.5 원가의 추적가능성에 따라 분류한 것으로 옳은 것은?

① 재료비, 노무비, 경비
② 직접비와 간접비
③ 변동비와 고정비
④ 제품원가와 기간원가
⑤ 제조원가와 비제조원가

2.6 제조부문과 판매부문에 동시에 발생할 수 있는 계정과목으로 옳은 것은?

① 광고선전비, 간접노무비, 보험료, 수도광열비
② 감가상각비, 재산세, 보험료, 수도광열비
③ 외주가공비, 보험료, 공장감가상각비, 급료
④ 수도광열비, 광고선전비, 공장감가상각비, 보험료
⑤ 공장전기료, 특허권사용료, 외주가공비, 감가상각비

2.7 원가는 경영자의 의사결정 목적에 따라 여러 가지로 분류할 수 있다. 다음 원가 분류에 대한 설명으로 옳지 않은 것은?

① 고정원가는 원가의 행태에 따른 원가분류 방법이다.
② 간접원가는 원가의 추적가능성에 따른 분류이다.
③ 매몰원가는 의사결정과의 관련성에 따른 원가분류 방법이다.
④ 제조원가는 기본원가와 가공원가의 합으로 구성된다.
⑤ 통제가능원가는 통제가능성에 따른 원가분류 방법이다.

2.8 제조원가에 포함되지 않는 계정과목은?

① 재료비
② 노무비
③ 관리비
④ 경비
⑤ 동력용수비

2.9 제조원가항목에 대한 설명으로 옳은 것은?

① 관리부 직원 급여
② 영업사원 복리후생비
③ 마케팅부서 접대비
④ 영업부 차량 감가상각비
⑤ 공장 차량운반구의 감가상각비

2.10 제조간접비에 대한 설명으로 옳은 것은?

① 기본원가에 해당된다.
② 고정원가만 있고 변동원가는 없다.
③ 직접노무비와의 합계액을 가공원가라고 한다.
④ 간접재료비와 간접노무비에서는 포함되지 아니한다.
⑤ 제조간접비에 해당하는 계정과목은 생산직 근로자의 임금이 예이다.

2.11 제조공장에서 발생한 보험료를 분류한 것으로 옳은 것은?

① 기본원가 ② 직접원가
③ 비제조원가 ④ 가공원가
⑤ 통제가능원가

2.12 통제가능원가에 해당하는 계정과목으로 옳은 것은?

① 직접재료비 ② 보험료
③ 감가상각비 ④ 임차료
⑤ 급여

2.13 통제불능원가에 해당하는 계정과목으로 옳은 것은?

① 직접재료비 ② 직접노무비
③ 광고선전비 ④ 감가상각비
⑤ 연구개발비

2.14 기본원가를 계산하면 얼마인가?

기초원재료재고액	₩15,000	전월노무비미지급액	₩20,000
당월원재료매입액	₩95,000	당월노무비지급액	₩60,000
기말원재료재고액	₩10,000	당월노무비미지급액	₩10,000
당월보험료지급액	₩25,000	당월영업부사무원급여	₩10,000

① ₩100,000 ② ₩120,000
③ ₩150,000 ④ ₩160,000
⑤ ₩175,000

2.15 다음 원가자료에 의하여 가공원가를 계산하면 얼마인가?

직접재료비	₩1,200,000	직접노무비	₩1,500,000
변동제조간접비	₩800,000	고정제조간접비	₩200,000

① ₩1,200,000 ② ₩1,500,000
③ ₩1,700,000 ④ ₩2,300,000
⑤ ₩2,500,000

2.16 기본원가와 가공원가를 계산하면 얼마인가?

직접재료비	₩50,000	직접노무비	₩80,000
공장장급료	₩40,000	본사건물감가상각비	₩20,000
대표이사급료	₩90,000	공장건물화재보험료	₩5,000
공장기계수선비	₩15,000	공장전기료	₩25,000

	기본원가	가공원가
①	₩130,000	₩160,000
②	₩130,000	₩165,000
③	₩170,000	₩160,000
④	₩170,000	₩165,000
⑤	₩170,000	₩255,000

2.17 다음 자료를 이용하여 당기총제조원가를 계산하면 얼마인가?

기본원가	₩500,000	가공원가	₩700,000
제조간접비	₩400,000		

① ₩700,000 ② ₩800,000
③ ₩900,000 ④ ₩1,000,000
⑤ ₩1,200,000

2.18 다음 자료를 이용하여 판매가격을 계산하면 얼마인가?

직접재료비	₩500,000	직접노무비	₩300,000
제조경비	₩200,000	제조간접비	₩1,000,000
판매관리비는 제조원가의 15%		판매이익은 총원가의 10%	

① ₩2,300,000 ② ₩2,320,000
③ ₩2,350,000 ④ ₩2,530,000
⑤ ₩2,570,000

2.19 다음 자료를 이용하여 제조원가를 계산하면 얼마인가?

직접재료비	₩200,000	직접원가	₩500,000
판매비와관리비는 제조원가의 25%		판매가격은 총원가의 120%	
판매가격	₩1,500,000		

① ₩700,000 ② ₩800,000
③ ₩900,000 ④ ₩1,000,000
⑤ ₩1,200,000

2.20 다음 자료를 이용하여 판매비와 관리비를 계산하면 얼마인가?

직접재료비	₩1,000,000	직접노무비	₩2,000,000
제조간접비	₩3,000,000	판매가격	₩12,000,000
판매가격은 총원가의 20%를 가산하여 판매한다.			

① ₩4,000,000 ② ₩4,500,000
③ ₩5,000,000 ④ ₩6,000,000
⑤ ₩8,500,000

2.21 기회비용에 대한 설명 중 가장 적절하지 않은 것은? [기업회계2급 수정]

① 기회비용은 여러 대안 중에서 어느 하나를 선택하였을 때 포기해야 하는 다른 대안들 중에서 효익이 가장 큰 것을 말한다.

② 기회비용이란 자원을 현재 용도 이외에 다른 용도로 사용했을 경우 얻을 수 있는 최대금액을 말한다.

③ 기회비용은 장부상에 나타나지 않는다.

④ 기회비용은 의사결정에 영향을 미치는 비관련원가이다.

⑤ 기회비용은 암묵적 비용과 명시적 비용으로 나눠진다.

2.22 아래 자료를 보고 A씨의 현재 의사결정에 관한 매몰원가는 얼마인가? [전산세무1급 수정]

- A씨는 이번에 취업을 목적으로 전산세무1급 자격증과 영어공부를 시작하려 한다.
- 이미 A씨는 대학교 1학년 때 전산회계1급 자격증을 취득하였고 그와 관련된 교재구입비로 ₩30,000을 지출하였다.
- 현재는 전산세무1급 자격증 취득과 영어공부를 위해 수험서적 및 어학서적을 각각 ₩25,000과 ₩40,000에 구입하려 한다.
- 또한, 인터넷강의를 수강하기 위해 수강료를 알아본 결과 6개월 수강료는 ₩100,000이며 인강을 신청할 경우 교재 구입비를 10% 할인받을 수 있다.

① ₩25,000　② ₩30,000

③ ₩40,000　④ ₩65,000

⑤ ₩100,000

2.23 다음 설명에 맞는 원가개념은? [기업회계2급 수정]

채원이는 피아노학원에 다니고 있었는데, 방학이 되자 수영을 배우려고 알아보니 피아노학원 수업 시간과 겹치게 되었다. 채원이는 수영을 꼭 배우고 싶어 수강 중인 피아노학원을 그만두고 수영을 수강하게 되었다. 이미 지출된 피아노학원비는 (　　　)에 해당한다.

① 기회비용　② 매몰원가

③ 역사적원가　④ 의사결정원가

⑤ 간접원가

2.24 (주)만군은 한 공장에서 100명의 직원 모두가 팀 구분 없이 승용차와 트럭을 생산하고 있다. 승용차 생산과 관련하여 원가를 원가행태와 추적가능성에 따라 아래와 같이 분류하는 경우 (ㄱ)의 사례로 가장 옳은 것은? [재경관리사 수정]

	직접원가	간접원가
변동원가	(ㄱ)	(ㄷ)
고정원가	(ㄴ)	(ㄹ)

① 승용차용 타이어 원가 ② 공장감가상각비
③ 공장장 급여 ④ 식당 운영비
⑤ 공장 재산세

Ⅲ. 주관식

2.1 다음에 열거한 항목 중 제조간접비에 해당하는 것은?

a. 공장기계 감가상각비	b. 공장감독자의 복리후생비
c. 공장건물에 대한 재산세	d. 생산직근로자의 임금
e. 본사사무실 비품	f. 공장전기료
g. 광고선전비	h. 영업부 차량 감가상각비

2.2 3월 중의 직접재료비는 ₩1,000,000이었다. 3월 중의 가공원가는 ₩1,500,000인데 이 중 ₩800,000은 제조간접비이다. 3월 중의 기본원가는 얼마인가?

2.3 다음의 원가자료에서 기본원가와 가공원가 모두에 해당하는 금액은?

직접재료비	₩100,000	직접노무비	₩500,000
변동제조간접비	₩300,000	고정제조간접비	₩200,000

2.4 다음의 원가정보를 이용하여 가공원가를 계산하면?

직접재료비 구입액	₩300,000	직접재료비 사용액	₩200,000
직접노무비 발생액	₩500,000	변동제조간접비 발생액	₩500,000

(변동제조간접비는 총제조간접비의 20%이다)

2.5 다음은 모형자동차를 제조하는 경기(주)의 원가자료이다. 각각의 원가에 대하여 (a) 제품원가, (b) 기간원가, (c) 기본원가, (d) 전환원가로 구분하여 표시하시오.

① 자동차공장의 근로자임금
② 공장건물의 보험료
③ 판매관리자의 급료
④ 공장건물의 재산세
⑤ 판매시 운송료
⑥ 컴퓨터창고의 화재보험료
⑦ 본사 비품의 감가상각비
⑧ 공장감독자의 복리후생비
⑨ 원재료 매입 부대비용
⑩ 공장 경비실의 급료

2.6 (주)서울의 원가자료이다. 단, 기말 제품재고액 ₩100,000을 제외한 기초와 기말 재고액은 없다. 다음 자료를 이용하여 (1) 기본원가 (2) 가공원가 (3) 당기총제조원가 (4) 기간원가를 구하시오.

원재료소비액	₩1,000,000	공장건물재산세	₩20,000
공장감독자 급료	100,000	본사사무실 비품	50,000
직접노무비	800,000	공장 수도광열비	30,000
직접노동자의 복리후생비	50,000	본사사무원 급료	100,000
광고비	250,000	본사사무실 잡비	50,000
공장기계 감가상각비	200,000		

2.7 (주)서울은 기계장치를 5년 전에 ₩10억에 구입하였으나 이 기계를 사용할 수 없게 되었다. 따라서 이 기계장치를 처리하고자 하는데 방안 A는 수리비용 ₩1억을 들여 ₩5억에 판매하는 것이고 방안 B는 ₩3억원에 바로 처분하는 것이다. 이때 매몰원가는 얼마인가?

2.8 다음은 (주)강릉의 원가자료이다. 다음 자료를 이용하여 원가구성도를 완성하시오.

재료비 소비액	₩1,000,000 (이 중 간접비는 40%임)		
노무비 소비액	₩500,000 (이 중 간접비는 60%임)		
경 비 소비액	₩2,000,000 (외주가공비 ₩500,000 포함)		
판매수수료	₩80,000	마케팅 비용	₩90,000
대표이사 급료	₩70,000	관리비	₩95,000
영업부차량 감가상각비	₩5,000	본사건물재산세	₩90,000
판매이익은 총원가의 20%임.			

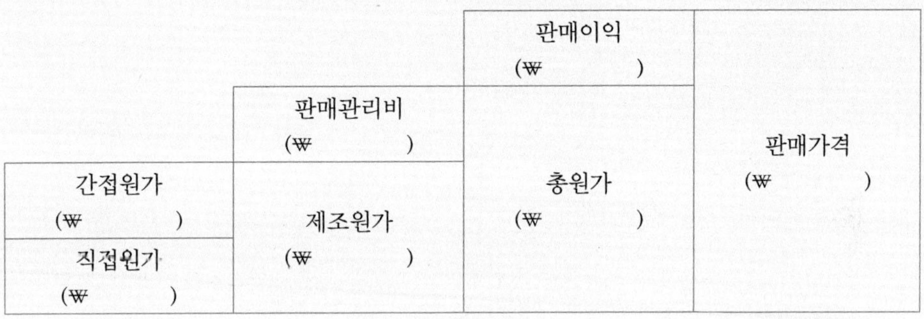

2.9 다음 자료를 이용하여 원가구성도를 완성하시오.

기초원가는 ₩250,000이다.	가공원가는 ₩500,000이다.
판매이익은 판매가격의 40%이다.	제조간접비는 직접노무비의 150%이다.
총원가는 제조간접비의 350%이다.	

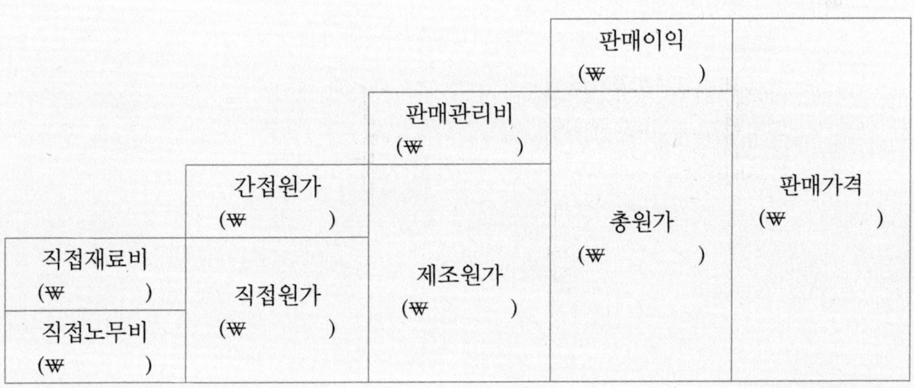

2.10 (주)세무는 실제원가계산을 사용하고 있으며, 20×1년 원가자료는 다음과 같다. 20×1년 직접재료매입액은 ₩21,000이었고, 매출원가는 ₩90,000이었다. 가공원가의 40%가 직접노무원가라면 기초원가(prime cost)는? [2013년 세무사]

	기초잔액	기말잔액
직접재료	₩3,000	₩4,000
재 공 품	50,000	45,000
제 품	70,000	60,000

제 3 장

제조기업의 원가흐름과 집계

학습목표

제조기업의 원가흐름을 이해하는 것은 제조기업의 구매, 제조, 판매 등의 경영활동을 통해 제조기업의 회계정보의 산출과정과 재무제표 작성과정에 대한 원가회계의 전반적인 관점을 제공해 준다.

본 장에서는 원가의 흐름과 집계, 즉 직접재료비, 직접노무비, 제조간접비의 생산원가를 근거로 어떻게 제조원가명세서가 작성되는지를 설명한다. 또한 상기업의 재무제표와 제조기업의 재무제표를 비교하여 설명한 후, 제조기업의 원가흐름과 재무제표 작성에 대한 내용을 설명한다.

1. 제조기업의 경영활동은 어떻게 구성되어 있는가?
2. 원가의 흐름과 집계는 어떻게 산출되는가?
3. 상기업과 제조기업의 재무제표는 어떻게 다른가?
4. 제조기업의 재고자산 흐름과 원가계산 흐름은 어떻게 구성되어 있는가?
5. 제조기업의 회계순환과정은 어떻게 구성되어 있는가?

1 제조기업의 경영활동

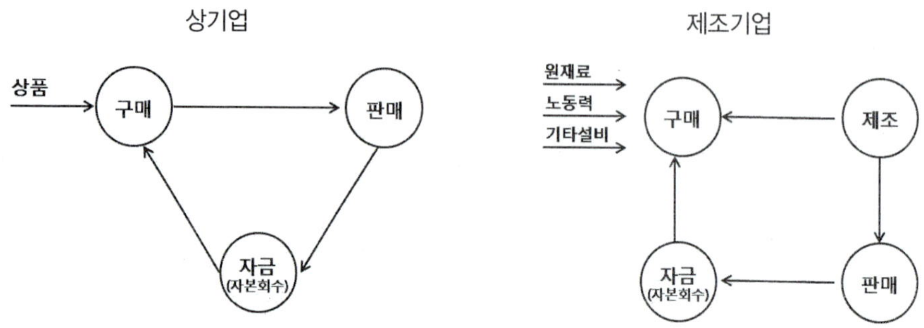

상기업(merchandising company)의 경영활동은 구매활동과 판매활동으로 구분하며, 제조기업(manufacturing company)의 경영활동은 구매활동, 제조활동, 판매활동으로 구분한다. 구매활동은 원재료, 노동력, 기타설비 등 제품생산에 필요한 생산요소를 기업 외부로부터 구입하는 활동이며, 제조(생산)활동은 기업 외부로부터 구입한 생산요소를 제품생산에 투입하는 활동이며, 판매활동은 제조활동을 통해 완성된 제품을 기업 외부에 판매하는 활동을 말한다. 이렇게 제조기업에서는 구매활동, 제조활동, 판매활동이 복합적으로 이루어지기 때문에 회계정보 산출과정과 재무제표가 상기업보다 복잡하다.

구매활동	제조활동	판매활동
원재료 노동력 설비 등 구입 (자본투자) →	재료비 노무비 경비 → 재공품 → 제 품	→ 제품판매 (자본회수)

2 원가의 흐름과 집계

제조기업이 원재료를 투입하여 완제품을 생산하기까지 가공 정도에 따라 각기 다른 형태의 자산으로 기록되는 재고가능 원가항목이 존재한다.

즉 생산 공정에 아직 투입하지 않은 원재료(raw materials), 생산 공정에 투입하였지만 완성되지 않고 제조과정 중에 있는 재공품(work in process), 그리고 생산이 완료된 제품(finished goods)으로 구분된다. 제조기업의 원가회계시스템에는 재고자산별로 계정을 설정하며, 각 재고자산 계정에는 기초재고액, 당기증감액 및 기말재고액을 표시한다.

원재료를 제품으로 전환하는 과정에서 원가의 흐름은 먼저 원재료를 창고에서 출고하여 제조공정에 투입하게 된다. 이중 제품에 직접 추적이 가능한(traceable) 원가는 직접재료비(direct material costs)로 재공품계정으로 대체되고 추적이 불가능하거나 어려운 원가는 간접재료비(indirect material costs)로 제조간접비 계정으로 대체된다.

투입된 원재료는 노동력을 투입하여 생산 작업을 수행하게 되는데, 이 중 제품에 추적이 가능한 원가는 직접노무비(direct labor costs)로 재공품계정으로 대체되고, 추적이 불가능하거나 어려운 원가는 간접노무비(indirect labor costs)로 제조간접비 계정으로 대체된다.

직접재료비와 직접노무비를 제외한 나머지 원가는 제조간접비 계정에 기록된다. 간접재료비, 간접노무비, 기타제조간접비 금액의 합은 제조간접비 계정으로 대체된다.

이렇게 생산활동에서 발생하는 제조원가는 일단 미완성된 제품의 원가를 나타내는 재공품계정에 기록하며, 제품을 완성하면 완제품의 원가를 재공품계정에서 제품계정으로 대체한다. 마지막 단계에서 고객에게 판매한 제품의 원가를 제품계정에서 매출원가 계정으로 대체한다.

이를 도식화하면 다음과 같다.

원가의 흐름

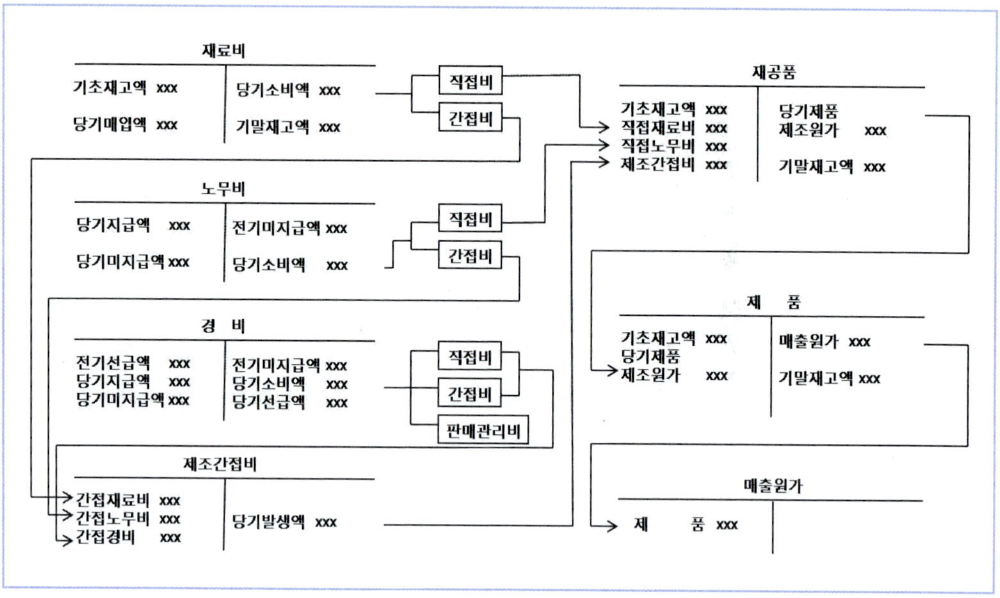

이러한 원가흐름을 재료비, 노무비, 제조간접비, 당기총제조원가, 당기제품제조원가, 매출원가와의 관계로 나타내면 다음과 같다.

재료비	노무비	제조간접비	재공품	제품
기초원재료재고액	당기지급액		기초재공품재고액	기초제품재고액
+당기원재료매입액	+기말미지급금	당기발생액		
−기말원재료재고액	−기초미지급금			
=재료비(A)	=노무비(B)	=제조간접비(C)	+당기총제조원가(D)=(A+B+C)	
			−기말재공품재고액	
			=당기제품제조원가	+당기제품제조원가
				−기말제품재고액
				=매출원가

제조기업에서 포괄손익계산서를 작성하기 위해서 제조원가명세서를 작성해야 한다. 제조원가명세서는 특정기간 동안에 생산활동에서 발생한 원가의 변동사항을 요약한 표라고 할 수 있다. 즉, 제조원가명세서에는 재공품의 기초금액, 당기총제조원가, 제품으로 대체된 금액 및 재공품의 기말잔액 등을 기록한다. 이 중 포괄적으로 당기총제조원가의 구성항목인 당기의 직접재료비, 직접노무비 및 제조간접비 항목의 금액이 상세히 나타나 있으며, 당기제품제조원가는 당기에 재공품에서 제품으로 대체된 원가를 나타낸다.

제조원가명세서

200×년 1월 1일부터 200×년 12월 31일까지

과목	금액	
Ⅰ. 재료비		
1. 기초재료 재고액	×××	
2. 당기재료 매입액	×××	
계	×××	
3. 기말재료 재고액	(×××)	×××
Ⅱ. 노무비		
1. 임금	×××	
2. 급여	×××	
3. 퇴직급여	×××	×××
Ⅲ. 경비		
1. 전기료	×××	
2. 가스료	×××	
3. 세금과공과	×××	
4. 감가상각	×××	
5. 보험료	×××	×××
Ⅳ. 당기총제조원가		×××
Ⅴ. 기초재공품 재고액		×××
Ⅵ. 합계		×××
Ⅶ. 기말재공품 재고액		(×××)
Ⅷ. 당기제품제조원가		×××

다음은 제조기업의 포괄손익계산서를 보여주고 있다. 포괄손익계산서를 작성하기 위해서는 매출원가정보가 필요한데, 제조기업의 경우 위에서 산출한 제조원가명세서의 당기제품제조원가 정보를 이용하여 매출원가를 계산하게 된다. 다시 말해서, 고객에게 판매한 제품의 매출원가는 제품의 제조과정에서 발생한 직접재료비, 직접노무비, 제조간접비를 근거로 산출한다.

포괄손익계산서

200×년 1월 1일부터 200×년 12월 31일까지

매출액		×××
매출원가		
기초제품재고액	×××	
당기제품제조원가	×××	
판매가능액	×××	
기말제품재고액	(×××)	(×××)
매출총이익		×××
판매비와 관리비		(×××)
당기순이익		×××

3 상기업과 제조기업의 재무제표 비교

상기업의 매출원가는 포괄손익계산서에서 기초상품재고액에 당기상품매입액을 더하고 기말상품재고액을 차감하여 계산한다. 상기업의 매출원가는 판매된 상품의 취득가격을 뜻한다.

제조기업의 매출원가는 포괄손익계산서에서 기초제품재고액에 당기제품제조원가를 더하고 기말제품재고액을 차감하여 계산한다. 상기업의 매출원가는 판매된 상품의 취득원가인데 비하여 제조기업의 매출원가는 판매된 제품의 제조원가이다. 당기제품제조원가를 계산하기 위해서는 원재료, 재공품, 제품과 관련된 원가가 사전에 계산되어야 한다.

- 상 기 업: 매출액 → 매출원가(매입원가) → 매출총이익(포괄손익계산서에 반영)
- 제조기업: 매출액 → 매출원가(제조원가) → 매출총이익(포괄손익계산서에 반영)

1) 상기업의 재무제표

다음은 상기업인 (주)현대백화점의 재무상태표와 포괄손익계산서를 보여주고 있다. (주)현대백화점의 재무상태표의 재고자산은 상품계정으로 표시되며, 포괄손익계산서의 매출원가도 상품계정으로 표시된다.

재무상태표

(주)현대백화점 20×8년 12월 31일 현재 (단위 : 원)

과목	금액
자 산 :	
Ⅰ. 유동자산	
(1) 당좌자산	
(2) 재고자산	
1. 상 품	100,000,000
자산 총계	100,000,000
부 채 :	
단기차입금	20,000,000
부채 총계	20,000,000
자 본 :	
자 본 금	50,000,000
이익잉여금	30,000,000
자본 총계	80,000,000
부채와 자본 총계	100,000,000

포괄손익계산서

(주)현대백화점 20×8년 1월 1일~12월 31일 (단위 : 원)

매 출 액		150,000,000
매 출 원 가		(100,000,000)
1. 기초상품재고액	20,000,000	
2. 당기상품매입액	180,000,000	
3. 기말상품재고액	100,000,000	
매출총이익		50,000,000
판매비와관리비		20,000,000
당기순이익		30,000,000

2) 제조기업의 재무제표

다음은 제조기업인 (주)현대하이스코의 재무상태표와 포괄손익계산서를 보여주고 있다. (주)현대하이스코의 재고자산은 제품, 재공품, 원재료로 표시되며, 포괄손익계산서의 매출원가는 제품계정으로 표시된다.

재무상태표

(주)현대하이스코 20×8년 12월 31일 현재 (단위 : 원)

자 산 :	
Ⅰ. 유동자산	
(1) 당좌자산	
(2) 재고자산	
1. 제 품	10,000,000
2. 재공품	50,000,000
3. 원재료	40,000,000
자산 총계	100,000,000

부 채 :		
	단기차입금	20,000,000
부채 총계		20,000,000
자 본 :		
	자 본 금	50,000,000
	이익잉여금	30,000,000
자본 총계		80,000,000
부채와 자본 총계		100,000,000

포괄손익계산서

(주)현대하이스코 20×8년 1월 1일~12월 31일 (단위 : 원)

매 출 액		150,000,000
매 출 원 가		(100,000,000)
1. 기초제품재고액	10,000,000	
2. 당기제품제조원가	100,000,000	
3. 기말제품재고액	10,000,000	
매출총이익		50,000,000
판매비와관리비		20,000,000
당기순이익		30,000,000

위에서 살펴본 바와 같이 상기업인 (주)현대백화점과 제조기업인 (주)현대하이스코는 재무상태표의 재고자산 내용이 다르며, 포괄손익계산서의 매출원가도 다르게 계산된다.

상기업의 재무상태표에는 상품이 재고자산으로 보고되는 데 비하여, 제조기업의 재무상태표에는 원재료, 재공품, 제품 등이 재고자산으로 보고된다. 원재료 재고자산은 기업이 제품생산을 위하여 매입한 원재료 중에서 재무상태표일 현재 아직 사용하지 않은 원재료의 취득원가이다. 재공품 재고자산은 재무상태표일 현재 공정 중에 있는 재료의 취득원가에 그 재료를 가공하기 위하여 투입된 노무비와 제조경비를 합한 가액이다. 제품 재고자산은 제조가 완료된 제품 중에서 재무상태표일 현재 아직 판매되지 않은 제품의 제조원가이다.

4 제조기업의 재고자산 흐름

제품의 제조공정을 중심으로 하여 재무상태표, 포괄손익계산서 관계를 나타낸 것이 아래와 같다.

매출이 발생하면 앞서 상기업의 경우와 같이 포괄손익계산서에 매출액이 보고된다. 원재료를 매입하여 재고자산으로 보유하고 있다가 원재료를 생산공정에 투입하고 여기에 노무비와 제조경비를 투입하여 가공하게 되면서 제조원가가 발생되고 집계된다. 이렇게 기간별로 집계된 것이 당기총제조원가이다. 당기총제조원가에 기초재공품을 가산하고 기말재공품을 차감하여 당기제품제조원가를 산출한다. 제품을 고객에게 판매하게 되면 판매된 제품의 제조원가가 매출원가로 보고된다. 매출액과 매출원가의 차이가 매출총이익이다. 판매활동과 관리활동에 의하여 판매비와 관리비가 발생하는데 매출총이익에서 판매비와 관리비를 차감하면 당기순이익이 된다. 포괄손익계산서의 당기순이익은 재무상태표의 이익잉여금에 대체된다.

제조원가명세서

(주)현대하이스코 20×8년 1월 1일~12월 31일 (단위 : 원)

재료비		65,000,000
1. 기초재료재고액	10,000,000	
2. 당기재료매입액	95,000,000	
3. 기말재료재고액	40,000,000	
노무비		15,000,000
경 비		30,000,000
당기총제조원가		110,000,000
기초재공품원가		40,000,000
기말재공품원가		50,000,000
당기제품제조원가		100,000,000

포괄손익계산서

(주)현대하이스코 20×8년 1월 1일~12월 31일 (단위 : 원)

매 출 액		150,000,000
매 출 원 가		(95,000,000)
1. 기초제품재고액	5,000,000	
2. 당기제품제조원가	100,000,000	
3. 기말제품재고액	10,000,000	
매출총이익		55,000,000
판매비와관리비		25,000,000
당기순이익		30,000,000

재무상태표

(주)현대하이스코 20×7년 12월 31일 현재 (단위 : 원)

자 산 :	
Ⅰ. 유동자산	
(1) 당좌자산	
1. 현 금	5,000,000
(2) 재고자산	
1. 제 품	5,000,000
2. 재공품	40,000,000
3. 원재료	10,000,000
자산 총계	60,000,000
부 채 :	
단기차입금	7,000,000
부채 총계	7,000,000
자 본 :	
자 본 금	50,000,000
이익잉여금	3,000,000
자본 총계	53,000,000
부채와 자본 총계	60,000,000

재무상태표

(주)현대하이스코 20×8년 12월 31일 현재 (단위 : 원)

과목	금액
자 산 :	
Ⅰ. 유동자산	
(1) 당좌자산	
1. 현 금	10,000,000
(2) 재고자산	
1. 제 품	10,000,000
2. 재공품	50,000,000
3. 원재료	40,000,000
자산 총계	110,000,000
부 채 :	
단기차입금	30,000,000
부채 총계	30,000,000
자 본 :	
자 본 금	50,000,000
이익잉여금	30,000,000
자본 총계	80,000,000
부채와 자본 총계	110,000,000

5 제조기업의 원가계산흐름

1) 재료비의 회계처리

(1) 재료 매입시 분개

차변		대변	
원재료(재료비)	100,000	현금	100,000

(2) 재료 소비시 분개

차변		대변	
재공품	80,000	원재료(재료비)	100,000
제조간접비	20,000		

직접재료비는 개별 제품에 직접 부과(assignment)하고 간접재료비는 간접노무비 및 경비와 함께 제품에 배부(allocation)하기 위하여 제조간접비계정으로 대체한다.

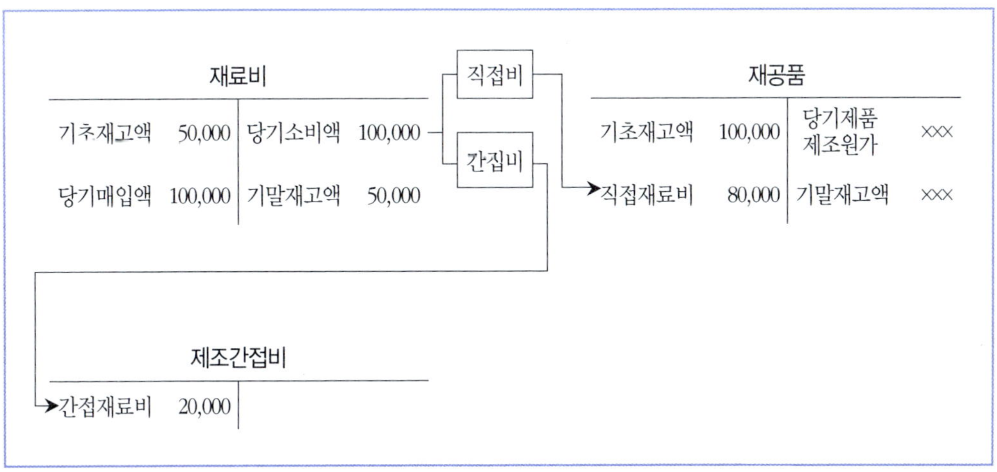

2) 노무비의 회계처리

(1) 노무비 소비시 분개

차변		대변	
재공품	100,000	노무비	150,000
제조간접비	50,000		

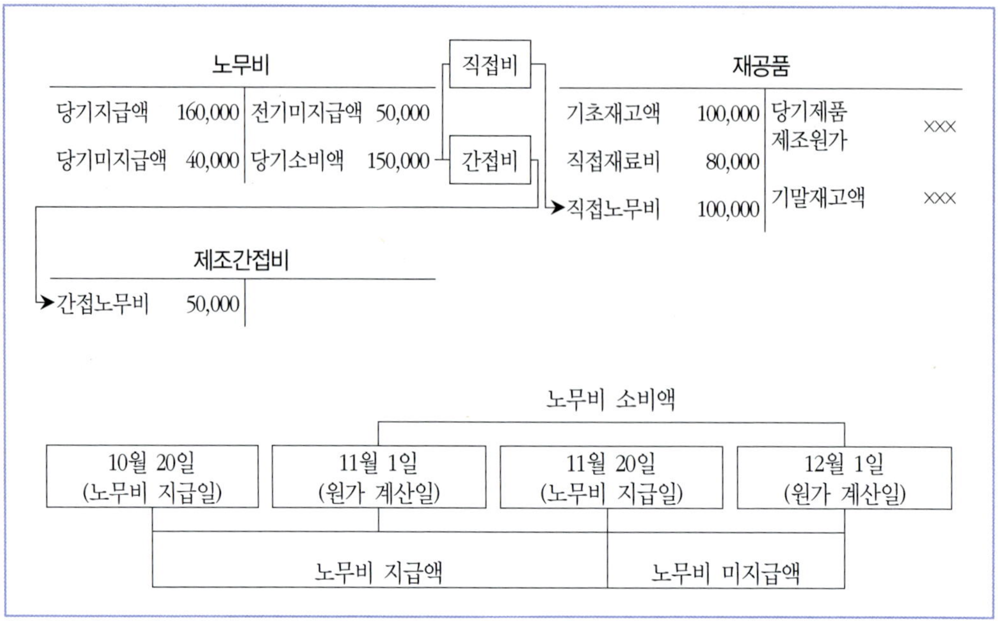

3) 경비의 회계처리

차변		대변	
경비	200,000	감가상각비	50,000
		복리후생비	30,000
		수선유지비	100,000
		통신비	20,000

4) 제조간접비의 회계처리

간접재료비와 간접노무비, 간접경비는 제조간접비이므로 기말에 일괄하여 제조간접비계정의 차변으로 대체한다.

차변		대변	
제조간접비	270,000	간접재료비	20,000
		간접노무비	50,000
		간접경비	200,000

제조간접비는 합리적인 배부기준에 의하여 생산공정인 재공품계정으로 대체한다.

차변		대변	
재공품	270,000	제조간접비	270,000

5) 재공품의 회계처리

생산공정에 투입된 원가를 집계하여 완성품원가와 기말재공품원가로 배분하기 위한 계정이 필요한데 이를 재공품계정이라 한다.

재공품계정의 차변에는 투입된 원가가 기록되고, 대변에는 완성품원가와 기말재공품원가가 기록된다.

재공품

기초재고액	100,000	당기제품제조원가	400,000
직접재료비	80,000	기말재고액	150,000
직접노무비	100,000		
제조간접비	270,000		

6) 제품의 회계처리

완성된 제품의 원가인 당기제품제조원가(당기완성품원가)는 재공품계정의 대변에서 제품계정의 차변으로 제품계정에 대체된다.

차변		대변	
제품	400,000	재공품	400,000

제품계정은 생산이 완료된 완성품의 제조원가를 기록하는 계정이다.

제품

기초재고액	100,000	매출원가	450,000
당기제품제조원가	400,000	기말재고액	50,000

제품계정의 차변합계 즉, 기초제품원가와 당기제품제조원가는 당기 중에 판매가 가능한 제품의 원가이다. 따라서 제품이 판매되면 판매된 제품의 원가는 제품계정의 대변에서 매출원가계정의 차변으로 대체된다.

차변		대변	
매출원가	450,000	제품	450,000

7) 원가흐름

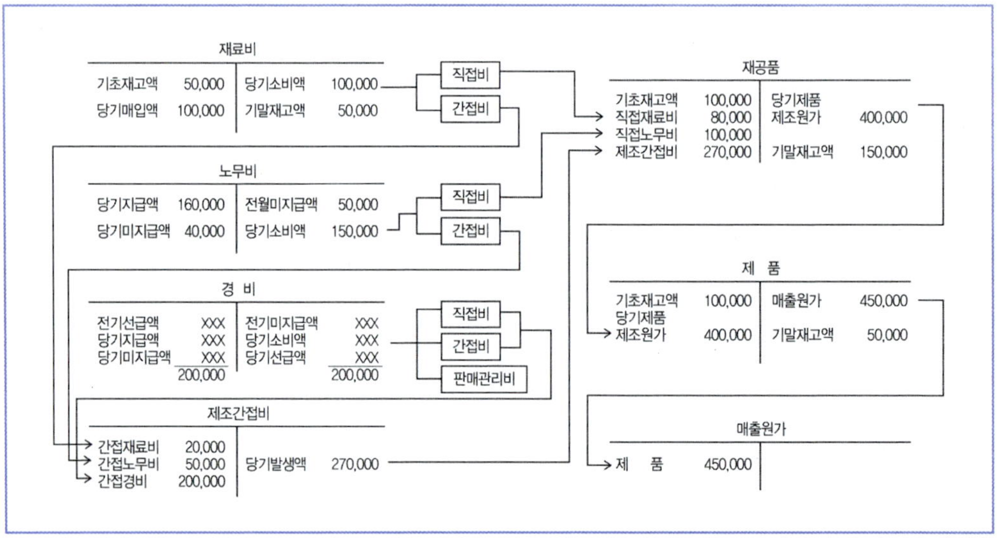

8) 제조원가명세서

제조기업에서 포괄손익계산서를 작성하려면 반드시 사전에 다음과 같은 제조원가명세서를 작성하여야 한다. 왜냐하면, 제조원가명세서에서 계산된 당기제품제조원가는 포괄손익계산서의 매출원가와 연결되기 때문이다.

제조원가명세서

200×년 1월 1일부터 200×년 12월 31일까지

과목	금액	
Ⅰ. 재 료 비		
1. 기초재료재고액	50,000	
2. 당기재료매입액	100,000	
계	150,000	
3. 기말재료재고액	(50,000)	100,000
Ⅱ. 노 무 비		
1. 임금	60,000	
2. 급여	50,000	
3. 퇴직급여	40,000	150,000
Ⅲ. 경 비		
1. 감가상각비	50,000	
2. 복리후생비	30,000	
3. 수선유지비	100,000	
4. 통신비	20,000	200,000
Ⅳ. 당기총제조원가		450,000
Ⅴ. 기초재공품재고액		100,000
Ⅵ. 합계		550,000
Ⅶ. 기말재공품재고액		(150,000)
Ⅷ. 당기제품제조원가		400,000

6 제조기업의 회계순환과정

(주)현대하이스코는 강관제품과 열연제품 두 가지의 제품만을 생산한다. 회사의 원가계산 기간은 2020년 12월 1일부터 31일까지이며, 결산은 매월 말일에 이루어진다. 회사의 기초재무상태표는 다음과 같다.

재무상태표

(주)현대하이스코 2020년 11월 30일 현재 (단위 : 원)

자 산 :		
Ⅰ. 유동자산		
(1) 당좌자산		
1. 현 금		58,800,000 (⑪)
(2) 재고자산		
1. 제 품	제품(강관):100,000 (⑫) 제품(열연):200,000 (⑬)	300,000
2. 재공품	재공품(강관):150,000 (⑭) 재공품(열연):250,000 (⑮)	400,000
3. 원재료		500,000 (⑯)
자산 총계		60,000,000
부 채 :		
단기차입금		10,000,000
부채 총계		10,000,000
자 본 :		
자 본 금		50,000,000
이익잉여금		0 (⑰)
자본 총계		50,000,000
부채와 자본 총계		60,000,000

예제

(주)현대하이스코의 활동과 관련된 분개를 수행하고 재무제표를 작성하시오.

회계담당자는 거래가 발생하면 재무제표의 어느 항목에 얼마의 증감이 발생하였는가를 분석하여, 어느 계정에 그리고 그 계정의 차변과 대변 중 어느 쪽에 얼마를 기록하여야 하는지를 결정한다. 이러한 과정에서 중요한 점은 거래의 결과로 재무상태표의 왼쪽(차변)에 기록되는 금액과 오른쪽(대변)에 기록되는 금액이 일치하여야 한다는 것이다. 즉, 일정 거래에 의한 자산의 증감액은 부채 및 자본의 변화액과 동일하여야 한다.

회계담당자는 거래의 분석결과를 일목요연하게 볼 수 있도록 분개장(journal)이라고 불리는 장부에 일정한 형식을 갖추어 기록한다. 이렇게 분개장에 이러한 분개를 기록하는 것을 '분개한다'고 한다. 기업은 거래가 발생할 때마다 분개하므로 분개장에는 거래가 발생 순서대로 기록한다.

풀이

(1) 제조기업의 회계순환과정

① 12월 1일 (주)현대하이스코는 강관제품과 열연제품을 만들고 있다. 회사는 원재료를 ₩1,000,000(수량 1,000개, 단가 ₩1,000)에 현금으로 구입하다.

〈차변〉 원재료 1,000,000 (①-1) 〈대변〉 현금 1,000,000 (①-2)

② 12월 3일 (주)현대하이스코는 재료비 ₩500,000을 제품의 생산에 투입하다. 강관제품과 열연제품에 직접재료비가 각각 ₩150,000, ₩300,000이 투입되었고, 간접재료비로 ₩50,000이 투입되다.

〈차변〉 재공품(강관) 150,000 (②-1) 〈대변〉 원재료 500,000 (②-4)
재공품(열연) 300,000 (②-2)
제조간접비 50,000 (②-3)

③ 12월 5일 (주)현대하이스코는 노무비 ₩300,000과 경비 ₩150,000을 현금으로 지급하다.

〈차변〉 노무비 300,000 (③-1) 〈대변〉 현금 450,000 (③-3)
경 비 150,000 (③-2)

④ 12월 7일 (주)현대하이스코는 노무비 ₩300,000을 제품의 생산에 투입하다. 강관제품과 열연제품에 직접노무비가 각각 ₩150,000, ₩100,000이 투입되었고, 간접노무비로 ₩50,000이 투입되다.

〈차변〉 재공품(강관) 150,000 (④－1)　　〈대변〉 노무비 300,000 (④－4)
재공품(열연) 100,000 (④－2)
제조간접비 50,000 (④－3)

⑤ 12월 9일 (주)현대하이스코는 경비 ₩150,000을 제품의 생산에 투입하다. 강관제품과 열연제품에 직접경비가 각각 ₩10,000, ₩20,000이 투입되었고, 간접경비로 ₩120,000이 투입되다.

〈차변〉 재공품(강관) 10,000 (⑤－1)　　〈대변〉 경비 150,000(⑤－4)
재공품(열연) 20,000 (⑤－2)
제조간접비 120,000 (⑤－3)

⑥ 12월 31일 (주)현대하이스코는 제조간접비 ₩220,000에 대하여 재공품(강관)에 ₩120,000과 재공품(열연)에 ₩100,000을 배부하다.

〈차변〉 재공품(강관) 120,000 (⑥－1)　　〈대변〉 제조간접비 220,000 (⑥－3)
재공품(열연) 100,000 (⑥－2)

⑦ 12월 31일 (주)현대하이스코는 강관제품에 ₩500,000, 열연제품에 ₩650,000의 제조가 완성되다.

〈차변〉 제품(강관) 500,000 (⑦－1)　　〈대변〉 재공품(강관) 500,000 (⑦－3)
제품(열연) 650,000 (⑦－2)　　재공품(열연) 650,000 (⑦－4)

⑧ 12월 31일 (주)현대하이스코는 강관제품과 열연제품 모두를 현금 ₩1,550,000에 판매하다.

〈차변〉 현금 1,550,000 (⑧－1)　　〈대변〉 매출 1,550,000 (⑧－2)

⑨ 12월 31일 (주)현대하이스코는 재료의 재고를 조사한 결과 ₩1,000,000의 재료가 창고에 남아 있음을 확인하다. 한편, 강관제품과 열연제품의 재고

를 조사한 결과 각각 ₩50,000, ₩150,000의 제품이 남아 있음을 확인하다.

〈차변〉 매출원가 1,250,000 (⑨-1) 〈대변〉 제품 1,250,000 (⑨-2)

⑩ 손익에 대한 대체분개

〈차변〉 매출 1,550,000 (⑩-1) 〈대변〉 손익 1,550,000 (⑩-4)
손익 1,250,000 (⑩-2) 매출원가 1,250,000 (⑩-5)
손익 300,000 (⑩-3) 이익잉여금 300,000 (⑩-6)

이상의 분개를 각 계정에 전기하면 아래와 같다. 회계담당자는 분개장에 분개된 내용을 총계정원상(general ledger)에 옮겨 적는다. 총계정원장이란 자산, 부채, 자본 또는 수익과 비용 그리고 현금흐름을 구성하는 모든 항목을 모아 놓은 장부이다. 이렇게 분개의 내용을 총계정원장의 계정에 옮겨 적는 작업을 전기(posting)라고 한다. 이러한 전기를 하는 이유는 무엇일까? 분개장에 분개된 내용은 모든 거래를 발생 순서대로 분석하여 정리한 것이므로, 거래들이 기업 재무상태에 미치는 영향을 총체적으로 쉽게 파악할 수 없다. 그러나 그 분개의 내용을 총계정원장의 해당 계정별로 전기하게 되면 거래들이 각 계정의 잔액에 미치는 총체적 영향을 파악할 수 있게 된다.

회계기간에 발생한 모든 거래를 분개하고 해당 계정에 전기한 다음 각 계정의 잔액을 산출한다. 각 계정잔액은 해당 계정의 차변합계와 대변합계를 낸 다음 그 차액을 계산하여 산출한다.

원재료

기초재고 (⑯)	500,000	당기소비	
당기매입 (①-1)	1,000,000	직접재료비	
		재공품(강관) (②-4)	150,000
		재공품(열연) (②-4)	300,000
		제조간접비 (②-4)	50,000
		기말재고 (⑱)	1,000,000
합계	1,500,000	합계	1,500,000

노무비

당기지급 (③-1)	300,000	당기소비	
		직접노무비	
		재공품(강관) (④-4)	150,000
		재공품(열연) (④-4)	100,000
		제조간접비 (④-4)	50,000
합계	300,000	합계	300,000

경 비

당기지급 (③-2)	150,000	당기소비	
		직접노무비	
		재공품(강관) (⑤-4)	10,000
		재공품(열연) (⑤-4)	20,000
		제조간접비 (⑤-4)	120,000
합계	150,000	합계	150,000

제조간접비

간접재료비 (②-3)	50,000	당기배부	
간접노무비 (④-3)	50,000		
간접경비 (⑤-3)	120,000	재공품(강관) (⑥-3)	120,000
		재공품(열연) (⑥-3)	100,000
합계	220,000	합계	220,000

재공품(강관)

기초재고 (⑭)	150,000	당기완성 (⑦-3)	500,000
직접재료비 (②-1)	150,000		
직접노무비 (④-1)	150,000		
직접경비 (⑤-1)	10,000		
제조간접비 (⑥-1)	120,000	기말재고 (⑲)	80,000
합계	580,000	합계	580,000

재공품(열연)

기초재고 (⑮)	250,000	당기완성 (⑦-4)	650,000
직접재료비 (②-2)	300,000		
직접노무비 (④-2)	100,000		
직접경비 (⑤-2)	20,000		
제조간접비 (⑥-2)	100,000	기말재고 (⑳)	120,000
합계	770,000	합계	770,000

제품(강관)

기초재고 (⑫)	100,000	매출원가 (⑨-2)	550,000
당기완성 (⑦-1)	500,000	기말재고 (㉑)	50,000
합계	600,000	합계	600,000

제품(열연)

기초재고 (⑬)	200,000	매출원가 (⑨-2)	700,000
당기완성 (⑦-2)	650,000	기말재고 (㉒)	150,000
합계	850,000	합계	850,000

매출원가

제품(강관) (⑨-1)	550,000	손익 (⑩-5)	1,250,000
제품(열연) (⑨-1)	700,000		
합계	1,250,000	합계	1,250,000

현금

기초 (⑪)	58,800,000	원재료 (①-2)	1,000,000
매출 (⑧-1)	1,550,000	노무비 (③-3)	300,000
		경비 (③-3)	150,000
		기말 (㉓)	58,900,000
합계	60,350,000	합계	60,350,000

매출

손익 (⑩-1)	1,550,000	현금 (⑧-2)	1,550,000
합계	1,550,000	합계	1,550,000

손익

차변	금액	대변	금액
매출원가 (⑩-2)	1,250,000	매출 (⑩-4)	1,550,000
이익잉여금 (⑩-3)	300,000		
합계	1,550,000	합계	1,550,000

이익잉여금

차변	금액	대변	금액
		기초 (⑰)	0
기말	300,000	손익 (⑩-6)	300,000
합계	300,000	합계	300,000

다음은 이상의 자료를 이용하여 (주)현대하이스코의 2020년 12월 1일부터 12월 31일까지 제조활동으로 인한 원가를 계산한 제조원가명세서이다.

기초재료재고액은 2020년 11월 30일 현재 재무상태표상의 재료재고액 ₩500,000(⑯)이다. 당기재료매입액은 수량 1,000개, 단가 ₩1,000에 구입한 금액 ₩1,000,000(①-1)이다. 기말재료재고액은 재료의 재고를 조사한 결과 창고에 남아 있는 ₩1,000,000(⑱)이다. 재료비는 기초재료재고액 ₩500,000에 당기재료매입액 ₩1,000,000을 가산하고 기말재료재고액 ₩1,000,000을 차감한 ₩500,000이 된다.

노무비는 현금으로 지급한 ₩300,000(③-1)이며 경비는 현금으로 지급한 ₩150,000(③-2)이다.

당기총제조원가는 재료비 ₩500,000, 노무비 ₩300,000, 경비 ₩150,000의 합인 ₩950,000이다.

기초재공품은 2020년 11월 30일 현재 재무상태표상의 재공품(강관) ₩150,000(⑭)과 재공품(열연) ₩250,000(⑮)의 합인 ₩400,000이다. 기말재공품은 재공품(강관) 계정의 기말재고액 ₩80,000(⑲)과 재공품(열연) 계정의 기말재고액 ₩120,000(⑳)의 합인 ₩200,000이다.

당기제품제조원가는 당기총제조원가 ₩950,000에 기초재공품 ₩400,000을 가산하고 기말재공품 ₩200,000을 차감하면 ₩1,150,000이 된다.

제조원가명세서

(주)현대하이스코 2020년 12월 1일~12월 31일 (단위 : 원)

재료비 (1)=(2)+(3)−(4)		500,000
1. 기초재료재고액 (2)=(⑯)	500,000	
2. 당기재료매입액 (3)=(①−1)	1,000,000	
3. 기말재료재고액 (4)=(⑱)	1,000,000	
노무비 (5)=(③−1)		300,000
경비 (6)=(③−2)		150,000
당기총제조원가 (7)=(1)+(5)+(6)		950,000
기초재공품 (8)=(⑭+⑮)		400,000
기말재공품 (9)=(⑲+⑳)		200,000
당기제품제조원가 (10)=(7)+(8)−(9)		1,150,000

다음은 (주)현대하이스코의 2020년 12월 1일부터 12월 31일까지 경영성과를 나타내는 포괄손익계산서이다.

매출액은 강관제품과 열연제품을 판매하고 받은 ₩1,550,000이다. 매출원가는 기초제품재고액에 당기제품제조원가를 가산하고 기말제품재고액을 차감하여 산출한다.

기초제품재고액은 2020년 11월 30일 현재 재무상태표상의 제품(강관) ₩100,000(⑫)과 제품(열연) ₩200,000(⑬)의 합인 ₩300,000이다. 당기제품제조원가는 2020년 12월 제조원가명세서의 해당금액 ₩1,150,000이다. 기말제품재고액은 제품(강관) 계정의 기말잔액 ₩50,000(㉑)과 제품(열연) 계정의 기말잔액 ₩150,000(㉒)의 합인 ₩200,000이다. 따라서 매출원가는 ₩1,250,000이 된다.

매출총이익은 매출액 ₩1,550,000에서 매출원가 ₩1,250,000을 차감한 ₩300,000이다.

당기순이익은 매출총이익에서 판매비와 관리비를 차감하여 산출되는데 본 예제에서는 판매비와 관리비가 발생하지 않았으므로 매출총이익과 동일한 ₩300,000이다.

포괄손익계산서

(주)현대하이스코	2020년 12월 1일~12월 31일까지	(단위 : 원)
매출액 (1)=(⑧−2)		1,550,000
매출원가 (2)=(3)+(4)−(5)		(1,250,000)
1. 기초제품재고액 (3)=(⑫+⑬)	300,000	
2. 당기제품제조원가 (4)	1,150,000	
3. 기말제품재고액 (5)	200,000	
매출총이익 (6)=(1)−(2)		300,000
판매비와 관리비 (7)		0
당기순이익 (8)=(6)−(7)		300,000

이익잉여금처분계산서는 포괄손익계산서의 당기순이익과 이익잉여금처분계산서 계정 잔액을 사용하여 작성하는데 다음과 같다.

처분전이익잉여금은 전기로부터 이월된 이익잉여금과 당기순이익으로 구성된다. (주)현대하이스코 경우에는 전기에 이익잉여금이 ₩0이므로 처분전이익잉여금은 당기순이익 ₩300,000으로 구성된다.

이익잉여금처분액은 현금배당 등으로 구성되는데 처분전이익잉여금에서 이익잉여금처분액을 차감한 결과가 차기이월이익잉여금이다. 차기이월이익잉여금은 재무상태표에 이익잉여금 항목으로 보고된다.

이익잉여금처분계산서

(주)현대하이스코	2020년 12월 1일~12월 31일까지	(단위 : 원)
미처분이익잉여금		300,000
1. 전기이월이익잉여금	0	
2. 당기순이익	300,000	
임의적립금 등의 이입액		0
이익잉여금처분액		0
1. 배당금 가. 현금배당		0
차기이월이익잉여금		300,000

다음은 2020년 12월 31일 현재 (주)현대하이스코의 재무상태표이다.

현금은 현금계정의 잔액인 ₩58,900,000(㉓)을 계상한다. 제품은 제품(강관) 계정의 기말잔액 ₩50,000(㉑)과 제품(열연) 계정의 기말잔액 ₩150,000(㉒)의 합인 ₩200,000을 계상한다. 재공품은 재공품(강관) 계정의 기말재고액 ₩80,000(⑲)과 재공품(열연) 계정의 기말재고액 ₩120,000(⑳)의 합인 ₩200,000이다. 기말재료재고액은 원재료 계정의 기말잔액 ₩1,000,000(⑱)이다.

단기차입금과 자본금은 12월 중에 변화가 없었으므로 2020년 11월 30일 현재 (주)현대하이스코의 재무상태표 금액과 동일하다.

이익잉여금은 2020년 12월 1일부터 12월 31일까지 이익잉여금처분계산서상의 차기이월이익잉여금 ₩300,000이다.

따라서 자산의 총계는 ₩60,300,000이며 부채와 자본 총계는 ₩60,300,000이 되어 대차평형의 원리가 성립된다.

재무상태표

(주)현대하이스코　　　2020년 12월 31일 현재　　　(단위 : 원)

계정과목	내역	금액
자 산 :		
Ⅰ. 유동자산		
(1) 당좌자산		
1. 현 금 (㉓)		58,900,000
(2) 재고자산		
1. 제 품	제품(강관) (㉑):50,000 제품(열연) (㉒):150,000	200,000
2. 재공품	재공품(강관) (⑲):80,000 재공품(열연) (⑳):120,000	200,000
3. 원재료 (⑱)		1,000,000
자산 총계		60,300,000
부 채 :		
단기차입금		10,000,000
부채 총계		10,000,000
자 본 :		
자 본 금		50,000,000
이익잉여금		300,000
자본 총계		50,300,000
부채와 자본 총계		60,300,000

현금흐름표는 일정기간에 발생한 현금흐름을 활동별로 분류하여 현금유입과 유출로 보고하는 보고서이다.

현금흐름표에서는 기업의 활동을 제품을 제조 판매하는 영업활동(operating activities), 제조시설 등을 구입하는 투자활동(investing activities), 그리고 이러한 영업과 투자를 위한 자금을 장기간 이용목적으로 조달하는 재무활동(financing activities)으로 구분하여 현금흐름을 분류한다.

(주)현대하이스코의 현금계정을 영업활동, 투자활동, 재무활동에 의한 현금흐름으로 분류한 다음 활동별로 현금흐름을 현금유입과 유출로 분류하여 현금의 증감을 설명하면 다음과 같은 현금흐름표가 작성된다.

현금흐름표(간접법)

(주)현대하이스코 2020년 12월 1일~12월 31일까지 (단위 : 원)

영업활동으로 인한 현금흐름		100,000
1. 당기순이익	300,000	
2. 영업활동으로 인한 자산부채변동	(200,000)	
투자활동으로 인한 현금흐름		0
재무활동으로 인한 현금흐름		0
현금의 증가		
기초의 현금		58,800,000
기말의 현금		58,900,000

자본변동표는 자본의 크기와 한 회계기간 동안 발생한 자본의 변동에 관한 정보를 제공하는 재무보고서이며, 재무상태표, 포괄손익계산서, 자본변동표, 현금흐름표 등의 4대 재무제표 중의 하나이다.

자본변동표는 자본의 구성항목인 자본금, 기타자본(자본잉여금, 자본조정, 기타포괄손익누계액), 이익잉여금 등의 변동에 대한 포괄적인 정보를 제공한다.

2020년 12월 1일의 기초자본금액은 2020년 11월 30일 현재 재무상태표상의 자본금액 ₩50,000,000이며 여기에 12월 당기순이익 ₩300,000을 합산하면 2020년 12월 31일 현재 자본금액은 ₩50,300,000이 된다.

자본변동표

(주)현대하이스코　　2020년 12월 1일~12월 31일까지　　(단위 : 원)

구분	자본금	자본잉여금	자본조정	기타포괄 손익누계액	이익잉여금	합계
2020.12.1	50,000,000					50,000,000
당기순이익					300,000	300,000
2020.12.31	50,000,000				300,000	50,300,000

Ⅰ. 평가자 체크리스트

※ 다음 서술이 옳으면 T, 옳지 않으면 F를 기재하시오.

3.1 제조원가의 구성요소는 직접재료비, 직접노무비, 그리고 제조간접비이다.

3.2 제품의 원가는 제품이 판매되었을 때 포괄손익계산서에 비용으로 계상된다.

3.3 재공품 중에서 완성된 것은 제품이 되며, 완성된 제품의 원가를 제품제조원가라 한다.

3.4 제품생산을 위해 투입된 모든 원가는 재공품 계정의 차변에 집계되며, 특정 제품이 완성되면서 완성품의 원가만큼 매출원가에 할당된다.

3.5 당기에 완성된 제품의 원가를 당기총제조원가라 한다.

3.6 당기완성품 가운데 판매가 이루어진 부분은 매출원가가 되며 아직 판매가 이루어지지 않은 것은 기말재고로 남게 된다.

3.7 기초제품재고액과 기말제품재고액이 동일한 경우에도 당기제품제조원가와 매출원가는 서로 상이하다.

3.8 제조원가명세서에는 기초재공품재고액과 기초제품재고액이 표시된다.

3.9 제조원가명세서에는 재료 소비액의 산출과정이 표시된다.

3.10 서비스기업과 달리 상기업과 제조기업은 재고자산이 존재하며 특히 제조기업은 통상 재고자산을 원재료, 재공품, 제품으로 구분한다.

Ⅱ. 객관식

3.1 원가의 흐름에 대한 설명으로 옳은 것은?

① 재료비 → 제품 → 재공품 → 매출원가
② 재료비 → 제품 → 매출원가 → 재공품
③ 노무비 → 재공품 → 매출원가 → 제품
④ 노무비 → 재공품 → 제품 → 매출원가
⑤ 경비 → 매출원가 → 제품 → 재공품

3.2 제조원가명세서에 포함되지 않는 항목은?

① 직접재료비
② 직접노무비
③ 제조간접비
④ 기말제품재고액
⑤ 당기제품제조원가

3.3 원가흐름에 대한 설명으로 옳은 것은?

① 당기총제조원가는 제품계정 차변으로 대체
② 당기제품제조원가는 재공품계정 차변으로 대체
③ 당기매출원가는 상품매출원가계정 차변으로 대체
④ 당기재료비소비액은 재공품계정 차변으로 대체
⑤ 당기노무비소비액은 제품계정 차변으로 대체

3.4 당기총제조원가가 당기제품제조원가보다 큰 경우에 대한 설명으로 옳은 것은?

① 당기제품제조원가가 제품매출원가보다 크다.
② 기말제품재고액이 기초제품재고액보다 작다.
③ 기말제품재고액이 기초제품재고액보다 크다.
④ 기말재공품액이 기초재공품액보다 크다.
⑤ 기말재공품액이 기초재공품액보다 작다.

3.5 (주)태희의 원가자료이다. 4월의 원재료소비액을 계산하면 얼마인가?

월초 재고액	₩100,000	당월 매입액	₩500,000
월말 재고액	₩200,000		

① ₩330,000 ② ₩400,000 ③ ₩500,000
④ ₩600,000 ⑤ ₩800,000

3.6 다음 자료를 이용하여 당기 직접재료매입액을 계산하면 얼마인가?

기초재공품재고액	₩10,000	기말재공품재고액	₩20,000
당기제품제조원가	₩80,000	당기총제조원가	₩90,000
직접노무비소비액	₩20,000	제조간접비소비액	₩30,000
기초직접재료재고액	₩20,000	기말직접재료재고액	₩10,000

① ₩10,000 ② ₩20,000 ③ ₩30,000
④ ₩40,000 ⑤ ₩50,000

3.7 다음 자료를 이용하여 당월 노무비소비액을 계산하면 얼마인가?

> 당월에 발생한 노무비 ₩100,000을 현금으로 지급하다.
> 당월에 발생한 노무비 ₩50,000을 미지급하다.
> 전월에 노동하고 미지급한 노무비를 당월에 현금으로 ₩10,000을 지급하다.

① ₩50,000 ② ₩80,000 ③ ₩100,000
④ ₩140,000 ⑤ ₩160,000

3.8 기말재공품은 기초재공품에 비하여 ₩100,000이 증가하였으며, 재공품 공정에 투입한 직접재료비와 직접노무비, 제조간접비의 비율이 3:2:5이다. 당기제품제조원가가 ₩400,000일 때 재공품에 투입한 직접노무비는 얼마인가?

① ₩100,000 ② ₩200,000 ③ ₩400,000
④ ₩600,000 ⑤ ₩700,000

3.9 다음 자료에 의하여 4월의 제조간접비를 계산하면 얼마인가?

당년도의 공장재산세	₩72,000	당월의 공장사무용품비	₩11,000
상반기 기계수선비	₩24,000	2/4분기의 공장보험료	₩18,000
당월의 영업부 사무용품비	₩25,000	상반기 기계감가상각비	₩18,000

① ₩20,000 ② ₩23,000 ③ ₩25,000
④ ₩28,000 ⑤ ₩30,000

3.10 다음 자료를 이용하여 당월의 전력비 소비액을 계산하면 얼마인가?

전월말 전력사용 검침량: 100Kwh	전월중 전력비 납부액: ₩12,000
당월말 전력사용 검침량: 300Kwh	당월중 전력비 납부액: ₩31,000
1Kwh당 전력비: ₩100	

① ₩10,000 ② ₩17,000 ③ ₩19,000
④ ₩20,000 ⑤ ₩24,000

3.11 다음 자료를 이용하여 당기총제조원가를 계산하면 얼마인가?

직접재료비	₩10,000	직접노무비	₩30,000
제조간접비	₩50,000	기초재공품재고액	₩50,000
기말재공품재고액	₩70,000		

① ₩90,000 ② ₩100,000 ③ ₩140,000
④ ₩170,000 ⑤ ₩210,000

3.12 다음 자료를 이용하여 기말재공품원가를 계산하면 얼마인가?

당기총제조원가	₩1,000,000	기초재공품재고액	₩300,000
기초제품재고액	₩500,000	기말제품 재고액	₩200,000
매출원가	₩1,500,000		

① ₩100,000 ② ₩250,000 ③ ₩300,000
④ ₩350,000 ⑤ ₩500,000

3.13 다음 자료를 이용하여 기말재공품재고액을 계산하면 얼마인가?

기초재공품재고액	₩100,000	기말재공품재고액	₩ ?
당기총제조원가	₩550,000	기초제품재고액	₩50,000
기말제품재고액	₩200,000	매출원가	₩300,000

① ₩100,000 ② ₩150,000 ③ ₩200,000 ④ ₩250,000 ⑤ ₩300,000

3.14 다음 자료에 의하여 기초재공품재고액을 계산하면 얼마인가?

기초제품	₩2,000,000	기말제품	₩3,000,000
기말재공품	₩2,000,000	당기총제조원가	₩15,000,000
매출원가	₩17,000,000		

① ₩2,000,000 ② ₩5,000,000 ③ ₩7,000,000
④ ₩8,000,000 ⑤ ₩10,000,000

3.15 다음 자료를 이용하여 당기제품제조원가를 계산하면 얼마인가?

> 당월원재료 매입액은 ₩10,000이며 기말원재료는 기초에 비해서 ₩5,000이 증가했다.
> 직접노무비는 직접재료비의 130%를 차지한다.
> 제조간접비는 ₩8,500이다.
> 기말재공품은 기초재공품에 비하여 ₩10,000이 증가하였다.

① ₩10,000 ② ₩15,000 ③ ₩18,000 ④ ₩20,000 ⑤ ₩22,500

3.16 다음 자료를 참고로 하여 20×1년도 당기제품제조원가와 매출원가를 계산하면?

[1993년 공인회계사]

구분	20×1.1.1 재고	20×1년중 매입(투입)액	20×1.12.31 재고
원재료	₩90,000	₩720,000	₩120,000
재공품	120,000	–	140,000
직접노무비	–	400,000	–
제조간접비	–	510,000	–
제품	150,000	–	180,000

	당기제품 제조원가	매출원가		당기제품 제조원가	매출원가
①	₩1,550,000	₩1,580,000	②	₩1,550,000	₩1,550,000
③	₩1,610,000	₩1,580,000	④	₩1,580,000	₩1,550,000
⑤	₩1,580,000	₩1,580,000			

3.17 다음 자료를 이용하여 매출원가를 계산하면 얼마인가?

당기총제조원가	₩1,500,000	기초재공품재고액	₩150,000
기말재공품재고액	₩250,000	기초제품재고액	₩300,000
기말제품재고액	₩700,000		

① ₩1,000,000 ② ₩1,200,000 ③ ₩1,500,000
④ ₩1,850,000 ⑤ ₩2,000,000

3.18 다음 자료를 이용하여 제품계정의 판매가능액을 계산하면 얼마인가?

기초재공품재고액	₩200,000	당기총제조원가	₩1,300,000
기말재공품재고액	₩300,000	기초제품재고액	₩100,000
기말제품재고액	₩200,000		

① ₩1,000,000 ② ₩1,100,000 ③ ₩1,300,000
④ ₩1,500,000 ⑤ ₩1,700,000

3.19 (주)남송의 1월 중 발생한 비용과 월초 및 월말 재고자산 자료는 다음과 같다.

1월 중 발생비용		재고자산	1월초	1월말
직접노무원가	₩300	재공품재고	₩1,000	₩800
감가상각비 – 공장	50	직접재료재고	300	100
감가상각비 – 영업점포	50			
감가상각비 – 본부사옥	100			
공장감독자급여	100			
그 밖의 제조간접원가	200			

1월 중 직접재료의 매입은 발생하지 않았다. (주)남송의 1월달 당기제품제조원가는?

[2001년 공인회계사]

① ₩850 ② ₩900 ③ ₩1,050
④ ₩1,100 ⑤ ₩1,200

3.20 다음은 제조원가명세서를 요약한 내용이다. 이와 관련된 설명으로 옳지 않은 것은?

Ⅰ.	직접재료비	₩1,000,000
	기초재료재고액	₩300,000
	당기재료매입액	₩800,000
	기말재료재고액	₩100,000
Ⅱ.	직접노무비	₩500,000
Ⅲ.	제조간접비	₩300,000
Ⅳ.	당기총제조원가	(㉡)
Ⅴ.	기초재공품원가	₩200,000
Ⅵ.	소 계	(㉢)
Ⅶ.	기말재공품원가	₩400,000
Ⅷ.	(㉠)	(㉣)

① ㉠의 과목은 당기제품제조원가이다.
② ㉡의 당기총제조원가는 ₩1,800,000이다.
③ ㉢의 금액은 ₩2,000,000이다.
④ ㉣의 금액은 ₩2,400,000이다.
⑤ 재무상태표에 반영될 기말재고자산은 ₩500,000이다.

3.21 다음의 자료를 이용하여 계산된 매출총이익은? [경영지도사 수정]

항목	금액	항목	금액
기초상품재고액	110,000	매출에누리와 환입	170,000
기말상품재고액	140,000	매입에누리와 환출	10,000
상품총매입액	1,200,000	판매운임	30,000
상품총매출액	1,600,000	매입운임	40,000

① ₩210,000 ② ₩220,000 ③ ₩230,000
④ ₩330,000 ⑤ ₩370,000

3.22 다음의 자료를 이용하여 계산된 당기순손익은? [경영지도사 수정]

항목	금액	항목	금액
매출액	1,000,000	토지재평가이익	50,000
매출원가	600,000	법인세비용	70,000
판매비와관리비	60,000	매도가능금융자산평가이익	100,000

① ₩210,000　② ₩220,000　③ ₩270,000
④ ₩340,000　⑤ ₩420,000

3.23 다음은 (주)만군의 제조원가명세서이다. 직접노무원가가 제조간접원가의 70%일 경우, 제조간접원가는? [경영지도사 수정]

Ⅰ. 직접재료원가	
1. 기초재고액	40,000
2. 당기매입액	100,000
3. 기말재고액	30,000
Ⅱ. 직접노무원가	(?)
Ⅲ. 제조간접원가	(?)
Ⅳ. 당기총제조원가	(?)
Ⅴ. 기초재공품재고액	40,000
Ⅵ. 기말재공품재고액	25,000
Ⅶ. 당기제품제조원가	210,000

① ₩35,000　② ₩50,000　③ ₩65,000
④ ₩80,000　⑤ ₩85,000

3.24 다음 자료에 의하여 매출원가를 구하면? [전산회계2급 수정]

- 기초 상품 재고액: ₩700,000
- 당기 총매입액: ₩1,200,000
- 기말 상품 재고액: ₩400,000
- 상품 매입시 운반비: ₩20,000
- 매입환출 및 에누리: ₩150,000

① ₩1,070,000　② ₩1,370,000　③ ₩1,530,000
④ ₩1,600,000　⑤ ₩1,770,000

3.25 다음 자료를 기초로 판매비와 일반관리비를 계산하면 얼마인가? [전산회계2급 수정]

• 기부금: ₩400,000	• 급여: ₩1,500,000
• 복리후생비: ₩600,000	• 이자비용: ₩120,000

① ₩2,020,000
② ₩2,100,000
③ ₩2,500,000
④ ₩2,620,000
⑤ ₩1,770,000

3.26 다음 중 제조원가명세서를 작성하기 위하여 필요하지 않은 것은? [전산회계1급 수정]

① 당기 직접노무원가 발생액
② 당기 기말제품 재고액
③ 당기 직접재료 구입액
④ 당기 직접재료 사용액
⑤ 당기 기말재공품 재고액

3.27 다음의 자료에서 당기총제조원가를 구하시오. [전산회계1급 수정]

㉠ 당기에 직접재료를 ₩5,000,000에 구입하였다.
㉡ 당기에 발생한 직접노무원가는 ₩3,500,000이다.
㉢ 제조간접원가는 ₩2,000,000이 발생하였다.
㉣ 기초원재료재고는 ₩500,000이고 기말원재료재고는 ₩2,000,000이다.

① ₩7,000,000
② ₩9,000,000
③ ₩10,500,000
④ ₩11,500,000
⑤ ₩12,000,000

3.28 다음은 (주)주연의 원가자료의 일부이다. 직접노무비는 얼마인가? [기업회계2급 수정]

가. 직접재료비	₩13,500	나. 기초재공품원가	₩86,000
다. 제조간접비	₩14,000	라. 기말재공품원가	₩86,000
마. 당기제품제조원가	₩100,500		

① ₩72,500
② ₩73,000
③ ₩73,500
④ ₩74,000
⑤ ₩76,000

3.29 다음 자료를 이용하여 당기제품제조원가를 구하면 얼마인가? [기업회계2급 수정]

> • 기초재공품 ₩25,000 • 직접재료비 ₩30,000
> • 기말재공품 ₩20,000 • 직접노무비 ₩40,000
> • 제조간접비 배부액은 직접노무비 발생액의 150%이다.

① ₩100,000 ② ₩115,000
③ ₩135,000 ④ ₩175,000
⑤ ₩185,000

3.30 (주)채원의 원가자료이다. 당기분 원재료매입액은 얼마인가? [기업회계2급 수정]

> • 기초원재료 재고: ₩300,000 • 기말원재료 재고: ₩200,000
> • 당기 노무비: ₩800,000 • 당기 제조간접비: ₩1,000,000
> • 당기총제조원가는 가공원가의 110%이다

① ₩80,000 ② ₩180,000
③ ₩1,280,000 ④ ₩1,980,000
⑤ ₩2,280,000

3.31 (주)서하의 제품생산과 관련한 자료이다. 당기총제조원가는 얼마인가?(단, 제조간접원가는 가공원가의 60%인 ₩1,200,000이다.) [기업회계2급 수정]

구 분	기초금액	기말금액
원재료	₩200,000	₩300,000
재공품	₩300,000	₩400,000
제품	₩350,000	₩450,000
원재료 매입액	₩900,000	

① ₩2,600,000 ② ₩2,700,000
③ ₩2,750,000 ④ ₩2,800,000
⑤ ₩3,000,000

3.32 다음은 (주)주연의 경비내역이다. 제조원가에 해당하는 금액의 합계는 몇 원인가?

[기업회계2급 수정]

• 당기 직접재료비: ₩1,200,000	• 공장직원의 인건비: ₩1,600,000
• 공장기계장치수선비: ₩500,000	• 공장수도광열비: ₩300,000
• 공장기계장치감가상각비: ₩800,000	• 제품광고선전비: ₩400,000
• 본사영업부의 임차료: ₩3,300,000	• 본사영업부의 차량유지비 ₩900,000

① ₩3,600,000　② ₩4,400,000
③ ₩4,600,000　④ ₩4,800,000
⑤ ₩5,800,000

3.33 (주)충청공업사는 재료비, 노무비, 경비를 직접재료비, 직접노무비, 제조간접비로 재분류하려 한다. 다음 자료에 의하여 재료비와 노무비의 차액과 노무비와 경비의 차액으로 옳은 것은?

[기업회계 1급 수정]

- 당기총제조비용: ₩1,070,000
- 직접재료비는 재료비의 70%
- 직접노무비는 노무비의 80%
- 당기발생 가공비 총액: ₩706,000
- 당기 제조간접비의 발생액: ₩402,000

	재료비와 노무비의 차액	노무비와 경비의 차액
①	₩210,000	₩140,000
②	₩140,000	₩350,000
③	₩140,000	₩210,000
④	₩210,000	₩190,000
⑤	₩190,000	₩210,000

3.34 (주)보석의 당기제품제조원가와 매출원가는 각각 얼마인가? [기업회계 1급 수정]

구분	기초재고	기중 매입(발생)액	기말재고
원재료	₩80,000	₩700,000	₩100,000
재공품	₩120,000	–	₩140,000
직접노무비	–	₩400,000	–
제조간접비	–	₩510,000	–
제품	₩100,000	–	₩180,000

	당기제품제조원가	매출원가		당기제품제조원가	매출원가
①	₩1,490,000	₩1,570,000	②	₩1,570,000	₩1,490,000
③	₩1,670,000	₩1,590,000	④	₩1,590,000	₩1,670,000
⑤	₩1,670,000	₩1,490,000			

3.35 다음 중 당기총제조원가를 구성하는 요소가 아닌 것은? [전산세무2급 수정]

① 당기제품제조원가 ② 직접재료비 ③ 제조간접비
④ 직접노무비 ⑤ 간접재료비

3.36 다음 제조원가명세서에 관련된 설명 중 틀린 것은? [전산세무1급 수정]

제조원가명세서		
1. 재료비		₩12,000,000
당기매입액	₩13,000,000	
기말원재료재고	₩ 1,000,000	
2. 노무비		₩ 8,000,000
3. 제조간접비		₩ 6,000,000
4. ( )		₩26,000,000
5. ( )		₩ 1,000,000
6. 합계		₩27,000,000
7. ( )		₩ 4,000,000
8. ( )		( )

① 당기총제조원가는 ₩23,000,000이다.
② 기초재공품재고액은 ₩1,000,000이다.
③ 기말재공품재고액은 ₩4,000,000이다.
④ 당기제품제조원가는 ₩26,000,000이다.
⑤ 당기재료비소비액은 ₩12,000,000이다.

3.37 2019년 1월 5일에 영업을 시작한 (주)세무는 사업부진으로 2020년 6월 30일에 재공품 재고를 남겨두지 않고 모두 제품으로 생산한 뒤 전부 싼 가격으로 처분하고 폐업하였다. 2019년 말 재공품 재고액 ₩50,000, 제품 재고액 ₩100,000을 가지고 있었다면 2020년도 원가를 큰 순서대로 정리한 것으로 옳은 것은? [전산세무1급 수정]

① 매출원가 > 당기제품제조원가 > 당기총제조원가
② 매출원가 > 당기총제조원가 > 당기제품제조원가
③ 당기총제조원가 > 당기제품제조원가 > 매출원가
④ 당기총제조원가 > 매출원가 > 당기제품제조원가
⑤ 모두 금액이 같다.

3.38 다음 자료를 이용하여 매출원가를 계산하면 얼마인가? [전산회계1급 수정]

• 기초재공품재고액: ₩450,000	• 기말재공품재고액: ₩600,000
• 기초제품재고액: ₩300,000	• 기말제품재고액: ₩550,000
• 당기총제조원가: ₩800,000	

① ₩400,000 ② ₩450,000 ③ ₩650,000
④ ₩700,000 ⑤ ₩800,000

3.39 다음 원가에 관한 설명 중 틀린 것은? [전산회계1급 수정]

① 제조원가는 직접재료원가, 직접노무원가, 제조간접원가를 말한다.
② 직접재료원가는 기초원재료재고액과 당기원재료매입액의 합계액에서 기말원재료재고액을 차감한 금액을 말한다.
③ 직접노무원가와 제조간접원가의 합계액을 기본원가라고 한다.
④ 제조활동 이외의 판매활동과 관리활동에서 발생하는 원가를 비제조원가라 한다.
⑤ 제조간접원가는 간접재료비, 간접노무비, 경비를 말한다.

3.40 제품원가가 손익계산서에 비용으로 계상되는 시점은 언제인가? [기업회계2급 수정]

① 제품생산을 위해 재료가 사용된 때
② 제품생산이 완료된 때
③ 제품이 창고에 보관하게 된 때
④ 제품이 판매된 때
⑤ 제품생산이 준비된 때

3.41 (주)서하는 기초재공품과 기말재공품을 제외한 재고가 없다고 가정한다. 다음 자료에 의하면 기초재공품원가는 얼마인가? [기업회계2급 수정]

- 매 출 액: ₩2,000,000
- 매출총이익: ₩300,000
- 기말재공품: ₩800,000
- 직접재료비: ₩1,000,000
- 직접노무비: ₩500,000
- 제조간접비: ₩200,000

① ₩700,000 ② ₩800,000 ③ ₩900,000
④ ₩1,000,000 ⑤ ₩1,200,000

3.42 (주)서하의 2019년 당기 원재료 매입액은 ₩52,000이다. 2019년도 제조간접원가가 ₩38,000, 총제조원가가 ₩130,000, 기초 원재료 재고가 ₩6,000, 기말 원재료 재고가 ₩3,000 일 때 직접노무원가는 얼마인가? [기업회계2급 수정]

① ₩37,000 ② ₩38,000 ③ ₩39,000
④ ₩40,000 ⑤ ₩58,000

3.43 다음은 (주)서하의 제품생산과 관련한 자료이다. 당기제품제조원가는 얼마인가? (단, 제조간접원가는 가공원가의 50%인 ₩1,000,000이다.) [기업회계2급 수정]

구 분	기초금액	기말금액
원재료	₩300,000	₩400,000
재공품	₩200,000	₩300,000
제품	₩250,000	₩350,000
원재료 매입액	₩800,000	

① ₩2,600,000 ② ₩2,750,000 ③ ₩2,850,000
④ ₩2,900,000 ⑤ ₩3,300,000

3.44 다음 자료에 의하여 당기에 발생한 노무비로 옳은 것은? [기업회계 1급 수정]

- 기초재공품재고액: ₩15,860
- 기초재공품재고액은 기말재공품재고액의 1.3배이다
- 당기제품제조원가는 당기총제조비용의 1.5배이다.
- 당기발생직접재료비: ₩1,250
- 당기발생제조간접비: ₩2,200

① ₩3,420 ② ₩3,870 ③ ₩5,120
④ ₩8,640 ⑤ ₩12,000

3.45 다음은 노무비와 경비를 회계처리하기 위한 개별원가계산제도에 대한 설명이다. 틀린 내용을 모두 나열한 것은? [기업회계 1급 수정]

1. 노무비의 임률은 개별임률 또는 평균임률을 적용할 수 있다.
2. 노무비의 계산에서 상여금과 같이 지급시기가 일정하지 않은 항목은 회계연도 중의 원가계산기간에 안분하지 않고 기간비용으로 처리한다.
3. 노무비는 전기 선급비용과 당기 선급비용을 모두 당기의 노무비로 인식한다.
4. 경비는 제조간접비 또는 가공비로 분류된다.
5. 외주가공비는 성격에 따라 재료비에 포함하여 계상할 수 있으나, 별도의 과목으로 기재하는 것은 불가능하다.

① 1, 2, 51
② 1, 3, 4
③ 2, 3, 4
④ 2, 3, 5
⑤ 3, 4, 5

3.46 9월 중 개업한 튼튼가구점의 자료이다. 9월 영업이익을 계산한 금액으로 옳은 것은? [전산회계2급 수정]

• 거실장판매 대금: ₩450,000
• 식탁판매 대금: ₩300,000
• 판매용 가구 구입 대금: ₩250,000
• 종업원 급여: ₩100,000
• 은행 장기차입금의 이자: ₩10,000
• 매장 임차료: ₩100,000
※ 9월 말 재고는 없는 것으로 가정한다.

① ₩300,000
② ₩400,000
③ ₩390,000
④ ₩290,000
⑤ ₩500,000

3.47 다음 중 제조원가계산을 위한 재공품 계정에 표시될 수 없는 것은? [전산회계1급 수정]

① 당기총제조원가
② 기말 제품
③ 당기제품제조원가
④ 기말 재공품
⑤ 기초 재공품

3.48 다음 중 원가의 개념이 가장 잘못 연결된 것은? [전산세무2급 수정]

① 기회원가: 과거에 발생한 원가로서 의사결정에 고려되어서는 안 되는 원가
② 가공원가: 직접노무비와 제조간접비를 합한 금액
③ 통제가능원가: 특정부문의 경영자가 원가의 발생을 관리할 수 있으며, 부문경영자의 성과평가의 기준이 되는 원가
④ 변동원가: 조업도의 변동에 관계없이 단위당 원가는 일정하고, 총원가는 조업도의 변동에 비례하여 변하는 원가
⑤ 매몰원가: 과거에 발생한 원가로서 의사결정에 고려되지 않는 원가

3.49 다음 중 제조간접비에 대한 설명으로 틀린 것은? [전산세무2급 수정]

① 인과관계에 따라 제조간접비를 배부하는 것이 용이하지 않다.
② 제품에 배부되는 원가를 직접 추적할 수 없는 간접원가이다.
③ 제조간접비는 간접재료비, 직접노무비, 공장감가상각비 등을 예로 들 수 있다.
④ 제조간접비의 배분방법에는 실제배부법과 예정배부법이 있다.
⑤ 실제발생액과 예정배부액의 차이를 배부차이라고 한다.

3.50 생산부서에서 사용하는 고정자산의 감가상각비를 판매관리비로 회계처리할 경우 발생되는 것으로 올바른 것은? (단, 기말재고자산은 없다) [전산세무1급 수정]

① 당기총제조원가가 증가된다. ② 매출원가가 증가된다.
③ 판매관리비가 감소된다. ④ 매출총이익이 증가된다.
⑤ 영업이익은 증가된다.

3.51 다음 내용을 참조하여 (주)세무의 제조간접원가를 구하면 얼마인가? [전산세무1급 수정]

- 제조간접원가는 가공원가의 30%이다.
- 직접노무원가는 ₩35,000이다.
- 직접재료원가는 ₩42,000이다.

① ₩33,000 ② ₩50,000
③ ₩15,000 ④ ₩45,000
⑤ ₩110,000

3.52 다음 원가계산자료 중 당기에 소요된 제조간접비 금액은 얼마인가? [전산회계1급 수정]

- 직접재료비: ₩3,000,000
- 직접노무비: ₩2,000,000
- 기초재공품: ₩2,000,000
- 기말재공품: ₩2,000,000
- 당기제품제조원가: ₩10,000,000

① ₩5,000,000 ② ₩10,000,000 ③ ₩15,000,000
④ ₩17,000,000 ⑤ ₩20,000,000

Ⅲ. 주관식

3.1 다음 자료와 재공품계정을 이용하여 당월에 완성된 제품의 단위당 원가를 계산하면? [2005년 공무원]

월초제품수량: 200개 월말제품수량: 100개 당월제품판매수량: 600개

재공품

월 초 재 공 품	150,000	( )	( )
당기총제조원가	( )	월 말 재 공 품	120,000
	470,000		

3.2 다음 자료를 이용하여 당기의 직접재료비를 계산하면 얼마인가?

당기총제조원가는 ₩2,000,000이다. 제조간접비는 직접노무비의 80%이다.
제조간접비는 당기총제조원가의 20%이다.

3.3 다음 자료를 이용하여 직접노무비를 계산하면 얼마인가?

₩100,000의 직접재료를 구입하다.
제조간접비는 ₩45,000이다.
총제조원가는 ₩250,000이다.
직접재료의 월초 재고가 ₩10,000이고, 월말 재고가 ₩30,000이다.

3.4 다음 자료를 이용하여 기말재공품재고액을 계산하면 얼마인가?

직접재료비	₩1,000,000	직접노무비	₩2,000,000
제조간접비	₩1,500,000	외주가공비	₩500,000
기초재공품재고액	₩3,500,000	당기제품제조원가	₩8,000,000

3.5 다음의 자료를 이용하여 매출원가를 계산하면 얼마인가?

기초재공품재고액	₩250,000	기말재공품재고액	₩150,000
당기총제조원가	₩2,000,000	기초제품재고액	₩200,000
기말제품재고액	₩500,000		

3.6 다음의 자료를 이용하여 당기총제조원가를 계산하면 얼마인가?

기초재공품재고액	₩120,000	기말재공품재고액	₩170,000
기초제품재고액	₩100,000	기말제품재고액	₩150,000
매출원가	₩500,000		

3.7 다음 자료를 이용하여 당기제품제조원가를 계산하면 얼마인가?

구분	기초재고	매입(투입)액	기말재고
원재료	₩100,000	₩800,000	₩300,000
재공품	150,000	–	650,000
직접노무비	–	400,000	–
제조간접비	–	500,000	–
제품	150,000	–	250,000

3.8 안산회사의 20×1년도 기초와 기말재고에 관련된 자료는 다음과 같다.

	20×1.1.1	20×1.12.31
원재료	₩50,000	₩60,000
재공품	70,000	50,000
제 품	55,000	35,000

20×1년 동안 원가와 비용은 다음과 같다.

원재료 구입액	₩500,000
직접노무비	250,000
공장간접노무비	100,000
공장건물감가상각비	70,000
영업부 사무원급료	50,000

위 자료를 이용하여 당기의 매출원가를 구하면 얼마인가? [1990년 감정평가사]

3.9 다음 자료를 이용하여 매출총이익을 계산하면 얼마인가?

매출액	₩1,000,000	당기제품제조원가	₩500,000
기초제품재고액	₩300,000	기말제품재고액	₩200,000

3.10 다음 제조원가명세서의 빈칸을 채우시오.

	과목	금액(단위:원)
I	재 료 비	250,000
	기초재료재고액	100,000
	당기재료매입액	250,000
	기말재료재고액	100,000
II	노 무 비	300,000
III	경 비	150,000
IV	당기총제조원가	(가)
V	기초재공품원가	300,000
VI	기말재공품원가	500,000
VII	(나)	(다)

제 4 장

실제개별원가계산

학습 목표

2장에서는 원가의 개념과 분류에 대하여 살펴보았다. 즉 제품의 생산활동과 관련하여 원가의 흐름과 원가유형 간의 관계를 파악해 보았는데, 본 장에서는 제조원가가 어떻게 측정되며, 특정제품에 어떻게 배부되어 원가계산이 이루어지는 것인지를 학습한다. 이에 따라 학습목표는 다음과 같이 설정한다.

1. 개별원가계산이란 무엇이며, 그 절차는 어떻게 이루어지는가?
2. 개별원가계산을 위한 원가대상이란 무엇인가?
3. 작업원가표는 어떻게 구성되는가?
4. 직접제조원가와 기타 제조간접비는 어떻게 집계되는가?
5. 제조간접비는 어떻게 배부되는가?
6. 당기제품제조원가와 매출 및 매출원가, 판매비와 관리비는 어떻게 처리되는가?

제1절 개별원가계산의 개요

제품원가를 계산하는 방법은 여러 가지가 있지만 각 기업이 수행하는 생산 활동의 성격에 따라 크게 개별원가계산과 종합원가계산으로 나눌 수 있다.

작업별 원가계산이라고도 불리는 개별원가계산(job costing)은 제품의 종류나 규격이 다양한 개별 단위의 제품이나 서비스를 생산하는 기업에 적용되는 원가계산방법이다. 이 원가계산방법은 조선업, 건설업, 기계제조업, 항공기제조업 등 특별주문이나 수요에 따라 특정제품을 개별적으로 생산하는 기업의 원가계산에 적합하다.

반면에, 공정원가계산 또는 종합원가계산(process costing)은 동일 또는 유사한 성격을 가진 제품을 연속적으로 대량생산하는 업종에 사용되는 원가계산방법으로서 정유업, 화학공업, 식품가공업, 제지업, 금속제조업 등과 같이 대량생산이 가능한 산업분야에 적용된다.

제2절 개별원가계산의 의의 및 절차

개별원가계산이란 앞서 설명한 바와 같이 제품의 종류나 규격이 다양한 개별적인 생산형태의 기업에 적용되는 원가계산방법으로서 제품원가를 개별작업별로 구분, 집계하여 계산한다. 따라서 개별원가계산은 조선업, 건설업, 기계제조업 등과 같이 고객의 주문에 기초하여 고객의 요구에 따라 개별적으로 제품을 생산하는 업종에 적합하다.

개별원가계산을 사용하는 이러한 업종의 기업들은 제품마다 규격, 품질 등이 다르기 때문에 제품원가를 개별작업별로 구분, 집계하여 계산한다. 이때 직접제조원가와 제조간접비의 구분이 중요한데, 직접제조원가는 개별 작업과 관련하여 직접적으로 추적할 수 있기 때문에 발생된 원가를 개별작업에 그대로 부과하면 되지만, 제조간접비는 특정제품이나 작업과 관련하여 직접적으로 추적할 수 없기 때문에 이를 기말에 적정한 기준으로 배부하게 된다. 그 결과 기말에 완성된 개별작업의 원가는 당기제품제조원가로, 재공품으로 남은 작업의 원가는 기말재공품원가로 분류된다.

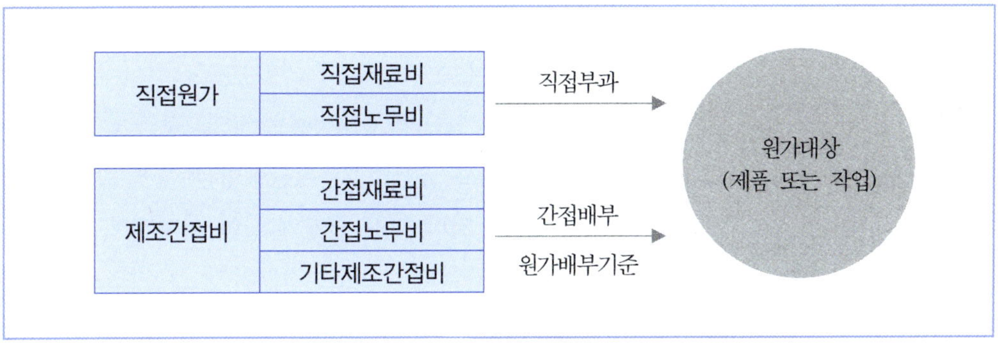

제3절 개별원가계산의 절차

개별원가계산에서는 각 작업별로 원가를 독립적으로 기록하여 원가대상의 원가를 예측하고 통제하게 된다. 개별원가계산을 통해 원가를 계산하기 위해서는 다음과 같은 단계를 거치게 된다.

1) 원가대상 작업의 설정
2) 직접제조원가의 집계
   2-1) 직접재료비의 집계
   2-2) 직접노무비의 집계
3) 제조간접비의 집계
4) 제조간접비 배부
   4-1) 제조간접비 배부기준 설정
   4-2) 제조간접비 배부율 산정
5) 총원가집계

비반복적인 개별작업을 수행하는 기업의 경영자는 개별작업별로 원가를 분리하여 기록함으로써 원가를 통제하거나 추정하는 데 유용한 정보를 얻을 수 있다. 작업원가표 또는 작업별 원가기록표(job cost sheet 또는 job cost record)는 개별작업별로 원가를 분리하여 집계하는 데 사용되는 기본적인 증빙서류이다. 작업원가표에는 제조에 착수한 각 개별작업별로 투입되는 총원가를 기록하게 된다.

항공기를 제조하는 한국항공에서 1월 중 작성한 작업원가표는 다음 표와 같다. 제조간접비 배부기준으로 직접노무시간을 사용하고 있다. 원가계산방법은 실제제조간접비 배부율을 사용하는 실제원가계산을 사용하고 있다. 1월 중에 발생한 실제제조간접비는 ₩350,000이며 실제직접노무시간은 총 35시간이다. 그리고 경영자가 설정한 제조간접비예산액은 ₩320,000이고 예산직접노무시간은 총 40시간이다. 기초원재료재고액, 기초재공품재고액, 기초제품재고액은 ₩0이다.

작업번호: AJ278	주문자: 아시아나항공
제조착수일: 2020.01.01	제조완료일: 2020.01.31

직접재료비

일자	사용량	단위원가	금액
2020.01.04	20	₩10,000	₩200,000
2020.01.15	10	10,000	100,000
소계(A)			₩300,000

직접노무비

일자	작업시간	시간당 임률	금액
2020.01.05	20	₩12,000	₩240,000
2020.01.18	15	12,000	180,000
소계(B)			₩420,000

제조간접비

일자	배부기준	배부기준사용량	배부율	금액
2020.01.31	직접노무시간	35	₩10,000	₩350,000
소계(C)				₩350,000
총계(D)=(A+B+C)				₩1,070,000

작업원가표에 기록하는 원가는 기본적으로 직접재료비, 직접노무비, 제조간접비로 분류한다. 개별작업을 위해 직접재료를 창고에서 출고하면 그 개별작업의 작업원가표에 이를 기록한다. 또한 직접노무비도 직접재료비와 유사하게 개별작업을 수행하는 종업원들의 임금을 발생시점에 개별작업의 작업원가표에 기록함으로써 개별작업에 부과한다. 이에 반해 제조간접비는 배부율을 사용하여 작업원가표의 제조간접비계정에 기록한다. 개별작업이 완료되면 작업의 단위당 원가를 결정하기 위해 직접재료비, 직접노무비, 제조간접비를 원가집합계정에 집계한다. 개별원가계산의 구체적인 절차를 설명하면 다음과 같다.

1 원가대상 작업의 설정

이것은 원가를 계산할 대상을 확정하는 단계로서 한국항공의 경우 생산제품인 항공기의 작업번호 AJ278이 된다.

2 직접제조원가의 집계

1) 직접재료비의 집계

(1) 원재료 매입

기업이 보유하고 있는 원재료는 재료별 카드에 기록한다. 이 카드에는 현재 보유하고 있는 재료의 수량과 원가 등을 기재한다. 재료원장 카드 전체는 하나의 보조원장을 구성하며, 이에 대한 통제계정은 재료계정이다.

예를 들어, 원재료를 신용거래를 통해 구입한 경우에 이 금액은 원재료계정의 차변과 매입채무의 대변에 기록되고 또한 재료카드와 현금의 보조원장에 기록된다. 한국항공의 1월 중 원재료 ₩500,000을 신용거래를 통해 매입하였다 이에 대한 분개와 전기는 다음과 같다.

(차) 원재료 500,000 (대) 매입채무 500,000

원재료			
당기매입	500,000		

매입채무			
		원재료	500,000

(2) 원재료 사용

특정작업을 수행하기 위하여 작업자는 재료를 청구하게 된다. 이 때 사용하는 서류가 재료청구서인데, 재료청구서에 기재한 재료청구량을 재료계정에서 차감하여 제조부문으로 옮김으로써 재공품계정을 증가시키게 된다. 출고된 재료 가운데 개별작업에 직접적으로 사용하지 않는 경우에는 간접재료원가로서 제조간접비계정에 기록한다.

한국항공에서 1월 중 사용된 원재료는 ₩350,000으로서 그 중 재공품 금액 ₩300,000은 작업번호 AJ278을 제조하는 데 사용된 직접재료비 ₩300,000으로서 작업원가표의 직접재료비의 소계 금액이다. 또한 제조간접비 금액 ₩50,000은 간접재료원가 금액이다. 한국항공의 재료 사용에 대한 분개와 전기는 다음과 같다.

(차) 재공품 300,000 (대) 원재료 350,000
제조간접비 50,000

원재료			
당기매입	500,000	당기사용	350,000

재공품			
원재료	300,000		

제조간접비			
원재료	50,000		

2) 직접노무비의 집계

특정작업을 직접적으로 수행하는 작업자들에게 지급하는 임금은 보통 작업시간을 기준으로 지급한다. 이러한 작업시간은 개별작업의 시작 시점과 종료 시점에서 작성하는 작업시간표에 기록된 시간을 근거로 한다. 개별작업에 부과되는 직접노무비는 작업시간에 시간당 임률을 곱하여 계산하게 된다. 원재료와 유사하게 개별작업을 수행하는 데 직접적으로 소요된 직접노무비는 재공품 계정에, 또한 감독자 급여 및 유지비와 같은 간접노무원가는 제조간접비계정에 기록한다.

한국항공에서 1월 중 발생한 노무원가는 ₩540,000으로서 그 중 재공품금액 ₩420,000은 작업번호 AJ278을 제조하는 데 소요된 직접노무비로서 작업원가표의 직접노무비 소계금액이다. 또한 제조간접비 금액 ₩120,000은 간접노무원가 금액이다. 한국항공의 노무원가에 대한 분개와 전기는 다음과 같다.

(차)	재공품	420,000	(대)	미지급급여	540,000
	제조간접비	120,000			

미지급급여

	당기발생	540,000

재공품

원재료	300,000	
미지급급여	420,000	

제조간접비

원재료	50,000	
미지급급여	120,000	

노무원가에 대한 회계처리에서 주의를 기울여야 할 항목은 휴식이나 기계의 수선 등으로 인해 발생된 원가와 초과근무수당 항목이다.

만약 유휴시간이 작업을 수행하는 과정에서 필수불가결하게 발생한다면, 이에 관련된 노무원가를 제조간접비로 처리하는 것이 타당하나, 유휴시간이 비효율적인 작업관리나 비능률에 의해 발생한 것이라면, 기간비용으로 처리해야 한다. 만약, 이를 제조간접비로 처리한다면 제품원가가 증가하게 되고 따라서 재고자산을 과대계상하게 된다. 또한 제품원가에 비효율성을 포함시키기 때문에 제품원가 예측 및 성과평가 시 회계정보의 유용성을 감소시키게 된다.

초과근무수당은 특정작업을 수행하기 위해 발생한 것이라 할지라도 일반적으로 제조간접비로 기록한다. 기업이 제품을 생산할 때 제품 생산순서가 무작위로 예정된 것에 기인하여, 특정 공정의 작업시간이 길어져 정상작업시간을 초과한 관계로 다른 공정이 뒤로 미루어져 있다가 초과작업시간에 수행되었다면, 이 제품에 대하여 초과근무수당을 부과하는 것은 논리적으로 타당하지 못하다. 그러나 주문자가 정상적인 인도기간보다 빨리 생산해 주기를 요청하여 이에 따라 초과근무를 했다면, 이때의 초과근무수당은 직접노무비로 처리하는 것이 타당하다.

3 기타제조간접비의 집계

제조간접비 통제계정은 일반적으로 각 부문별로 설정되는데, 이 계정에는 직접재료비와 직접재료비 이외의 간접재료원가와 간접노무원가를 비롯한 기타제조간접비 항목들을 집계한다. 한국항공은 1월 중에 공장건물의 감가상각비 ₩100,000과 보험료 ₩80,000의 제조간접비가 발생하였다. 이에 대한 분개와 전기는 다음과 같다.

(차)	제조간접비	180,000	(대)	감가상각누계액(공장)	100,000
				미지급보험료	80,000

감가상각누계액

	감가상각비(공장) 100,000

제조간접비

원재료 50,000	
급 여 120,000	
감가상각누계액(공장) 100,000	
미지급보험료 80,000	

미지급보험료

	보험료(공장) 80,000

이처럼 모든 제조간접비를 발생시점에서 제조간접비계정의 차변에 기록한다. 직접재료비 및 직접노무비는 비용이 발생할 때 재공품 계정으로 대체함으로써 곧바로 재공품의 증가를 가져오지만, 제조간접비는 차변에 집계한 발생원가를 재공품 계정에 배부할 때 비로소 재공품의 증가를 가져온다. 따라서 제조간접비에서는 제조간접비를 재공품계정에 배부하는 방법이 중요한데, 다음에서는 이에 대해서 자세히 살펴본다.

4 제조간접비의 배부

직접재료의 물리적 흐름은 완제품에서 직접적으로 추적가능하고, 특정작업을 수행하는 종업원들의 근무시간도 각 작업별로 직접적으로 관찰가능하다. 그러나 감독자의 급여, 재산세, 감가상각비 등의 제조간접비는 각 작업별로 추적이 매우 어렵기 때문에 배부절차를 통해 간접적으로 관련시켜야 한다.

여기서 주의할 점은 배부대상 제조간접비는 보조부문의 원가를 포함하고 있다는 것이다. 제조활동이 제조부문과 보조부문으로 구성되어 있는 경우, 보조부문의 원가는 용역수수관계를 고려하여 직접배부법, 단계배부법, 또는 상호배부법에 의해 제조부문에 우선적으로 배부한다. 이렇게 배부된 보조부문원가와 제조부문 자체의 제조원가를 합한 금액이 배부대상 제조간접비가 된다.

제조간접비를 제품원가에 배부하기 위해서는 제조공정을 거쳐 가는 작업을 공통적으로 측정할 수 있는 배부기준을 선택해야 한다. 일반적으로 널리 사용하는 원가배부기준은 직접노동시간, 기계시간, 직접노무비 등이 있다.

일단 배부기준을 선택하면 각 공정을 통과하는 모든 개별작업에 제조간접비를 배부하기 위해서 제조간접비배부율을 구해야 한다. 제조간접비배부율은 실제제조간접비배부율과 예정제조간접비배부율로 구분된다.

이후에서 살펴보겠지만, 제조간접비배부율로 실제제조간접비배부율을 사용하는 원가계산방법을 실제원가계산(actual costing)이라 하고 예정제조간접비배부율을 제조간접비배부율로 사용하는 원가계산방법을 정상원가계산(normal costing)이라고 한다.

실제제조간접비배부율은 실제제조간접비를 원가배부기준의 실제총수량으로 나누어 산출된다. 이를 식으로 나타내면 다음과 같다.

$$\text{실제제조간접비배부율} = \frac{\text{실제제조간접비}}{\text{원가배부기준의 실제총수량}} \quad (1)$$

앞에서 언급한 바와 같이 한국항공에서는 제조간접비 배부기준으로 직접노무시간을 사용하고 있으며 간접원가배부율은 실제제조간접비배부율을 이용하고 있다. 1월 중에 발생한 실제제조간접비는 ₩350,000이며 실제직접노무시간은 총 35시간이다. 따라서 이를 이용하여 제조간접비배부율을 계산하면 다음과 같다.

$$\text{실제제조간접비배부율} = \frac{₩350,000}{35\ \text{직접노무시간}} = \text{직접노무시간당 ₩10,000}$$

작업에 배부될 간접원가는 작업에 관련된 각 배부기준의 실제수량에 각 배부기준의 간접원가배부율을 곱하여 계산된다.

한국항공은 작업 AJ278을 수행하기 위해 직접노무시간은 35시간이 투입되었고, 실제제조간접비 배부율을 기초로 작업 AJ278에 배부되어야 할 제조간접비는 다음과 같이 계산된다.

실제배부액 = 실제제조간접비배부율×특정제품의 실제배부기준

직접노무시간당 ₩10,000×35 직접노무시간 = ₩350,000

제조간접비배부액 ₩350,000은 AJ278의 작업원가표의 제조간접비항목에 나타나 있다. 이에 대한 분개와 전기는 다음과 같다.

(차) 재공품 350,000 (대) 제조간접비 350,000

제조간접비

차변		대변	
원재료	50,000	재공품	350,000
급 여	120,000		
감가상각누계액(공장)	100,000		
미지급보험료	80,000		

재공품

차변		대변
원재료	300,000	
급 여	420,000	
제조간접비	350,000	

5 당기제품제조원가

1월 중 한국항공의 개별작업들이 완성되어 제품계정으로 대체된 금액은 ₩900,000이다. 기말까지 작업을 완료하지 못한 재공품에 대한 원가는 재공품계정에 계속 남게 되며 다음 기간으로 이월된다. 이에 대한 분개와 전기는 다음과 같다.

(차) 제품	900,000	(대) 재공품	900,000

재공품

기 초	0	당기제품 제조원가	900,000
원재료	300,000	기말	170,000
급 여	420,000		
제조간접비	350,000		

제품

당기제품 제조원가	900,000		

특정기간 또는 특정제품의 제조원가의 명세를 나타내는 보고서를 제조원가명세서(schedule of cost of goods manufactured)라고 한다. 지금까지 한국항공의 생산활동에 투입된 원가를 정리한 제조원가명세서는 다음과 같다.

Ⅰ. 직접재료비		₩300,000
Ⅱ. 직접노무비		420,000
Ⅲ. 제조간접비		
간접재료비	₩50,000	
간접노무비	120,000	
감가상각비	100,000	
보험료	80,000	350,000
Ⅳ. 당기총제조원가(Ⅰ+Ⅱ+Ⅲ)		1,070,000
Ⅴ. 기초재공품원가		0
Ⅵ. 합계(Ⅳ+Ⅴ)		1,070,000
Ⅶ. 기말재공품원가		170,000
Ⅷ. 당기제품제조원가(Ⅵ−Ⅶ)		₩900,000

6 매출 및 매출원가

한국항공은 1월 중에 ₩1,000,000의 외상매출이 발생하였으며 이에 대한 매출원가는 ₩600,000이었다. 이에 대한 분개와 전기는 다음과 같다.

(차) 매출채권	1,000,000	(대) 매출	1,000,000
(차) 매출원가	600,000	(대) 제품	600,000

매출원가

제품	600,000		

제품

기초	0	매출원가	600,000
당기제품 제조원가	900,000	기말	300,000

매출채권

매 출	1,000,000		

매출

		매출채권	1,000,000

7 판매비와 관리비

제조기업의 본사에서도 급여, 소모품비, 보험료, 감가상각비 등의 비용이 발생한다. 이처럼 제조활동과 관계없는 부문에서 발생하는 비용은 판매비와 관리비로 분류되는데, 이 항목은 발생하는 시점에서 기간비용으로 인식하여 포괄손익계산서에 보고된다.

1월에 발생된 한국항공의 판매비와 관리비는 다음과 같다.

항목	금액
본사 직원의 급여	₩15,000
영업용 차량의 보험료	3,000
홍보부서의 광고선전비	10,000
판매 후 서비스 부서의 외주용역비	7,000
본사 건물의 감가상각비	₩25,000

이에 대한 분개와 전기는 다음과 같다.

(차) 급여	15,000	(대) 미지급급여	15,000
보험료	3,000	미지급보험료	3,000
광고선전비	10,000	미지급광고선전비	10,000
외주용역비	7,000	현금	7,000
감가상각비	25,000	감가상각누계액	25,000

미지급급여

	급여(공장)	540,000
	급여(본사)	15,000

미지급보험료

	보험료(공장)	80,000
	보험료(본사)	3,000

미지급광고선전비

	광고선전비	10,000

현금

	외주용역비	7,000

감가상각누계액

	감가상각비(공장)	100,000
	감가상각비(본사)	25,000

한국항공의 1월 중 거래를 요약한 포괄손익계산서는 다음과 같다.

Ⅰ. 매출액		₩1,000,000
Ⅱ. 매출원가		600,000
Ⅲ. 매출총이익(Ⅰ－Ⅱ)		400,000
Ⅳ. 판매비와 일반관리비		
급여	₩15,000	
보험료	3,000	
광고선전비	10,000	
외주용역비	7,000	
감가상각비	25,000	60,000
Ⅴ. 영업이익(Ⅲ－Ⅳ)		₩340,000

이상에서 설명한 개별원가계산의 흐름을 종합하면 다음 그림과 같다.

개별원가계산의 흐름

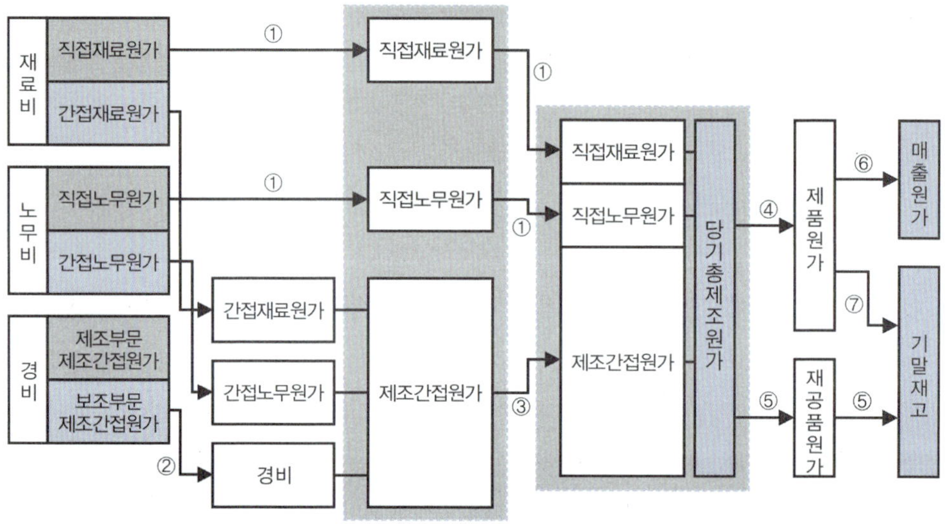

① 원가를 직접 추적
② 보조부문의 원가를 용역수수관계를 고려하여 제조부문으로 배부
③ 제조간접비를 예정배부율을 고려하여 제품에 배부
④ 당기총제조원가 중 완성된 부분의 원가
⑤ 당기총제조원가 중 미완성된 부분의 원가
⑥ 완성된 부분의 원가 중 판매된 부분
⑦ 완성된 부분의 원가 중 미판매된 부분

제4절 개별원가계산의 구분

개별원가계산은 제조간접비배부율을 산출하는 방법에 따라 실제개별원가계산과 정상개별원가계산으로 구분된다. 다음에서는 실제개별원가계산에 대해 설명하기로 한다.

1 실제개별원가계산

3절의 예에서 한국항공은 실제원가계산을 통해 개별작업의 원가를 집계하였다.

실제개별원가계산(actual job costing)에서는 실제직접재료비와 실제직접노무비를 개별작업에 집계하고 회계기간 말에 집계된 실제제조간접비를 원가배부기준의 실제총수량으로 나눈 실제제조간접비배부율을 사용하여 재공품에 배부한다. 따라서 제조간접비 실제발생액이 각 작업에 배부한 제조간접비총액과 서로 동일하게 된다.

실제개별원가계산을 이용한 한국항공의 회계처리는 다음과 같다.

한국항공의 1월 중에 발생한 실제제조간접비는 ₩350,000이며 실제직접노무시간은 총 35시간이다. 따라서 제조간접비배부율과 제조간접비 배부액을 계산하면 다음과 같다.

$$\text{실제제조간접비배부율}=\frac{\text{₩}350{,}000}{35\ \text{직접노무시간}}=\text{직접노무시간당 ₩}10{,}000$$

$$\text{직접노무시간당 ₩}10{,}000\times 35\ \text{직접노무시간}=\text{₩}350{,}000$$

(차) 재공품	350,000	(대) 제조간접비	350,000

제조간접비

원재료	50,000	재공품	350,000
급 여	120,000		
감가상각누계액	100,000		
보험료	80,000		

재공품

원재료	300,000		
급 여	420,000		
제조간접비	350,000		

이러한 실제개별원가계산은 다음과 같은 한계점이 있다.

첫째, 동일한 작업에 배부되는 제조간접비가 기간별로 차이가 발생하여 기간별 단위당 제품원가가 변동할 수 있다. 이렇게 제조간접비 배부액의 차이가 발생하는 이유는 실제원가계산을 이용하는 기업에서는 일반적으로 보통 월별로 제조간접비를 배부하는데 제조간접비발생액과 원가배부기준의 총수량이 주기성(seasonality)을 띠기 때문이다. 이는 기업이 속한 산업이나 생산하는 제품의 특성에 따라 특정기간에 수요가 집중

(예: 장난감회사의 크리스마스 기간)되기 때문에 이러한 수요에 맞추기 위해 원가배부기준의 총수량이 변동하게 되면 제조간접비배부율이 변동하게 된다. 또한 특정 제조간접비발생액(예: 여름철의 휴가비)이 집중적으로 발생하는 주기성으로 인해 제조간접비배부율이 변동하게 된다.

둘째, 제조간접비 배부의 지연성이다. 제조간접비를 배부하기 위하여 실제제조간접비배부율을 계산해야 하는데 이를 위해 필요한 정보인 실제제조간접비발생액과 원가배부기준의 총수량 정보는 월말 또는 연말까지 미루어야 한다. 이는 회계정보의 질적 특성 중 하나인 적시성(timeliness)을 충족시키지 못하게 되어 회계정보의 유용성을 저해하게 된다. 경영자는 제품가격, 판매정책 등을 결정하기 위해서는 사전적인 정보가 필수적임에도 불구하고 실제원가계산을 사용하는 경우에는 사후적인 정보를 제공하게 된다.

이러한 한계점을 보완하기 위하여 대부분 기업에서는 제조간접비 예산액, 원가배부기준의 총예산수량을 이용한 예정제조간접비배부율을 사용하는데, 이에 대한 구체적 내용은 다음 정상개별원가계산에서 살펴본다.

I. 평가자 체크리스트

※ 다음 서술이 옳으면 T, 옳지 않으면 F를 기재하시오.

4.1 실제원가계산은 직접재료비, 직접노무비, 제조간접비를 실제원가로 측정하는 방법이다.

4.2 원가의 집계방식에 따라 제품원가를 개별작업별로 구분하여 집계하는 원가계산방법은 종합원가계산이다.

4.3 기말재료 재고액이 기초재료 재고액보다 많은 것은 당기소비액이 당기매입액보다 많은 것을 이미한다.

4.4 제조원가명세서를 통해 당기원재료매입액을 파악할 수 있다.

4.5 제조원가명세서를 통해 당기매출원가를 파악할 수 있다.

4.6 고객이 주문한 특정 제품의 제조를 제조부서에 지시하는 제조지시서는 개별원가계산에 적합하다.

4.7 제품생산의 형태에 따라 개별원가계산과 실제원가계산으로 구분된다.

4.8 간접재료비는 재공품계정에 직접 기입한다.

4.9 당기 완성품의 제조원가는 재공품 계정에서 매출원가 계정으로 대체한다.

4.10 개별 원가계산표는 생산에 투입되는 각 작업에서 작성되고, 그 작업에 부담되는 원가를 집계하는데 이용된다.

Ⅱ. 객관식

4.1 개별원가계산제도가 가장 적합한 업종은? [AICPA 수정]

① 조선업 ② 정유산업 ③ 제지업
④ 방직업 ⑤ 제과업

4.2 개별원가 계산제도에 있어서 개별작업에 직접재료비, 직접노무비, 제조간접비를 집계하는 기본적인 서류로 적합한 것은?

① 총계정원장 ② 원재료청구서 ③ 매입주문서
④ 작업원가표 ⑤ 송장

4.3 재공품계정에서 제품계정으로 대체되는 되는 것은?

① 매출원가 ② 원재료비 ③ 기간원가
④ 제품제조원가 ⑤ 기초제품재고액

4.4 제품 제조원가에 포함되지 않은 것은?

① 제품 보관을 위해 투입된 원가
② 제품생산을 위해 소비한 근로자임금
③ 제품생산을 위해 소비한 수도광열비
④ 제품생산을 위해 소비한 원재료
⑤ 제품생산을 위해 소비한 일용직 근로자임금

4.5 개별원가계산에 대한 설명으로 가장 옳지 않은 것은?

① 작업원가표에 기초하여 원가계산이 이루어지며, 미래작업평가가 가능하다.
② 제품을 비반복적으로 생산하는 업종에 적합한 원가계산제도이다.
③ 종합원가계산에 비하여 제품별로 정확한 원가계산이 가능하다.
④ 실제원가나 예정원가를 사용하여 원가계산이 가능하다.
⑤ 부문별 제조간접비 배부율보다 공장전체 제조간접비배부율이 더 정확한 원가배분방법이다.

4.6 개별원가계산과 종합원가계산에 대한 설명으로 가장 옳지 않은 것은?

① 개별원가계산은 주문생산형태에 적합하고, 종합원가계산은 대량생산형태에 적합하다.
② 개별원가계산은 제조간접비배부에, 종합원가계산은 완성품환산량계산이 핵심이다.
③ 개별원가계산은 제품별 수익성 분석이 가능하나 종합원가계산은 불가능하다.
④ 개별원가계산은 종합원가계산에 비하여 비용이 적게 소요된다.
⑤ 개별원가계산은 건물 및 선박 등에 적합하며, 종합원가계산은 식료품업, 화학산업 등에 적합하다.

4.7 실제원가계산제도의 특징 및 한계가 아닌 것은?

① 생산형태에 따라 개별원가계산과 종합원가계산 등으로 분류된다.
② 제조간접원가 배부가 실제발생원가와 실제조업도를 기초로 이루어지므로, 제품원가계산이 기밀까지 지연되지 않고 이뤄질 수 있다.
③ 조업도의 변동, 특정원가의 계절적 특성으로 인하여 동일한 제품에 배부되는 제조간접원가가 상이하게 된다.
④ 실제원가계산은 실제 발생한 직접재료원가, 직접노무원가, 제조간접원가를 제품에 배부하는 원가계산제도이다.
⑤ 외부보고용으로 적합한 원가계산방법이다.

4.8 가람에어(주)의 작업내용이다. 항공기 제작과 관련하여 9월 중에 발생한 원가자료와 생산량은 다음과 같다. B 항공기의 제품 단위당 원가는 얼마인가? [기업회계 1급 수정]

	A 항공기	B 항공기	C 항공기	합 계
직접재료비	₩30,000	₩30,000	₩40,000	₩100,000
직접노무비	₩60,000	₩40,000	₩100,000	₩200,000
제품생산량	5대	4대	8대	17대

※ 9월 중에 제조간접비 발생액은 ₩160,000이다. 회사는 직접노무비를 기준으로 제조간접비를 배부한다.

① ₩20,000　② ₩23,500　③ ₩25,000
④ ₩25,500　⑤ ₩30,000

4.9 꿈나무 방송국은 TV와 라디오 부문이 있다. TV와 라디오 부문은 ABN뉴스를 통하여 세계뉴스를 전송받는데 연간 ₩75,000의 비용이 소요된다. 두 부문에 대한 다음 자료를 이용하여 ABN뉴스 이용시간을 배부기준으로 하여 공통원가를 TV와 라디오 부문에 배부하면 각각 얼마인가? [기업회계 1급 수정]

부 문	ABN뉴스 이용시간	방송시간
TV	540	180
라디오	360	420

	TV	라디오
①	₩45,000	₩30,000
②	₩30,000	₩45,000
③	₩22,500	₩52,500
④	₩52,500	₩22,500
⑤	₩55,000	₩52,500

4.10 책상과 의자를 생산하는 낙원가구(주)의 다음 자료를 이용하여 책상의 제조간접비 배부액을 계산하면 얼마인가? 다만, 각 책상에 대한 제조간접비는 실제 발생액을 직접재료비법으로 배부한다. [기업회계 1급 수정]

[자료]

(1) 3월의 제조간접비 실제 발생액 ₩72,000

(2) 3월 제조활동에 관한 자료는 다음과 같다.

제품별	완성일	직접재료비	직접노무비
책상	3월 13일	₩60,000	₩60,000
의자	3월 30일	₩20,000	₩120,000

① ₩25,000　② ₩35,500

③ ₩54,000　④ ₩75,500

⑤ ₩90,000

4.11 (주)한영의 3월 중에 실제 발생한 총원가 및 작업지시서 #333의 내용은 다음과 같다.

	총원가	#333
직접재료원가	₩550,000	₩320,000
직접노무원가	₩1,000,000	₩460,000
제조간접원가	₩750,000	₩ ?

당월 중 실제직접노동시간은 300시간이었으며, 이 중 #333의 제조에 투입된 시간은 210시간이었다. 회사가 제조간접원가를 직접노무원가에 비례하여 실제배부하는 경우, #333에 배부되는 제조간접원가는 얼마인가? [기업회계 1급 수정]

① ₩345,000 ② ₩355,000 ③ ₩400,000
④ ₩425,000 ⑤ ₩450,000

4.12 (주)나눔은 개별원가계산제도를 채택하고 있으며, 직접노무원가를 기준으로 제조간접원가를 배부한다. 제조간접원가배부율은 A 부문에 대해서는 150%, B 부문에 대해서는 50%이다. 제조지시서 #01은 20×7년 중에 시작되어 완성되었으며, 원가 발생액은 다음과 같다.

	A 부문	B 부문
직접재료원가	₩50,000	₩10,000
직접노무원가	?	40,000
제조간접원가	60,000	?

제조지시서 #01과 관련된 총제조원가는 얼마인가?

① ₩170,000 ② ₩190,000 ③ ₩220,000
④ ₩270,000 ⑤ ₩300,000

4.13 한라(주)는 개별원가계산제도를 채택하고 있다. 제품 제조와 관련한 다음의 자료에 의한 당기말 재무제표에 반영될 재고자산은 총 얼마인가? [전산세무1급 수정]

① 당기총제조원가: ₩6,000,000
② 당기제품제조원가: ₩4,900,000
③ 제조간접원가는 직접재료비의 60%가 배부되었는데 이는 당기총제조원가의 25%에 해당한다.
④ 당기 원재료매입액과 매출원가는 각각 ₩3,000,000과 ₩4,000,000이다.
⑤ 모두 기초재고자산은 없다.

① ₩500,000 ② ₩900,000 ③ ₩1,000,000 ④ ₩1,100,000 ⑤ 2,500,000

4.14 작업#1의 제조원가는 얼마인가? (단, 제조간접비는 직접노무비를 기준으로 배부한다)

[2004년 공무원 수정]

	직접재료비	직접노무비	제조간접비
작업#1	₩4,000	₩8,000	
작업#2	₩2,000	₩6,000	
계	₩6,000	₩14,000	₩8,400

① ₩16,800 ② ₩15,800 ③ ₩15,600
④ ₩20,400 ⑤ ₩28,400

4.15 〈보기〉의 자료에 의하여 제조간접비를 직접노무시간 기준으로 배분할 경우, 제조지시서 #2의 제조원가는 얼마인가?

[2006년 주택관리사 수정]

○ 당해 원가 계산기간의 제조간접비 총액: ₩600,000
○ 당해 원가 계산기간의 직접노무시간: 200시간
○ 제조지시서 #2
 – 직접재료비: ₩1,200,000
 – 직접노무비: ₩1,800,000
 – 직접노무시간: 150시간

① ₩3,000,000 ② ₩3,100,000 ③ ₩3,200,000
④ ₩3,450,000 ⑤ ₩3,600,000

4.16 영산강(주)는 개별원가계산을 실시하고 있다. 제조간접원가는 직접노무원가의 120%이다. 작업 201에서 발생한 직접재료원가는 ₩1,764,000이며, 제조간접원가는 ₩1,058,400이다. 또한 작업 301에서 발생한 직접재료원가는 ₩294,000이며, 직접노무원가는 ₩735,000이다. 작업 201에서 발생한 직접노무원가 및 작업 301의 총원가는 얼마인가?

[2000년 세무사]

	#201 직접노무원가	#301 총원가
①	₩1,270,000	₩2,263,800
②	₩1,058,400	₩1,234,800
③	₩2,116,800	₩2,263,800
④	₩1,045,800	₩2,123,400
⑤	₩882,000	₩1,911,000

4.17 다음 원가계산자료에서 제조지시서 #1은 완성되었으나 제조지시서 #2와 #3은 미완성이다. 재공품계정의 월말재고액은? (단, 제조간접비는 직접재료비에 근거하여 배부한다.)

[2008년 9급 공채 수정]

비 목	지시서 #1	지시서 #2	지시서 #3	합 계
직접재료비	₩2,000	₩2,000	₩1,000	₩5,000
직접노무비	5,000	6,000	2,500	13,500
제조간접비	(　　)	(　　)	(　　)	9,000

① ₩5,300　② ₩10,600　③ ₩11,600
④ ₩16,900　⑤ ₩18,300

4.18 5월의 생산 및 원가자료는 다음과 같다. [2007년 9급 공채 수정]

과 목	제조지시서 #1	제조지시서 #2
월초재공품	₩180,000	–
직접재료비	950,000	₩380,000
직접노무비	650,000	200,000
제조간접비	220,000	100,000
합 계	₩2,000,000	₩680,000

월초제품재고액은 ₩300,000이고, 월말제품재고액은 ₩500,000이다. 그리고 제조지시서 #1은 완성되었으나, 제조지시서 #2는 완성되지 못하였다. 손익계산서에 계상될 매출원가는 얼마인가?

① ₩1,800,000　② ₩1,900,000　③ ₩2,000,000
④ ₩2,100,000　⑤ ₩2,300,000

4.19 다음의 자료를 이용하여 매출원가를 계산하면 얼마인가?

항목	기초재고자산	기말재고자산
원재료	₩20,000	₩50,000
재공품	₩50,000	₩150,000
제품	₩40,000	₩140,000

당기 원가 발생은 원재료매입액 ₩480,000, 직접임금 지급액 ₩250,000,
제조간접비 발생액 ₩300,000이다.

① ₩650,000　② ₩700,000　③ ₩800,000
④ ₩900,000　⑤ ₩950,000

4.20 다음 중 개별원가계산에 대한 설명이 아닌 것은? [전산세무2급 수정]

① 원가의 집계가 공정별로 이뤄지기 때문에 개별작업별로 작업지시서를 작성할 필요는 없다.
② 동종 대량생산형태보다는 다품종 소량 주문생산 형태에 적합하다.
③ 제조간접비의 배분이 중요한 의미를 갖는다.
④ 월말재공품의 평가문제가 발생하지 않는다.
⑤ 개별 단위의 제품이나 서비스를 생산하는 기업에 적용되는 원가계산방법이다.

4.21 (주)백두산이 거래처에 비행기 3대를 제작하여 납품하기로 계약을 하였는데 비행기의 제조원가계산에 적합한 원가계산방법은 무엇인가? [전산세무1급 수정]

① 정상원가계산　② 종합원가계산　③ 개별원가계산
④ 표준원가계산　⑤ 결합원가계산

4.22 직접노동시간에 근거하여 제조간접원가를 예정배부하고 있는 (주)홍린의 연간 예상하는 제조간접원가는 ₩2,500,000이며, 직접노동시간은 50,000시간이다. 2019년 12월 중 작업지시서 #187과 #197을 시작하여 #187만 완성되었다면 12월 말 재공품원가는 얼마인가? 단, 월초에 재공품은 없다고 가정한다. [기업회계2급 수정]

	#187	#197
직접재료원가	₩200,000	₩140,000
직접노무원가	₩110,000	₩ 80,000
직접노동시간	3,500시간	2,800시간

① ₩745,000　② ₩485,000　③ ₩360,000
④ ₩265,000　⑤ ₩140,000

4.23 개별원가에 대한 설명으로 틀린 것은? [기업회계2급 수정]

① 원가계산이 용이하다.
② 제품별로 손익분석 및 계산이 쉽다.
③ 동일 종류의 제품을 대량생산하는 업종에 적당하다.
④ 제조간접비의 배부가 중요하다.
⑤ 작업별 원가기록표는 개별작업별로 원가를 분리하여 집계하는 데 사용되는 표이다.

4.24 다음 중 개별원가계산의 특징이 아닌 것은? [기업회계2급 수정]

① 제조원가 모두를 작업별로 직접 추적한다.
② 조선업에 적합한 원가계산방법이다.
③ 작업원가표를 사용하면 편리하다
④ 실제원가와 정상원가를 사용할 수 있다.
⑤ 주문제작 제품에 적합한 원가계산방법이다.

4.25 다음 중 개별원가계산에 대한 특징으로 틀린 것은? [전산세무2급 수정]

① 조선업, 건설업 등 주문생산에 유리하다.
② 실제원가나 예정원가를 사용할 수 있다.
③ 개별적인 원가계산으로 인해 제조간접비 배분이 중요하지 않다.
④ 제품별로 손익분석 및 계산이 용이하다.
⑤ 작업별 원가표가 중요하다.

4.26 (주)대한은 개별원가계산제도를 채택하고 있다. 제품 A의 제조 관련 다음 자료에 따른 당기 직접재료원가는? [경영지도사 수정]

(1) 당기총제조원가: ₩8,000
(2) 당기제품제조원가: ₩6,000
(3) 제조간접원가: 직접노무원가의 50% 배부
(4) 당기제조간접원가는 당기총제조원가의 25%에 해당

① ₩1,500 ② ₩2,000 ③ ₩2,500
④ ₩3,000 ⑤ ₩4,000

Ⅲ. 주관식

4.1 (주)태희의 원가자료이다. 원재료소비액을 계산하면 얼마인가?

월초재고액	₩200,000	당월매입액	₩900,000
월말재고액	₩100,000		

4.2 (주)태희의 원가자료이다. 노무비소비액을 계산하면 얼마인가?

당월지급액	₩1,000,000	전월미지급액	₩50,000
당월미지급액	₩150,000		

4.3 (주)세무는 직접원가를 기준으로 제조간접비를 배부한다. 다음 자료에 의해 작업지시서 No.1의 제조간접비 배부액은 얼마인가? [전산회계 54회]

	공장전체발생원가	작업지시서 No.1
직접재료비	₩1,000,000	₩300,000
직접노무비	₩1,500,000	₩400,000
기계시간	150시간	15시간
제조간접비	₩7,500,000	(　　　)

4.4 (주)상록의 20×7년도 기초와 기말재고는 다음과 같다.

항 목	20×7. 1. 1.	20×7. 12. 31.
원재료	₩50,000	₩60,000
재공품	70,000	80,000
제품	90,000	100,000

당기원재료 매입액은 ₩300,000, 직접임금 지급액 ₩250,000, 제조간접비 발생액 ₩320,000이다. (주)상록의 20×7년도 매출원가는 얼마인가?

4.5 마포(주)는 개별원가계산을 실시하고 있다. 제조간접비는 직접노무비의 125%이다. 작업 No.101에서 발생한 직접재료비는 ₩1,500,000이며, 제조간접비는 ₩1,100,000이다. 또한 작업 No.201에서 발생한 직접재료비는 ₩500,000이며, 직접노무비는 ₩300,000이다. [2000년 세무사 수정]

물음 1) 작업 No.101에서 발생한 직접노무비는 얼마인가?
2) 작업 No.201의 총원가는 얼마인가?

※ 다음의 자료를 참고로 하여 4.6~4.8번에 [답]하시오.

(주)경기는 제품을 제조하여 판매하는 회사이다. 5월의 자료는 다음과 같으며 제조간접비는 직접노무비를 기준으로 배부한다.

(1) 기초재공품원가는 ₩20,000이다.
(2) 당월 재료비소비액 ₩100,000(이중 간접소비액은 ₩20,000)
당월 노무비소비액 ₩200,000(이중 간접소비액은 ₩50,000)
당월 경비소비액: (모두 간접소비액임)
① 당월 지급액 ₩30,000 ② 전월 선급액 ₩50,000
③ 당월 미지급액 ₩15,000 ④ 당월 선급액 ₩25,000
⑤ 전월 미지급액 ₩20,000
(3) 당월에 제조에 착수하여 당월에 완성된 갑제품의 직접재료비는 ₩30,000이고, 직접노무비는 ₩25,000이다.
(4) 당월에 제조에 착수하여 당월에 미완성된 을제품의 직접재료비는 ₩20,000이고, 직접노무비는 ₩10,000이다.

4.6 기타 제품을 제외한 당월말의 재공품재고액을 계산하면 얼마인가?

4.7 갑제품의 제조원가를 계산하면 얼마인가?

4.8 기타 제품의 제조원가를 계산하면 얼마인가?

4.9 다음 원가정보를 이용하여 매출원가를 계산하면 얼마인가?

기초 및 기말재공품은 없음.

원재료 기말재고의 감소액	₩20,000	제품 기말재고의 증가액	₩50,000
원재료 당월매입액	500,000	직접노무비	220,000
제조간접비	400,000	매출운임	45,000

4.10 E 세무법인은 계약 건별로 추적이 가능한 원가는 직접원가로 파악하고, 간접원가에 대해서는 복수의 간접원가집합으로 분류한 다음 각각의 간접원가 배부율을 적용하여 원가계산을 한다. 다음 자료를 토대로 G 회사의 세무조정계약건에 대한 원가를 산출하시오.

[2002년 세무사]

(1) 직접노무원가: G 회사의 계약건과 관련하여 책임세무사 200시간, 담당세무사 400시간이 투입되었으며, 관련자료는 다음과 같다.

구 분	인원수	연간총투입시간(조업도)	연간급여
책임세무사	10명	1,600시간×10명 = 16,000시간	₩800,000,000
담당세무사	40명	1,600시간×40명 = 64,000시간	1,600,000,000
계		80,000시간	₩2,400,000,000

(2) G 회사의 세무조정계약건에서 발생된 직접노무원가 이외의 직접원가: ₩2,600,000

(3) 간접원가는 연간 총 ₩496,000,000이며, 관련 자료는 다음과 같다.

[가] 일반관리비(세무사 총투입시간에 비례하여 배분):	₩240,000,000
[나] 보험료(세무사 직접노무원가에 비례하여 배분):	96,000,000
[다] 비서실운영비(책임세무사 투입시간에 비례하여 배분):	160,000,000
계	₩496,000,000

제 5 장

정상개별원가계산

학습 목표

3장에서는 원가의 흐름에 대하여 살펴보았다. 즉 제품의 생산활동과 관련하여 원가의 흐름과 원가유형 간의 관계를 파악해 보았는데, 본 장에서는 제조원가가 어떻게 측정되며, 특정제품에 어떻게 배부되어 원가계산이 이루어지는 것인지를 학습한다. 이에 따라 학습목표는 다음과 같이 설정한다.

1. 징상개별원가계산이란 무엇이며, 그 절차는 어떻게 이루어지는가?
2. 제조간접원가는 어떻게 배부되는가?
3. 제조간접원가의 과대(소) 배부액의 회계처리에는 어떠한 것이 있는가?

제1절 정상개별원가계산의 개요

개별원가계산은 제조간접원가배부율을 산출하는 방법에 따라 실제개별원가계산과 정상개별원가계산으로 구분된다. 작업별 원가계산이라고도 불리는 개별원가계산(job costing)은 제품의 종류나 규격이 다양한 개별 단위의 제품이나 서비스를 생산하는 기업에 적용되는 원가계산방법이다. 이중 정상원가계산은 배부율을 미리 정해놓고 정해진 기간 동안(1년 단위) 같은 배부율을 모든 작업에 적용하는 방법이다.

제2절 정상개별원가계산의 의의

정상개별원가계산(normal job costing)이란 각 제조지시서별로 원가를 계산하되 실제개별원가계산과는 달리 예정제조간접원가배부율을 사용하여 제조간접원가를 배부하는 원가계산방법이다.

정상원가계산은 예정제조간접원가배부율을 사용한다는 점이 실제원가계산과 다를 뿐이고, 직접원가인 직접재료원가와 직접노무원가를 집계하는 방법은 동일하다. 실제원가계산과 정상원가계산을 비교하면 다음 표와 같다.

원가항목	실제원가계산방법	정상원가계산방법
직접재료원가	실제원가	실제원가
직접노무원가	실제원가	실제원가
제조간접원가	실제제조간접원가배부율× 원가배부기준의 실제총수량	예정제조간접원가배부율× 원가배부기준의 실제총수량

제3절 실제개별원가계산의 한계점

실제개별원가계산은 다음과 같은 한계점이 있다.

첫째, 동일한 작업에 배부되는 제조간접원가가 기간별로 차이가 발생하여 기간별 단위당 제품원가가 변동할 수 있다. 이렇게 제조간접원가 배부액의 차이가 발생하는 이유는 실제원가계산을 이용하는 기업에서는 일반적으로 보통 월별로 제조간접원가를 배부하는데 제조간접원가발생액과 원가배부기준의 총수량이 주기성(seasonality)을 띄기 때문이다. 이는 기업이 속한 산업이나 생산하는 제품의 특성에 따라 특정기간에 수요가 집중(예: 장난감회사의 크리스마스 기간)되기 때문에 이러한 수요에 맞추기 위해 원가배부기준의 총수량이 변동하게 되면 제조간접원가배부율이 변동하게 된다. 또한 특정 제조간접원가발생액(예: 여름철의 휴가비)이 집중적으로 발생하는 주기성으로 인해 제조간접원가배부율이 변동하게 된다.

둘째, 제조간접원가의 배부의 지연성이다. 제조간접원가를 배부하기 위하여 실제제조간접원가배부율을 계산해야 하는데 이를 위해 필요한 정보인 실제제조간접원가발생액과 원가배부기준의 총수량 정보는 월말 또는 연말까지 미루어야 한다. 이는 회계정보의 질적 특성 중 하나인 적시성(timeliness)을 충족시키지 못하게 되어 회계정보의 유용성을 저해하게 된다. 경영자는 제품가격, 판매정책 등을 결정하기 위해서는 사전적인 정보가 필수적임에도 불구하고 실제원가계산을 사용하는 경우에는 사후적인 정보를 제공하게 된다.

이러한 한계점을 보완하기 위하여 대부분 기업에서는 제조간접원가 예산액, 원가배부기준의 총예산수량을 이용한 예정제조간접원가배부율을 사용하는데, 이에 대한 구체적 내용은 다음 정상개별원가계산에서 살펴본다.

제4절 정상개별원가계산 절차

1 제조간접원가의 예정배부 필요성

정상원가계산제도는 다음과 같은 장점을 가지고 있다.

첫째, 정상원가계산에서는 예정제조간접원가배부율을 계산하여 이를 정해진 기간 동안(보통 회계기간) 계속 적용하므로 제품에 배부하는 제조간접원가가 정해진 기간 동안에는 변동하지 않는다. 즉, 재공품계정이나 제품계정에 배부되는 제조간접원가는 제조간접원가 실제발생액 또는 원가동인수준의 주기성에 따른 영향을 재고자산계정으로부터 제거할 수 있다.

둘째, 정상원가계산제도하에서는 예정제조간접원가배부율을 이용하여 제조간접원가를 배부하기 때문에 제품이 완성되는 즉시 원가를 계산할 수 있으므로 원가정보의 적시성이 향상된다. 그리고 경영자에게 과대 또는 과소배부액에 관한 정보를 제공함으로써 의사결정, 통제활동에 도움을 줄 수 있다. 예를 들어, 제조간접원가 실제발생액이 예정배부액보다 많은 경우 이는 불리한 영업성과를 나타내 준다. 따라서 이러한 제조간접원가과소배부에 대한 원인을 조사하고 적절한 조치를 취할 수 있다. 이렇게 과소배부액이 발생하는 원인이 생산설비의 비효율적인 이용 때문이라면 경영자는 이러한 원인을 제거하기 위한 조치를 취해야 할 것이다.

2 제조간접원가의 예정배부기준

원가배부기준은 원가집합을 원가대상에 배부하기 위해 사용되는 기준이다. 이미 설명한 원가동인과 유사한 개념으로서 원가집합의 원가변화와 관련이 있는 측정치라고 할 수 있다. 예를 들어 기계 감가상각비의 원가배부기준은 제품별 기계사용시간, 운송활동에 소요된 원가는 유통경로별 운송횟수가 될 수 있다.

다수의 제품을 생산하고 있는 기업의 예를 들어보자. 이 기업에는 컴퓨터, 휴대전화,

반도체를 생산하고 있다. 이 기업에서는 제품별로 비용을 추적하여 예산과 비교하여 차이를 계산해 내고 차이의 원인을 분석하여 원가관리와 성과평가에 이용하고 있다.

이 기업 전체 전기요금이 7월 한 달에 300만 원이 나왔다고 하자. 그런데 제품별로 전기요금 사용량을 추적하는 계량기는 부착되어 있지 않다. 따라서 전기요금은 제품별로 직접 추적이 불가능한 간접비로 분류되고, 그 요금은 배부기준을 이용하여 배부해야 한다. 그런데 배부를 하기 위해서는 배부기준을 선택하여야 한다.

배부기준을 무엇으로 선택하느냐는 각 제품에 얼마의 전기요금이 배부되느냐를 결정하기 때문에 중요한 문제이다. 배부기준의 선택에는 여러 기준이 있을 수 있지만 일반적으로 인과관계에 근거하여 선택하는 경우가 가장 대표적이다. 위의 기업 예에서 만약 각 제품을 생산하는데 소요되는 기계시간에 의해서 전기요금이 변화한다면, 기계시간과 전기요금 간에 인과관계가 있다고 할 수 있다.

일반적으로 사용되는 제조간접원가의 예정배부기준은 크게 금액법, 시간법, 수량법으로 구분할 수 있다. 금액법은 원가대상에 포함되어 있는 원가항목의 금액에 의하여 원가를 배부하는 방법이며 세부적으로 직접재료비, 직접노무비, 직접재료비와 직접노무비의 합인 직접원가 금액을 기준으로 하는 방법이 있다. 시간법은 원가대상이 생산요소를 소비한 시간에 의하여 원가를 배부하는 방법이며 세부적으로 직접노동(작업), 기계작업에 소요된 시간을 기준으로 하는 방법이 있다. 수량법은 원가대상의 물리적으로 세거나 잴 수 있는 수효와 분량에 원가를 배부하는 방법이며 세부적으로 생산, 판매 수량을 기준으로 하는 방법이 있다.

- 금액법: 직접재료비법, 직접노무비법, 직접원가법
- 시간법: 직접노동시간법(직접작업시간법), 기계작업시간법 등
- 수량법: 생산량 판매량 등

3 제조간접원가의 예정배부율과 예정배부액

예정제조간접원가배부율은 간접원가집합의 예산총액을 원가배부기준의 총예산수량으로 나누어 산출된다. 이를 식으로 나타내면 다음과 같다.

$$\text{예정제조간접원가배부율} = \frac{\text{제조간접원가 예산액}}{\text{원가배부기준의 총예산수량}} \qquad \text{식(1)}$$

$$\text{제조간접원가예산액} = \text{고정제조간접원가예산액} + \text{예정변동제조간접원가배부율} \times \text{원가배부기준의 총예산수량} \qquad \text{식(2)}$$

식(1)에 식(2)를 대입하면 식(1)은 다음과 같이 다시 쓸 수 있다.

$$\begin{aligned}&\text{예정제조간접원가배부율}\\&= \frac{\text{고정제조간접원가 예산액} + \text{예정변동제조간접원가배부율} \times \text{원가배부기준의 총예산수량}}{\text{원가배부기준의 총예산수량}}\\&= \frac{\text{고정제조간접원가 예산액}}{\text{원가배부기준의 총예산수량}} + \text{예정변동제조간접원가배부율}\end{aligned}$$

앞에서 언급한 바와 같이 한국항공에서는 제조간접원가 배부기준으로 직접노무시간을 사용하고 있다. 그리고 경영자가 설정한 제조간접원가예산액은 ₩320,000이고 예산직접노무시간은 총 40시간이다. 1월 중에 발생한 실제제조간접원가는 ₩350,000이며 실제직접노무시간은 총 35시간이다. 또한 정상개별원가계산을 이용하여 원가를 집계하고 있다고 가정하자. 한국항공의 자료를 이용하여 예정제조간접원가배부율을 계산하면 다음과 같다.

$$\text{예정제조간접원가배부율} = \frac{₩320{,}000}{40\ \text{직접노무시간}} = \text{직접노무시간당 ₩8,000}$$

작업에 배부될 간접원가는 작업에 관련된 각 배부기준의 실제수량에 각 배부기준의 간접원가배부율을 곱함으로써 계산된다.

한국항공은 작업 AJ278을 수행하기 위해 직접노무시간을 35시간을 투입하였으며 예정제조간접원가배부율을 사용하면 작업 AJ278에 배부되어야 할 제조간접원가는 다음과 같이 계산된다.

직접노무시간당 ₩8,000×35 직접노무시간=₩280,000

제조간접원가를 예정 배부하는 경우에는 제조간접원가 계정의 차변에는 제조간접원가 실제발생액을 기록하고, 대변에는 예정제조간접원가 배부액을 기록한다. 따라서 제조간접원가 계정의 차변과 대변 금액이 일치하지 않는 경우가 일반적이다. 제조간접원가의 실제발생액과 예정배부액 간에 차이가 나는 이유는 예정제조간접원가 배부율 계산 시 당기에 발생할 것으로 예측되는 총제조간접원가를 당기에 발생할 것으로 예측되는 원가배부기준의 총수량으로 나누어서 계산하므로 이 두 예측치가 실제치와 다르면 제조간접원가 배부차이가 발생한다.

제조간접원가 배부액이 제조간접원가 실제발생액보다 큰 경우에는 차액을 제조간접원가 과대배부액(over-allocated indirect costs)이라 하고 제조간접원가배부액이 제조간접원가 실제발생액보다 작은 경우에는 차액을 제조간접원가 과소배부액(under-allocated indirect costs)이라 한다.

제조간접원가 과대배부액=(제조간접원가 실제발생액−제조간접원가 배부액)<0
제조간접원가 과소배부액=(제조간접원가 실제발생액−제조간접원가 배부액)>0

배부차이	과 대	과 소	균 등
방향성	실제<예정	실제>예정	동일
정상원가	과대계상	과소계상	동일
제조간접비	원가부담 줄인다(−) 유리	원가부담 늘린다(+) 불리	동일
분개	(차)제조간접비 ××× (대)제조간접비배부차이 ×××	(차)제조간접비배부차이 ××× (대)제조간접비 ×××	분개없음

이와 같은 제조간접원가의 실제발생액과 예정배부액의 차이는 제조간접원가배부차이 계정에 기록한다. 제조간접원가과소배부액은 제조간접원가배부차이 계정의 차변에 기록하고 제조간접원가과대배부액은 제조간접원가배부차이계정의 대변에 기록한다.

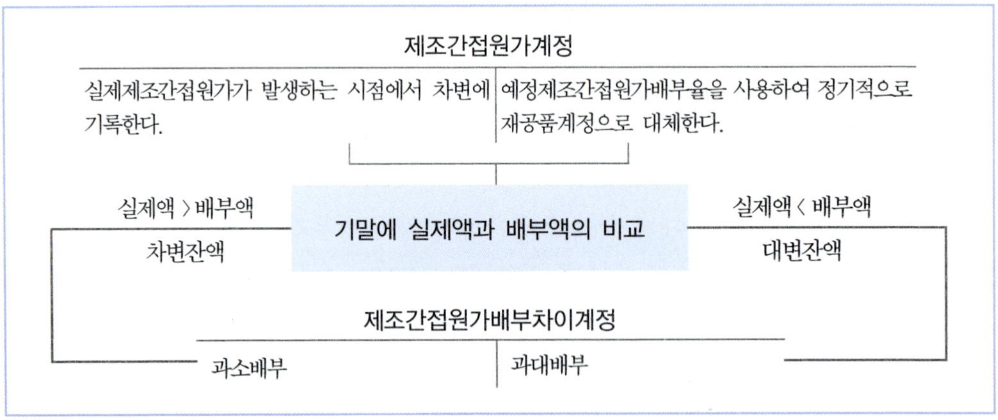

한국항공의 제조간접원가 실제발생액이 ₩350,000이고 제조간접원가배부액이 ₩280,000이다. 제조간접원가배부액이 제조간접원가실제발생액보다 작으므로 제조간접원가과소배부액 ₩70,000이고 이 금액은 제조간접원가배부차이 계정의 차변에 기록한다. 제조간접원가 배부액 ₩280,000은 AJ278의 작업원가표의 제조간접원가항목에 나타나 있다. 이에 대한 분개와 전기는 다음과 같다.

(차)	재공품	280,000	(대) 제조간접원가	350,000
	제조간접원가배부차이	70,000		

제조간접원가

원재료	50,000	재공품	280,000
급 여	120,000	배부차이	70,000
감가상각비	100,000		
보험료	80,000		

재공품

원재료	300,000		
급 여	420,000		
제조간접원가	280,000		

제조간접원가배부차이

제조간접원가	70,000		

1월 중 한국항공의 개별작업들이 완성되어 제품계정으로 대체된 금액은 ₩900,000이며, 원재료와 급여는 각각 ₩300,000과 ₩420,000이다. 단 기초재공품은 없다. 기말까지 작업을 완료하지 못한 재공품에 대한 원가는 재공품계정에 계속 남게 되며 다음 기간으로 이월된다. 이에 대한 분개와 전기는 다음과 같다.

(차) 제품	900,000	(대) 재공품	900,000

재공품

기 초	0	당기제품 제조원가	900,000
원재료	300,000	기 말	100,000
급 여	420,000		
제조간접원가	280,000		

제품

당기제품 제조원가	900,000		

한국항공은 1월 중에 ₩1,000,000의 외상매출이 발생하였으며 이에 대한 매출원가는 ₩600,000이었다. 이에 대한 분개와 전기는 다음과 같다.

(차) 매출채권	1,000,000	(대) 매출	1,000,000
(차) 매출원가	600,000	(대) 제품	600,000

매출원가

제품	600,000		

제품

기초	0	매출원가	600,000
당기제품 제조원가	900,000	기말	300,000

매출채권

매출	1,000,000		

매출

		매출채권	1,000,000

4 제조간접원가 과대(소)배부액의 회계처리

정상개별원가계산에서는 예정제조간접원가배부율을 이용하여 제조간접원가를 배부하게 되므로 일반적으로 실제제조간접원가발생액과 예정제조간접원가배부액 간에 차이가 발생하게 된다.

그런데 일반적으로 인정된 회계원칙(GAAP)에서는 실제원가계산방법으로 계산된 제품원가를 공시하도록 요구하고 있기 때문에, 정상원가계산방법을 이용하여 제품원가를 계산함으로써 발생한 과대 또는 과소배부액을 수정하여 실제원가계산방법으로 계산된 제품원가와 일치시켜야 한다.

제조간접원가 과대(또는 과소)배부액과 관련된 각 계정들에 대한 수정방법은 1) 수정배부율법 2) 비례배부법 3) 매출원가조정법이 있다.

1) 수정배부율법

수정배부율법(adjusted allocation rate method)은 예정제조간접원가 배부율이 아닌 실제제조간접원가배부율을 사용하여 총계정원장과 보조원장을 기록된 금액을 재수정하는 방법이다. 이 방법을 사용하게 되면 기말재고자산계정과 매출원가계정 모두 정확하게 실제제조간접원가를 반영하게 된다.

한국항공의 경우 실제제조간접원가는 ₩350,000인데 이는 정상원가계산하에서 배부된 제조간접원가는 ₩280,000(직접노무시간당 배부율 ₩8,000×35직접노무시간)보다 25% 초과한다. 따라서 배부된 제조간접원가에 25%를 추가하여 총계정원장과 보조원장을 수정하여 재기록한다.

2) 비례배부법

비례배부법(proration method)은 제조간접원가 과대(소)배부액을 재공품, 제품, 매출원가항목에 배부하는 것이다.

비례배부법을 배부기준에 따라 2가지로 구분할 수 있는데 1) 총원가기준법, 2) 제조간접원가기준법이다.

(1) 총원가기준법

총원가기준법은 과소 또는 과대배부액을 재공품과 제품의 기말잔액 및 매출원가에 비례하여 각 계정에 배부하는 방법이다.

한국항공이 총원가기준법을 이용하여 과소배부된 제조간접원가를 배부하면 다음과 같다.

제조간접비

차변	금액	대변	금액
실 제	350,000	예 정	280,000
		제조간접비 배부차이	70,000

재공품

차변	금액	대변	금액
		기 말	100,000

제품

차변	금액	대변	금액
		기 말	300,000

매출원가

차변	금액	대변	금액
제 품	600,000		

한국항공의 제조간접원가 과소배부액 ₩70,000을 1월말 재공품 기말잔액, 제품의 기말잔액 및 매출원가의 비율로 배부하면 기말재공품에 ₩7,000, 기말제품에 ₩21,000, 매출원가에 ₩42,000이 배부되어 각 계정의 금액은 증가하게 된다. 이에 대한 분개는 다음과 같다.

	차변 계정	금액		대변 계정	금액
(차)	제조간접비 배부차이	70,000	(대)	제조간접비	70,000
(차)	재 공 품	7,000	(대)	제조간접비 배부차이	70,000
	제 품	21,000			
	매출원가	42,000			

* 재 공 품(₩100,000) $= ₩70,000 \times \frac{₩100,000}{₩1,000,000} = ₩7,000$

제 품(₩300,000) $= ₩70,000 \times \frac{₩300,000}{₩1,000,000} = ₩21,000$

매출원가(₩600,000) $= ₩70,000 \times \frac{₩600,000}{₩1,000,000} = ₩42,000$

재공품			
		기말	107,000

제품			
		기말	321,000

매출원가			
제품	642,000		

한국항공의 사례와는 달리 제조간접원가 과대배부액이 발생하는 경우에는 다음과 같이 제조간접원가배부차이가 차변에 기재되고 재공품, 제품, 매출원가계정은 대변에 기록되어 각 계정 금액은 감소하게 될 것이다.

(차)	제조간접원가배부차이	×××	(대) 재공품	×××
			제품	×××
			매출원가	×××

총원가기준법은 각 작업에 부과된 직접제조원가, 제조간접원가의 비율이 동일한 경우에만 수정배부율법과 같은 배부결과를 보이게 된다. 만약 각 작업에 부과된 직접제조원가, 제조간접원가의 비율이 상이한 경우에는 정확한 과대(소)제조간접원가 배부가 이루어지지 않게 된다. 이러한 단점을 보완하는 방법이 다음에 설명할 제조간접원가기준법이다.

(2) 제조간접원가기준법

제조간접원가기준법은 기말재공품, 기말제품 및 매출원가에 포함되어 있는 제조간접원가배부액을 기준으로 하여 과소(대)배부액을 재공품, 제품, 매출원가계정에 배부하는 방법이다.

한국항공의 재공품 기말잔액, 제품 기말잔액 및 매출원가에 포함되어 있는 제조간접원가배부액을 다음 표와 같다고 가정하고 과소배부액을 제조간접원가기준법에 의해 배부한 결과는 다음과 같다.

제조간접비

차변		대변	
실 제	350,000	예 정	280,000
		제조간접비 배부차이	70,000

재공품

차변	대변
	기말 100,000 (제조간접비 18,000)

제품

차변	대변
	기말 300,000 (제조간접비 78,000)

매출원가

차변	대변
제품 600,000 (제조간접비 184,000)	

한국항공의 제조간접원가 과소배부액 ₩70,000을 1월말 재공품 기말잔액, 제품의 기말잔액, 매출원가에 포함되어있는 제조간접원가의 비중으로 배부하면 재공품계정에 ₩4,500, 기말제품에 ₩19,500, 매출원가에 ₩46,000이 배부되어 각 계정의 금액은 증가하게 된다. 이에 대한 분개는 다음과 같다.

(차)	제조간접비 배부차이	70,000	(대)	제조간접비	70,000
(차)	재 공 품	4,500	(대)	제조간접비 배부차이	70,000
	제 품	19,500			
	매출원가	46,000			

* 재 공 품(₩18,000) $= ₩70,000 \times \frac{₩18,000}{₩280,000} = ₩4,500$

제 품(₩78,000) $= ₩70,000 \times \frac{₩78,000}{₩280,000} = ₩19,500$

매출원가(₩184,000) $= ₩70,000 \times \frac{₩184,000}{₩280,000} = ₩46,000$

재공품	
	기말 104,500

제품	
	기말 319,500

매출원가	
제품 646,000	

각 작업에 부과된 직접제조원가, 제조간접원가의 상대적 비중이 동일하지 않을 때, 제조간접원가기준법을 통해 과소(대) 배부제조간접원가를 배부하게 되면 수정배부율법과 같은 배부결과를 보이게 된다. 그러나 이 방법을 적용하기 위해서는 각 계정에 포함되어 있는 제조간접원가배부액에 관한 정보를 알아야 한다. 반면, 총원가기준법에서는 각 계정의 총원가정보만 필요하므로 제조간접원가기준법보다는 간편한 방법이다.

3) 매출원가조정법

매출원가조정법(cost of good sold method)은 제조간접원가 과소(대)배부액 전부를 매출원가계정에서 가감하는 방법이다. 이상에서 설명한 방법들 중 가장 간단한 방법으로 제품이나 재고자산의 종류가 다양한 회사에서 선호되는 방법이다.

한국항공의 경우 제조간접원가 과소배부액 ₩70,000을 매출원가계정에 모두 가산하게 된다. 이에 대한 분개는 다음과 같다.

제조간접비			
실제	350,000	예정	280,000
		제조간접비 배부차이	70,000

재공품	
	기말 100,000

제품	
	기말 300,000

매출원가	
제품 600,000	

(차)	제조간접비 배부차이	70,000	(대) 제조간접비	70,000
(차)	매출원가	70,000	(대) 제조간접비 배부차이	70,000

재공품

차변	대변
	기말 100,000

제품

차변	대변
	기말 300,000

매출원가

차변	대변
제품 670,000	

Ⅰ. 평가자 체크리스트

※ 다음 서술이 옳으면 T, 옳지 않으면 F를 기재하시오.

5.1 제조간접비 예정배부율은 회계연도 초에 제조간접비 예산과 예측배부기준에 의하여 계산된다.

5.2 제조간접비 예정배부율은 계절적인 요인을 배제하고 원가를 균등하게 배분하기 위하여 일반적으로 월별기준보다는 연간기준에 의하여 계산된다.

5.3 제조간접비계정 차변 금액이 대변 금액보다 많은 경우 그 차액을 과대배부라 한다.

5.4 제조간접비가 과대배부되었을 때 매출원가를 하향 조정하여야 한다.

5.5 제조간접비가 예정배부율이 실제배부율보다 크면 제조간접원가가 과대배부된다.

5.6 예상 총제조간접비가 실제 총제조간접비보다 크면 제조간접비가 과대배부된다.

5.7 제조간접비 과소배부액을 안분할 때 재공품 재고액은 하향조정한다.

5.8 제조간접비 과소배부액을 매출원가법과 원가요소비례법으로 정리하는 경우 원가요소비례법을 적용하는 경우가 재무상태표상의 자산이 더 크게 계상된다.

5.9 제조간접비 과소배부액을 매출원가법과 원가요소비례법으로 정리하는 경우 당기순이익은 원가요소비례법이 매출원가법에 비하여 더 크게 계상된다.

5.10 제조간접비 과소배부액을 매출원가법과 원가요소비례법으로 정리하는 경우 원가요소비례법이 매출원가법보다 매출원가가 더 크게 계상된다.

Ⅱ. 객관식

5.1 제조간접비에 대한 설명으로 옳지 않은 것은?

① 배부방법에는 실제배부법과 예정배부법이 있다.
② 실제배부법은 계절별 생산량이 큰 차이가 있는 경우에 적합한 배부법이다.
③ 여러 제품에 공통으로 발생하는 원가이기에 각 제품별로 집계하기 어렵다.
④ 일반적으로 제조부문의 임차료, 보험료, 감가상각비 등이 이에 해당된다.
⑤ 제조간접비 예정배부율은 계절적인 요인을 배제하고, 원가를 균등하게 배분하기 위하여 일반적으로 월별기준보다는 연간기준에 의하여 계산된다.

5.2 원가계산 방법에 대한 설명으로 옳지 않은 것은?

① 실제개별원가계산은 직접재료비, 직접노무비, 제조간접비를 실제원가로 측정하는 방법이다.
② 정상개별원가계산은 직접재료비는 실제원가로 측정하고, 직접노무비와 제조간접비를 합한 가공원가는 예정배부율에 의해 결정된 금액으로 측정하는 방법이다.
③ 표준원가계산은 직접재료비, 직접노무비, 제조간접비를 표준원가로 측정하는 방법이다.
④ 원가의 집계방식에 따라 제품원가를 개별작업별로 구분하여 집계하는 개별원가계산과 제조공정별로 집계하는 종합원가계산으로 구분할 수 있다.
⑤ 개별원가계산은 각 기간마다 서로 다른 제품을 생산하는 경우, 고객의 주문에 의하여 제품을 생산하는 경우, 서로 다른 서비스를 제공하는 경우 등에서 이용하는 방법이다.

5.3 예정제조간접비 배부차이에 대한 처리 순서로 옳은 것은?

① 실제발생액 → 예정배부액 → 배부차이계산 → 차이액 조정
② 예정배부액 → 실제발생액 → 배부차이계산 → 차이액 조정
③ 배부차이계산 → 차이액 조정 → 실제발생액 → 예정배부액
④ 차이액 조정 → 배부차이계산 → 실제발생액 → 예정배부액
⑤ 예정배부액 → 실제발생액 → 차이액 조정 → 배부차이계산

5.4 정상개별원가 계산 시 예정제조간접비 배부계산식으로 옳은 것은?

① 실제배부기준×실제배부율
② 실제배부기준×예정배부율
③ 예정배부기준×예정배부율
④ 예정배부기준×실제배부율
⑤ 예정배부기준×실제발생액

5.5 제조간접비예정배부율은 직접노동시간 당 ₩100이고, 실제직접노동시간이 10,000시간 발생했을 때 제조간접비 배부차이가 ₩100,000 과소배부되었을 경우 제조간접비 실제발생액은 얼마인가?

① ₩1,000,000
② ₩1,100,000
③ ₩1,300,000
④ ₩1,500,000
⑤ ₩1,700,000

5.6 (주)상록은 예정제조간접비로 개별원가계산을 하고 있다. 다음 자료를 이용하여 기계작업시간을 기준으로 5월의 제조간접비 예정배부액을 계산하면 얼마인가?

제조간접비예산액	₩5,000,000		
예상기계작업시간	10,000시간	실제기계작업시간	1,000시간

① ₩100,000
② ₩300,000
③ ₩500,000
④ ₩700,000
⑤ ₩1,000,000

5.7 정상개별원가계산에서 제조간접비의 배부차이를 조정하는 일반적인 방법이 아닌 것은?

① 매출원가조정법
② 비례배분법
③ 순실현가치법
④ 영업외손익법

5.8 다음의 자료는 제조간접원가의 예정배부와 관련된 분개들이다. 이 분개들을 처리하였던 순서대로 가장 바르게 나열한 것은? [ERP 회계1급 수정]

	차변		대변	
㉠	(차) 재공품 A	×××	(대) 제조간접비	×××
	재공품 B	×××		
㉡	(차) 제조간접비배부차이	×××	(대) 제조간접비	×××
㉢	(차) 매출원가	×××	(대) 제조간접비배부차이	××
㉣	(차) 제조간접비	×××	(대) 간접재료비	×××
			간접노무비	×××
			간접경비	×××

① ㉠-㉣-㉢-㉡　　② ㉠-㉣-㉡-㉢
③ ㉠-㉡-㉣-㉢　　④ ㉣-㉠-㉢-㉡
⑤ ㉣-㉠-㉡-㉢

5.9 다음은 제조간접원가 예정배부를 실시하는 기업에서의 분개 내용 중 일부이다. 이에 대한 설명으로 가장 옳은 것은? [ERP 회계1급 수정]

㉠	(차) 제품	4,000	(대) 재공품	4,000
㉡	(차) 재공품	2,000	(대) 제조간접비	2,000
㉢	(차) 제조간접비배부차이	300	(대) 제조간접비	300
㉣	(차) 제조간접비	7,000	(대) 간접경비	7,000

① ㉠은 매출된 제품의 제품원가가 ₩4,000임을 표시한다.
② ㉡은 제조간접비의 기말재공품재고액이 ₩2,000이라는 것을 표시한다.
③ ㉢은 제조간접비를 예정배부할 때 ₩300 과대하게 배부되었다는 것을 표시한다.
④ ㉢은 제조간접비를 예정배부할 때 ₩300 과소하게 배부되었다는 것을 표시한다.
⑤ ㉣은 간접경비에 해당되는 예정제조간접비가 ₩7,000이라는 것을 표시한다.

5.10 다음 분개를 바르게 추정한 것은? [기업회계2급 수정]

(차) 매출원가	50,000	(대) 제조간접비배부차액	50,000

① 예정한 제조간접비보다 실제 제조간접비가 ₩50,000 만큼 많이 소비되었다.
② 제조간접비예정배부액이 ₩50,000 초과배부되었다.
③ 매출원가 계정에서 ₩50,000을, 제조간접비배부차액 계정에서 ₩50,000을 모두 감액하였다.
④ 현실적으로 발생할 수 없는 분개이다.
⑤ 전 단계 분개는 (차) 제조간접비 50,000 (대)제조간접비배부차액 50,000이었다.

5.11 회사는 예정제조간접비 ₩100,000, 실제제조간접비 ₩120,000, 배부 제조간접비 ₩125,000이다. 제조간접비의 배부차액은 얼마인가?

① ₩20,000(과소배부)　　② ₩5,000(과소배부)
③ ₩5,000(과대배부)　　④ ₩20,000(과대배부)
⑤ ₩25,000(과대배부)

5.12 12월 31일 통일회사의 제조간접비 과소배부액은 ₩50,000이다. 회계연도 말 계정 잔액은 다음과 같다.

원재료	₩150,000	재공품	₩100,000
제 품	₩500,000	매출원가	₩400,000

총원가기준법으로 제조간접비 과소배부액을 배부한 경우 재공품에 추가로 배부하여야 할 금액은 얼마인가?

① ₩2,000 ② ₩3,000 ③ ₩4,000
④ ₩5,000 ⑤ ₩6,000

5.13 (주)설울의 제조간접비 예정배부율은 "₩1,000/직접노동시간"이며, 실제발생한 제조간접비는 ₩3,100,000이다. 당기의 제품제조와 관련한 자료가 다음과 같을 때 제조간접비 배부차이를 구하면? [전산세무2급 수정]

구분	작업1	작업2	계
직접재료비	₩2,500,000	₩2,000,000	₩4,500,000
직접노무비	₩1,000,000	₩500,000	₩1,500,000
직접노동시간	2,000시간	1,000시간	3,000시간

① ₩100,000(과소배부) ② ₩100,000(과대배부)
③ ₩150,000(과소배부) ④ ₩150,000(과대배부)
⑤ ₩200,000(과소배부)

5.14 대조(주)는 제조간접비를 직접노무비기준으로 배부하고 있다. 추정제조간접비 총액은 ₩1,000,000이고, 추정직접노무시간은 400시간이고 시간당 임률은 ₩5,000이다. 기말의 제조간접비 총액은 ₩1,100,000이고, 실제 발생한 직접노무시간은 410시간이고 시간당 임률은 ₩5,000이다. 기말의 제조간접비의 과소(대) 배부액은? [전산세무1급 수정]

① ₩150,000(과대배부) ② ₩150,000(과소배부)
③ ₩75,000(과대배부) ④ ₩75,000(과소배부)
⑤ ₩50,000(과대배부)

5.15 JP회사는 정상원가 시스템하에서 개별원가계산을 사용한다. 2001년 4월 동안 이 회사의 재공품 계정의 내역은 다음과 같다.

기초잔액:	₩4,000	직접재료비:	₩24,000
직접노무비:	₩16,000	제조간접비:	₩12,800
제품계정으로의 대체액:	₩48,000		

JP회사는 제조간접비를 제품에 배부할 때 예정제조간접비율을 사용하며 당기의 제조간접비 예정배부율은 직접노무비의 80%이다. 당기에 새로 시작한 작업 #5가 4월 말 현재 유일하게 완성되지 않은 작업이며 작업 #5를 완성하는 데 예정된 직접노무비는 ₩3,000 이지만 당기에 투입된 실제 직접노무비는 ₩2,000이다. 작업 #5에 지금까지 투입된 직접재료비는 얼마인가? [2002년 세무사]

① ₩3,300 ② ₩5,200 ③ ₩8,000
④ ₩8,800 ⑤ ₩16,000

5.16 강압사는 제조간접비를 직접노무비 기준으로 배부하고 있다. 기간추정 제조간접비총액은 ₩255,000, 추정직접노무시간 100,000시간이다. 지난 기말의 제조간접비 잔액은 ₩270,000이고 실제사용 직접 노무시간은 105,000시간이다. 이 기간 동안 제조간접비 과소(대)배부는? [1994년 공인회계사]

① ₩2,250 과대배부 ② ₩2,250 과소배부 ③ ₩15,000 과대배부
④ ₩15,000 과소배부 ⑤ ₩13,500 과소배부

5.17 (주)세무의 제조간접비 예정배부율은 작업시간 당 ₩10,000이다. 작업시간이 800시간이고, 제조간접비 배부차이가 ₩1,000,000 과소배부라면, 실제 제조간접비 발생액으로 옳은 것은?

① ₩6,000,000 ② ₩7,000,000 ③ ₩8,000,000
④ ₩9,000,000 ⑤ ₩9,500,000

5.18 제조간접비와 관련한 자료가 다음과 같은 경우 제조간접비 실제발생액은 얼마인가?

제조간접비예정배부율 기계작업시간당 ₩200	
제조지시서의 기계작업시간 60,000시간	제조간접비과대배부 ₩300,000

① ₩12,000,000 ② ₩11,700,000 ③ ₩12,300,000
④ ₩20,000,000 ⑤ ₩23,000,000

5.19 대한전자는 제조간접비를 직접노무시간을 기준으로 예정배부하고 있다. 당해 연도 초의 예상직접노무시간은 70,000시간이다. 당기 말 현재 실제제조간접비 발생액이 ₩2,150,000이고 실제 직접노무시간이 75,000시간일 때 제조간접비 배부차이가 ₩250,000 과대배부된 경우 당해 연도초의 제조간접비 예상액은 얼마인가?

① ₩1,900,000 ② ₩2,240,000
③ ₩2,350,000 ④ ₩2,400,000
⑤ ₩2,700,000

5.20 정상원가계산제도하에서 제조간접비의 배부차이를 총원가기준법(비례배분법)으로 조정하고 있으나 만약 배부차이 전액을 매출원가계정에서 조정한다면 영업이익의 변화에 대한 설명으로 옳은 것은? [전산세무1급 수정]

과소배부액	₩1,000,000	기말재공품	₩1,000,000
기말제품	₩1,000,000	매출원가	₩3,000,000

① ₩400,000 감소 ② ₩1,000,000 감소
③ ₩600,000 감소 ④ ₩400,000 증가
⑤ ₩600,000 증가

5.21 (주)한국은 정상원가계산제도를 채택하고 있으며, 직접노동시간을 기준으로 제조간접원가를 배부하고 있다. 20×1년 제조간접원가 예산은 ₩2,040,000이고, 예정 직접노동시간은 800,000시간이다. 20×1년 제조간접원가 실제발생액이 ₩2,160,000이고, 실제 직접노동시간이 840,000시간이라면, 제조간접원가 배부차이는? [경영지도사 수정]

① ₩0 ② ₩9,000 과소배부
③ ₩9,000 과대배부 ④ ₩18,000 과소배부
⑤ ₩18,000 과대배부

5.22 (주)학동은 제조간접비를 직접노무시간을 기준으로 배부하고 있다. 아래 자료를 토대로 구한 제조간접비 배부차이는 얼마인가? [전산세무2급 수정]

〈자 료〉

• 실제 직접노무시간	: 1,100시간
• 예상 직접노무시간	: 1,000시간
• 실제 제조간접비 발생액	: ₩20,000,000
• 제조간접비 예정배부율	: 직접노무시간당 ₩20,000

① ₩2,000,000 과대배부　② ₩2,000,000 과소배부
③ ₩1,000,000 과대배부　④ ₩1,000,000 과소배부
⑤ ₩2,200,000 과대배부

5.23 (주)백두산은 제조간접비를 직접노무시간기준으로 배부하고 있다. 추정 제조간접비총액은 ₩1,000,000이고, 추정직접노무시간과 실제사용직접노무시간이 50,000시간으로 동일하다. 제조간접비가 ₩50,000 과대배부되었을 경우 실제 제조간접비 발생액은 얼마인가? [전산세무1급 수정]

① ₩850,000　② ₩900,000　③ ₩950,000
④ ₩1,000,000　⑤ ₩1,050,000

5.24 (주)하늘은 기계시간을 기준으로 제조간접비를 예정배부하고 있다. 당기말 실제 제조간접비는 ₩10,000이고 실제 기계시간은 50시간이다. 당기제조간접비는 ₩2,000이 초과배부되었다면 제조간접비 예정배부율은? [기업회계2급 수정]

① ₩160/시간　② ₩240/시간　③ ₩320/시간
④ ₩400/시간　⑤ ₩520/시간

5.25 다음 중 실제개별원가계산과 정상개별원가계산의 연결로 맞는 것은? [기업회계2급 수정]

	구 분	실제개별원가계산	정상개별원가계산
①	직접재료비	실제발생원가	예정배부원가
②	직접노무비	실제발생원가	예정배부원가
③	제조간접비	실제발생원가	예정배부원가
④	제조간접비	실제발생원가	실제배부원가
⑤	제조간접비	예정배부원가	예정배부원가

5.26 (주)주원의 20×8년 제조간접비 실제발생액은 ₩135,000이다. 제조간접비 배부차이를 총원가비례배분법 의해 조정할 경우, 배부차이 조정 후 매출원가는 얼마인가?

[기업회계2급 수정]

	재공품	제품	매출원가
직접재료원가	₩50,000	₩90,000	₩100,000
직접노무원가	₩75,000	₩160,000	₩150,000
제조간접비 배부액	₩25,000	₩50,000	₩50,000
합계	₩150,000	₩300,000	₩300,000

① ₩150,000
② ₩300,000
③ ₩304,000
④ ₩310,000
⑤ ₩320,000

5.27 (주)서하는 제조간접원가를 직접노무시간을 기준으로 배부하고 있다. 20×8년 초 예상직접노무시간은 20,000시간이다. 20×8년 말 현재 실제제조간접원가 발생액은 ₩6,000,000이고 실제직접노무시간은 25,000시간이다. 이 경우 제조간접원가가 ₩200,000 초과배부 되었다면 제조간접원가 예정배부율은 얼마인가? [기업회계2급 수정]

① 단위당 ₩240/시간
② 단위당 ₩248/시간
③ 단위당 ₩290/시간
④ 단위당 ₩310/시간
⑤ 단위당 ₩400/시간

5.28 (주)세무상사는 직접노동시간기준으로 제조간접비를 배부한다. 1년간 제조간접비 예산액은 ₩40,000,000, 당기말 제조간접비 잔액은 ₩41,000,000, 1년간 예상 직접노동시간 25,000시간, 실제직접노동시간은 24,000시간일 때 제조간접비의 초과(부족)배부액은?

[기업회계2급 수정]

① ₩1,000,000 과대배부
② ₩1,000,000 과소배부
③ ₩2,600,000 과대배부
④ ₩2,600,000 과소배부
⑤ ₩3.200,000 과대배부

5.29 다음은 제조간접비의 예정배부에 대한 설명이다. 틀린 것을 모두 나열한 것은?

[기업회계 1급 수정]

1. 제조간접비의 초과배부는 매출총이익의 상승요인이 된다.
2. 제조간접비의 예정배부에 적용되는 배부율은 생산부문에 따라 다른 배부율을 적용할 수 없다.
3. 제조간접비의 배부차액을 제품의 기말재고액에 부담시킬 수 없다.
4. 연간 평균개념의 제조간접비의 예정배부율 적용하면 조업도당 제조간접비 예정배부율은 매월 변동할 수 없다.
5. 월별로 제조간접비 배부차액을 분석하면 연간 총 차액은 ₩0이 된다.

① 1, 2, 3
② 2, 3, 5
③ 1, 4, 5
④ 3, 4, 5
⑤ 2, 3, 4

5.30 (주)보석은 정상원가계산을 적용하고 있으며, 제조간접원가는 기본원가(prime costs)의 50%를 예정 배부한다. (주)보석은 제조간접원가 배부차이를 원가요소기준 비례배부법으로 조정한다. 9월의 기본원가, 매출액과 배부차이 조정 후 기말재고자산은 다음과 같다. 9월의 배부차이 조정 후 매출원가율이 75%일 때, 배부차이는? (단, 기초재고 자산은 없다.)

[기업회계 1급 수정]

- 기본원가: ₩975,000
- 매출액: ₩1,300,000
- 기말재공품: ₩156,000
- 기말제품: ₩234,000

① ₩90,000 과대배부
② ₩77,500 과소배부
③ ₩97,500 과대배부
④ ₩90,000 과소배부
⑤ ₩97,500 과소배부

5.31 (주)유한제지의 제조간접비 예정배부율은 작업시간당 ₩2,500이다. 예정작업시간이 4,000시간, 실제작업시간이 5,000시간이고 제조간접비 배부차이가 ₩300,000 과대배부라면, 실제 제조간접비 발생액은 얼마인가?

[전산세무2급 수정]

① ₩9,700,000
② ₩10,300,000
③ ₩12,200,000
④ ₩12,500,000
⑤ ₩12,800,000

5.32 (주)주원의 20×8년도 제조간접비 실제발생액은 ₩50,000이다. 제조간접비 부족배부액 ₩4,000을 영업외손익으로 배부할 경우 매출원가는 얼마인가? [기업회계2급 수정]

매출원가	기말제품	기말재공품
₩100,000	₩60,000	₩40,000

① ₩44,000 ② ₩64,000 ③ ₩96,000
④ ₩100,000 ⑤ ₩104,000

5.33 다음은 정상원가계산을 사용하는 (주)서하의 20×8년 1년 동안의 제조간접비계정으로서 배부차이를 조정하기 직전 기록이다. 제조간접비 배부차이는? [기업회계2급 수정]

제조간접비	
₩50,000	₩80,000

① ₩50,000 초과배부 ② ₩50,000 부족배부 ③ ₩30,000 초과배부
④ ₩30,000 부족배부 ⑤ ₩80,000 부족배부

5.34 주원(주)는 예정개별원가제도를 택하고 있으며, 제조간접원가는 기계시간을 기준으로 배부한다. 20×8년 연간 600시간을 가동하고, 총제조간접원가는 ₩420,000이 발생할 것으로 예상하였다. 제조간접원가 배부액은 ₩427,000이었고, 실제 제조간접원가 발생액은 ₩432,000이었다. 20×8년 가동된 실제기계시간은 얼마인가? [기업회계2급 수정]

① 600시간 ② 610시간 ③ 620시간
④ 640시간 ⑤ 650시간

5.35 다음은 개별원가계산에서의 원가흐름에 대한 설명이다. 틀린 내용을 모두 나열한 것은? [기업회계 1급 수정]

1. 경비는 모두 제조간접비로 분류된다.
2. 당기제품제조원가와 당기제품매출원가는 동일할 수 없다
3. 소품종 대량생산의 형태에 적합한 방법이다.
4. 당기총제조비용과 당기제품제조원가는 동일할 수 없다.
5. 창업 후 첫 회계기간은 기초재료재고액, 기초재공품재고액, 기초제품 재고액이 모두 ₩0이다.

① 1, 3, 5 ② 1, 4, 5 ③ 2, 3, 4
④ 2, 3, 5 ⑤ 3, 4, 5

5.36 (주)충청은 2개의 제조부문을 가동하고 있다. 당월의 2개의 제조부문에 대한 제조간접비 배부차액을 상계한 결과 ₩8,000 초과배부되었다. 다음 자료에 따라 '을'제조부문에서 실제로 발생한 제조간접비를 계산하면? [기업회계 1급 수정]

〈'갑'제조부문 내역〉
- 제조간접비 예산: ₩1,800,000
- 기준조업도: 7,200 노동시간
- 당월의 노동시간: 650시간
- 당월의 제조간접비 실제발생액: ₩184,000

〈'을' 제조부문 내역〉
- 제조간접비 예정배부율: @₩376/시간
- 당월의 노동시간: 2,500 노동시간

① ₩910,000 ② ₩910,500
③ ₩920,000 ④ ₩920,500
⑤ ₩929,500

5.37 다음은 (주)강남의 20×8년 기말시점의 각 계정잔액과 제조간접원가 배부차이를 조정하기 직전의 제조간접원가 계정이다.

원재료	재공품	제품	매출원가
₩30,000	₩40,000	₩60,000	₩100,000

제조간접원가	
₩150,000	₩130,000

(주)강남은 정상개별원가계산을 적용하고 있으며, 제조간접원가 배부차이를 총원가비례법에 의해 회계처리하고 있다. 제조간접원가 배부차이를 매출원가조정법에 의해 회계처리 한다면, 기존 회계처리방법과 비교하여 매출원가는 얼마나 증가 또는 감소하는가? [기업회계 1급 수정]

① ₩10,000 감소 ② ₩10,000 증가
③ ₩20,000 감소 ④ ₩20,000 증가
⑤ 변하지 않음

5.38 (주)경남은 제조간접원가 과대배부액 ₩800,000을 총원가비례법을 사용하여 배부하고 있다. 다음의 자료를 바탕으로 기말재공품의 가액을 구하면 얼마인가? [전산세무1급 수정]

구분	기말 재공품	기말 제품	매출원가
직접재료비	₩3,000,000	₩1,000,000	₩2,000,000
직접노무비	₩1,500,000	₩1,500,000	₩2,000,000
제조간접비	₩2,500,000	₩1,500,000	₩1,000,000
합　계	₩7,000,000	₩4,000,000	₩5,000,000

① ₩7,350,000 ② ₩4,650,000 ③ ₩6,650,000
④ ₩6,750,000 ⑤ ₩6,800,000

Ⅲ. 주관식

5.1 영광회사의 기초재공품재고액은 ₩20,000, 원재료 매입 ₩100,000, 원재료소비액은 ₩80,000이다. 노무비 ₩150,000 중에 ₩100,000은 직접노무비이다. 제조간접비 예정배부율은 직접노무비의 150%이고, 실제제조간접비는 ₩152,000이다. 당기에 완성된 제품원가는 ₩200,000이다. 기말 재공품원가는 얼마인가?

5.2 명달회사는 정상개별원가계산시스템을 이용하고 있다. 명달회사는 직접노동시간을 기준으로 제조간접비를 배부한다. 회계연도 초의 예정원가와 원가정보는 제조간접비 ₩150,000, 직접노동 1,000시간이다. 회계연도 말의 실제제조간접비는 ₩155,000이고 직접노동시간은 1,050시간이다.

물음 1) 예정제조간접비 배부율은 얼마인가?
2) 재공품에 배부하여야 할 제조간접비는 얼마인가?
3) 제조간접비 과대(소)배부액은 얼마인가?

5.3 (주)안산은 정상개별원가계산제도를 채택하고 있으며, 직접노동시간을 기준으로 제조간접비를 배부하고 있다. 회계연도 초의 제조간접비 예산액은 ₩1,000,000, 직접노동시간은 50,000시간이다. 회계연도 말의 제조간접비 실제 발생액은 ₩1,200,000이며, 제조간접비 배부차이 ₩100,000이 초과배부 되었다면 당해연도의 실제직접노동시간은?

5.4 (주)경기는 정상개별원가계산제도를 채택하고 있다. 5월의 제조활동 자료는 다음과 같다.

제조지시서	No.1	No.2	No.3
직접재료비	₩10,000	₩20,000	₩30,000
직접노무비	₩30,000	₩50,000	₩50,000
직접노동시간	1,000시간	2,000시간	4,000시간
생산량	10,000단위	15,000단위	20,000단위

5월의 실제제조간접비는 ₩20,000이고, 제조간접비 예정배부율은 직접노동시간당 ₩10이다. 작업 No.1과 No.2는 완성되었고, No.3은 미완성이다.

물음 1) 작업 No.1과 No.2의 단위당 제조원가는 얼마인가?
2) 완성제품에 대한 분개를 하시오.
3) 미완성제품에 대한 재공품재고액은 얼마인가?

5.5 (주)동해는 정상개별원가계산제도를 채택하고 있다. 다음은 5월의 (주)동해의 재공품계정이다.

재공품(No.1~3)

기초재고액	100,000	No.1~2	900,000
직접재료비	200,000	No.3	
직접노무비	500,000		
제조간접비	300,000		

(주)동해는 직접노무비의 60%를 제조간접비로 예정배부하고 있다. 제조지시서 No.3(미완성품)의 직접노무비가 ₩100,000일 때 직접재료비는 얼마인가?

5.6 정상개별원가계산제도를 채택하고 있는 기업에서 직접노무비의 80%를 제조간접비로 예정배부하고 있다. 6월 말에 가공 중인 제조지시서 #500에는 직접노무비 ₩400이 부과되었다. 제조지시서 #500에 부과될 직접재료비는 얼마인가?

6월 1일 기초재공품계정 총액	₩1,000	6월의 직접재료비	₩6,000
6월의 직접노무비	₩4,000	6월의 제조간접비	₩3,200
6월 30일 제품계정으로 대체	₩12,000		

5.7 (주)서해는 정상개별원가계산제도를 채택하고 있다. 제조간접비 예정배부율은 직접노무비의 150%이다. 제조간접비 배부차액은 매월 말 매출원가계정에서 조정한다. (주)서해의 20×8년 추가정보를 이용하여 4월 중에 생산된 제품의 원가를 계산하면 얼마인가?

[기업회계 1급 수정]

1) 3월 31일 현재 작업 중인 작업지시서는 #101이며, 원가 정보는 다음과 같다.

직 접 재 료 비	₩6,000
직 접 노 무 비	₩4,000
제조간접비 배부액	₩5,000
	₩15,000

2) 4월에 시작된 작업지시서는 #102, #103이다.
3) 4월 중에 소비된 직접재료비는 ₩34,000이다.
4) 4월 중에 발생된 직접노무비는 ₩30,000이다.
5) 4월 중 제조간접비 실제발생액은 ₩42,000이다.
6) 4월 말 현재 작업 중인 작업지시서는 #103뿐이며 직접재료비 ₩4,000, 직접노무비 ₩3,000이다.

5.8 다음은 정상개별원가계산을 사용하는 (주)대한의 20×9년 1년 동안의 제조간접비계정으로서 배부차이를 조정하기 직전 기록이다.

[세무사 수정]

제조간접비	
₩100,000	₩70,000

물음 1) 20×9년의 제조간접비 실제발생액은 얼마인가?
2) 20×9년의 제조간접비 배부액은 얼마인가?
3) 회사는 제조간접비 배부차이를 매출원가에서 조정하고 있다. 배부차이를 조정하기 위해 필요한 분개는?

5.9 (주)강릉은 정상개별원가계산제도를 이용하고 있다. 원가관련 자료는 다음과 같다.

	예정	실제
제조간접비	₩10,000,000	₩12,000,000
직접노동시간	20,000시간	21,000시간

물음 1) 예정제조간접비 배부율은 얼마인가?
2) 재공품에 배부되는 제조간접비는 얼마인가?
3) 제조간접비 과부족액을 계산하고 분개하시오.
4) 제조간접비 배부차이를 매출원가조정법으로 회계처리하시오.

5.10 (주)안산은 총원가기준법, 제조간접원가기준법, 매출원가조정법으로 제조간접비 배부차이를 조정하고 있다. 5월 말 제조간접비 과소배부액 ₩100,000이 발생한 경우의 회계처리는? (배부액 계산 시, 소수 첫째 자리에서 반올림하시오)

	재공품	제품	매출원가
기말잔액	₩100,000	₩150,000	₩250,000
제조간접비	₩50,000	₩100,000	₩150,000

제 6 장

부문별 원가계산

학습 목표

기업과 단체의 규모가 커지면서 각 조직에서는 업무를 분담하기 위하여 여러 부문을 두고 있다. 이렇게 제조활동과 직접 관련이 없는 부서에서 발생시키는 원가는 제조간접비를 구성하며, 이를 측정·통제하는 것은 아직도 어려운 과제 중 하나이다. 여기에서는 영리위주의 기업 활동에 초점을 두어, 간접원가의 배부와 수익의 배부에 대하여 학습하며, 그 목표는 다음과 같다.

1. 원가배부의 목적과 배부기준 결정 시 지침은 무엇인가?
2. 보조부문원가를 배부하는 방법에는 어떠한 것이 있는가?
3. 단일배부율법과 이중배부율법의 차이는 무엇인가?
4. 부문별 제조간접비 배부가 공장전체 제조간접비 배부보다 더 적절한가?

제1절 원가배부의 목적

원가는 원가대상(cost object)에의 추적가능성(traceability)에 따라 직접원가(direct costs)와 간접원가(indirect costs)로 구분된다. 경영자는 경영의사결정을 위하여 원가를 부담하는 '무엇'에 대한 원가정보를 필요로 한다. 이 '무엇'을 원가대상이라고 한다. 이러한 원가대상의 예로는 제품, 서비스, 고객, 브랜드, 부문 등을 들 수 있다.

직접원가는 특정 원가대상 예컨대, 특정제품 또는 특정부문에 직접 관련시킬 수 있는 원가이다. 반면 어떤 원가가 원가대상과 관련성은 있지만, 그 원가대상에 직접적으로 추적할 수 없는 경우에 이를 간접원가라 한다.

원가를 추적가능성에 따라 분류하는 경우, 직접원가는 각 원가대상에 부과하게 되는데 이를 원가추적이라고 하고 간접원가는 별도의 배부방법을 사용하여 원가대상에 할당하는 것을 원가배부라고 한다.

일반적으로 기업이 원가배부를 실시하는 목적을 살펴보면 다음과 같다.

먼저 재무회계적 관점에서 외부보고 목적의 재무제표를 작성할 때, 재고자산의 평가 및 이익측정을 위해서 원가를 배부한다. 이렇게 제품원가계산 목적으로 원가를 배부할 때에는 회계기준에 규정되어 있는 배부기준을 따르는 경우가 많다.

관리회계적 관점에서는 제품계열을 추가 및 폐지 여부 등과 같이 계획이나 통제와 관련된 의사결정의 결과를 예측하거나 향상시키기 위해서 정확한 원가정보를 이용하는 것이 필수적이므로 원가배부를 수행하게 된다. 또한 경영자에게 동기를 부여하고 성과평가를 위해서도 원가를 배부한다. 예를 들어, 부서의 경영자가 일정기간 동안 원가를 얼마나 효율적으로 통제하였는가를 판단하기 위해서 원가를 배부할 필요가 있다.

제2절 원가배부기준 결정 시의 지침

원가배부기준(cost allocation base)이란 집적한 원가를 각 원가대상에 대응시키는 기준을 말한다. 일단 배부기준을 설정하면 원가배부는 비교적 간단한 과정으로 이행된다. 배부기준은 논리적으로 타당한 것이어야 하며 경제적으로도 이용가능하고 합리적인 것이어야 한다. 이러한 기준을 찾기 위해서는 원가와 원가대상과의 관계를 명확히 파악해야 한다. 원가배부기준을 선택함에 있어 지침이 될 수 있는 사항은 다음과 같다.

첫째, 인과관계기준(cause and effect criterion)이다. 이는 특정 활동의 수행이 원인이 되어 특정원가가 발생하게 된다는 가정하에 원가를 원가대상에 할당하는 것을 의미한다. 이 기준은 원가배부기준으로 측정되는 특정 활동수준이 변동함에 따라 특정 원가수준이 변동한다는 것을 전제로 한다. 일반적으로 직접원가의 경우 인과관계를 쉽게 파악할 수 있으나, 이때 인과관계를 경제적으로 실현시키기가 매우 어렵다. 따라서 현실적으로 이에 대한 대안으로 부담능력기준, 수혜기준 공정성 혹은 공평성 기준이 있다.

둘째, 부담능력기준(ability to bear)은 원가대상이 원가를 부담하는 능력에 비례하여 원가를 배부하는 방법이다. 예를 들어, 배부 대상원가를 본사원가로, 원가대상을 사업부로, 부담능력을 평가하는 지표로는 매출액을 사용한다고 하면, 매출액 수준이 높은 부서가 본사의 원가를 부담할 능력이 많다고 가정하고 원가배부를 수행하는 것이다. 그런데 A사업부에서는 매출액을 증대시키려는 노력수준이 낮고, B사업부에서는 매출액을 증대시키려는 노력수준이 높은 경우 부담능력기준으로 공통원가를 배부하게 되면 노력수준이 높은 B 사업부에 보다 많은 원가가 배부되므로 사업부 경영자의 노력을 좌절시킬 수도 있다. 따라서 매출액과 원가의 발생 간에 밀접한 관계가 존재할 경우에만 매출액을 배부기준으로 사용해야 할 것이다.

셋째, 수혜기준(benefits received)이란 각 원가대상이 제공받는 효익의 정도에 비례하여 간접원가를 배부하는 방법을 말한다. 특정제품에 대한 광고선전비가 아닌 기업의 이미지 제고를 위한 광고선전비의 예에서는 효익을 측정할 수 있는 지표를 매출액으로 설정할 수 있다. 이는 매출액이 높은 사업부일수록 그렇지 않은 사업부보다 광고로부터 얻는 효익이 높다고 간주하는 것이다.

마지막으로, 공정성 및 공평성 기준(fairness or equity)은 원가를 여러 원가대상에 배부할 때, 그 원가배부는 공정하고 공평하게 이루어져야 한다는 것이다. 그러나 이 기준은 포괄적인 개념이기 때문에 구체적으로 적용가능한 원가배부방법이라기 보다는 원가배부를 통해 달성하고자 하는 목표를 나타내는 것이다.

제3절 부문별 원가계산 절차

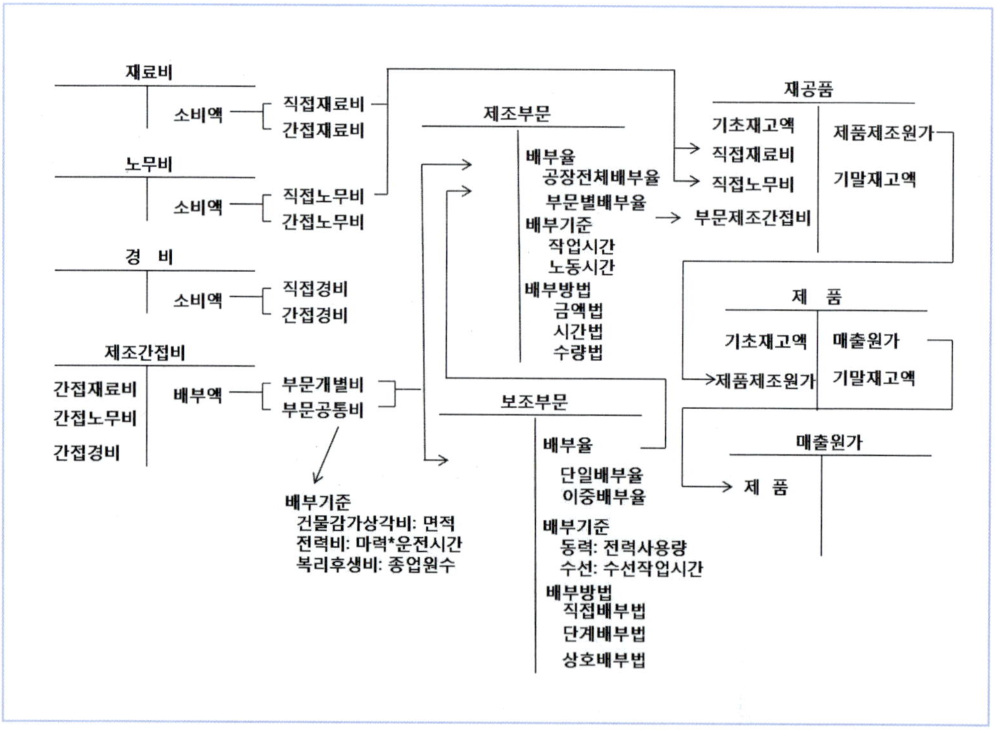

부문별 원가계산 절차는 다음의 4단계를 통해 계산된다.

- 1단계: 부문개별비를 발생된 제조부문과 보조부문에 집계
- 2단계: 부문공통비를 발생된 제조부문과 보조부문에 배부
- 3단계: 보조부문비를 제조부문에 배부(직접배부법, 단계배부법, 상호배부법)
- 4단계: 제조부문비를 각 제품에 배부(금액법, 시간법, 수량법)

제4절 보조부문원가의 배부

대부분의 제조기업들은 제조부문(production department)과 보조부문(support department)으로 구성되어 있다. 제조부문은 제조기업의 핵심목적인 제품의 제조활동을 수행하는 부문이며, 보조부문은 제조활동을 촉진시키고자 제조부문이나 다른 보조부문에 서비스 제공활동을 수행하는 부문이다. 제조부문에서 발생하는 원가는 제품과 직접적인 관련성을 찾기 쉬운 반면, 보조부문원가는 제품과의 직접적인 관련성을 확인하기 용이하지 않다. 이 때문에 보조부문원가는 제조간접비로 간주되어, 이를 제품에 배부한다. 즉 보조부문원가가 제조간접비의 일부를 구성하여 각 제조부문의 제조간접비 계정에 배부하는 것이다. 이처럼 보조부문원가를 제조부문에 배부한 후, 배부된 보조부문원가를 제조부문 자체의 제조간접비에 가산하고 예정배부율을 적용하여 최종 제품에 배부한다. 제조간접비의 배부방법을 요약하면 다음 그림과 같다.

보조부문원가를 최종제품에 배부하는 과정

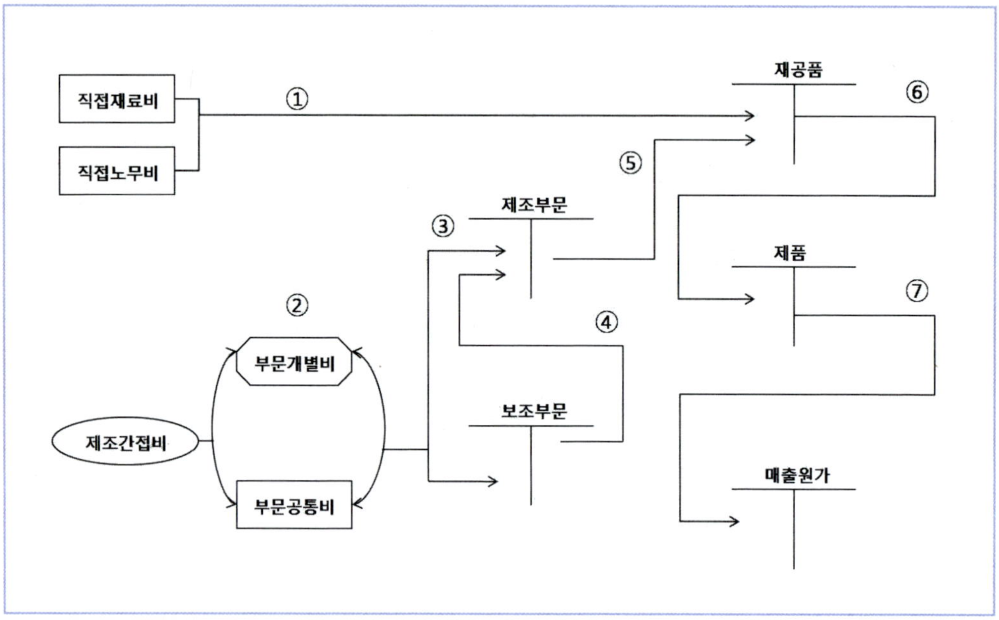

보조부문원가를 다른 부문에 배부할 때는 먼저 그 보조부문의 용역제공활동을 가장 잘 반영하는 기준을 선택해야 한다. 이를 위해서는, 배부기준이 원가와 인과관계가 있어야 한다. 또한 사용하기가 간편해야 한다. 즉, 복잡한 계산과정으로 인해 발생하는 원가가 배부를 통해 얻을 수 있는 효익보다 큰 원가배부기준은 선택하지 않아야 한다. 또한 배부기준의 타당성을 정기적으로 검토하고, 그 결과가 불공정하다고 판단되는 경우에는 즉시 수정해야 한다.

일반적으로 많이 사용되는 보조부문원가의 배부기준을 살펴보면 다음 표와 같다.

보조부문원가의 배부기준

보조부문명	배부기준
동력부문	전력량
수선유지부문	수선유지횟수
식당부문	종업원 수
창고부문	재료사용량, 주문횟수
인사관리부문	종업원 수

보조부문명	배부기준
공장관리부문	면적
구매부문	주문횟수나 주문비용
종업원후생부문	종업원 수

1 보조부문원가의 배부방법

어떤 보조부문은 제조부문만이 아니라 다른 보조부문에도 용역을 제공한다. 이렇게 상호간에 보조 용역을 주고받을 경우에 보조부문원가의 배부절차는 매우 복잡해진다. 즉 보조부문 상호 간에는 물론이고 보조부문과 제조부문간에도 복잡한 상호작용이 존재하기 때문에 배부절차가 용이하지 않다. 이러한 경우에 보조부문원가를 정확하게 배부하려면 그 배부방법이 매우 정교해야 한다.

보조부문원가를 배부하는 방법은 크게 두 가지 기준으로 구분할 수 있다. 첫 번째 기준은 부문간 용역수수관계를 고려하는 방식이다. 이 기준에 의하면 직접배부법, 단계배부법, 상호배부법이 있다. 두 번째 기준은 원가행태를 고려하는 방식이다. 여기에는 단일배부율법과 이중배부율법이 있다. 이러한 두 가지 분류기준은 아래 표에서와 같이 결합하여 사용할 수 있다.

보조부문원가의 배부방법

원가행태를 고려하는 방식에 따른 분류	부문간 용역수수 관계를 고려하는 방식에 따른 분류		
	직접배부법	단계배부법	상호배부법
단일배부율법	직접배부-단일배부율	단계배부-단일배부율	상호배부-단일배부율
이중배부율법	직접배부-이중배부율	단계배부-이중배부율	상호배부-이중배부율

1) 직접배부법

직접배부법(direct method)은 보조부문 간의 용역수수에 대한 관련성을 무시하고, 각 제조부문이 사용한 용역의 상대적 비율에 따라 보조부문원가를 제조부문에 배부하는 방법이다. 즉, 보조부문원가를 보조부문에는 전혀 배부하지 않고 제조부문에 모두 배부하는 방법이다. 직접배부법의 장점은 절차가 간단하다는 것이다. 특히, 보조부문에서 제조부문에만 용역을 제공하거나 보조부문 상호간의 용역수수 관계가 별로 중요하지 않을 경우에 적절한 배부방법이다. 그러나 보조부문이 다른 보조부문에도 상당한 용역을 제공하는 경우에는 제조부문의 제조간접비 예정배부율을 왜곡시켜, 결국 제품원가나 가격결정을 왜곡시키게 된다.

직접배부법은 보조부문 간의 용역수수가 없다고 간주하고 보조부문원가를 보조부문에는 전혀 배부하지 않고 제조부문에 모두 배부하는 방법이므로 먼저 동력부문원가 ₩200,000을 각 제조부문의 예산전력공급량의 비율대로 배부하면 된다.

예제

LS전선은 동력부문, 공장관리부문 두 개의 보조부문과 기계가공부문, 조립부문 두 개의 제조부문으로 이루어져 있다. 각 보조부문은 다른 보조부문에 용역을 제공한다. 각 부문의 용역수수 관계와 발생 제조간접비는 다음과 같다.

사용부문 / 제공부문		보조부문		제조부문		합계 (E)=(A+B+C+D)
		동력부문 (A)	공장관리 부문(B)	기계가공 부문(C)	조립부문 (D)	
동력부문	예산전력공급량(kw)	–	600	600	400	1,600
공장관리부문	예산면적(m^2)	200	–	600	200	1,000
발생원가		₩200,000	₩100,000	₩400,000	₩300,000	₩1,000,000

풀이

기계가공부문과 조립부문에 배부된 동력부문원가는 다음과 같이 계산된다.

사용부문	동력부문 배부전원가 (A)	기계가공부문 예산전력 공급량(B)	조립부문 예산전력 공급량(C)	(기계가공+조립)부문 예산전력공급량 합계 (D)=(B+C)	배부액
기계가공부문	₩200,000	600kw		1,000kw	₩120,000 (=A×B÷D)
조립부문	₩200,000		400kw	1,000kw	₩80,000 (=A×C÷D)

공장관리부문원가도 동력부문원가와 동일하게 원가배부기준인 각 제조부문의 면적비율대로 배부하면 된다.

사용부문	공장관리부문 배부전원가 (A)	기계가공부문 예산면적 (B)	조립부문 예산면적 (C)	(기계가공+조립)부문 예산면적합계 (D)=(B+C)	배부액
기계가공부문	₩100,000	600m²		800m²	₩75,000 (=A×B÷D)
조립부문	₩100,000		200m²	800m²	₩25,000 (=A×C÷D)

LS전선의 보조부문의 제조간접비를 직접배부법을 이용하여 배부한 결과는 다음과 같다.

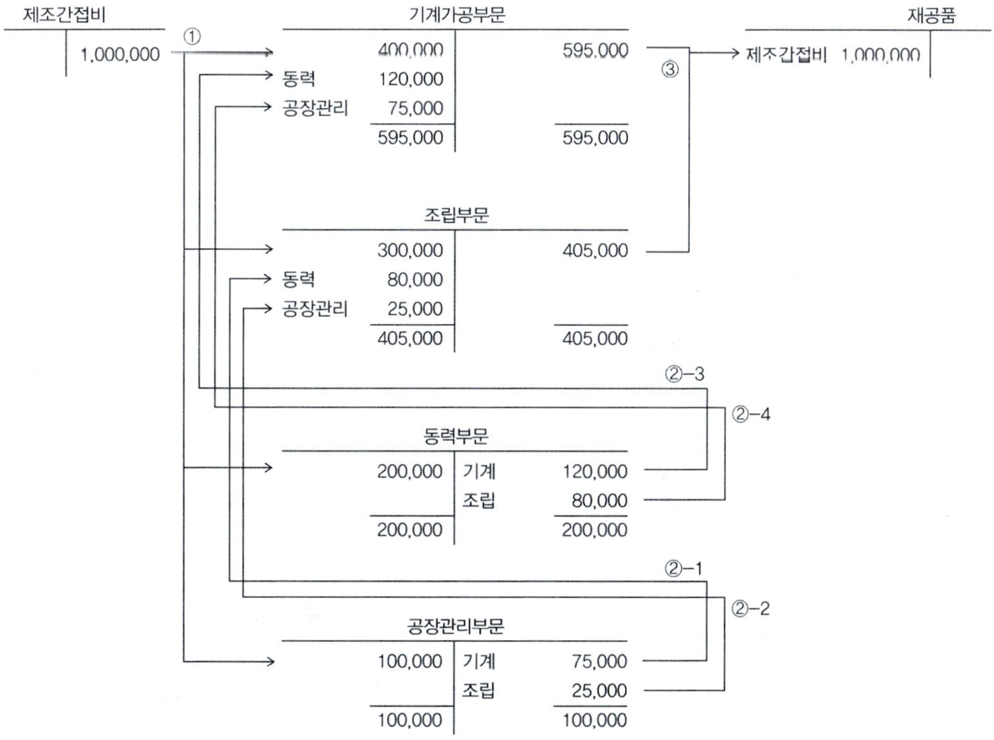

* 동력부문 : ₩200,000

$$\text{기계가공부문} = ₩200,000 \times \frac{₩600kw}{₩1,000kw} = ₩120,000$$

$$\text{조립부문} = ₩200,000 \times \frac{₩400kw}{₩1,000kw} = ₩80,000$$

* 공장관리부문 : ₩100,000

$$\text{기계가공부문} = ₩100,000 \times \frac{₩600m^2}{₩800m^2} = ₩75,000$$

$$\text{조립부문} = ₩100,000 \times \frac{₩200m^2}{₩800m^2} = ₩25,000$$

LS전선의 보조부문원가를 직접배부법에 의해 배부한 결과를 그림으로 나타내면 다음과 같다.

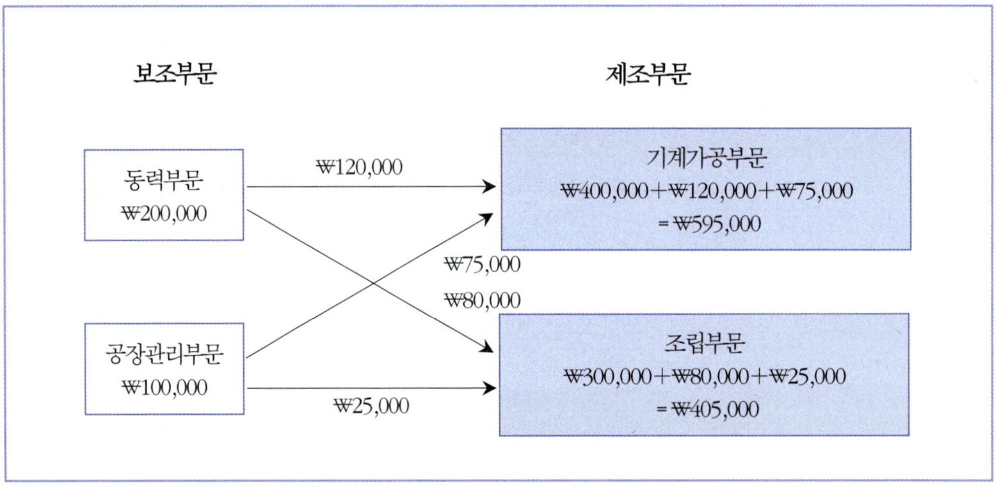

2) 단계배부법

단계배부법(step-down method)은 보조부문들 간에 일정한 배부순위를 정한 다음, 그 순위에 따라 보조부문의 원가를 단계적으로 타 보조부문과 제조부문에 배부하는 방법이다.

단계배부법 하에서는 보조부문의 원가를 제조부문뿐만 아니라 다른 보조부문에도 배부한다. 그러나 일단 특정 보조부문의 원가가 다른 보조부문에 배부된 다음에는 타 보조부문에서 재배부되지 않는다.

즉 단계배부법에서는 보조부문간의 용역수수 관계를 일방적 흐름관계로 인식하고 다른 방향에서의 흐름은 인식하지 않는다. 따라서 보조부문 간의 상호용역수수 관계를 완전하게 인식하는 방법은 아니다.

단계배부법에서는 어떤 순서로 보조부문원가를 배부하느냐에 따라 제조부문에 배부될 원가가 달라지기 때문에 보조부문 간의 배부순위를 어떻게 결정할 것인가 하는 점이 단계배부법의 핵심이 된다. 용역을 제공하는 상대 보조부문의 수가 많은 보조부문을 우선으로 하며, 보조부문원가의 금액이 가장 큰 보조부문의 원가부터 우선적으로 배부한다.

동력부문의 원가를 먼저 배부하는 단계배부법을 적용하여 원가를 배부할 경우 동력부문의 원가는 보조부문인 공장관리부문과 제조부문인 기계가공부문, 조립부문에 배부하되, 공장관리부문원가는 동력부문에 재배부하지 않고 제조부문인 기계가공부문, 조립부문에만 배부한다.

예제

LS전선은 동력부문, 공장관리부문 두 개의 보조부문과 기계가공부문, 조립부문 두 개의 제조부문으로 이루어져 있다. 각 보조부문은 다른 보조부문에 용역을 제공한다. 각 부문의 용역수수 관계와 발생 제조간접비는 다음과 같다.

제공부문 \ 사용부문		보조부문		제조부문		합계 (E)=(A+B+C+D)
		동력부문(A)	공장관리부문(B)	기계가공부문(C)	조립부문(D)	
동력부문	예산전력공급량(kw)	–	600	600	400	1,600
공장관리부문	예산면적(m^2)	200	–	600	200	1,000
발생원가		₩200,000	₩100,000	₩400,000	₩300,000	₩1,000,000

풀이

구체적인 절차를 살펴보면 먼저 동력부문원가 ₩200,000을 공장관리부문, 기계가공부문, 조립부문의 예산 전력공급량의 비율대로 배부하면 된다.

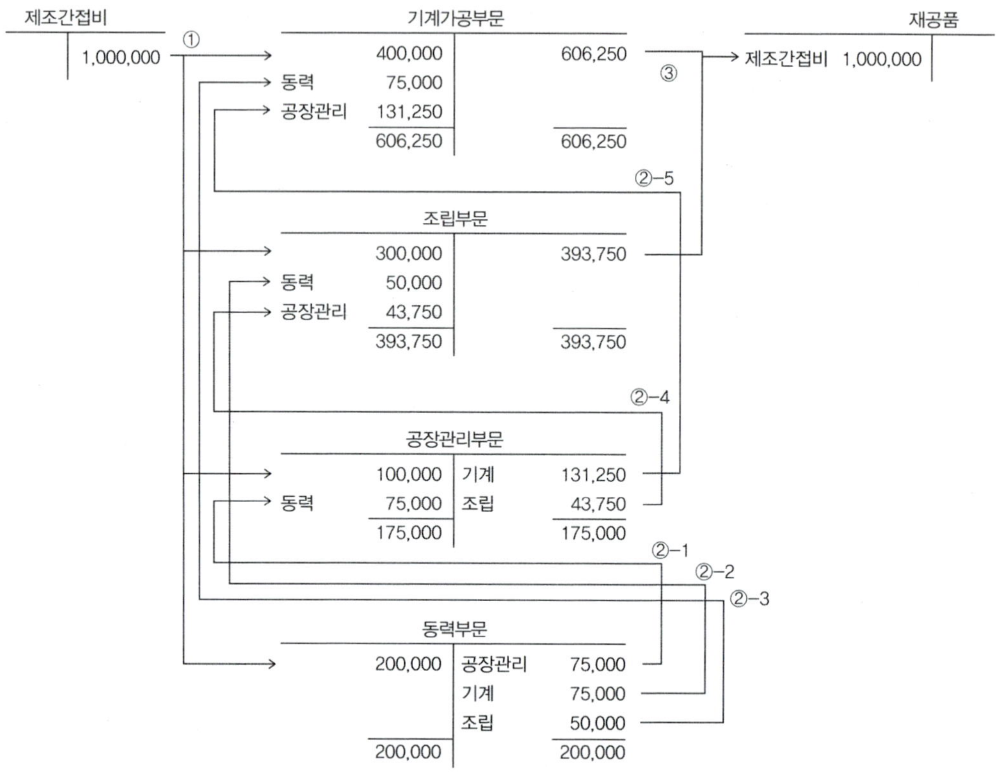

* 동력부문: ₩200,000

$$\text{공장관리부문}=₩200,000\times\frac{₩600\text{kw}}{₩1,600\text{kw}}=₩75,000$$

$$\text{기계가공부문}=₩200,000\times\frac{₩600\text{kw}}{₩1,600\text{kw}}=₩75,000$$

$$\text{조립부문}=₩200,000\times\frac{₩400\text{kw}}{₩1,600\text{kw}}=₩50,000$$

그 다음 단계로 배부전 공장관리부문원가 ₩100,000과 공장관리부문에 배부된 동력부문원가 ₩75,000의 합계인 ₩175,000을 기계가공부문, 조립부문의 면적비율대로 배부하면 된다.

* 공장관리부문: ₩175,000

$$\text{기계가공부문}=₩175,000\times\frac{₩600\text{m}^2}{₩800\text{m}^2}=₩131,250$$

$$\text{조립부문}=₩175,000\times\frac{₩200\text{m}^2}{₩800\text{m}^2}=₩43,750$$

LS전선의 보조부문의 제조간접비 중 동력부문의 원가를 먼저 배부하는 단계배부법을 이용하여 배부한 결과는 다음과 같다.

사용부문 / 제공부문	보조부문		제조부문		합계 (E)=(A+B+C+D)
	동력부문 (A)	공장관리 부문(B)	기계가공 부문(C)	조립부문 (D)	
배부전원가①	₩200,000	₩100,000	₩400,000	₩300,000	₩1,000,000
동력부문②	(200,000)	75,000	75,000	50,000	0
공장관리부문③	–	(175,000)	131,250	43,750	0
배부후원가④=①+②+③	₩0	₩0	₩606,250	₩393,750	₩1,000,000

LS전선의 보조부문 제조간접비에 대하여 단계배부법으로 배부한 결과를 그림으로 나타내면 다음과 같다(동력부문원가 우선 배부).

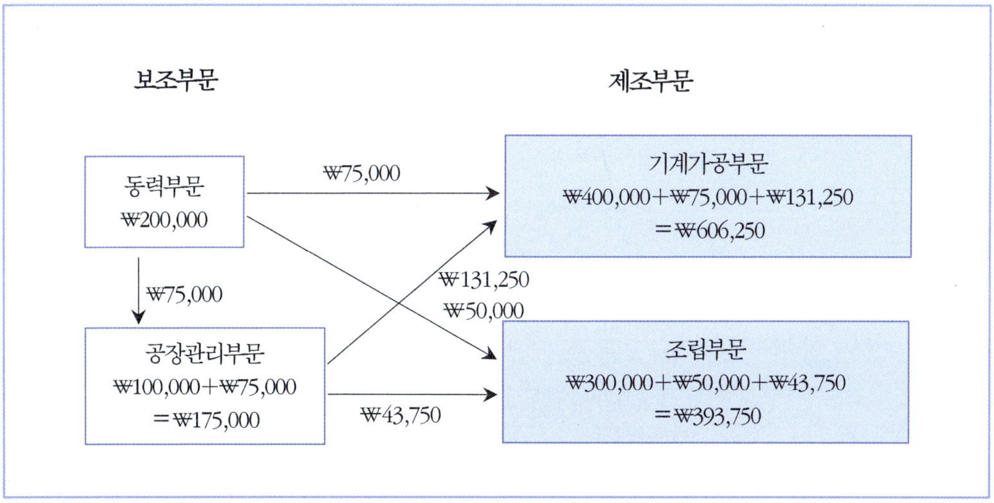

공장관리부문의 원가를 먼저 배부하는 단계배부법을 적용하여 원가를 배부할 경우 공장관리부문의 원가는 보조부문인 동력부문과 제조부문인 기계가공부문, 조립부문에 배부하되 동력부문원가는 공장관리부문에 재배부하지 않고 제조부문인 기계가공부문, 조립부문에만 배부한다.

구체적인 절차를 살펴보면, 먼저 공장관리부문원가 ₩100,000을 동력부문, 기계가공부문, 조립부문의 면적비율대로 배부하면 된다.

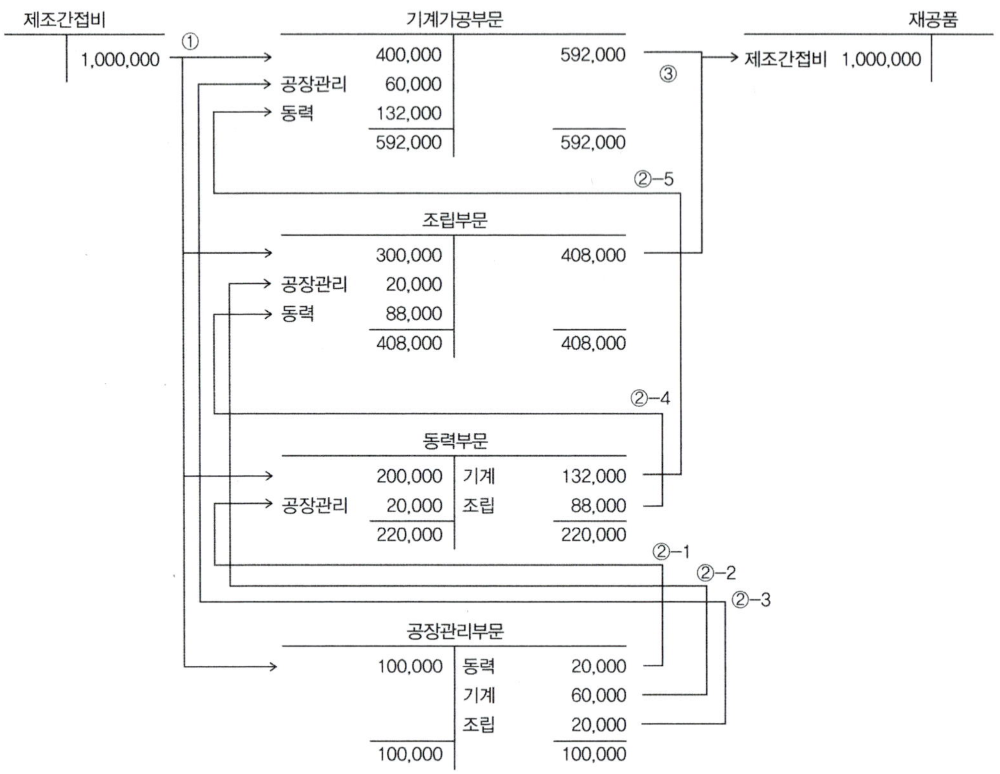

* 공장관리부문: ₩100,000

$$\text{기계가공부문} = ₩100{,}000 \times \frac{₩600m^2}{₩1{,}000m^2} = ₩60{,}000$$

$$\text{조립부문} = ₩100{,}000 \times \frac{₩200m^2}{₩1{,}000m^2} = ₩20{,}000$$

$$\text{동력부문} = ₩100{,}000 \times \frac{₩200m^2}{₩1{,}000m^2} = ₩20{,}000$$

그 다음 단계로 배부전 동력부문원가 ₩200,000과 공장관리부문에 배부된 동력부문원가 ₩20,000의 합계인 ₩220,000을 기계가공부문, 조립부문의 예산전력공급량의 비율대로 배부하면 된다.

* 동력부문: ₩220,000

$$기계가공부문 = ₩220,000 \times \frac{₩600kw}{₩1,000kw} = ₩132,000$$

$$조립부문 = ₩220,000 \times \frac{₩400kw}{₩1,000kw} = ₩88,000$$

LS전선의 보조부문의 제조간접비 중 공장관리부문의 원가를 먼저 배부하는 단계배부법을 이용하여 배부한 결과는 다음과 같다.

사용부문 / 제공부문	보조부문		제조부문		합계 (E)=(A+B+C+D)
	공장관리부문(B)	동력부문(A)	기계가공부문(C)	조립부문(D)	
배부전원가①	₩100,000	₩200,000	₩400,000	₩300,000	₩1,000,000
공장관리부문③	(100,000)	20,000	60,000	20,000	0
동력부문②		(220,000)	132,000	88,000	0
배부후원가④=①+②+③	₩0	₩0	₩592,000	₩408,000	₩1,000,000

LS전선의 보조부문의 제조간접비에 대하여 단계배부법으로 배부한 결과는 다음과 같다(공장관리부문원가 우선 배부).

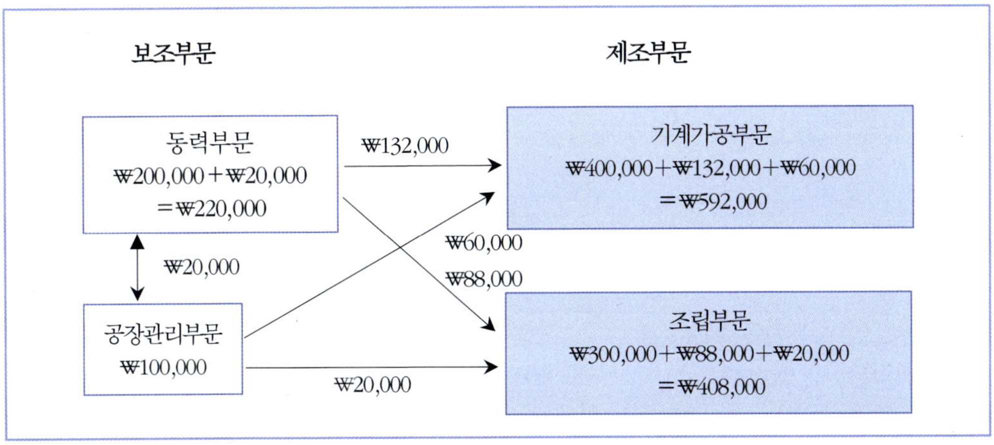

3) 상호배부법

상호배부법(reciprocal method)은 보조부문 간의 상호 용역수수 관계를 완전히 파악하여 원가를 배부하는 방법이다. 즉, 각 보조부문 사이에 용역수수 관계가 존재할 때 각 보조부문의 원가는 다른 보조부문의 원가에 의해 영향을 받는데, 이 경우 보조부문과 제조부문의 용역수수 관계를 방정식을 이용하여 계산하게 된다.

상호배부법의 문제점은 계산과정이 복잡하다는 것인데, 최근에는 컴퓨터 기술의 발달로 인하여 이러한 문제점은 많이 해소되었다. 상호배부법이 이론적으로는 가장 타당한 방법이지만, 보조부문간의 상호관계가 그다지 중요하지 않을 때는 보다 간단한 직접배부법이나 단계배부법을 사용해도 상호배부법을 사용하는 것과 유사한 결과를 얻을 수 있다.

상호배부법을 사용하기 위해서는 보조부문의 상호용역수수 관계를 연립방정식으로 표시한 후, 이 방정식의 해인 보조부문원가를 각 보조부문과 제조부문에 배부한다.

특정 보조부문의 총원가를 방정식 형태로 표시하면 다음과 같다.

총원가=자기 부문의 발생원가+타 보조부문으로부터의 배부된 원가

예제

LS전선은 동력부문, 공장관리부문 두 개의 보조부문과 기계가공부문, 조립부문 두 개의 제조부문으로 이루어져 있다. 각 보조부문은 다른 보조부문에 용역을 제공한다. 각 부문의 용역수수 관계와 발생 제조간접비는 다음과 같다.

사용부문 / 제공부문		보조부문		제조부문		합계 (E)=(A+B+C+D)
		동력부문 (A)	공장관리 부문(B)	기계가공 부문(C)	조립부문 (D)	
동력부문	예산전력공급량(kw)	–	600	600	400	1,600
공장관리부문	예산면적(m^2)	200	–	600	200	1,000
발생원가		₩200,000	₩100,000	₩400,000	₩300,000	₩1,000,000

풀이

LS전선의 보조부문 상호용역수수관계를 연립방정식으로 표시하면 다음과 같다.

$$\text{동력부문원가} = ₩200{,}000 + \frac{200m^2}{1{,}000m^2} \times \text{공장관리부문원가} \qquad \text{식(1)}$$

$$\text{공장관리부문원가} = ₩100{,}000 + \frac{600kw}{1{,}600kw} \times \text{동력부문원가} \qquad \text{식(2)}$$

식(2)를 식(1)에 대입하여 풀면

$$\text{동력부문원가} = ₩200{,}000 + \frac{200m^2}{1{,}000m^2} \times (₩100{,}000 + \frac{600kw}{1{,}600kw} \times \text{동력부문원가})$$

$$\therefore \text{동력부문원가} = ₩237{,}838$$

식(1)을 식(2)에 대입하여 풀면

$$\text{공장관리부문원가} = ₩100{,}000 + \frac{600kw}{1{,}600kw} \times (₩200{,}000 + \frac{200m^2}{1{,}000m^2} \times \text{공장관리부문원가})$$

$$\therefore \text{공장관리부문원가} = ₩189{,}189$$

동력부문원가 ₩237,838을 공장관리부문, 기계가공부문, 조립부문의 예산전력공급량의 비율대로 배부하면 된다.

사용부문	동력부문 배부전 원가 (A)	공장관리부문 예산전력 공급량 (B)	기계가공부문 예산전력 공급량 (C)	조립부문 예산전력 공급량 (D)	(공장관리+기계가공+조립) 부문예산전력 공급량 (E)=(B+C+D)	배부액
공장관리 부문	₩237,838	600kw			1600kw	₩89,189 (=A×B÷E)
기계가공 부문	₩237,838		600kw		1600kw	₩89,189 (=A×C÷E)
조립부문	₩237,838			400kw	1600kw	₩59,460 (=A×D÷E)

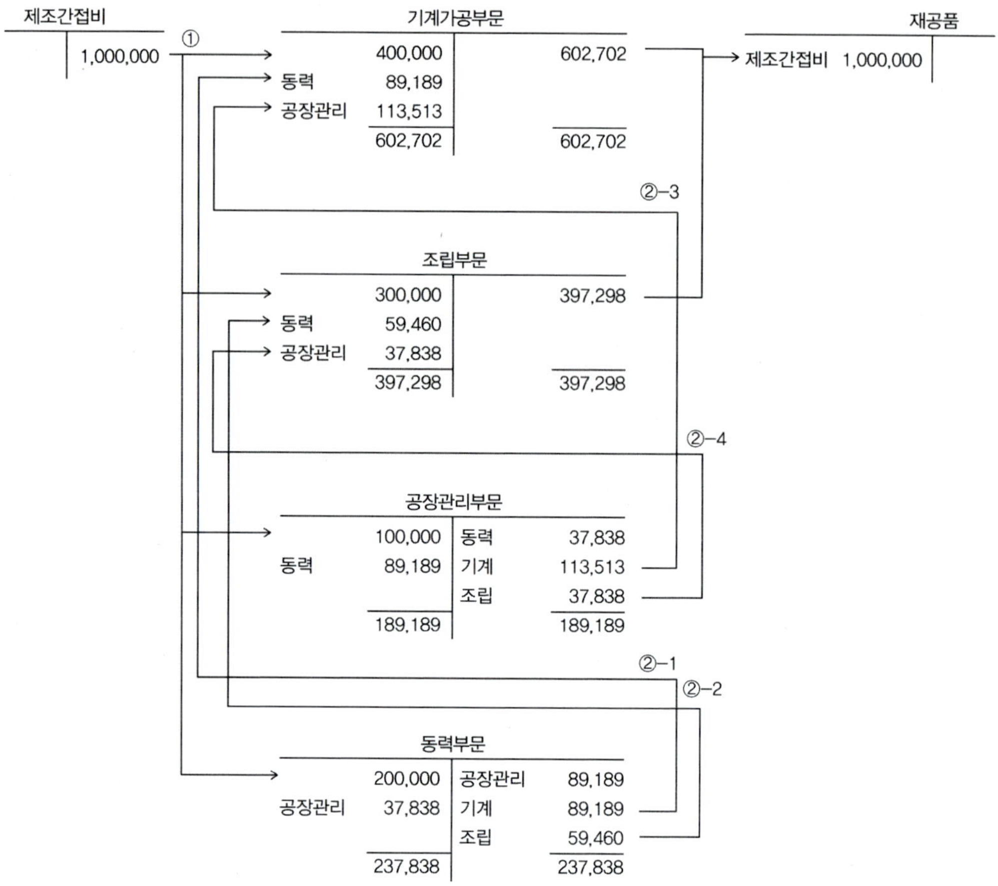

공장관리부문원가 ₩189,189를 동력부문, 기계가공부문, 조립부문의 예산면적비율대로 배부하면 된다.

사용부문	공장관리부문 배부전원가 (A)	동력부문 예산면적 (B)	기계가공부문 예산면적 (C)	조립부문 예산면적 (D)	(동력+기계가공+조립) 부문예산면적합계 (E)=(B+C+D)	배부액
동력부문	₩189,189	200m²			1,000m²	₩37,838 (=A×B÷E)
기계가공 부문	189,189		600m²		1,000m²	113,514 (=A×C÷E)
조립부문	₩189,189			200m²	1,000m²	₩37,838 (=A×D÷E)

1) 소수 첫째 자리에서 반올림함

이렇게 도출된 동력부문원가와 공장관리부문원가 정보를 이용하여 상호배부법을 통해 보조부문원가를 배부한 결과는 다음과 같다.

제공부문 \ 사용부문	보조부문		제조부문		합계 (E)=(A+B+C+D)
	동력부문 (A)	공장관리 부문(B)	기계가공 부문(C)	조립부문 (D)	
배부전원가①	₩200,000	₩100,000	₩400,000	₩300,000	₩1,000,000
동력부문②	(237,838)	89,189	89,189	59,460	0
공장관리부문③	37,838	(189,189)	113,513	37,838	0
배부후원가④=①+②+③	₩0	₩0	₩602,702	₩397,298	₩1,000,000

LS전선의 보조부문의 제조간접비를 상호배부법을 이용하여 배부한 결과를 그림으로 나타내면 다음과 같다.

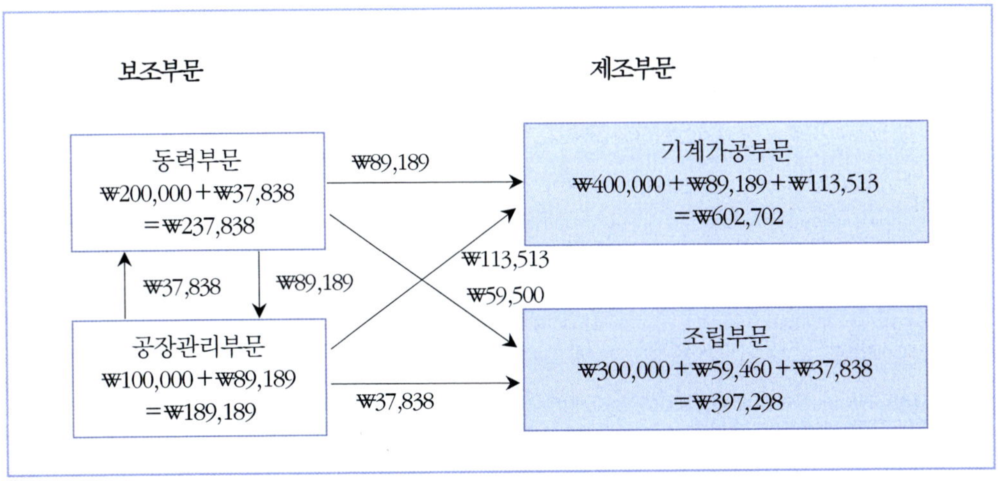

보조부문비의 배부방법을 요약하면 다음과 같다.

구분	직접배부법	단계배부법	상호배부법
의의	보조부문간의 용역수수관계를 전혀 고려하지 않고 원가를 제조부문에만 배분하는 방법	보조부문간의 용역수수관계를 일부 인정하고 원가를 배분순서에 따라 보조부문과 제조부문에 배분하는 방법	보조부문간의 용역수수관계를 전부 고려하여 보조부문과 제조부문에 배분하는 방법
보조부문간 용역수수관계 고려여부	전혀 고려하지 않음	일부만 고려	전부 고려
장점	계산이 용이함	보조부문간 용역수수관계 일부 인정	정확한 원가배분(이론적으로 가장 타당한 방법)
단점	제품원가계산과 원가관리 및 통제 어려움	용역수수관계 일부 무시	많은 시간과 비용 소요

4) 단일배부율법과 이중배부율법

앞 절까지 단일배부율법에 따라 각 보조부문에서 발생하는 원가를 배부하였다. 단일배부율법(single-rate method)은 고정원가집합과 변동원가집합으로 구분하지 않은 상태에서 동일한 단위당 배부율을 적용하여 각 원가집합의 원가를 원가대상에 배부하는 방법이다.

보조부문에서 고정원가를 발생시키는 고정자산들은 제조부문의 최대조업도에 맞추어 구축된 것이 일반적이며, 보조부문의 변동원가는 실제로 제조부문에서 사용한 용역량에 비례해서 발생하는 원가이다. 그러므로 보조부문원가를 보다 정확하게 배부하기 위해서는 먼저 고정원가와 변동원가로 구분한 후 각각 다른 배부기준을 적용해야 하는데, 이를 이중배부율법(dual-rate method)이라 한다.

이중배부율법에서 고정원가는 제조부문에서 사용할 수 있는 최대 사용가능량 또는 예산사용량을 기준으로 배부하고, 변동원가는 실제사용량을 기준으로 배부하는 것이 합리적이다. 그러나 주의해야 할 점은 이중배부율법은 직접배부법, 단계배부법, 상호배부법과 배타적으로 사용하는 것이 아니라 이들 방법과 병행한다는 점이다. 요컨대, 보조부문원가를 제조부문에 배부하는 방법은 각각의 조합인 6가지가 된다. 이론적으로는 이중배부율법을 사용하여 보조부문원가를 제조부문에 배부하는 것이 타당하지만, 최대 사용가능량의 측정과 보조부문원가를 변동원가와 고정원가로 구분하는 것에 많은 노력이 소요되므로 실무에서는 많이 사용되지 않는다.

예제

LS전선은 동력부문, 공장관리부문 두 개의 보조부문과 기계가공부문, 조립부문 두 개의 제조부문으로 이루어져 있다. 각 보조부문은 다른 보조부문에 용역을 제공한다. LS전선의 기초자료에 보조부문의 실제사용량 정보를 추가적으로 제공하고, 부문간의 원가를 배부하기 전의 부문별 자체발생원가를 변동원가와 고정원가로 다음과 같이 구분하였다.

사용부문 / 제공부문		보조부문		제조부문		합계 (E)=(A+B+C+D)
		동력부문 (A)	공장관리 부문(B)	기계가공 부문(C)	조립부문 (D)	
동력부문	실제전력공급량(kw)	–	600	500	500	1,600
	예산전력공급량(kw)	–	600	600	400	1,600
공장관리부문	실제면적(m^2)	400	–	300	300	1,000
	예산면적(m^2)	200	–	600	200	1,000
발생원가	변동원가	₩80,000	₩50,000	₩40,000	₩180,000	₩350,000
	고정원가	120,000	50,000	₩360,000	120,000	650,000
	합계	₩200,000	₩100,000	₩400,000	₩300,000	₩1,000,000

물음

보조부문원가를 직접배부법과 이중배부율법을 이용하여 제조부문에 배부하는 절차를 구하시오. 단, 이중배부율법을 이용한 보조부문에 대한 제조간접비의 배부는 변동원가 부분은 실제사용량을 기준으로, 고정원가 부분은 예산사용량을 기준으로 수행한다.

풀이

동력부문 변동원가 ₩80,000은 기계가공부문과 조립부문의 실제 전력공급량 비율로 배부한다.

* 변동제조간접비: ₩80,000

$$\text{기계가공부문} = ₩80,000 \times \frac{500kw}{1,000kw} = ₩40,000$$

$$\text{조립부문} = ₩80,000 \times \frac{500kw}{1,000kw} = ₩40,000$$

동력부문 고정원가 ₩120,000은 기계가공부문과 조립부문의 예산 전력공급량 비율로 배부한다.

* 고정제조간접비: ₩120,000

$$\text{기계가공부문} = ₩120,000 \times \frac{600kw}{1,000kw} = ₩72,000$$

$$\text{조립부문} = ₩120,000 \times \frac{400kw}{1,000kw} = ₩48,000$$

공장관리부문 변동원가 ₩50,000은 기계가공부문과 조립부문의 실제 면적비율대로 배부한다.

* 변동제조간접비: ₩50,000

$$\text{기계가공부문} = ₩50,000 \times \frac{300m^2}{600m^2} = ₩25,000$$

$$\text{조립부문} = ₩50,000 \times \frac{300m^2}{600m^2} = ₩25,000$$

공장관리부문 고정원가 ₩50,000은 기계가공부문과 조립부문의 예산면적 비율로 배부한다.

* 고정제조간접비: ₩50,000

$$\text{기계가공부문} = ₩50,000 \times \frac{600m^2}{800m^2} = ₩37,500$$

$$\text{조립부문} = ₩50,000 \times \frac{200m^2}{800m^2} = ₩12,500$$

보조부문원가를 직접배부법과 이중배부율법을 이용하여 제조부문에 배부한 결과를 다음과 같다.

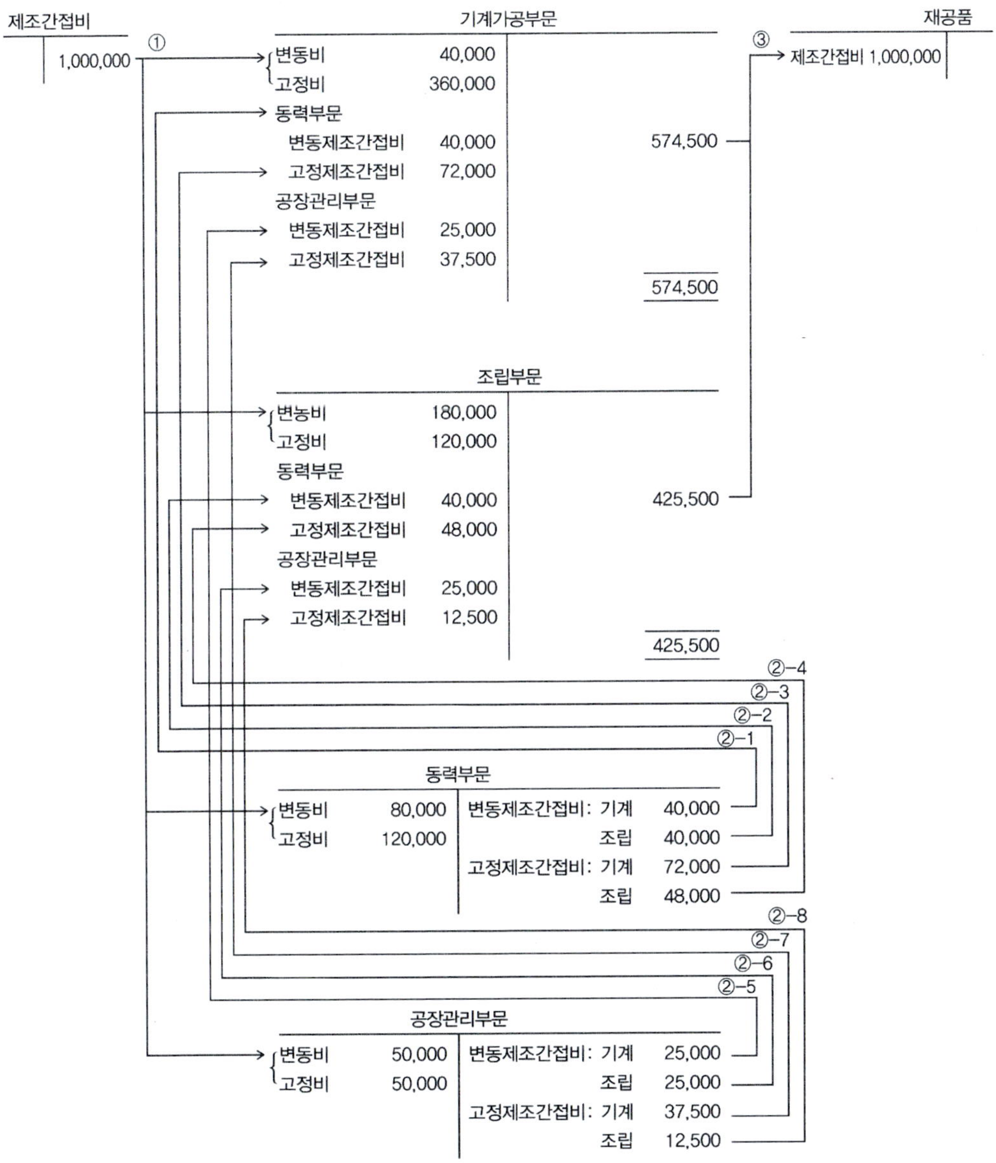

제5절 제조부문 제조간접비의 배부

단일의 제조부문으로 단일제품을 생산하는 기업은 직접재료비, 직접노무비, 보조부문에서 배부받은 제조간접비를 그대로 제품에 귀속시키면 제품원가계산을 수행할 수 있다.

그러나 복수의 제조부문 또는 복수의 제품이 존재하는 기업의 경우 제조부문의 간접원가를 제품에 배부해야만 제품원가계산을 완료할 수 있다.

실제로 대부분의 기업들은 이렇게 복수의 제조부문을 통해 복수의 제품을 생산하기 때문에 제조간접비를 개별제품에 배부해야 하는 문제에 봉착하게 된다. 이 경우 제조간접비를 개별 제품에 배부하는 방법에는 두 가지가 있다.

먼저 공장전체 제조간접비배부율(plant-wide overhead rate)을 사용하는 방법이다. 이 방법은 공장 내의 모든 보조부문원가와 제조부문의 원가를 합한 금액을 단일의 배부기준으로 나눈 공장전체 제조간접비배부율을 이용하여 개별제품에 배부하는 방법이다.

$$\text{공장전체 제조간접비배부율} = \frac{\text{공장전체 제조간접비}}{\text{공장전체 배부기준}}$$

두 번째 방법은 각 제조부문별로 제조간접비를 집계하고, 이를 각 부문별 배부기준으로 나눈 부문별 제조간접비배부율(departmental overhead rate)을 이용하여 개별제품에 배부하는 방법이다.

$$\text{부문별 제조간접비배부율} = \frac{\text{부문별 제조간접비}}{\text{부문별 배부기준}}$$

공장전체 제조간접비배부율은 공장 내의 부문을 구분하지 않고 공장전체 제조간접비 금액을 공장전체에서 사용하는 단일의 배부기준을 근거로 개별제품에 적용하여 제품원가를 계산하게 된다. 즉, 공장전체 제조간접비배부율을 사용할 경우 이미 배운 원가배부방법 중 어떤 것을 이용하더라도 공장전체 제조간접비 총액은 변하지 않기 때문에(LS전선의 경우 ₩1,000,000) 모든 보조부문의 제조간접비를 제조부문에 배부할 필요가 없게 된다. 따라서 부문별제조간접비배부율을 사용할 경우에만 보조부문원가를 제조부문에 배부하는 것이다.

공장전체 제조간접비배부율과 부문별 제조간접비배부율

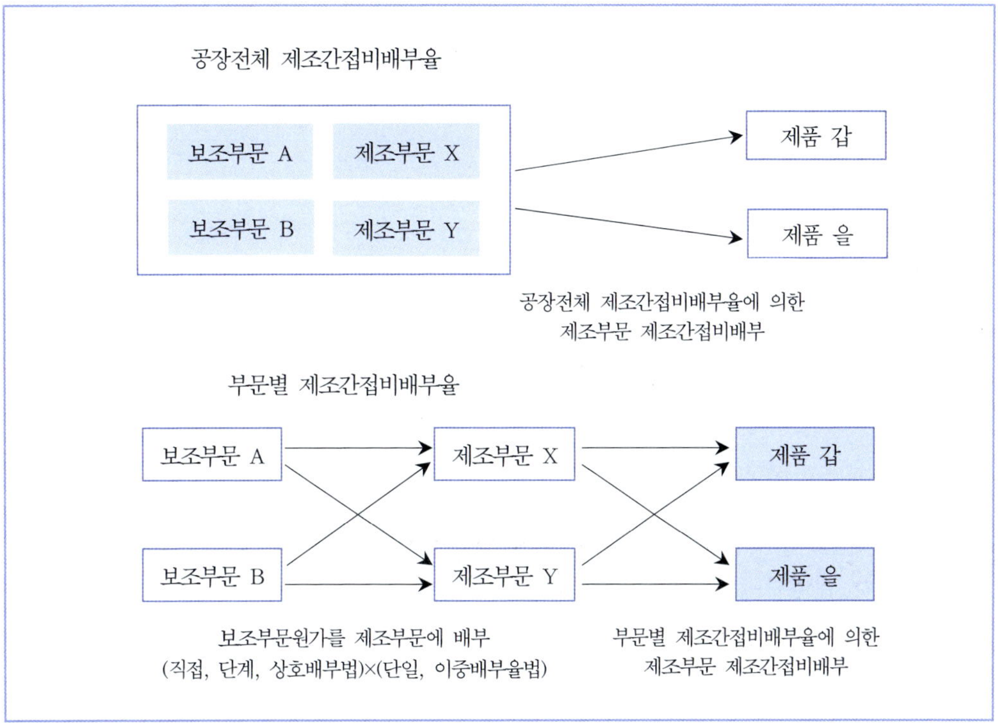

예제

LS전선은 광케이블과 LAN케이블을 생산하고 있는데, 모두 기초재공품과 기말재공품이 없다. 공장전체 제조간접비배부율을 사용하여 제조간접비를 배부할 경우 직접노무비를 기준으로 배부한다. 부문별 제조간접비배부율을 사용할 경우 기계가공부문은 기계시간을, 조립부문은 직접노동시간을 기준으로 배부한다. 이와 관련된 자료는 다음과 같다.

항목		광케이블	LAN케이블	합계
직접재료비		₩340,000	₩450,000	₩790,000
직접노무비		₩900,000	₩300,000	₩1,200,000
기계가공부문	직접노동시간	200	800	1,000
	기계시간	1,200	800	2,000
조립부문	직접노동시간	400	600	1,000
	기계시간	600	1,400	2,000

물음 1

LS전선이 각 제품에 공장전체 제조간접비배부율을 사용할 경우 제조원가를 배부한 다음 산출된 제품원가는 얼마인가?

풀이

공장전체 제조간접비배부율을 이용하여 배부한 제조간접비는 다음 표와 같이 공장전체 제조간접비 총액 ₩1,000,000을 광케이블의 직접노무비와 LAN케이블의 직접노무비 비율로 배부한 금액이다.

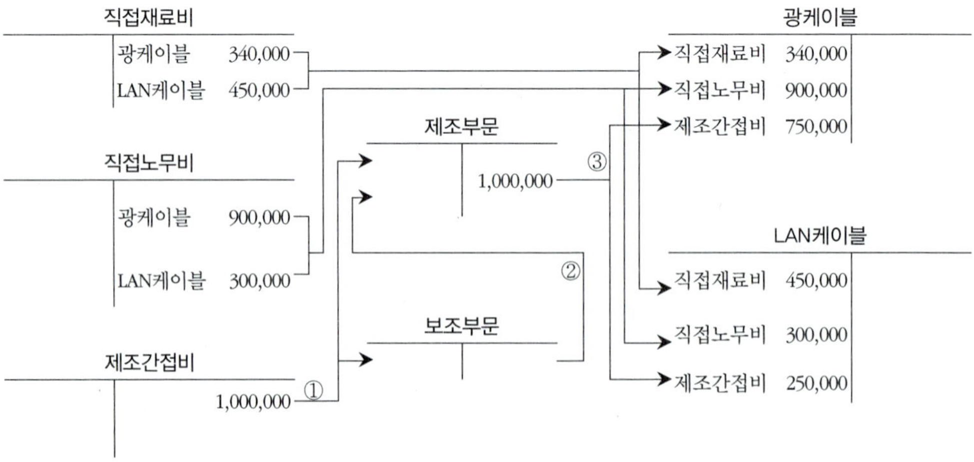

* 제조간접비 배부: ₩1,000,000

광케이블 $= ₩1,000,000 \times \frac{₩900,000}{₩1,200,000} = ₩750,000$

LAN케이블 $= ₩1,000,000 \times \frac{₩300,000}{₩1,200,000} = ₩250,000$

각 제품에 추적가능한 직접재료비와 직접노무비에 배부된 제조간접비를 합산하여 광케이블과 LAN케이블의 원가가 산출된다.

항목	광케이블	LAN케이블	합계
직접재료비	₩340,000	₩450,000	₩790,000
직접노무비	900,000	300,000	1,200,000
제조간접비	750,000	250,000	1,000,000
합계	₩1,990,000	₩1,000,000	₩2,990,000

물음 2

LS전선이 각 제품에 부문별 제조간접비배부율을 사용할 경우 제조원가를 배부한 다음 산출된 제품원가는 얼마인가?

풀이

보조부문원가를 직접배부법과 이중배부율을 이용하여 배부한 제조간접비는 다음 표와 같이 기계가공부문 제조간접비 ₩574,500을 광케이블의 기계시간과 LAN케이블의 기계시간 비율로 배부하고, 조립부문 제조간접비 ₩425,500을 광케이블의 직접노무시간과 LAN케이블의 직접노무시간 비율로 배부한 것이다.

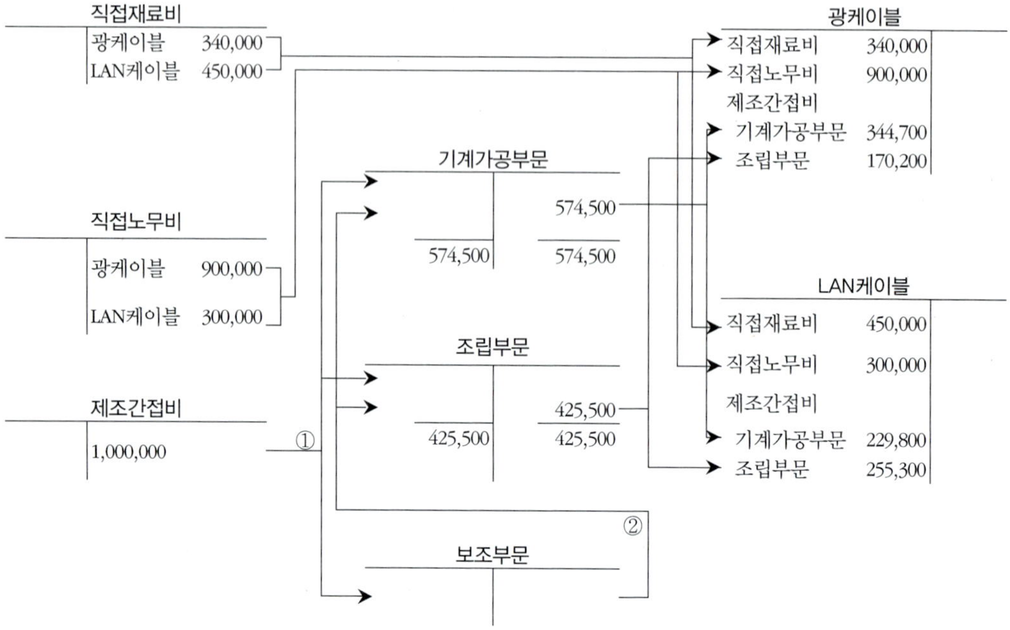

* 기계가공부문: ₩574,500

$$\text{광케이블} = ₩574{,}500 \times \frac{₩1{,}200}{₩2{,}000} = ₩344{,}700$$

$$\text{LAN케이블} = ₩574{,}500 \times \frac{₩800}{₩2{,}000} = ₩229{,}800$$

* 조립부문: ₩425,500

$$\text{광케이블} = ₩425{,}500 \times \frac{₩400}{₩1{,}000} = ₩170{,}200$$

$$\text{LAN케이블} = ₩425{,}500 \times \frac{₩600}{₩1{,}000} = ₩255{,}300$$

보조부문원가를 직접배부법과 이중배부율법을 이용하여 제조부문에 배부하고, 각 제품에 부문별 제조원가를 배부한 결과는 다음과 같다.

항목	광케이블	LAN케이블	합계
직접재료비	₩340,000	₩450,000	₩790,000
직접노무비	900,000	300,000	1,200,000
기계가공부문 제조간접비	344,700	229,800	574,500
조립부문 제조간접비	170,200	255,300	425,500
합계	₩1,754,900	₩1,235,100	₩2,990,000

각 제품에 추적가능한 직접재료비와 직접노무비에 배부된 제조간접비를 합산하여 광케이블과 LAN케이블의 원가가 산출된다.

I. 평가자 체크리스트

※ 다음 서술이 옳으면 T, 옳지 않으면 F를 기재하시오.

6.1 보조부문은 직접 생산활동을 수행하지 아니하고 제조부문을 지원·보조하는 부문으로써 그 수행하는 내용에 따라 세분할 수 있다.

6.2 제조부문은 직접 제조작업을 수행하는 부문을 말하며 제조활동 등에 따라 세분할 수 있다.

6.3 원가배부기준은 인과관계기준에 의해서만 설정해야 한다.

6.4 제조간접비가 전체 제조원가에서 차지하는 비중이 증가할수록 단순한 원가배분기준을 설정해야 보다 정확한 원가계산을 할 수 있는 가능성이 커진다.

6.5 제조간접비의 원가배부기준으로 선택된 원가동인이 원가발생의 인과관계를 잘 반영하지 못하는 경우 제품원가계산이 왜곡될 가능성이 있다.

6.6 보조부문비의 배부기준은 적어도 1년에 한 번씩 변경하여야 한다.

6.7 단계배부법은 보조부문간에 일정한 배부순서를 정하여 그에 따라 제조부문과 보조부문에 배부하는 방법이다.

6.8 보조부문비의 배분방법에 따라 회사의 총이익이 달라진다.

6.9 어떠한 배부방법을 적용하는 경우에도 보조부문비 총액이 모두 제조부문에 배분된다.

6.10 보조부문비를 제조부문에 배부하는 배분방법 중 가장 정확한 계산방법은 보조부문간의 용역수수관계를 모두 고려하는 상호배부법이다.

Ⅱ. 객관식

6.1 부문비 배부계산의 대상으로 옳은 것은? [2001년 공무원 수정]

① 제품원가 ② 재공품 ③ 제조간접비
④ 직접원가 ⑤ 기간원가

6.2 원가의 부문별 계산 절차순서로 올바른 것은? [2004년 공무원 수정]

㉠ 부문공통비 각 부문에 배부	㉡ 보조부문비 제조부문에 배부
㉢ 부문직접비 각 부문에 부과	㉣ 제조부문비 각 제품에 배부

① ㉠-㉡-㉢-㉣ ② ㉡-㉢-㉣-㉠ ③ ㉢-㉠-㉡-㉣
④ ㉢-㉡-㉣-㉠ ⑤ ㉣-㉡-㉢-㉠

6.3 재고가 없다는 가정하에서 보조부문의 원가배분에 관한 설명 중 옳은 것은? [전산세무1급 수정]

① 보조부문 원가배분의 유일한 목적은 회사의 자원배분과 관련된 합리적인 의사결정을 위한 것이다.
② 보조부문원가를 배분할 때 부담능력기준이 우선 고려되어야 한다.
③ 보조부문원가를 제조부문에 배부하지 않아도 제품원가에 영향을 미치지 않는다.
④ 보조부문의 원가를 어떻게 배분한다 하더라도 회사의 궁극적인 총이익은 변하지 않는다.
⑤ 보조부문원가는 제조부문을 거치지 않고 제품계정에 바로 배부할 수도 있다.

6.4 원가배부에 대한 설명으로 옳지 않은 것은?

① 외부보고목적의 재고자산 평가
② 내부보고목적의 변동원가계산을 용이하게 하기 위하여
③ 경영자에 대한 동기부여 및 성과평가
④ 외부보고목적의 이익측정
⑤ 제품계열의 추가 및 폐지 여부에 대한 의사결정

6.5 다음 중 원가배부에 대한 설명으로 옳지 않은 것은?

① 제조간접비의 비중이 높을수록 여러 가지의 배부기준을 설정하여야 정확한 원가계산을 할 수 있다.
② 원가배분기준은 인과관계기준, 수혜기준, 부담능력기준, 공정성과 공평성 기준 등에 의한다.
③ 경제적 의사결정과 동기부여를 위해서는 단일배부율보다는 이중배부율을 적용하는 것이 바람직하다.
④ 공정성과 공평성 기준은 구체적으로 적용가능한 원가배부기준이다.
⑤ 부담능력기준은 원가대상이 원가를 부담하는 능력에 비례하여 원가를 배부하는 방법이다.

6.6 보조부문 상호간의 용역수수관계가 중요하지 않아 보조부문간의 용역수수관계를 전혀 고려하지 않고 제조부문에 배부하는 방법은?

① 직접배부법
② 단계배부법
③ 상호배부법
④ 간접배부법
⑤ 단일배부법

6.7 부문비 배부법의 설명으로 옳지 않은 것은?

① 직접배부법은 보조부문 상호간의 용역수수관계를 전혀 고려하지 않는 방법이다.
② 단계배부법은 보조부문간의 용역수수관계를 일부만 고려하는 방법이다.
③ 단계배부법은 보조부문의 우선순위가 결정되어야 한다.
④ 상호배부법은 직접배부법과 단계배부법의 중간형태의 원가배부 방식이다.
⑤ 직접배부법은 상호배부법보다 시간과 비용이 절감되는 원가배부 방식이다.

6.8 공장에서 사용하는 기계장치 감가상각비를 각 부문에 배부하는 기준으로 가장 타당한 것은?

① 점유면적
② 종업원 수
③ 작업시간
④ 직접재료비
⑤ 기계장치가액

6.9 (주)KC는 핸드폰과 MP3를 생산하여 판매한다. 제품원가를 계산하기 위해 두 개의 제조부문(절삭부문, 조립부문)의 제조간접비를 핸드폰과 MP3에 배부하려고 한다. 제조부문의 자료가 다음과 같은 경우 부문별 제조간접비 배부율을 이용하여 핸드폰에 배부되는 제조간접비를 구하면? 단, 제조간접비는 작업시간을 기준으로 배부한다. [기업회계2급 수정]

부문별 제조간접비 및 작업시간

제조부문	제조간접비	핸드폰	MP3	합계
절삭부문	₩400,000	500시간	500시간	1,000시간
조립부문	₩100,000	600시간	400시간	1,000시간
계	₩500,000	1,100시간	900시간	2,000시간

① ₩250,000 ② ₩260,000 ③ ₩275,000
④ ₩300,000 ⑤ ₩320,000

6.10 다음 자료에 의하여 동력부 발생액의 제조부문에 대체액으로 맞는 것은? 배부액 기준은 운전시간이다. [기업회계2급 수정]

	제1제조부문	제2제조부문	동력부
금 액	–	–	₩1,800,000
마 력 수	100	20	
운전시간	1,000	5,000	
면 적	2,800㎡	1,200㎡	

	제1제조	제2제조		제1제조	제2제조
①	₩1,260,000	₩540,000	②	₩1,630,000	₩170,000
③	₩690,000	₩1,110,000	④	₩300,000	₩1,500,000
⑤	₩110,000	₩1,750,000			

6.11 보조부분원가를 직접배부법에 의해 제조부분에 배부할 경우 절단부문에 배부되는 보조부분원가의 합계는? [2005년 공무원 수정]

	제조부문		보조부문		
	A(절단)	B(조립)	동력부문	수선부문	계
배부전 원가	₩80,000	₩50,000	₩30,000	₩40,000	₩200,000
동력사용량	40	20	–	40	100
수선횟수	5	3	2	–	10

① ₩32,000 ② ₩37,000 ③ ₩40,000
④ ₩45,000 ⑤ ₩50,000

6.12 직접배부법에 의하여 보조부문비를 배부하면, 조립부문에 배부된 보조부문비의 합계는?

	제조부분		보조부문		계
	기계	조립	품질관리	수선	
예정제조간접비	₩200,000	₩100,000	₩600,000	₩200,000	₩1,100,000
예산기계작업시간	50,000	–	–	–	50,000
예산직접노동시간	–	25,000	–	–	25,000
예산상 용역제공비율					
품질관리	10,000	5,000	–	5,000	20,000
수선	30,000	20,000	10,000	–	60,000

① ₩200,000 ② ₩250,000 ③ ₩280,000
④ ₩320,000 ⑤ ₩350,000

6.13 (주)갑은 제조간접비를 보조부문(동력부문, 수선부문)에서 제조부문(절단부문, 조립부문)으로 배부함에 있어서 단계배부법을 적용하고 있다. 동력부문의 원가를 먼저 배부하는 경우에 다음 자료에 의하여 수선부문에서 절단부문으로 배부되는 원가를 계산하면 얼마인가?

[2007년 전산회계1급 수정]

보조부문	부문원가	용역제공비율			
		절단부문	조립부문	동력부문	수선부문
동력부문	₩760,000	0.5	0.4	–	0.1
수선부문	₩236,500	0.4	0.4	0.2	–

① ₩76,000 ② ₩94,600 ③ ₩132,000
④ ₩156,250 ⑤ ₩312,500

6.14 (주)한우물은 단계배부법을 이용하여 보조부문 제조간접비를 제조부문에 배부하고자 한다. 각 부문별 원가발생액과 보조부문의 용역공급이 다음과 같을 경우 수선부문에서 절단부문으로 배부될 제조간접비는 얼마인가?(단, 전력부문부터 배부한다고 가정함)

[전산회계1급 수정]

구분	제조부문		보조부문	
	조립부문	절단부문	전력부문	수선부문
자기부문 제조간접비	₩200,000	₩400,000	₩200,000	₩360,000
전력부문 동력공급(kw)	300	100	–	100
수선부문 수선공급(시간)	10	40	50	

① ₩160,000 ② ₩200,000 ③ ₩244,000
④ ₩288,000 ⑤ ₩320,000

6.15 (주)세무는 제조부문(P1, P2)과 보조부문(S1, S2)으로 나누어져 있다. 각 부문에서 당기 중에 발생한 제조간접비의 부문별 원가와 보조부문이 제공한 용역수수관계는 다음과 같다. 단계배부법에 의하여 보조부문원가를 배분할 경우 제조부문별 제조간접비는 각각 얼마인가? 단, S1을 먼저 배분한다. [기업회계 1급 수정]

사용부문 / 제공부문	보조부문		제조부문		합계
	S1	S2	P1	P2	
용역제공비율					
S1부문	–	30%	20%	50%	100%
S2부문	10%	–	50%	40%	100%
발생원가	₩500,000	₩300,000	₩1,500,000	₩1,200,000	₩3,500,000

	P1	P2
①	₩1,750,000	₩1,750,000
②	₩1,850,000	₩1,650,000
③	₩1,950,000	₩1,550,000
④	₩2,000,000	₩1,500,000
⑤	₩2,200,000	₩1,450,000

6.16 (주)병의 공장에는 두 개의 보조부문 A, B와 두 개의 제조부문 X, Y가 있다. 각 부문의 용역수수관계와 발생원가(제조간접비)는 다음과 같다. 단계배부법을 사용하여 보조부문 A의 원가를 먼저 배부 후 제조부문의 원가를 구하시오. [전산세무1급 수정]

사용 / 제공	보조부문		제조부문		합계
	A	B	X	Y	
A	–	20%	50%	30%	100%
B	50%	–	10%	40%	100%
발생원가	₩200,000	₩100,000	₩300,000	₩400,000	₩1,000,000

	X 제조부문	Y 제조부문
①	₩408,000	₩542,000
②	₩418,000	₩552,000
③	₩428,000	₩562,000
④	₩428,000	₩572,000
⑤	₩450,000	₩585,000

6.17 (주)상록은 보조부문 A, B와 제조부문 X. Y를 가지고 계산기를 생산하고 있다. 다음의 자료를 이용하여 상호배부법에 의한 보조부문 A의 원가방정식을 계산하면?

	보 조 부 문	
	A	B
제조간접비	₩100,000	₩200,000
용역수수:		
A	−	20%
B	30%	−
X	20%	40%
Y	50%	40%

① A=₩200,000+0.2B

② A=₩100,000+0.3B

③ A=₩100,000+0.2B

④ A=₩200,000+0.3B

⑤ A=₩300,000+0.5B

6.18 (주)강릉은 보조부문 A, B와 제조부문 X, Y를 가지고 레코드를 생산하고 있다. 상호배부법을 이용하여 보조부문 A의 원가배분 금액을 계산하면?

	보조부문		제조부문	
	A	B	X	Y
용역제공비율(%)				
A	−	25	40	35
B	20	−	30	50
발생원가	₩15,000	₩20,000		

① ₩10,000 ② ₩15,000 ③ ₩20,000

④ ₩25,000 ⑤ ₩35,000

6.19 (주)세무공업사는 두 개의 제조부문 A, B와 두 개의 보조부문 X, Y를 두고 있다. 각 부문에서 당기 중에 발생한 원가와 보조부문에서 제공된 용역비율은 다음과 같다.

사용부문 / 제공부문	제조부문		보조부문	
	A	B	X	Y
X	0.2	0.4	0	0.4
Y	0.4	0.3	0.3	0

X부문의 변동원가는 ₩23,000, Y부문의 변동원가는 ₩26,000이다. 상호배부법에 의하여 보조부문의 변동원가를 배분할 경우 제조부문 B에 배분될 보조부문의 변동원가는 얼마인가? [기업회계 1급 수정]

① ₩23,000 ② ₩26,000 ③ ₩35,000
④ ₩40,000 ⑤ ₩42,000

6.20 (주)상일은 제조부문 A, B와 보조부문의 서비스 용역수수관계는 다음과 같다.

용역제공부문	용역사용부문				
	X	Y	A	B	합계
X		40단위	20단위	40단위	100단위
Y	30단위		60단위	10단위	100단위

X, Y부문의 변동원가는 각각 ₩160,000, ₩200,000이며, 고정원가는 고려하지 않는다. 상호배부법에 의해 보조부문원가를 배분하는 경우, A제조부문에 배분되는 총보조부문원가는 얼마인가? [세무사 수정]

① ₩112,000 ② ₩152,000 ③ ₩167,273
④ ₩230,000 ⑤ ₩250,000

6.21 다음은 보조부문원가의 배분방법에 대한 설명이다. 틀린 것은? [전산세무2급 수정]

① 직접배부법은 보조부문간 용역수수관계를 일부 고려하는 배부방법이다.
② 상호배부법은 보조부문간 용역수수관계를 완전히 고려하는 배부방법이다.
③ 상호배부법은 다른 배분방법에 비해 정확한 원가배분이 가능하나, 많은 시간과 비용이 소요되는 단점이 있다.
④ 단계배부법 적용 시 가장 많은 부문에 용역을 제공하는 보조부문부터 상대적으로 적은 부문에 용역을 제공하는 보조부문 순으로 보조부문비를 배분한다.
⑤ 단계배부법에서 특정 보조부문의 원가가 다른 보조부문에 배부된 다음에는 타 보조부문에서 재배부되지 않는다.

6.22 (주)한국은 두 개의 제조부문 A와 B가 있고, 두 개의 보조부문 X와 Y가 있다. 보조부문 X에서 발생된 원가는 ₩500,000이고, 보조부문 Y에서 발생된 원가는 ₩300,000이다. 보조부문 X는 부문 Y, A, B에 각각 7 : 2 : 1의 비율로 서비스를 제공하고, 보조부문 Y가 부문 X, A, B에 제공하는 서비스의 비율은 5 : 2 : 3이다. 상호배부법에 의하여 보조부문 원가를 배분할 때 연립방정식으로 옳은 것은? [기업회계2급 수정]

① X=₩500,000+0.1Y　　Y=₩300,000+0.3X
② X=₩500,000+0.7Y　　Y=₩300,000+0.5X
③ X=₩300,000+0.5Y　　Y=₩500,000+0.7X
④ X=₩500,000+0.5Y　　Y=₩300,000+0.7X
⑤ X=₩500,000+0.7Y　　Y=₩300,000+0.5X

6.23 보조부문원가를 제조부문에 배부하는 기준으로 가장 적합한 것은? [전산세무2급 수정]

① 건물관리부문: 종업원 수
② 종업원복리후생부문: 종업원 수
③ 식당부문: 전력사용량
④ 구매부문: 기계시간
⑤ 수선부문: 전력사용량

6.24 다음 중 보조부문의 원가를 배부하는 방법과 관련된 내용으로 틀린 것은? [전산회계1급 수정]

① 직접배부법은 보조부문 상호간의 용역제공관계를 무시하므로 계산이 가장 복잡한 방법이다.
② 단계배부법과 상호배부법은 보조부문 상호간의 용역제공관계를 고려한다.
③ 어떤 방법을 사용하더라도 보조부문비 총액은 모두 제조부문에 배부된다.
④ 보조부문 배부방법에 따라 제품별 이익이 달라지나, 회사 총이익은 같다.
⑤ 단계배부법은 어떤 순서로 보조부문원가를 배부하느냐에 따라 제조부문에 배부될 원가가 달라진다.

6.25 (주)서하는 보조부문에 대하여 직접배부법에 의하여 보조부문원가를 배부한다. (주)서하는 두 개의 제조부문 A, B와 두 개의 보조부문 S1, S2를 두고 있다. S1과 S2에서 발생한 원가는 각각 ₩100,000과 ₩80,000이다. 제조부문 B에 배부되는 보조부문의 원가는?

[기업회계2급 수정]

보조용역 사용부문 / 보조용역 제공부문	S1	S2	A	B
S1		30%	35%	35%
S2	20%		20%	60%

① ₩100,000 ② ₩110,000 ③ ₩120,000 ④ ₩130,000 ⑤ ₩140,000

6.26 다음은 보조부문비 배부에 대한 설명이다. 옳은 것을 모두 나열한 것은?

[기업회계 1급 수정]

1. 보조부문비의 배부에 어떤 방법을 적용하는가에 따라 기업 전체의 당기순이익이 나르게 나타난다.
2. 단계배부법은 보조부문의 자가용역을 고려하지 못하는 단점이 있다.
3. 직접배부법은 보조부문간의 상호 용역제공을 적지만 부분적으로 고려하고 있다.
4. 보조부문비의 배부에 어떤 방법을 적용하는가와 관계없이 보조부문의 최종잔액은 0원이 되어야 한다.
5. 연립방정식에 의한 상호배부법은 보조부문간의 용역제공 정도를 가장 많이 적용한 방법이다.

① 1, 2, 4 ② 1, 3, 5 ③ 2, 3, 5
④ 2, 4, 5 ⑤ 3, 4, 5

6.27 (주)관세에는 보조부문 X, Y와 제조부문 A, B가 있다. 보조부문과 제조부문에 관한 자료는 다음과 같다. 단계배부법을 이용하여 보조부분의 원가를 제조부문에 배분할 경우, 제조부문 A에 배분된 금액은 얼마인가?(단, 배분순서는 X→Y 순) [전산세무1급 수정]

사용부문 / 제공부문	보조부문		제조부문		총 제공량	보조부문원가
	X	Y	A	B		
X	0	1,200	600	600	2,400	₩50,000
Y	0	0	1,000	1,000	2,000	₩35,000

① ₩42,500 ② ₩43,500 ③ ₩52,500
④ ₩60,000 ⑤ ₩72,000

6.28 다음 중 원가배부에 관한 설명으로 가장 옳은 것은? [재경관리사 수정]

① 부문별 제조간접원가 배부율을 사용하는 경우에는 보조부문 원가 배분방법에 의해 제조간접원가 배부율이 영향을 받지 않는다.

② 이중배부율법은 변동원가와 고정원가를 구분해서 변동원가는 최대사용가능량을 기준으로 배분하고 고정원가는 서비스의 실제사용량을 기준으로 배분한다.

③ 공장전체제조간접원가 배부율을 사용하는 경우에는 보조부문의 원가를 제조부문에 배분할 필요가 없다.

④ 단계배부법과 상호배부법에서는 배분순서와 관계없이 배분후의 결과는 일정하게 계산된다.

⑤ 직접배부법은 보조부문의 상호용역수수관계를 고려하여 계산된다.

6.29 보조부문원가의 배부기준으로 가장 적합하지 않은 것은? [기업회계2급 수정]

① 공장인사관리부문: 종업원 수
② 동력부문: 전력사용량
③ 수선유지부문: 수선시간
④ 건물관리부문: 작업시간
⑤ 공장식당부문: 종업원 수

6.30 (주)서울은 보조부문비를 우선 단계배부법(1순위-수선부)으로 적용하였다. 그러나 사후에 직접배부법으로 전환하면서 제조부문에 대체된 원가를 재검토하였다. 다음 설명으로 옳은 것은? [기업회계 1급 수정]

구분	제조부문		보조부문	
	제1제조부문	제2제조부문	공장사무부	수선부
배분액	₩64,000	₩73,000	₩48,000	₩69,000
근무인원수	24명	16명	8명	5명
수선횟수	12회	8회	3회	2회

1. 제1제조부문에 대체된 수선부대체액은 단계배부법보다 직접배부법이 많다.
2. 제1제조부문에 대체된 공장사무부대체액은 단계배부법보다 직접배부법이 많다.
3. 제2제조부문에 대체된 수선부대체액은 두 방법 간에 ₩3,600의 차이가 있다.
4. 제2제조부문에 대체된 공장사무부 금액은 두 방법 간에 ₩4,800의 차이가 발생한다.
5. 보조부문비 대체 후 각각의 제조부문에 대체된 총원가는 단계배부법과 직접배부법이 동일하다.

① 1, 3, 5
② 1, 3, 4
③ 2, 3, 5
④ 2, 3, 4
⑤ 3, 4, 5

6.31 당년도에 수선부문에서 발생한 변동원가는 ₩280,000이고 고정원가는 ₩400,000이다. 수선부문은 두 개의 제조부문 X, Y에 수선용역을 제공하며 제조부문별 수선유지시간에 관한 자료는 아래와 같다. 단일배부율을 사용하여 제조부문 X에 배분되는 수선부문의 원가는 얼마인가? [기업회계2급 수정]

구분	X	Y	계
실제수선유지시간	400시간	600시간	1,000시간
최대수선유지시간	300시간	700시간	1,000시간

① ₩204,000 ② ₩232,000 ③ ₩272,000
④ ₩408,000 ⑤ ₩476,000

6.32 다음은 (주)세무의 보조부문에서 제공한 용역의 비율이며, 보조부문 S1과 S2에 집계된 원가는 각각 ₩320,000과 ₩190,000이다. 단계배부법에 의하여 S2의 원가를 먼저 배부하는 경우 S2에서 제조부문 B에 배부되는 원가는 얼마인가? [전산세무1급 수정]

구분	제조부문		보조부문		합계
	A	B	S1	S2	
S1	39%	42%	8%	11%	100%
S2	36%	36%	18%	10%	100%

① ₩71,000 ② ₩74,000 ③ ₩76,000
④ ₩79,000 ⑤ ₩81,000

6.33 아래 설명이 나타내는 보조부문의 원가배부방법과 행태별 분류에 따른 구분을 올바르게 나열한 것은? [전산세무1급 수정]

(1) 보조부문 원가를 변동비와 고정비로 구분하여 각각 다른 배부기준을 사용한다.
(2) 보조부문간 용역 수수관계를 일부 반영한다.
(3) 보조부문 배부순위가 필요하다.

① 직접배부법, 이중배부율법 ② 단계배부법, 이중배부율법
③ 상호배부법, 단일배부율법 ④ 단계배부법, 단일배부율법
⑤ 직접배부법, 단일배부율법

6.34 당사는 단계배부법을 이용하여 보조부문원가를 배부하고 있다. 다음 자료에 의하여 동력부문원가를 먼저 배부하는 경우에 수선부문에서 조립부문으로 배부되는 원가는 얼마인가?

[전산세무1급 수정]

구분	보조부문		제조부문		합계
	동력부문	수선부문	절단부문	조립부문	
부문원가	₩200,000	₩140,000	₩730,000	₩680,000	₩1,750,000
동력부문	–	20%	40%	40%	100%
수선부문	16%	–	42%	42%	100%

① ₩70,000 ② ₩80,000 ③ ₩90,000 ④ ₩100,000 ⑤ ₩130,000

6.35 다음 자료를 이용하여 직접배부법으로 보조부문비를 배부할 때 절단부문에 해야 할 보조부문비는 총 얼마인가?

[전산회계운용사2급 수정]

구분	보조부문		제조부문		합계
	수선	동력	조립	절단	
부문원가	₩2,000	₩1,000	₩4,000	₩3,000	₩10,000
수선	10%	10%	50%	30%	100%
동력	5%	15%	30%	50%	100%

① ₩1,245 ② ₩1,285 ③ ₩1,345 ④ ₩1,375 ⑤ ₩1,385

Ⅲ. 주관식

6.1 다음은 (주)고려의 부문별 제조간접비 자료이다. 보조부문의 제조간접비를 다른 보조부문에 배부하지 않고 제조부문에 직접배부할 경우 관리부 부문원가 중 조립부로 배부될 제조간접비는 얼마인가?

[ERP회계 수정]

	생산부문		보조부문	
	절단부	조립부	수선부	관리부
배부전 원가	₩200,000	₩300,000	₩80,000	₩99,000
부문별배부율(%)				
수선부	40%	40%		20%
관리부	50%	40%	10%	

6.2 (주)창조는 두 개의 생산부문과 두 개의 보조부문을 가지고 있으며 각 부문의 배부전 부문원가와 부문간의 용역제공관계는 다음과 같다. 수선시간은 수선부가 각 부문에 제공한 수선용역의 시간이며, 동력사용량은 동력부가 각 부문에 제공한 동력용역량이다. 보조부문의 부문원가를 단계배부법(배부 우선순위는 용역을 여러 부문에 제공한 부문부터 먼저 배부)에 의해 배분한 경우 배부 후 생산부문 A의 부문원가는 얼마인가? [ERP회계 수정]

	생산부문		보조부문	
	A	B	동력부	수선부
배부전 부문원가(₩)	20,000	30,000	20,000	40,000
수선시간(시)	400	100		
동력사용량(kW)	500	200		300

6.3 글로벌자동차(주)는 3개의 보조부문과 2개의 제조부문으로 구성되어 있다. 각 부문에서 발생한 원가와 부문간의 용역수수 관계 자료는 다음과 같다. 단, 회사는 보조부문비를 변동비와 고정비로 구분하지 않고 있다.

① 용역수수관계:

	보조부문			제조부문	
	동력부	수선부	관리부	엔진부	조립부
발생원가	₩100,000	₩150,000	₩50,000	₩200,000	₩300,000
마력×운전시간	1,000	4,000	2,000	4,000	6,000
수선작업시간	700	400	500	800	1,200
종업원수	10	5	10	20	80

② 배부기준: 동력부(마력×운전시간), 수선부(수선작업시간), 관리부(종업원 수)

물음 1) 직접배부법에 의하여 보조부문비를 제조부문에 배부하시오.
2) 직접배부법에 의하여 보조부문비를 제조부문에 대체시의 분개를 하시오.

6.4 위 3번을 이용하여 다음 물음에 답하라. (용역제공 순서: 동력부 → 수선부 → 관리부)

물음 1) 단계배부법에 의하여 보조부문비를 제조부문에 배부하시오.
2) 단계배부법에 의하여 보조부문비를 제조부문에 대체시의 분개를 하시오.

6.5 (주)경기는 2개의 제조부문(갑, 을)과 2개의 보조부문(A, B)으로 구성되어 있다. 각 부문에서 발생한 원가와 용역수수관계는 다음과 같다.

① 용역수수관계:

	보조부문		제조부문	
	A	B	갑	을
부문개별비	₩100,000	₩300,000	₩300,000	₩400,000
부문공통비	₩100,000	₩150,000	₩200,000	₩250,000
A 보조	–	20%	50%	30%
B 보조	10%	–	60%	30%

물음 1) 상호배부법에 의하여 보조부문비를 제조부문에 배부하시오.
2) 보조부문비를 제조부문에 대체시의 분개를 하시오.

※ 다음을 이용하여 6번에서 8번을 풀이하시오.

(주)경기는 두 개의 제조부문(P1, P2)과 두 개의 보조부문(S1, S2)을 운영하고 있다.

[1989년 세무사 수정]

(1) 용역제공 관계

	수선부문(S1)	동력부문(S2)	제조부문(P1)	제조부문(P2)
수선부문(S1)	–	4,000시간	5,000시간	1,000시간
동력부문(S2)	3,000kwh	–	2,000kwh	5,000kwh
부문원가	₩48,000	₩60,000	₩62,000	₩100,000

보조부문의 원가는 각 부문에서 발생한 고유의 원가이며, 고정원가는 없는 것으로 간주하여 의사결정을 하고자 한다.

(2) 보조부문 원가배분기준

	배분기준	총용역제공량		배분기준	총용역제공량
수선부문	수선시간	10,000시간	동력부문	전력사용량(kwh)	10,000kwh

(3) 의사결정자료

(주)경기는 구조조정 차원에서 동력부문에 대한 외부구입(아웃소싱)을 추진하고 있다.

6.6 직접배부법을 이용하여 보조부문의 원가를 제조부문에 배분하라(단, 소수점 첫째 자리에서 반올림할 것).

6.7 단계배부법(수선, 동력부문 순으로 배분)을 이용하여 보조부문의 원가를 제조부문에 배분하라(단, 소수점 첫째 자리에서 반올림할 것).

6.8 상호배부법에 따라 보조부문의 원가를 제조부문에 배분하라.

6.9 (주)경기는 자동차튜닝을 하는 제조업체로서 2개의 제조부문(가공, 도색)과 3개의 보조부문(동력, 운반, 관리)으로 구성되어 있다. 각 부문의 예산자료와 제조간접비 배부기준인 직접노동시간의 예측자료 및 부문간의 용역수수 관계는 다음과 같다.

① 예산사료 및 용역수수관계:

	보조부문			제조부문	
	동력부	운반부	관리부	가공부	도색부
변동비	₩20,000	₩20,000	₩30,000	₩100,000	₩200,000
고정비	₩40,000	₩60,000	₩10,000	₩100,000	₩300,000
직접노동시간	0	0	0	2,000	6,000
마력×운전시간	−	300	200	600	900
운반횟수	50	−	40	100	300
종업원수	10	20	−	30	20

② 배부기준: 동력부(마력×운전시간), 운반부(운반횟수), 관리부(종업원수)

물음 1) 직접배부법에 의한 공장전체 예정배부율을 계산하시오.
2) 직접배부법에 의한 부문별 예정배부율을 계산하시오.

6.10 서울회사는 상호배부법에 의하여 보조부문비를 제조부문에 배부하고 있다. 다음 자료에 의하여 1제조부문, 2제조부문에 배부된 보조부문비의 배부액을 계산하라.

	보조부문		제조부문	
	T	V	1	2
배부전 제조간접비 예산	₩60,000	₩80,000	₩30,000	₩25,000
T부문의 용역제공	−	30%	50%	20%
V부문의 용역제공	10%	−	60%	30%

제 7 장

종합원가계산

학습 목표

4장과 5장에서는 제품을 주문이나 배치형태로 생산하는 경우에 사용되는 개별원가계산에 대하여 파악하였다. 본 장에서는 제품을 연속적인 흐름과정에 의하여 생산하는 기업들이 사용하는 원가계산방법인 종합원가계산에 대하여 학습한다. 따라서 학습목표는 다음과 같다.

1. 개별원가계산과 종합원가계산의 차이점은 무엇인가?
2. 종합원가계산의 개념은 무엇이며, 절차는 어떻게 구성되는가?
3. 가공비란 무엇인가?
4. 완성도와 완성품환산량의 관계는 어떻게 되는가?
5. 선입선출법과 가중평균법으로 어떻게 원가를 계산하며, 그 차이는 무엇인가?

제1절 개별원가계산과 종합원가계산의 비교

제품원가계산방법은 여러 가지가 있지만 각 기업이 수행하는 생산활동의 성격에 따라 크게 개별원가계산과 종합원가계산으로 나눌 수 있다. 개별원가계산(job costing)은 제품이나 서비스가 개별적으로 식별가능한 생산형태의 기업에 적용되는 원가계산방법이다. 이 방법은 조선업, 건설업, 기계제조업 등 주문에 의해 제품을 개별적으로 생산하는 기업의 원가계산에 적합하다. 반면에 공정별 원가계산이라고도 불리는 종합원가계산(process costing)은 단일 또는 유사한 종류의 제품을 연속적으로 대량생산하는 업종에 적합한 것으로 정유, 제지, 화학, 식품가공, 금속제조업 등과 같이 제품의 표준화 정도가 높은 산업분야에서 사용하고 있는 원가계산 방법이다.

개별원가계산과 종합원가계산은 기초재공품원가와 당기총제조원가(=직접재료비+직접노무비+제조간접비)를 당기제품제조원가(완성품원가)와 기말재공품원가로 배분한다는 점에 있어서는 동일하다.

두 원가계산방법의 차이점은 원가대상인 제품의 단위당 원가를 계산함에 있어서의 평준화 정도에 있다. 개별원가계산이란 앞서 설명한 바와 같이 제품의 종류나 규격이 다양한 개별적인 생산형태의 기업에 적용되는 것으로서 제품원가를 작업별로 구분, 집계하여 계산한다. 따라서 각 제품의 단위당 원가의 평준화 정도는 낮다고 할 수 있다. 종합원가계산은 단일 또는 유사한 종류의 제품을 연속적으로 대량생산하는 업종에 사용되는 원가계산제도로서 하나 또는 이상의 제조공정을 이용하여 생산되는 제품에 원가를 배분하는 방법이다. 따라서 각 제품의 단위당 원가의 평준화 정도는 높다고 할 수 있다. 개별원가계산과 종합원가계산의 흐름을 비교하면 다음 그림과 같다.

개별원가계산

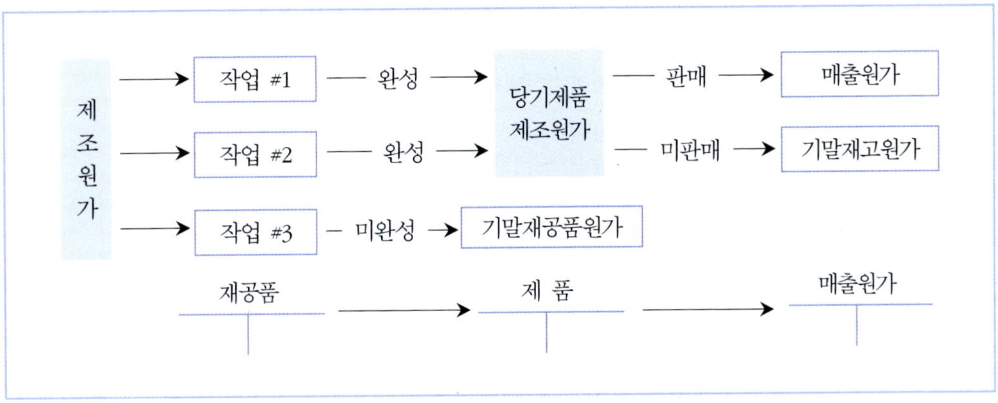

종합원가계산

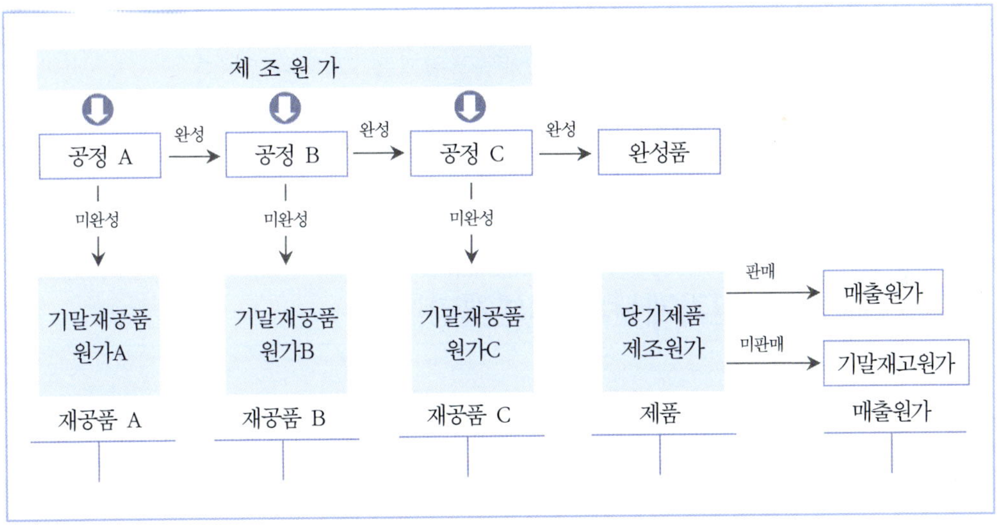

개별원가계산에서는 주문을 받은 개별작업별로 소요된 원가를 집계하고 각 작업의 완성 여부를 파악하여 완성된 작업의 원가는 당기제품제조원가로, 아직 완료되지 않은 작업에 소요된 원가는 기말재공품원가로 배분하지만, 종합원가계산에서는 각 제조공정별로 제조원가를 집계하고 일정기간 동안 그 공정에서 생산된 완성품과 미완성된 기말재공품에 제조원가를 배분하여 당기제품제조원가와 기말재공품원가를 구하는 것이다.

구분	개별원가계산	종합원가계산
생산형태	다품종소량생산(조선업)	소품종대량생산(식료품업)
원가집계	부문(제조지시별)	공정(제조기간별)
원가구분	직접재료비 직접노무비 제조간접비	직접재료비 가공비 (직접노무비, 제조간접비)
원가흐름가정	불필요(안분계산)	필요(평균법, 선입선출법)
원가계산초점	제조간접비 배부	기말재공품(완성품환산량)평가

종합원가계산은 작업별로 원가계산이 이루어지는 개별원가계산과는 달리 각 공정별로 원가계산이 행해진다는 점에 유의할 필요가 있다. 즉, 각 제조공정별로 제조원가를 집계하고, 일정기간 동안 그 공정에서 생산된 완성품과 미완성된 기말재공품에 제조원가를 배부하여 당기제품제조원가와 기말재공품원가를 구하는 것이다.

제2절 종합원가계산의 기본개념

1 제조원가의 집계

원가를 집계함에 있어 직접제조원가와 제조간접비의 구분이 중요한데, 직접제조원가는 개별작업과 관련하여 직접적으로 추적할 수 있는 원가이기 때문에 발생된 원가를 원가대상에 그대로 부과시키지만, 제조간접비는 특정제품이나 작업과 관련하여 직접 추적할 수 없는 원가이기 때문에 이를 회계기간 말에 적정한 기준으로 배부하게 된다. 그 결과 기말에 완성된 개별작업의 원가는 당기제품제조원가로, 기말에 재공품으로 남은 미완성 제품의 원가는 기말재공품원가로 분류된다.

2 완성품환산량

완성품환산량(equivalent unit)은 종합원가계산에서 기본적인 개념이다. 각 공정별로 제조원가가 집계되면 일정기간 동안에 발생한 총원가를 완성품과 기말재공품에 적절히 배부해야 한다. 이를 위해서는 먼저 각 공정이나 부문에서 수행한 총작업량을 공통척도로 환산해야 한다. 여기서 완성품수량으로 환산한 공통척도를 완성품환산량이라고 한다. 다시 말하면 산출물의 완성정도를 측정하는 개념 즉, 당기의 작업량을 제품 수로 나타낸 것이라 할 수 있다. 완성품환산량을 공통척도로 사용하면 일정기간 동안에 수행된 모든 작업을 그 기간 중에 제조를 시작하여 완성한 제품의 수량으로 나타낼 수 있다.

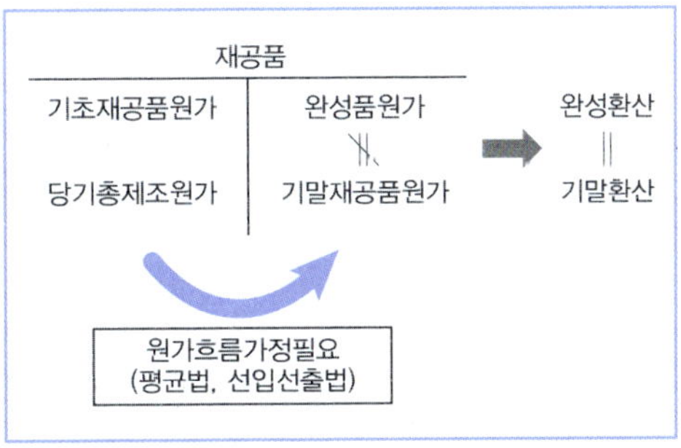

완성품환산량은 제조에 착수한 수량에 완성도를 곱하여 계산된다. 따라서 완성품환산량을 계산하기 위해서는 기초 및 기말재공품의 완성도에 대한 정보가 있어야 한다. 완성도란 공정에 투입되어 현재까지 공정에 남아 있는 생산물의 공정진척도를 나타낸 것이다.

일반적으로 완성도는 직접재료비, 가공비(직접노무비+제조간접비)별로 따로 계산된다. 왜냐하면 직접재료비와 가공비의 투입시점이 상이하기 때문이다. 직접재료비는 일반적으로 공정의 착수시점이나 중간시점 또는 종료시점 등과 같이 특정 시점에서 전액 발생하는 반면, 직접노무비나 제조간접비의 합인 가공비는 공정 전체를 통하여 일정한 비율로 연속적으로 발생하는 것이 일반적이기 때문이다.

예를 들어, 어떤 부문에서 원재료를 공정 초에 투입한다고 가정하면 이 시점을 통과한 재공품은 직접재료비의 완성도가 100%로 추정된다. 그리고 가공비는 가공정도에 비례하는 것으로 가정하여 기말재공품이 평균 60% 가공되었다면, 이 직접노무비와 제조간접비는 이 재공품에 대해서 60%가 발생한 것으로 추정된다. 따라서 기초에 제품을 4단위 생산하고자 제조에 착수하였다면 직접재료비의 완성품 환산량은 4단위(=4단위×100%)이고, 가공비의 완성품 환산량은 2.4단위(=4단위×60%)로 계산된다.

제3절 종합원가계산의 절차

종합원가계산제도하에서는 특정 원가계산기간에 특정 공정을 통과하는 각 제품 단위에 대해 동일한 내용의 작업을 수행한다고 보고 각 부문에서 발생한 총제조원가를 생산된 완성품의 수량으로 나누어서 각 제품에 동일한 원가를 배부한다.

당기에 투입된 원가는 기초재공품을 완성하기 위해 지출한 원가와 당기에 생산을 시작한 작업을 위해 지출한 원가로 구성된다. 따라서 당기 완성품원가는 전기에 착수되어 당기에 완성된 제품에 소요된 원가와 당기에 착수되어 당기에 완성된 제품에 소요된 원가의 합이 된다.

공정이 특정 원가계산기간(예: 월)에 종료되는 것은 아니므로, 기말시점에는 아직 완성되지 않은 재공품이 존재하게 된다. 당기의 기말재공품 원가는 다음 기의 기초재공품 원가가 된다. 만약 제품의 제조에 여러 원가계산기간이 소요되는 경우에는 기말재공품에 전기에 발생한 원가와 당기에 발생한 원가가 혼재하게 된다.

작업의 흐름과 원가의 흐름을 요약하면 다음과 같다.

재공품 계정

차변	대변
1. 기초재공품의 원가	1. 완성품 원가
전기에 부분적으로 완성된 단위에 투입된 원가(A)	(1) 전기에 착수되어 당기에 완성된 단위의 원가(A+B)
2. 당기총제조원가	
(1) 기초재공품을 완성하기 위해 투입된 원가(B)	
(2) 당기에 착수된 작업을 위해 투입된 원가	
a. 당기에 착수되고 당기에 완성된 단위의 원가(C)	(2) 당기에 착수되어 당기에 완성된 단위의 원가(C)
b. 당기에 착수되었으나 미완성된 단위의 원가(D)	
	2. 기말재공품의 원가(D)
차변 합계 (A)+(B)+(C)+(D)	대변 합계 (A)+(B)+(C)+(D)

종합원가계산에서 완성품원가와 기말재공품원가는 다음의 다섯 단계를 거쳐 계산한다.

- 1단계: 물량의 흐름을 파악한다.
- 2단계: 직접재료비와 가공비의 완성품환산량을 계산한다.
- 3단계: 직접재료비와 가공비의 기초재공품원가와 당기총제조원가를 집계한다.
- 4단계: 직접재료비와 가공비의 완성품환산량 단위당 원가를 구한다.
- 5단계: 완성품과 기말재공품원가를 계산한다.

1 물량흐름의 파악

종합원가계산을 수행하기 위한 첫 번째 단계는 완성품과 재공품의 물량흐름을 파악하는 것이다. 공손이 발생하지 않았다고 가정할 경우 다음과 같은 등식이 성립한다.

기초재공품 수량+당기착수량=완성품수량+기말재공품수량

태광산업의 조립부문은 2020년 4월 초에 생산을 시작하였다. 2020년 4월 중에 400단위가 생산에 착수되었다. 4월 30일 현재 200단위는 작업이 완료되어 포장공정으로 대체되었다.

재공품

기초재공품	0개	당기완성량	200개
당기착수량(당기투입량)	400개	기말재공품	200개
	400개		400개

태광산업의 조립부문의 물량흐름을 파악하면 당기착수량(투입량)이 400단위이고, 완성품수량이 200단위이므로 기말재공품은 200단위이다.

2 완성품환산량 계산

태광산업의 경우 조립공정에서 원재료는 공정의 초기에 모두 투입되고 가공비는 공정 전반에 걸쳐 균등하게 발생하고 있으며, 기말재공품에 가공비는 60% 투입되었다. 즉 조립공정의 원가는 다음과 같이 발생한다.

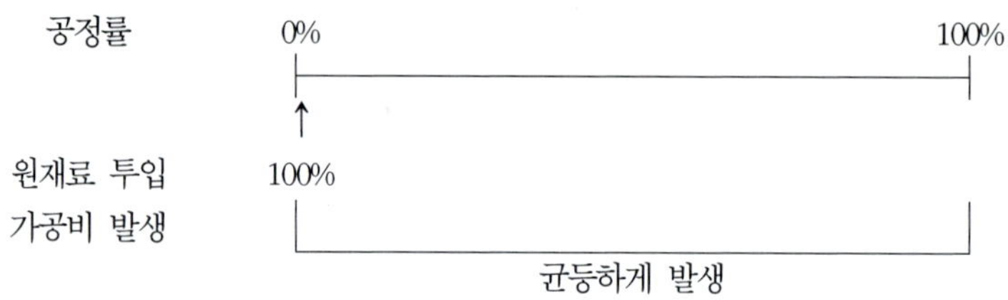

이에 따라, 완성품환산량을 계산하면 다음과 같다.

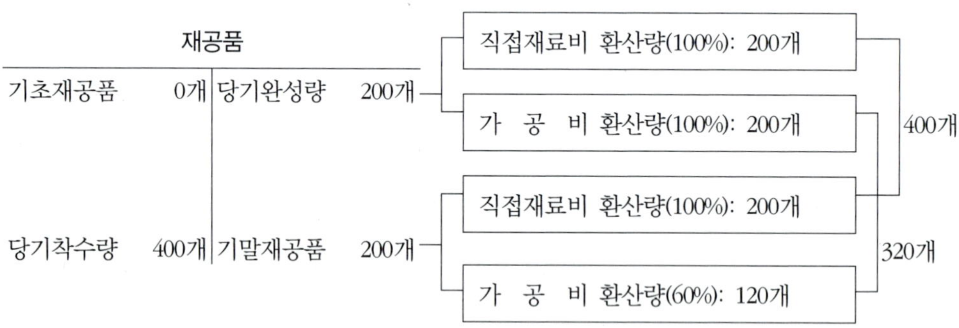

3 원가요소별 총원가 집계

태광산업의 4월 중에 투입된 원가를 집계한 결과 직접재료비는 ₩18,000, 직접노무비 ₩30,000, 제조간접비는 ₩21,200이었다. 이를 직접재료비와 가공비로 구분하여 나타내면 다음과 같다.

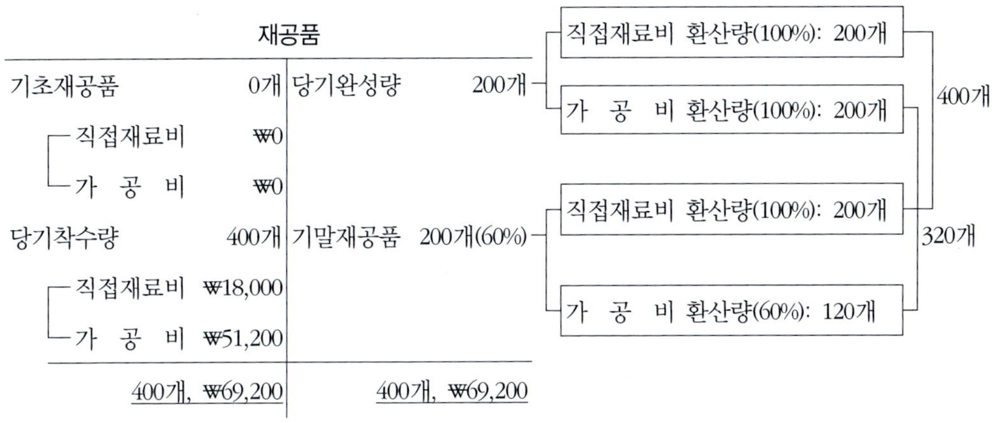

4 원가요소별 완성품환산량 단위당 원가

태광산업의 4월의 원가요소별 완성품환산량 단위당 원가를 계산하면 다음과 같다.

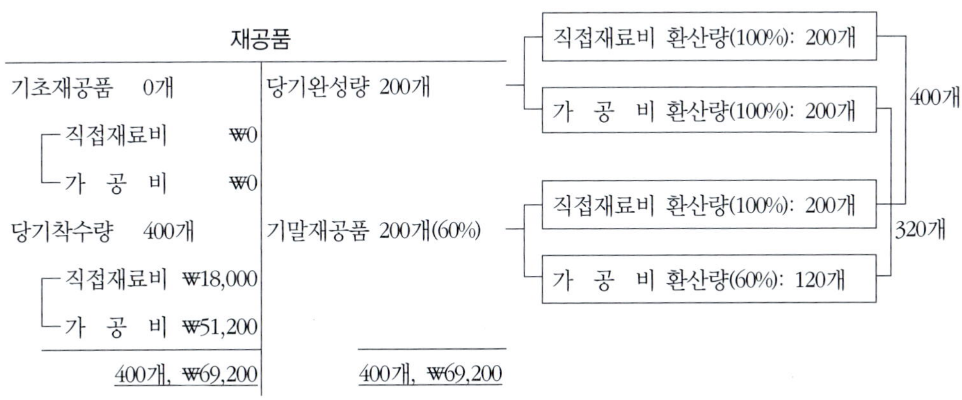

* 완성품 환산량 단위당 원가 $= \dfrac{\text{원가계산기간의 총 원가}}{\text{원가계산기간의 완성품 환산량}}$

직접재료비 완성품 환산량 단위당 원가 $= \dfrac{₩18,000}{400개} = ₩45$

가공비 완성품 환산량 단위당 원가 $= \dfrac{₩51,200}{320개} = ₩160$

직접재료비 ₩18,000을 직접재료비 완성품환산량 400단위로 나누어 단위당 ₩45이 산출되고, 가공비 ₩51,200을 가공비 완성품환산량 320단위로 나누어 단위당 ₩160이 산출된다.

5 완성품과 기말재공품 원가계산

위에서 구한 완성품환산량 단위당 원가정보를 이용하여 완성품원가와 기말재공품 원가를 계산하면 다음과 같다.

완성품 원가는 직접재료비의 완성품환산량 단위(200단위)에 직접재료비의 완성품환산량 단위당 원가(₩45)를 곱하여 직접재료비(₩9,000)를 산출하고 가공비의 완성품환산량 단위(200단위)에 가공비의 완성품 환산량 단위당 원가(₩160)를 곱하여 가공비(₩32,000)를 산출한 다음 이를 합산하여 총원가 ₩41,000(=₩9,000+₩32,000)가 산출된다. 기말재공품 원가도 완성품원가와 동일한 방법을 통해 ₩28,200이 산출된다.

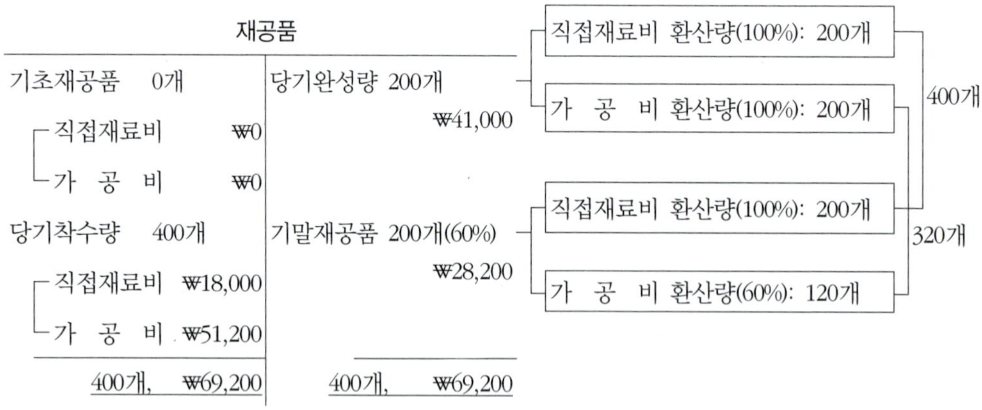

* 완성품 환산량 단위당 원가

직접재료비=₩45, 가공비=₩160

* 완성품과 기말재공품 원가계산

완성품 원가배부=200개×₩45+200개×₩160
=₩41,000

기말재공품 원가배부=200개×₩45+120개×₩160
=₩28,200

이러한 원가흐름을 재공품계정을 통해 살펴보면 물량흐름과 동일하게 다음과 같은 등식이 성립된다.

기초재공품 원가+당기투입원가=완성품원가+기말재공품 원가

재공품

기초재공품	0	완성품	41,000
당기투입	69,200	기말재공품	28,200
합계	69,200	합계	69,200

제4절 종합원가계산의 물량 흐름 가정

위의 태광산업의 경우와 같이 기초재공품이 없는 경우에는 당기에 완성된 제품은 모두 당기에 착수되어 당기에 완성된 것이다. 그러나 일반적인 경우 기초재공품이 존재하는데, 이때 당기에 완성된 제품은 1) 기초재공품이 당기에 추가가공되어 완성된 부분과 (전기착수 당기완성분) 2) 당기에 착수되어 당기에 완성된 부분(당기착수 당기완성분)으로 이루어진다.

따라서 기초재공품이 있는 경우 원가흐름에 대한 가정이 필요하게 되는데 완성품환산량을 기준으로 하여 일정기간 동안 발생한 총원가를 완성품과 기말재공품에 배분하는 방법에는 선입선출법, 평균법, 후입선출법의 세 가지가 있다. 이 중 후입선출법은 실제 물량흐름과 반대인 방법이므로 생략하고, 본서에서는 선입선출법과 평균법에 대해 태광산업의 예로써 살펴본다.

1 선입선출법

선입선출법(FIFO: first-in first-out method)은 기초재공품이 당기에 추가가공되어 완성된 제품(전기투입 당기완성분)의 원가는 전기에 수행된 작업에 당기의 작업이 추가되므로 전기의 원가와 당기의 원가가 혼합되어 있는 반면, 당기에 투입되어 당기에 완성된 제품(당기투입 당기완성분)의 원가는 당기의 원가만으로 구성되어 있다고 보는 것이다.

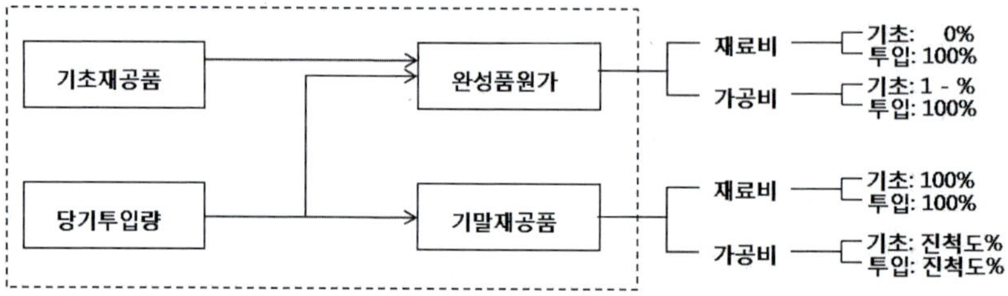

선입선출법에 의한 원가계산의 5단계를 요약하면 다음과 같다.

1단계: 물량의 흐름을 파악한다.

1) 기초재공품

2) 당기에 착수하여 당기에 완성된 제품

3) 기말재공품

2단계: 직접재료비와 가공비의 완성품환산량을 계산한다.

3단계: 직접재료비와 가공비의 기초재공품원가와 당기총제조원가를 집계한다.

4단계: 직접재료비와 가공비의 완성품환산량 단위당 원가를 구한다.

$$\text{완성품환산량 단위당 원가} = \frac{\text{당기발생원가}}{\text{완성품환산량}}$$

5단계: 완성품과 기말재공품원가를 계산한다.

1) 완성품원가 = 기초재공품의 원가 + 완성품환산량 × 완성품환산량 단위당 원가

2) 기말재공품 원가 = 완성품환산량 × 완성품환산량 단위당 원가

태광산업의 조립부문은 2020년 5월 초에 부분적으로 조립된 스피커 200단위를 보유하고 있다. 2020년 5월 중에 500단위가 생산에 투입되었다. 5월 말에 완성되어 다음 포장공정으로 대체된 완성품은 300단위이고 완성되지 않아 기말재공품 상태로 남은 수량은 400단위이다.

1) 물량흐름의 파악

태광산업의 조립부문의 물량흐름을 파악하면, 4월 말 기말재공품 200단위가 5월의 기초재공품 200단위가 되고, 5월 중에 투입된 수량이 500단위이고, 완성품수량이 300단위이므로 기말재공품은 400단위이다. 기초재공품이 없을 때와의 차이점은 당기완성량(300단위)을 기초재공품완성량(200단위)과 당기투입완성량(100단위)으로 구분한다는 점이다.

재공품

기초재공품	200개	당기완성량	300개
당기투입량	500개	기말재공품	400개
	700개		700개

2) 완성품환산량 계산

태광산업의 경우 원재료는 공정 초기에 모두 투입되고 가공비는 공정 전반에 걸쳐 균등하게 발생하는데 기말재공품에 가공비는 50% 투입되었다. 즉 5월에 조립공정의 원가는 다음과 같이 발생한다. 기초재공품의 완성도는 60%이다.

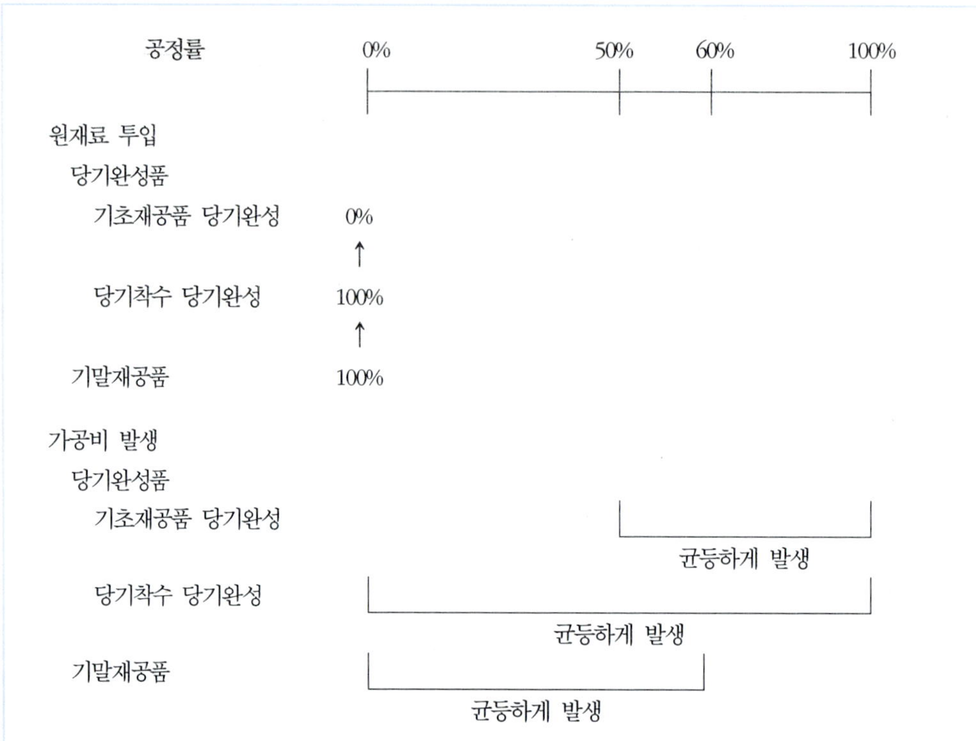

이에 따라, 완성품환산량을 계산하면 다음과 같다.

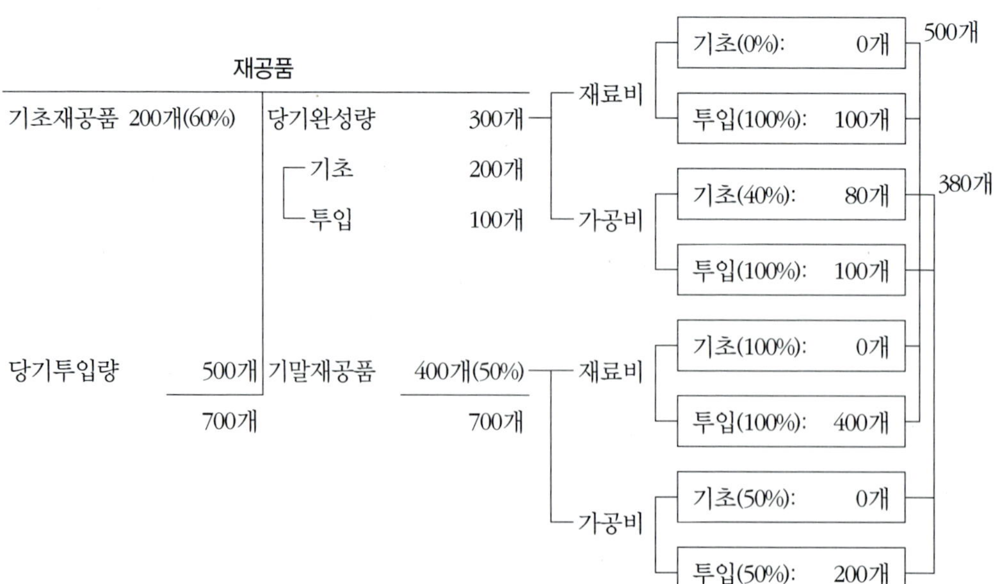

선입선출법에서는 당기에 투입한 노력을 3가지로 구분해서 완성도를 나타나게 되는데 1) 기초재공품을 완성시키기 위해 투입한 노력, 2) 당기에 착수되어 당기에 완성된 제품에 투입한 노력, 3) 기말재공품에 투입한 노력이다.

5월 중의 기초재공품 200단위는 4월의 기말재공품이므로, 당기에 기초재공품을 완성시키기 위해 투입한 노력인 완성도는 100%에서 기말재공품의 완성도를 뺀 값이 된다. 즉 원재료는 공정 초에 투입되므로 기초재공품에 투입된 원재료를 공정이 시작된 4월에 모두 투입되었으므로 완성도는 0%(=100%−100%)가 되고, 가공비는 기말재공품의 완성도가 60%이었으므로 당기에 제품을 완성하기 위해 투입된 가공비는 40%(=100%−60%)가 된다.

당기착수 당기완성량의 완성도는 직접재료비, 가공비 모두 100%가 되고, 기말재공품의 완성도는 각각 100%와 50%가 된다.

이렇게 산출된 완성도에 각각의 물량흐름을 곱하여 합산하게 되면 각 원가요소별 완성품환산량이 산출된다.

3) 원가요소별 총원가 집계

태광산업의 5월 기초재공품의 직접재료비는 ₩8,000, 가공비는 ₩19,000이었으며, 5월 중에 투입된 원가를 집계한 결과 직접재료비는 ₩20,000, 직접노무비 ₩31,000, 제조간접비는 ₩26,000이었다. 이를 직접재료비와 가공비로 구분하여 나타내면 다음과 같다.

* 원가요소별 총원가
직접재료비 총원가=₩20,000
가 공 비 총원가=₩57,000

4) 원가요소별 완성품환산량 단위당 원가

앞에서 언급한 바와 같이 선입선출법에서 완성품환산량 단위당 원가는 다음과 같이 계산한다.

$$\text{선입선출법하의 완성품환산량 단위당 원가} = \frac{\text{당기발생원가}}{\text{완성품환산량}}$$

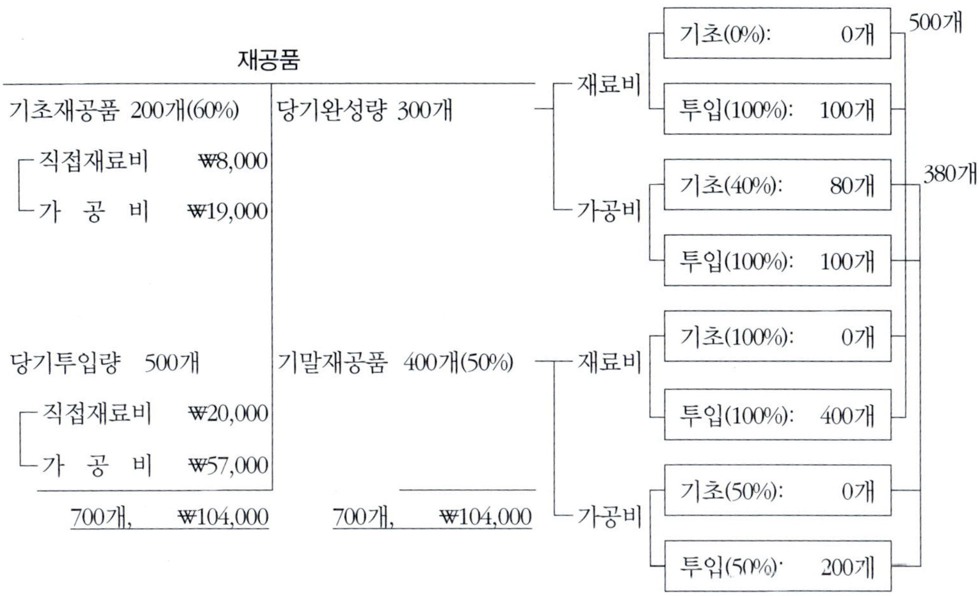

* 완성품 환산량 단위당 원가

직접재료비 환산량 단위당 원가 $= \frac{₩20,000}{500개} = ₩40$

가 공 비 환산량 단위당 원가 $= \frac{₩57,000}{380개} = ₩150$

태광산업의 5월의 원가요소별 완성품환산량 단위당 원가를 계산하면 다음과 같다. 당기투입 직접재료비 ₩20,000을 직접재료비 완성품환산량 500단위로 나누어 단위당 ₩40이 산출되고, 가공비 ₩57,000을 가공비 완성품환산량 380단위로 나누어 단위당 ₩150이 산출되었다. 여기서 주의해야 할 점은 분자인 원가항목이 기초재공품원가를 포함한 합계금액이 아니라 당기투입원가라는 것이다.

5) 완성품과 기말재공품 원가계산

위에서 구한 완성품환산량 단위당 원가정보를 이용하여 완성품원가와 기말재공품 원가를 계산하면 다음과 같다.

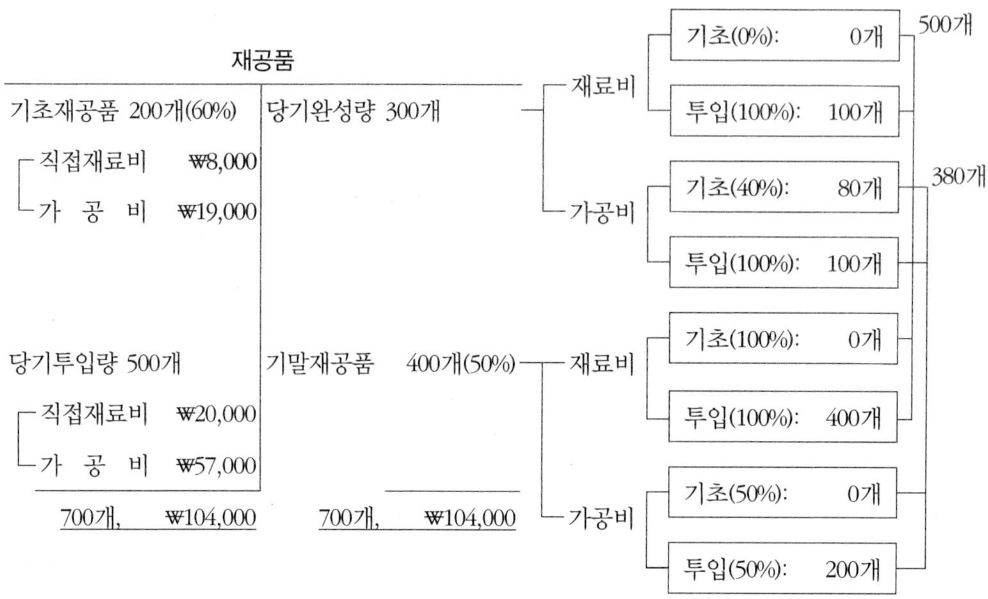

* 완성품 환산량 단위당 원가
직접재료비=₩40, 가공비=₩150
* 완성품과 기말재공품 원가계산
완성품 원가배부=100개×₩40+180개×₩150+₩27,000=₩58,000
기말재공품 원가배부=400개×₩40+200개×₩150=₩46,000

직접재료비의 완성품환산량 단위(100단위)에 직접재료비의 완성품환산량 단위당 원가(₩40)를 곱한 후 기초재공품 직접재료비(₩8,000)를 합산하여 완성품 직접재료비 ₩12,000(=100단위×₩40+₩8,000)이 산출된다.

완성품 직접재료비=직접재료비 완성품환산량 단위
×직접재료비 완성품환산량 단위당 원가
+기초재공품 직접재료비

가공비의 완성품환산량 단위(180단위)에 가공비의 완성품환산량 단위당 원가(₩150)를 곱한 후 기초재공품 가공비(₩19,000)를 합산하여 완성품 가공비 ₩46,000(=180단위×₩150+₩19,000)이 산출된다.

완성품 가공비=가공비 완성품환산량 단위×가공비 완성품환산량 단위당원가
+기초재공품 가공비

직접재료비와 가공비를 합산하여 완성품 원가 ₩58,000이 계산된다.

기말재공품 원가는 각 원가요소별 완성품환산량에 완성품환산량 단위당원가를 곱하여 산출된다.

기말재공품 직접재료비=직접재료비 완성품환산량 단위
×직접재료비 완성품환산량 단위당원가
=400단위×₩40=₩16,000

기말재공품 가공비=가공비 완성품환산량 단위×가공비 완성품환산량 단위당원가
=200단위×₩150=₩30,000

직접재료비와 가공비를 합산하여 기말재공품 원가 ₩46,000이 계산된다.

2 평균법

가중평균법(weighted average method)은 선입선출법과 달리 완성품을 기초재공품이 당기에 추가가공되어 완성된 제품과(전기투입 당기완성분) 당기에 투입되어 당기에 완성된 제품(당기투입 당기완성분)으로 구분하지 않는다는 것이다.

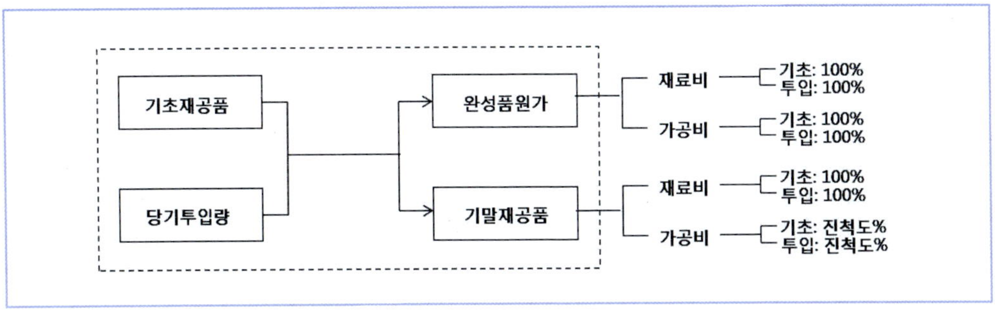

가중평균법에 의한 원가계산의 5단계를 요약하면 다음과 같다.

1단계: 물량의 흐름을 파악한다.
  1) 기초재공품
  2) 당기에 착수하여 당기에 완성된 제품
  3) 기말재공품

2단계: 재료비와 가공비의 완성품환산량을 계산한다. 이때 기초재공품의 완성도를 0%로 가정한다는 점에 유의해야 한다.

3단계: 재료비와 가공비의 기초재공품원가와 당기총제조원가를 집계한다.

4단계: 재료비와 가공비의 완성품환산량 단위당 원가를 구한다. 완성품환산량 단위당 원가계산시 분자에 선입선출법과는 달리 기초재공품의 원가를 합산한다는 점에 유의해야 한다.

$$\text{완성품환산량 단위당 원가} = \frac{(\text{당기발생원가} + \text{기초재공품원가})}{\text{완성품환산량}}$$

5단계: 완성품과 기말재공품원가를 계산한다.
  1) 완성품원가 = 완성품환산량×완성품환산량 단위당원가
  2) 기말재공품원가 = 완성품환산량×완성품환산량 단위당원가

태광산업의 사례를 이용하여 가중평균법으로 원가를 계산하면 다음과 같다.

1) 물량흐름의 파악

태광산업의 조립부문의 물량흐름을 파악하면 4월 말 기말재공품 200단위가 5월의 기초재공품이 200단위가 되고, 5월 중에 투입된 수량이 500단위이고 완성품수량이 300단위이므로 기말재공품은 400단위이다.

재공품			
기초재공품	200개	당기완성량	300개
당기투입량	500개	기말재공품	400개
	700개		700개

2) 완성품환산량 계산

태광산업의 경우 원재료는 공정의 초기에 모두 투입되고 가공비는 공정 전반에 걸쳐 균등하게 발생하는데 기말재공품에 가공비는 50% 투입되었다. 즉 5월에 조립공정의 원가는 다음과 같이 발생한다.

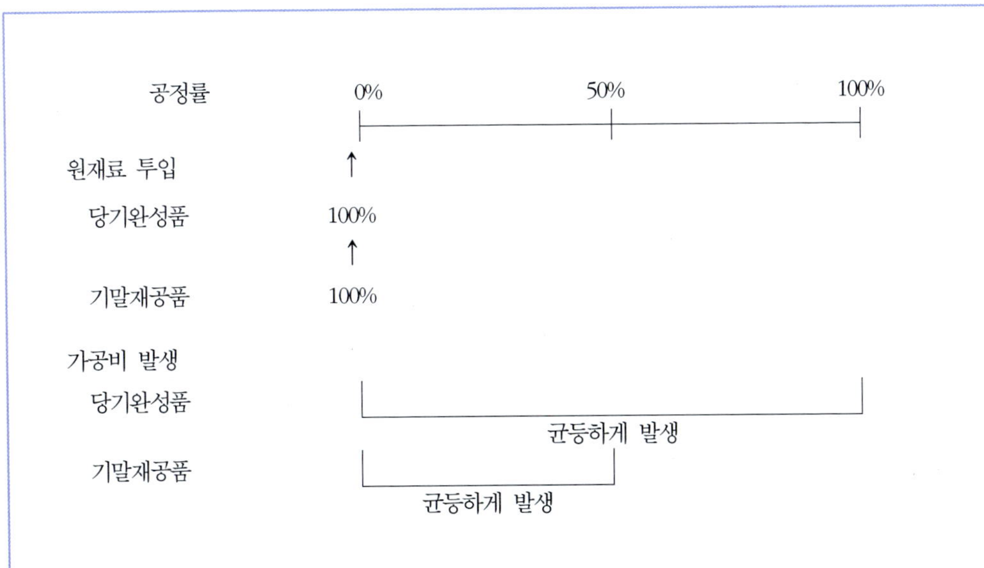

이에 따라, 완성품환산량을 계산하면 다음과 같다.

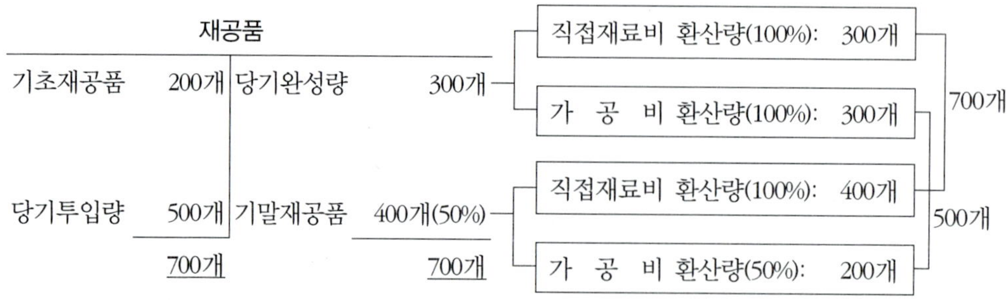

가중평균법에서는 기초재공품이 당기 이전에 이미 제조에 투입되었음에도 불구하고 마치 당기에 투입되어 완성된 것처럼 가정한다. 따라서 당기에 완성된 제품이면 그것이 기초재공품이 추가가공된 것이든 당기에 투입하여 완성된 것이든 구분하지 않는다.

기초재공품 완성량(200단위), 당기투입 당기완성량(100단위)의 완성도는 모두 100%가 되고 기말재공품의 완성도는 각각 100%와 50%가 된다. 이렇게 산출된 완성도에 각각의 물량흐름을 곱하여 합산하게 되면 각 원가요소별 완성품환산량이 산출된다.

3) 원가요소별 총원가 집계

태광산업의 5월 기초재공품의 직접재료비는 ₩8,000, 가공비는 ₩19,000이었으며, 5월 중에 투입된 원가를 집계한 결과 직접재료비는 ₩20,000, 직접노무비 ₩31,000, 제조간접비는 ₩26,000이었다. 이를 직접재료비와 가공비로 구분하여 나타내면 다음과 같다.

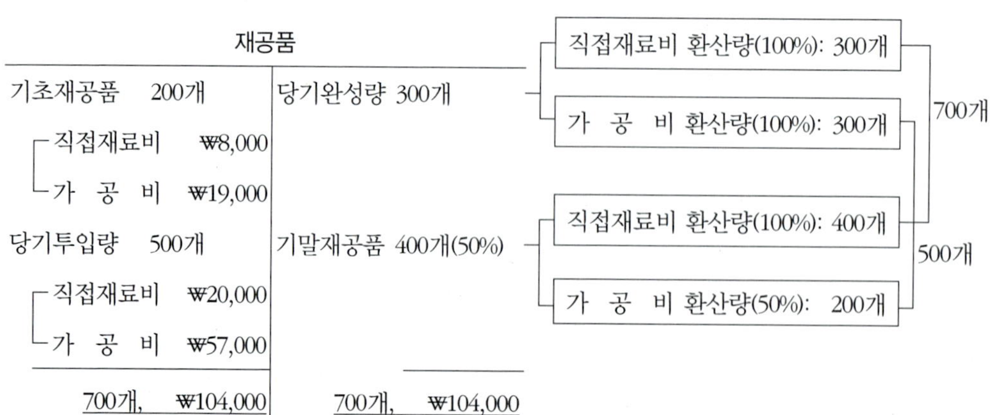

* 원가요소별 총원가
  직접재료비 총원가=₩8,000+₩20,000=₩28,000
  가 공 비 총원가=₩19,000+₩57,000=₩76,000

4) 원가요소별 완성품환산량 단위당 원가

앞에서 언급한 바와 같이 가중평균법에서 완성품환산량 단위당 원가는 다음과 같이 계산한다.

$$\text{가중평균법하의 완성품환산량 단위당 원가}=\frac{(\text{기초재공품원가}+\text{당기투입원가})}{\text{완성품환산량}}$$

태광산업의 5월의 원가요소별 완성품환산량 단위당 원가를 계산하면 다음과 같다.

기초재공품 직접재료비 ₩8,000과 당기투입 직접재료비 ₩20,000의 합인 ₩28,000을 직접재료비 완성품환산량 700단위로 나누어 단위당 ₩40이 산출되고, 기초재공품 가공비 ₩19,000과 당기투입 가공비 ₩57,000의 합인 ₩76,000을 가공비 완성품환산량 500단위로 나누어 단위당 ₩152이 산출된다.

재공품	
기초재공품 200개	당기완성량 300개
┌직접재료비 ₩8,000	
└가 공 비 ₩19,000	
당기투입량 500개	기말재공품 400개(50%)
┌직접재료비 ₩20,000	
└가 공 비 ₩57,000	
700개, ₩104,000	700개, ₩104,000

- 당기완성량 300개
  - 직접재료비 환산량(100%): 300개
  - 가 공 비 환산량(100%): 300개
- 기말재공품 400개(50%)
  - 직접재료비 환산량(100%): 400개
  - 가 공 비 환산량(50%): 200개
- 직접재료비 환산량 합계: 700개
- 가공비 환산량 합계: 500개

* 완성품 환산량 단위당 원가

$$\text{직접재료비 환산량 단위당 원가}=\frac{₩8,000+₩20,000}{700\text{개}}=₩40$$

$$\text{가 공 비 환산량 단위당 원가}=\frac{₩19,000+₩57,000}{500\text{개}}=₩152$$

5) 완성품과 기말재공품 원가계산

위에서 구한 완성품환산량 단위당 원가정보를 이용하여 완성품원가와 기말재공품 원가를 계산하면 다음과 같다.

재공품

차변		대변
기초재공품 200개		당기완성량 300개
직접재료비	₩8,000	
가 공 비	₩19,000	
당기투입량 500개		기말재공품 400개(50%)
직접재료비	₩20,000	
가 공 비	₩57,000	
700개, ₩104,000		700개, ₩104,000

- 당기완성량 300개
  - 직접재료비 환산량(100%): 300개
  - 가 공 비 환산량(100%): 300개
- 기말재공품 400개(50%)
  - 직접재료비 환산량(100%): 400개
  - 가 공 비 환산량(50%): 200개
- 직접재료비 환산량 합계: 700개
- 가공비 환산량 합계: 500개

* 완성품 환산량 단위당 원가
직접재료비=₩40, 가공비=₩152

* 완성품과 기말재공품 원가계산
완성품 원가배부=300개×₩40+300개×₩152
=₩57,600
기말재공품 원가배부=400개×₩40+200개×₩152
=₩46,400

3 선입선출법과 가중평균법의 비교

태광산업의 가중평균 및 선입선출 종합원가계산방법으로 각각 완성품과 기말재공품에 배부된 원가를 요약하면 다음과 같다.

항목	선입선출법(A)	가중평균법(B)	차이(C=A−B)
완성품원가	₩58,000	₩57,600	₩400
기말재공품원가	46,000	46,400	(₩400)
합계	₩104,000	₩104,000	0

선입선출법의 경우 단위당 원가가 높은 기초재공품이 완성품에 포함되고 기말재공품은 단위당 원가가 낮은 당기투입량을 포함한다고 가정한다. 그러나 가중평균법은 선입선출법보다 원가가 낮은 수량이 더 많이 완성되어 다음 공정으로 대체되고, 원가가 높은 수량이 더 적게 기말재공품에 남아있다고 가정한다. 따라서 태광산업의 경우 가중평균법에서는 선입선출법보다 완성품원가는 더 낮고 기말재공품의 원가는 더 높다.

위와 같이 선입선출법, 가중평균법에 의해 계산된 원가는 차이가 발생한다. 이러한 차이는 (1) 단위당 직접재료비나 가공비가 원가계산 기간별로 크게 차이가 나는 경우와 (2) 재공품의 실물재고량이 완성품대체량에 비해 큰 경우 나타날 수 있다.

가중평균법은 전기 발생원가와 당기 발생원가를 구분하지 않으므로 원가계산시 선입선출법보다 계산이 쉽고 투입자원의 가격의 변동이 심할 때 평균원가를 보고한다는 장점이 있는 반면 두 원가를 합산하여 평균원가를 보고함으로써 기간 간 비교를 어렵게 한다는 단점이 있다.

선입선출법은 전기 발생원가와 당기 발생원가를 구분하기 때문에 기간 간 투입원가의 변동에 관한 정보를 제공하지만, 계산에 노력이 많이 소요되는 단점이 있다.

Ⅰ. 평가자 체크리스트

※ 다음 서술이 옳으면 T, 옳지 않으면 F를 기재하시오.

7.1 종합원가계산은 소품종대량생산에 적합한 원가계산방법이다.

7.2 종합원가계산에서 물량은 완성품환산량보다 항상 작거나 같다.

7.3 기말재공품이 300단위이고, 완성도가 70%라면 환산량은 90단위이다.

7.4 선입선출법에 따른 종합원가계산은 먼저 제조에 착수된 것이 먼저 완성된다고 가정한다.

7.5 평균법에 의한 종합원가계산에서는 기초재공품이 그 기간에 착수되어 생산된 것처럼 취급한다.

7.6 선입선출법이 적용되는 종합원가계산의 경우 기초재공품의 원가는 당기에 전부 완성품원가에 포함된다.

7.7 평균법이 적용되는 종합원가계산에서 기초재공품의 원가는 당기에 전부 완성품원가에 포함된다.

7.8 기초재공품이 없는 경우 종합원가계산에서의 제조원가는 평균법과 선입선출법이 동일하게 계산된다.

7.9 선입선출법이 적용되는 종합원가계산의 경우 완성품환산량은 당기 작업량을 의미한다.

7.10 선입선출법이 적용되는 종합원가계산의 경우 전기의 성과를 고려하지 않으므로 통제 및 성과평가목적에는 부합하지 않는다.

Ⅱ. 객관식

7.1 소금제조업, 얼음제조업과 같이 단일의 공정을 통해서 대량의 동질적인 제품을 생산하는 방식에 적합한 원가계산방법은? [2004년 공무원 수정]

① 등급별종합원가계산 ② 공정별종합원가계산
③ 단일종합원가계산 ④ 개별원가계산
⑤ 조별종합원가계산

7.2 종합원가계산에 관한 설명으로 옳지 않은 것은?

① 평균법에 의한 완성품환산량은 선입선출법에 의한 완성품환산량보다 항상 크거나 같다.
② 평균법과 선입선출법의 완성품환산량이 동일한 경우는 기초재공품이 없는 경우이다.
③ 평균법에 의한 완성품 환산량 단위당 원가는 당기총제조원가에 기초재공품원가를 가산한 합계액을 당기착수완성품환산량과 기말재공품환산량의 합계수량으로 나누어 계산한다.
④ 평균법에 비해 선입선출법이 실제 물량흐름에 가깝게 계산된다.
⑤ 선입선출법에 의한 기말재공품, 완성품환산량, 단위당원가는 당기투입원가로 계산된다.

7.3 종합원가계산에서 평균법을 적용하여 완성품환산량의 원가를 계산할 때 고려해야 할 원가는?

① 당기총제조원가와 기초재공품재고액의 차액
② 기초재공품재고액과 기말재공품재고액의 합계
③ 당기총제조원가와 기말재공품재고액의 합계
④ 당기총제조원가와 기말재공품재고액의 차액
⑤ 당기총제조원가와 기초재공품재고액의 합계

7.4 종합원가계산에서 기말재공품의 완성도를 높게 적용하는 경우 예상되는 결과는? [전산세무1급 수정]

① 제품제조원가가 과대평가된다. ② 재공품계정이 과대평가된다.
③ 제품매출원가가 과대평가된다. ④ 재고자산이 줄어든다.
⑤ 제품제조원가 및 제품매출원가에 미치는 영향이 없다.

7.5 (주)상록은 3월에 의류제조업으로 창업하였다. 재료비는 공정 초에 전량 투입되었으며, 가공비는 공정 전반에 걸쳐 발생한다. 이 경우 3월 말 가공비의 재공품 완성도가 40%일 때 가공비의 완성품 환산량은?

① 당기의 완성품 환산량과 동일하다.
② 당기의 재료비 재공품 환산량과 동일하다.
③ 당기의 투입량보다 작다.
④ 당기의 투입량보다 크다.
⑤ 당기의 완성품 환산량보다 크다.

7.6 다음은 종합원가계산에 적용되는 완성품환산량에 대한 설명이다. 옳지 않은 것은? [전산세무2급 수정]

① 완성품환산량은 항상 투입된 재료의 양과 일치한다.
② 완성품환산량이란 각 공정이나 부문에서 수행한 총작업량을 완성품 기준으로 변형하는 경우에 환산되는 완성품의 수량이다.
③ 재료를 생산공정의 초기에 투입하는 경우에 재공품 재료의 완성품환산량은 투입량과 동일한 값으로 나타난다.
④ 완성품환산량의 산식은 「완성품환산량 = 물량(수량) × 완성도(진척도)」로 계산된다.
⑤ 기초재공품이 없는 경우에는 평균법과 선입선출법의 완성품환산량이 동일하다.

7.7 평균법을 이용하여 종합원가계산을 수행하는 회사에서 기말재공품의 완성도를 실제보다 높게 평가할 경우 미치는 영향으로 적합한 것은? [기업회계 1급 수정]

① 완성품원가는 과소평가되고 기말재공품원가는 과대평가된다.
② 완성품원가는 과대평가되고 기말재공품원가는 과소평가된다.
③ 완성품원가와 기말재공품원가 모두 과대평가된다.
④ 완성품원가와 기말재공품원가 모두 과소평가된다.
⑤ 완성품환산량 단위당 원가는 과대평가된다.

7.8 종합원가계산을 하고 있는 성실산업의 원가자료이다.

	재료비	가공비
기초 재공품: 2,000단위(40%완성)	₩8,000	₩4,500
당기 착수량: 10,000단위	₩46,000	₩52,000
기말 재공품: 3,000단위(60%완성)		

원재료는 공정착수단계에서 투입되고 가공비는 전 공정에서 균등하게 투입된다. 다음 설명으로 옳지 않은 것은? [기업회계2급 수정]

① 평균법에 의한 재료비의 완성품환산량은 12,000단위이다.
② 선입선출법에 의한 재료비와 가공비의 완성품환산량은 동일하다.
③ 평균법에 의한 재료비의 단위원가는 ₩4.5이다.
④ 선입선출법에 의한 가공비의 완성품환산량은 10,800단위이다.
⑤ 선입선출법에 의한 재료비의 단위원가는 ₩4.6이다.

7.9 (주)화평은 평균법에 의한 종합원가계산을 하고 있다. 재료비는 공정 초에 전량 투입되며, 가공원가는 공정 전반에 걸쳐 고르게 투입된다. 다음 자료를 통하여 완성품환산량으로 바르게 짝지어진 것은?

기초재공품: 0개	착수수량: 500개
완성수량: 400개	기말재공품: 100개(완성도 50%)

	재료비환산량	가공비환산량
①	400개	450개
②	450개	500개
③	500개	450개
④	400개	500개
⑤	500개	500개

7.10 (주)서울은 선입선출법에 의하여 종합원가계산을 하고 있다. 재료비는 공정 초기에 전량 투입되고, 가공비는 공정 전반에 걸쳐 균등하게 투입된다. 재료비 및 가공비의 완성품환산량을 계산하면 얼마인가?

기초재공품 수량 1,000개(완성도 50%)	당기완성품 수량 5,000개
당기 착수수량 6,000개	기말재공품 수량 2,000개(완성도 50%)

① 재료비: 5,000개, 가공비: 6,000개
② 재료비: 5,000개, 가공비: 5,500개
③ 재료비: 5,500개, 가공비: 6,000개
④ 재료비: 6,000개, 가공비: 5,000개
⑤ 재료비: 6,000개, 가공비: 5,500개

7.11 다음 자료에 따르면 월말재공품의 재료비와 가공비 합계는 얼마인가? 단, 재료비와 가공비 모두 제조공정에 균일하게 투입된다. [1999년 공무원 수정]

> 월초재공품: 재료비 ₩400,000, 가공비 ₩600,000, 수량 500개(완성도60%)
> 당월제조비용: 재료비 ₩5,000,000, 가공비 ₩2,500,000
> 완성품수량: 2,600개
> 월말재공품: 수량 400개(완성도 50%)
> 월말재공품의 평가는 선입선출법으로 한다.

① ₩400,000 ② ₩500,000
③ ₩600,000 ④ ₩700,000
⑤ ₩800,000

7.12 (주)회계의 3월 중 원가자료를 살펴보면 제1공정의 기초재공품이 5,000개이고, 재료비와 가공비의 완성도는 각각 100%와 20%이다. 제1공정의 제조착수량은 40,000개이며, 30,000개가 완성되어 제2공정으로 대체되었다. 기말재공품의 재료비와 가공비 완성도는 각각 100%와 40%이다. 평균법과 선입선출법에 의한 가공비의 완성품환산량은 각각 얼마인가? [기업회계 1급 수정]

	평균법	선입선출법		평균법	선입선출법
①	36,000개	35,000개	②	35,000개	36,000개
③	46,000개	45,000개	④	45,000개	46,000개
⑤	35,000개	46,000개			

7.13 (주)공아는 다음과 같이 평균법으로 완성품환산량을 계산하였다. 이를 선입선출법으로 계산하였을 경우 완성품환산량 차이는 몇 단위인가?

> 기초재공품수량 600개 (가공비 완성도 50%)
> 완성품수량 2,000개
> 기말재공품수량 500개 (가공비 완성도 40%)
> 재료는 공정 초에 전량 투입, 가공비는 공정 전반에 걸쳐 발생.

	직접재료비 환산량	가공비 환산량		직접재료비 환산량	가공비 환산량
①	500개	200개	②	500개	300개
③	600개	200개	④	600개	300개
⑤	500개	600개			

7.14 다음 자료에 의해 선입선출법에서의 완성품환산량을 계산하면 얼마인가? 단, 재료비와 가공비 모두 제조공정에 균일하게 투입된다. [전산세무1급 수정]

> 기초재공품 10,000단위 (재료비 완성도: 80%, 가공비 완성도: 60%)
> 기말재공품 20,000단위 (재료비 완성도: 80%, 가공비 완성도: 50%)
> 착 수 량 90,000단위 * 완성품수량 80,000단위

① 재료비 완성품환산량: 88,000 가공비 완성품환산량: 84,000
② 재료비 완성품환산량: 98,000 가공비 완성품환산량: 96,000
③ 재료비 완성품환산량: 80,000 가공비 완성품환산량: 60,000
④ 재료비 완성품환산량: 80,000 가공비 완성품환산량: 86,000
⑤ 재료비 완성품환산량: 98,000 가공비 완성품환산량: 86,000

7.15 선입선출법을 사용하여 종합원가계산하는 제품의 직접재료비에 대한 자료이다. 직접재료비의 완성품환신량은 얼마인가? [전산세무1급 수정]

> 직접재료비는 모두 균등하게 발생한다.
> 기초재공품의 직접재료비는 ₩500,000이며 완성도는 50%이다.
> 단위당 직접재료비 완성품원가는 ₩500이다.
> 완성품원가에 포함된 직접재료비는 ₩4,000,000이다.
> 기말재공품의 직접재료비는 ₩1,000,000이며 완성도는 30%이다.

① 7,000개 ② 8,000개 ③ 9,000개 ④ 10,000개 ⑤ 12,000개

7.16 다음 자료에 의하여 평균법에서의 완성품환산량을 계산하면 얼마인가? [전산세무1급 수정]

> 재료비는 공정 초에 전량 투입되며, 가공비는 공정 전반에 걸쳐 투입됨.
> 기초재공품 10,000개 (재료비 완성도: 60%, 가공비 완성도: 50%)
> 착 수 량 90,000개
> 완성품수량 80,000개
> 기말재공품 20,000개 (재료비 완성도: 80%, 가공비 완성도: 60%)

	재료비 완성품환산량	가공비 완성품환산량
①	90,000개	92,000개
②	95,000개	90,000개
③	95,000개	92,000개
④	100,000개	90,000개
⑤	100,000개	92,000개

7.17 종합원가계산제도를 채택하는 회사의 다음 자료에 의하여 당기제품 제조원가는 얼마인가? 재공품의 평가는 선입선출법에 의하며 재료는 공정 초기에 투입된다.

[2006년 공무원 수정]

> 1) 기초재공품: 100개(50%)　　재료비 ₩10,000　　가공비 ₩50,000
> 2) 당기 제조비용: 재료비 ₩200,000　　가공비 ₩300,000
> 3) 기말재공품: 100개(50%)
> 4) 당기 완성품: 200개

① ₩370,000　　② ₩375,000　　③ ₩385,000
④ ₩400,000　　⑤ ₩450,000

7.18 평균법에 의한 월말재공품원가를 계산하면?(재료는 제조착수시 투입, 가공비는 공정 진행에 따라 균등)

[2006년 공무원 수정]

> 월초재공품: 12,000개(80%)　　직접재료비 ₩120,000　　가공비 ₩100,000
> 당월제조착수: 48,000개　　직접재료비 ₩300,000　　가공비 ₩170,000
> 당월완성수량: 50,000개　　월말재공품　10,000개(40%)

① ₩20,000　　② ₩50,000　　③ ₩70,000
④ ₩90,000　　⑤ ₩95,000

7.19 선입선출법에 의한 완성품환산량은?(재료는 제조착수시 소비되고, 가공비는 공정 진행에 따라 소비)

[2006년 공무원 수정]

> 월초재공품수량: 3,000개(20%)　　당월제조착수량: 9,000개
> 당월완성수량: 10,000개　　월말재공품수량: 2,000개(40%)

	직접재료비	가공비
①	9,000개	10,200개
②	9,000개	10,800개
③	12,000개	10,200개
④	12,000개	10,800개
⑤	12,000개	9,000개

7.20 다음 〈보기〉를 보고 완성품원가를 계산하면 얼마인가? [전산세무1급 수정]

〈보 기〉

단일제품을 대량생산하고 있다. 원재료는 공정의 초기에 전량 투입되고, 가공비는 공정 전반에 걸쳐 균등하게 발생한다.(평균법을 사용한다)

	물량의 흐름	완성품환산량 재료비	완성품환산량 가공비	합 계
• 기초재공품	200개(40%)			
• 당기착수	1,200개			
	1,400개			
• 당기완성	1,300개	1,300개	1,300개	
• 기말재공품	100개(60%)	100개	60개	
	1,400개	1,400개	1,360개	
• 기초재공품원가		₩124,000	₩40,000	₩164,000
• 당기발생원가		₩324,000	₩164,000	₩488,000
• 합 계		₩448,000	₩204,000	

① ₩511,000 ② ₩611,000 ③ ₩711,000
④ ₩811,000 ⑤ ₩911,000

7.21 (주)한국은 종합원가계산을 적용하여 제품원가를 계산하고 있다. 원재료는 공정 초에 전량 투입되며 가공원가는 공정 전반에 걸쳐 균등하게 발생한다. (주)한국의 생산관련 자료는 아래와 같다. 선입선출법에 의한 가공원가의 완성품환산량이 6,000단위이고, 평균법에 의한 가공원가의 완성품환산량이 6,800단위라면, 기초재공품의 가공원가 완성도는 몇 %인가? [경영지도사 수정]

기초	2,000단위(? %)	완성	5,000단위
착수	6,000단위	기말	3,000단위(완성도 60%)
합계	8,000단위	합계	8,000단위

① 30% ② 35%
③ 40% ④ 45%
⑤ 50%

7.22 재료비는 공정 초기에 모두 발생되고 가공비는 공정이 진행됨에 따라 균등하게 발생할 경우, 다음 자료에 의한 재료비의 완성품 환산량은? [전산회계1급 수정]

- 기초 재공품: 2,000개 (완성도: 30%)
- 기말 재공품: 1,000개 (완성도: 40%)
- 당기 완성품 수량: 4,000개
- 회사는 평균법을 적용하여 기말 재공품을 평가한다.

① 3,600개 ② 4,200개 ③ 5,000개 ④ 6,000개 ⑤ 7,000개

7.23 다음 중 종합원가계산의 절차를 순서대로 바르게 연결한 것은? [전산세무2급 수정]

① 원가요소별 완성품환산량 계산 → 완성품환산량 단위당 원가계산 → 물량 흐름 파악 → 원가요소별 기초재공품원가와 당기발생원가 집계 → 완성품과 기말재공품에 원가 배분

② 물량 흐름 파악 → 원가요소별 완성품환산량 계산 → 원가요소별 기초재공품원가와 당기발생원가 집계 → 완성품환산량 단위당 원가계산 → 완성품과 기말재공품에 원가 배분

③ 원가요소별 완성품환산량 계산 → 완성품환산량 단위당 원가계산 → 원가요소별 기초재공품원가와 당기발생원가 집계 → 완성품과 기말재공품에 원가 배분 → 물량 흐름 파악

④ 물량 흐름 파악 → 원가요소별 기초재공품원가와 당기발생원가 집계 → 완성품과 기말재공품에 원가 배분 → 완성품환산량 단위당 원가계산 → 원가요소별 완성품환산량 계산

⑤ 물량 흐름 파악 → 원가요소별 완성품환산량 계산 → 원가요소별 기초재공품원가와 당기발생원가 집계 → 완성품과 기말재공품에 원가 배분 → 완성품환산량 단위당 원가계산

7.24 (주)한결은 평균법에 의한 실제종합원가계산을 이용하여 재고자산 평가와 매출원가계산을 하였다. 기초에 비하여 기말에 재공품가액이 증가하였으나 재공품물량은 동일한 경우 이 현상을 설명하는 요소가 아닌 것은? [전산세무1급 수정]

① 전년도에 비하여 노무비의 임률이 상승하였다.
② 전년도에 비하여 고정제조간접비가 증가하였다.
③ 기초보다 기말의 재공품재고에 대한 완성도가 높았다.
④ 전년도에 비하여 판매량이 증가하였다.
⑤ 전년도에 비하여 판매량이 감소하였다.

7.25 (주)만리포는 공손품 원가를 정상품의 제조원가로 처리하고 있으며 평균법을 사용하고 있다. 다음 자료에 의한 당기제품제조원가는?(단, 직접재료는 공정 초에 전부 투입하며, 가공비는 전 공정을 통해 균등하게 발생하고, 검사는 공정 완료시에 실시한다.)

[전산세무1급 수정]

- 기초재공품: 없음
- 기말재공품: 250개(완성도: 40%)
- 당기착수량: 1,000개
- 당기투입가공비: ₩1,700
- 당기완성량: 500개
- 정상공손: 250개
- 당기투입직접재료비: ₩1,000

① ₩2,450 ② ₩2,080 ③ ₩2,250
④ ₩2,200 ⑤ ₩2,500

7.26 (주)미래는 종합원가계산제도를 채택하고 있다. 원재료는 공정 초기에 모두 투입되고, 가공원가는 공정 전반에 걸쳐 균등하게 발생하고 있다. 7월의 원가계산에 관한 자료는 다음과 같다. 원가계산 시 평균법하에서의 재료원가와 가공원가의 완성품환산량 단위당 원가를 각각 계산하면? [기업회계2급 수정]

	수 량	완성도	재료원가	가공원가
월초 재공품	1,000개	30%	₩260,000	₩ 50,000
당월 착수	2,200개		₩764,000	₩472,500
월말 재공품	600개	25%		

	재료원가	가공원가
①	₩320	₩190
②	₩320	₩165
③	₩160	₩165
④	₩ 80	₩ 35
⑤	₩240	₩ 50

7.27 다음은 종합원가계산에 대한 설명이다. 옳지 않은 것은? [기업회계2급 수정]

① 동일 종류의 제품을 연속적으로 대량생산하는 기업에 적합한 원가계산방법이다.
② 일반적으로 원가를 재료원가와 가공원가로 구분하여 원가계산한다.
③ 개별작업지시서에 따라 제품을 제조한다.
④ 산출량은 각 생산요소의 완성품환산량으로 표시된다.
⑤ 주로 정유, 제지, 화학, 식품가공, 금속제조업 등과 같이 제품의 표준화 정도가 높은 산업분야에서 사용하고 있는 원가계산 방법이다.

7.28 종합원가계산제도하에서 재공품 평가는 선입선출법을 이용한다. 기초재공품은 1,000개이며, 기말재공품 2,000개의 완성도는 60%이다. 완성품 수량이 4,000개이며 가공원가에 대한 완성품환산량이 4,500개라면, 기초재공품의 완성도는 몇%인가?

[기업회계2급 수정]

① 30%
② 40%
③ 50%
④ 60%
⑤ 70%

7.29 다음 중 공손에 관한 내용 중 틀린 것은? [기업회계2급 수정]

① 공손품이란 품질 및 규격이 표준에 미달하는 불합격품을 말한다.
② 공손은 정상공손과 비정상공손으로 나눌 수 있다.
③ 정상공손이란 제조과정에서 불가피하게 발생하는 원가를 말한다.
④ 정상공손품에 투입된 제조원가는 영업외비용으로 처리한다.
⑤ 비정상공손에 투입된 제조원가는 영업외비용으로 처리한다.

7.30 (주)채원은 프린터를 생산하면서 공손품을 제품을 검사하는 시점에 파악한다. 정상적인 공손품은 검사시점을 통과한 합격품의 10%로 한다. 제품의 검사시점이 50%라고 할 때, 정상공손품 수량은 얼마인가? [기업회계2급 수정]

• 기초 재공품(40%): 400개	• 완성품: 1,200개
• 당기착수량: 1,200개	• 기말재공품(60%): 200개

① 0개
② 60개
③ 140개
④ 160개
⑤ 200개

7.31 (주)채원시멘트는 아스콘 제조 공정상에서 배합재료인 원유의 물량이 감소되는 현상이 발생하는데, 이런 현상을 무엇이라 하는가? [기업회계2급 수정]

① 공손
② 작업폐물
③ 부산물
④ 감손
⑤ 주산물

7.32 공손(spoilage)과 관련된 다음의 설명 중에서 틀린 것은? [기업회계 1급 수정]

① 공손은 정상공손이나 비정상공손으로 분류된다.

② 제조공정과정에서 불량률 0을 달성하려는 기업들은 모든 공손을 비정상공손으로 간주하려 한다.

③ 개별원가계산(job order costing)에서 정상공손원가와 비정상공손원가는 재고가능원가로 간주되지 않으며, 그 공손이 발견된 기간의 비용으로 처리된다.

④ 공정별원가계산(process costing)에서 정상공손원가는 관련된 양품(정상제품)의 원가에 가산된다.

⑤ 정상공손원가는 합격품에 배부된다.

7.33 종합원가계산 방법 중 선입선출법에 의하면 다음 물량흐름에서 가공비의 완성품 환산량은 얼마인가? (단, 재료비는 공정 초에 전량 투입되며, 가공비는 공정 전반에 걸쳐 균등하게 발생한다.) [전산세무2급 수정]

• 기초 재공품: 100개 (완성도 50%)	• 당기 완성품: 1,000개
• 당기 착수량: 1,100개	• 기말 재공품: 200개 (완성도 20%)

① 990개 ② 1,090개 ③ 1,000개

④ 1,100개 ⑤ 1,200개

7.34 종합원가계산시 기말재공품의 완성도가 과소평가된 경우에 대한 설명으로 올바른 것은? [전산세무1급 수정]

① 기말재공품의 완성품환산량이 과대계상된다.

② 당기순이익이 과대계상된다.

③ 기말재공품의 원가가 과대계상된다.

④ 완성품환산량 단위당 원가가 과대계상된다.

⑤ 매출총이익이 과대계상된다.

7.35 (주)채원은 잉크를 생산하면서 공손품은 제품검사 시점에 파악한다. 제조공정의 물량흐름이 다음과 같을 때, 아래의 설명 중 틀린 것은? [기업회계2급 수정]

- 기초 재공품(30%): 500개
- 완성품: 1,500개
- 당기착수량: 1,500개
- 기말재공품(50%): 400개

① 공손품 수량은 100개이다.
② 공손품이 모두 비정상공손이라면 해당 원가는 영업외비용으로 처리한다.
③ 공손품이 모두 정상공손이면 검사시점에 상관없이 해당 원가는 완성품에만 배분한다.
④ 정상공손품의 기준을 완성품의 5%라고 가정한다면 정상공손수량은 75개이다.
⑤ 정상공손품의 기준을 완성품의 4%라고 가정한다면 비정상공손수량은 40개이다.

7.36 종합원가계산에서 평균법에 의한 경우와 선입선출법에 의한 경우 완성품환산량 단위당 원가가 동일하게 산출되는 경우는 언제인가? [기업회계2급 수정]

① 기초재공품이 없는 경우
② 기말재공품이 없는 경우
③ 기초재공품과 기말재공품의 완성도가 동일한 경우
④ 기초재공품에 포함된 원가와 당기발생원가가 동일한 경우
⑤ 기초재공품에 포함된 원가와 기말재공품의 원가가 동일한 경우

7.37 다음 자료를 활용하여 선입선출법에 의한 당기 완성품원가를 계산하면 얼마인가? [기업회계2급 수정]

- 당기착수량: 20,000단위
- 당기투입원가(재료비: ₩400,000, 가공비: ₩1,000,000)
- 기초재공품: 10,000단위(완성도 20%)
- 기초재공품원가(재료비: ₩300,000, 가공비: ₩200,000)
- 기말재공품: 5,000단위(완성도 40%)
- 재료비는 공정 초에 전량 투입되고, 가공비는 공정 전반에 걸쳐 균등하게 발생한다.

① ₩1,600,000
② ₩1,680,000
③ ₩1,720,000
④ ₩1,780,000
⑤ ₩1,820,000

7.38 (주)서하는 종합원가계산제도를 적용하고 있다. 공손품은 제품을 검사하는 시점에서 파악된다. 정상공손은 검사를 통과한 합격품의 10%이다. 검사시점이 20%와 100%인 경우 비정상공손수량은 각각 몇 개인가? [기업회계2급 수정]

- 기초재공품(완성도 40%): 500개
- 당기착수량: 4,500개
- 당기제품생산량: 3,050개
- 기말재공품(완성도 70%): 1,500개

	20%	100%		20%	100%
①	405개	305개	②	250개	450개
③	45개	145개	④	450개	250개
⑤	350개	250개			

7.39 종합원가계산시 재료비는 공정 20%시점에 전량 투입되고, 가공비는 공정 전반에 균등하게 투입된다. 공정이 60%가 진행된 기말재공품의 완성품환산량에 대한 설명으로 맞는 것은? [기업회계2급 수정]

① 완성품환산량 계산시 재료비는 20% 투입된 것으로 본다.
② 완성품환산량 계산시 가공비는 20% 투입된 것으로 본다.
③ 완성품환산량 계산시 재료비는 100% 투입된 것으로 본다.
④ 완성품환산량 계산시 가공비는 80% 투입된 것으로 본다.
⑤ 완성품환산량 계산시 가공비는 100% 투입된 것으로 본다.

7.40 (주)보석은 종합원가계산을 채택하고 있다. 기말재공품에 대한 완성도가 실제보다 과대평가 되어 있다면 이 오류가 각 항목에 끼치는 영향으로 옳은 것은? [기업회계 1급 수정]

	완성품환산량	완성품환산량 단위당 원가	완성품 원가	기말재공품 원가
①	과소평가	과대평가	과대평가	과대평가
②	과대평가	과대평가	과소평가	과소평가
③	과소평가	과소평가	과대평가	과소평가
④	과대평가	과소평가	과소평가	과대평가
⑤	과대평가	과소평가	과대평가	과대평가

7.41 당사는 선입선출법으로 종합원가계산을 하고 있다. 다음 자료에 따라 계산하는 경우 기말 재공품의 원가는 얼마인가? [전산회계1급 수정]

- 완성품환산량 단위당 재료비: ₩350
- 완성품환산량 단위당 가공비: ₩200
- 기말재공품 수량: 300개(재료비는 공정 초기에 모두 투입되고, 가공비는 80%를 투입)

① ₩132,000 ② ₩153,000
③ ₩144,000 ④ ₩165,000
⑤ ₩175,000

7.42 종합원가계산에 관한 다음 설명 중 가장 옳은 것은? [전산회계1급 수정]

① 항공기 제조와 같은 주문제작 업종에 적합하다.
② 다품종 소량생산에 유용하다.
③ 제조공정별로 원가를 집계한다.
④ 작업원가표에 의해 원가를 집계한다.
⑤ 제조간접원가의 배부가 중요하다.

7.43 다음의 자료에 의하여 종합원가계산에 의한 가공비의 완성품환산량을 계산하면 얼마인가? (단, 가공비는 가공 과정 동안 균등하게 발생한다고 가정한다) [전산세무2급 수정]

- 기초 재공품: 200개(완성도 30%)
- 당기 착수량: 800개
- 당기 완성량: 600개
- 기말 재공품: 400개(완성도 70%)

	평균법	선입선출법
①	880개	820개
②	800개	820개
③	880개	800개
④	820개	820개
⑤	820개	800개

7.44 다음 자료를 참고하여 (주)세무의 가공원가의 완성품 환산량을 구하면 얼마인가?

[전산세무1급 수정]

- (주)세무는 선입선출법에 의한 종합원가제도를 채택하고 있다.
- 직접재료는 공정 초기에 전액 투입된다.
- 가공원가는 공정 전반에 균등하게 투입된다.
- 공손은 없는 것으로 가정한다.
- 기초재공품은 200단위이며 완성도는 20%이다.
- 기말재공품은 220단위이며 완성도는 70%이다.
- 당기착수량은 880단위, 완성품수량은 860단위이다.

① 974단위　② 1,174단위　③ 744단위
④ 860단위　⑤ 1,014단위

Ⅲ. 주관식

7.1 종합원가계산을 이용하는 기업의 가공비 완성품환산량을 계산하면 얼마인가?

기초재공품: 2,000개(완성도 30%)　당기착수량: 8,000개
당기완성품: 7,000개　기말재공품: 3,000개(완성도 30%)
재료는 공정 초에 전량 투입되고, 가공비는 공정 전반에 걸쳐 균등하게 투입된다.
원가흐름에 대한 가정으로 선입선출법을 사용하고 있다.

7.2 평균법에 의한 가공비의 완성품환산량을 계산하면 얼마인가?

기초재공품: 10,000단위(완성도 60%)　기말재공품: 20,000단위 (완성도: 50%)
착 수 량: 30,000단위　완성품수량: 20,000단위
원재료는 공정 초에 전량 투입되고, 가공비는 공정 전반에 걸쳐 균등하게 발생한다.

7.3 (주)안산은 종합원가계산제도를 채택하고 있다. 5월 중 80,000단위를 제조과정에 투입하여 83,000단위를 완성시켰으며, 기초재공품과 기말재공품은 각각 5,000단위, 2,000단위이다. 재료비 완성도는 기초재공품 60%, 기말재공품 80%, 가공비 완성도는 기초재공품 80%, 기말재공품 50%이다. 재료비와 가공비는 공정 전반에 걸쳐 균일하게 소비된다.

물음 1) 평균법을 이용하여 물량흐름과 완성품 환산량을 계산하면 얼마인가?
2) 선입선출법을 이용하여 물량흐름과 완성품 환산량을 계산하면 얼마인가?

7.4 (주)경기는 종합원가계산제도를 채택하고 있다. 재료는 제조착수시에 80%가 투입되며, 나머지는 공정 전반에 걸쳐 균일하게 투입된다. 가공비는 공정 전반에 걸쳐 균일하게 소비된다. 5월 한 달 동안의 물량흐름과 가공비의 완성도는 다음과 같다.

5월 1일 재공품: 5,000 단위(70% 완성)
5월 중 완성량: 80,000 단위(100% 완성)
5월 31일 재공품: 10,000 단위(60% 완성)

물음 1) 평균법을 이용하여 직접재료비와 가공비의 환산량을 계산하면 얼마인가?
2) 선입선출법을 이용하여 직접재료비와 가공비의 환산량을 계산하면 얼마인가?

7.5 현대(주)는 선입선출법을 이용하여 공정별 종합원가계산을 실시한다. 원재료는 1공정 개시 시점에서 전량 투입된다. 다음 자료를 이용하여 1공정의 재료비와 가공비의 완성품환산량을 계산하면? [1995년 공인회계사]

기초재공품수량	300개 (30%)
착 수 량	2,500개
2공정 대체량	2,300개
기말재공품수량	500개 (40%)

7.6 (주)태희는 실제종합원가계산제도를 채택하고 있다. 원재료는 공정 초에 전량 투입되고 가공비는 공정 전반에 걸쳐 균등하게 발생한다.

	물량흐름	재료비	가공비
기초재공품	1,000개(40%)	₩10,000	₩12,000
당기투입량	9,000개	₩70,000	₩78,000
기말재공품	2,000개(50%)		

물음 1) 평균법을 이용하여 완성품 제조원가와 기말재공품 원가를 계산하시오.
2) 선입선출법을 이용하여 완성품 제조원가와 기말재공품 원가를 계산하시오.

7.7 (주)순종은 복합기를 제조해 판매하는 회사로서 종합원가계산 시스템을 채택하고 있으며, 원가계산과 관련된 자료는 다음과 같다. 재료는 제조 착수시에 투입되고 가공비는 공정 전반에 걸쳐 투입된다.

기초재공품 수량	: 1,000단위 (가공비 50%)
기초재공품 원가	: 직접재료비 ₩18,000 가공비 ₩12,000
당기 투입원가	: 직접재료비 ₩150,000 가공비 ₩200,000
당기 완성품 수량	: 50,000단위
기말재공품 수량	: 6,000단위 (가공비 50%)

물음 1) 평균법을 이용하여 완성품 제조원가와 기말재공품 원가를 계산하시오.
2) 선입선출법을 이용하여 완성품 제조원가와 기말재공품 원가를 계산하시오.

7.8 (주)태희는 종합원가계산제도를 채택하고 있다. 재료는 제조 착수시 투입되며, 가공비는 공정 전반에 걸쳐 균일하게 투입된다. 5월의 원가계산 관련 자료는 다음과 같다.

기초재공품 수량	: 5,000단위 (직접재료비 100%, 가공비 60%)
기초재공품 원가	: 직접재료비 ₩50,000 가공비 ₩30,000
당기 투입 수량	: 95,000단위
당기 투입원가	: 직접재료비 ₩1,045,000 가공비 ₩1,248,000
기말재공품 수량	: 2,000단위 (직접재료비 100%, 가공비 50%)

물음 1) 선입선출법을 이용하여 기말재공품 원가를 구하시오.
2) 선입선출법을 평균법으로 전환한 후의 환산량을 구하시오.

7.9 (주)우주는 화학약품을 생산하고 있으며, 재공품의 평가방법으로 평균법을 적용하고 있다. 5월의 생산과 관련된 자료는 다음과 같다.

기초재공품 수량	: 500단위 (가공비 60%)	기초재공품 원가	: 가공비 ₩30,000
당기 투입원가	: 가공비 ₩220,000	당기 완성 수량	: 2,000단위
기말재공품 수량	: 1,000단위 (가공비 ?%)	기말재공품 원가	: 가공비 ₩50,000

물음 1) 기말재공품의 가공비 완성도는 몇%인가?

7.10 다음은 (주)서울의 제1공정에 관한 자료이다. 원재료는 공정 초에 모두 투입되며, 가공비는 전체공정에 걸쳐 균등하게 발생한다. 제1공정에서는 선입선출법을 적용하여 제품원가를 계산하고 있다. [1997년 공인회계사]

(1) 생산자료

	물량단위	가공비 완성도
기초 재공품	10,000	80%
기말 재공품	20,000	40%
당기투입	100,000	
완성품	90,000	

(2) 원가자료

	직접재료원가	가공비	합계
기초 재공품	₩315,000	₩138,800	₩453,800
당기투입	₩1,500,000	₩900,000	₩2,400,000

물음 1) 제1공정의 완성품환산량과 환산량 단위당 원가를 계산하시오.

2) 제1공정의 완성품원가와 기말 재공품원가를 계산하시오.

제 8 장

결합원가계산

학습 목표

흔히 하나의 제조프로세스에서 한 가지 제품만을 생산하는 것으로 알고 있으나, 동일한 생산 공정에서 동일한 원재료를 투입하여 2종류 이상의 제품을 생산하는 경우도 허다하다. 이를테면, 정유업이나 정육업이 이에 속한다. 본 장에서는 이와 같은 제품들에 대한 원가계산 문제에 관한 내용을 다룬다. 이에 따라 학습목표는 다음과 같이 설정한다.

1. 결합 생산프로세스의 본질은 무엇인가?
2. 결합제품, 주산품, 부산물, 작업폐물이란 무엇인가?
3. 다양한 결합제품의 원가계산은 어떠한 방법으로 할 수 있는가?
4. 결합제품과 관련된 의사결정은 어떻게 해야 하는가?

제1절 기본개념

동일한 종류의 원재료를 투입하여 동일한 공정에서 2종류 이상의 제품을 생산하는 경우에 이들 제품을 총칭하여 연산품(joint products) 또는 결합제품이라 한다. 예를 들면, 정유회사에서는 동일한 원료인 원유로부터 휘발유, 등유, 경유, 나프타 등을 생산한다. 이러한 제품들은 일정한 생산단계에 도달할 때까지는 각 제품별로 구분할 수 없으며, 특정단계 이후에야 비로소 개별제품으로 식별된다. 따라서 각 제품이 개별적으로 식별 가능한 시점에 이를 때까지 발생한 제조원가를 개별제품에 합리적으로 배부해야 한다.

산업	원료	연산품
석유산업	원유	휘발유, 등유, 경유
정육업	돼지	고기, 베이컨, 햄, 기름, 소시지
낙농업	우유	치즈, 버터, 생크림
화학공업	나프타	에틸렌, 부틸렌, 프로필렌

동일공정으로부터 산출되는 결합제품은 각 제품의 판매가치에 따라, 이를 크게 주산품(main products), 부산물(by-products), 작업폐물(scrap)로 나눈다.

주산품이란 결합제품 중 판매가치가 상대적으로 중요한 제품을 말한다. 반면에, 부산물이란 주산품의 제조과정에서 부수적으로 생산되는 제품으로 판매가치가 상대적으로 낮은 제품이다. 작업폐물은 생산에 투입된 원재료의 찌꺼기나 조각을 의미하는 것으로 판매가치가 거의 없거나 판매비용이 판매가치보다 커서 일반적으로 순실현가능액이 음(−)인 경우의 제품이다.

결합제품이 일정한 생산단계에 도달하여 개별제품으로 식별될 수 있는 시점을 분리점(split-off point)이라고 한다. 결합원가(joint cost)란 분리점에 도달하기까지 결합제품을 생산하는 과정에서 발생한 제조원가를 말한다. 분리점에서 분리된 각 개별제품은 그 단계에서 중간제품으로 판매할 수도 있고, 추가가공을 거친 후에 완제품으로 판매할 수도 있다. 이렇게 분리점 이후에 발생하는 원가를 분리가능원가(separable costs) 또는 추가가공원가(additional processing costs)라고 한다.

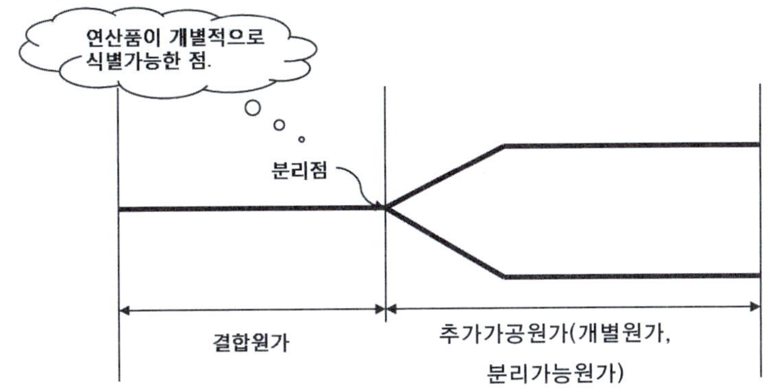

정유회사의 경우 원유를 처리하는데 소요되는 원가가 결합원가이고, 원유가 휘발유, 등유, 경유, 나프타 등으로 식별되는 시점이 분리점이다. 분리점에서 경유, 등유는 즉시 판매될 수 있으나, 휘발유는 추가가공을 해야만 판매할 수 있다면, 이때 휘발유의 추가가공에 소요되는 원가가 분리가능원가 또는 추가가공원가이다.

제2절 결합원가의 배부

결합원가를 결합제품에 배부하는 방법에는 순실현가치법, 판매가치법, 물량 기준법, 균등매출총이익률법이 있다.

1 분리점에서 판매가능

1) 물량기준법

물리적 측정치법(physical measure method)이라고도 불리는 물량기준법은 분리점에서 개별제품의 수량, 중량, 부피, 면적 등과 같은 물리적 단위를 기준으로 하여 결합원가를 배부하는 방법이다. 물량기준법은 제품의 가격이 매우 유동적이거나 알려져 있지 않을 때, 또는 분리점과 최초의 판매가능시점 사이에 많은 공정이 있을 때 주로 사용된다.

예제

GS칼텍스는 10,000*l*의 원유를 가공하여 등유와 경유를 생산하는데 2020년 3월에 발생한 생산수량, 판매가격, 제조원가 자료는 다음과 같다.

패널 A

제품명	생산량	*l*당 판매가격
등유	6,000*l*	₩50
경유	4,000*l*	550
합계	10,000*l*	₩600

패널 B

항목	금액
직접재료원가	₩300,000
직접노무원가	200,000
제조간접원가	150,000
합계	₩650,000

물음

GS칼텍스는 제품의 생산량을 기준으로 결합원가를 배부할 경우 등유와 경유제품에 배부될 결합원가 배부액은 얼마인가?

풀이

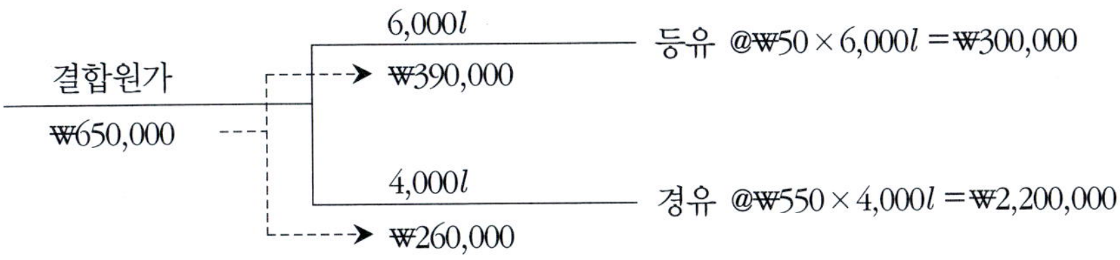

* 결합원가 배부액

$$등유 = ₩650,000 \times \frac{6,000l}{10,000l} = ₩390,000$$

$$경유 = ₩650,000 \times \frac{4,000l}{10,000l} = ₩260,000$$

물량기준법은 다음과 같은 문제점을 지닌다. 첫째, 개별제품들의 물리적 기준과 판매가치 사이에 밀접한 관계가 존재하지 않는 경우에 물량기준법을 사용하게 되면, 다음 표와 같이 개별제품의 수익에 대해 잘못된 정보를 제공한다. 따라서 물량기준법은 물량과 판매가치 간에 양(+)의 상관관계가 확인되었을 때 이용해야 한다.

GS칼텍스는 3월에 생산된 제품을 모두 판매하였다고 가정하고 물량기준법을 이용하여 결합원가를 배부한 후 부분포괄손익계산서는 다음과 같다.

등유의 가격은 l당 ₩50, 경유의 가격은 l당 ₩550으로 11배의 차이가 나지만 원가는 l당 ₩65으로 동일하게 배부함으로써 등유의 수익성이 너무 낮게 계산되는 결과를 보이고 있다.

항목	등유	경유	합계
매출액①	₩300,000	₩2,200,000	₩2,500,000
매출원가②	390,000	260,000	650,000
매출총이익③=①−②	(₩90,000)	₩1,940,000	₩1,850,000
매출총이익률④=③÷①	(30.00%)	88.18%	74.00%

둘째, 단일의 측정기준이 없는 경우에는 물량기준법을 적용하기가 곤란하다. 즉, 결합제품의 물리적 형태가 상이한 경우(예: 고체, 액체, 기체) 물리적 측정단위(예: kg, l, m^3)도 각기 상이하므로 공통척도인 원가배부기준을 결정할 수 없게 된다.

2) 분리점에서의 상대적 판매가치법

분리점에서의 상대적 판매가치를 기준으로 하여 결합원가를 배부하는 방법을 상대적 판매가치법(relative sales value method)이라 한다.

예제

GS칼텍스는 10,000*l*의 원유를 가공하여 등유와 경유를 생산하는데 2020년 3월에 발생한 생산수량, 판매가격, 제조원가 자료는 다음과 같다.

패널 A

제품명	생산량	*l*당 판매가격
등유	6,000*l*	₩50
경유	4,000*l*	550
합계	10,000*l*	₩600

패널 B

항목	금액
직접재료원가	₩300,000
직접노무원가	200,000
제조간접원가	150,000
합계	₩650,000

물음

GS칼텍스는 분리점에서의 상대적 판매가치를 기준으로 결합원가를 배부할 경우 등유와 경유 제품에 배부될 결합원가 배부액은 얼마인가?

풀이

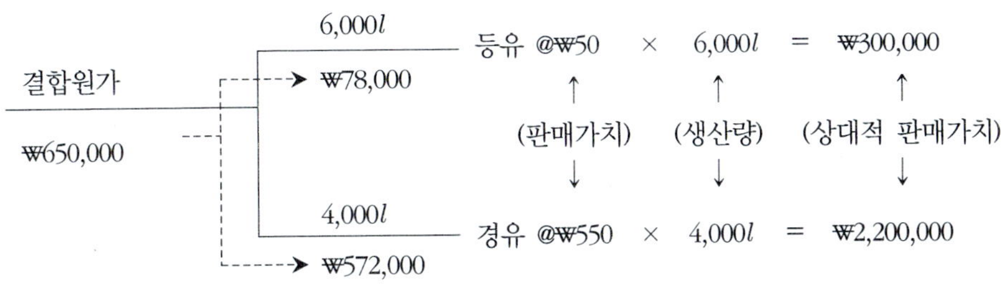

* 상대적 판매가치
  등유의 상대적 판매가치 = @₩50 × 6,000l = ₩300,000
  경유의 상대적 판매가치 = @₩550 × 4,000l = ₩2,200,000

* 결합원가 배부액

$$\text{등유} = ₩650{,}000 \times \frac{₩300{,}000}{₩2{,}500{,}000} = ₩78{,}000$$

$$\text{경유} = ₩650{,}000 \times \frac{₩2{,}200{,}000}{₩2{,}500{,}000} = ₩572{,}000$$

상대적 판매가치법은 판매가치가 높은 제품에는 많은 원가를 배부하고 판매가치가 낮은 제품에는 적은 원가를 배부하여 수익과 비용이 적절히 대응될 수 있도록 하는 논리로 원가를 배부하는 방법이다.

상대적 판매가치법을 사용하기 위해서는 분리점에서 개별제품의 판매가치를 신뢰성 있게 측정할 수 있어야 하는데, 분리점에서 개별제품을 판매할 수 있다면 판매가치의 측정이 용이하기 때문에 상대적 판매가치법을 이용하여 결합원가를 배부하기 쉽게 된다.

GS칼텍스는 3월에 생산된 제품을 모두 판매하였다고 가정하고 상대적 판매가치법을 이용하여 결합원가를 배부한 후, 부분포괄손익계산서를 작성하면 다음과 같다.

항목	등유	경유	합계
매출액①	₩300,000	₩2,200,000	₩2,500,000
매출원가②	78,000	572,000	650,000
매출총이익③=①−②	₩222,000	₩1,628,000	₩1,850,000
매출총이익률④=③÷①	74.00%	74.00%	74.00%

물량기준법과 달리 두 제품 모두가 이익을 보이고 있어 각 제품의 수익성에 대한 잘못된 추정을 피할 수 있게 해준다.

상대적 판매가치법은 결합원가배부액과 분리점에서의 판매가치비율이 개별제품들에 대하여 동일하다는 것으로서, 이 방법에 따라 결합원가를 배부하면 개별제품의 원가가 수익을 창출하는데 동일한 공헌을 하는 것으로 나타나게 된다. 그러나 상대적 판매가치법은 판매가치비율에 의해 원가를 배부하는 것이므로 가격결정을 위한 원가계산에는 부적합한 방법이라 할 수 있다.

2 분리점에서 추가가공 후 판매가능

1) 순실현가치법

순실현가치법(net realizable value method)는 추정순실현가치의 상대적인 비율을 기준으로 결합원가를 배부하는 방법이다. 순실현가치는 개별제품의 예측된 최종판매가치에서 생산과 판매에 관련하여 예측된 분리원가를 차감한 금액을 말한다.

순실현가치＝예상판매가격－(예상분리원가＋예상판매비용)

분리점에서 개별제품의 판매가치를 알 수 있는 경우에는 상대적 판매가치법을 적용하여 결합원가를 배부할 수 있지만, 분리점에서의 판매가치를 알 수 없는 경우에는 개별제품의 예측된 최종판매가치에서 생산과 판매에 관련하여 예측된 분리원가를 차감한 순실현가치를 배부기준으로 사용한다.

예제

GS칼텍스는 등유의 경우 분리점에서 *l*당 ₩50에 판매될 수 있지만 경유는 판매시장이 존재하지 않는다. 따라서 경유는 추가가공하여 단위당 ₩600에 판매하려고 한다. 중간재 경유 4,000*l*를 추가가공하는데 직접노무원가 ₩200,000과 제조간접원가 ₩100,000이 소요된다.

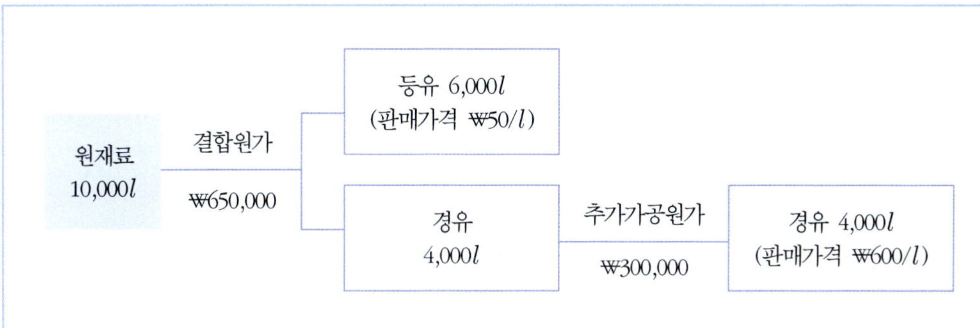

물음

GS칼텍스는 순실현가치를 기준으로 결합원가를 배부할 경우 등유와 경유제품에 배부될 결합원가 배부액은 얼마인가?

풀이

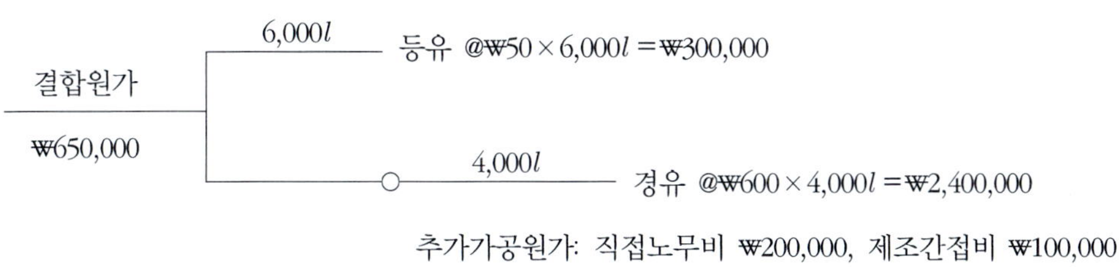

* 순실현가치
  등유의 순실현가치 = ₩300,000 − ₩0 = ₩300,000
  경유의 순실현가치 = ₩2,400,000 − ₩300,000 = ₩2,100,000

* 결합원가 배부액

$$등유 = ₩650,000 \times \frac{₩300,000}{₩2,400,000} = ₩81,250$$

$$경유 = ₩650,000 \times \frac{₩2,100,000}{₩2,400,000} = ₩568,750$$

GS칼텍스는 3월에 생산된 제품을 모두 판매하였다고 가정하고 순실현가치법을 이용하여 결합원가를 배부한 후, 다음의 부분포괄손익계산서를 작성하였다.

항목	등유	경유	합계
매출액①	300,000	2,400,000	2,700,000
매출원가②	81,250	868,750	950,000
매출총이익③=①-②	218,750	1,531,250	1,750,000
매출총이익률④=③÷①	72.92%	63.80%	64.81%

분리점 이전에 상대적 판매가치법을 이용하여 결합원가를 배부하면 매출총이익률이 동일하지만, 분리점 이후에 순실현가치법을 이용하여 결합원가를 배부하면 각 제품의 매출액총이익률이 상이하게 된다.

I. 평가자 체크리스트

※ 다음 서술이 옳으면 T, 옳지 않으면 F를 기재하시오.

8.1 연산품이란 동일한 종류의 원재료를 투입하여 동일한 공정에서 2종류 이상의 제품을 생산하는 경우를 말한다.

8.2 분리점이란 결합제품이 일정한 생산단계에 도달하여 개별제품으로 식별될 수 있는 시점을 말한다.

8.3 상대적 판매가치법에서 분리점의 판매가치를 계산할 때에는 생산량이 아닌 판매량을 이용한다.

8.4 물량기준법은 제품의 판매가격을 알 수 없을 때 유용하게 사용될 수 있다.

8.5 분리점에서의 판매가치를 알 수 없는 경우에는 상대적 판매가치법을 사용할 수 있다.

8.6 결합제품은 각 제품의 판매가치에 따라 주산품, 부산물, 작업폐물로 나눈다.

8.7 분리점 이후에 발생하는 원가를 분리가능원가 또는 추가가능원가라고 한다.

8.8 분리점은 미완성이라도 개별 제품을 인식할 수 있는 제조공정에 있는 점이다.

8.9 연산품원가계산시 결합원가를 개별제품에 배분하는 방법으로 물량기준법, 상대적 판매가치법, 순실현가치법, 균등이익률법을 일반적으로 적용한다. 기초 및 기말재고자산이 없다고 가정할 경우 각 방법 적용시 결합원가 총액이 모두 매출원가로 비용처리되므로 회사의 당기순이익은 4가지 방법 모두 같다.

8.10 결합원가의 배분은 경영자에게 연산품 또는 주산품을 분리점에서 판매할 것인지 아니면 추가 가공할 것인지를 결정하는 데 도움을 준다.

Ⅱ. 객관식

8.1 결합원가는 무엇으로 구성되는가?

① 직접재료비 ② 기본원가 ③ 제조원가
④ 전환원가 ⑤ 판매관리비

8.2 연산품 A와 B는 분리시점에서 순실현가치에 의해 결합원가가 배분된다. 이때 연산품 B의 판매가격이 하락하였을 때 나타나는 영향으로 옳은 것은? [전산세무1급 수정]

① A품목의 판매수량이 증가한다.
② B품목의 판매수량이 증가한다.
③ A품목의 결합원가 배분액이 증가한다.
④ B품목의 결합원가 배분액이 증가한다.
⑤ 정답없음

8.3 상대적 판매가치법에 의한 결합원가 배분시 연산품 A, B의 단위당 원가는 얼마인가? 단, 연산품의 결합원가는 ₩200,000이다. [2002년 공무원 수정]

제품	생산량	판매단가
A	200개	₩1,000
B	400	500

	A	B		A	B
①	₩300	₩450	②	₩350	₩350
③	₩400	₩300	④	₩500	₩250
⑤	₩500	₩450			

8.4 (주)알피는 나노바이오 원재료를 가공하여 컵과 쟁반을 생산한다. 컵과 쟁반은 추가 가공되며 결합원가는 ₩93,000이다. 결합원가는 순실현가능가치를 기준으로 배분할 때 컵과 쟁반의 제품원가는 얼마인가? (단, 10원 미만은 반올림 하시오.) [기업회계2급 수정]

제품	생산량	단위당 추가가공원가	단위당 최종판매가격
컵	10,000단위	₩2	₩4
쟁반	5,000단위	₩2	₩10

	컵	쟁반		컵	쟁반
①	₩31,000	₩62,000	②	₩31,000	₩72,000
③	₩51,000	₩62,000	④	₩51,000	₩72,000
⑤	₩51,000	₩75,000			

8.5 (주)세무는 X제품과 Y제품을 생산하여 판매하고 있다. 이 제품들은 결합생산되며 6월 중에 판매가 이루어진다. 다음의 6월 생산 및 판매자료를 이용하여 기말재고액을 계산하면 얼마인가? X제품과 Y제품은 모두 분리점 이후 추가가공을 거친 후에 판매가 이루어지며 결합원가는 ₩250,000이다. 단, 기초재고자산은 없으며 결합원가는 순실현가치법에 의하여 배분한다. [기업회계 1급 수정]

	X제품	Y제품	합계
단위당 판매가격	₩1,200	₩2,000	
단위당 판매비	₩200	₩300	
추가가공원가	₩120,000	₩220,000	₩340,000
생산량	300개	200개	500개
판매량	210개	150개	360개

① ₩81,000　② ₩161,000　③ ₩180,000
④ ₩270,000　⑤ ₩300,000

8.6 순실현가능가치에 의한 다음 '갑'과 '을' 제품의 결합원가 배부액은? [기업회계2급 수정]

> '갑'제품의 단위당 판매가격 ₩1,000
> '갑'제품의 판매를 위한 단위당 추가가공비 ₩200
> '갑'제품의 생산량 100단위
> '을'제품의 단위당 판매가격 ₩800
> '을'제품의 판매를 위한 단위당 추가가공비 ₩100
> '을'제품의 생산량 80단위
> 결합원가 ₩4,080,000

	갑	을		갑	을
①	₩2,200,000	₩1,880,000	②	₩2,400,000	₩1,680,000
③	₩2,600,000	₩1,480,000	④	₩2,800,000	₩1,280,000
⑤	₩2,800,000	₩1,880,000			

8.7 (주)세무는 X제품과 Y제품으로 구성된 두 개의 연산품을 생산하고 있다. 5월의 결합원가는 ₩500,000이다. 분리점 이후 제품을 판매가능한 형태로 전환하는데 필요한 가공비는 X제품이 월생산량 200개에 대하여 ₩200,000이고, Y제품은 240개에 대하여 ₩360,000이다. X제품과 Y제품의 단위당 판매가격은 각각 ₩3,000과 ₩4,000이다. 순실현가능가치를 기준으로 결합원가를 배분할 경우 Y제품에 배분될 금액은 얼마인가?

[기업회계 1급 수정]

① ₩200,000　② ₩300,000　③ ₩400,000
④ ₩500,000　⑤ ₩600,000

8.8 다음 자료에 의하여 순실현가능가액에 의한 연산품의 제품별 결합원가 배분액을 구하시오. [기업회계2급 수정]

- 결합원가: ₩23,000,000
- 생산량: '갑' 제품 7,000개, '을' 제품 3,000개
- 추가가공전 단위당 매출가격: '갑' 제품 ₩1,300, '을' 제품 ₩700
- '을' 제품의 추가가공에 의한 단위당 매출가격: ₩900
- '을' 제품의 추가가공판매를 위한 단위당 추가가공비: ₩100

	갑	을		갑	을
①	₩17,968,644	₩5,331,356	②	₩16,100,000	₩6,900,000
③	₩18,200,000	₩4,800,000	④	₩17,737,288	₩5,262,712
⑤	₩17,737,288	₩6,900,000			

8.9 (주)청솔은 동일공정에서 3가지 제품 A, B, C를 생산하고 있다. 결합원가는 분리점에서의 상대적 판매가치를 기준으로 배분하고 있다. 이와 관련된 자료는 다음과 같다.

	A	B	C	합 계
생산량	?		50	250개
결합원가	₩24,000			₩60,000
분리점의 판매가치	?	₩42,000		₩120,000

분리점 이후 C제품 50개에 대하여 총 ₩8,000을 추가로 투입하여 최종 제품으로 완성한 다음 단위당 ₩700에 판매하는 경우 C제품의 매출총이익은 얼마인가? [기업회계 1급 수정]

① ₩12,000　② ₩13,000　③ ₩14,000
④ ₩15,000　⑤ ₩20,000

8.10 다음 자료에 의하여 순실현가능가액에 의한 결합원가의 제품별 배분비율은?

[기업회계2급 수정]

	'갑' 제품	'을' 제품
생산량	200개	50개
단위당 판매가격	₩750	₩250
단위당 추가가공비	₩500	₩50

① 4 : 1
② 5 : 1
③ 6 : 1
④ 7 : 1
⑤ 8 : 1

8.11 (주)우리는 결합공정을 통하여 갑제품과 을제품을 제조하고 있다. 분리시점에서의 판매가치는 갑제품 10,000개에 대하여 ₩1,400,000이고, 을제품 15,000개에 대하여 ₩600,000이다. 분리시점에 판매가치에 의해서 결합원가를 배분한다면 갑제품에 대한 배부액은 ₩280,000이 될 것이다. 총 결합원가는 얼마인가?

[기업회계 1급 수정]

① ₩700,000
② ₩600,000
③ ₩400,000
④ ₩200,000
⑤ ₩100,000

8.12 크린정유(주)의 정유공정 A에서는 휘발유를 생산하고 있다. 이 휘발유가 추가공정 B를 거치면 유연휘발유로 판매되고 추가공정 C를 거치면 무연휘발유로 생산 판매된다. 2월 중 정유공정 A의 제조원가는 ₩1,000,000이다. 추가공정 B의 제조원가는 ₩40,000이고, 추가공정 C의 제조원가는 ₩160,000이다. 2월 중에 유연휘발유는 8,000리터를 생산하여 리터당 ₩95으로 판매되었다. 무연휘발유는 12,000리터를 생산하여 리터당 ₩120으로 판매되었다. 순실현가치법(net realizable value method)에 의한 유연휘발유의 제조원가는 얼마인가?

[1999년 공인회계사]

① ₩400,000
② ₩333,333
③ ₩360,000
④ ₩640,000
⑤ ₩800,000

8.13 다음 자료를 이용하여 물음에 답하시오. 결합원가는 순실현가치법에 의해 배분한다. 그리고 A와 B 모두 추가가공하여 판매하기로 하였다. B 제품을 추가 가공하여 판매시 계상해야 할 이익은? [1995년 공인회계사]

	A	B	합계
단위	10,000개	8,000개	18,000개
결합원가	?	?	₩70,000
분리점에서의 판매가격	×	₩60,000	
추가가공비	₩40,000	₩30,000	
추가가공 후 판매가격	₩60,000	₩90,000	

① ₩0 ② ₩7,500 ③ ₩10,000
④ ₩11,000 ⑤ ₩28,889

8.14 제주초콜릿회사는 코코아를 가공하여 두 종류의 중간제품인 분말초콜릿원액과 밀크초콜릿원액을 생산한다. 20×8년 1월 중에 1000리터의 코코아를 가공하여 분말초콜릿원액 400리터와 밀크초콜릿원액 500리터를 얻었다. 결합원가는 ₩3,600,000이다. 분말초콜릿원액 400리터는 추가가공되어 분말초콜릿 400kg이 생산되어 판매되었고, 밀크초콜릿원액 500리터가 추가가공되어 밀크초콜릿 600kg이 생산되어 판매되었다. 분말초콜릿의 추가가공원가는 ₩400,000, 밀크초콜릿의 추가가공원가는 ₩600,000이다. 제품의 판매가격은 다음과 같다.

분말초콜릿원액: ₩2,500/리터	분말초콜릿: ₩3,000/kg
밀크초콜릿원액: ₩4,000/리터	밀크초콜릿: ₩5,000/kg

분리점에서의 상대적 판매가치법을 사용할 때 분말초콜릿원액에 배분되는 결합원가는 얼마인가? [1994년 세무사]

① ₩1,080,000 ② ₩1,200,000 ③ ₩2,400,000
④ ₩2,520,000 ⑤ ₩3,200,00

8.15 (주)제주는 원재료 A 100kg을 가공하여 P 20kg과 K 80kg을 생산하고 있다. P와 K는 시장가치가 존재하지 않아 추가로 가공하여 각각 PP 20kg과 KK 80kg을 생산하여 판매하고 있다. 원재료 A의 가공과 관련하여 재료비 ₩10,000과 가공비 ₩20,000이 발생하였으며, 중간제품 P와 K의 가공에는 각각 ₩40,000, ₩60,000의 원가가 발생하였다. 최종제품 PP와 KK의 판매가격은 단위당 각각 ₩10,000, ₩5,000이다. 원재료 A의 가공과 관련된 총원가 ₩30,000 은 P와 K에 어떻게 배분되어야 하는가?

[1995년 세무사]

	P	K		P	K
①	₩6,000	₩24,000	②	₩9,600	₩20,400
③	₩10,000	₩20,000	④	₩12,000	₩18,000
⑤	₩18,000	₩12,000			

8.16 은평(주)는 결합제조공정에서 A와 B제품을 생산하고 있다. 은평(주)는 A제품 5,000개와 B제품 4,000개를 생산하였으며, 분리시점에서 단위당 판매가치는 A제품은 ₩1,600 B제품은 ₩1,000이다. 순실현가치법에 따라 A제품에 배부되는 결합원가가 ₩2,400,000이었다면 총 결합원가는 얼마인가? [1998년 세무사]

① ₩3,600,000　② ₩6,000,000
③ ₩4,000,000　④ ₩3,200,000
⑤ ₩4,200,000

8.17 (주)한강은 동일 공정에서 3가지 제품 A, B, C를 생산하고 있다. 결합원가는 분리점에서의 상대적 판매가치를 기준으로 배분하고 있다. 이와 관련된 자료는 다음과 같다.

	A	B	C	합계
생산량	?	?	400	2,000개
결합원가	180,000	?	?	₩360,000
분리점의 판매가치	?	280,000	?	₩800,000

분리점 이후에 C제품 400개에 대하여 총 ₩14,000을 추가로 투입하여 최종제품으로 완성한 다음 단위당 ₩500에 판매하는 경우 C제품의 매출총이익은? [2002년 공인회계사]

① ₩118,000　② ₩132,000
③ ₩146,000　④ ₩160,000
⑤ ₩174,000

8.18 (주)백두산화학은 동일한 원재료를 가공하여 두 개의 결합제품 A와 B를 생산한다. 7월 중 A와 B의 생산과정에서 발생한 직접재료원가는 ₩140,000, 가공원가는 ₩180,000이었다. 분리점에서 A의 판매가치는 ₩280,000인 반면, B는 추가가공을 거쳐 C라는 제품으로 전환되어 ₩500,000에 판매된다. 추가공정에서는 ₩80,000의 가공원가가 발생한다. 순실현가치법을 기준으로 결합원가를 배분할 경우 최종판매시점에서 A제품과 C제품의 매출총이익률은 각각 얼마인가? [2005년 공인회계사]

① 25.71%와 38.40%　② 25.71%와 61.60%
③ 45.71%와 61.60%　④ 45.71%와 38.40%
⑤ 54.29%와 45.60%

8.19 (주)결합은 나프탈렌을 원재료로 하여 고급비누와 저급비누 두 종류의 제품을 생산하고 있다. 당사는 결합원가 계산방식으로 순실현가치법을 적용하고 있다. 아래 주어진 자료를 이용하여 고급비누에 배분될 결합원가를 계산하시오. [전산세무1급 수정]

- 결합원가: ₩10,000,000
- 고급비누 순실현가능가치: ₩14,000,000
- 저급비누 순실현가능가치: ₩6,000,000

① ₩3,000,000 ② ₩5,000,000
③ ₩7,000,000 ④ ₩9,000,000
⑤ ₩10,000,000

8.20 결합원가에 대한 설명으로 틀린 것은? [기업회계2급 수정]

① 동일한 원재료에서 출발하여 서로 다른 제품으로 인식되는 시점을 분리점이라 한다.
② 대표적인 예로 정유업이 해당한다.
③ 공동의 재료를 가공하여 동시에 얻는 여러 종류의 제품을 연산품이라 한다.
④ 분리점 이전에 발생한 제조원가를 추가가공원가라 하며, 이는 의사결정과정에 영향을 미친다.
⑤ 결합제품 중 판매가치가 상대적으로 중요한 제품을 주산품이라고 한다.

8.21 (주)채원은 당기에 사업을 개시하여 동일한 공정에 ₩420,000을 투입하여 제품 X, Y를 생산, 판매하고 있다. 관련 자료가 다음과 같을 때, 순실현가치법에 따라 결합원가를 배분할 경우, 제품 X에 배분될 결합원가액은?(소수점 발생시 소수 첫째 자리에서 반올림할 것) [기업회계2급 수정]

	생산량	분리점 판매가치 (개당)	추가가공원가	단위당 판매가격
X	400개	₩3,000	₩400,000	₩8,000
Y	300개	₩4,000	−	₩7,000

① ₩180,000 ② ₩240,000
③ ₩400,000 ④ ₩420,000
⑤ ₩480,000

8.22 연산품 원가계산에 대한 설명 중 틀린 것은? [기업회계2급 수정]

① 순실현가치에 의한 결합원가 배분시 해당 제품의 추가가공비가 클수록 결합원가의 배분은 작아진다.
② 물량기준에 의한 결합원가 배분은 제품별 이익률이 다르게 나타날 수 있다.
③ 연산품 원가계산은 분리점이 되기 전까지 주산물과 부산물을 명확히 구분하기 곤란한 경우에 적용한다.
④ 순실현가치법은 각 제품의 수혜도에 따라 결합원가를 배분하는 방법이다.
⑤ 개별제품으로 식별될 수 있는 시점을 분리점이라고 한다.

8.23 (주)보석은 결합원가 ₩7,500,000을 투입하여 제품A 700개와 제품B 1,500개를 생산하였으며, 제품A와 B의 최종 완성과정에서 ₩1,460,000과 ₩1,000,000의 원가가 추가로 발생하였다. 제품A와 B의 단위당 판매가격은 ₩6,000과 ₩5,500이다. (주)보석이 균등이익률법에 따라 결합원가를 배분한다고 할 때, 제품B에 배분되는 결합원가는? [기업회계 1급 수정]

① ₩5,600,000 ② ₩1,900,000
③ ₩7,500,000 ④ ₩3,360,000
⑤ ₩9,960,000

8.24 (주)세무는 홍삼을 가공하여 건강기능식품원액과 화장품원액 및 비누원액을 생산한 후 추가가공을 거쳐 홍삼엑기스와 화장품 및 미용비누를 생산하고 있다. 세 가지 제품에 공통적으로 투입된 결합원가는 ₩24,000,000이다. 이 경우 순실현가치법에 의할 때 화장품에 배부될 결합원가는 얼마인가? [전산세무1급 수정]

구분	홍삼엑기스	화장품	미용비누
생산수량	2,000개	4,000개	6,000개
최종판매가	₩13,000	₩6,000	₩2,000
추가가공원가	₩4,000,000	₩6,000,000	₩2,000,000

① ₩4,800,000 ② ₩7,999,999
③ ₩8,640,000 ④ ₩10,560,000
⑤ ₩12,000,000

8.25 (주)미래는 20×8년 10월에 결합제품 A와 B를 각각 1,000개, 2,000개 생산하였으며, 결합원가 ₩300,000이 발생하였다. 제품 A는 추가가공 없이 단위당 ₩200에 판매되지만, 제품 B는 추가가공원가 ₩20,000이 투입된 후 단위당 ₩160에 판매된다. (주)미래는 순실현가치법(NRV)을 이용하여 결합원가를 배부하고 있다. 10월에 발생한 결합원가 중에서 제품 B에 배부할 금액은? (단, 재공품은 없다.) [기업회계2급 수정]

① ₩120,000 ② ₩180,000 ③ ₩200,000
④ ₩220,000 ⑤ ₩300,000

8.26 (주)보석은 동일 공정에서 A, B, C 제품을 생산하고 있다. 결합원가는 분리점의 상대적 판매가치를 기준으로 배분하고 있다. 이와 관련된 자료는 다음과 같다. 분리점 이후에 C제품 200개에 대하여 ₩3,000을 추가로 투입하여 최종 제품으로 완성한 다음 단위당 ₩1,500에 판매하는 경우, C제품의 매출총이익은? [기업회계 1급 수정]

구분	A제품	B제품	C제품	계
생산량	?	?	200개	1,000개
결합원가	₩60,000	?	?	₩240,000
분리점의 판매가치	?	₩180,000	?	₩600,000

① ₩297,000 ② ₩72,000 ③ ₩108,000
④ ₩189,000 ⑤ ₩297,000

Ⅲ. 주관식

※ 다음을 읽고 (문제 1번)에서 (문제 3번)을 답하시오.

(주)부천은 ₩40,000의 결합원가로 결합제품을 생산하여 판매하고 있다. 회사는 세 종류의 연산품 A, B, C를 추가가공하면 제품 A는 ₩120,000, 제품 B는 ₩130,000, 제품 C는 ₩150,000에 판매할 수 있을 것으로 추정하였다. 개별제품별 추가가공비는 제품 A는 ₩10,000, 제품 B는 ₩15,000, 제품 C는 ₩20,000이다. 5월 동안 회사는 10,000단위의 연산품을 개별제품의 생산비율 2:3:5로 생산하였다.

8.1 물량기준법을 이용하여 5월의 각 제품에 배분될 결합원가를 계산하시오.

8.2 상대적 판매가치법을 이용하여 5월의 각 제품에 배분될 결합원가를 계산하시오.

8.3 물량기준법과 상대적 판매가치법을 이용하여 각 제품의 매출총이익을 계산하시오.

8.4 유일회사는 단일공정에서 두 가지 연산품 A와 B를 생산하고 있다. 5월 단일공정으로부터 결합원가는 ₩80,000이었다. 추가가공비는 A제품 ₩70,000, B제품 ₩20,000이었다. 판매가격은 A제품 ₩100, B제품 ₩80이다. 유일회사는 A제품 1,000단위, B제품 500단위를 생산·판매하였다. 기초재고는 없으며 순실현가치법을 이용하여 결합원가를 제품 A와 B에 배분하시오.

8.5 (주)경기는 분리점에서 연산품 A, B, C 세 제품을 분리한 후 추가 가공하여 제품을 생산하고 있다. 세 제품 생산에 투입된 결합원가는 ₩500,000이고, 그 이외의 자료는 다음과 같다.

제품	분리점 후 추가가공비	판매 가격
A	₩100,000	₩500,000
B	300,000	400,000
C	100,000	600,000

순실현가치법에 의한 결합원가를 배분하고 개별제품의 제조원가를 계산하시오.

8.6 (주)서해는 우유를 가공하여 분리점에서 A, B, C, D의 제품을 생산하고 있다. C는 분리점에서 완제품으로 판매되고, A, B, D는 추가가공하여 판매된다. 우유 가공의 결합원가는 ₩100,000이며, 제품 C는 ₩100,000에 판매되었다. 제품 A, B, D는 추가가공하여 판매하였다.

	추가가공원가	매출액
A	₩20,000	₩100,000
B	15,000	135,000
D	30,000	230,000

순실현가치법에 의한 결합원가를 배분하고 각 제품의 매출총이익을 계산하시오.

※ **다음을 읽고 (문제 7번)에서 (문제 8번)을 답하시오.**

※ (주)문무는 결합공정을 통해서 갑, 을, 병의 세 가지 제품을 생산하고 있으며, 결합공정에서의 발생원가는 ₩100,000이다. 모든 제품은 분리점에서 즉시 판매가 가능하나, 갑제품은 추가가공하여 수퍼갑으로 판매되고 있다. 제품별 정보는 다음과 같다. [2001년 공인회계사 수정]

제품명	생산량	단위당 판매가격	추가가공원가
(수퍼)갑	200개	₩1,000	₩100,000
을	300	3,000	–
병	500	2,000	

8.7 결합원가를 제품별 순실현가치에 비례하여 배분한다고 할 때, 각 제품의 단위당 원가를 구하시오.

8.8 생산된 제품은 당기에 전부 판매된다고 한다. 각 제품별 매출총이익률을 구하시오. 단, 기초재고는 존재하지 않는다.

8.9 (주)안산석유는 원유를 이용하여 휘발유, 등유, 경유를 생산하고 있다. 판매가격은 휘발유 ₩100, 등유 ₩50, 경유 ₩20이다. 6월에는 완제품인 휘발유 3,000L와 중간제품 X를 추가가공하여 등유 1,000L와 경유 1,500L를 생산하였다. 휘발유와 중간제품 X를 생산하는데 ₩20,000이 소요되었으며, 중간제품 X를 추가가공 하는데 ₩12,000이 투입되었다. 또한 등유와 경유를 추가가공 하는데 각각 ₩10,000과 ₩8,000이 소요되었다.

물음 1) 순실현가치법을 이용하여 개별제품의 결합원가 배분액을 계산하시오.

8.10 (주)상록은 연산품 A와 연산품 B를 생산 · 판매하고 있다. 다음의 생산자료를 이용하여 연산품 A의 제조원가를 계산하면 얼마인가? A제품과 B제품은 모두 분리점 이후 추가가공을 거친 후에 판매가 이루어지며 결합원가는 ₩200,000이다. 단, 결합원가는 순실현가치법에 의하여 배분한다.

	A제품	B제품	합계
단위당 판매가격	₩1,000	₩2,000	
단위당 판매비용	₩500	₩1,000	
추가가공원가	₩50,000	₩100,000	₩150,000
생산량	500개	300개	800개

제 9 장

원가행태의 결정

학습 목표

경영자는 미래에 원가가 어떻게 변화할 것인지를 잘 예측할 수 있어야 한다. 이는 경영자가 생산, 마케팅, 유통 등에 대한 경영계획을 세워서 경영활동을 수행하고 이를 통제함에 있어 미래원가가 갖는 중요성 때문이다. 이에 따라 본 장에서는 다음과 같은 학습목표를 설정한다.

1. 원가함수란 무엇이고 어떻게 세분되며, 중요한 이유는 무엇인가?
2. 원가함수 추정방법에는 무엇이 있는가?
3. 원가추정에서 인과관계와 상관관계는 어떻게 다르고, 왜 중요한가?
4. 학습곡선의 의의는 무엇이며, 어떻게 산출하고, 어떠한 경우에 적용하는가?

제1절 원가함수

조직은 원가정보를 신제품개발이나 제품배합 등의 중요 의사결정 및 경쟁전략 개발에 이용하고 있다. 또한 운영개선활동(operation improvement activities)의 지표로서도 원가정보를 이용하고 있다. 경영자가 높은 원가를 발생시키는 활동을 발견하면, 이에 대한 반응으로 이를 없애거나 재설계하는 리엔지니어링(reengineering)을 수행한다. 즉 경영자는 조직의 높은 원가에 대한 해결책의 하나로 리엔지니어링을 활용함으로써 보다 더 효율적인 경영활동을 구사하는 동시에 낮은 원가를 발생시키게 만드는 지속적 개선활동(continuous improvement)을 펼치게 될 것이다. 조직은 또한 성과평가목적으로 원가정보를 이용한다. 원가정보를 성과관리에 이용하는 것은 두 가지 목적 때문이다. 첫 번째로 높은 원가를 발생시키는 활동을 분석함으로써 개선활동에 대한 동기를 부여하며, 두 번째로 이러한 원가 개선활동의 결과와 보상을 연계함으로써 경영자가 조직원들에게 조직개선을 추구할 수 있는 동기를 제공하기 위함이다.

원가추정과 원가예측을 상호 연결 짓는 개념이 곧 원가행태의 파악이다. 즉, 예측력이 높은 원가추정은 원가행태가 제대로 식별・분석될 경우에만 가능하다. 원가행태에 따라 원가를 분류하는 것이 중요시되는 이유는 기업이 경영계획과 통제목적에 유용한 정보를 제공할 수 있기 때문이다.

앞에서 언급한 바와 같이, 원가행태(cost behavior)란 조업도나 활동수준이 변화함에 따라 총원가 발생액이 일정한 양상으로 변화된 정도를 의미한다. 즉 원가행태를 파악한다는 것은 산출량과 같은 원가동인의 변화에 따라 원가가 어떻게 변화하는지를 이해하는 것을 말한다.

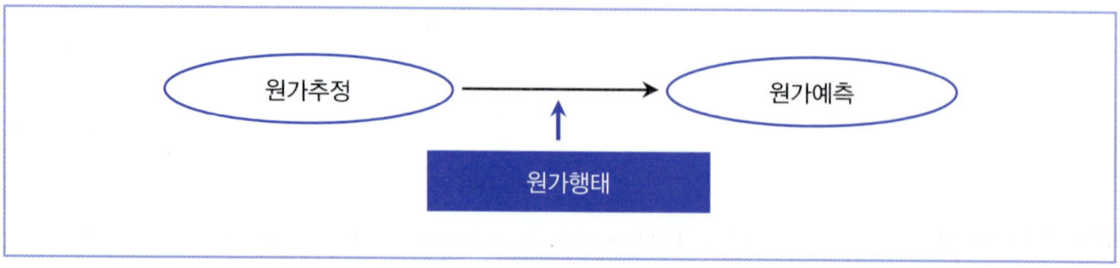

이러한 원가행태를 일반적인 수식이나 수학적으로 표현한 것을 원가함수(cost function)라고 한다. 일반적으로 원가함수는 원가동인(예: 제품의 산출량수준의 대용치인 조업도)과 총원가사이의 관계를 보여준다.

이와 같이, 원가행태를 올바르게 이해함으로써 원가추정과 원가예측의 정확도를 향상시킬 수 있다. 원가추정과 예측으로 원하는 산출물 수준을 달성하기 위해 필요한 자원량에 대한 정보를 경영자에게 제공함으로써 경영계획과 통제목적을 달성할 수 있다. 이러한 측면에서 원가동인 또는 활동수준의 변화에 따라 원가가 어떻게 변화하는가를 파악하는 일은 회계전문가의 중요한 임무이다.

원가행태에 의거하여 변동원가와 고정원가를 구분함에 있어 영향을 미치는 요인은 다음과 같다.

첫 번째로 원가대상이다. 원가대상을 어떻게 정의하느냐에 따라 특정원가 항목을 고정원가, 변동원가로 구분할 수 있다. 원가대상의 범위를 크게 설정하게 되면, 원가항목이 변동원가로 구분될 가능성이 높아지게 되고, 원가대상의 범위를 작게 설정하게 되면, 고정원가로 구분될 가능성이 높아지게 된다.

예를 들어, 공장전체감독자에 대한 임금에 대해 원가대상을 개별제품으로 정의하게 되면 고정원가인 반면, 원가대상을 공장전체로 정의하게 되면 변동원가로 구분될 수 있다.

두 번째로 기간에 대한 정의이다. 조직의 경영활동에서 원가가 발생하는 기간을 충분히 길게 정의할 경우에는 특정원가가 변동원가로 구분될 가능성이 높아지게 된다.

이와 같은 요인에 따라 분류된 변동원가와 고정원가는 다시 순수변동원가, 준변동원가, 순수고정원가, 준고정원가로 세분화할 수 있다.

1 변동원가

변동원가(strictly variable costs)란 조업도의 변화에 따라 총원가가 비례적으로 증감하는 원가로서 활동수준 또는 원가동인수준이 0일 경우에는 전혀 발생하지 않는 원가를 말한다. 그리고 단위당 변동원가는 조업도에 관계없이 일정하다. 예를 들어, 출판사에서 종이 원가항목은 도서의 발행부수에 따라 비례하여 발생하므로, 도서의 발행이 없을 경우에는 전혀 발생하지 않기 때문에 순수변동원가이다. 즉, 직접재료원가나 직접노무원가는 대표적인 순수변동원가로서 조업도의 변화에 따라 원가총액이 변동한다.

변동원가

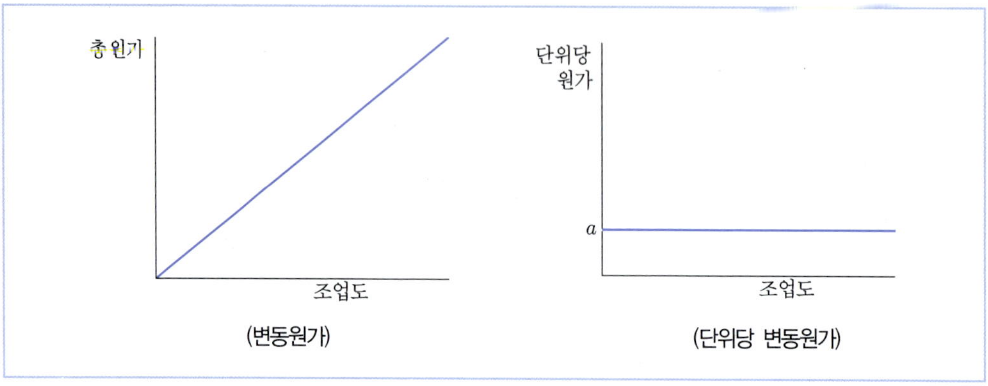

2 준변동원가

준변동원가(semi-variable costs)란 조업도의 변화와 관계없는 고정원가와 조업도의 변화에 따라 비례적으로 증감하는 변동원가로 구성된 원가를 말한다. 이렇게 고정요소와 변동요소를 모두 포함하고 있으므로 혼합원가(mixed costs)라고도 한다. 공장에서 사용하는 전기료, 전화요금 등을 그 예로 들 수 있는데, 전혀 사용하지 않는 경우에도 기본요금이 부과되고 사용량에 따라 추가적으로 요금을 지불해야 하는 원가행태가 그 대표이다.

준변동원가

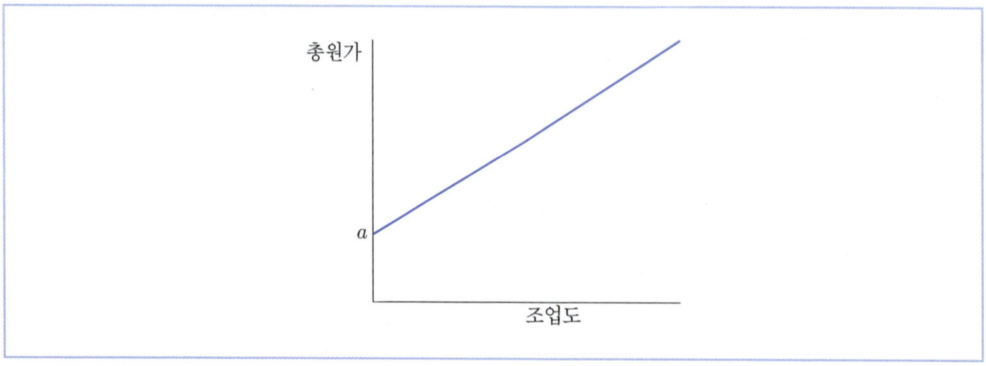

3 고정원가

고정원가(strictly fixed costs)는 관련범위 내에서 조업도에 관계없이 일정하게 발생하는 원가를 말한다. 즉, 다른 조건이 일정하다면 활동수준 또는 원가동인수준에 영향을 받지 않고 총액이 일정하게 발생하는 원가를 의미한다. 그리고 단위당 고정원가는 조업도가 증가할수록 점점 작아지게 된다. 순수고정원가의 예로는 공장건물의 임차료나 정액법에 의한 감가상각비 등과 같은 고정제조간접원가가 있다.

고정원가

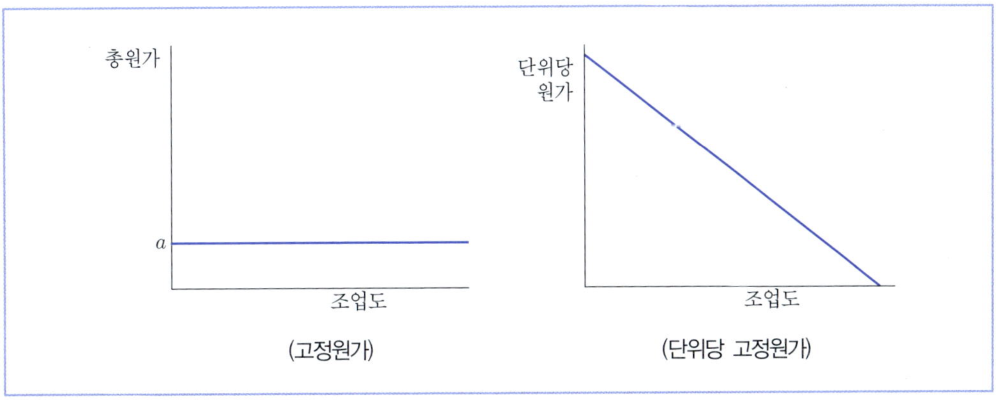

4 준고정원가

준고정원가(semi-fixed costs)는 특정 관련범위에서는 총원가가 일정하다가 다른 관련범위로 옮겨감에 따라 총원가수준이 변동하여 새로운 관련범위에서 총원가가 일정한 원가를 말한다.

일반적으로 고정원가와 변동원가는 일정범위의 조업도 및 특정기간이 주어졌다는 전제하에서 정의된다. 이러한 준고정원가를 그림으로 나타내면 다음과 같다.

준고정원가

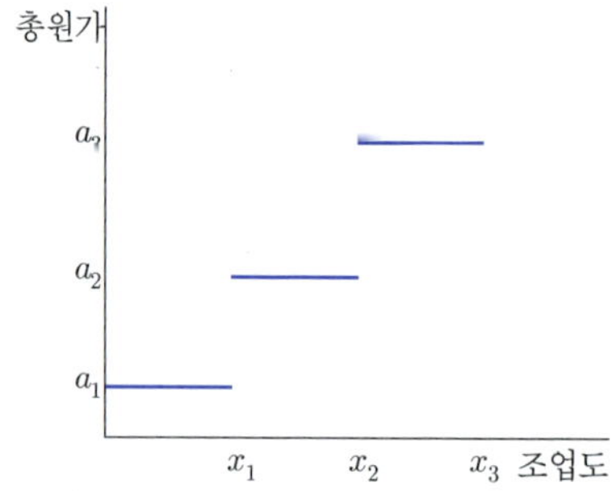

그림에서와 같이 총원가의 변동행태가 단계적으로 증감하는 모양을 가지고 있으므로 계단원가(step costs)라고도 한다.

이러한 준고정원가의 예로는 공장의 감독자 급여 항목을 들 수 있다. 만약 공장감독자의 관리범위(span of control)를 작업자 100명으로 설정한다면, 작업자가 100명을 초과하게 되면, 1명의 감독자를 더 고용하게 되므로, 원가는 계단 모양으로 증가하게 된다.

제2절 원가함수 추정방법

회계학에서 원가함수는 일반적인 원가함수 형태라고 할 수 있는 $y = a + bx$로서 절편(intercept)인 a와 기울기 계수(slope coefficient)인 b를 추정하는 것이다. 이를 위해서는 먼저 추정하고자 하는 원가요소(y)를 선택하고 두 번째로 추정하고자 하는 원가요소와 인과관계(cause-and-effect relationship)가 가장 높다고 판단되는 원가동인을 선택해야 한다. 다음으로 추정하고자 하는 원가함수가 타당성을 지닐 수 있는 관련범위를 선택하고, 마지막으로 원가함수를 추정하는 방법을 선택해야 한다. 원가함수를 추정하는 방법에는 여러 가지가 있는데 산업공학법, 계정분석법, 고저점법, 회귀분석 등이 대표적이다.

1 산업공학법

산업공학법(industrial engineering method)은 생산방법, 재료, 노동력, 설비, 생산효율, 동작 등에 대한 공학자의 평가를 근거로 원가행태를 계량적으로 분석하여 원가방정식을 추정하는 방법이다. 일반적으로 정밀한 작업측정에 기초하여 원가를 추정하기 때문에 작업측정법(work-measurement method)이라 불리기도 한다. 일반적으로 직접재료와 직접노동에 관련된 원가를 추정하는 데에 산업공학법을 사용하며 과거자료를 이용할 수 없는 경우에 많이 사용된다.

산업공학법에 의해 직접노무원가를 추정하는 절차를 살펴보면 다음과 같다. 각 제조공정에 포함된 동작이나 작업 등을 토대로 제조공정을 단계별로 분석하고, 각 단계의 작업을 수행하는 데 소요되는 시간을 추정한 후, 단계별 노동시간 추정치를 합계한다. 여기에 여유시간을 고려하여 제조공정 전체에 대한 노동시간 추정치를 산출한 후, 이를 이용하여 직접노무원가를 추정한다. 한편, 직접재료원가는 제조지시서나 설계도면 등을 이용하여 추정할 수 있다.

일반적으로 원가추정방법이 과거의 원가행태에 근거하여 미래원가를 추정하는데 비해, 산업공학법은 투입과 산출물 간의 물리적 관계를 통해 어느 정도의 원가가 발생해야 하는가 하는 당위성을 바탕으로 원가를 추정한다는 장점이 있다. 또한 원가를 추정하기 위해 각 생산단계를 면밀히 조사, 분석하게 되므로 비슷한 작업이 행해지는 공정 간의 비교를 통해 각 공정의 생산성과 강, 약점을 파악할 수 있다. 그리고 과거자료를 필요로 하지 않으므로 새로운 작업에 대한 원가도 추정할 수 있다.

산업공학법의 단점은 제품생산에 필요한 개별작업을 수행하는데 소요되는 시간을 측정해야 하므로, 상당한 시간과 비용이 소요된다는 점이다. 또한 산업공학법에 의한 원가 추정치는 최적의 상황을 가정하여 산출된 것이므로, 실제 작업환경이 최적 상황이 아닐 경우에는 추정치에 오차가 발생하게 된다. 따라서 투입물과 산출물 간의 물리적 관계를 정의하기 힘든 연구개발비, 광고선전비의 경우는 이 방법을 적용하기 힘들다.

2 계정분석법

계정분석법(account analysis method)은 계정분류법(account classification method)이라고도 하는데, 원가추정방법 중 가장 전통적인 방법 중의 하나이다. 이 방법은 먼저 회계담당자가 각 계정에 기록되어 있는 원가를 전문가적인 판단에 따라 고정원가, 변동원가 및 준변동원가로 나눈 다음 준변동원가를 다시 고정원가부분과 변동원가부분으로 분류하여 모든 원가요소를 고정원가와 변동원가로 구분한다. 이렇게 계산된 총고정원가는 그대로 고정원가의 추정치로 이용하고, 총변동원가는 총생산량으로 나누어 단위당 변동원가의 추정치로 사용한다.

계정분석법의 장점은 단순하며, 시간 및 비용이 적게 소요된다는 점이다. 또한 추정원가의 수정이 용이하다. 계정분석법의 단점은 원가계정을 고정원가와 변동원가로 구분함에 있어 회계담당자의 주관적 판단에 의존한다는 점이다. 그러므로 이 분석방법은 객관적인 원가추정방법을 함께 사용하는 것이 원가추정치의 정확도를 높일 수 있다. 또한 원가를 추정하는데 기준이 되는 조업도나 기간이 변동되면 원가요소의 성격이 바뀔 수 있다는 가능성을 고려하지 못하고 있다. 따라서 계정분석법은 성과를 측정하기 위한 표준원가를 결정하는 데에는 적절하지 못하며, 근사치만을 구하고자 하는 경우에 적용할 수 있는 방법이다.

예제

모나미주식회사는 11월에 3,000단위의 볼펜을 생산하였는데, 이와 관련된 원가자료는 다음과 같다.

직접재료원가			₩1,000,000
직접노무원가			800,000
제조간접원가	공장장급여	₩300,000	
	감가상각비	600,000	
	수도광열비	200,000	
	기타제조간접원가	₩100,000	1,200,000
총제조원가			₩3,000,000

수도광열비는 준변동원가로 40%가 고정원가의 성격을 지니고 있으며 60%는 변동원가 성격을 지니고 있다고 판단된다.

물음

모나미주식회사는 12월에 5,000단위의 볼펜을 생산할 계획이며, 이에 따른 원가를 추정하고자 한다. 계정분류법을 이용하여 제조원가를 변동원가와 고정원가로 구분하여 원가를 추정하시오.

풀이

계정	금액	변동원가	고정원가
직접재료원가	₩1,000,000	₩1,000,000	
직접노무원가	800,000	800,000	
제조간접원가:			
공장장급여	300,000		300,000
감가상각비	600,000		600,000
수도광열비	200,000	120,000[1)]	80,000
기타제조간접원가	100,000		100,000
총제조원가	₩3,000,000	₩1,920,000	₩1,080,000

1) ₩200,000×60%=₩120,000

위와 같은 원가구분에 의하여 12월의 제조원가를 예측하는 원가함수를 추정 하면 고정원가 ₩1,080,000과 단위당 변동원가 ₩640(=변동원가÷생산량=₩1,920,000÷3,000단위)로서 원가함수는 총원가=₩1,080,000+₩640×생산량이다. 이 원가함수를 이용하여 12월의 원가를 추정하면 추정생산량인 5,000단위를 대입하면 ₩1,080,000+₩640×5,000단위=₩4,280,000이 된다.

3 고저점법

계량적 원가추정방법 중 가장 간단한 방법이 고저점법(high-low points method)이다. 이 방법은 원가동인의 가장 낮은 관찰치의 원가자료와 원가동인의 가장 높은 관찰치의 원가자료를 연결하여 직선의 방정식을 도출하는 것이다. 고저점법에 의해 원가를 추정하는 경우, 그 식은 다음과 같이 나타낼 수 있다.

예제

다음은 2020년 모나미 주식회사의 월별 노무시간과 간접노무원가 자료이다. 고저점법을 이용하여 원가를 추정하시오.

월	노무시간	간접노무원가
1	78시간	₩19,643
2	113	24,703
3	119	21,782
4	89	18,385
5	70	10,291
6	102	27,985
7	71	11,242
8	94	32,987
9	93	21,312
10	113	15,757
11	110	30,454
12	100시간	₩20,551

풀이

1) 단위당 변동원가 추정

$$\text{단위당 변동원가} = \frac{\text{원가동인 최고관찰치의 총원가} - \text{원가동인 최저관찰치의 총원가}}{\text{원가동인 최고관찰치-원가동인 최저관찰치}}$$

최고관찰치(3월의 노무시간 119시간, 간접노무원가 ₩21,782)와 최저관찰치(5월의 노무시간 70시간, 간접노무원가 ₩10,291)를 대입

$$\frac{(₩21,782-₩10,291)}{(119\text{시간}-70\text{시간})} = ₩234.51/\text{노무시간}$$

2) 총고정원가 추정

총고정원가 = 원가동인 최고(최저)관찰치의 총원가
− 원가동인의 최고(최저)관찰치의 추정변동원가
= 원가동인 최고(최저)관찰치의 총원가
− 단위당변동원가×원가동인의 최고(최저)관찰치

최고관찰치(3월의 노무시간 119시간, 간접노무원가 ₩21,782)를 대입
따라서, 총고정원가는 ₩21,782 − ₩234.51×119시간 = (−)₩6,124.69

3) 원가함수 추정

간접노무원가 = (−)₩6,124.69 + ₩234.51×노무시간

위 모나미주식회사의 자료를 사용하여 고저점법으로 추정한 원가함수를 계산하면 다음과 같다. 원가동인 최고관찰치는 119시간에 원가가 ₩21,782원이고, 원가동인 최저관찰치는 70시간에 원가가 ₩10,291이다. 따라서 원가함수의 기울기 즉, 단위당 변동원가는 (₩21,782 − ₩10,291)÷(119시간 − 70시간) = 노무시간당 ₩234.51이다.

상수를 계산하기 위해서 원가동인의 최고치나 최저치 중 하나의 값을 이용하면 되는데, 최고치를 이용하면 ₩21,782 − ₩234.51×119시간 = (−)₩6,124.69이다.

따라서 고저점법에 의해 추정한 원가함수는 다음과 같다.

$y = a + bx$

간접노무원가 ⇒ (−)₩6,124.69 + ₩234.51×노무시간

다음 그림의 실선은 고저점법을 이용하여 추정한 원가함수를 보여주고 있다.

노무시간과 간접노무원가에 대한 고저점법

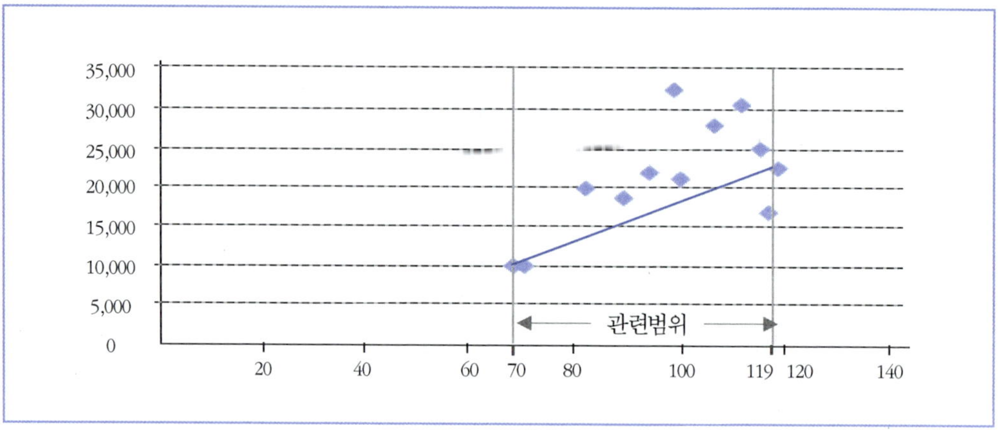

고저점법을 이용하여 모나미주식회사의 원가함수를 추정하는 경우 원가함수의 절편은(−)₩6,124.69으로서 음의 값을 보이고 있는데, 이는 본래의 원가함수가 비선형임에도 불구하고, 원가방정식을 선형으로 측정했거나, 노무시간이 0인 경우가 관련범위 밖에 있기 때문이다. 따라서 음의 절편은 관련범위 내의 원가자료를 이용하여 원가함수를 계산한 결과로 나타나는 수치일 뿐, 그 이상 아무런 의미를 갖지 못한다. 설령 절편이 양(+)의 값이라고 하더라도 노무시간이 0인 경우 모나미주식회사의 고정원가에 대한 추정치는 아니라는 뜻이다. 따라서 고저점법을 이용하여 구한 원가함수는 관련범위 내에서만 그 유용성이 있다고 할 수 있다.

지금까지 설명한 고저점법은 원가동인의 최고치와 최저치 정보를 이용하기 때문에 이 방법을 통해서 구한 원가함수가 이상치에 영향을 받을 수 있다는 단점이 있다. 만일 원가동인의 최고치나 최저치가 비정상적인 상황이라면, 이를 이용하여 구한 원가함수는 정상적인 상황을 대표하지 못하므로, 미래원가를 추정하는 수단으로 사용하는데 주의해야 한다. 물론 이러한 문제점을 해결하기 위해 두 번째 또는 세 번째로 높은 원가동인의 최고치와 최저치를 이용하여 원가함수를 추정할 수도 있으나,[2] 여전히 비정상적 사건의 영향을 완전히 제거하지 못한다는 단점을 갖고 있다. 고저점법의 단점을 보완하는 원가함수 추정방법이 회귀분석이다.

2) 두 번째 또는 세 번째로 높은 원가동인의 최고치와 최저치를 이용하여 원가함수를 추정하는 방법은 대표고저점법이고, 앞서 설명한 원가동인의 최고치와 최저치 정보를 이용하여 원가함수를 추정하는 방법은 순수고저점법이다.

예제

나사를 생산하는 풍산주식회사의 6개월간의 생산량과 원가는 다음과 같다.

	생산량	총원가
1월	3,000개	₩8,200
2	1,800	4,900
3	1,000	4,200
4	4,000	10,200
5	3,200	8,300
6	3,800	8,800

고저점법을 이용하여 원가함수를 추정하라.

풀이

단위당 변동원가=(₩10,200 ₩4,200):(4,000개－1,000개)=₩2

월별 고정원가 =₩4,200－(1,000개×₩2)=₩2,200

또는

월별 고정원가=₩10,200－(4,000개×₩2)=₩2,200

원가함수: y=₩2,200+₩2x

여기서 y: 총원가

x: 생산량

3) 회귀분석

회귀분석(regression analysis)은 두 변수간의 관계를 묘사하기 위한 방법으로 각각의 독립변수 값에 대응하는 종속변수의 평균값을 추정하거나 예측하는 것이다. 따라서 회귀분석은 종속변수에 영향을 미치는 독립변수를 파악하고 이 변수들 간의 관계식을 추정할 때 사용된다. 회귀분석은 2개만의 정보를 이용하여 원가함수를 추정하는 고저점법과는 달리 이용가능한 모든 자료를 사용하게 되므로 추정오차가 작은 원가추정 방법이다.

과거에는 회귀분석이 복잡한 계산과정 때문에 간편한 방법인 고저점법이 사용되었으나, 개인용 컴퓨터와 통계프로그램의 발달로 인하여 현대에는 많이 이용되고 있다.

회귀분석은 단순회귀분석과 다중회귀분석으로 세분화할 수 있다. 단순회귀분석(simple regression analysis)은 하나의 독립변수와 종속변수간의 관계를 분석하는 것으로 가장 간단한 원가추정방법이고, 다중회귀분석(multiple regression analysis)은 여러 개의 독립변수와 종속변수간의 관계를 분석하는 방법이다.

회귀분석의 장점은 다음과 같다. 첫째, 고저점법은 2개의 자료만을 이용하는데 비해서 회귀분석법은 가지고 있는 모든 정보를 이용하므로 오차를 최소화할 수 있고, 둘째, 다른 원가함수 추정방법에 의해서는 구할 수 없는 추가적 통계자료를 많이 제공한다. 셋째, 다수의 원가동인을 가지고 있는 원가항목의 경우에는 원가함수를 추정할 수 있는 유일한 방법이다. 그러나 이러한 장점이 있는 회귀분석을 수행할 때에도 다음 사항에 유의해야 한다. 첫째, 독립변수와 종속변수간의 인과관계를 명확하게 파악한 후, 회귀모형을 설정해야 한다. 둘째, 회귀분석의 실시방법과 한계점을 충분히 이해해야 한다. 셋째, 분석에 앞서 산포도로 자료의 상태를 검토함으로써 이상치의 영향을 미리 파악해야 한다.

회귀분석에 의한 원가추정은 본서에서는 생략한다.

4 비선형원가함수와 학습곡선

1) 학습곡선

앞 절에서는 선형함수를 가정하여 원가추정방법을 설명하였다. 그러나 현실적으로 원가와 이에 영향을 미치는 원가동인 간의 관계는 선형관계로 나타낼 수 없다. 원가동인과 원가 간의 선형성이 존재하기 위해서는 다음과 같은 조건을 만족시켜야 한다.

첫째, 투입과 산출 사이의 물리적 관계(physical relationship)가 선형이어야 한다. 예를 들면, 생산에 투입되는 원재료가 증가함에 따라 산출량이 동일한 비율로 증가해야 한다.

둘째, 구입한 투입물과 사용한 투입물의 양이 같아야 한다.

셋째, 투입물의 구입원가가 구입량과 선형관계를 가져야 한다.

만약 이러한 조건을 만족하지 않는 상황에서 원가함수를 선형으로 추정하는 경우에는 왜곡된 원가함수를 추정하게 되고, 따라서 잘못된 원가정보를 창출하게 된다.

비선형원가함수를 야기한 원인으로 학습효과(learning effect)를 들 수 있다. 학습효과란 종업원들이 특정작업을 반복하여 수행함으로써 경험을 통해 단위당 작업시간 및 단위당 원가가 감소하는 현상을 일컬으며, 이를 측정한 함수를 학습곡선(learning curve)이라 한다. 학습효과가 원가를 감소시키는 이유는 반복실행을 통한 노동의 효율성 증대, 제조기술 향상으로 인한 새로운 공정과 제조방법의 개선, 불필요한 제품특성을 제거한 제품의 재설계, 규모의 경제 등을 들 수 있다.

학습효과가 존재할 경우, 누적생산량이 증가할수록 단위당 누적생산시간이 점차 단축됨에 따라 단위당 누적평균원가도 감소하여 생산량이 증가할수록 낮은 제품원가로 제품이 생산된다. 따라서 기업은 총생산원가나 증분원가를 추정하는 의사결정을 할 때, 학습현상을 고려하는데, 이는 학습효과로 인한 원가절감이 가능하기 때문이다.

구체적으로 학습곡선모형은 총생산량이 증가함에 따라 단위당 누적평균변동원가(=누적총변동원가÷누적생산량)가 일정 비율로 감소하는 것을 나타내는 모형이다. 즉, 누적생산량이 증가함에 따라 단위당 누적평균변동원가가 증가하지만 그 증가율은 점차 감소한다. 이러한 학습효과의 정도를 비율로 표시한 것을 학습률(rate of learning)이라고 한다.

만약 직접노무시간이 80%의 학습률을 보인다고 가정하면, 2단위의 제품을 생산하는데 소요되는 단위당 누적평균제조원가가 최초의 1단위를 생산하는데 소요되는 시간의 80% 수준에서 생산됨을 의미한다. 다시 말해서, x%의 학습률이란 누적생산량이 두 배씩 증가할 때마다 단위당 누적평균제조시간이 $(100-x)$%만큼 감소하는 것을 의미한다. 따라서 학습률이 낮을수록 실제 학습속도가 더 빠르다는 것을 의미한다.

학습곡선의 형태

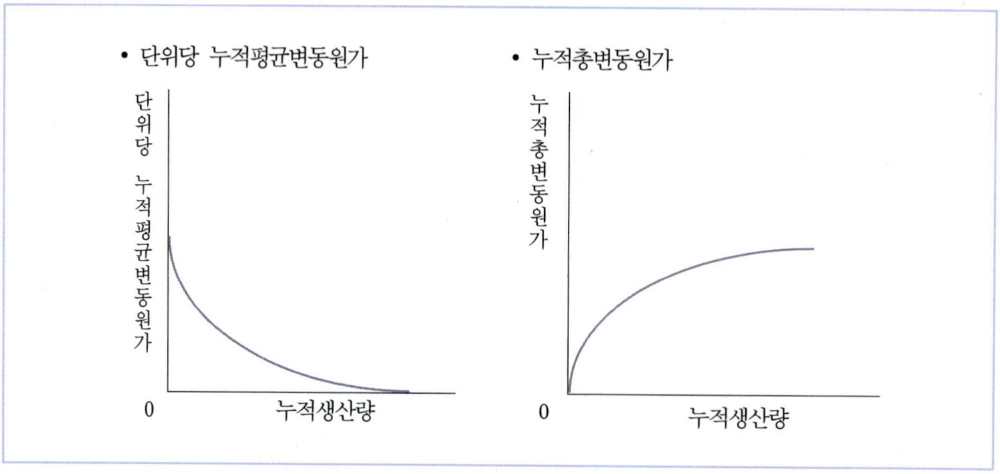

예제

모나미주식회사는 최초 1단위의 생산에 1,000시간이 소요되고 80%의 학습률을 보인다.

물음

누적평균 학습곡선을 이용하여 누적생산량이 16단위일 때 총생산시간을 계산하시오.

풀이

2단위를 생산하는 데 소요되는 누적평균시간은 최초 생산소요시간 1,000시간에 학습률인 80%를 곱한 800시간이 된다. 이에 따라 16단위를 생산하기 위해 소요되는 총생산시간은 단위당 누적 평균생산시간 409.6시간에 누적생산량인 16단위를 곱하여 6,554시간이 산출된다.

모나미주식회사의 학습곡선

누적생산량(A)	단위당 누적평균생산시간(B)	총생산시간 (C)=(A)×(B)
1	1,000	1,000
2	800(=1,000×80%)	1,600
4	640(=800×80%)	2,560
8	512(=640×80%)	4,096
16	409.6(=512×80%)	6,554

Ⅰ. 평가자 체크리스트

※ 다음 서술이 옳으면 T, 옳지 않으면 F를 기재하시오.

9.1 공장감독자 급료는 일반적으로 혼합원가이다.

9.2 공장설비의 감가상각비는 변동비이다.

9.3 고정비에 있어서 관련범위는 중요하지 않다.

9.4 총변동비는 조업 수준의 변동에 따라서 변하는 원가이다.

9.5 자동화 설비가 증가하는 산업에서 고정비는 증가한다.

9.6 계정분석법은 회계담당자의 경험과 전문적 판단에 의하여 각 계정과목의 원가행태를 분석하는 방법이다.

9.7 원가행태의 추정은 주로 관련범위에서 의사결정에 도움을 준다.

9.8 산업공학법은 일반적으로 정밀한 작업측정에 기초하여 원가를 추정하는 방법으로 과거자료를 이용할 수 없는 경우에 많이 사용된다.

9.9 고저점법은 원가동인의 최고치와 최저치 정보를 이용하기 때문에 이 방법을 통해 도출된 원가함수는 이상치에 영향을 받을 수 없다.

9.10 변동비는 생산량 또는 판매량에만 비례하여 변동한다.

Ⅱ. 객관식

9.1 다음 중 변동원가와 고정원가에 대한 설명으로 옳지 않은 것은?

① 조업도가 증가하면 총원가가 증가하는 원가를 변동원가라고 한다.
② 변동원가와 고정원가는 경영자의 의사결정에 사용된다.
③ 조업도가 증가하는 경우 단위당 고정원가는 일정하다.
④ 조업도가 증가하는 경우 단위당 변동원가는 일정하다.
⑤ 조업도의 변화에 의하여 직접적인 영향을 받지 않는 원가를 고정원가라고 한다.

9.2 조업도의 증감에 관계없이 관련범위 내에서 총액이 항상 일정하게 발생하는 원가요소는?

① 수도광열비 ② 직접노무비
③ 동력비 ④ 임차료
⑤ 수선비

9.3 다음은 원가행태에 대한 설명이다. 이와 관련하여 옳지 않은 것은?

① 노무비는 제품 제조를 위하여 투입된 노동력에 대한 대가
② 혼합비는 변동비 요소와 고정비 요소를 포함하고 있는 원가이다.
③ 변동비는 조업도가 증가하면 원가 발생총액이 증가한다.
④ 고정비는 조업도 수준과 관련없는 원가로서 감가상각비, 임차료 등이 있다.
⑤ 단위당 고정비는 조업도가 증가함에 따라 증가한다.

9.4 제조원가에 대한 설명 중에서 그 내용이 옳지 않은 것은? [2006년 공무원 수정]

① 제품의 단위당 변동비는 조업도에 비례하여 증감한다.
② 고정비의 총금액은 조업도에 관계없이 일정하다.
③ 고정비는 생산량이 증가하면 단위당 고정비는 감소한다.
④ 변동비는 생산량이 증가하면 단위당 원가는 일정하다.
⑤ 변동비의 총금액은 조업도에 따라 변화한다.

9.5 조업도가 변화할 때 원가가 어떻게 달라지는가에 따라 변동비, 고정비, 준변동비, 준고정비로 분류할 수 있다. 고정비에 대한 설명으로 가장 적당한 것은? [2007년 공무원]

① 조업도의 증감에 따라 비례적으로 증가 또는 감소하는 성격의 원가이다.
② 조업도가 증감하더라도 관련 범위내에서는 고정적이기 때문에, 다른 조건이 동일할 경우 제품의 단위당 원가는 조업도의 증가에 따라 감소한다.
③ 조업도가 0(영)인 경우에도 일정액이 발생하고, 그 이후로부터 조업도에 따라 비례적으로 증가하는 원가를 말한다.
④ 조업도와 관계없이 제품의 단위당 원가는 항상 일정하다.
⑤ 조업도의 변화에 직접적인 영향을 받는 원가이다.

9.6 관련 범위내에서 조업도의 변화에 따라 총원가가 어떻게 변화하느냐를 구분하는 것을 원가행태에 따른 분류라고 한다. 다음 중 원가행태에 따른 원가의 구분으로 적당한 것은? [전산세무2급 수정]

① 제품원가, 기간원가 ② 변동원가, 고정원가 ③ 직집원가, 긴접원기
④ 기초원가, 전환원가 ⑤ 제조원가, 비제조원가

9.7 준변동원가의 형태를 나타내고 있는 그래프는?

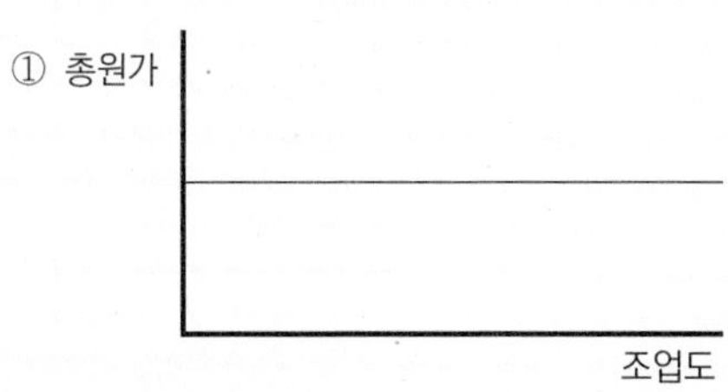

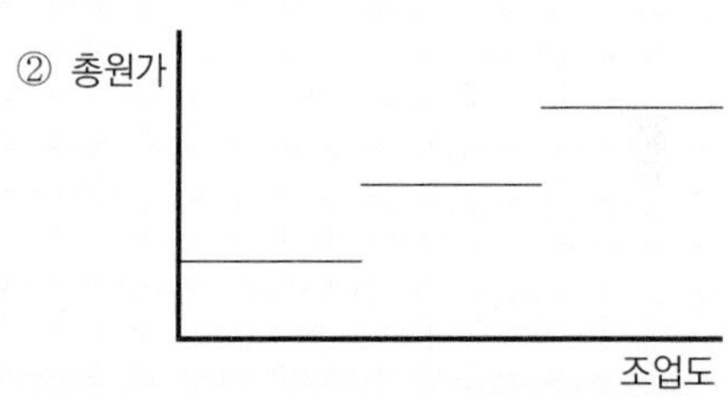

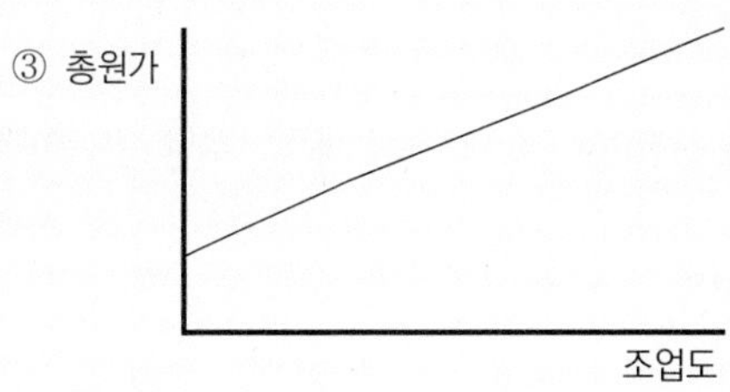

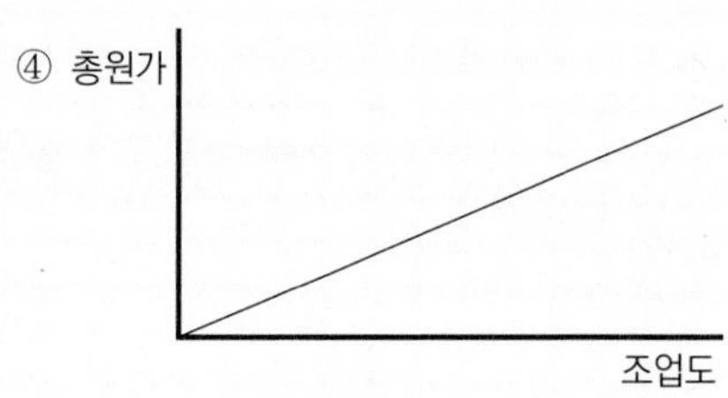

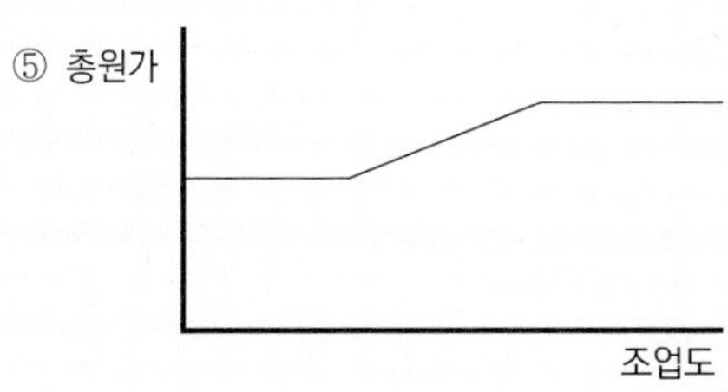

9.8 다음 원가추정법 중 과거의 원가자료를 이용할 수 없는 경우에 사용할 수 있는 방법은 무엇인가?

① 산업공학적방법 ② 계정분석법
③ 회귀분석법 ④ 고저점법
⑤ 산포도법

9.9 광명기업의 원가함수는 Y=6,000+3X이다. 수선비의 측정기준은 기계작업시간이다. 어느 한 기간 동안 기계작업시간은 3,000시간이다. 이 경우 수선비는?

① ₩6,000 ② ₩9,000
③ ₩12,000 ④ ₩15,000
⑤ ₩18,000

9.10 원가공식 Y=80,000+4X의 총원가 ₩100,000에서 조업도 수준은 얼마인가?

① 4,000단위 ② 5,000단위
③ 6,000단위 ④ 7,000단위
⑤ 8,000단위

9.11 영광회사의 수도광열비 원가분석에 의하면 기계작업시간 9,000시간에서 단위당 원가 ₩0.40, 18,000시간에서 단위당 원가 ₩0.25이다. 기계작업시간 13,000시간에서 수도광열비 총원가는 얼마인가?

① ₩4,000 ② ₩5,200 ③ ₩6,000
④ ₩3,250 ⑤ ₩3,500

9.12 다음은 (주)태희의 원가정보이다. 이와 관련하여 20×1년도 제품단위당 변동제조원가를 구하시오. [전산세무2급 수정]

> 판매가격: ₩900
> 직접재료비: ₩300
> 직접노무비: ₩220 (시간당 임률은 ₩110)
> ※ 변동제조간접비는 시간당 ₩20이 발생되는 것으로 추정.

① ₩540 ② ₩560 ③ ₩580
④ ₩600 ⑤ ₩630

9.13 관련범위 500톤~1,000톤 범위 내에서 원가함수는 선형이라고 가정할 경우 20×1년 600톤 생산시 변동비, 고정비와 관련된 자료가 다음과 같을 때 800톤 생산할 경우 총원가(변동비+고정비)와 단위당 원가는? [2005년 공무원 수정]

변동비총액 ₩2,400	고정비총액 ₩3,000	총계 ₩5,400

	총원가	단위당원가		총원가	단위당원가
①	₩6,000	₩7.50	②	₩6,200	₩7.75
③	₩6,400	₩8.00	④	₩7,200	₩9.00
⑤	₩7,500	₩9.20			

9.14 (주)경기는 택배회사를 운영하고 있다. 차량 한 대의 ㎞당 연료비는 ₩100이 발생하며, 원가함수는 Y=₩80,000+100X이다. 한 달간 차량 한 대의 운행거리가 5,000㎞일 때 총원가는 얼마인가?

① ₩80,000 ② ₩500,000 ③ ₩580,000
④ ₩650,000 ⑤ ₩720,000

9.15 (주)경기의 2분기 총원가가 ₩1,000,000, 원가추정식은 Y=700,000+10X일 때 2분기의 조업도는 얼마인가?

① 30,000단위 ② 50,000단위 ③ 70,000단위
④ 90,000단위 ⑤ 100,000단위

9.16 다음 자료를 이용하여 시간당 변동비를 계산하면? (고저점법 이용)

조업도	1,000시간	500시간	300시간	200시간	800시간
원가	₩80,000	₩50,000	₩40,000	₩20,000	₩70,000

① ₩60 ② ₩65 ③ ₩70
④ ₩75 ⑤ ₩80

9.17 간접노무비의 연간 예산공식은 총원가=₩60,000+₩2X(기계시간)이다. 당월 영업예산은 기계작업 10,000시간을 기준으로 편성한다. 당월 간접노무비 예산은? [공인회계사 수정]

① ₩20,000 ② ₩25,000 ③ ₩60,000
④ ₩70,000 ⑤ ₩80,000

9.18 다음은 최근 5개월간의 (주)안산의 원가자료와 관련된 것이다. 고저점법에 의해 총제조간접비를 추정한다고 할 때 만약 12월의 생산단위가 80,000단위로 예상된다면 총제조간접비는 얼마로 추정되겠는가? [2002년 감정평가사]

월	생산단위	총제조간접비
7	90,000단위	₩290,000
8	100,000	340,000
9	20,000	100,000
10	40,000	180,000
11	70,000	278,000

① ₩280,000　② ₩282,000
③ ₩283,000　④ ₩284,000
⑤ ₩285,000

9.19 (주)반월은 20×8년도의 변동예산을 작성하고 있으며 동력비에 관하여 변동비와 고정비를 분리하고 있다. 다음은 20×7년도 6개월(7월~12월) 간의 동력비와 직접노무시간에 대한 자료이다.

월	동력비	직접노무시간
7	₩15,850	3,000시간
8	13,400	2,050
9	16,370	2,900
10	19,800	3,650
11	17,600	2,670
12	18,500	2,650
합계	₩101,520	16,920시간

회사가 고저점법을 사용하여 동력비를 분석한다면 직접노무시간당 변동비는 얼마이겠는가? [2000년 감정평가사]

① ₩4.00　② ₩5.42
③ ₩5.82　④ ₩6.00
⑤ ₩6.42

9.20 다음은 강릉(주)의 조업도 수준에 따른 자료이다.

	조업도 수준	
	낮음	높은
생산수량	25,000단위	30,000단위
총제조원가	₩575,000	₩680,000
단위당 직접재료비	5	5
단위당 직접노무비	6	6

고저점법을 사용하여 제조간접비의 원가행태를 분석할 경우 다음 중에서 옳은 것은?

[2004년 세무사]

① 기간당 ₩50,000, 단위당 ₩10

② 기간당 ₩50,000, 단위당 ₩21

③ 기간당 ₩50,000, 단위당 ₩22

④ 기간당 ₩50,000, 단위당 ₩23

⑤ 기간당 ₩347,000, 단위당 ₩0.1

9.21 다음은 원가 추정방법에 관한 설명이다. (A)와 (B)에 해당하는 용어를 순서대로 옳게 연결한 것은? [경영지도사 수정]

(A) 과거의 원가계정들을 전문적인 판단에 의하여 변동원가와 고정원가로 분류하여 단위당 변동원가와 총고정원가를 추정하는 방법

(B) 과거의 원가자료 중 최고조업도와 최저조업도의 원가자료를 사용하여 원가를 추정하는 방법

① 계정분석법 - 고저점법

② 회귀분석법 - 계정분석법

③ 고저점법 - 계정분석법

④ 회귀분석법 - 고저점법

⑤ 계정분석법 - 회귀분석법

9.22 다음 중 원가행태에 따른 분류로 볼 수 없는 것은? [전산세무2급 수정]

① 고정비

② 직접비

③ 변동비

④ 준고정원가

⑤ 혼합원가

9.23 다음 중 특정 원가대상에 대한 원가요소의 추적가능성에 따른 분류는? [기업회계2급 수정]

① 변동비와 고정비
② 직접비와 간접비
③ 관련원가와 비관련원가
④ 통제가능원가와 통제불능원가
⑤ 매몰원가와 기회원가

9.24 (주)서하키즈카페의 요금은 2시간에 ₩15,000이고 2시간이 초과되면 시간당 추가 요금이 부과된다고 한다. 이런 경우 원가행태에 따라 분류하면 어떤 원가에 속하는가? [기업회계2급 수정]

① 변동원가　② 고정원가
③ 준변동비　④ 준고정비
⑤ 직접원가

9.25 (주)아시아의 제조간접비는 세금과공과(고정비), 수선유지비(변동비), 수도광열비(혼합비)로 구성되어 있다. 다음 자료에 의하여 수도광열비(혼합비)를 고저점법으로 추정할 경우, 수도광열비의 고정원가는? [기업회계 1급 수정]

• 원가조사자료

	노동시간	제조간접비
4월	250	₩1,175,000
5월	300	₩1,220,000
6월	320	₩1,254,000
7월	380	₩1,279,000

• 7월의 원가행태는 세금과공과(고정원가) ₩131,000, 수선유지비(변동원가) ₩209,000, 수도광열비(혼합원가) ₩939,000으로 구성되어 있다.

① ₩765,000　② ₩795,000
③ ₩824,000　④ ₩844,000
⑤ ₩906,500

9.26 미용실의 디자이너의 급료는 월 손님 100명 기준으로 지급되는데, 월 100명을 초과하여 손님을 처리하면 기본급 ₩1,600,000에 추가적으로 1명당 ₩10,000이 지급된다. 이 경우 디자이너 급료의 원가행태는? [기업회계2급 수정]

① 변동비 ② 준변동비
③ 고정비 ④ 준고정비
⑤ 계단원가

9.27 주원텔레콤(주)은 데이터를 많이 쓰는 사용자를 위한 데이터 무제한 요금제를 출시하였다. 이는 월정액 ₩85,000이면 데이터를 맘껏 쓸 수 있다. 이러한 요금제의 원가행태는? [기업회계2급 수정]

① 고정비 ② 준변동비
③ 변동비 ④ 준고정비
⑤ 계단원가

9.28 (주)채원은 휴대용 선풍기를 생산 및 판매하고 있다. 연간 조업도는 20,000개~50,000개 범위 내에 있다. 연간 30,000개를 생산시 변동원가는 ₩3,000,000이고 고정원가 ₩2,000,000이다. 20×8년에 40,000개를 생산한다면 제품원가는 얼마인가? [기업회계2급 수정]

① ₩2,000,000 ② ₩3,000,000
③ ₩4,000,000 ④ ₩6,000,000
⑤ ₩7,000,000

9.29 다음 변동비와 고정비에 대한 설명 중 옳은 것은? [전산회계1급 수정]

① 관련범위 내에서 조업도가 증가하더라도 단위당 변동비는 일정하다.
② 관련범위 내에서 조업도가 증가하더라도 단위당 고정비는 일정하다.
③ 관련범위 내에서 조업도가 증가함에 따라 총 변동비는 감소한다.
④ 관련범위 내에서 조업도가 증가함에 따라 총 고정비는 증가한다.
⑤ 관련범위 내에서 조업도가 증가함에 따라 단위당 고정비는 증가한다.

Ⅲ. 주관식

9.1 (주)상록은 전자부품을 제조하는 회사이다. 제조간접비와 관련된 자료는 다음과 같으며, 기계작업시간은 100시간이었다.

계정과목	변동비	고정비
간접재료비	₩10,000	₩5,000
간접노무비	₩15,000	₩3,000
전력요금	₩5,000	₩10,000
수선유지비	₩8,000	₩12,000
합계	₩38,000	₩30,000

물음 1) 기계작업시간당 변동제조간접비와 고정제조간접비를 추정하여 원가방정식을 추정하시오.

2) 기계작업시간이 300시간일 때 제조간접비를 추정하시오.

9.2 우리대학의 5월 재학생등록률은 88%였으며, 고정운영비 ₩150,000,000과 혼합운영비 ₩250,000,000이 발생하였다. 매월 예산은 다음과 같다. 단 1달은 30일로 계산함(고저점법으로 계산).

① 재학생수 1,000명
② 등록률 96%
③ 점유학생당 1일 운영비 ₩15,000

물음 1) 재학생들을 1달 교육하는데 투입되는 변동비를 추정하시오.

2) 월별 고정비와 원가함수를 추정하시오.

3) 6월의 재학생 등록률이 95%일때 원가함수와 총원가를 추정하시오.

9.3 동문회에서는 장학재단을 설립하기 위하여 대학 건물 내에 웰빙토스트점을 유치하기로 하였다. 현재 사업계획서를 작성하여 학교에 제출 중에 있으며, 웰빙토스트점 설치시 발생되는 비용을 다음과 같이 계산하였다.

> 재료비 ₩1,500,000(변동비: 토스트 2,000개에 대한 원가)
> 노무비 ₩800,000
> (고정비 ₩300,000, 나머지는 2,000개의 토스트 만드는데 발생되는 원가)
> 전화요금 ₩40,000(고정비), 전기료 ₩50,000(40%는 고정비, 나머지는 대학부담비용)
> 광고비 ₩100,000(고정비), 보험료 ₩40,000(고정비)

물음 1) 원가함수와 총원가를 계산하시오.
2) 10월에 토스트를 2,500개 판매예정인 경우의 총예측원가는 얼마인가?

9.4 다음은 (주)경기의 20×7년의 기계시간과 제조간접비에 관한 자료이다.

기간	기계시간	제조간접비
9월	100	2,000
10월	300	2,500
11월	500	5,000
12월	400	4,000

고저점법을 이용하여 원가함수와 20×8년 1월의 기계시간이 500일 때 총제조간접비를 추정하시오.

9.5 다음은 2007년 전반기 생산활동자료이다. 이 자료를 이용하여 고저점법을 적용할 때 단위당 변동원가가 ₩40이다. 3월의 발생원가는 얼마인가? [2008년 주택관리사]

월	생산량	발생원가
1월	240개	₩14,600
2월	210개	13,600
3월	200개	?
4월	230개	14,200
5월	220개	13,900
6월	250개	15,000

9.6 (주)서울은 신제품 생산을 계획하고 있다. 첫 해 신제품 K는 단위당 ₩500,000에 판매될 예정이며 10,000개를 생산할 예정이다. 신제품 K에 대한 직접재료비와 직접노무비의 추정치는 각각 ₩3,500,000과 ₩1,500,000이다. 단순선형회귀를 이용하여 분석된 제조간접비(Y)는 Y=₩100,000+1,000X(생산량)의 원가함수가 도출되었다. 신제품에 대한 첫 해의 단위당 변동비는 얼마인가?

9.7 (주)서울의 지난 2년간 생산량과 총제조원가는 다음과 같다. 2년간 고정원가와 단위당 변동원가는 변화가 없었다.

	생산량	총 제조원가
20×5년	1,000개	₩50,000,000
20×6년	2,000개	₩70,000,000

20×7년도에 고정원가가 20%증가하고 단위당 변동원가가 40% 감소하면, 생산량이 3,000개 일 때 총 제조원가는 얼마인가 ? [1996년 공인회계사]

9.8 (주)상록의 4/4분기 동안 원가자료이다. 고저점법을 이용하여 월간 수선유지비의 원가함수를 추정하시오.

월별	기계시간	수선유지비
10월	500	₩28,000
11월	400	₩20,000
12월	800	₩36,000

9.9 병회사의 20×8년도 생산자료는 다음과 같다.

〈월별〉	〈생산량〉	〈노무비〉
1 월	10	₩160,000
2 월	15	200,000
3 월	20	310,000
4 월	50	720,000
5 월	30	460,000

6월의 계획생산량이 70개 일 때 고저점법을 사용하여 노무비추정액을 계산하면?

[1993년 공인회계사]

9.10 (주)우주는 새로운 설비투자에 대한 4월 한 달 동안의 노무비 원가분석을 실시하였다. 직접노동시간 20,000시간에서 단위당 노무원가는 ₩1,500, 30,000시간에서 단위당 노무원가는 ₩1,200이다. 직접노동시간 22,500시간에서 총직접노무비는?

제 10 장

원가-조업도-이익 분석

학습목표

9장에서는 원가행태를 기초로 하여 원가추정에 대하여 학습하였다. 본 장에서는 이미 학습한 원가와 원가함수 및 원가추정 등을 토대로 하여 원가와 수익 상호 간에 관계에 대하여 조업도를 중심으로 설정하는 단기이익계획을 배울 것이다. 본 장의 학습목표는 다음과 같다.

1. CVP 분석이란 무엇이며, 그 가정에는 어떠한 것들이 있는가?
2. 손익분기점은 어떻게 산출되는가?
3. 원가, 가격, 조업도의 변화가 이익에 어떠한 영향을 미치는가?
4. CVP 분석이 의사결정에 어떻게 이용되는가?
5. 법인세를 고려할 때 CVP 분석은 어떻게 수행되는가?

원가-조업도-이익분석(Cost-Volume-Profit Analysis: CVP)이란 생산량이나 판매량의 변화가 원가와 수익에 미치는 영향을 분석하여 기업의 단기적 의사결정에 이용하는 기법이다. 다시 말하면 조업도의 변화가 원가 및 수익, 이익에 어떠한 영향을 미치는가를 분석하는 기법이다. 원가-조업도-이익분석을 영문 첫 글자를 따서 CVP분석이라고도 부르고 있는데, 제품의 판매가격, 생산량 또는 판매량(조업도), 단위당 변동원가, 총고정원가 등의 관계를 분석하는 데 주로 이용되는 기법이다.

본 장에서 사용하는 원가는 제조원가만을 의미하는 것은 아니며, 판매비와 관리비도 포함하는 광범위한 개념이다.

제1절 CVP분석의 용어와 가정

1 CVP분석에서 사용되는 용어의 정의

CVP분석에서는 영업이익, 총수익, 총비용(총원가) 사이에는 다음과 같은 관계가 성립된다는 점을 이해해야 한다. 여기서 총수익은 영업활동으로 인한 수익이며, 총비용(총원가)은 매출원가와 영업비용을 포함하나 법인세는 제외한 개념이다.

영업이익(operating income: OI)＝총수익(total revenue: TR)
－총비용(total cost: TC)

총수익과 총비용(총원가)은 생산량이 증감함에 따라 그 금액이 증감한다. 제품의 단위당 판매가격과 단위당 변동원가가 제품의 생산량(판매량)과 관계없이 일정하다고 가정하면, 총수익과 총비용(총원가)을 다음과 같이 나타낼 수 있다.

총수익(TR)＝단위당 판매가격(P) × 판매량(Q)

총비용(TC)=총변동원가(VQ)+총고정원가(FC)
=단위당 변동원가(V)×판매량(Q)+총고정원가(FC)

총수익은 단위당 판매가격(price: P)에 생산량 또는 판매량(quantity: Q)을 곱한 값이다. 총비용은 총변동원가(total variable cost: VQ)와 총고정원가(total fixed cost: FC)의 합계인데, 총변동원가는 단위당 변동원가(unit variable cost: V)에 생산량 또는 판매량(Q)을 곱한 값이다.

단위당 판매가격에서 단위당 변동원가를 차감한 금액을 단위당 공헌이익(unit contribution margin: UCM, P−V)이라 한다. 단위당 공헌이익은 제품 1단위의 판매가 고정원가를 회수하고, 이익을 창출하는데 얼마나 공헌하는가를 나타내는 개념으로, 단위당 공헌이익에 총판매량을 곱한 금액을 총공헌이익(total contribution margin: TCM, (P−V)Q)이라고 한다.

변동비율은 매출액에 대한 변동원가의 비중 즉, 매출액 중에서 변동원가가 차지하는 비율을 의미한다.

총공헌이익은 총수익에서 총변동원가를 차감하여 구할 수도 있다.

단위당 공헌이익(P−V)=단위당 판매가격(P)−단위당 변동원가(V)
총공헌이익[(P−V)Q]=단위당 공헌이익(P−V)×판매량(Q)
=총수익(TR)−총변동원가(VQ)

공헌이익 포괄손익계산서

매출액(PQ)	×××
변동원가(VQ)	×××
공헌이익(P−V)Q	×××
고정원가(FC)	×××
영업이익(P−V)Q−FC	×××

위에서 살펴본 단위당 공헌이익이 단위당 판매가격에서 차지하는 비율을 공헌이익률(contribution margin ratio: CMR)이라고 한다. 공헌이익률은 단위당 판매가격에서 단위당 변동원가를 차감한 금액을 판매가격으로 나누어 산출할 수도 있다. 공헌이익률은 매출액에서 고정원가의 회수 및 이익의 획득에 공헌하는 비율을 나타낸다. 예를 들어, 단위당 판매가격이 ₩1,000이고 공헌이익률이 40%라고 하면 제품 1단위를 추가 판매함에 따라 ₩400만큼 이익이 증가한다는 정보를 준다. 한편, 공헌이익률과 변동비율은 관계를 살펴보면, 공헌이익률은 1−변동비율이므로 공헌이익률과 변동비율의 합은 항상 1의 관계가 성립된다.

$$\text{공헌이익률(CMR)} = \frac{\text{단위당 공헌이익(P−V)}}{\text{단위당 판매가격(P)}}$$

$$= \frac{\text{단위당 판매가격(P)} - \text{단위당 변동원가(V)}}{\text{단위당 판매가격(P)}}$$

$$= 1 - \frac{V}{P}$$

$$= 1 - \text{변동비율}$$

$$\text{공헌이익률} = 1 - \text{변동비율}$$

$$\text{공헌이익률} + \text{변동비율} = 1$$

2 CVP분석의 가정

CVP분석은 실제 복잡한 현상을 단순화시켜 이해가능성을 증진시키고자 다음과 같은 몇 가지 가정을 내포하고 있다. 이러한 가정들 중 대부분이 CVP분석은 단기의사결정에 사용되는 분석기법이라는 것과 관련되어 있다.

첫째, 수익과 원가를 변화시키는 수익동인(revenue driver)과 원가동인(cost driver)은 제품의 생산량과 판매량에 의해서만 발생한다고 가정하는 단일 동인(single driver)모형이다. 현실에서는 수익과 원가에 영향을 미치는 요인에는 조업도 이외에도 경제성장률, 소비자 선호, 경쟁기업, 종업원의 사기, 설비의 이용가능정도, 기술변화, 생산요소의 가격변화 등이 있다. 이와 같은 다수의 수익동인과 원가동인을 사용하는 복잡한 모형은 이를 통해 얻는 효익이 원가를 초과하는 경우에 사용해야 할 것이다.

둘째, 모든 원가를 고정원가와 변동원가로 명확히 구분할 수 있다고 가정한다.

셋째, 기본적인 CVP분석모형은 단기적 의사결정에 사용되는 기법이므로, 조업도가 크게 변동하지 않는 단기간의 관련범위 내에서 사용되기 때문에 고정원가는 관련범위 내에서 일정하다고 가정한다.

넷째, 총변동원가는 생산량 또는 판매량과 선형관계에 있다고 가정한다. 즉 CVP분석은 단기간의 의사결정을 다루는 것이므로, 관련범위 내에서 생산량 또는 판매량에 비례하여 변동원가가 변화한다고 가정한다.

다섯째, 현실적으로는 수량할인이나 현금할인 등이 존재하지만, 제품의 단위당 판매가격은 판매량의 증가에 관계없이 항상 일정하다고 가정한다.

여섯째, 단위당 판매가격, 단위당 변동원가, 고정원가는 이미 알려져 있다고 가정한다.

일곱째, CVP분석에서는 재고자산의 수준이 변동하지 않는다고 가정하므로 생산량은 모두 판매되어 판매량과 일치하게 된다. 즉 단기의사결정을 위한 분석도구인 CVP분석은 당기에 발생한 원가만을 고려하기 위하여, 전기에 발생한 원가를 포함하는 재고자산은 분석대상에서 제외하는 것이다.

여덟째, CVP분석에서는 기업이 다수의 제품을 생산·판매하는 경우에도 제품의 매출배합(sales mix)이 일정하다고 가정한다.

아홉째, 모든 수익과 원가에 대한 화폐의 시간가치를 고려하지 않는다.

3 CVP분석 기본개념

소프트웨어를 판매하는 (주)한글과 컴퓨터에서는 소프트웨어 가격을 ₩20,000으로 결정하고, 소프트웨어 1단위당 변동원가는 ₩12,000이고, 3월 중에 발생한 총고정원가는 ₩400,000이다. 판매량이 40단위와 120단위일 때 영업이익의 변화를 검토하기 위하여 CVP분석을 수행한 결과는 다음과 같다.

(주)한글과 컴퓨터에서 40단위의 소프트웨어를 판매하였을 경우 공헌이익은 ₩320,000이고, 120단위의 소프트웨어를 판매하였을 경우 공헌이익은 ₩960,000이다. 그리고 40단

위의 소프트웨어를 판매하였을 경우 영업손실은 ₩80,000이고, 120단위의 소프트웨어를 판매하였을 경우 영업이익은 ₩560,000이다. 40단위와 120단위 판매시의 공헌이익과 영업이익의 차이를 보면 ₩640,000으로 동일하다.

항목	단위당 금액 (A)	40단위 판매시		120단위 판매시		차이 (F)=(E)−(C)
		판매량 (B)	총액 (C)=(A)×(B)	판매량 (D)	총액 (E)=(A)×(D)	
총수익①	₩20,000	40	₩800,000	120	₩2,400,000	₩1,600,000
변동원가②	₩12,000	40	480,000	120	1,440,000	960,000
공헌이익③=①−②			320,000		960,000	640,000
고정원가④			400,000		400,000	0
영업이익⑤=③−④			₩(80,000)		₩560,000	₩640,000

이는 CVP분석에서 총수익과 변동원가는 판매량에 따라 변화하지만, 고정원가는 변화하지 않는다는 가정을 뒷받침하는 결과이다. 곧 판매량이 변화함에 따라 공헌이익과 영업이익 금액에 변동을 일으켰지만, 고정원가가 일정한 금액을 유지한 관계로 두 이익의 차이는 동일한 것이다. 이렇게 영업이익 정보 이외에 추가적으로 공헌이익 정보를 제공하는 포괄손익계산서를 공헌이익포괄손익계산서(contribution margin comprehensive income statement)라고 한다.

제2절 손익분기점분석

손익분기점(break-even point: BEP)이란 영업활동에 따른 이익 또는 손실이 ₩0인 경우를 말한다. 다시 말하면, 총수익과 총비용(총원가)이 일치하여 이익이 ₩0이 되는 판매량 또는 매출액이다. 경영자들은 손실을 회피하기 위하여 투입해야 할 최소한의 노력 수준을 파악해야 하므로 손익분기점에 관심을 두게 된다. 이러한 손익분기점 분석방법에는 등식법(equation method)과 공헌이익법(contribution margin method)이 있다.

1 등식법

등식법은 포괄손익계산서 등식을 바탕으로 총수익과 총비용(총원가)이 일치하는 조업도 즉, 이익이 0인 조업도에 초점을 맞추어 손익분기점을 계산하는 방법이다.

$$\pi = TR - TC \qquad \text{식}(1)$$

$$TR = P \times Q \qquad \text{식}(2)$$

$$TC = VQ + FC \qquad \text{식}(3)$$

여기에서, π : 영업이익
TR : 총수익
TC : 총비용(총원가)
P : 단위당 판매가격
Q : 판매량(생산량)
VQ : 변동원가
FC : 고정원가

식(1)에 식(2), 식(3)을 대입하면 다음과 같이 변형된다.

$$\pi = PQ - (VQ + FC) \qquad \text{식}(4)$$

(주)한글과 컴퓨터의 자료를 이용하여 손익분기점을 계산하면 다음과 같다. 단, 단위당 판매가격은 ₩20,000, 단위당 변동원가는 ₩12,000, 고정원가는 ₩400,000이다.

식(4)의 손익분기점 정의에 따라 영업이익을 ₩0으로 놓고, 총변동원가와 총고정원가를 합한 총비용(총원가)이 총수익과 일치하는 점의 판매량을 구하면 손익분기판매량이다. (주)한글과 컴퓨터가 손실을 보지 않기 위해서는 최소한 50단위를 판매해야 하며, 50단위를 초과하여 판매하게 되면 이익을 얻는다.

₩0 = ₩20,000Q − (₩12,000Q + ₩400,000)

₩400,000 = ₩8,000Q

여기서, $Q_{\text{손익분기}}$ = 50단위

이를 매출액으로 표현한 것이 손익분기매출액인데, 이는 단위당 판매가격에 손익분기점 수량을 곱한 값이다.

$$TR_{손익분기} = P \times Q_{손익분기}$$

$$₩20,000 \times 50단위 = ₩1,000,000$$

2 공헌이익법

공헌이익법은 제품의 단위당 공헌이익을 파악한 후, 총고정원가에 상응하는 총공헌이익을 얻으려면 몇 단위의 제품을 판매해야 하는가에 초점을 맞추어 손익 분기점을 계산한다. 위의 식(4)를 변형하면 다음 식(5)와 같다.

$$\pi = (P - V) \times Q - FC \qquad 식(5)$$

손익분기점의 영업이익에 ₩0을 대입하면 손익분기판매량은 다음과 같다. 이는 총고정원가를 단위당 공헌이익으로 나눈 값과도 같다.

$$Q_{손익분기} = \frac{FC}{P - V} \qquad 식(6)$$

(주)한글과 컴퓨터의 자료에서 총고정원가는 ₩400,000이고, 단위당 공헌이익은 단위당 판매가격 ₩20,000에서 단위당 변동원가 ₩12,000을 차감한 ₩8,000이다. 손익분기판매량은 50단위로, (주)한글과 컴퓨터가 손실이 발생하지 않기 위해서는 50단위를 판매해야 한다.

$$₩0 = (₩20,000 - ₩12,000)Q - ₩400,000$$

$$₩400,000 = ₩8,000Q$$

$$Q_{\text{손익분기}}=\frac{₩400,000}{₩8,000}=50\text{단위}$$

손익분기판매량에 단위당 판매가격을 곱하면 손익분기매출액을 계산할 수 있다. 식(6)에 단위당 판매가격(P)을 곱하여 정리하면 다음 식(7)과 같다. 이는 총고정원가를 공헌이익률로 나눈 값과도 같다.

$$P\times Q_{\text{손익분기}}=P\times\frac{FC}{P-V} \qquad \text{식(7)}$$

$$=\frac{FC\cdot P}{P-V}$$

여기서, 1/P/1/P 대입하면

$$=\frac{FC}{1-\frac{V}{P}}$$

(주)한글과 컴퓨터 자료에서 총고정원가는 ₩400,000이고, 단위당 공헌이익은 ₩8,000이다. 이 단위당 공헌이익을 단위당 판매가격으로 나눈 공헌이익률은 0.4 또는 40%[=(₩20,000 −₩12,000)÷₩20,000]이다. 따라서 손익분기매출액은 다음과 같이 계산된다.

$$P\times Q_{\text{손익분기}}=\frac{₩400,000}{0.4}=₩1,000,000$$

손익분기점에 이르기 위한 판매량 수준을 결정하는 것은 공헌이익과 총고정원가를 비교하는 것과 같다. 제품의 단위당 공헌이익이 먼저 총고정원가를 회수하는데 사용된다. 판매량이 증가함에 따라 총공헌이익은 점점 커져서 총고정원가와 일치하게 되고, 이익이 ₩0이 됨으로써 손익분기점을 이룬다. (주)한글과 컴퓨터의 사례는 다음 표에서와 같이 영업이익이 ₩0이 되는 손익분기점에서 총고정원가와 총공헌이익이 일치한다.

항목	손익분기점		
	단위당 금액 (A)	판매량 (B)	총액 (C)=(A)×(B)
총수익①	₩20,000	50	₩1,000,000
변동원가②	₩12,000	50	600,000
공헌이익③=①-②			400,000
고정원가④			400,000
영업이익⑤=③-④			₩0

3 목표영업이익분석

손익분기점 분석에서는 경영자에게 손실을 피하기 위한 판매량에 대한 정보를 제공해 준다. 계속적으로 기업을 존속시키기 위해서 경영자는 영업이익이 손익분기점을 넘어 기업의 전략이나 계획에 따른 목표이익을 달성할 수 있는 판매량 정보에 관심을 갖게 되는데, 이에 대한 정보를 산출하는 방법론이 목표영업이익분석이다.

목표영업이익을 달성하기 위한 판매량은 손익분기판매량 등식에서 영업이익에 양(+)의 (목표)영업이익을 대입한 것이다. 따라서 식(6)을 다시 쓰면 다음 식(8)과 같다.

$$Q_{목표} = \frac{FC + TP_{목표}}{P - V} \qquad 식(8)$$

여기서, $Q_{목표}$: 목표판매량
$TP_{목표}$: 목표영업이익

(주)한글과 컴퓨터는 ₩560,000의 영업이익을 얻기 위해서 몇 단위의 소프트웨어를 판매해야 하는지 계산하면 다음과 같다. 단, 단위당 판매가격은 ₩20,000, 단위당 변동원가는 ₩12,000, 고정원가는 ₩400,000이다.

$$Q_{목표} = \frac{₩400,000 + ₩560,000}{₩20,000 - ₩12,000} = 120단위$$

(주)한글과 컴퓨터가 목표영업이익 ₩560,000을 달성할 수 있는 목표판매수량은 120 단위가 된다.

한편, 목표영업이익을 달성하기 위한 목표매출액을 계산하기 위한 식은 다음과 같다. 손익분기매출액을 계산하기 위한 등식에서 영업이익에 ₩0이 아닌 양(+)의 (목표)영업이익을 대입한 것이다. 따라서 식(7)을 다시 쓰면 다음 식(9)와 같다.

$$PQ_{목표}=\frac{FC+TP_{목표}}{\frac{P-V}{P}}=\frac{FC+TP_{목표}}{1-\frac{V}{P}} \qquad 식(9)$$

(주)한글과 컴퓨터 자료에서 ₩560,000의 영업이익을 얻기 위해서 달성해야 할 매출액을 계산하면 다음과 같다.

$$PQ_{목표}=\frac{₩400,000+₩560,000}{0.4}=₩2,400,000$$

(주)한글과 컴퓨터가 목표영업이익 ₩560,000을 달성할 수 있는 목표매출액은 ₩2,400,000이다.

예제

다음은 볼펜을 판매하는 모닝글로리의 4월 중 영업 관련정보이다.

단위당 판매가격	₩1,000
판매수량	₩30
단위당 변동제조원가	₩500
단위당 변동판매비	₩100
고정제조원가	₩600,000
고정판매관리비	₩200,000

물음

다음을 계산하시오.

1. 단위당 공헌이익
2. 공헌이익률
3. 손익분기판매량
4. 손익분기매출액
5. 목표영업이익이 ₩200,000인 경우의 판매량
6. 목표영업이익이 ₩400,000인 경우의 매출액

풀이

1. 단위당 공헌이익

   =단위당 판매가격−단위당 변동원가

   =단위당 판매가격−단위당 변동제조원가−단위당 변동판매비

   =₩1,000−₩500−₩100

   =₩400

2. 공헌이익률

   =(단위당 판매가격−단위당 변동원가)÷단위당 판매가격

   =(단위당 판매가격−단위당 변동제조원가−단위당 변동판매비)÷단위당 판매가격

   =(₩1,000−₩500−₩100)÷₩1,000

   =0.4

3. 손익분기판매량

   =총고정원가÷단위당 공헌이익

   =(고정제조원가+고정판매관리비)÷단위당 공헌이익

   =(₩600,000+₩200,000)÷₩400

   =2,000단위

4. 손익분기매출액

   =총고정원가÷공헌이익률

   =(고정제조원가+고정판매관리비)÷공헌이익률

   =(₩600,000+₩200,000)÷0.4

   =₩2,000,000

5. 목표판매량
   =(총고정원가+목표영업이익)÷단위당 공헌이익
   =(고정제조원가+고정판매관리비+목표영업이익)÷단위당 공헌이익
   =(₩600,000+₩200,000+₩200,000)÷₩400
   =2,500단위
6. 목표매출액
   =(총고정원가+목표영업이익)÷공헌이익률
   =(고정제조원가+고정판매관리비+목표영업이익)÷공헌이익률
   =(₩600,000+₩200,000+₩400,000)÷0.4
   =₩3,000,000

지금까지 학습한 CVP분석방법을 요약하면 다음과 같다.

CVP 분석 요약

$$\text{손익분기 판매량} = \frac{\text{총고정원가}}{(\text{단위당 판매가격} - \text{단위당 변동원가})} = \frac{\text{총고정원가}}{\text{단위당 공헌이익}}$$

$$\text{손익분기 매출액} = \frac{\text{총고정원가}}{\frac{(\text{단위당 판매가격} - \text{단위당 변동원가})}{\text{단위당 판매가격}}} = \frac{\text{총고정원가}}{\text{공헌이익률}}$$

$$\text{목표판매량} = \frac{\text{총고정원가} + \text{목표영업이익}}{(\text{단위당 판매가격} - \text{단위당 변동원가})} = \frac{\text{총고정원가} + \text{목표영업이익}}{\text{단위당 공헌이익}}$$

$$\text{목표매출액} = \frac{\text{총고정원가} + \text{목표영업이익}}{\frac{(\text{단위당 판매가격} - \text{단위당 변동원가})}{\text{단위당 판매가격}}} = \frac{\text{총고정원가} + \text{목표영업이익}}{\text{공헌이익률}}$$

제3절 민감도 분석

오늘날 기업을 둘러싸고 있는 환경은 매우 복잡하고 유동적으로 변화하고 있지만, 경영자가 이에 대해 획득할 수 있는 정보는 한계가 있을 뿐만 아니라, 인지 능력에도 한계가 있다. 따라서 경영자는 항상 미래에 어떤 사건(events)이 발생할 것인지를 정확하게 알 수 없는 상황에서 의사결정을 내리게 된다. 즉 외부경영환경 변화에 대처해야 하는 경영자는 다양한 상황에 대한 원가정보를 필요로 하게 됨에 따라 민감도 분석을 수행하는 것이다.

민감도 분석(sensitivity analysis)이란 예측과 실제의 차이가 크게 발생하거나 가정이 변화하면 이에 따른 결과에 대한 변화를 분석하는 방법이다.

CVP 관련성에 대한 민감도 분석에서는 구성요소인 단위당 판매가격, 판매(생산)량, 단위당 변동원가, 총고정원가, 목표영업이익 등의 변화에 따른 손익분기점의 변화나 영업이익에 미치는 효과 등을 분석할 수 있다.

(주)한글과 컴퓨터의 단위당 판매가격이 ₩20,000에서 ₩30,000으로 상승하고, 단위당 변동원가가 ₩12,000에서 ₩10,000으로 감소하였다고 가정하자. 이러한 상황에서의 손익분기점에 대한 민감도 분석을 수행한 결과는 다음과 같다.

항목	최초 손익분기점			단위당 판매가격, 단위당 변동원가 변화 후의 손익분기점		
	단위당 금액 (A)	판매량 (B)	총액 (C)=(A)×(B)	단위당 금액 (D)	판매량 (E)	총액 (F)=(D)×(E)
총수익①	₩20,000	50	₩1,000,000	₩30,000	20	₩600,000
변동원가②	₩12,000	50	600,000	₩10,000	20	200,000
공헌이익③=①-②			400,000			400,000
고정원가④			400,000			400,000
영업이익⑤=③-④			₩0			₩0

단위당 판매가격 ₩30,000, 단위당 변동가격 ₩10,000인 상황에서 손익분기 판매량은 20단위이고 손익분기매출액은 ₩600,000이다. 최초 손익분기판매량 50단위에서 30단위가 감소하였으며, 최초 손익분기매출액에서 ₩400,000이 감소된 결과를 보였다.

1 안전한계

민감도 분석의 일종으로 안전한계(margin of safety)가 있다. 안전한계에서 안전한계매출액은 실제(예산)매출액이 손익분기매출액을 초과하는 금액을 말하며, 안전한계판매량은 실제(예산)판매량이 손익분기판매량을 초과하는 수량을 뜻한다. 이를 수식으로 나타내면 다음과 같다.

안전한계매출액＝실제(예산)매출액－손익분기매출액
안전한계판매량＝실제(예산)판매량－손익분기판매량

(주)한글과 컴퓨터의 자료를 이용하여 안전한계매출액과 안전한계판매량을 산출하면 다음 표와 같다. (주)한글과 컴퓨터의 판매량이 120단위이고, 이에 따라 ₩2,400,000의 매출을 달성하고 있다면, 안전한계매출액은 현재 매출액 ₩2,400,000에서 손익분기매출액 ₩1,000,000을 차감한 ₩1,400,000이며, 안전한계판매량은 현재 판매량 120단위에서 손익분기판매량은 50단위를 차감한 70단위이다.

단위당 금액 (A)	손익분기점		120단위 판매시		안전한계 판매량 (F)=(D)-(B)	안전한계 매출액 (G)=(E)-(C)
	판매량 (B)	총액 (C)=(A)×(B)	판매량 (D)	매출액 (E)=(A)×(D)		
₩20,000	50	₩1,000,000	120	₩2,400,000	70	₩1,400,000

이러한 안전한계에 대한 정보가 경영 의사결정에 이용되는 이유는, 안전한계매출액(판매량)이 현 상황에서 손실이 발생하기 직전까지 허용할 수 있는 매출액에 대한 정보를 제공함으로써, 기업의 안전성을 측정하는 유용한 지표의 역할을 수행하기 때문이다.

낮은 안전한계매출액(판매량)은 손익분기매출액(판매량)이 너무 높거나 현재 판매량(매출액)이 너무 낮다는 것을 의미한다. 따라서 경영자는 이러한 경영상의 문제점을 파악함으로써 미래의 불황에 대비하여 손익분기점을 낮추거나 매출액을 높여야 할 것이다. 이를테면, 단위당 판매가격은 인상하고 단위당 변동원가와 총고정원가는 감소시킬 수 있는 방안을 고려해야 한다.

다음과 같이 안전한계매출액을 실제매출액으로 나눈 비율로 표시한 것을 안전한계비율(margin of safety ratio)이라고 한다. 안전한계비율은 현 상황에서 손실이 발생할 때까지 허용할 수 있는 매출액의 최대감소비율에 대한 정보를 제공한다.

$$\text{안전한계비율} = \frac{(\text{실제매출액} - \text{손익분기매출액})}{\text{실제매출액}} = \frac{\text{안전한계 매출액}}{\text{실제매출액}}$$

현재 (주)한글과 컴퓨터의 안전한계비율을 계산하면 58.33%(=₩1,400,000÷₩2,400,000)이 된다. 곧 (주)한글과 컴퓨터는 현재 매출액에서 58.33% 이상 감소하게 되면 손실이 발생하게 된다.

예제

모닝글로리의 10월 중 영업활동에 관한 자료는 다음과 같다.

- 단위당 판매가격 ₩10
- 단위당 변동원가 ₩6
- 현재 판매량 80,000단위
- 총고정원가 ₩200,000

물음

1. 안전한계판매량과 안전한계매출액을 구하라.
2. 안전한계비율을 구하라.

풀이

1. 안전한계판매량과 안전한계매출액을 산출하기 위해서는 먼저 손익분기판매량과 손익분기매출액을 계산해야 한다.

손익분기판매량 =총고정원가÷(단위당 판매가격－단위당 변동원가)

=₩200,000÷(₩10－₩6)=50,000단위

$$\text{손익분기매출액} = \frac{\text{총고정원가}}{\dfrac{(\text{단위당 판매가격} - \text{단위당 변동원가})}{\text{단위당 판매가격}}}$$

$$= \frac{₩200,000}{\dfrac{(₩10 - ₩6)}{₩10}}$$

=₩500,000

안전한계판매량 =실제판매량－손익분기판매량

=80,000－50,000

=30,000단위

인진힌게메출액 －실제매출액-손이분기매출액

=₩10×80,000－₩500,000

=₩300,000

$$\text{안전한계비율} = \frac{\text{안전한계 매출액}}{\text{실제매출액}}$$

=₩300,000÷₩800,000

=0.375

제4절 CVP분석의 의사결정에의 이용

지금까지 CVP분석이 손익분기점에서의 판매량 및 매출액 결정, 목표영업이익을 달성하기 위한 판매량 및 매출액 결정에 유용한 정보를 제공함을 보았다. 다음에서는 경영자의 전략적 의사결정에 CVP분석을 이용하는 사례를 살펴본다.

(주)한글과 컴퓨터는 현재 120단위를 판매하고 있는 상황에서 광고를 하지 않고 있다. 그런데 광고회사인 제일기획으로부터 매출신장을 위하여 ₩1,000,000의 TV광고를 제안

받았고, 마케팅부서는 광고를 통해 매출액이 10% 증가할 것으로 예측하였다. 이 상황에서 (주)한글과 컴퓨터는 제일기획의 제안에 대한 수락여부를 판단하기 위해 CVP분석을 수행한 결과는 다음과 같다.

항목	단위당 금액 (A)	[상황 1] 광고 없이 120단위 판매		[상황 2] 광고를 하고 판매량 10% 증가		차이 (F)=(E)–(C)
		수량 (B)	금액 (C)=(A)×(B)	수량 (D)	금액 (E)=(A)×(D)	
총수익①	₩20,000	120	₩2,400,000	132	₩2,640,000	₩240,000
변동원가②	₩12,000	120	1,440,000	132	1,584,000	144,000
공헌이익③=①-②			960,000		1,056,000	96,000
고정원가④			400,000		1,400,000	1,000,000
영업이익⑤=③-④			₩560,000		(₩344,000)	(₩904,000)

광고를 통해 증가하는 공헌이익은 ₩96,000인 반면, 광고선전비로 증가하는 고정비는 ₩1,000,000이기 때문에 영업이익은 ₩904,000 감소하는 결과를 보이고 있어, 광고를 하지 않는 것이 영업이익을 극대화하는 것으로 나타났다.

만약 광고를 하게 된다면 광고를 통해 얻을 수 있는 공헌이익 증가분₩96,000이 광고선전비의 최대금액이 된다.

추가적으로 (주)한글과 컴퓨터에서 매출액 신장을 위하여 가격인하를 고려한다고 하자. 10%의 가격인하를 하게 되면 40%의 매출신장이 이루어진다는 분석결과에 따라 CVP분석을 수행하면 다음과 같다.

항목	[상황 1] 가격 ₩20,000, 120단위 판매			[상황 2] 가격 10%인하, 40% 판매량 증가		
	단위당 금액 (A)	수량 (B)	금액 (C)=(A)×(B)	단위당 금액 (D)	수량 (E)	금액 (F)=(D)×(E)
총수익①	₩20,000	120	₩2,400,000	₩18,000	168	₩3,024,000
변동원가②	₩12,000	120	1,440,000	₩12,000	168	2,016,000
공헌이익③=①-②			960,000			1,008,000
고정원가④			400,000			400,000
영업이익⑤=③-④			₩560,000			₩608,000

단위당 판매가격이 ₩18,000, 판매량이 168단위가 되므로, 단위당 판매가격이 ₩20,000이고 판매량이 120단위일 때와 비교하여 영업이익이 ₩48,000이 증가한다. 즉 이 회사가 40%의 매출신장을 가정하여 10%의 가격을 인하하면 영업이익은 증가하게 된다.

제5절 CVP분석의 확장

1 법인세를 고려한 CVP분석

법인세를 고려한 CVP분석에서는 식의 단순화를 위하여, 세후이익(net income)은 영업외수익과 영업외비용을 0으로 가정하고, 세전이익에서 법인세 (corporate tax)를 뺀 금액이다. 법인세는 세전이익에 법인세율(corporate tax rate)을 곱한 값이다.

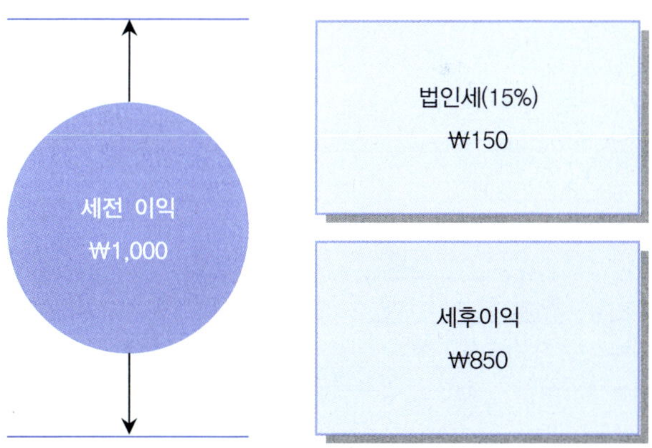

세후이익(NI) = 세전이익(OI) − 법인세(CT) 식(10)

법인세(CT) = 세전이익(OI) × 법인세율(t) 식(11)

식(10)에 식(11)을 대입하여 정리하면 다음 식과 같다.

세후이익＝세전이익－법인세
＝세전이익－(세전이익×세율)
＝세전이익(OI)×(1－세율(t))
이를 세전이익으로 풀면,
세전이익(OI)＝세후이익(NI)÷(1－세율(t))

세후목표이익 달성을 위한 목표판매량은 다음과 같이 도출된다.

$$Q_{목표}=\frac{FC+OI}{P-V}$$

$$=\frac{FC+\frac{NI}{(1-t)}}{P-V}$$

세후목표이익 달성을 위한 목표매출액은 위 식의 양변에 P를 곱하여 다음과 같이 도출할 수 있다.

$$P\times Q_{목표}(TR_{목표})=\frac{\frac{FC+OI}{P-V}}{P}$$

$$=\frac{FC+\frac{NI}{(1-t)}}{\frac{P-V}{P}}=\frac{FC+\frac{NI}{(1-t)}}{1-\frac{V}{P}}$$

위 식을 이용하여 (주)한글과 컴퓨터가 세후이익 ₩487,200(단, 세율은 영업이익 1억 이하 13%, 1억 초과 25%)을 달성하기 위한 목표판매량을 계산하면 다음과 같다. 단, 단위당 판매가격은 ₩20,000, 단위당 변동원가는 ₩12,000, 고정원가는 ₩400,000이다.

$$Q_{목표} = \frac{₩400,000 + \frac{₩487,200}{(1-0.13)}}{(₩20,000 - ₩12,000)} = \frac{(₩400,000 + ₩560,000)}{(₩20,000 - ₩12,000)}$$

$$= 120단위$$

또한 세후이익 ₩487,200(단, 세율은 영업이익 1억 이하 13%, 1억 초과 25%)을 달성하기 위한 매출액을 계산하면 다음과 같다. 단, 단위당 판매가격은 ₩20,000, 단위당 변동원가는 ₩12,000, 고정원가는 ₩400,000이다.

$$PQ_{목표} = \frac{₩400,000 + \frac{₩487,200}{(1-0.13)}}{\frac{(₩20,000 - ₩12,000)}{₩20,000}} = \frac{(₩400,000 + ₩560,000)}{\frac{(₩20,000 - ₩12,000)}{₩20,000}}$$

$$= ₩2,400,000$$

앞 절에서는 CVP분석의 손익분기판매량, 손익분기매출액을 산출하였다. 그러나 법인세를 고려하지 않았는데, 이는 손익분기점에서는 영업이익이 ₩0이고 이에 따른 법인세가 ₩0이므로, CVP모형에서 법인세 고려 여부와는 상관없이 그 결과가 동일한 것이다.

I. 평가자 체크리스트

※ 다음 서술이 옳으면 T, 옳지 않으면 F를 기재하시오.

10.1 CVP분석의 목적은 손익분기점의 조업도 수준만을 파악하는 데 필요한 기법이다.

10.2 CVP분석은 의사결정이 이루어지는 관련범위 내에서 조업도만이 원가에 영향을 미치는 유일한 요인이라고 가정한다.

10.3 손익분기점에서는 순이익이 0이므로 법인세가 없다.

10.4 CVP분석은 장기투자의사결정에 유용한 분석방법이다.

10.5 공헌이익이 총고정원가보다 클 경우에는 이익이 발생한다.

10.6 공헌이익률은 원가구조와 밀접한 관련이 있으며 변동원가 비중이 높으면 공헌이익률이 높게 나타난다.

10.7 고정원가가 10% 증가하였을 때 다른 조건이 일정하다면 손익분기점 판매량도 10%증가한다.

10.8 법인세를 고려하건 고려하지 않건 간에 손익분기점은 영향을 받지 않는다.

10.9 경기침체시 매출액이 감소한다면 고정비를 줄여 기업의 위험관리를 한다.

10.10 원가함수를 조업도에 대한 1차함수로 추정하는 것은 관련범위 내에서 원가함수가 비선형이라는 가정에 따른 것이다.

Ⅱ. 객관식

10.1 일반적으로 손익분기점 분석에서 고려하지 않는 가정은? [2000년 세무사]

① 판매가격은 일정범위내에서는 변동하지 않는다.
② 모든 원가는 고정비와 변동비로 나누어질 수 있다.
③ 수익과 원가형태는 관련범위내에서 곡선적이다.
④ 원가요소, 능률, 생산성은 일정범위내에서 변동하지 않는다.
⑤ 단위당 판매가격은 판매량에 관계없이 일정하다.

10.2 원가의 조업도 변화에 대한 설명 중 옳지 않은 것은?

① 생산량이 증가할 때 총원가는 증가한다.
② 생산량이 증가할 때 단위당 변동원가는 일정하다.
③ 생산량이 증가함에 따라 총변동원가는 증가한다.
④ 생산량이 증가함에 따라 단위당 고정원가는 감소한다.
⑤ 생산량이 증가함에 따라 단위당 총원가는 일정하다.

10.3 단위당 판매가격과 단위당 변동원가가 불변이며, 총고정원가가 증가할 경우 다음 중 옳은 것은?

① 총공헌이익은 감소하고, 손익분기점 총매출액이 증가한다.
② 총공헌이익은 감소하고, 손익분기점 총매출액이 감소한다.
③ 총공헌이익은 불변이며, 손익분기점 총매출액이 증가한다.
④ 총공헌이익은 불변이며, 손익분기점 총매출액이 감소한다.
⑤ 총공헌이익은 증가하고, 손익분기점 총매출액이 감소한다.

10.4 다음은 원가－조업도－이익분석(CVP분석)에 관련된 공식이다. 옳지 않은 것은?

① $\text{손익분기점 매출액} = \dfrac{\text{고정원가}}{\text{단위당 변동원가}}$

② $\text{손익분기점 판매량} = \dfrac{\text{고정원가}}{\text{단위당 공헌이익}}$

③ $\text{목표이익 판매량} = \dfrac{\text{고정원가} + \text{목표이익}}{\text{단위당 공헌이익}}$

④ $\text{세후목표이익 판매량} = \dfrac{\text{고정원가} + \dfrac{\text{세후이익}}{1 - \text{세율}}}{\text{단위당 공헌이익}}$

⑤ $\text{안전한계율} = \dfrac{\text{매출액} - \text{손익분기매출액}}{\text{매출액}}$

10.5 다음 중 원가구조에 관한 설명으로 옳지 않은 것은?

① 원가구조란 조직 내 고정비와 변동비의 상대적 비율을 의미한다.
② 매출이 증가하는 호황기에는 고정비의 비중이 큰 경우가 유리하다.
③ 고정비 비율이 클수록 이익의 안정성이 커진다.
④ 고정비 비율이 클수록 매출 증가시 유리하다.
⑤ 변동비 비율이 클수록 매출 감소시 유리하다.

10.6 (주)안산은 단일제품을 생산·판매하고 있다. 단위당 판매가격 ₩100, 단위당 변동비 ₩50, 총고정비 ₩100,000이다. 다음 중 옳은 것은?

① 단위당 공헌이익은 ₩100이다.
② 변동비율은 100%이다.
③ 공헌이익률은 0.45이다.
④ 손익분기점 매출액은 ₩200,000이다.
⑤ 손익분기점 판매수량은 2,500개이다.

10.7 F회사의 손익분기점 매출액(BEPs)이 ₩1,000,000, 공헌이익률이 40%, 20×8년도 영업이익이 ₩250,000일 경우 20×8년도 매출액을 계산하면? [1993년 공인회계사]

① ₩1,625,000　　② ₩1,375,000
③ ₩1,700,000　　④ ₩1,083,333
⑤ ₩1,600,000

10.8 변동비가 매출액의 70%, 판매액이 S, 연간 총고정비가 FC일 때 총 판매액의 20%의 목표이익을 내려고 할 때 목표판매액은? [1994년 공인회계사]

① S=0.2÷FC　　② S=FC÷0.2
③ S=FC÷0.7　　④ S=FC÷0.1
⑤ S=0.8FC

10.9 골프공을 제조하여 판매하고 있는 (주)그린골프는 손익분기점 분석방법으로 20×8년 12월에 실현하고자 하는 이익을 사전에 계산해 보려고 한다. (주)그린골프가 제조하여 판매하는 골프공 1개당 판매가격은 ₩1,000이고, 1개당 변동비는 ₩350이며, 고정비는 월 ₩1,300,000이다. 손익분기점 상의 매출액은 얼마인가? [기업회계 1급 수정]

① ₩2,000,000
② ₩2,200,000
③ ₩2,500,000
④ ₩2,700,000
⑤ ₩3,200,000

10.10 (주)서울은 단일제품을 제조·판매하고 있다. 총고정비 ₩100,000, 단위당 공헌이익 ₩100, 목표이익이 ₩50,000일 경우 목표이익을 실현하기 위한 판매수량은?

① 1,000단위
② 1,500단위
③ 2,000단위
④ 2,500단위
⑤ 3,000단위

10.11 (주)서현은 단일제품을 생산, 판매하고 있다. 단위당 판매가격 ₩100, 단위당 변동비 ₩60, 고정비 ₩100,000이다. 다음 중 옳지 않은 것은?

① 단위당 공헌이익은 ₩50이다.
② 변동비율은 60%이다.
③ 공헌이익률은 40%이다.
④ 손익분기점 판매량은 2,500개이다.
⑤ 손익분기점 매출액은 ₩250,000이다.

10.12 (주)두산은 단위당 판매가격이 ₩500이고 단위당 변동비가 ₩100인 제품을 생산, 판매하고 있다. 연간 고정비는 ₩30,000일 때 ₩50,000의 목표이익을 달성하기 위한 판매량은 얼마인가?

① 75개
② 125개
③ 160개
④ 200개
⑤ 220개

10.13 (주)남산의 고정비는 ₩150,000이며, 공헌이익률은 30%이다. 이 회사가 ₩60,000의 영업이익을 달성하고자 한다면 총매출액은 얼마이어야 하는가?

① ₩760,000
② ₩700,000
③ ₩640,000
④ ₩560,000
⑤ ₩500,000

10.14 대한기업은 이번 달에 200,000개의 제품을 개당 ₩4에 판매할 계획이다. 공헌이익률은 25%이다. 대한기업의 한 달 동안의 손익분기점 판매량이 200,000개라면 총고정비용은 얼마인가?

① ₩100,000
② ₩160,000
③ ₩200,000
④ ₩300,000
⑤ ₩340,000

10.15 승리회사는 단일제품을 생산·판매하고 있다. 월 고정비 ₩20,000, 단위당 공헌이익 ₩10, 세후 목표순이익 ₩30,000이다. 세율이 20%일 경우 세후 목표순이익을 실현하기 위한 판매수량은?

① 4,150단위
② 4,600단위
③ 5,750단위
④ 6,250단위
⑤ 6,500단위

10.16 제품 A의 단위당 판매가격은 ₩100이고, 단위당 변동비는 ₩60이다. 회사가 손익분기점 이상의 매출을 하고 있을 경우 매출이 ₩100,000 증가하면 순이익의 증가는 얼마인가?

① ₩20,000
② ₩40,000
③ ₩60,000
④ ₩80,000
⑤ ₩100,000

10.17 (주)시테크는 핸드폰 배터리를 제조 · 판매하는 회사이다. 이들 제품에 관한 자료는 다음과 같다.

단위당 판매가격	₩10,000
단위당 변동원가	₩2,000
고정원가	₩10,000,000
법인세율	40%

(주)시테크의 20×8년의 세후목표이익 ₩1,200,000을 달성하기 위한 판매수량은?

① 500개 ② 1,000개
③ 1,500개 ④ 2,000개
⑤ 2,500개

10.18 (주)안산은 전화기를 생산 · 판매하는 회사이다. 다음은 회사의 1분기 예산자료이며, 목표 판매량을 12,000대로 결정하였을 때 안전한계 판매량은?

매출액(@₩10,000)	₩120,000,000
단위당 변동원가	₩4,000
고정원가	₩30,000,000

① 4,000대 ② 5,000대
③ 6,000대 ④ 7,000대
⑤ 8,000대

10.19 서초회사는 단일제품을 생산 · 판매하고 있다. 월 고정비 ₩20,500, 월 판매량 1,000단위, 단위당 공헌이익 ₩50일 경우 월 순이익은?

① ₩15,000 ② ₩20,500
③ ₩24,500 ④ ₩29,500
⑤ ₩32,500

10.20 다음은 단일제품을 생산하고 있는 (주)서울의 당월 중 원가에 관련된 자료이다. 단, 생산설비는 충분히 크며 법인세율은 40%이다.

(1) 단위당 판매가격	₩20
(2) 단위당 직접재료비	₩2
(3) 단위당 직접노무비	₩4
(4) 단위당 변동제조간접비	₩3
(5) 단위당 변동판매비	₩5
(6) 월간 고정비총액	₩60,000

세금공제 후 목표이익 ₩61,200을 획득하기 위한 당월의 판매량은 얼마인가? (단, 생산량과 판매량이 일치됨을 가정할 것) [1994년 세무사]

① 20,200단위 ② 27,000단위 ③ 29,150단위
④ 32,500단위 ⑤ 35,500단위

10.21 (주)한국은 단일제품을 생산 · 판매하고 있으며, 제품 단위당 판매가격은 ₩25이고 변동원가율은 60%이다. 연간 고정원가가 ₩50,000일 때, 원가-조업도-이익 분석에 관한 설명으로 옳지 않은 것은? [경영지도사 수정]

① 공헌이익률은 40%이다.
② 손익분기점 판매량은 5,000개이다.
③ 매출액이 ₩125,000이면 안전한계는 ₩0이다.
④ 고정원가가 20% 감소하면, 손익분기점 판매량은 20% 감소한다.
⑤ 법인세율이 30%인 경우, 세후목표이익 ₩14,000을 달성하기 위한 판매량은 6,400개이다.

10.22 다음은 원가-조업도-이익분석에서 발생하는 레버리지에 대한 설명이다. 틀린 것을 모두 나열한 것은? [기업회계 1급 수정]

1. 레버리지 분석은 조업도의 증감에 따른 손익의 확대효과를 알 수 있다.
2. 제품단위당 공헌이익이 클수록 레버리지 효과는 크게 나타난다.
3. 제품 단위당 변동원가는 레버리지에 영향을 미치지 않는다.
4. 영업 레버리지가 높은 기업은 영업손실에서 영업이익으로의 전환이 용이하다.
5. 고정원가의 비중이 낮은 노동집약적 산업은 레버리지가 높게 나타난다.

① 1, 3, 4 ② 1, 2, 5 ③ 2, 4, 5
④ 3, 4, 5 ⑤ 2, 3, 4

10.23 다음 자료에 의하여 제품단위당 변동원가는? [기업회계 1급 수정]

- 매출액: ₩1,800,000
- 안전한계액: ₩360,000
- 총고정원가: ₩540,000
- 제품 단위당 판매가격: ₩1,200
- 제품 단위당 변동원가: ₩ ?

① ₩600　② ₩650　③ ₩750　④ ₩800　⑤ ₩850

10.24 다음 자료를 이용하여 공헌이익을 계산하면 얼마인가? [재경관리사 수정]

구분	항목
판매수량	20,000개
제품단위당 판매가격	₩400
제품단위당 변동제조원가	₩150
제품단위당 변동판매비	₩120
고정제조간접원가	₩500,000
고정판매비와관리비	₩1,100,000

① ₩1,300,000　② ₩2,100,000　③ ₩2,600,000　④ ₩3,900,000　⑤ ₩4,000,000

10.25 (주)만군은 제품 10,000개를 판매하여 ₩2,000,000의 세전영업이익을 달성하는 것을 목표로 하고 있다. 이에 대한 고정원가는 ₩4,000,000이고 공헌이익률은 50%이다. (주)만군의 제품 단위당 가격과 제품단위당 변동원가는 각각 얼마인가(단, 회사는 단일제품을 생산, 판매하여 판매가격은 연중 일정하다고 가정한다)? [재경관리사 수정]

	단위당 판매가격	단위당 변동원가
①	₩1,200	₩600
②	₩1,200	₩800
③	₩1,200	₩900
④	₩2,400	₩800
⑤	₩2,400	₩900

10.26 예산 또는 실제 매출액이 손익분기점 매출수준을 초과하는 부분으로 손실을 발생시키지 않으면서 허용할 수 있는 매출액의 최대 감소액을 의미하는 용어는 무엇인가?

[재경관리사 수정]

① 안전한계 ② 공헌이익
③ 목표이익 ④ 영업레버리지
⑤ 손익분기점

10.27 (주)대한은 단일제품을 생산 · 판매하고 있으며, 단위당 판매가격 및 변동원가는 각각 ₩1,000과 ₩750이다. 연간 고정원가가 ₩1,000,000일 때 세후목표이익 ₩70,000을 달성하기 위한 매출액은? (단, 법인세율은 30%라고 가정한다.) [경영지도사 수정]

① ₩3,880,000 ② ₩4,100,000
③ ₩4,280,000 ④ ₩4,400,000
⑤ ₩4,680,000

10.28 (주)대한은 올해 예상매출액과 고정비가 ₩5,000과 ₩1,500이고 공헌이익률이 50%라면, 안전한계율은? [경영지도사 수정]

① 10% ② 25%
③ 30% ④ 40%
⑤ 45%

10.29 단일제품을 생산 · 판매하는 (주)대한의 연간 고정원가는 ₩10,000이고 손익분기점 매출액이 ₩25,000이라면 제품 100단위를 판매하여 ₩2,000의 영업이익을 달성하기 위한 단위당 판매가격은? [경영지도사 수정]

① ₩100 ② ₩200
③ ₩250 ④ ₩300
⑤ ₩400

10.30 원가－조업도－이익(CVP) 분석모형에서 판매수량이 증가한 경우에 관한 설명으로 옳은 것은? [경영지도사 수정]

① 공헌이익률의 증가 ② 손익분기점의 하락
③ 손익분기점의 상승 ④ 고정원가의 감소
⑤ 공헌이익의 증가

10.31 (주)대한의 20×1년도 매출액은 ₩30,000,000이며, 고정원가는 ₩9,000,000이다. (주)대한의 안전한계율이 25%인 경우 공헌이익률은? [경영지도사 수정]

① 10%
② 25%
③ 30%
④ 40%
⑤ 45%

Ⅲ. 주관식

10.1 강남전자는 게임기를 판매하는 회사이다. 회사는 5월 중에 1,000대의 게임기를 대당 ₩50,000에 모두 판매하였다. 게임기의 단위당 변동비는 ₩30,000, 고정비는 ₩5,000,000이며, 고정비 중에는 영업사원의 급료 ₩2,000,000이 포함되어 있다.

물음 1) 공헌이익과 공헌이익률 및 변동비율을 계산하시오.
2) 손익분기점의 판매량과 매출액을 계산하시오.
3) 목표이익 ₩5,000,000을 달성하기 위한 매출액을 계산하시오.

10.2 100실 규모의 호텔을 운영하는 B회사의 연간 고정원가는 ₩1,200,000,000이고, 객실의 1일 임대료는 ₩50,000, 임대객실 1실당 평균변동원가는 ₩10,000이다. 1년 365일 무휴인 B회사가 손익분기에 도달하기 위한 연간 점유객실수와 객실임대율(점유율)은 얼마인가? 단, 객실임대는 1일 단위로 한다.

10.3 사무용 책상을 제조하여 판매하는 회사이다. 동 책상의 단위당 판매가격은 ₩200,000이며 원가계산 결과 책상의 단위당 변동비는 ₩150,000, 총고정비는 ₩3,000,000으로 나타났다. 법인세율이 20%라고 할 때, 이 회사가 20×5년도 납세 후 목표이익 ₩1,600,000을 달성하기 위하여 필요한 판매량은 얼마인가?

10.4 (주)상록은 제품 A를 단위당 ₩1,000에 생산·판매하고 있다. 제품 A의 단위당 변동비는 ₩600이고 연간 고정비는 ₩1,000,000이다. 연간 ₩3,000,000의 세후 순이익을 얻기 위해서 판매하여야 할 수량은? (단, 법인세율은 40%이다.)

10.5 대한회사는 단일제품을 생산 · 판매하고 있다. 제품단위당 판매가격은 ₩500이며, 2000년 5월의 요약 공헌이익계산서는 다음과 같다.

공헌이익계산서	
매 출 액(1,000단위)	₩500,000
변동원가	300,000
공헌이익	₩200,000
고정원가	150,000
순 이 익	₩50,000

상기 자료와 관련된 다음의 요구사항에 답하라.

물음 1) 단위당 공헌이익, 공헌이익률, 변동원가율
2) 손익분기점 판매량과 매출액
3) 목표이익 ₩80,000을 얻기 위한 판매량
4) 회사의 법인세율이 30%라고 가정하면, 세후목표이익 ₩70,000을 달성하기 위한 매출액

10.6 (주)천리향은 단일제품인 기능성 비누를 생산 판매하고 있다. 20×8년 6월의 공헌이익 손익계산서는 다음과 같다. 생산된 제품 10,000개를 판매하였으며 회사의 생산능력은 20,000개이다.

공헌이익 손익계산서	
매 출 액	₩5,000,000
변 동 비	₩2,000,000
공헌이익	₩3,000,000
고 정 비	₩1,500,000
순 이 익	₩1,500,000

물음 1) 손익분기점의 판매량을 계산하시오.
2) 30%의 목표이익을 달성하기 위한 매출액을 계산하시오.
3) 법인세율이 40%일 때 세후목표이익 ₩900,000을 달성하기 위한 매출액은?

10.7 (주)상록은 신제품 K를 생산·판매 예정이다. 단위당 판매가격은 ₩100,000, 단위당 변동비 ₩80,000, 월 고정비는 ₩200,000이다.

물음 1) 세전 순이익 ₩300,000을 실현하기 위한 월 판매수량을 계산하시오.
2) 30단위를 판매할 계획을 수립한 경우 다음을 계산하시오.

① 총수익 ② 총공헌이익 ③ 세전 순이익 ④ 안전한계 ⑤ 안전한계율

10.8 (주)삼일은 제품 20,000개를 판매하여 ₩1,000,000의 세전 영업이익을 목표로 하고 있다. 이때 고정원가는 ₩4,000,000이고 공헌이익률은 40%이다. (주)삼일의 제품단위당 판매가격은 얼마인가? 단, 회사는 단일제품을 생산, 판매하며 판매가격은 연중 일정하다고 가정한다. [재경관리사]

10.9 미래회사의 매출액은 ₩200,000, 변동비 ₩100,000, 고정비 ₩60,000, 영업손실 ₩10,000이다. 매출액의 10% 영업이익을 실현하기 위하여 필요한 매출액은?

10.10 (주)경기의 손익분기점 매출액은 ₩360,000이고 공헌이익률은 30%이다. 이 회사가 ₩84,000의 영업이익을 달성하고자 한다면 총매출액은 얼마이어야 하는가?
[2004년 세무사]

제11장

표준원가와 차이분석

학습목표

앞 장에서는 종합예산 편성과 관련하여 조직 전반적인 입장에서 파악해 보았다. 그런데 현실적으로 경제환경 변화에 따라 조직경영의 유연성(flexibility)을 확보하기 위해서는 종합예산의 편성만으로는 불가능하다. 이는 변동예산의 수립이 얼마나 중요한지를 의미하는 것이다. 따라서 본 장에서는 다음과 같은 학습목표를 설정한다.

1. 표준원가는 무엇인가?
2. 예산과 예산차이는 무엇인가?
3. 직접재료원가, 직접노무원가 차이분석은 어떻게 되는가?
4. 제조간접원가 차이분석은 어떻게 되는가?
5. 변동예산 수립에 있어 원가흐름과 회계처리는 어떻게 되는가?
6. 각 원가차이는 어떻게 기말에 조정되는가?
7. 조정 후 다음 회계기간의 회계처리까지 해보자.
8. 표준종합원가계산을 살펴보자.

제1절 표준원가

우리는 앞에서 예산의 편성과 관련된 문제를 살펴보았다. 특히 생산량 예산에 있어서는 각 원가유형에 따라서 소요되는 수량과 단위당 원가를 주어진 것으로 보았으나, 사실상 이들의 설정을 엄격히 할 경우 이들은 표준수량(standard quantity)과 표준원가(standard cost)가 된다. 표준원가란 특정제품을 생산하는 데 발생할 것으로 예상되는 원가를 가격표준과 수량표준을 이용하여 사전에 결정한 것으로, 일반적으로 각 원가요소별로 설정하는 것이 보통이다. 즉, 제품의 표준원가는 직접재료원가, 직접노무원가, 제조간접원가 각각에 대해 수량표준과 가격표준을 곱하여 계산한 금액을 모두 합한 것이다. 실무에서는 예산편성에 사용되는 예산수량(budgeted quantity)과 예산원가(budgeted cost)를 표준수량 및 표준원가와 혼용하여 사용하기도 하지만, 엄밀한 의미에서 표준의 개념이 예산의 개념보다 더 엄격하다고 할 수 있다.

1 표준원가의 유용성과 한계

1) 표준원가의 유용성

표준원가를 사용하는 주요 목적에는 계획목적, 통제목적, 제품원가계산 목적이 있다. 계획목적과 통제목적은 관리회계상의 목적이며 제품원가계산 목적은 원가회계상의 목적이라고 할 수 있다.

- 계획목적: 표준원가를 설정하면 현금조달계획, 원재료구입계획 등의 계획과 이러한 계획을 금액으로 표시하는 예산을 쉽게 작성할 수 있다.
- 통제목적: 표준원가를 설정하면 작업을 진행하고 있는 동안 실제투입량 및 실제원가가 표준을 기초로 설정한 통제한계 내에서 발생하고 있는지를 즉시 파악할 수 있으므로 예외에 의한 관리(management by exception)를 할 수 있다. 즉, 실제원가가

표준을 근거로 설정한 허용범위 내에 있으면 경영자는 이에 대해 특별한 주의를 기울이지 않고, 실제원가가 허용범위를 벗어나는 예외적인 경우에만 특별한 주의를 기울임으로써 경영자의 시간을 보다 효율적으로 사용할 수 있게 된다.

- 제품원가계산목적: 표준원가를 사용하여 제품원가를 계산하고 회계처리하는 경우에는 장부에 기록하는 활동이 많이 간소화된다.

2) 표준원가의 한계

표준원가가 재무보고를 개선시키고 경영진에게 유용한 정보를 제공한다는 장점이 있지만, 다른 모든 경영관리기법과 마찬가지로 한계점을 갖고 있다. 표준원가를 이용하여 예외에 의한 관리를 수행할 경우에 나타날 수 있는 문제점은 다음과 같다.

첫째, 예외에 의한 관리에서 어느 정도의 예외사항을 중요한 예외사항으로 볼 것인가 하는 문제가 발생한다. 표준원가를 사용하는 경우에는 실제원가와 표준원가 사이에 차이가 발생하는데, 어느 정도의 차이가 금액적으로 중요한 차이인가를 결정하는 데에는 어려움이 있다.

둘째, 일정한 수준 이상의 차이, 즉 금액이 큰 차이에만 초점을 맞추게 되면 허용범위 이내에서 발생하는 실제원가의 증가추세와 같은 중요한 변동을 초기분석단계에서 탐지하지 못하게 된다.

셋째, 예외에 의한 관리는 하위관리자에 대한 동기부여측면에서 문제가 있다. 만일 성과평가가 예외의 원칙에 의해서만 수행된다면, 하위관리자는 부정적인 예외를 감추고 이들을 보고하지 않을 유인이 발생한다.

넷째, 예외에 의한 관리는 상위관리자에게도 바람직하지 못한 영향을 미칠 수 있다. 왜냐하면 상위관리자들은 중요한 문제점에만 관심을 기울이기 때문에 업무전반을 철저히 감독하지 않을 유인이 발생하며, 또한 하위관리자를 계속적으로 감시하고 억압한다는 부정적인 느낌을 줄 수도 있다.

제2절 예 산

앞에서 언급한 바와 같이 성과평가 및 원가통제의 목적으로 실무에서 표준과 함께 가장 많이 사용하고 있는 것이 표준에 기초한 예산이다. 예산(budget)이란 미래에 대한 공식적인 활동계획을 화폐가치로 나타낸 것이다. 이를 그 설정방법에 따라 구분하면 고정예산과 변동예산이 있다.

1 고정예산과 변동예산

고정예산(static budget)은 특정 예산기간 동안의 특정 산출물 수준을 기준으로 편성한 예산으로서 특정기간 동안의 생산수량이나 기타 조업도의 변화 여부에 관계없이 하나의 조업도를 기준으로 편성한 예산이다. 종합예산은 예산기간에 대하여 단일의 생산량을 기준으로 수립한 예산이기 때문에 고정예산이다.

변동예산(flexible budget)은 단일의 생산량을 기준으로 설정하는 고정예산과는 달리 예산기간 동안의 실제생산량에 따라 조정하여 작성되는 예산이다. 따라서 고정예산차이를 보다 자세히 분석하고자 하는 경우와 실제성과가 얼마나 효율적으로 달성되었는가를 합리적으로 평가하기 위해서 편성한다. 변동예산은 예산기간 동안의 실제생산량에 근거하여 수익과 원가에 대한 예산을 편성하는 것이다. 따라서 변동예산제도 하에서는 비교 목적과 성과평가목적을 위해서 실제원가를 실제생산량 수준에서의 예산원가와 비교한다.

다음은 휴대전화기를 생산하는 삼성전자 주식회사의 2020년 5월 고정예산 내역이다.

항목	금액
예산판매가격	₩300
예산판매수량	13,000단위
단위당 예산직접재료원가	₩60
단위당 예산직접노무원가	52
단위당 예산변동제조간접원가	60
예산고정제조간접원가	₩1,209,000

사례를 단순화시키기 위해 원가는 모두 제조원가이며, 판매비와 관리비는 발생하지 않는다고 가정하자. 또한 2020년 5월에 생산된 제품은 2020년 5월에 모두 판매된다고 가정한다. 따라서 모든 재료는 같은 기간에 구입되고 사용되며, 직접재료, 재공품, 제품의 기초 및 기말재고는 없다. 생산수량이 직접재료원가, 직접노무원가, 변동제조간접원가의 원가동인이다. 고정제조간접원가는 직접재료투입량 기준으로 배부한다. 2020년 5월의 실제자료는 다음과 같다.

항목	금액
실제매출액	₩3,200,000
실제판매수량	10,000단위
실제직접재료원가	₩660,000
실제직접노무원가	580,000
실제변동제조간접원가	840,000
실제고정제조간접원가	₩950,000

다음으로 단위당 예산변동원가, 실제수량, 예산고정원가정보를 이용하여 변동예산을 산출한다. 삼성전자 주식회사의 2020년 5월의 변동예산은 다음과 같다.

항목	단위당 예산금액 (A)	실제수량 (B)	금액 (C)=(A)×(B)
매출액	₩300	10,000	₩3,000,000
변동원가			
직접재료원가	60	10,000	600,000
직접노무원가	52	10,000	520,000
변동제조간접원가	₩60	10,000	600,000
총변동원가			1,720,000
공헌이익			1,280,000
고정제조간접원가			1,209,000
영업이익			₩71,000

위에서 제시한 삼성전자 주식회사의 예산자료와 실제자료를 이용하여 산출한 2020년 5월의 예산정보는 다음과 같다.

항목 \ 구분	실제금액	변동예산금액	고정예산금액
매출액	₩3,200,000	₩3,000,000	₩3,900,000
변동원가			
직접재료원가	660,000	600,000	780,000
직접노무원가	580,000	520,000	676,000
변동제조간접원가	840,000	600,000	780,000
총변동원가	2,080,000	1,720,000	2,236,000
공헌이익	1,120,000	1,280,000	1,664,000
고정제조간접원가	950,000	1,209,000	1,209,000
영업이익	₩170,000	₩71,000	₩455,000

2 고정예산차이와 변동예산차이

앞에서 설정한 예산에 근거하여 실제와 예산 간의 차이분석을 할 수 있다. 차이분석(variance analysis)에서 차이(variance)는 실제발생액과 예산액의 차이를 말하며, 실제와 예산의 차이를 각 원가항목별로 제시함으로써 원가통제 및 성과평가목적에 유용하게 사용할 수 있다.

차이는 유리한 차이(F: favorable variance)와 불리한 차이(U: unfavorable variance)로 구분할 수 있다. 유리한 차이는 예산에 비해 영업이익을 증가시키는 차이이다. 이와 반대로 불리한 차이는 예산에 비해 영업이익을 감소시키는 차이이다. 차이를 해석함에 있어 주의해야 할 점은 유리한 차이가 항상 좋고 불리한 차이는 항상 나쁘다고 말할 수 없다는 것이다.

고정예산차이(static budget variance)는 실제금액과 고정예산과의 차이이다. 위 표의 가장 마지막 행에서 고정예산 불리한 차이 ₩285,000이 발생한다. 이는 실제영업이익 ₩170,000에서 고정예산상의 영업이익 ₩455,000을 차감한 금액이다.

고정예산차이 = 실제영업이익 − 고정예산영업이익
= ₩170,000 − ₩455,000
= ₩285,000U

고정예산차이 ₩285,000U에 대하여 영업이익을 구성하는 매출액, 개별변동원가, 고정원가별로 상세한 정보를 제공할 수 있어야 한다. 이를테면, 고정예산영업이익률 11.7%(=₩455,000÷₩3,900,000)가 실제 5.3%(=₩170,000÷₩3,200,000)로 감소하였다. 그러나 고정예산차이는 실제 생산량 및 판매량인 10,000단위에서 어느 정도의 예측오류가 존재하는지에 대한 정보를 제공하지 못한다. 즉 이 회사의 불리한 고정예산차이는 단지 고정예산보다 3,000단위를 덜 판매했기 때문에 발생되었음을 알 수 있을 뿐이다. 경영자는 고정예산 차이에서 얼마가 판매예측오차에 의한 것이며, 또한 얼마가 생산 및 판매활동에서 발생한 것인지를 확인하려고 할 것이다. 따라서 고정예산으로부터의 차이정보를 경영의사결정에 이용하기 위해서 변동예산을 편성하게 된다.

앞의 실제와 예산자료를 이용하여 차이분석을 수행하면 다음과 같다.

항목	실제 (A)	변동예산차이 (B)=(A)−(C)	변동예산 (C)	매출수량차이 (D)=(C)−(E)	고정예산 (E)
매출액	₩3,200,000	₩200,000F	₩3,000,000	₩900,000U	₩3,900,000
변동원가					
직접재료원가	660,000	60,000U	600,000	180,000F	780,000
직접노무원가	580,000	60,000U	520,000	156,000F	676,000
변동제조간접원가	840,000	240,000U	600,000	180,000F	780,000
총변동원가	2,080,000	360,000U	1,720,000	516,000F	2,236,000
공헌이익	1,120,000	160,000U	1,280,000	384,000U	1,664,000
고정제조간접원가	950,000	259,000F	1,209,000	0	1,209,000
영업이익	₩170,000	₩99,000F	₩71,000	₩384,000U	₩455,000
2단계		총변동예산차이 ₩99,000F		총매출수량차이 ₩384,000U	
1단계			총고정예산차이 ₩285,000U		

1단계는 고정예산차이 ₩285,000U이며 이를 세분화한 것이 변동예산차이(flexible budget variance) ₩99,000F와 매출수량차이(sales volume variance) ₩384,000U이다.

실제결과와 실제생산 및 판매량에 의한 변동예산과의 차이를 변동예산차이라고 한다. 삼성전자 주식회사의 총변동예산차이는 실제영업이익 ₩170,000에서 변동예산 영업이익 ₩71,000을 차감한 ₩99,000F이다. 이러한 차이를 세분화하여 다음 절에서 설명하기로 한다.

제3절 차이분석

1 차이분석의 일반적 모형

앞의 예산차이 분석에서 실제와 예산의 차이를 각 유형별로 확인할 수 있음을 보여주고 있는데 이러한 예산과 실제의 차이분석을 기초로 하여 보다 세부적인 차이분석을 수행할 수 있다. 이러한 차이분석 결과는 원가통제 및 성과평가목적에 유용하게 사용할 수 있다. 차이분석의 기본모형은 변동예산에 기초한 것으로, 특정기간 동안에 발생한 실제투입원가와 실제생산량에 허용된 표준원가를 비교하여 차이를 구하는데, 이렇게 계산된 차이를 **총차이**(total variance)라고 한다.

총차이는 실제가격(AP)에 실제투입량(AQ)을 곱한 금액과 표준가격(SP)에 표준투입량(SQ)을 곱한 금액의 차이이다. 여기서 **표준투입량**은 실제생산량에 허용된 표준투입량을 말한다. 즉, 총차이는 실제투입원가와 실제생산량에 허용된 표준원가의 차이이다.

총차이=(AP×AQ)−(SP×SQ)

여기에서, AP(Actual Price): 실제가격
AQ(Actual Quantity): 실제투입량
SP(Standard Quantity): 표준가격
SQ(Standard Quantity): 실제생산량에 대해 허용된 표준투입량

총차이는 크게 가격차이와 능률차이로 구분한다. 가격차이(price variance)는 실제가격(AP)에 실제투입량(AQ)을 곱한 금액과 표준가격(SP)에 실제투입량(AQ)을 곱한 금액의 차이이다. 즉, 가격차이는 실제원가와 실제투입량에 대한 표준원가와의 차이이다.

$$\text{가격차이} = (AP \times AQ) - (SP \times AQ)$$
$$= (AP - SP) \times AQ$$

능률차이(efficiency variance)는 표준가격(SP)에 실제투입량(AQ)을 곱한 금액과 표준가격(SP)에 표준투입량(SQ)을 곱한 금액의 차이이다. 즉, 능률차이는 실제투입량에 대한 표준원가와 표준투입량에 대한 표준원가와의 차이이다.

$$\text{능률차이} = (SP \times AQ) - (SP \times SQ)$$
$$= SP \times (AQ - SQ)$$

이러한 차이분석의 일반모형을 요약하면 다음과 같다.

(1) 실제가격 × 실제투입량 (AP × AQ)	(2) 표준가격 × 실제투입량 (SP × AQ)	(3) 표준가격 × 실제생산량에 허용된 표준투입량 (SP × SQ)
가격차이 = (1) − (2)	능률차이 = (2) − (3)	
총차이 = (1) − (3)		

2 직접재료원가차이

삼성전자 주식회사의 직접재료원가에 대한 변동예산차이는 실제직접재료원가 ₩660,000에서 변동예산 직접재료원가 ₩600,000의 차이인 ₩60,000U이다.

직접재료원가 가격차이는 투입물 가격차이(input price variance)라고도 하며, 직접재료원가 능률차이는 소비차이(usage variance)라고도 한다. 이러한 가격차이와 능률차이의 합을 직접재료원가 총차이(total variance)라고 한다.

직접재료원가 총차이는 실제직접재료원가와 변동예산에서 허용된 표준직접재료원가의 차이를 말한다. 이를 식으로 나타내면 다음과 같다.

직접재료원가 총차이

=실제직접재료원가－변동예산 직접재료원가

=(AP×AQ)－(SP×SQ)

여기에서, AP(Actual Price): 직접재료의 단위당 실제가격

AQ(Actual Quantity): 직접재료의 실제투입량

SP(Standard Price): 직접재료의 단위당 표준가격

SQ(Standard Quantity): 실제생산량에 허용된 직접재료의 표준투입량

직접재료원가 가격차이는 실제가격(AP)에 실제투입량(AQ)을 곱한 금액과 표준가격(SP)에 실제투입량(AQ)을 곱한 금액의 차이이다. 즉, 가격차이는 실제원가와 실제생산량에 대한 표준원가와의 차이이다. 이를 식으로 나타내면 다음과 같다.

직접재료원가 가격차이

=실제 직접재료원가－실제생산량에 대한 표준직접재료원가

=(AP×AQ)－(SP×AQ)

=(AP－SP)×AQ

여기에서, AP(Actual Price): 직접재료의 단위당 실제가격

SP(Standard Price): 직접재료의 단위당 표준가격

AQ(Actual Quantity): 직접재료의 실제투입량

직접재료원가 능률차이는 표준가격(SP)에 실제투입량(AQ)을 곱한 금액과 표준가격(SP)에 표준투입량(SQ)을 곱한 금액의 차이이다. 즉, 능률차이는 실제투입량에 대한 표준원가와 표준투입량에 대한 표준원가와의 차이이다. 여기서 표준투입량이라 함은 실제생산량의 생산에 허용된 투입량을 말한다. 이를 식으로 나타내면 다음과 같다.

직접재료원가 능률차이

=실제생산량에 대한 표준직접재료원가−변동예산 직접재료원가

=(SP×AQ)−(SP×SQ)

=SP×(AQ−SQ)

여기에서, SP(Standard Price): 직접재료의 단위당 표준가격
AQ(Actual Quantity): 직접재료의 실제투입량
SQ(Standard Quantity): 실제생산량에 허용된 원재료의 표준투입량

지금까지 설명한 직접재료원가차이분석을 도식화하면 다음과 같다.

실제가격×실제투입량	표준가격×실제투입량	표준가격×실제생산량에 허용된 표준투입량
AP×AQ	SP×AQ	SP×SQ

직접재료원가 가격차이: (AP−SP)×AQ

직접재료원가 능률차이: SP×(AQ−SQ)

직접재료원가 총차이: (AP×AQ)−(SP×SQ)

2020년 5월 삼성전자 주식회사의 휴대전화기 단위당 직접재료 표준수량은 4kg이며 1kg당 표준원가는 ₩15이다. 그리고 단위당 실제 직접재료투입량은 5kg, 실제 직접재료가격은 1kg당 ₩13.2이다.

항목	실제	표준
kg당 직접재료가격	₩13.2	₩15
단위당 직접재료수량	5kg	4kg

이를 이용하여 직접재료원가 가격차이와 능률차이를 계산하면 다음과 같다.

실제가격×실제투입량 AP×AQ	표준가격×실제투입량 SP×AQ	표준가격×실제생산량에 허용된 표준투입량 SP×SQ
₩13.2×(5kg×10,000단위) =₩660,000	₩15×(5kg×10,000단위) =₩750,000	₩15×(4kg×10,000단위) =₩600,000

직접재료원가 가격차이 ₩90,000F

직접재료원가 능률차이 ₩150,000U

직접재료원가 총차이 ₩60,000U

여기서 유의할 사항은 직접재료원가 가격차이가 직접재료의 수량을 실제투입량(AQ)으로 고정시킨 상태에서 직접재료의 가격변화(AP－SP)를 나타낸다는 점이다. 즉, 다음 그림에서와 같이 직접재료원가 가격차이에 가격－능률혼합차이가 포함되어 있다는 것이다.

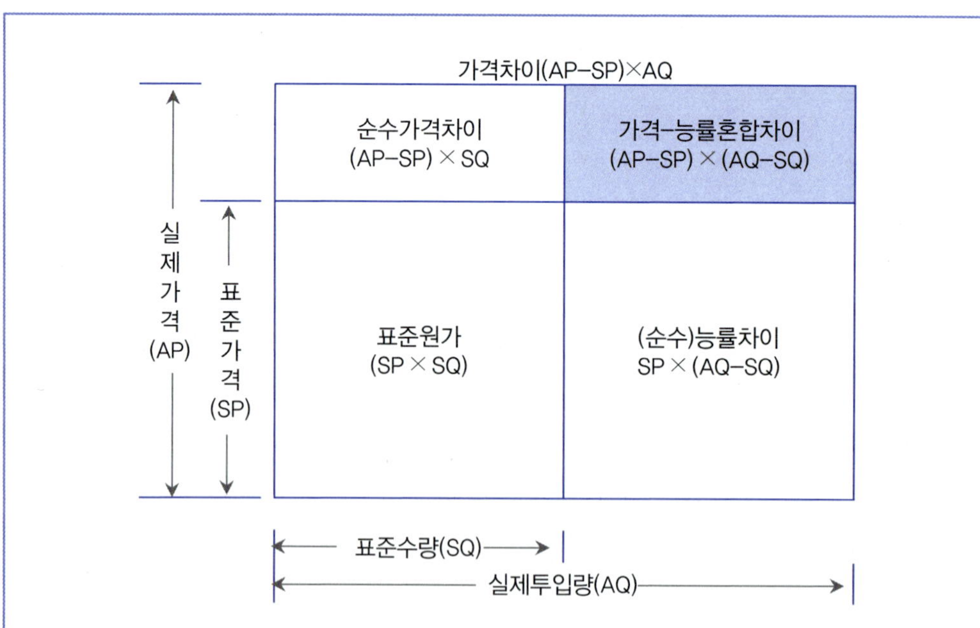

앞서 가격차이 분석에서 순수가격차이와 가격능률혼합차이를 구분하지 않고 분석한 이유는 경영자는 가격차이보다 능률차이에 더 많은 관심을 기울여야 하기 때문이다. 왜냐하면 가격차이는 외부요인으로 인하여 발생하는 경우가 많기 때문에 경영자가 노력을

기울인다 하더라도 그 차이를 감소시키는 데 한계가 있다. 반면에 능률차이는 경영자가 노력을 기울임으로써 불리한 차이의 발생을 크게 억제할 수 있기 때문이다. 따라서 순수한 능률차이를 얻기 위해서 가격－능률혼합차이를 가격차이의 일부로 간주하였다.

이러한 직접재료원가 가격－능률혼합차이를 별도로 분리하는 경우에 직접재료원가 순수가격차이, 순수능률차이, 가격－능률혼합차이 등 세 가지 차이를 계산한다. 이 세 가지 차이들 간의 가능한 관계를 정리하면 다음과 같다.

순수가격차이가 불리($AP-SP>0$)하고 순수능률차이($AQ-SQ>0$)도 불리한 경우 즉, 두 차이가 모두 불리한 차이일 때 가격－능률혼합차이도 불리[$(AP-SP)\times(AQ-SQ)>0$]하게 나타나기 때문에 일관성이 있다.

다음의 경우에서 문제가 되는 경우는 순수가격차이와 순수능률차이가 모두 유리한 경우이다. 순수가격차이가 유리($AP-SP<0$)하고 순수능률차이도 유리($AQ-SQ<0$)한 경우에는 가격－능률혼합차이가 불리[$(AP-SP)\times(AQ-SQ)>0$]한 것으로 나타나 아무런 의미를 갖지 못하게 된다.

	순수능률차이 유리 ($AQ-SQ<0$)	순수능률차이 불리 ($AQ-SQ>0$)
순수가격차이 유리 ($AP-SP<0$)	가격－능률혼합차이 불리 $(AP-SP)\times(AQ-SQ)>0$	가격－능률혼합차이 유리 $(AP-SP)\times(AQ-SQ)<0$
순수가격차이 불리 ($AP-SP>0$)	가격－능률혼합차이 유리 $(AP-SP)\times(AQ-SQ)<0$	가격－능률혼합차이 불리 $(AP-SP)\times(AQ-SQ)>0$

이러한 해석상의 어려움을 피하기 위해서 직접재료원가 가격차이를 사용시점이 아닌 구입시점에서 분리한다. 직접재료원가 가격차이를 구입시점에서 분리하면 가격－능률혼합차이를 별도로 분리할 필요가 없다. 왜냐하면 가격－능률혼합차이는 원재료의 실제사용량을 표준투입량과 비교하여 계산하는데, 재료의 구입시점에서는 실제 생산에 투입된 직접재료가 없으므로 실제사용량과 표준투입량이 모두 존재하지 않기 때문이다. 따라서 직접재료원가 가격차이는 구입량을 기초로 계산하고 직접재료원가 능률차이는 사용량을 기초로 계산한다.

삼성전자 주식회사의 사례에서 직접재료의 구입량이 60,000kg일 때 직접재료원가 가격차이를 구입시점에서 분리하여 직접재료원가의 차이분석을 하면 다음과 같다. 능률차이 계산 시 실제구입량(AQp)이 아닌 실제사용량(AQu)으로 계산함을 유의해야 한다.

본서에서는 직접재료원가 가격차이를 구입시점에서 분리하는 경우 직접재료원가 구입가격차이 계정을, 직접재료원가 가격차이를 사용시점에서 분리하는 경우 직접재료원가 가격차이 계정을 이용하기로 한다.

실제가격×실제구입량 AP×AQp	표준가격×실제구입량 SP×AQp
₩13.2×60,000kg =₩792,000	₩15×60,000kg =₩900,000

직접재료원가 구입가격차이
₩108,000F

표준가격×실제사용량 SP×AQu	표준가격×실제생산량에 허용된 표준투입량 SP×SQ
₩15×(5kg×10,000단위) =₩750,000	₩15×(4kg×10,000단위) =₩600,000

직접재료원가 능률차이
₩150,000U

3 직접노무원가차이

직접노무원가차이도 직접재료원가와 유사하게 직접노무원가 가격차이와 직접노무원가 능률차이로 구분할 수 있다. 직접노무원가 가격차이는 임률차이(rate variance)라고도 한다. 이러한 가격차이와 능률차이의 합을 직접노무원가 총차이라고 한다.

직접노무원가 총차이는 실제직접노무원가와 실제생산량에 허용된 표준직접노무원가의 차이를 말한다. 이를 식으로 나타내면 다음과 같다.

직접노무원가 총차이
=실제직접노무원가−변동예산 직접노무원가
=(AP×AQ)−(SP×SQ)

여기에서, AP(Actual Price): 직접노동시간당 실제임률
AQ(Actual Quantity): 실제직접노동시간
SP(Standard Price): 직접노동시간당 표준임률
SQ(Standard Quantity): 실제생산량에 허용된 표준직접노동시간

직접노무원가 가격차이는 실제임률(AP)에 실제직접노동시간(AQ)을 곱한 금액과 표준임률(SP)에 실제직접노동시간(AQ)을 곱한 금액의 차이이다. 즉, 가격차이는 실제원가와 실제투입량에 대한 표준원가와의 차이이다. 이를 식으로 나타내면 다음과 같다.

직접노무원가 가격차이

=실제 직접노무원가−실제생산량에 대한 표준직접노무원가

$=(AP \times AQ)-(SP \times AQ)$

$=(AP-SP) \times AQ$

여기에서, AP(Actual Price): 직접노동시간당 실제임률
SP(Standard Price): 직접노동시간당 표준임률
AQ(Actual Quantity): 실제직접노동시간

직접노무원가 능률차이는 표준임률(SP)에 실제직접노동시간(AQ)을 곱한 금액과 표준임률(SP)에 표준직접노동시간(SQ)을 곱한 금액의 차이이다. 즉, 능률차이는 실제투입량에 대한 표준원가와 표준투입량에 대한 표준원가와의 차이이다. 여기서 표준투입량이라 함은 실제생산량의 생산에 허용된 투입량을 말한다. 이를 식으로 나타내면 다음과 같다.

직접노무원가 능률차이

=실제생산량에 대한 표준직접노무원가−변동예산 직접노무원가

$=(SP \times AQ)-(SP \times SQ)$

$=(AQ-SQ) \times SP$

여기에서, SP(Standard Price): 직접노동시간당 표준임률
AQ(Actual Quantity): 실제직접노동시간
SQ(Standard Quantity): 실제생산량에 허용된 표준직접노동시간

지금까지 설명한 직접노무원가차이분석을 도식화하면 다음과 같다.

실제가격×실제투입량	표준가격×실제투입량	표준가격×실제생산량에 허용된 표준투입량
AP×AQ	SP×AQ	SP×SQ

직접노무원가 가격차이	직접노무원가 능률차이
(AP－SP)×AQ	SP×(AQ－SQ)

직접노무원가 총차이
(AP×AQ)－(SP×SQ)

2020년 5월 삼성전자 주식회사의 휴대전화기 단위당 실제 직접노무시간은 2.9시간, 실제임률은 시간당 ₩20이다. 그리고 단위당 표준직접노무시간은 3.25시간이며 시간당 표준임률은 ₩16이다.

항목	실제	표준
시간당 임률	₩20	₩16
단위당 직접노무시간	2.9시간	3.25시간

이를 이용하여 직접노무원가 가격차이와 능률차이를 계산하면 다음과 같다.

실제가격×실제투입량 AP×AQ	표준가격×실제투입량 SP×AQ	표준가격×실제생산량에 허용된 표준투입량 SP×SQ
₩20×(2.9시간×10,000단위) =₩580,000	₩16×(2.9시간×10,000단위) =₩464,000	₩16×(3.25시간×10,000단위) =₩520,000

직접노무원가 가격(임률)차이	직접노무원가 능률차이
₩116,000U	₩56,000F

직접노무원가 총차이
₩60,000U

4 변동제조간접원가차이

변동제조간접원가 총차이는 실제변동제조간접원가와 변동예산에서 허용된 변동제조간접원가의 차이로 계산한다. 변동제조간접원가 총차이는 변동제조간접원가 예산차이라고도 하는데, 이는 변동제조간접원가 소비차이와 변동제조간접원가 능률차이로 나누어진다. 이를 식으로 표시하면 다음과 같다.

변동제조간접원가 총차이
=실제변동제조간접원가－변동예산 변동제조간접원가
=(AP × AQ)－(SP × SQ)

여기에서, AP(Actual Price): 배부기준 단위당 실제배부율
AQ(Actual Quantity): 실제배부기준
SP(Standard Price): 배부기준 단위당 표준배부율
SQ(Standard Quantity): 실제생산량에 허용된 표준배부기준

변동제조간접원가 소비차이는 배부기준 단위당 실제배부율(AP)에 실제배부기준(AQ)을 곱한 금액과 조업도 단위당 표준배부율(SP)에 실제배부기준(AQ)을 곱한 금액의 차이이다. 즉, 소비차이는 실제변동제조간접원가와 실제배부기준에 대한 표준변동제조간접원가와의 차이이다. 이를 식으로 나타내면 다음과 같다.

변동제조간접원가 소비차이
=실제 변동제조간접원가－실제배부기준에 대한 표준변동제조간접원가
=(AP × AQ)－(SP × AQ)
=(AP－SP) × AQ

여기에서, AP(Actual Price): 배부기준 단위당 실제배부율
SP(Standard Price): 배부기준 단위당 표준배부율
AQ(Actual Quantity): 실제배부기준

변동제조간접원가 능률차이는 배부기준 단위당 표준배부율(SP)에 실제배부기준(AQ)

을 곱한 금액과 배부기준 단위당 표준배부율(SP)에 실제생산량에 허용된 단위당 표준배부기준(SQ)을 곱한 금액의 차이이다. 즉, 능률차이는 실제배부기준과 표준배부기준에 대한 표준원가와의 차이이다. 이를 식으로 나타내면 다음과 같다.

변동제조간접원가 능률차이

= 실제배부기준에 대한 표준변동제조간접원가 − 변동예산 표준변동제조간접원가

= (SP × AQ) − (SP × SQ)

= (AQ − SQ) × SP

여기에서, SP(Standard Price): 배부기준 단위당 표준배부율

AQ(Actual Quantity): 실제배부기준

SQ(Standard Quantity): 실제생산량에 허용된 표준배부기준

지금까지 설명한 변동제조간접원가 차이분석을 도식화하면 다음과 같다.

실제배부율×실제배부기준	표준배부율×실제배부기준	표준배부율×실제생산량에 허용된 표준배부기준
AP × AQ	SP × AQ	SP × SQ

변동제조간접원가 소비차이: (AP − SP) × AQ

변동제조간접원가 능률차이: (AQ − SQ) × SP

변동제조간접원가 총차이: (AP × AQ) − (SP × SQ)

2020년 5월 삼성전자 주식회사는 직접재료투입량을 기준으로 변동제조간접원가를 배부하고 있다. 변동제조간접원가와 관련된 자료는 다음과 같다.

항목	실제	표준
배부율	₩16.8	₩15
배부기준 (단위당 배부기준×생산량)	50,000kg (5kg×10,000단위)	40,000kg (4kg×10,000단위)

위의 자료를 이용하여 변동제조간접원가 소비차이와 능률차이를 계산하면 다음과 같다.

실제배부율 × 실제배부기준 AP × AQ	표준배부율 × 실제배부기준 SP × AQ	표준배부율 × 실제생산량에 허용된 표준배부기준 SP × SQ
₩16.8 × (5kg × 10,000단위) = ₩840,000	₩15 × (5kg × 10,000단위) = ₩750,000	₩15 × (4kg × 10,000단위) = ₩600,000

변동제조간접원가 소비차이 ₩90,000U | 변동제조간접원가 능률차이 ₩150,000U

변동제조간접원가 총차이 ₩240,000U

5 고정제조간접원가차이

고정제조간접원가 총차이는 실제고정제조간접원가와 고정제조간접원가배부액과의 차이금액이다. 즉 고정제조간접원가 실제발생액에서 실제생산량에 허용된 표준조업도에 대한 표준고정제조간접원가를 차감한 금액이다.

고정제조간접원가 총차이

= 실제고정제조간접원가 − 고정제조간접원가 배부액

= 실제고정제조간접원가 − (SP × SQ)

여기에서, SP(Standard Price): 조업도 단위당 표준배부율

SQ(Standard Quantity): 실제생산량에 허용된 표준조업도

고정제조간접원가는 실제산출물과 예산산출물 간의 차이에 대해 조정이 필요하지 않다. 즉 고정제조간접원가는 다른 제조원가 항목과는 달리 관련 범위 내에서는 생산량과 관계없이 일정한 금액이 발생하므로, 투입과 산출 사이에 비례관계가 존재하지 않는다. 고정제조간접원가의 변동예산차이에서 능률차이를 산출하는 것은 무의미하다. 따라서 예산차이 전액이 소비차이가 된다. 고정제조간접원가의 예산차이에는 경영진이 효율적으로 원가통제를 함으로써 줄일 수 있는 능률차이는 존재하지 않고 단지 소비차이만 있다. 따라서 고정제조간접원가 소비차이에 대해서는 경영자가 주의를 기울일 수는 있어도 통제할 수는 없다.

고정제조간접원가 소비차이
=실제고정제조간접원가−변동예산 고정제조간접원가
=실제고정제조간접원가−(SP × 기준조업도)

여기에서, SP(Standard Price): 조업도 단위당 표준배부율

고정제조간접원가차이에는 예산(소비)차이 이외에 고정제조간접원가에만 발생하는 조업도차이(volume variance)가 있다. 제품의 단위당 원가를 계산하기 위해서는 고정제조간접원가 고정예산을 기준조업도로 나누어 표준배부율을 계산하여 개별제품에 배부하게 된다. 따라서 표준배부율에 의하여 배부된 고정제조간접원가배부액과 고정제조간접원가예산과의 차이가 발생하게 된다. 이를 조업도차이라고 한다.

고정제조간접원가 조업도차이
=변동예산 고정제조간접원가−고정제조간접원가 배부액
=(SP × 기준조업도)−(SP × SQ)

여기에서, SP(Standard Price): 조업도 단위당 표준배부율
SQ(Standard Quantity): 실제생산량에 허용된 표준조업도

제품원가계산 목적을 위해 기준조업도에 따라 단위당 표준배부율을 사용하는 경우에는 실제생산량이 달라지더라도 단위당 표준배부율은 항상 일정하게 된다. 단위당 표준배부율에 실제생산량에 허용된 표준조업도를 곱하여 계산되는 고정제조간접원가 총배부액은 실제생산량에 따라 비례적으로 변화하게 된다. 즉 제품에 배부되는 고정제조간접원가 총액은 실제생산량이 증감함에 따라 비례적으로 증감하기 때문에 마치 고정제조간접원가가 변동원가인 것처럼 간주된다.

기준조업도 미만으로 조업이 이루어지는 경우에는 고정제조간접원가 예산액보다 배부된 고정제조간접원가가 작을 것이기 때문에 불리한 조업도차이가 발생한다. 반대로 기준조업도를 초과하여 조업이 이루어지는 경우에는 고정제조간접원가 예산액보다 배부된 고정제조간접원가가 클 것이기 때문에 유리한 고정제조간접원가 조업도차이가 발생하게 된다. 그러나 불리한 조업도차이가 곧 회사의 손실을 나타내는 것은 아니다. 왜

냐하면 조업도차이는 제품원가계산목적을 위하여 기준조업도를 어느 수준으로 설정하는지에 따라 달라질 수 있기 때문이다. 고정제조간접원가의 예산차이와 조업도차이의 관계를 나타내면 다음 그림과 같다.

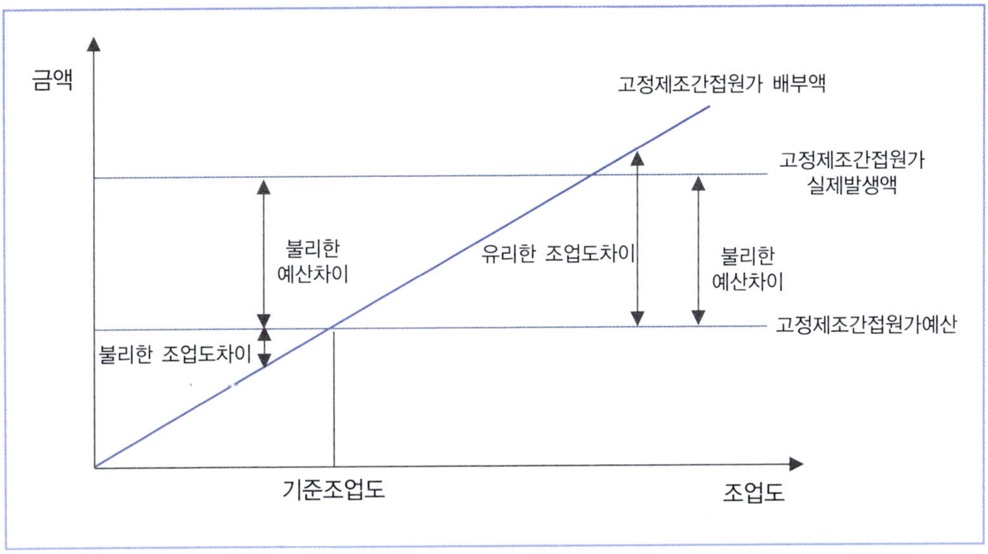

고정제조간접원가 차이분석을 종합적으로 도식화하면 다음과 같다.

고정제조간접원가 실제발생액	고정제조간접원가 예산	고정제조간접원가 배부액
실제원가	표준배부율×기준조업도	표준배부율×실제생산량에 허용된 표준조업도

고정제조간접원가 예산(소비)차이	고정제조간접원가 조업도차이
고정제조간접원가 총차이	

삼성전자 주식회사의 예로써 고정제조간접원가 차이분석을 수행하면 다음과 같다. 직접재료투입량을 기준으로 고정제조간접원가를 배부하고 있다. 따라서 원재료 1kg당 고정제조간접원가 배부율은 고정제조간접원가 예산액 ₩1,209,000을 배부기준 52,000kg (=4kg×13,000단위)로 나눈 ₩23.25이다. 이를 다시 풀면 다음과 같다.

$$\frac{₩1,209,000}{(4kg \times 13,000단위)} \times (4kg \times 13,000단위) = ₩1,209,000$$

이 식을 풀면 결국 예산금액이 된다. 그래서 실제제조간접원가 금액과 (표준배부율×기준조업도)금액의 차이가 예산차이로 불리게 되는 이유이다.

(표준배부율×기준조업도)와 (표준배부율×실제생산량에 허용된 표준조업도)의 차이인 고정제조간접원가 조업도차이를 다시 풀면 다음과 같다. 따라서 본 예제에서는 예산판매수량 13,000단위와 실제판매수량 10,000단위의 차이로 인하여 조업도차이가 발생하는 것이다.

$$= \frac{₩1,209,000}{(4kg \times 13,000단위)} \times (4kg \times 13,000단위) - \frac{₩1,209,000}{(4kg \times 13,000단위)} \times (4kg \times 10,000단위)$$

$$= \frac{₩1,209,000}{(4kg \times 13,000단위)} \times 4kg \times (13,000단위 - 10,000단위)$$

$$= ₩23.25 \times 4kg \times (13,000단위 - 10,000단위)$$

고정제조간접원가 실제발생액	고정제조간접원가 예산	고정제조간접원가 배부액
	표준배부율×기준조업도	표준배부율×실제생산량에 허용된 표준조업도
	₩23.25×(4kg×13,000단위)	₩23.25×(4kg×10,000단위)
₩950,000	=₩1,209,000	=₩930,000

예산차이(소비차이) ₩259,000F

조업도차이 ₩279,000U

고정제조간접원가 총차이 ₩20,000U

삼성전자 주식회사의 변동예산 차이분석을 종합하면 다음과 같다.

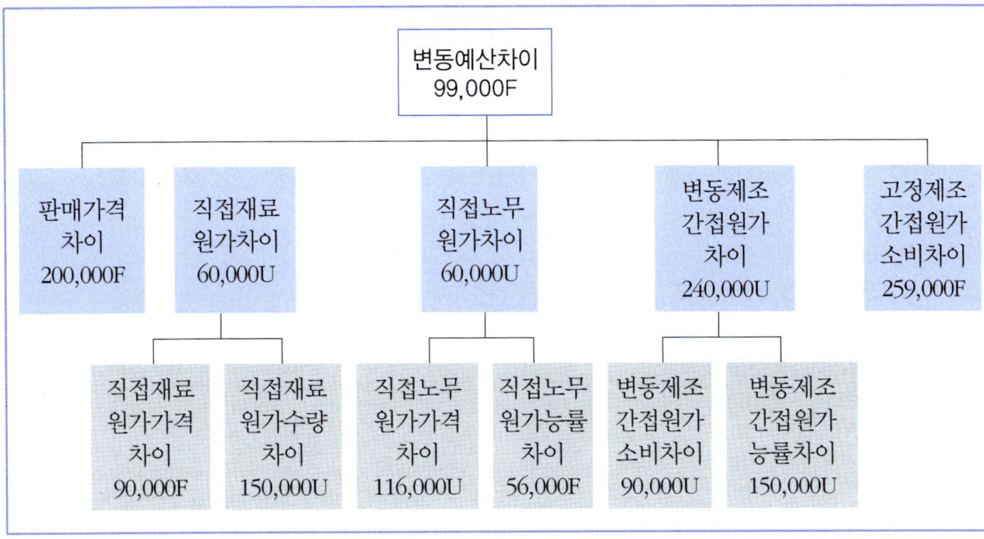

6 제조간접원가차이 분석방법

제조간접원가에 대한 차이분석을 다시 한번 살펴보면, 제조간접원가를 변동제조간접원가와 고정제조간접원가로 구분한 후, 이를 (1) 변동제조간접원가 소비차이 (2) 변동제조간접원가 능률차이 (3) 고정제조간접원가 예산차이 (4) 고정제조간접원가 조업도차이, 총 4가지의 차이분석 항목을 제시하였다. 따라서 이러한 제조간접원가차이 분석방법을 **4분법**이라고 한다. 이를 도식화하면 다음과 같다.

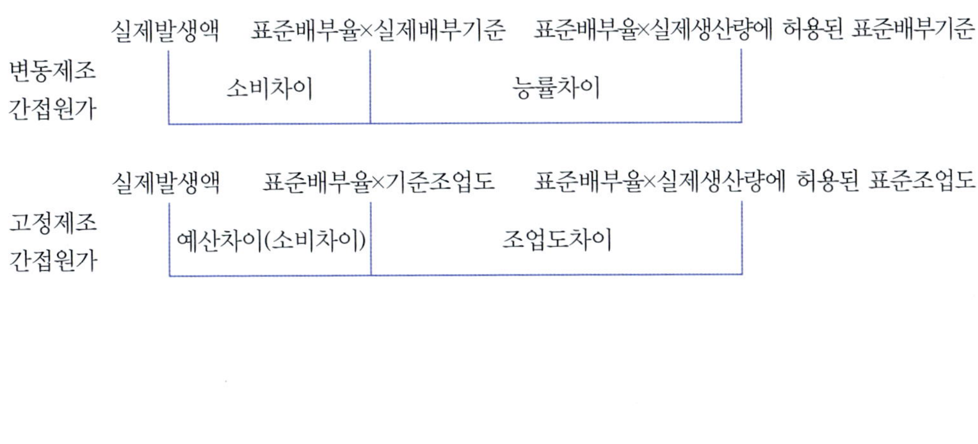

삼성전자 주식회사의 제조간접원가 차이분석을 4분법으로 나타내면 다음과 같다.

	실제발생액	표준배부율×실제배부기준	표준배부율×실제생산량에 허용된 표준배부기준
변동제조간접원가	₩16.8×(5kg×10,000단위) =₩840,000	₩15×(5kg×10,000단위) =₩750,000	₩15×(4kg×10,000단위) =₩600,000
	소비차이 ₩90,000U	능률차이 ₩150,000U	

	실제발생액	표준배부율×기준조업도	표준배부율×실제생산량에 허용된 표준조업도
고정제조간접원가	₩950,000	₩23.25×(4kg×13,000단위) =₩1,209,000	₩23.25×(4kg×10,000단위) =₩930,000
	예산차이(소비차이) ₩259,000F	조업도차이 ₩279,000U	

이러한 분석방법은 제조간접원가를 변동제조간접원가와 고정제조간접원가로 명확히 구분할 수 있다는 가정하에서 이루어진 것이다. 하지만 원가계산시스템의 정교도가 낮은 경우 제조간접원가를 변동원가와 고정원가로 구분하는 것이 용이하지 않을 수 있다. 따라서 변동제조간접원가와 고정제조간접원가를 함께 묶어 간단하게 차이분석을 수행할 수 있다. 제조간접원가를 임의로 변동원가와 고정원가로 구분하지 않고, 제조간접원가 발생액을 그대로 이용하는 3분법을 적용한다. 이를 도식화하면 다음과 같다.

	실제발생액	표준배부율×실제배부기준	표준배부율×실제생산량에 허용된 표준배부기준
변동제조간접원가		능률차이	

	실제발생액	표준배부율×기준조업도	표준배부율×실제생산량에 허용된 표준조업도
고정제조간접원가	소비차이	조업도차이	

삼성전자 주식회사의 제조간접원가 차이분석을 3분법으로 나타내면 다음과 같다.

	실제발생액	표준배부율×실제배부기준	표준배부율×실제생산량에 허용된 표준배부기준
변동제조간접원가	₩16.8×(5kg×10,000단위) =₩840,000	₩15×(5kg×10,000단위) =₩750,000	₩15×(4kg×10,000단위) =₩600,000
		능률차이 ₩150,000U	

	실제발생액	표준배부율×기준조업도	표준배부율×실제생산량에 허용된 표준조업도
고정제조간접원가	₩950,000	₩23.25×(4kg×13,000단위) =₩1,209,000	₩23.25×(4kg×10,000단위) =₩930,000
	소비차이[1] ₩169,000F	조업도차이 ₩279,000U	

1) (₩840,000+₩950,000)−(₩750,000+₩1,209,000)=(₩169,000)

3분법과 4분법의 차이점은 변동제조간접원가 소비차이와 고정제조간접원가 예산차이를 하나로 묶어서 제조간접원가 예산차이로 인식한다는 점이다. 비록 제조간접원가를 변동원가부분과 고정원가부분으로 분리하지 않더라도 변동제조간접원가의 표준배부율과 고정제조간접원가의 표준배부율을 각각 알고 있어야 한다.

이를 더욱 간소화하여 제조간접원가차이를 2가지로 인식하는 방법이 2분법이다. 이는 4분법에서의 실제제조간접원가와 변동예산제조간접원가의 차이인 변동제조간접원가 소비차이, 변동제조간접원가 능률차이, 고정제조간접원가예산차이를 제조간접원가 예산차이로 총괄해서 인식하고 고정제조간접원가 조업도차이를 제조간접원가 조업도차이로 인식한다.

이를 도식화하면 다음과 같다.

	실제발생액	표준배부율×실제배부기준	표준배부율×실제생산량에 허용된 표준배부기준
변동제조간접원가			

	실제발생액	표준배부율×기준조업도	표준배부율×실제생산량에 허용된 표준조업도
고정제조간접원가	예산차이	조업도차이	

삼성전자 주식회사의 제조간접원가 차이분석을 2분법으로 나타내면 다음과 같다.

변동제조간접원가

실제발생액	표준배부율×실제배부기준	표준배부율×실제생산량에 허용된 표준배부기준
₩16.8×(5kg×10,000단위)	₩15×(5kg×10,000단위)	₩15×(4kg×10,000단위)
=₩840,000	=₩750,000	=₩600,000

고정제조간접원가

실제발생액	표준배부율×기준조업도	표준배부율×실제생산량에 허용된 표준조업도
	₩23.25×(4kg×13,000단위)	₩23.25×(4kg×10,000단위)
₩950,000	=₩1,209,000	=₩930,000

예산차이 ₩19,000F[1)]　　조업도차이 ₩279,000U

1) (₩840,000+₩950,000)−(₩600,000+₩1,209,000)=(₩19,000)

마지막으로 제조간접원가차이를 분리하지 않고 실제제조간접원가에서 표준제조간접원가를 차감한 총차이만을 인식하는 **1분법**이 있다. 이는 제조간접원가를 고정제조간접원가와 변동제조간접원가로 구분할 필요가 없으므로, 분석절차도 매우 간편하다. 그러나 제조간접원가차이에 관한 상세한 정보를 얻을 수 없다는 단점이 있다.

이를 도식화하면 다음과 같다.

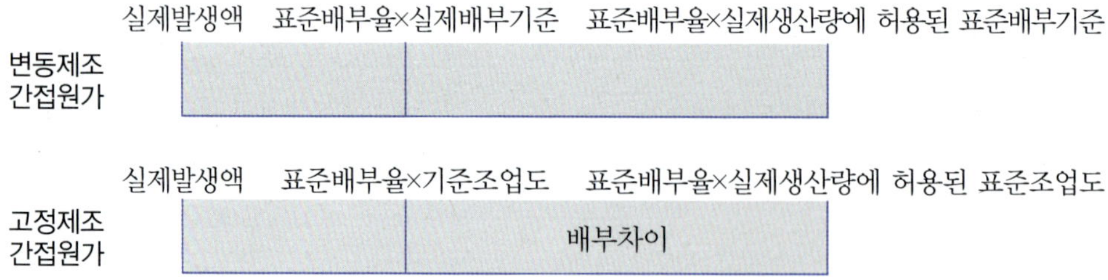

삼성전자 주식회사의 제조간접원가 차이분석을 1분법으로 나타내면 다음과 같다.

	실제발생액	표준배부율×실제배부기준	표준배부율×실제생산량에 허용된 표준배부기준
변동제조간접원가	₩16.8×(5kg×10,000단위) =₩840,000	₩15×(5kg×10,000단위) =₩750,000	₩15×(4kg×10,000단위) =₩600,000

	실제발생액	표준배부율×기준조업도	표준배부율×실제생산량에 허용된 표준조업도
고정제조간접원가	₩950,000	₩23.25×(4kg×13,000단위) =₩1,209,000	₩23.25×(4kg×10,000단위) =₩930,000

배부차이 ₩260,000U[1)]

1) (₩840,000+₩950,000)−(₩600,000+₩930,000)=₩260,000

7 원가흐름과 회계처리

삼성전자 주식회사의 원가흐름과 차이분석에 대한 회계처리를 원가요소별로 나타내면 다음과 같다.

각 분개에서 불리한 차이는 영업이익을 감소시키기 때문에 차변에 기록하고 유리한 차이는 영업이익을 증가시키기 때문에 대변에 기록한다.

1) 직접재료원가

원재료의 구입시점에 가격차이를 계상할 경우 원재료계정의 차변에 실제구입량에 대한 표준원가금액을 기록하고 실제금액과의 차액은 직접재료원가 구입가격 차이계정으로 처리한다.

(차)	원재료 900,000[1)]	(대)	매입채무	792,000[2)]
			직접재료원가 구입가격차이(F)	108,000

1) $SP \times AQ_p$=₩15 × 60,000kg
2) $AP \times AQ_p$=₩13.2 × 60,000kg

원재료 사용에 대한 회계처리는 재공품계정의 차변에 실제생산량에 허용된 원재료의 표준원가로 기록하고 실제생산량에 허용된 표준투입량의 표준직접재료원가와의 차액을 직접재료원가 능률차이 계정에 기록한다.

(차) 재공품 600,000[1)] (대) 원재료 750,000[2)]
직접재료원가 능률차이(U) 150,000

1) SP × SQ = ₩15 × (4kg × 10,000단위)
2) SP × AQu = ₩15 × (5kg × 10,000단위)

원재료의 사용시점에 가격차이를 계상할 경우 원재료 구입시점에는 원재료계정은 실제구입원가 금액으로 기록한다.

(차) 원재료 792,000[1)] (대) 매입채무 792,000

1) AP × AQp = ₩13.2 × 60,000kg

원재료의 사용시점에는 재공품계정의 차변에 실제생산량에 허용된 표준투입량에 단위당 표준가격을 곱한 금액을 기록하고, 원재료계정의 대변에 실제사용량에 단위당 실제가격을 곱한 금액을 기록하면 가격차이와 능률차이가 분리되어 차이계정에 기록된다.

(차) 재공품 600,000[1)] (대) 원재료 660,000[2)]
직접재료원가 능률차이(U) 150,000[3)] 직접재료원가 가격차이(F) 90,000[4)]

1) SP × SQ = ₩15 × (4kg × 10,000단위)
2) AP × AQ_u = ₩13.2 × (5kg × 10,000단위)
3) SP × (AQ_u-SQ) = ₩15 × (5kg × 10,000단위 − 4kg × 10,000단위)
4) (AP − SP) × AQ_u = (₩13.2 − ₩15) × 5kg × 10,000단위

2) 직접노무원가

직접노무원가 발생시 실제생산량에 허용된 표준투입량의 표준노무원가금액을 차변에 기록하고 실제직접노무원가를 대변에 기록하고 이 둘의 차액을 직접노무원가 가격차이와 직접노무원가 능률차이로 구분하여 기록한다.

(차) 재공품 ₩520,000[1] (대) 미지급급여 580,000[2]
직접노무원가 가격차이(U) 116,000 직접노무원가 능률차이(F) 56,000

1) ₩16 × (3.25시간 × 10,000단위)
2) ₩20 × (2.9시간 × 10,000단위)

3) 변동제조간접원가

변동제조간접원가에 대한 회계처리는 변동제조간접원가가 발생하면 실제원가를 각 원가계정에 기록하고 변동제조간접원가 계정에 집계한다. 기말에 실제생산량에 허용된 표준조업도에 대한 표준변동제조간접원가를 재공품계정에 기록하고 실제변동제조간접원가와의 차이를 변동제조간접원가 능률차이와 소비차이로 구분하여 기록한다.

(차)	노무원가 동력비 수선유지비 등	840,000	(대)	미지급급여 미지급비용 현금 등	840,000
(차)	변동제조간접원가	840,000	(대)	노무원가 동력비 수선유지비 등	840,000
(차)	재공품 변동제조간접원가 소비차이(U) 변동제조간접원가 능률차이(U)	600,000[1] 90,000 150,000	(대)	변동제조간접원가	840,000[2]

1) ₩15 × (4kg × 10,000단위)
2) ₩16.8 × (5kg × 10,000단위)

4) 고정제조간접원가

고정제조간접원가에 대한 회계처리에서는 고정제조간접원가가 발생하면, 실제원가를 각 원가계정에 기록하고 고정제조간접원가 계정에 집계한다. 기말에 실제생산량에 허용된 표준조업도에 대한 표준변동제조간접원가를 재공품계정에 기록하고 실제변동제조간접원가와의 차이를 고정제조간접원가 소비차이와 조업도차이로 구분하여 기록한다.

(차)	노무비 동력비 보험료 감가상각비 등	950,000	(대)	미지급급여 미지급비용 현금 감가상각누계액 등	950,000
(차)	고정제조간접원가	950,000	(대)	노무비 동력비 보험료 감가상각비 등	950,000
(차)	재공품	930,000[1]	(대)	고정제조간접원가	950,000
	고정제조간접원가 조업도차이(U)	279,000		고정제조간접원가 소비차이(F)	259,000

1) ₩23.25 × (4kg × 10,000단위)

5) 제품 및 매출원가계정으로의 대체

한 부문에서의 생산이 완료되면 각 재공품들은 다음 생산부문으로 대체되는데, 이때는 다음 부문의 재공품계정에 표준원가로 대체된다. 이러한 과정을 거쳐 모든 생산 작업이 완료되면 각 완성품들은 제품계정에 표준원가로 대체되고, 판매가 이루어졌을 경우에는 매출원가계정에 표준원가로 대체된다. 삼성전자 주식회사의 사례에서 재공품 ₩2,650,000 중 90%가 완성되어 제품으로 대체되고 10%는 기말재공품재고에 남아 있으며, 제품으로 대체된 수량 중 7/9은 외부에 판매되고 2/9는 기말제품재고에 남아 있다고 할 때 제품 및 매출원가계정으로의 대체분개는 다음과 같다.

(차)	제품	2,385,000	(대)	재공품	2,385,000[1)]
(차)	매출원가	1,855,000	(대)	제품	1,855,000[2)]

1) 당기총제조원가=₩600,000(직접재료원가)+₩520,000(직접노무원가)
+₩600,000(변동제조간접원가)+₩930,000(고정제조간접원가)
=₩2,650,000

당기제품제조원가=₩2,650,000 × 90%=₩2,385,000

2) 당기매출원가=₩2,385,000 × 7/9=₩1,855,000

6) 표준원가 T계정

이상에서 삼성전자 주식회사의 원가차이 분석에 대한 회계처리를 살펴보았다. 이를 기초로 재공품 및 제품의 T계정을 원가요소별로 나타내면 다음과 같다.

재공품

원가요소		차변	금액	대변	금액	원가요소	
DM	0	기초재공품	0	당기완성	2,385,000	DM	540,000
DL	0					DL	468,000
VOH	0					VOH	540,000
FOH	0					FOH	837,000
DM	600,000	당기발생액	2,650,000	기말재공품	265,000	DM	60,000
DL	520,000					DL	52,000
VOH	600,000					VOH	60,000
FOH	930,000					FOH	93,000
			2,650,000		2,650,000		

제품

원가요소		차변	금액	대변	금액	원가요소	
DM	0	기초제품	0	당기판매	1,855,000	DM	420,000
DL	0					DL	364,000
VOH	0					VOH	420,000
FOH	0					FOH	651,000
DM	540,000	당기완성	2,385,000	기말제품	530,000	DM	120,000
DL	468,000					DL	104,000
VOH	540,000					VOH	120,000
FOH	837,000					FOH	186,000
			2,385,000		2,385,000		

Ⅰ. 평가자 체크리스트

※ 다음 서술이 옳으면 T, 옳지 않으면 F를 기재하시오.

11.1 고정예산은 특정조업도수준에 대하여 편성한 예산이고, 변동예산은 관련범위 내의 여러 조업도수준에 대하여 편성한 예산이다.

11.2 표준원가계산은 가격결정 및 기타 경영계획수립에 필요한 기초자료를 제공한다.

11.3 중요한 불리한 차이들은 모두 조사하여야 하나, 중요한 유리한 차이들은 조사할 필요가 없다.

11.4 가격차이에 대한 책임은 생산관리나 판매관리자가, 능률차이에 대한 책임은 구매담당자가 지게 된다.

11.5 표준원가계산은 전부원가계산제도뿐만 아니라 변동원가계산제도에서도 적용할 수 있다.

11.6 종합원가계산과 결합하여 표준종합원가계산을 적용할 수 있다.

11.7 표준원가계산은 기업의 예산작성에는 유용하나 종업원의 성과평가에 활용되기는 불가능하다.

11.8 차이분석에서 불리하다는 것은 기업 전체로 볼 때 좋지 않다는 의미이다.

11.9 표준원가계산을 적용하여 제품원가를 계산하였더라도 외부보고 시에는 실제원가로 수정하여야 한다.

11.10 표준원가계산 시스템하에서 재공품 차변에 표시되는 재료비는 표준수량에 실제가격을 곱한 금액이다.

Ⅱ. 객관식

11.1 표준원가계산에 대한 설명으로 옳지 않은 것은?

① 표준원가계산을 통하여 예외의 관리를 할 수 있다.
② 차이분석을 통하여 효과성과 효율성의 성과를 측정할 수 있다.
③ 표준원가계산은 원가흐름의 가정을 통하여 계산된다.
④ 효과적인 원가관리 및 통제가 가능하다.
⑤ 재고자산의 평가와 매출원가산정의 기초자료를 제공한다.

11.2 다음 중 직접재료비 가격차이의 발생원인으로 볼 수 없는 것은?

① 표준품질과 다른 품질의 재료를 구입한 경우
② 부적질한 표준가격을 설정한 경우
③ 대량구매를 통하여 수량할인을 받은 경우
④ 예산구입가격이 재료시장에 대한 자세한 분석 없이 이루어진 경우
⑤ 불량품질의 재료를 사용한 경우

11.3 다음 중 직접노무비 능률차이의 발생원인으로 볼 수 없는 것은?

① 표준화되지 않은 설비를 사용한 경우
② 표준품질 이하의 재료를 사용한 경우
③ 숙련되지 않은 노동자를 고용한 경우
④ 규정시간을 초과하여 작업을 한 경우
⑤ 기계의 결함으로 작업시간이 지연된 경우

11.4 다음과 같은 원인으로 발생하는 제조간접비 차이로 적합한 것은? [기업회계 1급 수정]

물가(시장가격, 임금수준 등)의 변동	계절적인 간접비 발생액의 변동
간접비의 낭비 및 제조간접비 예산측정의 오류	

① 소비차이　② 능률차이　③ 조업도차이
④ 배합차이　⑤ 제조간접비총차이

11.5 다음 중 표준원가 계산의 목적으로 볼 수 없는 것은?

① 재고자산의 평가 ② 예산편성
③ 제조기술의 향상 ④ 원가통제
⑤ 효과적인 원가관리

11.6 재료에 관한 다음 자료를 이용하여 가격차이와 능률차이를 구하면 얼마인가?

[기업회계 1급 수정]

비목	소비량	단가
표준원가	3,000	₩10
실제원가	3,200	₩15

	가격차이	능률차이
①	₩2,000(불리)	₩16,000(불리)
②	₩16,000(불리)	₩2,000(불리)
③	₩2,000(유리)	₩16,000(유리)
④	₩16,000(유리)	₩2,000(유리)
⑤	₩18,000(유리)	₩18,000(불리)

11.7 (주)세상의 다음 자료를 이용하여 직접재료비 능률차이를 구하면 얼마인가?

[기업회계 1급 수정]

항목	금액
제품 예산생산량	300개
제품 실제생산량	370개
kg당 실제재료비	₩600
제품 1개당 표준투입량	4kg
직접재료비 kg당 표준가격	₩400
직접재료비 가격차이(불리한 차이)	₩280,000

① ₩32,000 (유리) ② ₩32,000 (불리)
③ ₩248,000 (유리) ④ ₩248,000 (불리)
⑤ ₩280,000 (유리)

11.8 동방공업은 표준원가계산제도를 채택하고 있으며 20×8년의 생산활동과 관련된 자료는 다음과 같다.

1. 표준원가

	제품단위당 표준투입량	투입단위당 표준가격
직접재료원가	5개	₩10
직접노무원가	2시간	₩4

2. 20×8년 실제생산자료

제품생산량: 100개

직접재료원가: ₩5,200　　직접노무원가: ₩750

재료단위당 구입원가: ₩12.5　　직접노동시간: 250시간

위의 자료를 기초로 할 때 직접재료원가 능률차이(수량차이)는 얼마인가?

[1997년 세무사]

① ₩1,050 유리　② ₩1,050 불리
③ ₩1,040 불리　④ ₩840 불리
⑤ ₩840 유리

11.9 (주)한강은 표준원가계산제도를 채택하고 있다. 9월 한 달 동안의 원재료에 대한 자료를 이용하여 능률차이를 계산하면?

실제구입량	1,000kg	실제사용량	800kg
실제생산량에 허용된 표준투입량	850kg	kg당 실제가격	₩100
구입가격차이	₩20,000(유리)		

① ₩18,000(유리)　② ₩18,000(불리)
③ ₩12,000(불리)　④ ₩6,000(유리)
⑤ ₩6,000(불리)

11.10 실제 노동시간은? [2006년 공무원 수정]

실제임률:	₩250/시간	표준임률:	₩200/시간
실제생산량에 허용된 표준직접노동시간:	2,000시간	불리한 능률차이:	₩20,000

① 2,100시간　② 2,200시간　③ 2,300시간
④ 2,400시간　⑤ 2,600시간

11.11 다음은 (주)고려의 직접노무원가에 대한 원가 및 표준설정자료이다. 이 중 능률차이에 대한 설명으로 가장 적절한 것은 무엇인가? [2015년 ERP]

	표준수량	표준가격
직접노무원가	2.4hr	₩11,000
실제생산량	2,600단위	
실제직접노무원가 발생액	₩68,440,000	
실제직접노무시간	6,000시간	

① ₩2,440,000(불리) ② ₩2,440,000(유리)
③ ₩2,640,000(불리) ④ ₩2,640,000(유리)
⑤ ₩39,840,000(불리)

11.12 표준원가제도 하에서 다음 자료를 참고하여 실제발생한 노무시간 및 실제시간당 임률은 얼마인가? [전산세무1급 수정]

시간당 표준임률:	₩3,000	제품단위당 표준시간:	2시간
실제제품생산량:	1,000개	능률차이:	₩300,000(유리)
임률(가격)차이:	₩190,000(불리)		

	실제노무시간	실제시간당 임률
①	1,900시간	₩3,100
②	1,900시간	₩2,900
③	2,100시간	₩2,900
④	2,100시간	₩3,100
⑤	2,300시간	₩3,300

11.13 (주)부천은 당해연도부터 표준원가계산제도를 도입하여 사용하기로 하였다. 당해연도의 생산과 관련된 직접노무비가 다음과 같이 발생하였을 때 직접노무비의 임률차이는 얼마인가? [기업회계 1급 수정]

직접노무비 표준임률	시간당 ₩5,000
직접노무비 실제임률	시간당 ₩4,800
허용된 표준직접노동시간	10,000시간
직접노무비 능률차이	₩5,300,000(불리)

① ₩2,212,000(불리) ② ₩2,212,000(유리) ③ ₩1,788,000(불리)
④ ₩1,788,000(유리) ⑤ ₩1,500,000(불리)

11.14 다음 표준원가 계산자료에 의하여 당기 중의 실제 작업시간을 계산하면? [1995년 세무사]

실제생산량	2,000단위	노무비발생액	₩4,000,000
단위당 표준허용시간	24시간	유리한 임률차이	₩1,200,000
불리한 시간차이	₩400,000		

① 40,000시간 ② 44,000시간 ③ 48,000시간
④ 50,000시간 ⑤ 52,000시간

11.15 충남회사는 표준원가계산제도를 사용한다. 다음은 이 회사의 4월 중 생산활동과 관련한 직접노무비에 대한 자료이다.

직접노무비 표준임률	시간당 ₩10,000
허용 표준 직접작업시간	8,000시간
실제 직접노무비 임률	시간당 ₩9,500
직집노무비 유리한 능률차이	₩4,800,000

직접노무비 임률차이는 얼마인가? [2004년 세무사]

① ₩3,760,000(불리) ② ₩3,760,000(유리) ③ ₩2,850,000(유리)
④ ₩2,850,000(불리) ⑤ ₩0

11.16 직접노무비의 시간(능률) 차이는 얼마인가?

표준 직접노동시간	1,200시간	실제 직접노동시간	1,000시간
실제 노무비	₩100,000	노무비 임률차이	₩3,000 불리

① ₩19,400(불리) ② ₩19,400(유리) ③ ₩20,000(유리)
④ ₩20,000(불리) ⑤ ₩30,000(유리)

11.17 직접노무비의 실제작업시간은 얼마인가?

표준임률	₩10/시간	실제임률	₩12/시간
실제 산출량에 허용된 표준시간	2,000시간	노무비 시간차이	₩1,000 유리

① 1,400시간 ② 1,700시간 ③ 1,900시간
④ 2,050시간 ⑤ 2,300시간

11.18 다음은 (주)하루의 제조활동과 관련된 자료이다.

표준직접노동시간 단위당	2시간	실제직접노동시간	21,000시간
생산된 제품단위	10,000개	변동제조간접비 표준직접노동시간당	₩3
실제변동제조간접비	₩28,000		

(주)하루의 변동제조간접비 능률차이는? [전산세무1급 수정]

① ₩2,000 유리 ② ₩2,000 불리 ③ ₩3,000 유리
④ ₩3,000 불리 ⑤ ₩5,000 유리

11.19 다음은 장수회사의 제조 활동과 관련된 자료이다.

단위당 표준 직접노동시간	2시간	실제 직접노동시간: 10,500시간	
생산된 제품단위	5,000개	변동제조간접비 표준: 표준 직접노동시간당	₩3
실제변동제조간접비	₩28,000		

장수회사의 변동제조간접비 능률차이는? [2002년 세무사]

① ₩2,000 유리 ② ₩1,500 불리 ③ ₩2,000 불리
④ ₩3,500 유리 ⑤ ₩1,500 유리

11.20 (주)방배는 표준원가계산제도를 사용하고 있다. 다음 자료에 의할 때 서초주식회사의 20×8년 2월의 제조간접비 조업도 차이는 얼마인가? (단, (주)방배는 제조간접비 차이분석에 2분법을 사용하고 있다) [1999년 세무사]

(자료: 20×8년 2월)

실제직접노무비총발생액	₩260,400
실제직접노무시간	14,000시간
실제생산량에 허용된 표준노무시간	15,000시간
직접노무비임률차이(불리)	₩8,400
실제제조간접비총발생액	₩192,000
고정제조간접비예산액	₩54,000
정상조업도(직접시간)	12,000시간
표준직접노무시간당 총제조간접원가배부율	₩13.5

① ₩3,000 유리 ② ₩13,500 유리 ③ ₩3,000 불리
④ ₩13,500 불리 ⑤ 정답 없음

Ⅲ. 주관식

11.1 (주)태희는 게임기를 생산하여 판매하고 있다. 5월의 게임기 가공부문의 제조간접비에 대한 고정예산은 다음과 같다.

예산생산량	1,000단위
예산제조간접비	
간접재료비(변동비)	₩150,000
간접노무비(변동비)	₩180,000
소모품(변동비)	₩120,000
감가상각비(고정비)	₩200,000
합 계	₩650,000

5월 중 실제로 생산한 수량은 900단위이며 실제로 발생한 원가는 다음과 같다.

간접재료비	₩130,000
간접노무비	₩160,000
소모품	₩110,000
감가상각비	₩180,000
합 계	₩580,000

물음 1) 고정예산 성과보고서와 차이분석을 계산하시오.
2) 변동예산 성과보고서와 차이분석을 계산하시오.

11.2 (주)경기는 표준원가계산제도를 채택하고 있다. 당해연도의 예산자료를 이용하여 직접재료의 단위당 실제가격을 계산하시오.

단위당 표준가격	₩10	실제사용수량	2,500단위
실제 산출에 대한 허용량	1,500	유리한 재료가격차이	₩10,000

11.3 직접재료비의 단위당 실제가격은 얼마인가?

단위당 표준가격	₩4.0	실제 사용량	1,500
실제 생산에 대한 허용량	1,450	유리한 재료 가격 차이	₩240

11.4 직접재료비의 가격차이를 계산하면 얼마인가?

직접재료비 단위당 표준가격	₩50
직접재료비 단위당 실제 구입가격	₩60
당기 제품 완성량	2,000개
직접재료비의 수량차이(유리한 차이)	₩400,000

11.5 (주)부천은 표준원가계산제도를 채택하고 있다. 회사의 당해연도의 예산생산량은 1,000단위, 실제생산량은 800단위일 때 다음 자료를 이용하여 직접재료비의 가격차이와 능률차이를 구하시오. 단, 직접재료의 기초재고는 없다.

직접재료의 단위당 표준가격	₩150
직접재료의 단위당 실제가격	₩100
직접재료의 실제사용수량	3kg
실제생산량에 허용된 재료의 표준투입량	2kg

11.6 (주)안산은 표준원가계산제도를 채택하고 있다. 11월의 직접노무비 자료가 다음과 같다면 직접노무비의 시간(능률)차이는 얼마인가?

표준 직접노동시간	12,000시간	실제 직접노동시간	10,000시간
실제 노무비	₩150,000	노무비 임률차이	₩5,000U

11.7 (주)안산은 표준원가계산제도를 채택하고 있다. 20×8년 10월의 직접노무비 자료가 다음과 같다면 10월의 실제 발생 직접노무비는 얼마인가?

표준임률	₩100/시간	표준시간	1,500시간
실제시간	1,300시간	유리한 임률차이	₩10,000

11.8 (주)동국은 표준원가를 이용하고 있다. 다음 원가자료에 기초하여 계산한 노무비 능률차이는 얼마인가? [ERP 수정]

기준생산량 1,000개	표준작업시간 10시간/개당
실제생산량 1,100개	실제작업시간 13,000시간
표준임률 ₩1,000(시간당)	실제임률 ₩1,100(시간당)

11.9 직접노무비의 실제작업시간은 얼마인가?

표준임률	₩100/시간
실제임률	₩120/시간
실제 산출량에 허용된 표준시간	20,000시간
노무비 시간차이	₩200,000 불리

11.10 (주)경기는 표준원가시스템을 이용하고 있다. 회사의 제품단위당 직접재료원가와 직접노무원가의 표준원가는 다음과 같다.

직접재료원가(5kg, ₩3)	₩15	직접노무원가(8시간, ₩4)	₩32

회사는 원재료를 월초에 20,000kg을 가지고 있었으며, 기중에 50,000kg을 ₩145,000에 구입하여 18,000kg을 사용하였다. 또한 직접노무원가 발생액은 ₩105,000이며, 직접노무시간은 23,000시간이 발생하였다. 당월 제조간접원가발생액은 ₩1,200,000이며, 이 중 60%는 변동제조간접원가이며, 실제기계시간은 26,000시간이다. 변동제조간접원가는 기계시간당 ₩24이 표준원가이고, 제품 1단위당 표준기계시간은 10시간이다. 고정제조간접원가의 월 기준조업도는 2,400개이며, 당월 생산량은 2,500개이다. 제조간접원가 표준원가배부율은 기계시간당 ₩45이다. 회사는 직접재료 가격차이를 구입시점에서 계산한다. [1999년 세무사]

물음 1) 직접재료원가 가격차이와 능률차이를 구하시오.
2) 직접노무원가 임률차이와 능률차이를 구하시오.
3) 변동제조간접원가 소비차이와 능률차이를 구하시오.
4) 고정제조간접원가 소비차이와 조업도차이를 구하시오.

제 12 장

전부원가계산과 변동원가계산

학습
목표

일반적으로 기업의 보고이익에는 재고자산가액과 고정제조간접원가의 처리가 영향을 미치는데, 이들을 어떻게 처리하느냐에 따라 제품원가계산은 변동원가계산과 전부원가계산으로 나누어진다. 본 장에서는 변동원가계산과 전부원가계산에서 이익이 어떻게 산출되는지에 초점을 두어 파악한다. 따라서 학습목표는 다음과 같이 세운다.

1. 변동원가계산과 전부원가계산의 차이점은 무엇인가?
2. 변동원가계산의 유용성은 무엇인가?
3. 두 방법에서 원가는 어떻게 계산되는가?
4. 기준조업도의 유형에는 어떠한 것이 있으며, 어떤 기준조업도를 선택해야 하는가?
5. 두 원가계산방법에서 영업이익의 차이는 어떻게 조정되는가?

일반적으로 제조기업의 보고이익 수치는 재고자산(inventory)에 의해 영향을 받는다. 이렇게 보고이익에 영향을 미치는 재고자산의 가액을 결정하는데 주요한 요소는 1) 재고자산 원가계산방법과 2) 고정제조간접원가 예정배부율을 결정하는 기준조업도이다. 본 장에서는 이러한 두 가지 요소에 대해 알아보기로 한다.

제1절 원가계산방법

1 전부원가계산과 변동원가계산의 개요

제품원가계산방법은 제품원가를 구성하는 항목을 무엇으로 보느냐에 따라 전부원가계산과 변동원가계산으로 구분된다.

전부원가계산(absorption costing)은 직접재료원가, 직접노무원가, 변동제조간접원가, 고정제조간접원가 모두를 제품원가에 포함시키는 원가계산방법으로서, 외부보고 목적의 재무제표는 전부원가계산에 따라 재고자산을 평가한다.

변동원가계산(variable costing)은 제조원가를 일단 변동원가와 고정원가로 구분한 다음에 직접재료원가, 직접노무원가, 변동제조간접원가 항목의 변동제조원가만을 제품원가에 포함시키고, 산출수준(조업도)과 관계없는 고정제조간접원가는 기간비용으로 처리하는 원가계산방법이다. 변동원가계산의 경우에는 감가상각비, 제세공과금과 같은 고정제조간접원가가 제조원가임에도 불구하고 제품원가에 포함시키지 않는 데 비해, 동력비와 같은 변동제조간접원가는 제품원가에 포함시킨다.

변동원가계산과 전부원가계산의 핵심적 차이점은 고정제조간접원가의 회계처리에 있다. 따라서 재고수준의 변동에 따라 영업이익의 결과가 서로 다르게 나타난다. 전부원가계산에서는 고정제조간접원가를 제품원가에 배부하기 때문에 제품을 많이 생산한 경우에는 단위당 고정제조간접원가가 낮아짐으로써 제품 단위당 원가가 낮아지고, 제품을 적게 생산한 경우에는 단위당 고정제조간접원가가 높아짐으로써 제품 단위당 원가가 높아지게 된다. 따라서 전부원가계산의 영업이익은 판매량뿐만 아니라 생산량에 따라서도 좌우된다.

이러한 현상을 사례를 통해 확인해 보자. 현대자동차 주식회사는 한 해 동안 소나타 1,000,000대를 고객에게 판매하였다. 이를 위해 소나타 한 대당 직접재료원가 ₩30, 단위당 직접노무원가 ₩10, 단위당 변동제조간접원가 ₩20을 투입하였고, 공장설비에서 발생한 고정제조간접원가는 ₩120,000,000이었다. 기초재고는 없었다. 회사가 소나타를 1,200,000대를 생산한 경우와 1,500,000대를 생산한 경우의 단위당 제조원가를 계산하면 다음과 같다.

항목 \ 생산량	1,200,000대 (A)	1,500,000대 (B)
직접재료원가①	30	30
직집노무원가②	10	10
변동제조간접원가③	20	20
고정제조간접원가④	100[1)]	80[2)]
단위당 제조원가⑤=①+②+③+④	160	140

1) ₩120,000,000÷1,200,000대=₩100/대
2) ₩120,000,000÷1,500,000대=₩80/대

각 경우의 매출원가를 다음과 같이 두 가지 방법으로 계산할 수 있다.

[방법1]

항목 \ 생산량	1,200,000대 (A)	1,500,000대 (B)
기초제품재고액①	0	0
당기제품제조원가②	192,000,000[1)]	210,000,000[3)]
기말제품재고액③	32,000,000[2)]	70,000,000[4)]
매출원가④=①+②−③	160,000,000	140,000,000

1) ₩160 × 1,200,000대=₩192,000,000
2) ₩160 × (1,200,000대−1,000,000대)=₩32,000,000
3) ₩140 × 1,500,000대=₩210,000,000
4) ₩140 × (1,500,000대−1,000,000대)=₩70,000,000

[방법2]

항목 \ 생산량	1,200,000대 (A)	1,500,000대 (B)
단위당 제조원가①	160	140
당기판매수량②	1,000,000	1,000,000
매출원가③=①×②	160,000,000	140,000,000

위에서 보듯이 각 경우의 매출원가는 ₩20,000,000의 차이를 보이고 있다. 이러한 차이는 고정제조간접원가가 매출원가와 기말제품재고로 배부되는 금액이 다르기 때문에 발생한다. 다음 표에서 알 수 있듯이, 1,200,000대를 생산할 경우 단위당 고정제조간접원가는 ₩100으로 고정제조간접원가는 매출원가와 기말제품재고에 각각 ₩100,000,000 및 ₩20,000,000이 배부되지만, 1,500,000대를 생산한 경우에는 단위당 고정제조간접원가가 ₩80으로 작아져 고정제조간접원가는 매출원가와 기말제품재고에 각각 ₩80,000,000 및 ₩40,000,000이 배부된다. 즉 판매수량이 일정할 때 더 많이 생산할수록 단위당 고정제조간접원가 금액이 낮아지기 때문에 단위당 제품원가는 더 작아지게 된다. 이에 따라 더 많이 생산한 경우에 매출원가는 작아지고, 그 금액만큼 기말제품재고가 증가한다. 1,200,000대를 생산하는 경우와 1,500,000대를 생산하는 경우를 비교하면 전자에 비해 후자의 경우 매출원가가 ₩20,000,000이 더 작은 반면에 기말제품 재고는 ₩20,000,000이 더 크다. 따라서 전자에 비해 후자의 매출총이익이 ₩20,000,000 더 크며, 다른 조건이 동일하다면, 영업이익 또한 ₩20,000,000이 더 크게 나타날 것이다.

결과적으로 판매수량이 일정할 때, 더 많이 생산한 경우의 영업이익이 더 크게 나타난다.

항목 \ 생산량	1,200,000대 (A)	1,500,000대 (B)	차이 (C)=(A−B)
고정제조간접원가발생액③=①+②	120,000,000	120,000,000	0
매출원가에 포함된 고정제조간접원가①=ⓐ×ⓑ	100,000,000	80,000,000	20,000,000
판매수량ⓐ	1,000,000	1,000,000	
단위당 고정제조간접원가ⓑ	100	80	
기말제품재고에 포함된 고정제조간접원가②=ⓒ×ⓓ	20,000,000	40,000,000	(20,000,000)
기말제품수량ⓒ	200,000	500,000	
단위당 고정제조간접원가ⓓ	100	80	

반면에 변동원가계산은 고정제조간접원가를 기간비용으로 처리하기 때문에 제품원가는 변동제조원가로만 구성되어, 생산량에 관계없이 제품 단위당 원가는 일정하다. 따라서 변동원가계산의 영업이익은 판매량에 의해서만 결정된다.

전부원가계산을 사용하면 모든 제조원가를 제품에 부과한 후 판매시점에 비용으로 처리하고, 제조원가를 제외한 모든 원가는 발생시점에 즉시 비용화 한다. 반면 변동원가계산은 변동제조원가만을 제품원가에 포함시킨 후 판매시점에서 비용화 하며, 변동제조원가를 제외한 모든 원가는 기간비용으로 간주하여 발생시점에 전액 비용으로 처리한다.

두 원가계산방법에서 고정제조간접원가를 비용으로 인식하는 시점이 다른 이유는 전부원가계산은 장기적인 생산시설의 원가(고정제조간접원가)를 재고자산의 단위당 원가에 포함하고 그 재고자산을 판매할 때 비용화해야 한다는 사고에 기초하고 있는 반면에, 변동원가계산은 장기적인 생산시설의 원가를 즉시 비용화해야 하므로, 재고자산원가에 포함시켜 비용화하는 시점을 이연해서는 안 된다는 사고에 기초하고 있다.

2 변동원가계산의 유용성

전부원가계산은 고정제조간접원가를 제품에 배부하기 때문에 당기 조업도에 따라서 고정제조간접원가배부율이 달라지고 이는 제품원가의 차이를 가져온다.

즉, 전부원가계산에서는 조업도에 따라 제품원가가 달라지므로 결국 이익이 달라진다. 그러나 변동원가계산 하에서는 고정제조간접원가를 기간비용으로 처리하기 때문에 조업도에 따라 이익이 변화하지 않는다. 따라서 변동원가계산에 의해 제품원가를 계산하게 되면 고정제조간접원가를 제품에 배부시킴으로써 야기되는 혼란을 없앨 수 있으며, 경영활동의 성과는 제품생산량에 영향을 받지 않게 된다.

이와 같이 변동원가계산은 경영관리 측면에서 볼 때, 전부원가계산보다 경영자의 의사결정에 보다 유용한 정보를 제공한다. 다시 말하면, 전부원가계산에 의해 경영활동의 성과를 평가할 경우에는 제품생산량을 증가시킴으로써 이익을 조정할 수 있지만, 변동원가계산 하에서는 경영활동의 성과가 제품생산량에 영향을 받지 않으므로 생산과잉으로 인한 바람직하지 못한 재고의 누적을 막을 수 있는 것이다. 변동원가계산은 정상 및 표준원가계산제도를 사용하는 기업 모두 사용할 수 있을 뿐만 아니라, 개별원가계산이나 종합원가계산을 사용하는 기업에게도 적용할 수 있다.

1) 양 방법에 의한 포괄손익계산서

변동원가계산에 의한 포괄손익계산서는 매출액에서 변동원가를 차감하여 공헌이익을 산출하고, 이에 고정원가를 차감하여 영업이익을 계산하는 구조로 되어 있다. 전부원가계산에 의해 작성된 포괄손익계산서를 전통적 포괄손익계산서 또는 기능적 포괄손익계산서라고 하고, 변동원가계산에 의해 작성된 포괄손익계산서를 공헌이익포괄손익계산서라고 한다. 전부원가계산에 의한 포괄손익계산서와 변동원가계산에 의한 포괄손익계산서의 양식을 비교하면 다음 표와 같다.

변동원가계산			전부원가계산	
매출액 ①		×××	매출액 ①	×××
기초재고 ②	×××		기초재고 ②	×××
직접재료원가 ③	×××		직접재료원가 ③	×××
직접노무원가 ④	×××		직접노무원가 ④	×××
변동제조간접원가 ⑤	×××		변동제조간접원가 ⑤	×××
기말재고 ⑥	×××		고정제조간접원가 ⑥	×××
변동매출원가 ⑦=②+③+④+⑤-⑥	×××		기말재고 ⑦	×××
변동판매비와관리비 ⑧	×××	×××	매출원가 ⑧=②+③+④+⑤+⑥-⑦	×××
공헌이익 ⑨=①-⑦-⑧		×××	매출총이익 ⑨=①-⑧	×××
고정제조간접원가 ⑩	×××		변동판매비와관리비 ⑩	×××
고정판매비와관리비 ⑪	×××		고정판매비와관리비 ⑪	×××
영업이익 ⑫=⑨-⑩-⑪		×××	영업이익 ⑫=⑨-⑩-⑪	×××

전부원가계산에 의한 포괄손익계산서상의 매출원가는 변동제조원가뿐만 아니라 고정제조간접원가까지 포함되는 반면, 변동원가계산에 의한 포괄손익계산서상의 매출원가에는 변동제조간접원가만이 포함되어 있다. 판매비와관리비의 경우 전부원가계산에서는 변동판매비와관리비, 고정판매비와관리비를 매출총이익에서 차감하여 영업이익을

계산하지만, 변동원가계산에서는 변동판매비와관리비는 변동비에 포함시켜 매출액에서 차감하여 공헌이익을 산출하고, 고정판매비와관리비는 공헌이익에서 차감하여 영업이익을 산출한다.

2) 전부원가계산과 변동원가계산의 비교

시계를 제조하여 판매하는 로만손주식회사의 사례를 통해 구체적으로 전부원가계산과 변동원가계산을 비교하기로 한다.

로만손주식회사의 2018년~2020년의 연간 주요 운영 자료는 다음과 같다.

항목 \ 연도	2018년	2019년	2020년
기초재고수량	0	400	100
생산수량	1,600	1,400	2,000
판매수량	1,200	1,700	1,800
기말재고수량	400	100	300
단위당 판매가격	100	100	100
단위당 직접재료원가	10	10	10
단위당 직접노무원가	6	6	6
단위당 변동제조간접원가	4	4	4
단위당 변동판매비	19	19	19
고정제조간접원가	16,000	15,400	17,000
고정판매비	₩10,000	₩10,000	₩10,000

모든 제조원가의 원가동인은 생산수량이며 변동판매비와관리비의 원가동인은 판매수량이다. 판매는 기초재고부터 판매된다고 가정한다. 다음은 변동원가계산과 전부원가계산에 의해 작성한 로만손주식회사의 2018년 포괄손익계산서이다.

2018년 변동원가계산			
항목	단위당 금액 (A)	수량 (B)	금액 (C)=(A×B)
매출액①	₩100	1,200	₩120,000
기초재고②	0	0	0
직접재료원가③	10	1,600	16,000
직접노무원가④	6	1,600	9,600
변동제조간접원가⑤	4	1,600	6,400
기말재고⑥	20	400	8,000
변동매출원가⑦ =②+③+④+⑤−⑥			24,000
변동판매비⑧	₩19	1,200	22,800
공헌이익⑨ =①−⑦−⑧			73,200
고정제조간접원가⑩			16,000
고정판매비⑪			10,000
영업이익⑫ =⑨−⑩−⑪			₩47,200

2018년 전부원가계산			
항목	단위당 금액 (A)	수량 (B)	금액 (C)=(A×B)
매출액①	₩100	1,200	₩120,000
기초재고②	0	0	0
직접재료원가③	10	1,600	16,000
직접노무원가④	6	1,600	9,600
변동제조간접원가⑤	4	1,600	6,400
고정제조간접원가⑥	10	1,600	16,000
기말재고⑦	30	400	12,000
매출원가⑧ =②+③+④+⑤+⑥−⑦		1,600	36,000
매출총이익⑨=①−⑧			84,000
변동판매비⑩	₩19	1,200	22,800
고정판매비⑪			10,000
영업이익⑫ =⑨−⑩−⑪			₩51,200

변동원가계산 포괄손익계산서에서는 고정제조간접원가 ₩16,000 전액을 2018년도 비용으로 처리하였다. 그러나 전부원가계산 포괄손익계산서에서는 단위당 고정제조원가는 ₩10(=고정제조간접원가÷생산수량=₩16,000÷1,600단위)으로 계산되어 제품에 배부된다. 판매수량에 배부된 고정제조간접원가 ₩12,000(=₩10×1,200단위)이 2018년 매출원가로서 비용화 되고, 기말재고에 배부된 고정제조간접원가 ₩4,000(=₩10×400단위)는 2018년 12월 31일에 기말제품재고의 일부로 자산에 남게 된다.

영업이익은 전부원가계산이 변동원가계산보다 ₩4,000만큼 크다. 이는 앞에서 설명한 바와 같이, 변동원가계산 하에서는 고정제조간접원가 ₩16,000 전액이 비용화 되는 반면, 전부원가계산 하에서는 고정제조간접원가 중 ₩12,000만이 비용화 되고 나머지 ₩4,000은 기말재고자산에 포함되어 비용화가 판매시점까지 이연되기 때문이다.

2018년 로만손주식회사의 생산수량이 1,600단위, 판매수량이 1,200단위로서 생산수량이 판매수량보다 크다. 이렇게 생산수량이 판매수량보다 많은 경우에는 전부원가계산에 의한 영업이익이 변동원가계산에 의한 영업이익보다 크게 된다. 이는 변동원가계산 하에서는 당기에 발생한 고정제조간접원가 전액이 기간비용화 되는 반면, 전부원가계산 하에서는 고정제조간접원가 중 판매수량만큼(1,200단위)만 비용화 되고, 나머지는 기말재고자산(400단위)에 포함되어 비용화가 판매시점까지 이연되기 때문이다.

다음은 변동원가계산과 전부원가계산에 의해 작성한 로만손주식회사의 2019년 포괄손익계산서이다.

2019년 변동원가계산			
항목	단위당 금액 (A)	수량 (B)	금액 (C)=(A×B)
매출액①	₩100	1,700	₩170,000
기초재고②	20	400	8,000
직접재료원가③	10	1,400	14,000
직접노무원가④	6	1,400	8,400
변동제조간접원가⑤	4	1,400	5,600
기말재고⑥	20	100	2,000
변동매출원가⑦ =②+③+④+⑤-⑥			34,000
변동판매비⑧	₩19	1,700	32,300
공헌이익⑨ =①-⑦-⑧			103,700
고정제조간접원가⑩			15,400
고정판매비⑪			10,000
영업이익⑫ =⑨-⑩-⑪			₩78,300

2019년 전부원가계산			
항목	단위당 금액 (A)	수량 (B)	금액 (C)=(A×B)
매출액①	₩100	1,700	₩170,000
기초재고②	30	400	12,000
직접재료원가③	10	1,400	14,000
직접노무원가④	6	1,400	8,400
변동제조간접원가⑤	4	1,400	5,600
고정제조간접원가⑥	11	1,400	15,400
기말재고⑦	31	100	3,100
매출원가⑧ =②+③+④+⑤+⑥-⑦			52,300
매출총이익⑨=①-⑧			117,700
변동판매비⑩	₩19	1,700	32,300
고정판매비⑪			10,000
영업이익⑫ =⑨-⑩-⑪			₩75,400

2019년도와 2018년도의 차이점은 다음과 같다.

첫째, 2018년도 생산수량은 1,600단위이며, 2019년도 생산수량은 1,400단위로 2018년도 생산수량이 200단위 더 많다.

둘째, 2018년도 고정제조간접원가는 ₩16,000으로 제품단위당 고정제조간접원가는 ₩10(=고정제조간접원가÷생산수량=₩16,000÷1,600단위)인 반면에 2019년도 고정제조간접원가는 ₩15,400이며 제품단위당 고정제조간접원가는 ₩11(=고정제조간접원가÷생산수량=₩15,400÷1,400단위)으로 2019년보다 ₩1이 더 높다.

마지막으로 2018년도 판매수량은 1,200단위로 생산수량 1,600단위보다 적었으나, 2019년도 판매수량은 1,700단위로 생산수량 1,400단위보다 크다.

이렇게 판매수량이 생산수량보다 많은 경우에는 전부원가계산에 의한 영업이익이 변동원가계산에 의한 영업이익보다 작게 된다. 이는 전부원가계산 하에서는 당기에 발생한 고정제조간접원가뿐만 아니라, 기초재고자산 300단위에 포함되어 있던 전기의 고정제조간접원가까지 비용화 되지만, 변동원가계산 하에서는 당기에 발생한 고정제조간접원가만이 기간비용화 되기 때문이다.

마지막으로 2019년도 영업이익은 변동원가계산이 전부원가계산보다 ₩2,900만큼 크다. 전부원가계산 하에서는 기초재고자산 300단위에서 포함되어 있던 전기의 고정제조간접원가 ₩4,000(=₩10×400단위)과 당기에 발생한 고정제조간접원가 중 판매된 제품에 포함된 ₩14,300(=₩11×1,300단위)을 합한 ₩18,300이 비용화 되지만, 변동원가계산 하에서는 당기에 발생한 고정제조간접원가인 ₩15,400만이 기간비용화된다. 따라서 두 금액의 차이인 ₩2,900만큼 변동원가계산의 영업이익이 크다.

다음은 변동원가계산과 전부원가계산에 의해 작성한 로만손주식회사의 2020년 포괄손익계산서이다.

2020년 변동원가계산			
항목	단위당 금액 (A)	수량 (B)	금액 (C)=(A×B)
매출액①	₩100	1,800	₩180,000
기초재고②	20	100	2,000
직접재료원가③	10	2,000	20,000
직접노무원가④	6	2,000	12,000
변동제조간접원가⑤	4	2,000	8,000
기말재고⑥	20	300	6,000
변동매출원가⑦ =②+③+④+⑤−⑥			36,000
변동판매비⑧	₩19	1,800	34,200
공헌이익⑨ =①−⑦−⑧			109,800
고정제조간접원가⑩			17,000
고정판매비⑪			10,000
영업이익⑫ =⑨−⑩−⑪			₩82,800

2020년 전부원가계산			
항목	단위당 금액 (A)	수량 (B)	금액 (C)=(A×B)
매출액①	₩100	1,800	₩180,000
기초재고②	31	100	3,100
직접재료원가③	10	2,000	20,000
직접노무원가④	6	2,000	12,000
변동제조간접원가⑤	4	2,000	8,000
고정제조간접원가⑥	8.5	2,000	17,000
기말재고⑦	28.5	300	8,550
매출원가⑧ =②+③+④+⑤+⑥−⑦			51,550
매출총이익⑨=①−⑧			128,450
변동판매비⑩	₩19	1,800	34,200
고정판매비⑪			10,000
영업이익⑫ =⑨−⑩−⑪			₩84,250

2020년도와 2019년도의 차이점은 다음과 같다.

첫째, 2020년도 생산수량은 2,000단위이며, 2019년도 생산수량은 1,400단위로 2020년도 생산수량이 400단위 더 많다.

둘째, 2019년도 고정제조간접원가는 ₩15,400으로 제품단위당 고정제조간접원가는 ₩11(=고정제조간접원가÷생산수량=₩15,400÷1,400단위)인 반면에 2020년도 고정제조간접원가는 ₩17,000이며 제품단위당 고정제조간접원가는 ₩8.5(=고정제조간접원가÷생산수량=₩17,000÷2,000단위)으로 2019년보다 ₩2.5이 더 낮다.

마지막으로 2019년도 판매수량은 1,700단위로 생산수량 1,400단위보다 많았으나 2020년도 판매수량은 1,800단위로 생산수량 2,000단위보다 더 적다.

2020년도는 2018년도와 유사하게 생산수량이 판매수량보다 크기 때문에 전부원가계산에 의한 영업이익이 변동원가계산에 의한 영업이익보다 ₩1,450이 크게 된다.

전부원가계산 하에서는 기초재고자산 100단위에서 포함되어 있던 전기의 고정제조간접원가 ₩1,100(=₩11×100단위)과 당기에 발생한 고정제조간접원가 중 판매된 제품에 포함된 ₩14,450(=₩8.5×1,700단위)을 합한 ₩15,550이 비용화 되는 반면에, 변동원가계산 하에서는 당기에 발생한 고정제조간접원가인 ₩17,000 전액이 기간비용화된다. 따라서 두 금액의 차이인 ₩1,450만큼 전부원가계산의 영업이익이 크다.

제2절 기준조업도

고정제조간접원가는 총액이 일정하므로, 전부원가계산에서는 기준조업도에 근거한 제조간접원가 예정배부율을 사용하여 고정제조간접원가를 제품에 배부한다. 실제조업도가 기준조업도와 다르면, 고정제조간접원가 배부액과 예산액 사이에 차이가 생긴다. 실제조업도가 기준조업도를 초과하면, 고정제조간접원가배부액이 고정제조간접원가예산액보다 커져서 과대배부가 발생하게 되어 유리한 조업도차이가 나타나며, 반대로 실제조업도가 기준조업도보다 낮으면 과소배부가 발생하여 불리한 조업도차이가 나타난다.

전부원가계산에서 이용되는 고정제조간접원가배부율을 계산하기 위하여 미리 설정해 놓은 조업도를 기준조업도라고 한다. 기준조업도를 어느 수준으로 결정하느냐에 따라 제조원가도 달라지므로 기준조업도의 선택은 매우 중요하다. 다음은 기준조업도로 많이 사용되는 조업도에 대해 알아보기로 한다.

1 이론적 조업도와 실제최대조업도

이론적 조업도(theoretical capacity)는 생산활동이 완전한 효율성을 가지고 이루어지는 환경 하에서 달성할 수 있는 기준조업도 개념이다. 즉, 작업중단 등으로 인한 유휴설비가 전혀 발생하지 않는 경우에 생산할 수 있는 최대생산량이다.

로만손주식회사가 생산을 최대속도로 수행할 때, 1시간당 1,000단위를 생산할 수 있으며, 1년을 365일로 가정하면, 연간 이론조업도는 8,760,000단위(=1,000단위×24시간×365일)이다.

실제최대조업도(practical capacity)는 이론적 조업도에서 불가피한 요인에 의한 작업중단으로 발생된 조업도를 차감한 기준조업도 개념이다. 로만손주식회사의 실행가능한 생산속도가 1시간당 800단위이고, 1년에 300일 생산을 할 수 있다고 가정하면, 실제최대조업도는 5,760,000단위(=800단위×24시간×300일)이다.

이론적 조업도와 실제최대조업도는 기업의 공급측면에서 측정한 기준조업도이다. 따라서 이론적 조업도나 실제최대조업도를 추정할 때에는 기술적 및 인적 요인을 고려하는 것이 중요하다.

2 정상조업도와 종합예산조업도

정상조업도(normal capacity)란 일정기간(보통 3~5년)에 걸쳐 수요의 계절적·주기적 변동 및 추세에 따른 변동을 고려하여 소비자의 수요를 충족시킬 수 있는 생산능력에 기초한 기준조업도 개념이다. 종합예산조업도(master-budget capacity)는 경영자가 예상한 당해 연도의 조업도를 말한다.

이론적 조업도와 실제최대조업도는 기업의 공급측면에서 측정한 기준조업도라면, 정상조업도와 종합예산조업도는 기업이 생산한 제품에 대한 수요측면에서 측정한 기준조업도이다. 일반적으로 생산능력보다 수요가 적으므로 이론적 조업도, 실제최대조업도보다 정상조업도, 종합예산조업도가 더 낮은 수준이다.

3 기준조업도의 선택

조업도에 관한 4가지 개념 중에서 어떤 조업도를 선택하느냐의 여부는 회계정보의 사용목적에 따라 달라진다.

이론적 조업도는 회사가 현실적으로 이용 가능한 설비능력과 차이가 많이 나기 때문에 기준조업도로 거의 사용되지 않는다. 많은 회사들은 단위당 고정제조간접원가의 예산을 산출하기 위한 기준조업도로서 실제최대조업도를 사용하고 있다.

경영자가 기준조업도를 추정하기 곤란한 경우에는 그로 인해 판매가격의 결정도 영향을 받을 수 있다. 연간생산량의 변동이 심한 경우에 종합예산조업도를 사용하면, 고정제조간접원가배부율 또한 매년 큰 폭으로 변동하게 될 것이다. 생산량이 적을 때에는 상대적으로 많은 고정제조간접원가를 각 제품에 배부할 것이고, 생산량이 많을 때에는 상대적으로 적은 금액을 각 제품에 배부할 것이다. 따라서 원가에 일정비율의 이익을 가산하여 판매가격을 설정한다면, 불황기에는 오히려 가격이 높아지게 되고, 호황기에는 가격이 낮아지게 될 것 이다. 이와 같은 상황 하에서는 실제최대조업도를 원가배부의 기준으로 사용하는 것이 바람직하다.

실제최대조업도를 기준조업도로 사용하게 되면, 설비에 대한 원가를 수요와 관계없이 설비공급원가로 계산하게 된다. 따라서 취득하였지만 사용되지 않은 유휴설비에 대한 원가정보를 제공하게 되어 경영자가 제품설계변경, 임대, 제거 등의 유휴설비를 관리하는 의사결정을 내리는 데 도움을 주게 된다.

제3절 각 원가계산방법의 영업이익 차이조정

변동원가계산은 기업내부에서 경영관리 목적으로만 사용할 수 있는 원가계산방법이므로, 외부보고를 위한 재무제표를 작성하기 위해서는 변동원가계산에 의해 작성된 포괄손익계산서를 전부원가계산 하에서의 포괄손익계산서로 전환해야 한다. 다음은 변동원가계산 하에서 포괄손익계산서 상의 영업이익을 전부원가계산으로의 차이 조정에 대하여 알아본다.

변동원가계산을 사용하는 회사라고 하더라도 회계기말에 재고자산으로 이연되는 고정제조간접원가를 수정하여 전부원가계산에 의한 재고자산평가액으로 전환시킬 수 있다. 다시 말하면, 고정제조간접원가 중 변동원가계산 하에서 제품원가에 포함되지 않았던 고정제조간접원가를 기말재고자산과 매출원가에 가산하는 것이다. 변동원가계산 하에서의 영업이익은 다음과 같이 전부원가계산 하의 영업이익으로 전환된다.

변동원가계산에 의한 영업이익
+기말재고에 포함된 고정제조간접원가
−기초재고에 포함된 고정제조간접원가
=전부원가계산에 의한 영업이익

로만손주식회사 2018년~2020년까지의 전부원가계산과 변동원가계산 하에서의 영업이익의 차이를 요약한 것이다.

항목 \ 연도	2018년	2019년	2020년
전부원가계산 하의 영업이익①	₩51,200	₩75,400	₩84,250
변동원가계산 하의 영업이익②	47,200	78,300	82,800
영업이익 차이③=①−②	₩4,000	(₩2,900)	₩1,450

이러한 영업이익의 차이는 원가계산방법에 따라 고정제조간접원가의 제품원가 포함 여부에 의해 발생한다. 전부원가계산에서는 고정제조간접원가를 제품원가에 포함시키지만, 변동원가계산에서는 기간비용으로 처리한다. 따라서 변동원가계산과 전부원가계산의 영업이익 차이는 전부원가계산의 기초재고자산과 기말재고자산에 포함되어 있는 고정제조간접원가의 차이와 같게 된다.

구체적으로 영업이익의 차이조정은 4단계에 따라 이루어진다. 첫 번째 단계에서는 물량흐름을 파악하고, 두 번째 단계에서는 재고가능원가 항목의 단위당 원가를 계산한다. 세 번째 단계로는 재고자산에 포함된 재고가능원가를 산출한 후, 마지막 단계에서는 영업이익의 차이를 조정한다.

이에 따라 로만손주식회사의 연도별 영업이익의 차이를 조정하면 다음과 같다.

항목	2018년	2019년	2020년
[1단계] 물량흐름의 파악			
기초재고수량①	0	400	100
당기 제조수량②	1,600	1,400	2,000
당기 판매수량③	1,200	1,700	1,800
기말재고수량④=①+②-③	400	100	300
[2단계] 단위당 제조간접원가 배부액 계산			
고정제조간접원가⑤	₩16,000	₩15,400	₩17,000
기준조업도(=실제조업도)⑥	1,600	1,400	2,000
단위당 배부액⑦=⑤÷⑥	₩10	₩11	₩8.5
[3단계] 재고자산에 포함된 고정제조간접원가 산출			
기초재고에 포함된 고정제조간접원가⑧=①×⑦	₩0	₩4,000	₩1,100
기말재고에 포함된 고정제조간접원가⑨=④×⑦	₩4,000	₩1,100	₩2,550
[4단계] 영업이익의 차이조정			
변동원가계산 하의 영업이익⑩	₩47,200	₩78,300	₩82,800
기말재고에 포함된 고정제조간접원가⑨	₩4,000	₩1,100	₩2,550
기초재고에 포함된 고정제조간접원가⑧	₩0	₩4,000	₩1,100
전부원가계산 하의 영업이익⑪=⑩+⑨-⑧	₩51,200	₩75,400	₩84,250

2018년, 2020년도와 같이 기말재고자산이 기초재고자산에 비해 증가한 경우 전부원가계산의 영업이익이 변동원가계산의 영업이익보다 더 크고, 2019년도처럼 기말재고자산이 기초재고자산에 비해 감소한 경우, 전부원가계산의 영업이익이 변동원가계산의 영업이익보다 더 작게 된다. 이러한 차이는 기말재고자산이 증가하게 되면 고정제조간접원가가 재고자산으로 이전되고, 기말재고자산이 감소하게 되면 고정제조간접원가가 재고자산에서 차감되므로 발생한다. 따라서 영업이익 차이금액이 기말재고자산에 포함된 고정제조간접원가의 차이금액과 동일함을 알 수 있다.

이와 같은 영업이익의 차이를 당기에 비용화 된 금액 관점에서 분석할 수도 있다. 각 원가계산방법을 적용하였을 경우 비용화 되는 고정제조간접원가가 달라 매출원가가 서로 다르게 되고, 결과적으로 영업이익의 차이가 발생하기 때문이다.

다음은 연도별로 비용화 된 제조간접원가를 비교한 것이다.

항목	2018년	2019년	2020년
변동원가계산에서 비용화 된 고정제조간접원가①	₩16,000	₩15,400	₩17,000
전부원가계산에서 매출원가에 포함되어 비용화 된 고정제조간접원가②=(③+④+⑤-⑥)	12,000	18,300	15,550
기초재고에 포함된 고정제조간접원가③	0	4,000	1,100
당기생산량에 배부된 고정제조간접원가④	16,000	15,400	1,7,000
기말재고에 포함된 고정제조간접원가⑥	4,000	1,100	2,550
비용화 된 고정제조간접원가 차이⑦=(①-②)	₩4,000	(₩2,900)	₩1,450

전부원가계산과 변동원가계산의 차이를 종합하면 다음 표와 같다.

전부원가계산과 변동원가계산의 비교

<table>
<tr><th colspan="2">구분</th><th>전부원가계산</th><th>변동원가계산</th></tr>
<tr><td colspan="2">주요목적</td><td>외부보고목적</td><td>내부관리목적</td></tr>
<tr><td colspan="2">제품원가</td><td>직접재료원가
직접노무원가
변동제조간접원가
고정제조간접원가</td><td>직접재료원가
직접노무원가
변동제조간접원가</td></tr>
<tr><td colspan="2">기간비용</td><td>변동판매비와관리비
고정판매비와관리비</td><td>변동판매비와관리비
고정판매비와관리비
고정제조간접원가</td></tr>
<tr><td colspan="2">포괄손익계산서 양식</td><td>매출액
(-)매출원가
=매출총이익
(-)판매비와관리비
=영업이익</td><td>매출액
(-)변동매출원가 및 변동판매비와관리비
=공헌이익
(-)고정매출원가 및 고정판매비와 관리비
=영업이익</td></tr>
<tr><td rowspan="3">영업 이익 비교</td><td>생산량>판매량</td><td colspan="2">전부원가계산이 더 큼(재고자산 증가)</td></tr>
<tr><td>생산량=판매량</td><td colspan="2">동일</td></tr>
<tr><td>생산량<판매량</td><td colspan="2">변동원가계산이 더 큼(재고자산 감소)</td></tr>
<tr><td colspan="2">원가-조업도-이익관계</td><td>생산량 및 판매량에 따라 이익의 크기가 결정됨</td><td>판매량에 따라 이익의 크기가 결정됨</td></tr>
<tr><td colspan="2">조업도차이의 발생여부</td><td>고정제조간접원가를 제품원가에 배부하기 때문에 발생함</td><td>고정제조간접원가를 기간비용으로 처리하기 때문에 발생하지 않음</td></tr>
</table>

Ⅰ. 평가자 체크리스트

※ 다음 서술이 옳으면 T, 옳지 않으면 F를 기재하시오.

12.1 변동원가계산은 내부계획과 통제 등 경영관리에 보다 유용한 방법이다.

12.2 변동원가계산을 적용하여 원가산정을 하게 되면 모든 제조원가가 기말재공품에 포함이 된다.

12.3 전부원가계산에서 계산된 영업이익은 판매량뿐만 아니라 생산량의 변화에도 영향을 받는다.

12.4 변동원가계산에서는 고정제조간접원가를 기간비용으로 인식하지만, 전부원가계산에서는 고정제조간접원가를 제품원가로 인식한다.

12.5 변동원가계산과 전부원가계산은 외부보고목적을 위한 재무제표를 작성하기에 적합한 원가계산 방법이다.

12.6 생산량이 판매량을 초과하여 재고수량이 증가한 경우 변동원가계산에 의한 영업이익이 전부원가계산에 의한 영업이익보다 크다.

12.7 변동원가계산에서 변동판매관리비는 제품원가에 포함된다.

12.8 전부 원가계산에서 제품 단위원가는 직접원재료비, 직접노무비, 변동제조간접비와 고정제조간접비를 포함한다.

12.9 변동원가계산에는 영업이익변동이 생산량보다 판매량과 더 밀접한 관계를 가지므로 영업이익은 판매량의 변동에 의하여 영향을 받는다.

12.10 생산과 매출이 동일할 때 변동원가계산과 전부 원가계산 어느 방법을 사용하든 동일한 순이익이 보고된다.

Ⅱ. 객관식

12.1 변동원가계산의 유용성으로 볼 수 없는 것은?

① 장기적인 의사결정에 유용하다.
② 원가행태별 통제가 용이하다.
③ 바람직하지 못한 재고누적을 막을 수 있다.
④ CVP 분석을 위한 자료를 쉽게 획득할 수 있다.
⑤ 공헌이익을 별도 계산하여 부문별 업적평가가 가능하다.

12.2 변동원가계산에 대한 설명으로 옳은 것은? [1993년 공인회계사]

① 직접재료비와 직접노무비를 제품원가로 계산한다.
② 표준재료비와 표준노무비를 제품원가로 계산한다.
③ 변동제조원가만을 제품원가로 계산한다.
④ 변동제조원가와 고정제조원가를 제품원가로 계산한다.
⑤ 변동제조원가와 변동판매비 및 일반관리비를 제품원가로 계산한다.

12.3 변동원가계산에 의한 손익계산서와 관련된 설명이 아닌 것은? [1996년 공인회계사]

① 공헌이익을 계산한다.
② 변동제조간접원가는 기간비용으로 처리된다.
③ 고정제조간접원가는 매출원가에 포함되지 않는다.
④ 제품생산량이 영업이익에 영향을 미치지 않는다.
⑤ 판매비 및 일반관리비를 변동비와 고정비로 분리하여 보고한다.

12.4 변동원가계산과 전부원가계산에 대한 설명으로 옳지 않은 것은?

① 표준원가계산제도는 전부원가계산과 변동원가계산 모두에서 사용할 수 있다.
② 전부원가계산은 단기의사결정에 유용하며, 변동원가계산은 장기의사결정에 유용하다.
③ 전부원가계산은 고정제조간접원가를 제품원가로 인식하며, 변동원가계산은 고정제조간접원가를 기간원가로 인식한다.
④ 전부원가계산은 외부보고용으로 적절하며, 변동원가계산은 경영관리적 측면에서 경영자의 의사결정에 유용한 정보를 제공한다.
⑤ 전부원가계산은 생산수량과 판매수량에 의해 이익의 크기가 결정되며, 변동원가계산은 판매량에 의해 이익의 크기가 결정된다.

12.5 다음 중 전부원가계산과 변동원가계산의 영업이익에 대한 설명으로 옳지 않은 것은?

① 생산수량이 판매수량을 초과하는 경우 영업이익은 전부원가계산 하에서 크게 나타난다.

② 생산수량과 판매수량이 동일한 경우 전부원가계산과 변동원가계산에 의한 영업이익은 같다.

③ 기초재고수량이 있는 경우, 생산수량과 판매수량이 같으면 항상 두 원가계산에 의한 영업이익은 일치한다.

④ 판매수량이 생산수량을 초과하는 경우 영업이익은 변동원가계산 하에서 크게 나타난다.

⑤ 전부원가계산 하에서는 고정제조간접비가 생산량의 제조원가에 산입되므로 영업이익의 크기가 매출수량에도 영향을 받는다.

12.6 당기의 원가요소 중 고정비의 비중이 매우 커졌을 경우에 손익계산서상의 당기순이익을 가장 적게 하는 원가계산방법은? [기업회계 1급 수정]

① 표준원가계산방법 ② 실제원가계산방법
③ 전부원가계산방법 ④ 변동원가계산방법
⑤ 활동기준원가계산방법

12.7 다음은 변동원가계산과 전부원가계산에 대한 설명이다. 이들을 해당되는 사항들로만 적절히 분류한 것은? [2000년 세무사]

> ⓐ 행태별 원가분류가 필요하다.
> ⓑ 기간손익이 재고수준의 변동에 영향을 받는다.
> ⓒ 단기적인 계획과 통제에 유용하지 못하다.
> ⓓ GAAP에서 인정하지 않는다.

	변동원가계산	전부원가계산
①	ⓐ, ⓒ	ⓑ, ⓓ
②	ⓑ, ⓒ	ⓐ, ⓓ
③	ⓒ, ⓓ	ⓐ, ⓑ
④	ⓐ, ⓑ	ⓒ, ⓓ
⑤	ⓐ, ⓓ	ⓑ, ⓒ

12.8 20×8년 (주)서해는 10,000단위를 생산하고 9,000단위를 판매하였다. 고정 제조간접비는 ₩20,000, 변동제조원가는 단위당 ₩3이다. 20×8년 동안 전부원가계산에서 순이익은?

① 변동원가계산에서보다 ₩2,000 높다.
② 변동원가계산에서보다 ₩5,000 높다.
③ 변동원가계산에서보다 ₩2,000 낮다.
④ 변동원가계산에서보다 ₩5,000 낮다.
⑤ 변동원가계산에서보다 ₩7,000 낮다.

12.9 서울회사는 단일제품을 생산하고 있다. 단위당 원가 자료는 다음과 같다.

단위당 원가:			
직접재료비	₩100	직접노무비	₩350
변동제조간접비	₩150	변동판매관리비	₩250
추가자료:			
고정제조간접비	₩100,000	생산량	200단위

전부원가계산에서 단위당 제품원가를 계산하면?

① ₩1,000　② ₩1,100
③ ₩11,200　④ ₩1,300
⑤ ₩1,400

12.10 서울회사는 단일제품을 생산하고 있다. 단위당 원가 자료는 다음과 같다.

단위당 원가:			
직접재료비	₩100	직접노무비	₩350
변동제조간접비	₩150	변동판매관리비	₩250
추가자료:			
고정제조간접비	₩100,000	생산량	200단위

변동원가계산에서 단위당 제품원가를 계산하면?

① ₩600　② ₩700　③ ₩800
④ ₩900　⑤ ₩1,000

12.11 (주)강남은 단일제품을 생산·판매하고 있다. 다음 자료를 이용하여 전부원가계산과 변동원가계산에 의한 단위당 제품원가를 계산하면?

직접재료비	₩10,000	직접노무비	₩20,000
변동제조간접비	₩5,000	변동판매관리비	₩15,000
고정제조간접비	₩10,000,000	생산량	200단위

	전부원가계산	변동원가계산		전부원가계산	변동원가계산
①	₩35,000	₩85,000	②	₩35,000	₩50,000
③	₩50,000	₩50,000	④	₩85,000	₩35,000
⑤	₩85,000	₩50,000			

12.12 (주)선풍은 선풍기를 제작하여 판매하는 회사이다. 생산량 10,000대를 기준으로 하였을 경우 대당 예정원가자료는 다음과 같다.

직접재료비	₩1,600	직접노무비	₩680
변동제조간접비	₩220	고정제조간접비	₩400
변동판매비	₩300	고정판매비	₩200

실제생산량은 8,500대이고, 기중 실제고정제조간접비는 예정원가보다 ₩250,000이 추가로 더 발생하였다. 기초재고는 없었고 원가차이는 정상적인 것으로 보아 원가성이 있는 것으로 판단되어진다. 전부원가계산에 의한 제품 1대당 실제제조원가는 얼마인가?

[기업회계 1급 수정]

① ₩2,800 ② ₩2,900 ③ ₩3,000 ④ ₩3,100 ⑤ ₩3,500

12.13 (주)강산은 20×8년 초에 영업을 개시하여 A제품을 생산·판매하고 있다. 20×8년의 생산량은 2,000단위였으며 생산과 판매에 관한 자료는 다음과 같다.

	제품단위당 변동비	고정비
직접재료비	₩300	–
직접노무비	₩250	–
제조간접비	₩100	₩400,000
판매관리비	₩150	₩200,000

제품단위당 판매가격은 ₩1,800이다.

(주)강산이 20×8년에 1,500단위를 판매하였다면, 변동원가계산의 순이익은 얼마인가?
[기업회계 1급 수정]

① ₩1,125,000 ② ₩1,300,000 ③ ₩700,000 ④ ₩900,000 ⑤ ₩850,000

제 13 장

활동기준원가계산

12.10 (주)서울은 단일제품을 생산 및 판매하고 있다. 회사는 영업개시 후 전부원가계산에 의하여 작성한 3년간의 손익계산서는 다음과 같다. [2003년 세무사 수정]

(1) 전부원가계산 손익계산서

	1차연도	2차연도	3차연도
매 출 액	₩800,000	₩600,000	₩800,000
영업이익	20,000	50,000	(140,000)

(2) 원가자료

- 변동제조원가는 단위당 ₩5
- 고정제조간접비 ₩400,000
- 고정판매관리비 ₩100,000

(3) 3년간의 생산량 및 판매량

	3년간 생산량 및 판매량		
	1차연도	2차연도	3차연도
생 산 량	40,000	50,000	20,000
판 매 량	40,000	30,000	40,000

변동원가계산에 의하여 각 연도(1차연도에서 3차연도)의 손익계산서를 작성하시오.

12.14 정미(주)는 20×8년 1월 1일 영업을 개시하였으며, 단일의 제품을 생산하여 개당 ₩1,000씩 에 판매하고 있다. 정미(주)는 실제원가시스템으로 원가를 계산하고 있다. 20×8년 동안 100,000단위의 제품을 생산하여 80,000단위의 제품을 판매하였다. 20×8년 12월 31일 재공품계정의 잔액은 없다. 20×8년의 제조원가와 기간비용에 관한 자료는 다음과 같다.

	고정비	변동비	
직접재료비	–	단위당	₩200
직접노무비	–	단위당	125
제조간접비	₩12,000,000	단위당	75
판매비	7,000,000	단위당	100

정미(주)의 변동원가계산 방법에 의한 영업이익은? [1997년 공인회계사]

① ₩3,000,000
② ₩11,000,000
③ ₩11,400,000
④ ₩21,000,000
⑤ ₩33,000,000

12.15 다음의 자료를 이용하여 계산된 변동원가계산의 기말재고액과 전부원가계산의 기말재고액의 차이는 얼마인가? [2005년 감정평가사]

기초재고수량	0개	생산량	1,200개
판매량	1,000개	매출액	₩100,000
총변동재료원가	₩12,000	총변동가공원가	₩24,000
총고정제조간접원가	₩18,000	총고정마케팅원가	₩20,000

① ₩3,000
② ₩2,000
③ ₩7,000
④ ₩10,344
⑤ ₩5,600

12.16 (주)K2는 20×8년 영업을 개시하여 동년도의 기말제품 재고량이 1,000개 남았다. 변동제조원가와 고정제조원가는 제품 단위당 각각 ₩90과 ₩20이다. (주)K2가 전부 원가계산 제도를 택하는 경우 변동원가계산 제도를 택하는 경우보다 세전 순이익은 얼마나 높게 나타나겠는가? [AICPA]

① ₩0
② ₩20,000
③ ₩70,000
④ ₩90,000
⑤ ₩100,000

12.17 다음은 (주)한강의 원가자료이다. 전부원가계산방법에 의한 당기순이익이 직접원가계산 방법에 의한 당기순이익보다 ₩200이 많은 경우 당기의 재고 증감량은 몇 개인가?

[2000년 세무사]

당기생산량: 1,000개	기초재고수량: ?	기말재고수량: 100개
판매가: 단위당 ₩15	변동제조간접비: 단위당 ₩5	고정제조간접비: ₩2,000
변동판매비: 단위당 ₩2	고정판매비: ₩300	

① 100개 증가
② 50개 증가
③ 10개 증가
④ 50개 감소
⑤ 변동없음

12.18 (주)세무의 20×8년 3월의 원가계산자료는 다음과 같다. 기초 및 기말재공품은 없으며, 재고자산의 원가흐름은 선입선출법을 전제로 한다.

당기생산량	1,500개	당기판매량	1,000개
기초제품	200개	기말제품	450개
고정제조간접비	₩960,000	고정판매비와 관리비	₩940,000

전부원가계산에 의한 기초제품재고액은 ₩300,000(₩120,000은 고정제조간접비)이고, 기말제품재고액은 ₩780,000이다. 위 자료를 이용하여 원가계산을 할 경우 전부원가계산에 의한 영업이익이 ₩368,000이라면 변동원가계산에 의한 영업이익은 얼마인가?

[기업회계 1급 수정]

① ₩120,000
② ₩200,000
③ ₩288,000
④ ₩368,000
⑤ ₩395,000

12.19 전기와 당기의 단위당 고정제조간접비가 동일한 경우 (주)네모합판의 영업활동에 관한 자료이다.

• 생산수량	10,000개	• 판매수량	8,000개
• 기초제품	1,000개	• 단위당 판매가격	₩200
• 단위당 변동제조원가	₩80	• 단위당 변동판매관리비	₩10
• 고정제조간접비	₩100,000	• 고정판매관리비	₩20,000

위 자료에 의할 때 순이익의 차이를 설명한 것으로 적합한 것은?

[2001년 감정평가사 유사, 기업회계 1급 수정]

① 전부원가계산 하의 순이익이 ₩24,000 더 많다.
② 변동원가계산 하의 순이익이 ₩24,000 더 많다.
③ 전부원가계산 하의 순이익이 ₩20,000 더 많다.
④ 변동원가계산 하의 순이익이 ₩20,000 더 많다.
⑤ 전부원가계산 하의 순이익이 ₩18,000 더 많다.

12.20 무선전화(주)는 20×8년 초에 영업을 개시하여 무선전화기를 생산 판매하고 있다. 20×8년에 3,000개를 생산하였으며, 제품 단위당 판매가격은 ₩150,000이다. 생산에 관한 자료는 다음과 같다.

	고정원가(₩)	제품단위당 변동원가(₩)
직접재료원가		₩30,000
직접노무원가		25,000
제조간접원가	₩45,000,000	15,000
판매관리비	60,000,000	20,000

만약 전부원가계산에 의한 영업이익이 변동원가계산에 의한 영업이익에 비하여 ₩15,000,000이 많을 경우, 20×8년 판매량은 몇 개인가? [1998년 세무사]

① 200개 ② 500개
③ 1,000개 ④ 1,500개
⑤ 2,000개

12.21 (주)월곡은 변동원가계산을 실행하고 있다. 변동원가계산에 의한 제품단위당 매출원가는? [기업회계 1급 수정]

- 당기영업이익: ₩175,000
- 당기 고정원가
  - 제조원가: ₩65,000
  - 판매비와관리비: ₩42,200
- 매출액: ₩325,000
- 당기제품제조수량: 5,800단위
- 기말제품재고수량: 450단위
- 기초제품재고: 없음

① ₩8 ② ₩10
③ ₩12 ④ ₩14
⑤ ₩16

12.22 다음은 변동원가계산과 전부원가계산에 대한 비교설명이다. 옳은 것을 모두 나열한 것은?

[기업회계 1급 수정]

1. 재고자산이 없는 경우, 두 원가계산 방법에 의한 영업이익에는 차이가 발생한다.
2. 변동원가계산은 판매량에 비례하여 이익이 형성된다는 차원에서 전부원가계산보다 논리적이다.
3. 기초재고가 없고 생산량보다 판매량이 적은 경우 변동원가계산의 이익이 크다.
4. 재고자산에 포함된 제품단위당 고정비만큼 영업이익의 차이가 두 방법에서 발생한다.
5. 변동원가계산은 매출원가와 판매비와관리비를 고정비와 변동비로 분류해야 올바른 영업이익이 산출된다.

① 1, 2, 3　② 2, 3, 4　③ 2, 4, 5
④ 3, 4, 5　⑤ 1, 3, 5

12.23 변동원가계산제도의 특징을 모두 고른 것은? [재경관리사 수정]

(ㄱ) 변동원가계산제도는 기업회계기준에서 인정하는 원가계산제도이다.
(ㄴ) 특정기간의 이익이 재고자산 수량의 변동에 영향을 받지 않는다.
(ㄷ) 공통고정원가를 부문이나 제품별로 배부하기 때문에 부문별, 제품별 의사결정문제에 왜곡을 초래할 가능성이 존재한다.
(ㄹ) 변동원가계산제도에서 매출액과 이익은 동일한 방향으로 움직이므로 경영자의 입장에서 이해하기 쉽다.

① (ㄱ)　② (ㄴ), (ㄷ)　③ (ㄱ), (ㄴ), (ㄷ)
④ (ㄴ), (ㄹ)　⑤ (ㄴ), (ㄷ), (ㄹ)

12.24 변동원가계산제도 하에서 재고자산가액에 포함되는 원가항목을 올바르게 나열한 것은?

[재경관리사 수정]

① 직접재료원가, 직접노무원가
② 직접재료원가, 직접노무원가, 변동제조간접원가
③ 직접재료원가, 직접노무원가, 변동제조간접원가, 고정제조간접원가
④ 직접재료원가, 직접노무원가, 변동제조간접원가, 변동판매비와관리비
⑤ 직접재료원가, 직접노무원가, 고정제조간접원가, 고정판매비와관리비

12.25 20×1년 (주)만군은 신제품 A를 500단위 생산하였는데 이에 대한 단위당 변동원가는 ₩10이고 단위당 고정원가는 ₩3이다. 20×1년에 신제품에 대한 기초재고액은 없었으며 기말재고 수량만이 100단위일 경우, 전부원가계산방법 대신에 변동원가계산방법을 적용한다면 20×1년 12월 31일의 기말재고액은 전부원가계산방법에 비해 얼마나 변동할 것인가? [재경관리사 수정]

① ₩100 증가 ② ₩300 증가 ③ ₩300 감소
④ ₩400 감소 ⑤ ₩500 증가

12.26 다음 괄호 안에 들어가 알맞은 용어를 고르면? [재경관리사 수정]

> 전부원가계산제도는 (ㄱ) 개념에 근거를 두고 있다. (ㄱ) 개념이란 제품생산과 관련한 원가의 행태에 관계없이 모두 제품의 원가로 보는 것이다. 변동원가계산제도는 (ㄴ)의 개념에 근거를 두고 있다. (ㄴ) 개념이란 발생한 원가가 미래에 동일한 원가의 발생을 방지할 수 없다면 그 원가는 자산성을 인정할 수 없다는 것이다.

	(ㄱ)	(ㄴ)		(ㄱ)	(ㄴ)
①	원가부착	원가회피	②	원가회피	원가부착
③	기간비용	원가회피	④	원가부착	기간비용
⑤	기간비용	원가부착			

12.27 (주)한국의 기초재고자산에 포함된 고정제조간접원가는 ₩18,000이며, 기말재고자산에 포함된 고정제조간접원가는 ₩16,000이다. 전부원가계산 상의 순이익이 ₩20,000일 경우, 변동원가계산 상의 순이익은? [경영지도사 수정]

① ₩14,000 ② ₩16,000 ③ ₩18,000
④ ₩19,000 ⑤ ₩22,000

12.28 (주)한국의 당기 제품판매수량 750개, 제품의 단위당 판매가격 ₩50, 단위당 변동제조원가 ₩25, 단위당 변동판매비와 관리비 ₩10이며, 당기 총고정제조간접원가는 ₩900,000이다. 전부원가계산 상의 영업이익이 변동원가계산 상의 영업이익보다 ₩750,000 많다면, 당기의 제품생산수량은? (단, 기초재공품 및 제품과 기말재공품은 없다) [경영지도사 수정]

① 3,000개 ② 3,500개 ③ 3,750개
④ 4,000개 ⑤ 4,500개

Ⅲ. 주관식

12.1 4월 중 제품 10,000 단위를 생산하여 판매하였다. 4월 중 발생한 제조원가와 판매비는 다음과 같다.

직접재료비와 직접노무비	₩900,000	변동 제조간접비	₩100,000
고정 제조간접비	20,000	변동 판매비	10,000

변동원가계산 하에서 단위당 제품원가를 계산하면?

12.2 (주)태희는 20×8년 10월 중 A제품 1,000 단위를 생산하여 800 단위를 판매하였다. A제품의 단위당 판매가격은 ₩3,000이다. 10월 중 발생한 제조원가와 판매관리비는 다음과 같다.

직접재료비	₩1,000,000	직접노무비	₩600,000
변동제조간접비	400,000	고정제조간접비	100,000
변동판매비	200,000	고정판매비	700,000

물음 1. 전부원가계산에 의한 단위당 제품원가와 기말제품재고액은?
2. 변동원가계산에 의한 단위당 제품원가와 기말제품재고액은?

12.3 (주)부천은 20×8년에 한 제품을 판매하고 있다. 제품의 생산 및 판매와 관련된 원가는 다음과 같다.

	고정비	단위당 변동비
직접재료비		₩500
직접노무비		₩300
변동제조간접비		₩200
고정제조간접비	₩225,000	
변동판매관리비		₩100
고정판매관리비	₩775,000	

회사는 1,500 단위를 생산하여 1,300 단위를 판매하였다. 20×8년 말 재고수량은 200단위며, 장부에 기록된 기말제품재고액은 ₩200,000이다.

물음 1) 장부에 기록되어 있는 기말제품재고액은 어느 원가계산(전부/변동)을 적용하여 계산되었는가?
2) 외부보고 목적을 위한 200 단위의 제품재고액은 얼마로 하여야 하는가?

12.4 (주)창조의 2014년 제조 및 판매자료는 다음 [보기]와 같으며, 기말재고의 평가는 선입선출법이다. 2014년 고정제조간접비는 ₩2,000,000이고 고정판매관리비는 ₩1,200,000일 때, 변동원가계산에 의한 기말제품재고액은 얼마인가? [ERP회계 수정]

[보기]

	단위	전부원가
기초재고	2,000단위	₩1,200,000
생산량	8,000	
판매량	6,000	
기말재고	4,000	₩2,440,000

12.5 (주)남전은 2014년 설립된 회사로 2014년의 연간 고정제조간접비는 ₩50,000이다. 회사는 2014년 제품 2,500개를 생산하여 1,000개를 판매하였으며 변동원가계산에 의한 영업이익은 ₩90,000일 때, 전부원가계산에 의한 영업이익 금액은 얼마인가? [ERP회계 수정]

12.6 (주)삼국은 20×8년 초에 영업을 개시하였으며 1월과 2월 중에 발생한 원가자료는 다음과 같다.

	20×8년 1월	20×8년 2월
생산능력	100개	100개
생산량	90개	100개
판매량	70개	90개
고정제조간접원가	₩1,350	₩1,400

2월 중 변동원가계산에 의한 영업이익이 ₩210이었다면, 전부원가계산에 의한 2월 중 영업이익은 얼마인가? (재고자산의 원가흐름은 선입선출법을 가정한다) [2006년 세무사]

12.7 (주)안산은 20×8년 1월 1일에 영업을 시작하였다. 회사는 20×8년 동안 10,000 단위를 생산하여 9,000 단위를 판매하였으며, 단위당 ₩100에 판매하였다. 20×8년 중에 발생한 제조원가와 판매관리비는 다음과 같다.

	고정비	단위당 변동비
직접재료비		₩30
직접노무비		₩10
제조간접비	₩20,000	₩20
판매관리비	₩50,000	₩10

물음 1) 변동원가계산에 의한 영업이익을 계산하시오.

2) 변동원가계산에 의한 영업이익을 전부원가계산에 의한 영업이익으로 전환하시오.

12.8 (주)경기는 20×8년 1월 1일에 설립되어 제품생산을 시작하였다. 회사는 제품원가를 계산하기 위하여 전부원가계산을 이용하여 손익계산서를 작성하였다. 20×8년 손익계산서 자료는 다음과 같다.

손익계산서
(20×8년 1월 1일 ~ 12월 31일)

Ⅰ. 매출액(13,000단위×₩1,000)		₩13,000,000
Ⅱ. 매출원가		
1. 기초제품재고액	₩0	
2. 당기제품제조원가(15,000단위×₩800)	12,000,000	
3. 기말제품재고액(2,000단위×₩800)	1,600,000	10,400,000
Ⅲ. 매출총이익		2,600,000
Ⅳ. 판매관리비		2,000,000
Ⅴ. 영업이익		₩600,000

* 판매관리비 ₩2,000,000 중 ₩700,000은 변동판매관리비이다.
그리고 연간 고정제조간접원가는 ₩3,000,000이다.

물음 1) 변동원가계산에 의한 공헌이익계산서를 작성하시오.
2) 전부원가계산과 변동원가계산의 영업이익의 차이를 계산하시오.

12.9 (주)강릉은 20×8년에 A제품을 생산·판매하고 있다. 회사는 20×8년 동안 1,000 단위를 생산하여 1,200 단위를 판매하였으며, 단위당 ₩1,000에 판매하였다. 20×8년 중에 직접재료비 ₩150,000, 직접노무비 ₩250,000, 변동제조간접비 ₩50,000이 발생하였으며, 기타 관련자료는 다음과 같다. 단, 전기와 당기의 단위당 제조원가는 동일하다.

기초제품재고량	200단위	단위당 변동판매관리비	₩400
고정제조간접비	₩50,000	고정판매관리비	₩100,000

물음 1) 전부원가계산에 의한 손익계산서를 작성하시오.
2) 변동원가계산에 의한 손익계산서를 작성하시오.

제2절 전통적 원가계산시스템의 문제점

전통적 원가계산시스템에서 사용하던 제조간접원가 배부기준의 가정은 노동시간 또는 기계시간과 같은 단일변수에 의해 원가가 발생한다는 것이다. 그러나 제조간접원가는 생산량과 관계없는 제반 업무, 즉 거래(transaction) 때문에 발생하는 원가항목이 수없이 많다. 예를 들면, 구매부서의 원가는 처리된 구매청구 횟수에 따라 증감하고, 정보처리비용은 추적하여 처리해야 할 청구서, 부품, 원재료의 양에 따라 증감하고, 생산준비비용은 생산준비횟수 또는 생산준비시간에 따라 증감하며, 설계비용은 설계변경횟수에 따라 증감한다. 이러한 다양한 원가동인을 정확히 파악하여 제조간접원가를 정교하게 배부하지 않으면 여러 가지 문제점이 발생하게 된다.

재품 A와 제품 B 두 가지 종류의 제품을 생산하는 (주)한국제조가 제조간접원가의 배부기준으로 기계작업시간을 사용하고 있으며 제조작업과 관련된 자료가 다음과 같다.

<table>
<tr><th colspan="2">구분</th><th>제품 A</th><th>제품 B</th><th>합계</th></tr>
<tr><td colspan="2">(1) 생산관련 정보</td><td></td><td></td><td></td></tr>
<tr><td colspan="2">생산 수량</td><td>2,000단위</td><td>500단위</td><td></td></tr>
<tr><td colspan="2">기계작업시간</td><td>2,500시간</td><td>625시간</td><td>3,125시간</td></tr>
<tr><td colspan="2">재료처리 횟수</td><td>350회</td><td>50회</td><td>400회</td></tr>
<tr><td colspan="2">생산준비 횟수</td><td>50회</td><td>25회</td><td>75회</td></tr>
<tr><td colspan="2">(2) 발생원가 정보</td><td></td><td></td><td></td></tr>
<tr><td colspan="2">직접재료원가</td><td>₩20,000,000</td><td>₩5,000,000</td><td>₩25,000,000</td></tr>
<tr><td colspan="2">직접노무원가</td><td>₩15,000,000</td><td>₩2,500,000</td><td>₩17,500,000</td></tr>
<tr><td rowspan="3">제조간접원가</td><td>수선유지비</td><td colspan="2">₩12,500,000</td><td rowspan="3">₩50,000,000</td></tr>
<tr><td>재료처리비</td><td colspan="2">₩15,000,000</td></tr>
<tr><td>생산준비비</td><td colspan="2">₩22,500,000</td></tr>
</table>

(주)한국제조가 전통적인 원가배부기준에 따라 제품 A와 제품 B의 단위당 제조원가를 산출하면 다음과 같다.

(1) 제조간접원가 배부율의 계산

제조간접원가 배부율=제조간접원가÷기계시간

=₩50,000,000÷(2,500기계시간+625기계시간)

=₩16,000/기계시간

(2) 제조간접원가의 배부

제품 A: 2,500기계시간×₩16,000/기계시간=₩40,000,000

제품 B: 625기계시간×₩16,000/기계시간=₩10,000,000

(3) 제품별 단위당 제조원가의 계산

구분	제품 A	제품 B	합계
직접재료원가①	₩20,000,000	₩5,000,000	₩25,000,000
직접노무원가②	15,000,000	2,500,000	17,500,000
제조간접원가③	40,000,000	10,000,000	50,000,000
총제조원가④=(①+②+③)	₩75,000,000	₩17,500,000	₩92,500,000
생산량⑤	2,000단위	500단위	
단위당 제조원가⑥=(④÷⑤)	₩37,500	₩35,000	

즉, 기계작업시간을 기준으로 제조간접원가를 각 제품에 배부하는 경우 (주)한국제조가 생산하는 제품 A와 제품 B의 단위당 제조원가는 각각 ₩37,500 및 ₩35,000이다. 그러나 이러한 제조원가 금액의 정확성은 제조간접원가의 배부가 얼마나 정교하게 이루어졌는지에 따라 달라진다.

제조간접원가의 원가항목별로 원가동인이 다르게 파악된다고 가정하자. 즉 수선유지비는 기계작업시간, 재료처리비는 재료처리횟수, 그리고 생산준비비는 생산준비횟수가 각각 인과관계가 높은 원가동인으로 파악된다고 가정하자. (주)한국제조가 인과관계가 높은 새로운 원가배부기준에 따라 제품 A와 제품 B의 단위당 제조원가를 산출하면 다음과 같다.

(1) 제조간접원가 배부율의 계산

제조간접원가 항목	발생원가 (A)	원가동인 수량 (B)	배부율 (C)=(A)÷(B)
수선유지비	₩12,500,000	3,125기계시간	₩4,000/기계시간
재료처리비	₩15,000,000	400회	₩37,500/재료처리횟수
생산준비비	₩22,500,000	75회	₩300,000/생산준비횟수

(2) 제조간접원가의 배부

구분	배부율 (A)	제품 A 원가동인 수량(B)	제품 A 제조간접원가 (C)=(A)×(B)	제품 B 원가동인 수량(D)	제품 B 제조간접원가 (E)=(A)×(D)	합계 (F)=(C)+(E)
수선유지비	₩4,000	2,500시간	₩10,000,000	625시간	₩2,500,000	₩12,500,000
재료처리비	37,500	350회	13,125,000	50회	1,875,000	15,000,000
생산준비비	₩300,000	50회	15,000,000	25회	7,500,000	22,500,000
합계			₩38,125,000		₩11,875,000	₩50,000,000

(3) 제품별 단위당 제조원가의 계산

구분	제품 A	제품 B	합계
직접재료원가①	₩20,000,000	₩5,000,000	₩25,000,000
직접노무원가②	15,000,000	2,500,000	17,500,000
제조간접원가③	38,125,000	11,875,000	50,000,000
총제조원가④=(①+②+③)	₩73,125,000	₩19,375,000	₩92,500,000
생산량⑤	2,000단위	500단위	2,500단위
단위당 제조원가⑥=(④÷⑤)	₩36,563	₩38,750	

즉, 다양한 원가동인을 이용하여 제조간접원가를 각 제품에 배부하는 경우 (주)한국제조가 생산하는 제품 A와 제품 B의 단위당 제조원가는 각각 ₩36,563, ₩38,750이다. 이러한 금액은 제조간접원가를 기계작업시간만을 이용해서 배부한 경우와 다른 결과이다. 이는 단일의 제조간접원가 배부기준이 다양한 원가동인을 제대로 반영하지 못하고 있기 때문이다. 즉, 다음 표에서 알 수 있듯이 제품 A는 저렴한 자원인 기계작업과 재료처리작업을 상대적으로 많이 소비하고 있고, 제품 B는 비싼 자원인 생산준비작업을 상대적으로 많이 사용하고 있다.

제품별 상대적 자원소모량

제조간접 원가항목	배부율	자원소모량	
		제품 A	제품 B
수선유지비	₩4,000/기계시간	2,500기계시간÷3,125기계시간= 80.00%	625기계시간÷3,125기계시간= 20.00%
재료처리비	₩37,500/회	350회÷400회= 87.50%	50회÷400회= 12.50%
생산준비비	₩300,000/회	50회÷75회= 66.67%	25회÷75회= 33.33%

따라서 전통적 배부기준은 제품이 각 부문을 거치는 동안 소비한 자원의 양을 정확하게 나타내지 못한다. 다시 말하면, 생산량과 관계없이 증감하는 제조간접원가 항목이 급증하였음에도 불구하고 이 현상을 무시함에 따라 단위당 원가 측면에서 실제 제조간접원가를 적게 발생시키는 대량생산제품에는 제조간접원가를 과대계상(over-costing)하게 되고, 실제 제조간접원가를 크게 발생시키는 소량생산제품에 제조간접원가를 과소계상(under-costing)하게 된다. 따라서 개별 원가항목별로 인과관계가 높은 원가동인을 설정하고, 원가배부 과정에서 각 원가동인의 자원소모량을 합리적으로 반영할 수 있도록 제조간접원가 배부기준을 설정하는 것이 중요하다.

전통적 원가계산시스템은 다음과 같은 문제점이 있다.

첫째, 원가정보가 왜곡될 가능성이 있다. 앞의 (주)한국제조 예에서 알 수 있듯이, 전통적인 원가계산시스템으로는 제조원가를 정확하게 산출할 수 없게 된다. 이는 크게 원가평준화 현상과 제품원가의 상호보조 2가지로 나눌 수 있다. 1) 원가평준화는 원가대상이 자원에 대해 서로 다른 수요를 가지고 있는 것을 인식하지 않고 간접원가를 단위수준으로 평준화해서 원가대상에 균일하게 배분한 것을 말한다. 2) 제품원가의 상호보조는 원가평준화 현상 때문에 하나의 원가대상에서 원가왜곡이 발생하면 이로 인해 다른 원가대상에도 원가왜곡이 일어나는 것을 말한다.

둘째, 원가를 기초로 가격설정을 하는 경우 가격 의사결정이 왜곡될 가능성이 있다. 예를 들어, (주)한국제조가 단위당 제품제조원가에 25%의 이익을 가산하여 판매가격을 책정하는 정책을 유지한다고 가정하자. 이때 각 원가계산방법에 따라 산출된 제조원가를 기초로 한 판매가격은 다음과 같다.

만일 시장에서 경쟁회사가 (주)한국제조가 생산하는 제품과 매우 유사한 제품 A′와 제품 B′를 판매하고 있고, 각각의 판매가격이 ₩46,000과 ₩45,000이라고 하자. 전통적 원가계산에 따라 판매가격을 책정할 경우, 제품 A는 가격경쟁력을 상실(₩46,875>₩46,000)하게 된다. 그러나 새로운 원가계산에 의하면 제품 A는 충분히 가격경쟁력을 보유(₩45,704<₩46,000)하는 것을 알 수 있다. 반면, 제품 B는 전통적 원가계산으로는 충분한 가격경쟁력(₩43,750<₩45,000)이 있는 것으로 보이지만, 새로운 원가계산방법에 따라 보다 정확한 원가를 계산할 경우 목표이익률을 달성하기 위한 가격경쟁력은 상실(₩48,438>₩45,000)된다.

원가계산방법별 판매가격

구분	제품 A		제품 B	
	전통적 원가계산	새로운 원가계산	전통적 원가계산	새로운 원가계산
단위당 제조원가①	₩37,500	₩36,563	₩35,000	₩38,750
목표이익②=(①×25%)	9,375	9,141	8,750	9,688
단위당 판매가격③=(①+②)	₩46,875	₩45,704	₩43,750	₩48,438

셋째, 성과 기준 보상제도를 도입한 경우 수익성을 기초로 한 성과평가 결과가 왜곡될 수 있다. 만일 시장에서 제품 A와 제품 B의 단위당 판매가격이 각각 ₩38,000과 ₩36,000이라고 하자. (주)한국제조가 생산한 제품을 모두 시장가격으로 판매하였을 경우 각 제품의 매출총이익률은 다음과 같다.

(주)한국제조가 매출총이익률을 기준으로 성과평가를 한다면, 전통적 원가계산방법을 따를 경우, 제품 A와 제품 B가 모두 양(+)의 매출총이익률을 달성한 것으로 나타나고, 제품 B가 상대적으로 높은 성과(2.78%>1.32%)를 달성한 것으로 평가된다. 그러나 새로운 원가계산방법을 따르면 성과가 크게 달라진다. 즉, 제품 A에서만 양(+)의 매출총이익률이 보고되고 있고, 제품 B는 손실을 보고하고 있다. 또한, 제품 A가 상대적으로 더 우수한 평가[3.78%>(−)7.64%]를 받는다는 것을 알 수 있다.

요약하면, 기존의 원가계산시스템에서는 제조원가를 왜곡시켜 제품의 가격설정 의사결정이 잘못 이루어지고, 제조 운영의 효율성과 효과성을 적절히 보여주는 원가정보를 산출하지 못한다. 결과적으로 기업의 생산 활동과 관련된 이익계획을 오도하여 경영자의 장·단기 의사결정의 정확성을 감소시키게 된다.

원가계산방법별 매출총이익률

구분	제품 A		제품 B	
	전통적 원가계산	새로운 원가계산	전통적 원가계산	새로운 원가계산
판매량①	2,000	2,000	500	500
단위당 판매가격②	₩38,000	₩38,000	₩36,000	₩36,000
매출액③=(①×②)	76,000,000	76,000,000	18,000,000	18,000,000
단위당 제조원가④	37,500	36,563	35,000	38,750
매출원가⑤=(①×④)	75,000,000	73,126,000	17,500,000	19,375,000
매출총이익⑥=(③-⑤)	₩1,000,000	₩2,874,000	₩500,000	(₩1,375,000)
매출총이익률⑦=(⑥÷③)	1.32%	3.78%	2.78%	(−)7.64%

제3절 활동기준원가계산의 의의 및 절차

기업은 목표 달성을 위해 여러 가지 활동을 수행하는데, 이러한 활동으로 자원을 소비하여 원가를 발생시킨다. 제품 생산은 이러한 활동을 소비한다는 점에 착안하여 활동(activity)을 중심으로 원가동인에 대하여 철저히 규명해야 한다. 이 경우 제품원가계산은 제품을 생산하는데 소요된 활동을 확인한 후, 활동별로 파악된 원가에 의해 산출하는 것이 정확하다. 다시 말하면, 활동을 기본적 원가대상으로 하여 활동 자체에 소비된 원가를 측정하는 것이다. 곧 활동기준원가계산에서의 완성품 원가는 그 제품을 생산하는데 필요한 활동들의 원가를 집계한 것이다.

제조간접원가를 유발하는 요인이 같은 활동별로 구분하여 활동원가(activity cost)를 구성하고, 활동원가별로 원가동인을 파악하여, 각 제품이 원가동인을 사용한 정도에 따라 해당 활동원가를 배부하는 것을 활동기준원가계산이라 한다. 활동이 원가를 발생시키는 기본적 분석단위이며 부문, 제품, 고객은 활동을 소비하는 이차적인 분석단위로 본다. 활동기준원가계산에서의 원가계산절차는 다음과 같다.

1 원가대상 파악

먼저 원가정보를 알고자 하는 대상인 원가대상을 확정한다. 기업에서의 원가계산목표는 원가대상의 디자인, 제조, 유통 등의 가치사슬에 관련된 원가를 집계하고 원가대상 단위당 원가를 산출하는 것이다.

2 원가대상별 직접원가의 파악

원가대상에 추적이 가능한 직접재료원가와 직접노무원가를 집계한다.

3 활동분석

활동(activity)이란 자원을 사용하여 가치를 창출하는 작업을 의미한다. 다시 말하면, 기업 내의 각 집단이 기업의 목표달성을 위하여 수행하는 일련의 반복적인 과업으로서 활동기준원가계산의 기본요소이다. 활동기준원가계산에서는 활동이 원가를 발생시키는 기본 단위이며 부문, 제품, 고객은 활동을 소비하는 이차적 분석단위로 본다. 따라서 활동기준원가계산은 활동별로 원가를 집계, 배부하므로 활동을 구분, 분석하는 것은 매우 중요하다. 활동분석은 프로젝트팀을 구성하여 구성원들에 대한 면담 등을 통하여 기업에서 발생하는 활동들에 관해 설명한 활동사전(activity dictionary)을 작성한다. 활동기준원가계산에서는 다음과 같이 활동을 계층으로 나누어 분석한다.

1) 활동수준(activity level)의 구분

(1) 제품단위 수준활동

제품단위 수준활동(unit level activity)이란 제품의 생산 수량에 비례하여 수행되는 활동이다. 예컨대, 공장 소모품의 소비는 기계시간에 의해 결정되는데, 기계시간은 제품의 생산량에 따라 비례적으로 변하므로 공장 소모품의 소비는 단위수준활동이다. 조립활동, 도장활동, 품질검사활동(전수검사) 등이 있다.

(2) 묶음 수준활동

묶음 수준활동(batch level activity)은 제품 생산을 위하여 묶음 수준생산이 이루어질 때마다 수행되는 활동이다. 기계가동준비나 작업준비, 자재 이동, 구매주문 등 생산 수량과 관계없이 제품의 묶음별로 수행되는 활동이다. 선적활동, 구매주문활동, 품질검사활동(표본검사) 등이 있다.

(3) 제품 수준활동

제품 수준활동(product level activity)은 연구개발, 제품개량, 제품설계도 마련, 공정기술 변경, 공장설계 등과 같이 제품의 종류 수에 비례하는 활동으로 특정 제품을 제품라인에 추가하거나 특정 제품이 계속 생산될 수 있도록 하는 활동이다. 이 활동은 제품이 추가될수록 늘어나게 되지만 제품생산량이나 제품의 묶음 수와는 상관없이 일정하다.

(4) 설비 수준활동

용량 수준활동(capacity level activity)이라고도 불리는 설비 수준활동(facility level activity)은 다양한 제품의 생산을 위해서 필요한 기본적인 설비유지를 위한 활동이다. 이것은 특정 작업이나 제품에 국한되지 않고 전반적인 생산과 관련 있는 활동으로 공장관리, 건물관리, 안전유지 및 조경 등 설비 전체의 관리 및 지원이 포함된다.

4 활동원가 집계

활동원가 집계 단계는 활동분석 자료를 이용하여 활동별로 원가를 집계하는 과정이다. 즉, 활동분석에서 파악된 각 활동이 어느 정도의 자원을 소비하였는지를 파악하여 각 활동당 총원가를 구하는 과정이다. 활동원가는 활동수준과 연결하여 즉 제품 단위 수와 비례하는 원가를 제품단위수준원가, 작업준비원가 및 구매주문비 등 묶음에 비례하는 원가를 묶음수준원가, 그리고 공정설계비 등 제품 종류와 관계된 원가를 제품수준원가로, 또한, 공장관리비 등은 설비수준원가로 분류한다.

5 활동별 원가동인 결정

제조간접원가를 정확히 제품에 배부하기 위해서는 동질적인 원가항목끼리 세분화하여 원가 집합을 구성하고, 해당하는 원가 집합별로 적절한 원가배부기준을 파악하여 각 제품에 배부해야 한다.

활동별 원가동인은 활동의 양을 계량적으로 나타내는 측정척도로서 활동별로 집계된 원가를 제품에 배부할 때의 배부기준이다. 활동기준원가계산에서는 활동별로 다른 배부기준을 사용하여 제조간접원가를 배부하는데, 각 원가동인은 활동별 원가와 인과관계가 높고 측정비용이 적게 소요되며, 조직구성원들의 행위에 미치는 영향을 고려한 많은 비재무 변수(예: 작업준비원가-작업준비횟수, 검사비-검사횟수 등)가 이용된다.

제조간접원가를 발생시키는 동인은 제품의 생산량뿐만 아니라 생산과 관련된 거래(transaction)가 있다. 이러한 거래의 예로는 취급횟수, 취급시간, 발주횟수, 수주 건수, 발송 건수, 부품 개수, 조립횟수, 검사횟수, 원재료의 이동횟수 등을 들 수 있다.

활동별 원가동인을 구분할 경우, 우선 횟수를 반영한 원가동인으로 거래동인(transaction drivers)이 있는데, 그 예로는 고객 1인당 원가(cost per customer)이다. 시간을 반영한 원가동인으로 지속동인(duration drivers)이 있는데, 고객 시간당 원가(cost per customer hour)를 예로 들 수 있다. 강도를 반영한 원가동인으로 강도동인(intensity drivers)이 있는데, 이 예로는 특정 고객에 대한 실제 발생원가를 들 수 있으며, 강도동인은 원가대상에 직접부과가 가능하다.

정확성 측면에서는 강도동인－지속동인－거래동인 순으로 유리하지만, 비용 측면에서는 거래동인－지속동인－강도동인 순으로 유리하다.

전통적 원가계산과 활동기준원가계산의 비교

전통적 원가계산

동인	원가 구분
직접추적	직접제조원가
조업도	제조간접원가

활동기준원가계산

원가 구분	동인
직접제조원가	직접추적
제품단위수준원가	제품단위
묶음수준원가	제품묶음
제품수준원가	제품의 종류
설비수준원가	공장전체

6 활동별 원가배부율 산출

2단계에서 집계된 활동별 원가를 3단계에서 결정한 활동별 원가동인의 총사용량 정보를 집계하여 원가동인 단위당 원가인 활동별 원가배부율을 산출한다.

$$\text{활동별 원가배부율} = \frac{\text{활동별로 집계된 원가}}{\text{활동별 원가동인 총사용량}}$$

7 제품원가계산

활동별 원가배부율에 제품별로 파악된 활동량인 제품별 원가동인 사용량을 곱하여 제품별 제조간접원가 배부액을 계산한다.

$$\text{제품별 제조간접원가 배부액} = \Sigma(\text{활동별 원가배부율} \times \text{제품별 원가동인 사용량})$$

제품원가는 1단계에서 집계한 직접재료원가, 직접노무원가, 제조간접원가 배부액을 합산하여 산출한다.

지금까지 설명한 활동기준원가계산 절차를 도식화하면 다음과 같다.

활동기준원가계산의 절차

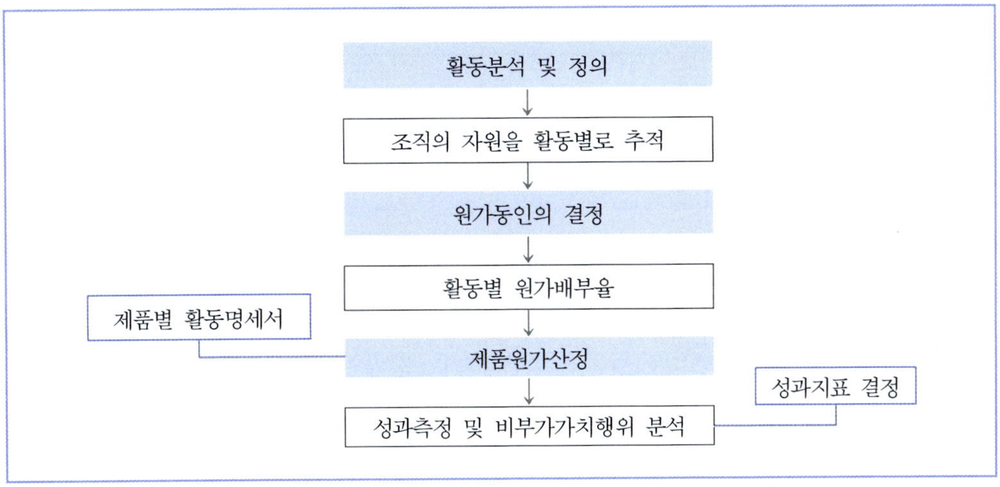

지금까지 설명한 활동원가 계산절차를 도식화하면 다음과 같다.

활동원가 정리

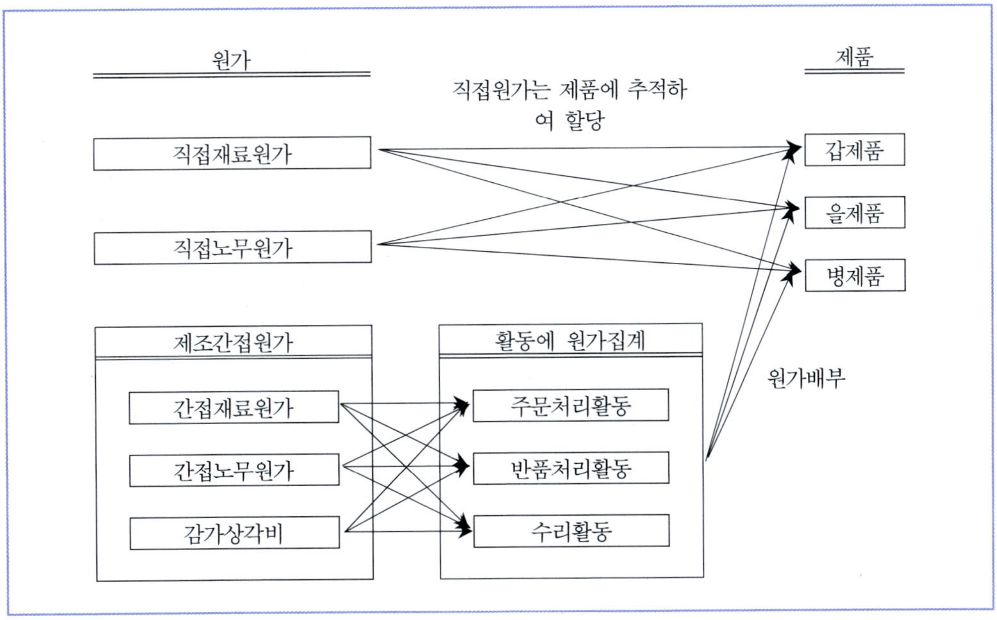

제4절 활동기준원가계산 적용사례

이미 설명한 바와 같이 자동화의 진전은 직접제조원가를 감소시킨 반면, 제조간접원가의 증대를 가져 왔다. 그렇다면 제품원가관리의 중심은 직접제조원가의 관리에서 제조간접원가의 관리로 옮겨가야 한다. 이러한 제조간접원가 관리방법 중 하나는 제조간접원가를 특성별로 분류하여 세분류된 항목별로 해당 원가를 유발하는 원인 또는 해당 원가를 결정하는 원인, 즉 원가동인을 파악하여 그 원인을 관리하는 것이다.

(주)GM대우는 다마스, 라보 2종류의 자동차를 생산하고 있다. 현재의 원가계산시스템에서는 제조간접원가 항목이 매우 많고, 그 성격이 상당히 이질적임에도 불구하고 단일의 배부기준인 직접노무시간을 이용하여 제품에 배부하고 있다.

따라서 원가계산의 정확도를 증진하고자 활동기준원가계산을 적용하여 제조간접원가를 활동원가별로 분류한 후, 활동원가별 원가동인을 적용하여 각 제품이 원가동인을 사용한 정도에 따라 제품에 배부하고자 한다. (주)GM대우의 현재 제품제조와 관련된 자료는 다음과 같다.

항목	대수 및 금액	
생산 대수		20대
직접재료원가		₩47,000,000
직접노무원가		15,000,000
제조간접원가		₩15,000,000
간접노무원가	₩3,000,000	
간접재료원가	1,500,000	
수도광열비	1,500,000	
공장감가상각비	2,000,000	
기계감가상각비	5,000,000	
기타제조간접원가	₩2,000,000	
총제조원가		₩77,000,000

1 원가대상 파악

(주)GM대우의 원가계산에서는 자동차 모델인 다마스, 라보가 원가대상이 된다.

2 원가대상별 직접원가의 파악

(주)GM대우에서 모델별로 집계한 직접원가는 다음과 같다.

구분 \ 모델	다마스	라보	합계
직접재료원가	₩25,000,000	₩22,000,000	₩47,000,000
직접노무원가	9,000,000	6,000,000	15,000,000
합계	₩34,000,000	₩28,000,000	₩62,000,000

3 활동분석

(주)GM대우에서 제품제조를 간접적으로 지원하는 활동을 분석한 결과는 다음과 같다.

(주)GM대우에는 제조간접활동을 디자인, 자재 취급, 기계가동준비, 품질검사, 공장관리 활동 등 5가지로 구분하였다.

이를 활동계층으로 구분하면 제품단위수준활동은 품질검사 활동, 묶음수준활동은 자재 취급 활동 · 기계가동준비 활동, 제품수준활동은 디자인 활동, 공장설비수준활동은 공장관리 활동이다.

활동	활동수준
품질검사	제품단위수준
자재 취급	묶음수준
기계가동준비	묶음수준
디자인	제품수준
공장관리	공장설비수준

4 활동원가 집계

(주)GM대우의 기존 제조간접원가 ₩15,000,000을 앞서 분석한 활동에 따라 집계한 원가는 다음과 같다.

활동	활동수준	총원가
품질검사	제품단위수준	₩3,000,000
자재 취급	묶음수준	3,000,000
기계가동준비	묶음수준	2,000,000
디자인	제품수준	4,500,000
공장관리	공장설비수준	2,500,000
계		₩15,000,000

5 활동별 원가동인 결정

(주)GM대우에서 분석된 활동에 따라 결정한 원가동인은 다음과 같다.

품질검사는 단위당 이루어지는데 품질검사에 걸리는 시간에 의해 원가가 발생한다고 간주하였다. 자재취급활동에 따른 원가는 자재취급횟수에 따라, 기계가동준비활동에 따른 원가는 가동준비시간에 따라 증가한다고 간주하였다. 디자인부서의 간접원가는 제품설계가 복잡할수록 증가한다고 보았다. 그리고 제품의 크기가 클수록 제품설계가 복잡하다고 보고 제품설계의 복잡도의 대용치로서 제품의 부피를 선택하였다. 공장관리원가는 공장전체와 관련하여 발생하는 원가로서 직접노무시간을 기준으로 배부하기로 하였다.

활동	활동수준	원가동인
품질검사	제품단위수준	품질검사시간
자재 취급	묶음수준	자재취급횟수
기계가동준비	묶음수준	가동준비시간
디자인	제품수준	입방미터(m^3)
공장관리	공장설비수준	직접노무시간

6 활동별 원가배부율 산출

(주)GM대우의 활동별 원가배부율을 산출하면 다음과 같다.

3단계에서 결정한 활동별 원가동인의 총사용량 정보를 수집하여, 4단계에서 집계한 활동별 원가를 나누면 활동별 원가배부율이 산출된다.

활동	활동계층	총원가 (A)	원가동인	원가동인 총사용량 (B)	배부율 (C)=(A)÷(B)
품질검사	제품단위수준	₩3,000,000	품질검사시간	600	품질검사시간당 ₩5,000
자재 취급	묶음수준	3,000,000	자재취급횟수	300	자재취급횟수당 ₩10,000
기계가동준비	묶음수준	2,000,000	가동준비시간	400	가동준비시간당 ₩5,000
디자인	제품수준	4,500,000	입방미터(m^3)	10,000	입방미터(m^3)당 ₩450
공장관리	공장설비	2,500,000	직접노무시간	5,000	직접노무시간당 ₩500
계		₩15,000,000			

7 제품원가계산

제품별 원가동인 사용량은 다음과 같다.

제품별 원가동인 사용량

원가동인	다마스 원가동인 사용량	라보 원가동인 사용량	합계
품질검사시간	400시간	200시간	600시간
자재취급횟수	100회	200회	300회
가동준비시간	200시간	200시간	400시간
입방미터(m3)	4,000m^3	6,000m^3	10,000m^3
직접노무시간	4,000시간	1,000시간	5,000시간

활동별 원가배부율에 제품별로 파악된 활동량인 제품별 원가동인 사용량을 곱하여 제품별 제조간접원가 배부액을 계산한다.

제품별 제조간접원가 배부액

원가항목	배부율 (A)	다마스 원가동인 사용량(B)	다마스 제조간접원가 (C)=(A)×(B)	라보 원가동인 사용량(D)	라보 제조간접원가 (E)=(A)×(D)	합계 (F)= (C)+(E)
품질검사원가	₩5,000/시간	400시간	₩2,000,000	200시간	₩1,000,000	₩3,000,000
자재취급원가	₩10,000/회	100회	1,000,000	200회	2,000,000	₩3,000,000
기계가동준비원가	₩5,000/시간	200시간	1,000,000	200시간	1,000,000	₩2,000,000
디자인원가	₩450/m^3	4,000m^3	1,800,000	6,000m^3	2,700,000	₩4,500,000
공장관리원가	₩500/시간	4,000시간	2,000,000	1,000시간	₩500,000	₩2,500,000
합계			₩7,800,000		₩7,200,000	₩15,000,000

제품원가는 직접재료원가, 직접노무원가, 제조간접원가 배부액을 합산하여 산출한다. (주)GM대우가 현재 사용하고 있는 전통적 원가계산시스템과 활동별 원가계산시스템을 이용하여 산출한 모델별 원가는 다음과 같다.

다마스는 활동기준원가계산시스템에 의한 단위당 원가 ₩4,180,000이 전통적 원가계산시스템에 의한 단위당 원가 ₩4,600,000보다 낮아졌고, 라보는 활동기준원가계산에 의한 단위당 원가가 기존 ₩3,100,000에서 ₩3,520,000으로 높아졌다는 것이다.

모델별 원가

항목	현재 원가계산시스템		활동기준원가계산	
	다마스	라보	다마스	라보
직접재료원가①	₩25,000,000	₩22,000,000	₩25,000,000	₩22,000,000
직접노무원가②	9,000,000	6,000,000	9,000,000	6,000,000
제조간접원가③=(ⓐ+ⓑ+ⓒ+ⓓ+ⓔ)	12,000,000	3,000,000	7,800,000	7,200,000
품질검사원가ⓐ	-	-	2,000,000	1,000,000
자재취급원가ⓑ	-	-	1,000,000	2,000,000
기계가동준비원가ⓒ	-	-	1,000,000	1,000,000
디자인원가ⓓ	-	-	1,800,000	2,700,000
공장관리원가ⓔ	-	-	2,000,000	500,000
총제조원가④=(①+②+③)	₩46,000,000	₩31,000,000	₩41,800,000	₩35,200,000
생산 대수⑤	10대	10대	10대	10대
생산대수당 원가⑥=(④÷⑤)	₩4,600,000	₩3,100,000	₩4,180,000	₩3,520,000

이러한 결과에 대한 원인을 분석하면 다음과 같다. 활동기준원가계산에 의하면, 라보는 다마스보다 직접노무시간은 1/4수준으로 소요되나, 다마스보다 부피가 크기 때문에 디자인원가가 많이 발생하고, 자재취급횟수가 다마스보다 2배 많아 자재취급원가를 많이 발생시킨다. 따라서 단순히 직접노무시간 비율로 제조간접원가를 배부한 현재의 원가회계시스템과 다른 결과를 보인 것이다.

이를 구체적으로 나타내면 다음과 같다.

전통적 원가계산과 활동기준원가계산의 제조간접원가 배부비교

활동기준원가계산

원가항목	다마스	라보	배부기준 및 배부율
품질검사원가	200,000/대	100,000/대	품질검사시간 (400:200)
자재취급원가	100,000/대	200,000/대	자재취급횟수 (100:200)
기계가동준비원가	100,000/대	100,000/대	가동준비시간 (200:200)
디자인원가	180,000/대	270,000/대	입방미터 (4,000:6,000)
공장관리원가	200,000/대	50,000/대	직접노무시간 (4,000:1,000)
합계	₩780,000/대	₩720,000/대	

현재 전통적 원가계산시스템

원가항목	다마스	라보	배부기준 및 배부율
제조간접원가	₩1,200,000/대	₩300,000/대	직접노무시간 (4,000:1,000)
합계	₩1,200,000/대	₩300,000/대	

이처럼 활동기준원가계산을 통한 결과는 정확한 원가정보를 제공하여 가격 결정이나 수익성 평가에 이바지할 뿐만 아니라, 활동별로 세분된 정보는 원가 절감에 도움을 준다. 예를 들면, 디자인원가를 절감하기 위해 부피를 줄이는 제품설계를 한다든지, 품질검사시간이 많이 소요되는 원인을 파악한다든지, 기계가동준비시간을 어느 정도 줄이면 목표원가를 달성할 수 있는지 등이다. 이렇게 활동기준원가계산시스템에서 제공하는 활동 정보를 중심으로 기업의 경영 활동을 관리하는 것을 활동기준관리(ABM: Activity Based Management)라 한다.

제품별 원가정보는 각 기업에 구축된 원가시스템의 수준과 특성에 따라 달라질 수 있다. 어느 기업의 원가는 매우 정확할 수가 있고, 어느 기업의 원가는 매우 왜곡된 채로 보고될 수 있다. 물론 정확한 원가정보가 가격 결정, 제품별 수익성 평가와 제품배합 결정, 자체생산이냐 외주생산이냐의 결정 등에 있어 보다 적절한 의사결정을 유도할 수 있다. 그러나 정확한 원가정보를 생산하기 위해서는 추가로 비용이 소요된다.

(주)GM대우의 예에서 과거에는 직접노무시간 정보만 있으면 제조간접원가를 배부할 수 있었지만, 활동기준원가계산을 위해서는 직접노무시간정보 이외에 추가로 제품의 부피, 자재취급횟수, 가동준비시간, 품질검사시간 정보가 필요하게 된다.

그렇다면 각 기업은 어느 수준까지 정교한 원가시스템을 유지해야 할까? 정교할수록 원가정보가 정확해지므로 의사결정이 좋아지지만, 원가정보를 수집하는데 추가적인 비용이 소요된다. 따라서 원가와 효익을 비교하고 기업마다 각자의 환경에 맞는 원가시스템의 정교도를 선택해야 할 것이다.

8 전통적 원가계산과 활동기준원가계산의 비교

지금까지 설명한 전통적 원가계산과 활동기준원가계산을 비교한 결과는 다음과 같이 요약된다.

첫째, 전통적 원가계산에서는 각 제품이 자원을 소비하므로 제품의 생산량에 비례하여 제조간접원가가 발생한다고 간주한다. 그러나 활동기준원가계산에서는 제품 생산과 관련하여 발생하는 각종 활동이 자원을 소비시키는 것으로 간주한다.

둘째, 전통적 원가계산과 활동기준원가계산의 원가배부기준이 다르다. 전통적 원가계산에서는 직접노무원가, 직접노동시간 또는 기계시간 등과 같은 조업도에 따라 원가를 배부하는 데 반해, 활동기준원가계산에서는 주문횟수, 작업준비시간, 검사시간 등과 같은 원가동인을 기준으로 원가를 배부한다.

셋째, 전통적 원가계산에서는 1개 또는 소수의 원가배부기준을 통해 제조간접원가를 배부하는 한편, 활동기준원가계산에서는 다수의 원가배부기준을 통해 제조간접원가를 배부하므로 비교적 정확한 원가계산이 이루어진다.

넷째, 전통적 원가계산과 활동기준원가계산 각각에서 제조간접원가와 배부기준간의 인과관계의 정도가 다르다. 전통적 원가계산에서는 제조간접원가의 세부항목이 매우 많고, 그 성격이 상당히 이질적임에도 불구하고 하나의 배부기준을 이용하여 제품에 배부하였다. 결과적으로 원가 집합과 배부기준 사이에 인과관계가 낮다. 그러나 활동기준원가계산에서는 제조간접원가를 세분화하여 각각의 원가 집합에 원가배부기준을 달리함으로써 인과관계를 높일 수 있다.

다섯째, 활동기준원가계산에서는 원가배부기준으로 사용하고 있는 다수의 비재무 정보(예: 주문횟수, 작업준비시간, 검사시간, 재료처리횟수, 운반횟수 등)를 제공하지만, 전통적 원가계산에서는 소수의 비재무 정보(예: 직접노동시간, 기계시간)를 제공한다.

전통적 원가계산과 활동기준원가계산의 비교

항목	전통적 원가계산	활동기준원가계산
원가발생요인	제품	활동
원가배부기준	직접노무원가, 직접노동시간, 직접재료원가 등	주문횟수, 작업준비시간, 검사시간 등
원가배부기준의 수	1개 또는 소수	다수
제조간접원가와 배부기준 사이의 인과관계 정도	낮다	높다
비재무 정보	1개 또는 소수	다수

활동기준원가계산과 관련한 예제는 다음과 같다.

예제

활동기준원가계산

(주)세무는 고객별 수익성 분석을 위하여 판매관리비에 대해 활동기준원가계산을 적용한다. 당기초에 수집한 관련 자료는 다음과 같다. [2019년 세무사 1차]

(1) 연간 판매관리비 예산 ₩3,000,000 (급여 ₩2,000,000, 기타 ₩1,000,000)

(2) 자원소비단위(활동)별 판매관리비 배분비율

	고객주문처리	고객관계관리	계
급여	40%	60%	100%
기타	20%	80%	100%

(3) 활동별 원가동인과 연간 활동량

활동	원가동인	활동량
고객주문처리	고객주문횟수	2,000회
고객관계관리	고객수	100명

(주)세무는 당기 중 주요 고객인 홍길동이 30회 주문할 것으로 예상하고 있다. 홍길동의 주문 1회당 예상되는 (주)세무의 평균 매출액은 ₩25,000이며 매출원가는 매출액의 60%이다. 활동기준 원가계산을 적용하여 판매관리비를 고객별로 배분하는 경우, (주)세무가 당기에 홍길동으로부터 얻을 것으로 예상되는 영업이익은?

풀이

(1) 활동단위당 원가

항목	고객주문처리	고객관계관리
급여①	₩2,000,000×40%= ₩800,000	₩2,000,000×60%= ₩1,200,000
기타②	₩1,000,000×20%= ₩200,000	₩1,000,000×80%= ₩800,000
소계③=(①+②)	₩1,000,000	₩2,000,000
활동량④	2,000회	100명
활동단위당 원가⑤=(③÷④)	₩500/회	₩20,000/명

(2) 영업이익

항목	산식	결과
매출액⑥	₩25,000×30회	₩750,000
매출원가⑦	⑥×60%	450,000
매출총이익⑧=(⑥−⑦)		300,000
고객주문처리⑨	₩500/회×30회	15,000
고객관계관리⑩	₩20,000/명×1명	20,000
영업이익⑪=(⑧−⑨−⑩)		₩265,000

제5절 활동기준원가계산의 활용

1 활동기준관리(ABM: Activity Based Management)

1) 의의

초창기 활동기준원가계산에서는 원가계산 측면을 강조하였으나, 최근에는 관리회계 전반에 걸쳐 활용되고 있다. 활동기준원가 정보를 이용한 관리 활동을 활동기준관리 또는 활동기준경영이라고 하는데, 이는 활동을 중심으로 한 원가계산뿐만 아니라 활동별 원가정보를 이용한 예산수립, 투자관리, 성과평가, 원가관리 등을 포괄하는 종합적 관리 시스템이다.

기업에서는 고객이 원하는 가치를 창출하기 위해 연구개발, 설계, 생산, 마케팅, 유통, 고객서비스 등 가치사슬(value-chain)을 통하여 활동을 수행하게 된다. 따라서 기업 전체를 적절한 활동 분야별로 가치사슬을 세분화하면 기업 전체에 대하여 전략적으로 각각의 경영기능을 분석할 수 있게 된다. 관리회계는 바로 이러한 여러 기능과 관련하여 적절히 계획을 수립하고, 계획대로 실행되도록 적시에 관련 정보를 제공해 주는 역할을 해야 한다.

기업은 고객을 위해 가치를 창조하는 활동의 집합체라고 정의된다면, 효율적인 경영활동을 수행하는 기업은 적은 비용으로 많은 고객가치를 창출할 수 있어야 한다. 따라서 경쟁력이 있는 기업이 되기 위해서는 어떤 기능이 고객이 인정하는 가치를 창출하는 활동인지, 어떤 기능이 가치를 창출하지 않는 활동인지를 구분하여 파악하는 것이 필요하다.

여기에서 가치를 증가시키는 활동을 부가가치활동(value added activities)이라고 하고, 그렇지 않은 활동을 비부가가치활동(non-value added activities)이라고 한다. 생산설비에서 부품조립 활동을 하는 것이나 설계부서에서 설계 활동을 하는 것은 부가가치활동이라 할 수 있으며, 불량품을 재작업하는 활동이나 원재료를 보관하는 활동은 비부가가치활동이라고 볼 수 있다.

ABC와 ABM의 관계

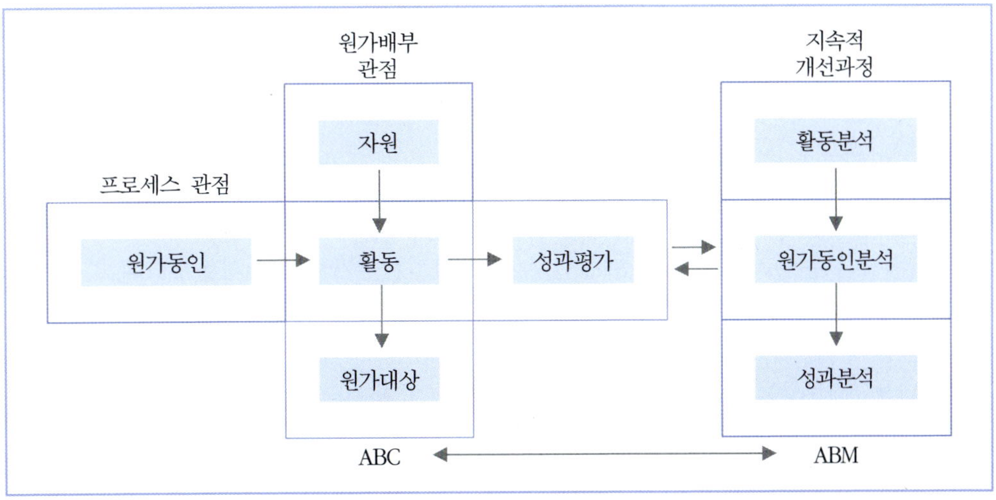

활동기준원가계산을 수행하기 위해서는 그 기업에서 수행하는 활동을 인식하고 분류해야 하는데, 이 과정에서 활동에 관한 중요한 정보를 얻게 된다. 이러한 활동분석을 통해 부가가치활동과 비부가가치활동을 구분하고, 비부가가치활동을 줄이거나 제거하기 위해서는 그 활동을 유발하는 원가동인을 줄이거나 제거할 수 있어야 한다. 즉 활동기준원가계산을 이용한 구체적인 전략적 원가관리 방향으로는 1) 비부가가치활동의 축소 및 제거, 2) 원가 발생을 최소화하는 활동의 선택, 3) 활동 자체의 절감을 통한 활동의 효율성 제고, 4) 활동의 공유를 통한 규모의 경제 달성 등을 들 수 있다.

2) 부가가치원가와 비부가가치원가

앞서 언급한 바와 같이 부가가치활동은 기업에 필요한 활동 중 효율적으로 수행되고 있는 활동을 의미하므로, 부가가치원가는 이러한 부가가치활동을 수행함으로써 발생하는 원가를 뜻한다. 개념적으로 제품을 효율적으로 생산하는 경우에는 비부가가치원가는 전혀 발생하지 않고 부가가치원가만 발생하게 된다. 활동기준경영에서 사용되는 부가가치표준(value added standards)은 비부가가치활동을 완전히 제거한 상태, 또는 필요한 활동이라도 비효율적으로 수행되고 있는 활동에 포함된 비효율을 완전히 제거한 상태를 가정한다. 경영자는 실제 발생한 원가와 부가가치원가를 비교함으로써 기업의 비생산적인 활동의 양을 측정할 수 있게 되고, 궁극적으로 어느 부분의 개선이 필요한지를 파악할 수 있게 된다. 그러나 이러한 부가가치표준은 단시간에 달성하기는 불가능하며, 경영자가 종업원들에게 부가가치표준이라는 목표를 향해 최선의 노력을 다하도록 지속적인 동기부여와 적절한 보상을 제공함으로써 달성할 수 있다.

원가를 유발하는 활동에 대한 원가동인분석(cost driver analysis)은 부가가치원가와 비부가가치원가를 측정하기 위해 필요한 절차이다. 부가가치 표준수량은 특정 활동을 수행하는 데 필요한 원가동인의 수량이고, 부가가치원가는 부가가치 표준수량에 원가동인의 단위당 표준원가를 곱하여 계산한다. 비부가가치원가는 실제사용수량과 부가가치 표준수량의 차이에 표준원가를 곱하여 산출한다.

부가가치원가=원가동인의 부가가치 표준수량×원가동인의 단위당 표준원가

비부가가치원가=(원가동인의 실제사용수량−부가가치 표준수량)×원가동인의 단위당 표준원가

이러한 부가가치원가와 비부가가치원가를 구하는 과정을 예를 들면 다음과 같다. (주)한국제조는 20×1년부터 생산작업에 대한 활동별 부가가치표준을 설정하여 관리하고 있다. 단, 각 원가동인 한 단위에 대해 지급된 실제 원가는 표준원가와 같다고 가정한다.

활동 구분	원가동인	부가가치 표준수량	실제사용수량	표준단가
원재료구매 활동	주문횟수	2,500회	3,500회	₩1,500
수선유지 활동	기계작업시간	3,000시간	3,125시간	₩4,000
재료처리 활동	kg	300,000kg	400,000kg	₩37.5
생산준비 활동	횟수	50회	75회	₩300,000

따라서 (주)한국제조의 활동별 부가가치원가와 비부가가치원가를 계산하면 다음과 같다.

(1) 활동별 부가가치원가

활동별 부가가치원가는 각 활동의 부가가치 표준수량에 표준단가를 곱하여 산출된다.

활동 구분	부가가치 표준수량 (A)	표준단가 (B)	부가가치원가 (C)=(A)×(B)
원재료구매 활동	2,500회	₩1,500	₩3,750,000
수선유지 활동	3,000시간	₩4,000	12,000,000
재료처리 활동	300,000kg	₩37.5	11,250,000
생산준비 활동	50회	₩300,000	15,000,000
합계			₩42,000,000

(2) 활동별 비부가가치원가

활동별 비부가가치원가는 실제사용수량에서 부가가치 표준수량을 차감하여 산출한 비부가가치수량에 표준단가를 곱하여 산출된다.

활동 구분	실제사용수량 (A)	부가가치 표준수량(B)	비부가가치수량 (C)=(A)−(B)	표준단가 (D)	비부가가치원가 (E)=(C)×(D)
원재료구매 활동	3,500회	2,500회	1,000회	₩1,500	₩1,500,000
수선유지 활동	3,125시간	3,000시간	125시간	4,000	500,000
재료처리 활동	400,000kg	300,000kg	100,000kg	37.5	3,750,000
생산준비 활동	75회	50회	25회	₩300,000	7,500,000
합계					₩13,250,000

(3) 요약

이렇게 산출된 비부가가치원가를 줄이는 관리 활동을 하게 되면 비부가가치원가의 비율이 줄어들게 되고 궁극적으로 기업이 사용한 자원을 모두 부가가치를 창출하는 데 소비하게 된다.

활동 구분	실제 발생원가 (A)	부가가치원가 (B)	비부가가치원가 (C)=(A)−(B)	비부가가치원가 비율 (D)=(C)÷(A)
원재료구매 활동	₩5,250,000	₩3,750,000	₩1,500,000	29%
수선유지 활동	12,500,000	12,000,000	500,000	4%
재료처리 활동	15,000,000	11,250,000	3,750,000	25%
생산준비 활동	22,500,000	15,000,000	7,500,000	33%
합계	₩55,250,000	₩42,000,000	₩13,250,000	24%

3) 사용자원과 미사용자원

기업은 자원을 조달하여 기업이 수행하는 활동에 투입한다. 이때 특정 자원이 제공할 수 있는 최대활동량을 사용가능활동수량(activity capacity)이라고 하고, 기업이 필요한 활동을 수행하기 위해 특정 자원을 취득하기 위해 지출한 원가를 자원의 소비(resource spending)라고 한다. 또한, 기업이 취득한 사용가능활동수량 중에서 제품 생산을 위해 실제로 투입한 활동량을 자원의 사용(resource usage)이라고 한다. 활동기준원가계산에서는 제품의 생산을 위해 사용한 자원만을 제품원가에 포함하고 미사용된 자원은 기간비용으로 처리한다.

이러한 의미에서 활동기준원가계산은 경영자에게 기업이 소비하는 자원의 활용 정도에 관한 정보를 제공한다. 즉 경영자는 사용 가능한 활동 수량뿐만 아니라, 사용활동수량(used capacity) 및 미사용활동수량(unused capacity)에 대한 정보를 받고, 이를 기초로 효율적인 경영계획을 수립하거나 성과평가를 하게 된다. 예를 들어, (주)한국제조의 활동량 자료가 다음과 같다고 하자.

활동 구분	실제 발생원가	최대활동량 (A)	활동별 사용량 (B)	활동별 미사용량 (C)=(A)−(B)
원재료구매	₩5,250,000	4,000회	3,500회	500회
수선유지	12,500,000	4,000기계시간	3,125기계시간	875기계시간
재료처리	15,000,000	500,000kg	400,000kg	100,000kg
생산준비	22,500,000	100회	75회	25회
합계	₩55,250,000			

이때 활동별 배부율은 실제 발생원가를 최대활동량으로 나누어 계산할 수 있다.

활동 구분	실제 발생원가 (A)	최대활동량 (B)	활동별 배부율 (C)=(A)÷(B)
원재료구매	₩5,250,000	4,000회	₩1,312.5/회
수선유지	12,500,000	4,000기계시간	₩3,125/기계시간
재료처리	15,000,000	500,000kg	₩30/kg
생산준비	₩22,500,000	100회	₩225,000/회

위에서 산출한 활동별 배부율을 이용하여 사용자원의 원가와 미사용자원의 원가를 각각 계산하면 다음과 같다.

(주)한국제조에서 제조간접원가로 ₩55,250,000이 발생하였는데, 이는 필요한 활동을 최대로 활용할 수 있도록 총 ₩55,250,000의 자원을 소비했다는 것이다. 이 중에서 제품의 생산을 위해 투입한 활동량, 즉 사용된 자원의 원가는 ₩43,234,375으로 모두 제품원가에 해당한다. 그러나 제품 생산에 사용되지 않은 미사용자원의 원가인 ₩12,015,625은 기간비용으로 계상한다.

활동 구분	활동별 배부율 (A)	사용자원		미사용자원		합계 (F)=(C)+(E)
		수량 (B)	금액 (C)=(A)×(B)	수량 (D)	금액 (E)=(A)×(D)	
원재료구매	₩1,312.5	3,500회	₩4,593,750	500회	₩656,250	₩5,250,000
수선유지	3,125	3,125시간	9,765,625	875시간	2,734,375	12,500,000
재료처리	30	400,000kg	12,000,000	100,000kg	3,000,000	15,000,000
생산준비	₩225,000	75회	16,875,000	25회	5,625,000	22,500,000
합계			₩43,234,375		₩12,015,625	₩55,250,000

한편, 미사용자원의 원가는 여러 가지 원인에 의해 발생할 수 있다.

첫째, 경영자는 경영계획을 수립하면서 수요를 예측하고 이에 따라 목표생산량을 설정한다. 목표생산량을 충족하기 위해 설비를 확충하거나 생산요소를 구매하는데, 이들이 제공할 것으로 기대되는 자원의 수량이 최대활동량이다. 또한, 최대활동량을 확보하기 위해 지출하거나 발생한 원가 중 상당 부분이 제조 간접원가에 해당한다. 만일 시장상황이 변동하여 수요가 감소하면 목표생산량보다 적게 생산하게 되는데, 이 경우 설비나 생산요소를 최대한 활용하지 못하게 된다. 즉 미사용활동수량(원가)이 발생한다.

둘째, 경영계획 수립 시 예상수요를 과대하게 추정함으로써 설비나 생산요소에 과잉투자를 하게 될 수 있다. 이런 경우에는 미사용활동수량(원가)이 불가피하게 발생한다.

셋째, 경영자의 전략적 판단 때문에 시장의 수요변동에 탄력적으로 대응하려는 목적에서 생산능력을 충분히 확보하고자 할 수도 있다. 즉 예상수요보다 더 많은 제품을 생산할 수 있는 설비와 생산요소를 확보함으로써 최대활동량 수준을 여유 있게 설정하는 것이다. 그러나 시장에 특이한 상황이 없어 추가수요가 발생하지 않게 되면 목표생산량만큼만 생산하게 되고 따라서 미사용활동수량(원가)이 발생한다.

넷째, 생산과정에 비부가가치활동이 포함되어 있음에도 이를 제거하지 않은 상태로 설비를 확충하거나 생산요소를 구매하는 때도 있다. 비부가가치활동과 관련된 설비나 생산요소는 정상적인 생산과정에서는 소모되지 않을 것이므로, 이들과 관련한 미사용활동수량(원가)이 존재한다. 경영자는 미사용자원의 원인을 파악하여 원가를 절감할 수 있는 구체적인 방안을 모색할 수 있다. 즉 미사용자원의 원인이 비부가가치활동으로부터 발생한 것이라면, 비부가가치활동을 감소시킴으로써 원가 절감을 유도할 수 있다.

미사용활동과 관련한 예제는 다음과 같다.

예제

미사용활동

20×1년 1월 1일에 개업한 (주)사문은 두 종류의 제품(X, Y)을 생산하고 있다. (주)사문은 각 제품의 생산묶음(batch)마다 생산준비 활동을 1회씩 수행하는데, 생산준비 활동에 대한 원가동인(배부기준)은 생산준비횟수이다. 20×1년 한 해 동안 제품 X와 제품 Y의 생산량 및 생산 묶음당 제품 수량은 각각 다음과 같다. [2011년 공인회계사]

구분	제품 X	제품 Y
생산량	1,250개	800개
생산 묶음당 제품 수량	25개	10개

한편, (주)사문은 생산준비 활동 미사용능력(unused capacity)에 대한 원가(미사용 생산준비 활동원가)를 계산하여 동 원가는 각 제품에 배부되지 않도록 하는 것이 관리 목적상 유용할 것으로 판단하고 있다. 미사용 생산준비 활동원가를 제외할 때, 제품 X와 제품 Y에 배부되는 생산준비 활동원가의 합계액은 ₩1,690,000이다. 또한, 미사용 생산준비 활동원가를 제외할 때, 제품 X에 배부되는 생산준비 활동원가는 ₩100,000만큼 줄어든다는 사실도 확인하였다. 현재의 인원과 설비로 수행할 수 있는 연간 최대 생산준비횟수는 얼마인가? (단, 생산준비 활동원가는 전액 고정원가이다.)

풀이

항목	산식
제품 X의 총생산준비횟수①	$\frac{\text{제품 X의 생산량}}{\text{생산 묶음당 제품 X 수량}} = \frac{1,250\text{개}}{25\text{개}} = 50\text{회}$
제품 Y의 총생산준비횟수②	$\frac{\text{제품 Y의 생산량}}{\text{생산 묶음당 제품 Y 수량}} = \frac{800\text{개}}{10\text{개}} = 80\text{회}$
생산준비횟수당 생산준비활동원가③	$\frac{₩1,690,000}{(①50\text{회}+②80\text{회})} = ₩13,000/\text{회}$
제품 Y의 생산준비활동원가 배부 감소액④	제품 X의 생산준비횟수당 생산준비활동원가 배부 감소액에 제품 Y의 총생산준비횟수를 곱하여 산출 $\frac{₩100,000}{①50\text{회}} \times ②80\text{회} = ₩160,000$
연간 최대 생산준비횟수⑤	각 제품의 총생산준비횟수에 생산준비활동원가 배부 감소액으로 산출한 생산준비횟수를 합산하여 산출 $①50\text{회} + ②80\text{회} + \frac{(₩100,000 + ₩④160,000)}{③₩13,000/\text{회}} = 150\text{회}$

2 계획 및 의사결정 단계에서의 활동기준원가계산의 활용

1) 원가추정

전통적 원가계산시스템은 원가를 조업도(단일의 원가동인)와의 관련성에 따라 변동원가와 고정원가로 구분한 데 비해 활동기준원가계산시스템은 원가를 다양한 원가동인에 의해 원가를 분류한다. 따라서 기존의 원가시스템에서 고정원가로 간주하던 항목들이 활동기준원가계산에서는 특정 원가동인에 대해 변동원가로 변화하므로 정확한 원가추정이 가능해진다.

2) 원가-조업도-이익(CVP)분석

기존의 원가계산시스템 하에서 CVP 분석은 매출 수량, 매출액과 같은 조업도 관련 단일 원가동인에 의하여 수익과 원가를 인식하는 반면, 활동기준원가계산시스템 하에서는 복수의 원가동인을 인식한다. 이에 따라 전통적 원가계산시스템에서 고정원가로 간주하던 작업준비비, 검사비 등이 각각의 원가동인과 관련하여 변동원가로 고려되므로 원가행태와 CVP의 관계를 더욱 잘 설명해준다.

3) 현금흐름추정

현재가치법의 유효성은 현금흐름을 추정하는 정확성에 있는데, 활동기준원가계산은 일반적으로 관련 투자안의 현금흐름을 추정하는 능력을 개선해 준다. 즉 원가를 활동원가 집합으로 나누고 각 원가 집합의 원가동인을 파악하므로 투자안의 발생원가 수준을 더욱 정확히 분석할 수 있다.

4) 가격 결정

기존의 원가시스템의 경우 기계시간, 직접노동시간 등 생산량과 비례관계가 있는 단일 원가동인을 이용하여 제조간접원가를 배부하므로 다품종 소량생산제품의 가격은 과소계상하고 소품종 대량생산제품은 과대계상한다. 그러나 활동기준원가계산에 의한 제품원가계산은 제품별로 활동 소비량을 계산하여 제품원가를 계산하므로 원가계산이 정확해진다. 또한, 기존 원가계산시스템에서 판매비와 관리비는 제조원가에 포함하지 않으나, 활동기준원가계산시스템에서는 제품원가 개념을 확대하여 개별제품에의 추적 가능성이 있는 것은 원가로 파악한다. 따라서 기존의 원가시스템에서 기간비용으로 처리되었던 제품설계 및 디자인, 엔지니어링, 마케팅, 유통과 고객서비스 원가 등 수명주기원가(life-cycle cost)도 제품에의 추적 가능성에 따라 제품원가를 구성한다. 곧 제품의 수명주기 단계에 따라 제품원가에 대응하는 가격 결정이 가능해지는 것이다.

3 통제 및 성과평가

기존의 원가계산시스템에서는 제조간접원가를 직접노동시간 또는 기계시간 등과의 관계 때문에 변동원가와 고정원가로 분류하고 이를 근거로 변동예산을 수립하였다. 그러나 활동기준원가계산을 채택할 경우, 변동예산은 각각의 활동별로 수립된다. 따라서 기존의 방법보다 변동예산의 비중이 증가하며, 기존시스템 하에서 직접노동시간 또는 기계시간에 대해 고정원가로 간주하던 원가들이 각 원가동인에 대해서는 변동원가로 간주하므로 변동예산이 더욱 정확해지며, 이에 따라 성과평가를 보다 정확하게 할 수 있다.

활동기준원가계산에서 원가 차이는 전통적인 차이 분석과 같이 가격 차이와 능률 차이로 분해되지만, 활동별로 차이 분석이 이루어지므로 재무 정보뿐만 아니라 비재무 정보(기계설계변경횟수, 작업준비횟수)도 제공되고, 차이의 원인을 정확하게 알 수 있어 품질개선 및 생산성 향상에 이바지할 수 있다.

제6절 활동기준원가계산의 유용성과 한계

1 활동기준원가계산의 유용성

지금까지 설명한 활동기준원가계산의 장점은 다음과 같다.

첫째, 전통적 원가계산은 자원에 대한 지출(resource spending)을 측정하는 모델이나, 활동기준원가계산은 자원에 대한 소비(resource consumption)를 측정하는 모델이다. 즉 전통적 원가계산은 재무 측정치를 중요시하고 활동기준원가계산은 비재무 측정치를 중요시한다. 따라서 활동기준원가계산을 채택하면 현장관리자와의 의사소통이 원활해진다. 계획과 통제를 위한 원가계산에 중점을 두어 장기적, 전략적 성과지표인 품질, 가격탄력성 등 비재무 지표의 강조로 기업의 유효성을 향상할 수 있다.

둘째, 활동 자체를 원가동인으로 보고 활동을 통제하여 원가관리를 수행하게 된다. 따라서 부가가치활동과 비부가가치활동을 구별하므로 비부가가치활동을 직접 통제, 제거하여 원가관리 및 원가 절감을 할 수 있다. 또한, 가치창출에 이바지한 활동을 위해 소비된 원가에 대한 정보를 제공한다.

셋째, 원가대상을 제조원가뿐만 아니라 전통적 시스템하에서 기간비용으로 처리되던 연구개발, 제품설계 및 디자인, 엔지니어링, 마케팅, 유통과 고객서비스 원가 등이 추적가능성만 있다면 제품에 부과된다. 따라서 제품의 수명주기 단계에 따라 제품원가에 대응하는 가격 결정이 가능해진다.

넷째, 제조간접원가의 일부 항목을 직접원가로 분류시킬 수 있다. 즉 전통적 원가계산 시스템에서 제조 간접원가에 포함된 동력비, 작업준비원가, 품질검사비 등이 활동기준원가계산에서는 특정 활동별로 식별되어 제품별로 추적될 수 있다면 직접원가로 분류된다. 따라서 제조간접원가의 제품별 추적가능성을 향상함으로써 의사결정에 필요한 정확한 제품원가를 산출할 수 있다.

2 활동기준원가계산의 한계

활동기준원가계산이 장점만을 갖는 것은 아니며 다음과 같은 단점도 함께 갖고 있으므로 이용할 때는 주의를 해야 한다.

첫째, 활동기준원가계산을 도입하기 위한 필수요소인 활동분석 시 드는 비용이 크다.

둘째, 활동을 명확히 정의하고 구분하는 기준이 존재하지 않는다.

셋째, 특히 설비수준원가의 경우 원가동인의 선택이 자의적이며 본질적으로 원가동인을 발견하기 어렵다.

넷째, 다품종 소량생산이 주요생산방식이며, 제조간접원가의 비중이 높은 기업에만 적합하다.

다섯째, 원가함수는 각각의 원가동인에 대하여 선형이라고 간주한다. 따라서 실제 원가행태가 비선형이면 계산된 원가의 정확성이 떨어지게 된다.

여섯째, 재고과잉의 유인이 있다. 활동기준원가계산에서 원가절감방안으로 사용하는 방법 중 하나가 묶음크기를 증가시켜 묶음활동 횟수를 줄이는 것이다. 묶음크기를 증가시키는 경우 평균재고가 늘어나서 재고유지비용이 늘어나 기업가치에 악영향을 끼칠 수도 있다.

제7절 시간동인활동기준원가계산(TDABC: Time Driven Activity Based Costing[3])-활동기준원가계산의 진화

1 전통적 활동기준원가계산의 단점과 시간동인활동기준원가계산

전통적 ABC 시스템이 단순한 원가계산 방법에 비해 원가의 정확성을 많이 증가시켰지만, ABC 시스템의 실행과정에서 많은 문제점들이 나타났다. 전통적 ABC 시스템의 단점은 다음과 같이 요약할 수 있다.

3) 찰스 T. 혼그린 · 지성권 · 신성욱. 2012. 원가회계. Pearson(서울) p.248-263을 수정한 것임.

1) 긴 인터뷰시간과 높은 설문조사 비용

ABC 시스템을 구축하고 업데이트할 때 여러 활동에 종업원의 시간이 어느 정도 투입되고 있는지를 분석하기 위해서는 설문과 인터뷰가 필요하다. 따라서 설문과 인터뷰를 하는데 많은 시간과 비용이 든다. 예를 들어, 한 대형 투자은행의 증권 중개 영업부문의 활동을 분석하기 위해 100여 개의 영업점에서 70,000명의 직원이 월별로 활동별 노무시간 자료를 제출해야 했다. 또한 이 작업을 수행하기 위해 14명의 직원이 ABC 자료를 수집한 후 이를 가공하여 보고서를 작성하는 데 매달리고 있다. 또 다른 예로 연간 매출액이 $200억인 유통업체의 경우 ABC 시스템을 업데이트하는데 수개월이 소요되었다. 시스템을 업데이트하기 위해서는 많은 종업원의 근무시간이 활동별로 어떻게 배분되고 있는지를 지속적으로 추정해야 하는데, 대다수의 종업원들이 이를 매우 성가시고 귀찮은 일로 생각하였기 때문이다. 상술한 바와 같이, ABC 시스템을 추정하고 업데이트 하는 데는 많은 시간과 비용이 소비된다. 이러한 방대한 시간과 막대한 비용은 ABC 시스템의 확산을 막는 큰 장애요인이 되었고 ABC 시스템의 업데이트가 적시에 이루어지지 못하게 되어 ABC 원가정보가 부정확해졌다.[4)]

2) 활동측정의 오류와 편의

개인의 주관적 판단에 의한 활동별 시간측정에는 오류가 많이 발생한다. 부정확한 시간측정 정보는 측정오류(예: 종업원의 기억에 의존하여 자신의 시간할당을 추정하는 경우)에 기인하기도 하지만 때로는 고의적인 편의가 개입될 수도 있다. 즉, 과거의 실제시간할당과 미래 예정할당보고서에 고의적인 편의가 개입될 수 있다. 특히, 보고한 시간할당 측정치가 자신의 업적평가에 영향을 미치는 경우에는 이런 편의가 증폭된다(예: 개인의 목표와 표준설정에 시간할당 정보가 사용되는 경우). 이런 측정오류와 편의가 존재하면 ABC 원가정보는 현재의 영업 상태를 적절히 반영하지 못할 가능성이 있다. 이런 경우 경영자들은 비효율적 공정개선 방법, 수익성이 낮은 제품 및 고객에 대한 문제해결

4) ABC 정보를 사용하여 생산성과 효율성을 향상시켰다면 원가가 많이 절약될 수 있었을 것이다. 그러나 지속적으로 원가소비형태를 분석하여 적합하게 업데이트 하지 않으면 ABC 원가 시스템은 변화된 원가정보를 반영하지 못한다.

방법, 그리고 유휴생산능력의 활용 방법 등에 대해 부적절한 대안을 제시할 수 있다. 그리고 원가정보가 왜곡되었다고 믿는 경영자들은 ABC 시스템에서 산출된 원가와 이익에 대해 의문을 제기하는 데 더 많은 시간을 소비하게 된다.

3) ABC 시스템 유지와 업데이트의 어려움

(1) 공정변화에 따른 희소자원의 소비행태의 변화, (2) 새로운 활동의 추가, (3) 공정활동의 다양성 및 복잡성 증가하는 경우 이에 대한 설문조사 및 인터뷰 등을 통해 활동을 다시 분석 해야 하는데 전통적 ABC 시스템의 업데이트에 비용과 시간이 많이 소요된다.

4) ABC 자료처리의 어려움

활동이 증가하는 경우 자료처리량이 기하급수적으로 증가하므로 일반적인 ABC 소프트웨어(마이크로소프트 엑셀 또는 ABC 소프트웨어 등)로는 이를 처리할 수 없다. 연간 매출액이 $1,200만인 제조기업의 경우 150개 활동, 10,000 횟수의 주문, 45,000의 자료항목을 사용해서 40개 부서의 ABC 원가를 계산하는데 3일이 소요되었다.[5)]

5) 드러나기 어려운 유휴생산능력 원가

ABC 시스템 구축 시 노무시간을 추정할 때 종업원은 자신의 근무시간의 100%가 활동에 배분된다고 보고하는 경향이 있다. 이로 인해 원가동인당 배부율은 희소자원이 100% 가동되고 유휴생산능력이 없다는 가정 하에서 계산되므로 유휴생산능력원가가 모두 원가대상에 배분된다.

5) 소프트웨어 처리용량의 문제점을 해결하기 위해 전사적 ABC가 아니라 부서별 ABC를 사용하는 기업도 있다. 그런데 부서 간 부품 등의 사내 대체가 이루어지면 서로 다른 ABC 모형을 조정하여 원가를 계산해야 하는데 이것이 매우 어렵다.

6) 거래횟수에 근거한 원가동인의 사용

전통적 ABC에서는 작업준비시간 그리고 설계시간 등 시간동인을 제한적으로 사용하고 횟수 등과 같은 거래 건수를 많이 사용한다. 이런 원가동인의 가정은 거래당 또는 횟수당 희소자원의 소비가 동일하다는 것이다.

상술한 전통적 ABC 시스템의 단점을 극복하기 위해 고안된 시스템이 시간동인 활동기준원가계산(TDABC) 시스템이다. 신기술 또는 신기계의 도입, 희소자원 조달원가의 변화, 그리고 능률 및 생산성 변화로 인하여 기업의 원가구조가 변화하거나 활동의 세분화가 필요한 경우, 상술한 바와 같이 ABC 시스템을 업데이트 하는 데 시간과 비용이 너무 많이 든다. 따라서 이런 변화를 야기하는 거래가 있을 때마다 신속하고 낮은 비용으로 ABC 시스템을 업데이트할 수 있는 원가계산방법이 바로 TDABC이다.

TDABC는 희소자원이 공급하는 서비스의 단위당(예: 시간당) 원가와 제품이 소비한 희소자원의 서비스 수량(시간)을 측정하여 제품원가를 계산하는 방법이다. 단위당 원가는 ERP 데이터베이스에서 입수가 가능하고, 활동당 소비시간 또는 제품단위당 소비시간은 여러 번의 직접관찰로 비교적 정확하게 측정할 수 있고 사후 검증도 가능하다. 따라서 TDABC를 적용하면 복잡한 설문조사나 인터뷰 없이 이미 구축된 ERP자료를 효과적으로 활용해서 원가계산을 할 수 있다. 다음에는 위에서 설명한 단위당 원가와 제품단위당 소비시간만을 사용하여 간단하게 TDABC 원가계산의 사례를 살펴보기로 하자.

2 Madison Dairy Ice Cream 사례

TDABC에 관한 간단한 예를 들어보자. Madison Dairy Ice Cream(이하 MDIC)는 다양한 용기에 포장된 4종류(바닐라, 초콜릿, 딸기, 모카아몬드)의 아이스크림을 생산하고 있다. 이 중에서 바닐라 제품의 원가를 TDABC를 사용하여 간단하게 계산하는 방법을 살펴보기로 하자. 다음은 2013년 3월 MDIC의 간접희소자원에 관한 자료이다.

1) 간접노무인력과 시간당 원가

간접노무인력의 원가를 제품에 배분하기 위해서는 간접노무인력이 제공하는 실제조업도(노무원가)와 간접노무인력의 원가자료(급여, 복리후생비 등의 합)를 수집해야 한다. 그리고 간접노무인력의 원가를 간접노무인력이 제공한 실제조업도로 나누면 시간당 원가가 계산된다.

MDIC는 7명의 직원을 제조 및 제조지원 활동에 투입하고 있다. 따라서 7명이 직접노무시간과 간접노무시간을 제공하고 있으며 시간당 임률은 직접 또는 간접노무시간에 상관없이 동일하다. 간접노무시간은 제조지원활동(생산배치별 제조라인 변경, 제조스케줄 편성, 직접재료의 주문 및 수불, 그리고 제품재고 기록관리 등)에 투입된 노무시간이다.

항목	자료
직원1인당 월임금①	\$3,742
복리후생비②=(①×25%)	\$931
합계③=(①+②)	\$4,655
1일 근무시간④	8시간
1일 비작업시간⑤	1시간
1일 작업시간⑥=(④−⑤)	7시간
월근무일⑦	19일
1인 월작업시간⑧=(⑥×⑦)	133시간
노무시간당 원가⑨=(③÷⑧)	\$35

직원 1인당 월 임금은 \$3,742이고 복리후생비는 임금의 25%(\$931)로 1명당 월 총급여는 \$4,655이다(=\$3,742+\$931). 직원 1인은 월 19일 동안 하루 8시간을 근무한다. 하루 8시간 중 휴식, 교육훈련, 그리고 회의 등에 1시간이 소비되므로 직원은 하루 7시간을 제조활동과 제조지원활동에 투입한다. 따라서 직원 1인의 작업시간은 월 133시간(=19일×7시간)이 된다. 월 133시간은 휴일과 제조 및 제조지원 이외의 활동에 투입된 시간을 제외한 시간이므로 이론적 최대조업도가 아니라 실제조업도라고 할 수 있다. 따라서 직접노무시간과 간접노무시간의 시간당 원가(임률)는 \$35(=\$4,655÷133시간)가 된다.[6)]

6) 간접노무인력이 활동에 투입한 작업시간은 전문가가 현장에서 소비시간을 측정하여 구할 수 있다.

2) 기계설비와 시간당 원가

기계설비의 경우에도 희소자원이 공급하는 실제조업도(기계시간)와 기계설비의 원가 자료를 수집한 후 기계시간당 기계설비원가를 계산한다.

MDIC는 네 가지 제품생산에 2개의 생산라인을 가동하고 있다. 생산기계 두 라인의 임차료는 월 $15,400이다. 라인별로 기계는 한 달에 22일 가동하고 하루에 직원의 근무시간(8시간에서 직원의 교육훈련, 휴식 등의 회피 불가능한 시간을 차감한 7시간) 동안에만 가동한다. 따라서 3월 한 달 생산기계의 실제조업도는 308시간(=22일×7시간×2라인)이 된다. 이 자료를 이용하면 다음과 같은 시간당 원가율을 계산할 수 있다.

항목	자료
생산라인수①	2개
월가동일②	22일
1일 가동시간③	7시간
총기계시간④=(①×②×③)	308시간
생산라인 총임차료⑤	$15,400
기계설비의 시간당원가(원가율)⑥=(⑤÷④)	$50

3) 제품에 간접희소자원 원가의 배부

MDIC가 3월 중 바닐라 아이스크림 생산에 129시간의 간접노무시간과 134시간의 기계시간을 소비했다면 바닐라 아이스크림의 제조간접원가배부액은 두 간접희소자원별로 '시간당 원가'와 '바닐라의 시간소비량'을 곱하고 이를 합산하면 된다.

$$\sum_{j=1}^{2} \text{시간당원가}_j \times \text{바닐라의 희소자원 시간소비량}_j$$

=간접노무인력 원가배부액+기계설비 원가배부액

=$35×129시간+$50×134시간=$11,215

위 식에서 j=1, 2; 1은 간접노무인력, 2는 기계설비임.

3 TDABC를 이용한 원가계산

1) TDABC의 도입

TDABC에서는 두 가지 정보만을 이용하여 제품의 원가를 계산한다. 먼저, 직접재료원가나 직접노무원가와 동일하게 간접희소자원(개별자산, 활동, 또는 부문 등으로 정의됨)의 경우에도 그 희소자원이 공급하는 서비스의 단위당 원가를 계산한다. 다음으로, 제품 또는 원가대상이 소비한 간접희소자원의 양을 계산하여 원가를 계산한다. 간접희소자원이 공급하는 서비스의 측정치는 다양하다. 정보시스템 부문이 공급하는 서비스는 컴퓨터 사용시간이다. TDABC에서 희소자원이 공급하는 서비스는 시간으로만 측정되지 않고 창고면적, 공간면적 등도 사용된다. 위에서 설명한 MDIC 사례를 들어 설명해보자.

TDABC를 적용하여 원가계산을 하기 위해 MDIC는 두 가지 모수를 간접희소자원별로 측정하였다. MDIC의 간접희소자원은 간접노무인력과 기계설비로 구성되어 있다.

(1) 단위당 원가율

상술한 〈MDIC의 사례 1〉에서 계산된 단위당 원가는 다음과 같다.

간접노무인력의 시간당 원가율: 노무시간당 $35

기계설비의 시간당 원가율: 기계시간당 $50

(2) 제품별 희소자원의 소비량(시간소비량)

간접노무 소비시간: MDIC는 7명의 직원을 고용하여 직접노무활동과 간접노무활동에 투입하고 있다. 간접노무활동은 배치생산 스케줄링(재료구입, 재료이동취급, 그리고 배치별 최초 제품의 검품), 작업준비활동, 그리고 제품수준활동으로 구성되어 있다.

배치생산 스케줄링: 모든 제품에 대해 배치당 4시간의 간접노무시간이 소비됨.

작업준비활동: 3명의 직원이 한 조가 되어 활동을 수행한다.

제품별 작업준비시간은 다음과 같다.

제품	배치당 작업준비시간	직원수	배치당 작업준비노무시간
바닐라	2.0시간	3명	6.0시간
초콜릿	1.0시간	3명	3.0시간
딸기	2.5시간	3명	7.5시간(비교적 복잡함)
모카아몬드	4.0시간	3명	12.0시간(매우 복잡함)

제품수준활동: 이 활동은 재료명세서(bill of materials)의 작성 및 업데이트, 제조공정 컴퓨터 시스템의 유지 및 업데이트, 재료공급량의 모니터링, 제조공정 향상, 그리고 재료배합 방법 변경 등으로 구성되어 있다. 이 활동은 제품별로 매달 수행되고 제품별로 모두 동일하게 월 9시간이 소비된다.

위의 자료를 반영하여 제품별로 세부활동에 투입된 간접노무시간을 나타내면 다음 표와 같다.

항목	바닐라	초콜릿	딸기	모카아몬드
배치당 배치생산 스케줄링시간	4	4	4	4
배치당 작업준비노무시간	6	3	7.5	12
제품당 제품수준활동시간	9	9	9	9

위의 표에 근거한 제품별 간접노무시간은 다음과 같다.

제품별 간접노무시간=배치당 배치생산 스케줄링시간×배치수
+배치당 작업준비노무시간×배치수+제품수준활동시간

만일 바닐라 생산에 3월중에 12배치가 처리되었다면, 바닐라의 간접노무인력의 시간 소비량은 다음과 같다.

바닐라의 간접노무시간=4시간×12배치+6시간×12배치+9시간=129시간

기계설비 소비시간: 기계설비의 소비시간은 제품생산에 가동된 기계시간과 다음 생산 배치를 준비하는 데 사용된 기계시간이 합이다. 제품생산에 소비된 기계시간은 제품단위수준 원가동인이고 작업준비활동에 소비된 기계시간은 배치수준 원가동인이다. 기계설비가 공급하는 기계작업의 소비시간은 다음과 같이 계산될 수 있다.

$$\begin{aligned}\text{제품별 기계시간} &= \text{기계시간} + \text{작업준비시간} \\ &= (\text{갤런당 기계시간} \times \text{생산량}) + (\text{배치당 작업준비시간} \times \text{배치수})\end{aligned}$$

만일 3월에 바닐라 10,000갤런이 12배치로 생산되었고 1,000갤런당 기계시간이 11시간이라면, 바닐라의 기계시간은 다음과 같다.

$$\begin{aligned}\text{바닐라의 기계시간} &= \frac{10{,}000\text{갤런}}{1{,}000\text{갤런}} \times 11\text{시간} + 2\text{시간} \times 12\text{배치} \\ &= 110\text{시간} + 24\text{시간} = 134\text{시간}\end{aligned}$$

(3) TDABC에서의 제품원가계산과 제품별 수익성

앞에서 제시된 자료를 이용하여 제품별 원가와 수익성을 계산하기 위해서는 제품별 간접노무시간, 제품별 기계시간, 그리고 다음과 같은 추가정보(2013년 3월)가 필요하다.

항목	바닐라	초콜릿	딸기	모카아몬드	합계
생산량(판매량과 동일)①	10,000	8,000	1,200	800	20,000
갤런당 직접노무시간②	0.025	0.025	0.025	0.025	
총직접노무시간③=(①×②)	250	200	30	20	500
1,000갤런당 기계시간④	11	11	11	11	
생산배치수⑤	12	12	8	6	38
배치당 작업준비시간⑥	2	1	2.5	4	

먼저 관련 자료를 이용하여 제품별 간접노무시간을 계산하면 다음과 같다.

항목	바닐라	초콜릿	딸기	모카아몬드
배치생산 스케줄링 시간×배치수①	4×12	4×12	4×8	4×6
배치당 작업준비 시간×배치수②	2×3명×12	1×3명×12	2.5×3명×8	4×3명×6
제품수준활동시간③	9	9	9	9
합계④=(①+②+③)	129시간	93시간	101시간	105시간

그리고 위의 자료를 이용하여 제품별 기계시간을 계산하면 다음과 같다.

항목	바닐라	초콜릿	딸기	모카아몬드
생산량÷1,000갤런①	10,000갤런÷ 1,000갤런	8,000갤런÷ 1,000갤런	1,200갤런÷ 1,000갤런	800갤런÷ 1,000갤런
1,000갤런당 기계시간②	11시간	11시간	11시간	11시간
배치당 작업준비시간③	2시간	1시간	2.5시간	4시간
배치수④	12	12	8	6
합계⑤=[(①×②)+(③×④)]	134시간	100시간	33.2시간	32.8시간

위에서 계산한 결과를 이용하면 제품별 희소자원의 소비량은 다음과 같이 계산된다.

항목	바닐라	초콜릿	딸기	모카아몬드	합계	시간당 배부율 (MDIC 사례1)
직접노무시간	250	200	30	20	500	$35
간접노무시간	129	93	101	105	428	$35
기계시간	134	100	33.2	32.8	300	$50

4) 간접노무원가의 제품별 배분

간접희소자원의 시간당 배부율(unit costs)에 제품별 희소자원 소비량을 곱하면 간접원가가 제품별로 배분된다.

제품별 간접노무시간×시간당 원가

항목	바닐라	초콜릿	딸기	모카아몬드	합계
제품별 간접노무시간①	129	93	101	105	428시간
시간당 원가②	$35	$35	$35	$35	
간접노무원가배부액③=(①×②)	$4,515	$3,255	$3,535	$3,675	$14,980

5) 기계설비원가의 제품별 배분

간접희소자원의 시간당 배부율(unit costs)에 제품별 희소자원 소비량을 곱하면 간접원가가 제품별로 배분된다.

총기계시간×시간당 기계원가 배부율

항목	바닐라	초콜릿	딸기	모카아몬드	합계
제품별 기계시간①	134	100	33.2	32.8	300시간
시간당 원가②	$50	$50	$50	$50	
기계설비원가배부액③=(①×②)	$6,700	$5,000	$1,660	$1,640	$15,000

6) 유휴생산능력원가 계산

MDIC의 TDABC에서는 발생한 간접원가가 모두 제품에 배부되지 않고 제품이 소비한 시간에 대한 간접원가만이 제품에 배분되고 배부되지 않은 유휴생산능력원가는 일괄적으로 손익계산에서 비용으로 차감된다. MDIC의 2013년 3월 유휴생산능력원가는 $505(=$105+$400)로서 다음과 같이 계산된다.

항목	자료
노무인력의 총공급능력①	931시간
소비시간②	928시간
유휴노무시간③=(①-②)	3시간
시간당 임률④	$35
노무인력의 유휴노무원가⑤=(③×④)	$105
기계설비의 총공급능력⑥	308시간
사용시간⑦	300시간
유휴생산능력⑧=(⑥-⑦)	8시간
시간당 원가⑨	$50
기계설비의 유휴생산능력원가⑩=(⑧×⑨)	$400
유휴생산능력원가⑪=(⑤+⑩)	$505

①) 7명×1일 7시간×월 19일
②) 직접노무시간+간접노무시간=500시간+428시간
⑥) 1일 7시간×월 22일×2라인

TDABC에서의 유휴생산능력원가 $505는 제품원가에 배부되지 않고 손익계산서에서 일괄 비용으로 차감된다.

4 TDABC 시스템의 수정과 업데이트

TDABC를 활용하여 제품원가를 정확하게 계산하고 그 결과를 경영관리통제 도구로 활용하기 위해서는 지속적으로 모형을 수정하고 업데이트해야 한다.

1) 활동의 세분화

기업의 영업환경, 운영공정, 그리고 기술이 변화하면 이에 적합하게 TDABC를 수정 및 보완해야 한다. 예를 들면, 간접노무인력이 현재에는 포장활동만을 수행하고 있으나 새로운 선적활동을 추가로 수행한다고 가정하자. 이 경우에는 제품배치별로 선적활동 수행에 소비되는 시간을 측정한 후 단위당 원가율(간접노무인력의 임률)을 곱하면 제품 배치당 활동원가를 계산할 수 있다.

2) 희소자원 원가의 변동

희소자원 원가가 변동하면 희소자원별 시간당 원가율의 변화를 즉시 TDABC 시스템에 반영해야 한다. 희소자원의 단위당 원가율의 변동은 다음의 세 가지 요인에 의해 설명될 수 있다.

첫째, 희소자원의 원가변동이다. 예를 들면, 간접노무인력의 임금이 상승하는 경우가 여기에 해당한다. 간접노무인력의 시간당 임률이 8% 증가하면 기존 시간당 원가율을 8% 증가시키면 된다. 만일 새로운 기계를 추가로 구매한다면, 새 기계의 구입원가를 반영하여 기계의 시간당 원가율을 즉시 계산할 수 있다.

둘째, 시간당 원가율 계산시 분모의 변화이다. 제조업도 수준에 변화가 발생할 수 있다. 즉 근로조건변동으로 인한 작업일수의 변화 그리고 휴일 수 및 교육훈련시간의 증감 등이 일어나면 분모가 변화한다.

셋째, 기술혁신과 ABM 실행 결과로 작업효율성이 증가한 경우 시간당 원가의 제품별, 활동별, 또는 서비스별 시간소비량을 다시 계산해야 한다. 전통적 ABC에서는 설문조사와 인터뷰 등을 통해 모수의 변화를 측정하므로 비용과 시간이 많이 든다. 그러나 TDABC에서는 희소자원의 소비량(소비된 시간)을 산업공학자들에 의한 직접관찰 등으로 쉽게 측정할 수 있고, 간접원가의 변화도 ERP 시스템에서 쉽게 구할 수 있으므로 생산성 변화를 반영한 시간당 원가율과 시간당 소비량을 쉽게 업데이트할 수 있다.

상술한 바와 같이 TDABC를 사용하면, 원가계산모형의 업데이트가 기간별로 이루어지지 않고 거래별로 이루어진다. 즉, 생산성 변동, 원가구조 변동, 희소자원의 변화, 그리고 세부 활동의 추가 등과 같은 내부거래가 이루어지면 그 변화를 즉시 반영하여 시간당 원가율과 시간소비량을 쉽게 측정할 수 있다.

3) 시간등식

활동이 세분되거나 새로운 활동이 추가되는 경우 따로 활동별 시간을 측정하지 않고 하나의 시간등식(time equation)으로 다양한 활동시간을 간단하고 쉽게 측정할 수 있다. 예를 들면, 포장활동원가를 보다 정확하게 배부하기 위해서는 포장 활동을 세분화할 필요가 있다. 표준포장활동이 아니라 특별취급이나 항공으로 선적하는 경우 포장 활동의 소비시간이 달라진다. 이런 세분화된 포장 활동의 소비시간을 간편하게 측정하는 방법은 하나의 포장시간등식을 사용하는 것이다.

포장활동시간=0.5시간+6.5시간(특별포장의 경우)
+0.2시간(항공으로 선적할 경우)

표준포장을 사용하면 포장활동시간은 0.5시간이고, 특별포장이 요구되면 추가로 6.5시간이 더 소비되며, 제품을 항공으로 선적하면 0.2시간이 더 추가되어 0.7시간이 소비된다.

TDABC에서 사용되는 시간등식의 변수는 일반적으로 전통적 ABC에서 사용되는 활동의 수보다 적기 때문에 TDABC 시스템의 관리와 업데이트가 용이하다. 그리고 시간등식에 사용될 수 있는 자료는 기업의 ERP에서 얻을 수 있다. 따라서 TDABC는 ERP가 잘 구축되지 못한 과거에는 시행되기 어려운 원가계산모형이다.

4) TDABC의 활용: 희소자원 공급능력 예측

전통적 ABC 시스템과 유사하게 TDABC의 원가정보도 활동기준경영관리(ABM)에 활용될 수 있다. TDABC에서는 시간당 원가율과 원가대상이 시간소비량(또는 제품의 시간소비량)정보가 쉽게 측정되고 업데이트될 수 있다. 따라서 TDABC에 근거하여 ABM을 실행하면 수익성과 원가절감 효과가 보다 쉽게 측정될 수 있을 뿐만 아니라 공정향상, 수요변동, 그리고 기술진보 등이 미래희소자원의 소비량에 미친 영향도 쉽게 예측될 수 있다.

5) TDABC의 장점

위의 사례에서 살펴본 바와 같이, TDABC에서는 시간당 원가와 제품이 소비한 희소자원의 시간만을 사용하여 원가계산을 쉽게 할 수 있다. TDABC에서 사용되는 두 모수는 설문조사나 인터뷰 과정을 통해 얻는 것이 아니라 직접관찰이나 기업의 ERP 시스템에 존재하는 자료를 이용하여 쉽게 산출된다. 따라서 TDABC의 경우 그 구축비용이 적게 들고 업데이트가 쉽게 이루어진다. TDABC의 장점을 요약하면 다음과 같다.

1) 대기업의 경우에도 정확한 원가시스템을 쉽고 빠르게 구축할 수 있다.
2) 기업의 ERP 시스템에 있는 구체적인 자료를 활용할 수 있다.
3) 활동의 특징을 반영하는 시간등식(time equation)을 이용하여 새로운 활동을 추가하거나 새로운 희소자원의 소비를 반영하여 원가시스템을 쉽고 빠르게 업데이트할 수 있다. 많은 세부 활동을 하나의 시간등식으로 표시할 수 있으므로 활동관리가 용이하다.
4) 생산능력의 활용도와 유휴생산능력원가를 가시적으로 보여줄 수 있다.
5) 예정활동량과 활동의 복잡성에 근거하여 희소자원의 예산을 편성할 수 있고, 미래 희소자원의 수요예측도 가능하게 된다.
6) 희소자원의 원가가 변동하거나 생산성 및 효율성이 변화한 경우(원가구조가 변화한 경우)에도 원가계산모형을 쉽게 업데이트할 수 있다.[7)]
7) TDABC의 또 다른 특징은 동종 산업에 속한 기업은 유사한 TDABC 시스템을 사용하고 있다는 점이다. 이는 동종 산업에 속한 기업의 경우 그 가치사슬 활동(제도 공정 등)과 서비스 산출 공정이 유사하기 때문이다. 특정 기업의 특정 공정에 적용되는 TDABC가 동일 기업의 다른 공장 또는 동일 산업에 속한 다른 기업에도 적용될 수 있다.

7) ABC 모형 개발을 위한 활동분석은 일회적 분석이다. ABC 모형을 개발하기 위해서는 공정의 현재 활동을 스냅샷(snap-shot)으로 분석해야 한다. 이런 활동분석으로 비효율적인 활동, 수익성이 낮은 제품 및 고객, 그리고 비효율적인 공정 등이 식별될 수 있다. 이런 분석 후 공정개선과 활동개선이 이루어지면(ABM 활동) 생산성과 수익성이 크게 향상될 수 있다. 그러나 ABM의 성공적 수행으로 인해 활동소비량과 간접 희소자원원가의 소비가 변화하게 된다. 이런 변화를 반영하여 과거의 ABC 시스템이 업데이트되어야 하는데 이 과정에서 비용과 시간이 많이 들게 되어 시의적절하게 원가계산 업데이트 되지 못하고 있다.

Ⅰ. 평가자 체크리스트

※ 다음 서술이 옳으면 T, 옳지 않으면 F를 기재하시오.

13.1 활동기준원가계산은 비부가치원가를 계산할 수 없다.

13.2 활동기준원가계산에서는 제품의 생산을 위하여 사용한 자원만을 제품원가에 포함하고 미사용된 자원은 기간비용으로 처리한다.

13.3 활동기준원가계산은 활동분석과 원가동인분석을 통하여 파악된 정보를 토대로 활동과 프로세스를 개선하여 기업 전체의 성과를 개선하는데 초점을 두고 있다.

13.4 활동기준원가계산은 표준원가계산과 같이 일종의 사전원가계산 제도이다.

13.5 활동기준원가계산은 활동을 원가대상의 중심으로 삼아 활동의 원가를 계산하고 이를 토대로 하여 다른 원가를 계산하는 것을 중점적으로 다루는 원가계산시스템이다.

13.6 활동기준원가계산은 연구・개발에서 고객서비스에 이르기까지 경영기능 전반에 걸친 원가계획 및 통제에 유용한 정보를 제공해 줄 수 있다.

13.7 제품과 고객이 매우 다양하고 생산공정이 복잡한 경우, 일반적으로 활동기준원가계산이 전통적 원가계산보다 정확한 제품원가 정보를 제공한다.

13.8 활동기준원가계산에서 제품유지활동은 주로 제조공정이나 생산설비 등을 유지하고 관리하기 위하여 수행되는 활동으로 공장시설관리, 환경관리, 안전유지관리, 제품별 생산설비관리 등의 활동이 여기에 속한다.

13.9 판매관리비에는 활동기준원가계산을 적용하지 않는다.

13.10 간접원가의 비중이 높을수록 활동기준원가계산의 도입효과가 크다.

Ⅱ. 객관식

13.1 원가배부와 관련된 다음의 설명 중에서 올바른 것은? [2001년 세무사 수정]

① 원가배부기준은 인과관계기준에 의해서만 설정해야 한다.
② 제조간접원가가 전체 제조원가에서 차지하는 비중이 증가할수록 단순한 원가배부기준을 설정해야 더욱 정확한 원가계산을 할 수 있다.
③ 활동기준원가계산제도에서는 제품의 생산 수량과 직접 관련이 없는 비단위기준원가동인(ununit-based cost drivers)을 사용하지 않는다.
④ 제조간접원가의 배부가 정확하게 이루어질 수 없으므로 원가배부는 어떤 상황에서도 경제적 의사결정을 위한 정보를 제공하지 않는다.
⑤ 활동기준원가계산제도에서 원가배부기준으로 선택된 원가동인이 원가 발생의 인과관계를 잘 반영하지 못하는 경우 제품원가계산이 왜곡될 가능성이 있다.

13.2 다음 중 활동기준회계(Activity Based Costing)가 추구하는 목적과 가장 거리가 먼 것은? [1999년 공인회계사]

① 다양한 원가유발요인(cost driver)을 인식하여 적정한 가격 결정에 이용한다.
② 정확한 제품원가를 계산하고자 한다.
③ 제품별 또는 고객별로 더욱 정확한 원가분석을 할 수 있다.
④ 직접재료원가 외에는 고정원가로 처리하고자 한다.
⑤ 제품별 또는 부문별 성과평가를 신뢰성 있게 할 수 있다.

13.3 활동기준원가계산에 관한 다음 설명 중에서 타당하지 않은 것은? [2004년 공인회계사]

① 활동이 자원을 소비하고 제품이 활동을 소비한다.
② 제조간접비에는 생산량 이외의 다른 원가동인에 의하여 발생하는 원가가 많이 포함되어 있다.
③ 배부기준의 수가 전통적인 원가계산에 비교해 많다.
④ 제품별 또는 부문별 성과평가의 신뢰성이 높아진다.
⑤ 표준원가계산과 같이 일종의 사전원가계산 제도이다.

13.4 다음의 활동기준원가계산과 관련된 기술 중에서 적절하지 못한 것은? [1998년 세무사]

① 활동기준원가계산은 활동을 원가대상의 중심으로 삼아 활동의 원가를 계산하고 이를 토대로 하여 다른 원가를 계산하는 것을 중점적으로 다루는 원가계산시스템이다.
② 다품종 소량생산의 제조업체가 이를 적용할 경우 도움이 된다.
③ 서비스업체에서는 활동기준원가계산을 적용하기 어렵다.
④ 활동기준원가계산은 원가 중에서 제조간접비의 비중이 높은 기업에 적용할 경우 도움이 된다.
⑤ 활동기준원가계산은 연구・개발에서 고객서비스에 이르기까지 경영기능 전반에 걸친 원가계획 및 통제에 유용한 정보를 제공해 줄 수 있다.

13.5 다음 중 활동원가계층구조(activity cost hierarchy) 분류-해당원가의 예-원가동인(cost driver)의 조합이 적절하지 않은 것은? [2000년 공인회계사]

① 단위수준 활동원가-기계동력원가-기계작동시간
② 뱃치(Batch)수준 활동원가-전수(제품전량) 검사원가-검사횟수
③ 제품유지 활동원가-제품설계원가-제품의 종류 수
④ 뱃치수준 활동원가-기계작업준비원가-준비횟수
⑤ 단위수준 활동원가-소모품 원가-제품의 생산량

13.6 아래에서 올바른 활동기준원가계산(ABC)의 절차를 나타낸 것은? [2001년 세무사]

ⓐ 활동중심점의 설정	ⓑ 원가동인의 선택
ⓒ 활동분석	ⓓ 제조간접비의 배부
ⓔ 활동별 제조간접비 배부율의 계산	

① ⓒ→ⓐ→ⓔ→ⓑ→ⓓ
② ⓒ→ⓐ→ⓓ→ⓑ→ⓔ
③ ⓒ→ⓐ→ⓑ→ⓔ→ⓓ
④ ⓒ→ⓑ→ⓐ→ⓓ→ⓔ
⑤ ⓒ→ⓑ→ⓐ→ⓔ→ⓓ

13.7 활동기준원가계산시스템에 대한 설명 중 옳은 것을 모두 묶은 것은? [2009년 세무사 1차]

> ㄱ. 제품과 고객이 매우 다양하고 생산공정이 복잡한 경우, 일반적으로 활동기준원가계산이 전통적 원가계산보다 정확한 제품원가 정보를 제공한다.
> ㄴ. (ㄱ)설명의 주된 이유는 활동기준원가계산은 원가 발생행태보다 원가를 소모하는 활동에 초점을 맞추어 원가를 집계하여 배부하기 때문이다.
> ㄷ. 생산과정에서 거액의 간접원가가 발생하는 경우 활동기준원가계산이 전통적 원가계산보다 원가관리에 효과적이다.

① ㄱ ② ㄱ, ㄴ ③ ㄱ, ㄷ
④ ㄴ, ㄷ ⑤ ㄱ, ㄴ, ㄷ

13.8 다음 중 활동기준원가계산제도가 생겨난 배경으로 타당하지 않은 것은? [2010년 공인회계사]

① 수익성 높은 제품의 선별을 통한 기업역량 집중의 필요성
② 산업구조의 고도화 및 직접노동 투입량의 증가
③ 제품 및 생산공정의 다양화
④ 원가정보의 수집 및 처리기술의 발달
⑤ 개별제품이나 작업에 직접 추적이 어려운 원가의 증가

13.9 활동기준 원가계산(Activity Based Costing)시스템은 조업도 기준 원가계산(Volume Based Costing)시스템에 비하여 더욱 정확한 제품원가를 제공할 수 있다. 다음 중에서 활동기준 원가계산시스템을 도입함에 따라서 그 효과를 크게 볼 수 있는 기업의 일반적 특성에 해당하지 않는 것은? [2002년 공인회계사]

① 생산과정에 거액의 간접원가가 발생하는 경우
② 제품, 고객 및 생산공정이 매우 복잡하고 다양한 경우
③ 회사가 치열한 가격경쟁에 직면한 경우
④ 제품의 제조와 마케팅 원가에 대해서 생산작업자와 회계담당자 사이에 심각한 견해차가 있는 경우
⑤ 생산과 판매에 자신 있는 제품의 이익은 높고 생산과 판매에 자신 없는 제품의 이익이 낮은 경우

13.10 활동기준원가계산에 관한 설명으로 옳지 않은 것은? [2015년 세무사]

① 활동기준원가계산은 생산환경의 변화에 따라 증가하는 제조간접원가를 좀 더 정확하게 제품에 배부하고 효과적으로 관리하기 위한 새로운 원가계산방법이라 할 수 있다.

② 활동기준원가계산에서는 일반적으로 활동의 유형을 단위수준활동, 묶음수준활동(배치수준활동), 제품유지활동, 설비유지활동의 4가지로 구분한다.

③ 제품유지활동은 주로 제조공정이나 생산설비 등을 유지하고 관리하기 위하여 수행되는 활동으로서 공장시설관리, 환경관리, 안전유지관리, 제품별 생산설비관리 등의 활동이 여기에 속한다.

④ 묶음수준활동은 원재료구매, 작업준비 등과 같이 묶음 단위로 수행되는 활동을 의미하는데 품질검사의 경우 표본검사는 묶음수준활동으로 분류될 수 있지만, 전수조사에 의한 품질검사는 단위수준 활동으로 분류된다.

⑤ 단위수준활동은 한 단위의 제품을 생산하는데 수반되어 이루어지는 활동으로서 주로 생산량에 비례적으로 발생하며, 주로 직접노무시간, 기계작업시간 등을 원가동인으로 한다.

13.11 활동기준원가계산에 관한 설명으로 옳지 않은 것은? [2017년 세무사]

① 간접원가의 비중이 높을수록 활동기준원가계산의 도입효과가 크다.

② 전통적인 간접원가 배부방법에 비해 다양한 배부기준이 사용된다.

③ 판매관리비에는 활동기준원가계산을 적용하지 않는다.

④ 활동원가의 계층구조 중 배치(묶음)수준원가는 배치 수나 활동시간 등을 원가동인으로 사용한다.

⑤ 전통적인 간접원가 배부방법에 비해 인과관계를 반영하는 배부기준을 찾아내는데 많은 노력을 들인다.

13.12 우편 및 전화 주문 판매를 하는 (주)통판은 활동기준원가(Activity-Based Costing: ABC) 시스템을 통해 주요 고객의 수익성을 파악하고자 한다. 주요 고객의 연간자료는 다음과 같다.

항목	고객 '갑'	고객 '을'	고객 '병'
총매출	₩8,000	₩10,000	₩20,000
반품 – 수량	4개	0개	2개
반품 – 액수 (판매가)	₩2,000	₩0	₩5,000
연간 총전화주문건수	0건	4건	8건
연간 총우편주문건수	4건	0건	2건
총 전화주문처리 시간	0시간	0.25시간	0.20시간

배송비용은 고객이 부담하며, 반품에 따른 배송비만 고객이 부담하면 반품은 항상 허용된다. 매출원가는 판매가의 75%이다. 활동 및 활동원가의 동인율(activity cost driver rate)이 다음과 같을 경우, ABC를 통해 계산한 고객 '갑'으로부터의 연간 이익은? [2001년 공인회계사]

활동	활동원가 동인율
우편주문처리	₩50/주문건수
전화주문처리	₩800/시간
반품처리	₩100/반품수량
고객유지	₩500/년

① ₩400 ② ₩900 ③ ₩1,500
④ ₩4,900 ⑤ ₩8,000

13.13 (주)미래는 각 작업에 대한 원가계산을 위하여 다음의 자료를 수집하였다. [2002년 세무사]

활동	원가	원가범주	원가동인	최대활동량
생산준비	₩20,000	생산묶음	생산준비시간	1,000시간
재료처리	30,000	생산묶음	재료처리횟수	2,000회
기계사용	500,000	제품단위	기계작업시간	20,000시간
품질관리	100,000	생산묶음	품질관리횟수	12,500회
수선유지	40,000	제품단위	기계작업시간	20,000시간

활동기준원가계산을 이용하여 다음의 작업 A의 총원가는 얼마인가?

작업	기초원가	생산수량	생산준비	재료처리	기계작업	품질관리
A	₩300,000	12,000단위	30시간	56회	4,000시간	70회

① ₩610,000 ② ₩110,000 ③ ₩482,000
④ ₩420,000 ⑤ ₩410,000

13.14 (주)서울은 활동기준원가계산을 사용하며, 제조과정은 다음의 3가지 활동으로 구분된다.

활동	원가동인	연간 원가동인 수	연간 가공원가 총액
세척	재료부피	100,000리터	₩300,000
압착	압착기계시간	45,000시간	₩900,000
분쇄	분쇄기계시간	21,000시간	₩1,050,000

* 분쇄활동의 원가 중 \504,000은 고정원가이다.

X 제품 한 단위당 재료부피는 20리터, 압착기계시간은 30시간, 분쇄기계시간은 10시간이다. X 제품의 단위당 판매가격과 단위당 재료비는 각각 ₩2,000, ₩300이면 제품의 단위당 제조공헌이익은 얼마인가?

[2006년 세무사]

① ₩560 ② ₩540 ③ ₩700
④ ₩780 ⑤ ₩800

13.15 (주)강릉은 활동기준원가계산 방법을 사용하고 있다. (주)강릉은 갑과 을의 두 가지 제품을 생산하고 있다. 갑 제품의 연간 생산 및 판매량은 8,000단위이고 을 제품은 6,000단위이다. (주)강릉은 세 가지의 활동을 수행하고 있으며 이에 관한 정보는 다음과 같다.

[2004년 세무사]

활동 집합	제조간접비	원가동인의 수	
		갑 제품	을 제품
활동 1	₩20,000	100	400
활동 2	37,000	800	200
활동 3	91,200	800	3,000

위의 자료에 의해 활동기준원가계산 방법을 적용하여 갑 제품의 단위당 제조간접비를 구한다면 얼마인가?

① ₩2.4 ② ₩3.9 ③ ₩10.59
④ ₩6.6 ⑤ ₩5.5

13.16 (주)한야의 영업팀은 활동원가에 근거하여 고객의 수익성을 평가한다. 당기에 주문처리와 고객관리를 위해 수행한 활동 및 원가 자료는 다음과 같다. 긴급주문 처리를 위해서는 통상적인 주문처리 원가에 추가하여 1회당 ₩100의 원가가 발생한다. [2010년 공인회계사]

활동 및 원가항목	원가
주문처리	₩70/1회 주문
긴급주문 처리를 위한 추가 원가	₩100/1회 긴급주문
고객 상담	₩450/1회 상담
고객 관계관리	₩80,000/고객 1인

상기 원가 이외에 매출원가는 매출액의 80%에 해당한다. 당기 중에 (주)한야의 주요 고객인 A와 관련하여 매출액 ₩500,000, 주문처리 횟수 300회(이 중 70%는 긴급주문임), 고객 상담 횟수 140회가 발생하였다. 고객 관계관리는 모든 고객에게 공통으로 적용된다. 회사가 고객 A로부터 얻은 이익(혹은 손실)은 얼마인가?

① ₩5,000 이익 ② ₩76,000 이익 ③ ₩64,000 손실
④ ₩70,300 손실 ⑤ ₩85,000 손실

13.17 (주)서울은 가전제품을 생산하여 판매하는 기업이다. (주)서울의 경영자는 현재 생산하고 있는 양문냉장고의 설계를 변경하는 경우 원가를 얼마나 절감할 수 있는지 알아보려 한다. 20×2년의 양문냉장고 예상판매량 100대를 현재 설계된 대로 생산하는 경우 직접재료원가 ₩100,000, 직접노무원가 ₩50,000, 그리고 제조간접원가 ₩350,000이 발생할 것으로 추정된다. (주)서울은 활동기준원가계산(activity-based costing)을 적용하고 있는데 제조간접원가를 발생원인에 따라 항목별로 구분한 결과는 다음과 같다.

제조간접원가 항목	금액	원가동인 및 발생 현황
기계가동원가	₩100,000	기계가동시간 100시간
작업준비원가	50,000	작업준비시간 10시간
검사원가	100,000	검사시간 10시간
재작업원가	100,000	재작업시간 20시간

설계를 변경하는 경우 기계가동시간과 재작업시간은 20% 감소하며, 작업준비시간은 25% 감소할 것으로 예상한다. 그러나 검사시간은 현재보다 20% 늘어날 것으로 예상한다. (주)서울이 설계를 변경하는 경우 단위당 제조간접원가를 얼마나 절감할 수 있는가? (단, 상기 자료 외의 원가는 고려하지 않는다.) [2010년 세무사]

① ₩275 ② ₩325 ③ ₩375
④ ₩425 ⑤ ₩475

13.18 (주)하나는 당기에 제품 A를 1,500단위, 제품 B를 1,000단위, 제품 C를 500단위 생산하였으며, 이와 관련하여 기계절삭작업에 ₩100,000, 조립작업에 ₩80,000, 품질검사에 ₩40,000의 제조간접원가가 소요되었다. 당사는 활동기준원가계산을 시행하고 있으며, 관련 자료는 아래와 같다. 다음 중 옳지 않은 것은? [2013년 공인회계사]

구분	원가동인	제품 A	제품 B	제품 C
기계절삭작업	기계시간	2,240	3,380	4,380
조립작업	조립시간	330	660	1,010
품질검사	횟수	12	13	15

① 제품 B 전체에 배부되는 기계절삭작업 활동원가는 제품 A 전체에 배부되는 기계절삭작업 활동원가의 약 1.5배이다.

② 제품 B 전체에 배부되는 조립작업 활동원가보다 제품 C 전체에 배부되는 조립작업 활동원가가 더 크다.

③ 제품 A 전체에 배부되는 품질검사 활동원가보다 제품 C 전체에 배부되는 품질검사 활동원가가 25% 더 크다.

④ 제품 단위당 총활동원가가 가장 큰 것은 제품 C이다.

⑤ 각 제품의 단위당 활동원가를 계산하면 제품 A는 ₩31.73, 제품 B는 ₩73.20, 제품 C는 ₩138.40이다.

13.19 (주)민국카드의 고객센터에는 50명의 직원이 신규고객유치와 불만 처리 업무를 수행하고 있다. 통상적으로 신규고객 유치는 건당 6분, 불만 처리 업무에는 건당 15분이 소요된다. 직원들의 정규근무시간은 1주일에 5일, 주당 40시간이며, 총근무시간은 업무 수요에 따라 조절할 수 있다. 주당 정규급여는 1인당 ₩320,000이고 초과근무수당은 시간당 ₩12,000이다. 향후 1주일 동안 예상되는 1일 평균 업무 수요가 다음과 같을 경우, 노무비를 최소화하기 위해 신규로 채용해야 할 직원은 몇 명인가? [2009년 공인회계사]

구분	1일 평균 업무 수요
신규고객유치	1,450건
불만 처리	1,200건

① 3명 ② 4명 ③ 5명
④ 6명 ⑤ 7명

13.20 (주)국세는 활동기준원가계산 방법에 따라 제품의 가공원가를 계산하고 있다. (주)국세의 각 활동과 활동별 원가배부율은 다음과 같다. [2012년 세무사]

활동	원가동인	단위당 배부율
재료처리	부품 수	₩10
기계작업	기계시간	₩120
조립작업	조립시간	₩75
검사	검사시간	₩100

제품 A 1단위를 제조하기 위해서는 부품 200개, 기계작업 10시간, 조립작업 20시간, 검사 5시간이 요구된다. (주)국세는 50단위의 제품 A를 단위당 ₩50,000에 판매하여 ₩1,500,000의 매출총이익을 달성하였다. 이 경우, 제품 A의 단위당 직접재료원가는 얼마인가? (단, 기초재고자산과 기말재고자산은 없다고 가정한다.)

① ₩5,200　② ₩14,800　③ ₩15,250
④ ₩20,000　⑤ ₩30,000

13.21 다음은 단일제품을 생산하여 판매하는 (주)국세의 연간 활동원가 예산자료와 4월의 활동원가 자료이다. [2011년 세무사]

〈연간 활동원가 예산자료〉

활동	활동원가	원가동인	원가동인 수량
재료이동	₩5,000,000	이동횟수	1,000회
성형	₩3,000,000	제품생산량	24,000단위
도색	₩1,500,000	직접노동시간	6,000시간
조립	₩2,000,000	기계작업시간	2,000시간

〈4월 중에 생산한 제품의 활동원가 자료〉

제품생산량 : 2,000단위, 직접노동시간 : 500시간, 기계작업시간 : 200시간

활동기준원가계산에 의할 경우, (주)국세가 4월 중에 생산한 제품의 활동원가 금액은 ₩1,050,000으로 계산되었다. (주)국세가 4월 중 제품을 생산하는 과정에서 발생한 재료의 이동횟수는 얼마인가?

① 95회　② 96회　③ 97회
④ 98회　⑤ 99회

13.22 (주)한국은 소매업체들을 대상으로 판매촉진 관련 지원서비스를 제공하고 있다. (주)한국은 적절한 이익을 창출하고자 고객별 주문과 관련하여 발생한 재료원가에 100%의 이윤폭(markup)을 가산하여 각 고객에 대한 지원서비스 청구액(=재료원가×200%)을 결정했다. 최근 들어 (주)한국은 새로운 고객 관계관리 소프트웨어를 사용하여 활동분석을 수행한 결과, 활동, 활동원가동인 및 활동원가 동인당 배부율을 다음과 같이 파악하였다.

활동	활동원가동인	활동원가 동인당 배부율
정규주문처리	정규주문 처리건수	정규주문처리 건당 ₩5
긴급주문처리	긴급주문 처리건수	긴급주문처리 건당 ₩15
고객이 요구한 특별서비스 처리	특별서비스 처리건수	특별서비스처리 건당 ₩50
고객 관계관리	연간 고객 수	고객당 ₩100

고객 관계관리 소프트웨어를 이용하여 20×1년 한 해 동안 이 회사의 고객들에 관한 자료를 수집하였으며, 총 고객 60명 중 2명의 고객 A, B에 대한 자료와 회사 전체의 자료는 다음과 같다.

구분	고객 A	고객 B	회사 전체
매출액(지원서비스 청구액)	₩1,400	₩750	₩60,000
정규주문 처리 건수	25건	8건	1,000건
긴급주문 처리 건수	10건	8건	500건
특별서비스 처리 건수	4건	7건	200건
고객 수	1명	1명	60명

위에 주어진 활동분석 자료에 따라 20×1년 한 해 동안 고객 A, B 각각으로부터 창출된 이익(손실)을 계산하면 얼마인가? [2016년 공인회계사]

	고객 A	고객 B
①	₩175	(₩235)
②	₩175	(₩300)
③	₩175	(₩325)
④	₩125	(₩235)
⑤	₩125	(₩325)

13.23 다음의 활동기준원가계산(ABC)와 관련된 설명 중 가장 올바르지 않은 것은?

[2014년 재경관리사]

① 제품원가를 계산하기 위한 활동은 분석이 가능하나 고객이나 서비스 등의 원가대상에 대해서는 활동분석이 불가능하여 활동기준원가계산을 적용할 수 없다.

② 각 활동별로 적절한 배부기준을 사용하여 원가를 배부하기 때문에 종전에는 제품별로 추적불가능한던 제조간접원가도 개별제품에 추적가능한 직접원가로 인식되어 원가계산이 보다 정확해진다.

③ 활동기준원가계산을 통해 산출된 정보는 원가계산뿐만 아니라 관리회계의 의사결정과 성과평가에서도 활용할 수 있다.

④ 활동분석과 원가동인의 파악에 소요되는 비용과 시간이 크다는 단점이 존재한다.

⑤ 활동기준원가계산제도는 활동별로 원가를 분석하고 관리함으로써 효율적인 원가절감을 가능하게 한다.

13.24 (수)보석은 나음과 같이 활동기준원가계신(ABC)제도를 운영하고 있다. 2021년 9월에 제품 20 단위가 생산되었으며, 각 단위에는 10개의 부품과 5시간의 기계시간이 소요된다. 완성된 단위당 직접재료원가는 ₩50,000이며, 다른 모든 원가는 가공원가로 분류된다. 9월에 생산된 제품 20단위의 총제조원가는 얼마인가? [2015년 재경관리사]

① ₩2,140,000 ② ₩2,640,000 ③ ₩3,140,000 ④ ₩3,460,000 ⑤ ₩3,640,000

Ⅲ. 주관식

13.1 (주)화성은 활동기준원가계산을 사용하며 제조과정은 다음 3가지 활동으로 구분되고 2020년도 A 제품의 원가자료는 다음과 같다. 분쇄공정의 원가 중 ₩600,000은 고정원가로 A 제품과 관련되어 발생하였고, 그 외에는 모두 변동활동원가이다. A 제품 한 단위당 재료부피는 25리터, 압착기계시간은 20분, 분쇄기계시간은 5시간이다. A 제품의 단위당 재료비가 ₩3,000이면 다음 1년간 A 제품을 300단위 생산하는 경우 총제조원가는 얼마인가? [기업회계 1급]

활동	원가동인	연간 원가동인 수	연간 가공원가 총액
세척	재료의 부피	10,000리터	₩400,000
압착	압착기계시간	5,000시간	₩4,000,000
분쇄	분쇄기계시간	30,000시간	₩1,500,000

13.2 (주)화성은 2020년도에 300,000명의 유료회원을 보유하고 있다. (주)화성은 회원의 의문점이나 사용상의 문의에 응답하기 위해서 10명의 콜센터요원으로 서비스센터를 운영하고 있으며, 2020년 동안 300일을 하루에 8시간씩 응답하도록 1명당 ₩43,200의 연봉을 지급하였다. 2020년도에는 전체 고객의 10%가 전화문의를 하였으며 전화문의 고객당 평균문의시간은 30분이었다. 2020년도에 응답활동시간의 미사용활동원가는 얼마인가?

[기업회계 1급]

13.3 (주)목련은 현재 직접노무시간에 기초하여 제조간접비를 직접노무시간 1시간당 ₩150,000씩 배부하는 방법을 사용하고 있다. (주)목련은 보다 정확한 원가계산을 위해 활동기준원가계산을 도입하고자 하며, 이를 위해 파악된 활동중심점별 원가동인과 활동원가 배부율은 다음과 같다. 500개의 부품, 직접노무시간 5시간, 검사시간 5분이 소요되는 1번의 작업(batch)으로 100대의 제품이 제조되었다면 활동기준원가계산방법을 적용하는 경우에는 전통적 원가계산방법에 비해 제품 단위당 제조간접비가 얼마나 증가 또는 감소하는가?

[기업회계 1급]

활동	원가동인	배부율
재료취급	부품의 수	부품당 ₩1,000
조립	직접노무시간	시간당 ₩12,000
검사	검사시간	분당 ₩10,000

13.4 (주)목련은 활동기준원가계산제도로 원가를 계산하고 있다. 이를 위해 아래와 같은 자료를 수집하였다. 제품A와 제품B의 생산에 관한 활동자료가 다음과 같을 때, 활동기준원가계산에 의한 제품 B의 단위당 가공원가는 얼마인가? [기업회계 1급]

구분	제품 A	제품 B
생산수량(단위)	3,000단위	5,000단위
단위당 직접재료원가	₩5,000	₩3,000

활동	원가동인		가공원가
재료처리	제품생산량(단위):	8,000단위	₩6,000,000
선반작업	기계회전수(회):	1,000회	₩3,000,000
연마작업	부품수(단위):	1,000단위	₩1,500,000
조립작업	조립시간(시간):	2,000시간	₩1,000,000
계			₩11,500,000

제품명	기계회전수(회)	부품수(단위)	조립시간(시간)
A	500회	200단위	1,000시간
B	500회	800단위	1,000시간

13.5 활동기준원가계산을 적용하기 위해 2019년초에 수집한 연간 예산 및 관련자료는 아래와 같다. 2019년 중 고객 A가 6회 주문할 경우, (주)대구가 A를 통해 얻는 총 매출액은 ₩80,000이며 매출원가율은 70%이다. 활동기준원가계산을 통해 계산한 고객 A로부터의 연간 이익은 얼마인가? [기업회계 1급]

활 동	원 가	원가 동인	활동량
주문처리	₩66,000	주문횟수	4,000회
고객지원	₩303,000	고객수	40명

13.6 (주)천안은 현재 직접노무시간에 기초하여 제소간접비를 직접노무시간 1시간당 ₩180,000씩 배부하는 방법을 사용하고 있다. (주)천안은 보다 정확한 원가계산을 위해 활동기준원가계산을 도입하고자 하며, 이를 위해 파악된 활동중심점별 원가동인과 활동원가 배부율은 다음과 같다. 1,000개의 부품, 직접노무시간 10시간, 검사시간 10분이 소요되는 1번의 작업(batch)으로 200대의 제품이 제조되었다면 활동기준원가계산방법을 적용하는 경우에는 전통적 원가계산방법에 비해 제품 단위당 제조간접비가 얼마나 감소하는가? [기업회계 1급]

활동	원가동인	배부율
재료취급	부품의 수	부품당 ₩1,200
조립	직접노무시간	시간당 ₩12,000
검사	검사시간	분당 ₩10,000

13.7 다래제조(주)는 활동기준원가계산을 채택하고 있다. 제품 A와 제품 B의 연간 생산량은 각각 200단위와 300단위이다. 회사는 세 가지 활동을 수행하고 있으며 이에 관한 정보는 다음과 같다. 제품 A의 단위당 제조간접원가를 계산하면 얼마인가? [기업회계 1급]

활동 집합	제조간접원가	원가동인의 수	
		제품 A	제품 B
활동 1	₩20,000	100	400
활동 2	₩50,000	200	300
활동 3	₩100,000	800	1,200

13.8 (주)호복은 활동기준원가계산을 사용하며, 제조과정은 다음의 3가지 활동으로 구분된다. X 제품 한 단위당 재료부피는 30리터, 압착기계시간은 20시간, 분쇄기계시간은 10시간이다. X 제품의 단위당 판매가격과 단위당 재료비는 각각 ₩3,400과 ₩500이면 제품의 단위당 제조공헌이익은 얼마인가? [기업회계 1급]

활동	원가동인	연간 원가동인 수	연간 원가 총액
세척	재료부피	50,000리터	₩200,000
압착	압착기계시간	8,000시간	₩120,000
분쇄	분쇄기계시간	16,000시간	₩768,000

13.9 (주)대전은 활동기준원가계산을 사용하며, 제조과정은 아래의 3가지 활동으로 구분된다. A 제품 한 단위당 재료부피는 20리터, 압착기계시간은 30시간, 분쇄기계시간은 10시간이다. A 제품의 단위당 판매가격은 ₩1,200, 단위당 재료비는 ₩200인 경우 A제품의 단위당 제조공헌이익은 얼마인가? [기업회계 1급]

활동	원가동인	연간 원가동인 수	연간 가공원가 총액
세척	재료부피	100,000리터	₩300,000
압착	압착기계시간	45,000시간	₩900,000
분쇄	분쇄기계시간	21,000시간	₩1,050,000 (=변동원가 ₩546,000+고정원가 ₩504,000)

13.10 (주)대무예는 활동기준원가계산을 사용한다. 당사의 제조간접원가를 분석한 결과는 아래와 같다. 당기에 제조, 판매한 제품 발해는 주문 10회, 부품 500개, 조립 30시간, 검사 10시간, 운반 15회를 소비하였다. 발해제품의 판매가격은 ₩500,000이고 매출총이익률은 60%이다. 발해제품의 주원가(기초원가)는 얼마인가? [기업회계 1급]

활동	원가동인	배부율
원재료주문	주문회수	₩50
원재료세척	부품수	₩300
조립작업	조립시간	₩200
검사	검사시간	₩150
완제품운반	운반회수	₩100

제 14 장

종합예산 편성과 책임회계

학습
목표

오늘날처럼 복잡하고 시시때때로 경영환경이 변화하고 있는 경우, 모든 조직경영에서는 더욱 치밀한 계획을 필요로 한다. 예산은 조직경영의 계획을 화폐 가치로 표현한 것으로 대부분 조직에서 계획의 수립은 예산제도를 통하여 이루어진다. 특히 책임경영의 관점에서 회계가 가진 특성인 통제 가능성에 초점을 두어 책임회계에 대한 중요성이 인지되고 있다. 이와 같은 배경 아래에서 본 장에서는 다음과 같은 학습목표를 설정한다.

1. 종합예산이란 무엇이며, 그 편성절차는 어떻게 되는가?
2. 사례를 활용하여 종합예산을 편성하고, 각 하부구조 예산에 대하여 파악해 보자.
3. 예산 포괄손익계산서와 예산 재무상태표를 작성할 수 있는가?
4. 현금예산을 수립하면서 현금보유액은 어떻게 확인하며, 현금유출액과 현금유입액은 어떻게 산출되는가?
5. 예산편성의 유용성과 문제점은 무엇인가?
6. 예산편성과 책임회계와의 관계는 어떻게 설정되는가?

제1절 종합예산

1 종합예산의 개요

기업에서는 미래의 불확실성에 효율적으로 대처하기 위하여 사전에 계획을 수립한다. 예산(budget)이란 미래에 대한 공식적인 활동계획을 화폐 가치로 계량화한 것을 말한다. 이러한 예산을 도입·운영함으로써 경영자는 더욱 합리적인 경영 활동을 수행할 수 있다.

예산의 대표적인 형태가 종합예산(master budget)인데, 이는 기업 전체를 예산대상으로 하여 일반적으로 1년 단위로 편성한 예산을 의미한다. 종합예산에는 기업의 모든 하위부서가 달성해야 할 목표를 비롯하여 전사적으로 달성해야 할 이익, 현금흐름, 재무상태 등에 대한 목표치들이 모두 포함된다.

여러 계층으로 구성된 조직에는 이를 책임지고 있는 관리자들이 존재하는데, 각 계층의 관리자들은 주어진 권한 내에서 경영관리에 필요한 계획·조정·통제 등의 활동을 수행한다.

가장 상위계층의 최고경영진은 전사에 걸친 가장 광범위하고 포괄적인 수준에서의 계획에 중점을 두게 된다. 이러한 종류의 계획을 전략계획(strategic planning)이라고 하는데, 그 목적은 조직의 근본적인 문제를 해결하고 미래의 경영정책을 수립하는 데 있다.

중간관리자들은 최고경영진에서 작성한 전략계획 범위 내에서 이를 수행하기 위한 기업의 장기계획을 수립한다. 장기계획(long-range planning)에서는 전략계획을 달성하는 데 필요한 행동 대안들을 발견하고 그중에서 최적 대안을 선택하는 것을 말한다. 장기계획의 예로는 장기수요의 예측, 설비자산에 대한 투자의사 결정, 제품라인의 추가 및 폐기 결정 등을 들 수 있다.

종합예산은 장기계획을 기초로 작성되는 예산으로 다음 연도의 영업활동에 필요한 모든 활동에 대하여 구체적으로 예산에 대한 계획을 수립하는 것이다.

종합예산은 기업 전체를 대상으로 수립하는 것이므로, 하부조직의 예산들이 이 예산에 모두 포함된다. 따라서 종합예산이 수립되면, 각 하부조직의 관리자들은 이것에 기초하여 원재료의 구매계획, 설비의 작업시간 계획, 판매원의 배치 등과 같은 구체적인 활동계획을 수립한다.

수립된 종합예산의 구성요소를 간략하게 나타내면 다음 그림과 같다.

그림의 윗부분은 운영예산(operating budgets)으로 예산 포괄손익계산서와 이에 대한 전 가치사슬과 관련된 보충명세서로 구성된다. 이에 비교해 그림의 아랫부분은 재무예산(financial budgets)이며 투자예산, 현금예산, 예산 재무상태표, 예산현금흐름표 등 자본지출이나 재무상태에 관한 예산으로서 주로 현금흐름을 강조하고 있다.

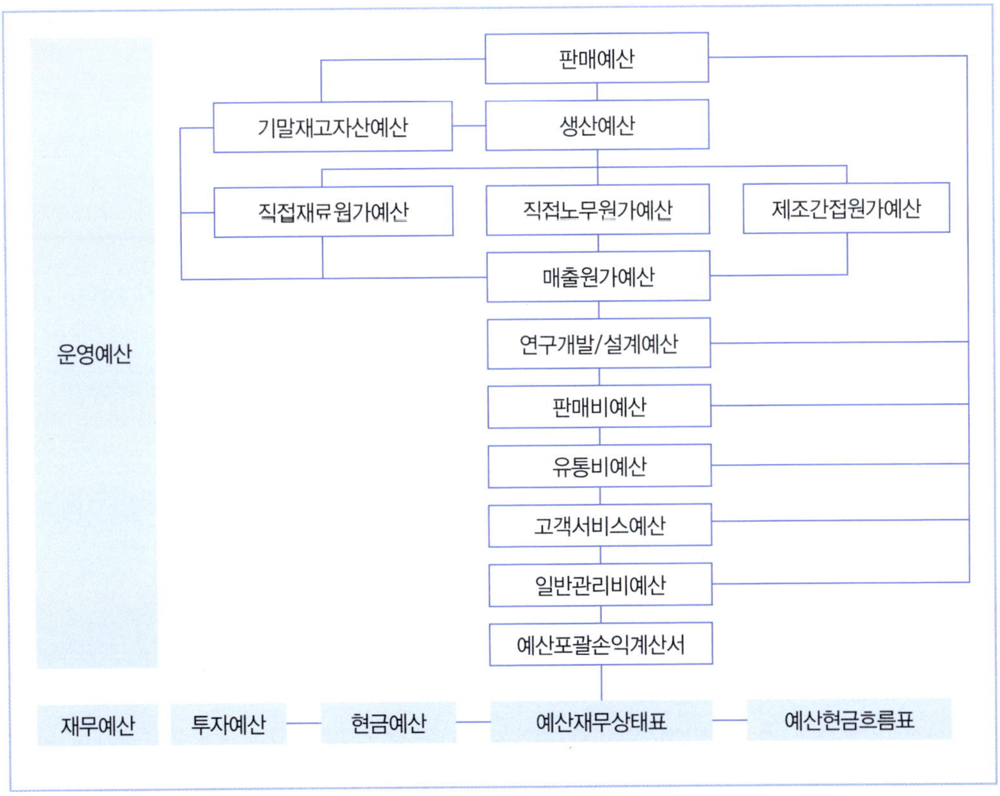

2 종합예산의 편성절차

종합예산편성 시 일반적인 절차는 다음과 같이 이루어진다.

단계	설명
1단계	예상현금유입액에 대한 정보를 포함하여 예산기간의 수익예산을 수립한다.
2단계	수익예산을 충족시키는 생산부서의 예산을 수립하고 생산부서의 요구를 충족시키는 구매부서의 예산을 수립한다.
3단계	제조원가예산(직접재료원가, 직접노무원가, 제조간접원가)에 대해 예산을 수립한다.
4단계	기말재고에 대해 예산을 수립한다.
5단계	매출원가에 대해 예산을 수립한다.
6단계	비제조원가예산(연구개발/설계원가, 판매비용, 유통비용, 고객서비스비용, 일반관리비)을 수립한다.
7단계	예산포괄손익계산서를 작성한다.
8단계	현금예산을 편성한다.
9단계	예산재무상태표를 작성한다.

종합예산의 편성절차는 다음 예제를 통하여 구체적으로 설명하기로 한다.

책상을 생산해서 판매하는 (주)퍼시스는 20×8년의 종합예산을 편성하고자 한다. 이를 위해 수집한 자료는 다음과 같다.

(1) 20×7년도의 책상의 판매가격은 ₩50,000, 판매량은 2,000개였다. 20×8년도 판매가격은 20×7년 실질 GDP 성장률 10%만큼을 인상하여 판매하고, 예상판매량도 실질 GDP 성장률만큼 증가하리라 예상한다.

(2) 제품의 기말재고 수량은 당해 예상판매량의 10% 수준을 유지하도록 한다.

(3) 제품 단위당 원가는 다음과 같다. 변동제조간접원가는 직접노동시간당 ₩2,500을 배부한다. 고정제조간접원가 예산은 ₩3,330,000이다. 고정제조간접원가 예산에는 유형자산 감가상각비 ₩2,000,000이 포함되어 있다. 고정제조간접원가는 직접노동시간을 기준으로 배부한다.

항목	소요수량	단위당 원가	금액
직접재료원가	$1m^2$	₩16,000	₩16,000
직접노무원가	4시간	6,000	24,000
변동제조간접원가	4시간	₩2,500	₩10,000

(4) 원재료의 기말재고량은 목표 기말제품을 생산하는 데 필요한 수량을 유지하고자 한다. 그리고 기초 및 기말의 재공품은 없는 것으로 가정한다.

(5) 비제조원가 중 연구개발/설계원가는 예상 매출액의 1%, 판매비용은 예상 매출액의 0.2%, 유통비용은 예상 매출액의 0.1%, 고객서비스비용은 예상 매출액의 0.15%, 일반관리비는 예상 매출액의 2%이다. 각 항목 중 고정원가가 차지하는 비중은 60%로 예상한다.

(6) 모든 매출은 신용거래로 이루어지며, 매출채권은 판매한 연도에 95%가 회수되고 나머지는 다음 연도에 회수된다.

(7) 모든 매입은 신용거래로 이루어지며, 매입채무는 구매한 연도에 95%가 지출되고 나머지는 다음 연도에 지급된다.

(8) 재료매입액과 감가상각비를 제외한 모든 비용 항목은 현금으로 즉시 지급한다.

(9) 제품의 물량 흐름은 선입선출법을 따른다고 가정한다.

(10) 20×7년 말 재무상태표는 다음과 같다.

재무상태표
20×7년 12월 31일 현재

(주)퍼시스 (단위: 원)

현금	₩1,400,000	매입채무	₩4,000,000
매출채권	4,500,000	자본금	15,000,000
원재료	1,500,000	자본잉여금	2,400,000
제품	8,000,000	차기이월이익잉여금	2,000,000
유형자산	10,000,000		
감가상각누계액	(2,000,000)		
합계	₩23,400,000	합계	₩23,400,000

(11) 재무상태표상의 원재료금액은 원재료 100m^{2}에 단위당 원가 ₩15,000을 곱한 금액이다.

(12) 재무상태표상의 제품 가액은 제품 200단위에 단위당 원가 ₩40,000을 곱한 금액이다.

1) 판매예산

종합예산의 첫 번째 단계는 판매예산(sales budget)을 작성하는 것이다. 그런데 판매예산을 작성하기 위해서는 먼저 미래의 판매량을 예측해야 한다. 미래의 판매량 예측에서 이용할 수 있는 정보로는 과거의 판매실적, 과거의 잠재수요에 대한 미충족량, 거시경제변수(예: GDP, 실업률 등), 시장점유율, 산업의 경쟁 정도, 판매가격정책, 광고 및 판매촉진정책, 판매원의 자질 및 능력, 판매량의 장기적 추세, 판매의 계절적 변화 등이 있다.

미래의 판매량을 예측한 후에는 그 결과를 기초로 판매예산을 수립한다. 판매예산은 예산기간에 판매될 것으로 예상하는 매출액에 대한 예산을 말한다. 예상 매출액은 예상판매량에 단위당 예상판매가격을 곱하여 계산한다.

(주)퍼시스의 20×8년 단위당 예상판매가격은 ₩55,000이며, 예상판매량은 2,200개이다. (주)퍼시스의 20×8년 판매예산은 다음과 같다.

제품명	단위당 예상판매가격 (A)	예상판매량 (B)	예상 매출액 (C=A×B)
책상	₩55,000	2,200개	₩121,000,000

2) 생산예산

판매예산이 수립된 후, 이에 대응하여 제품생산계획을 수립해야 한다. 생산예산(production budget)이란 기업이 예산기간 동안 생산해야 할 목표생산량을 나타내는 것으로서, 이는 차기의 예상판매량에 차기 말의 목표재고량을 가산한 후 기초제품 재고량을 차감하여 구한다.

목표생산량=예상판매량+목표 기말제품재고량−기초제품재고량

(주)퍼시스의 20×8년 생산예산은 다음과 같다.

항목	수량
예상판매량①	2,200개
목표 기말제품재고량②=(①×10%)	220개
기초제품재고량③	200개
목표생산량④=(①+②-③)	2,220개

3) 직접재료원가예산

생산예산이 수립되면 직접재료원가예산(direct material cost budget)을 설정해야 한다. 직접재료원가예산은 직접재료사용예산과 직접재료매입예산으로 구성된다.

직접재료사용예산은 목표생산량을 생산하는데 필요한 직접재료원가에 대한 예산으로, 목표생산량에 제품 단위당 원재료 소요수량과 원재료 단위당 구매가격을 곱한 금액이다.

> 직접재료사용예산=목표생산량×제품 단위당 원재료 소요수량×원재료 단위당 구매가격

직접재료매입예산은 생산예산에서 산출된 목표생산량을 생산하는데 필요한 직접재료량과 함께 적정 기말 원재료의 재고수량을 충족시킬 수 있는 원재료의 구매에 대한 예산이다. 이는 생산예산과 유사하게 목표생산량을 생산하는 데 필요한 직접재료수량에 목표기말직접재료량을 가산한 후, 기초직접재료재고량을 차감하여 산출된 수량에 원재료 단위당 구매가격을 곱하여 계산된다.

> 직접재료매입예산=(직접재료사용량+목표기말직접재료재고량-기초직접재료재고량)
> ×원재료 단위당 구매가격

(주)퍼시스의 20×8년 직접재료원가예산은 다음과 같다.

목표생산량 2,220개를 생산하기 위해서는 단위당 1m²가 소요되므로 원재료는 총

2,220m²가 필요하게 된다. 기초재고가 100m²이므로 당기매입 수량은 2,120m²가 된다. 기초재고 수량 100m²에 ₩15,000/m²를 곱한 값과 당기매입 수량 2,120m²에 16,000/m²를 곱한 값을 합산하면 직접재료사용예산 ₩35,420,000이 도출된다.

직접재료매입예산은 직접재료사용예산에 목표기말원재료재고를 가산하고 기초 원재료재고를 차감하면 된다. 원재료의 기말재고량은 목표 기말제품 220단위를 생산하는 데 필요한 수량을 유지하고자 하므로 220m²가 필요하다. 직접재료사용예산 ₩35,420,000에 목표 기말 원재료수량 220m²에 ₩16,000/m²를 곱한 값을 가산하고 기초재고 수량 100m²에 15,000/m²를 곱한 값을 차감하면 ₩37,440,000이 도출된다.

이를 요약하면 목표생산량을 위해 당기에 매입한 2,120m²(ⓒ)과 목표기말원재료재고를 위해 당기에 매입한 220m²(②)의 합인 당기매입 수량 2,340m²에 당기의 원재료 단위당 가격 ₩16,000/m²를 곱한 값과 같다.

항목	원재료 소요량(m^2) (A)		원재료 m^2당 가격(B)	금액 (C=A×B)
직접재료사용예산①	필요량Ⓐ	2,220		
	기초재고Ⓑ	100	₩15,000	₩1,500,000
	당기매입Ⓒ=(Ⓐ−Ⓑ)	2,120	16,000	33,920,000
	계			₩35,420,000
목표 기말 원재료재고②		220	16,000	3,520,000
기초 원재료재고③		100	₩15,000	1,500,000
직접재료매입예산④=(①+②−③)		2,340		₩37,440,000

4) 직접노무원가예산

직접노무원가예산(direct labor cost budget)은 목표생산량을 생산하는데 필요한 직접노무원가에 대해 예산으로 목표생산량에 제품 단위당 노동시간과 시간당 임률을 곱한 금액이다.

직접노무원가예산=목표생산량×제품 단위당 노동시간×시간당 임률

(주)퍼시스의 20×8년 직접노무원가예산은 목표생산량 2,220개에 제품 단위당 노동시간 4시간을 곱하고 시간당 임률 ₩6,000을 곱하여 ₩53,280,000이 산출된다.

항목	목표생산량 (A)	제품 단위당 노동시간 (B)	시간당 임률 (C)	금액 (D=A×B×C)
직접노무원가예산	2,220개	4시간	₩6,000	₩53,280,000

5) 제조간접원가예산

제조간접원가예산(manufacturing overhead budget)은 목표생산량을 생산하는데 필요한 제조간접원가에 대한 예산이다. 복잡한 제조간접원가에 대한 예산수립 과정을 단순화하기 위해 먼저 제조간접원가를 구성하는 항목들을 원가행태별로 고정제조간접원가와 변동제조간접원가로 구분하여 예산을 수립한다. 변동제조간접원가 예산은 목표생산량에 배부기준 수량과 배부율을 곱한 금액이다.

제조간접원가예산=변동제조간접원가예산+고정제조간접원가예산
=목표생산량×배부기준 수량×배부율+고정제조간접원가예산

(주)퍼시스는 변동제조간접원가를 직접노동시간을 기준으로 제품에 배부하고 있으며 배부율은 직접노동시간당 ₩2,500이다. 또한, 고정제조간접원가예산은 ₩3,330,000이며, 여기에는 감가상각비가 포함되어 있다.

(주)퍼시스의 20×8년 제조간접원가예산은 다음과 같다. 먼저 변동제조간접원가 예산은 목표생산량 2,220개에 배부기준 수량인 제품 단위당 노동시간 4시간을 곱하고 배부율인 직접노동시간당 ₩2,500을 곱하여 ₩22,200,000이 산출된다. 여기에 고정제조간접원가예산은 ₩3,330,000을 합산하면 제조간접원가예산 ₩25,530,000이 산출된다.

항목	목표생산량 (A)	제품 단위당 노동시간 (B)	배부율 (C)	금액 (D=A×B×C)
변동제조간접원가예산①	2,220개	4시간	₩2,500	₩22,200,000
고정제조간접원가예산②				3,330,000
제조간접원가예산③=(①+②)				₩25,530,000

6) 기말제품 재고예산

다음 단계로 기말제품 재고예산을 수립한다. 다음 표는 (주)퍼시스의 책상 단위당 원가와 선입선출법하에서 제품의 단위당 원가를 이용하여 목표 기말제품 재고액을 계산하면 다음과 같다.

단위당 직접재료원가, 단위당 직접노무원가, 단위당 변동제조간접원가는 위에서 주어진 조건을 이용하여 계산한다.

단위당 고정제조간접원가(④)는 ₩375로서 이는 고정제조간접원가예산 ₩3,330,000을 총노동시간 예산인 8,880시간(=2,220단위×4시간)으로 나누어 산출한 값이다.

이를 합산하면 단위당 제조원가 ₩51,500이 도출되고, 여기에 목표 기말제품재고량 220단위를 곱하면 기말제품 재고예산 ₩11,330,000 도출된다.

항목	단위당 투입량 (A)	투입량 단위당 원가 (B)	결과 (C=A×B)
단위당 직접재료원가①	1m^2	₩16,000	₩16,000
단위당 직접노무원가②	4시간	6,000	24,000
단위당 변동제조간접원가③	4시간	2,500	10,000
단위당 고정제조간접원가④	4시간	₩375	₩1,500
단위당 제조원가⑤=(①+②+③+④)			₩51,500
목표 기말제품재고량⑥			220단위
기말제품 재고예산⑦=(⑤×⑥)			₩11,330,000

7) 매출원가예산

매출원가예산(cost of goods sold budget)은 예산포괄손익계산서에 계상할 매출원가를 결정하기 위해 제품의 예상판매량에 대한 원가를 편성하는 것이다. 매출원가예산은 기초제품 재고액에 당기제품제조원가예산을 가산하고 기말제품 재고예산을 차감하여 산출한다.

> 매출원가예산 = 기초제품 재고액 + 당기제품제조원가예산 − 기말제품 재고예산

(주)퍼시스의 20×8년 매출원가예산은 다음과 같다. 기초제품 재고액은 20×7년 말 재무상태표의 제품 잔액 ₩8,000,000이다. 당기제품제조원가예산은 앞에서 산출한 직접재료원가예산, 직접노무원가예산, 제조간접원가예산의 합계 금액이다. 매출원가예산은 기초제품 재고액 ₩8,000,000에 당기제품제조원가예산 ₩114,230,000을 가산하고 기말제품 재고예산 ₩11,330,000을 차감한 ₩110,900,000이다.

항목		금액	
기초제품 재고액①			₩8,000,000
당기제품제조원가예산 ⑦=(②+③+④+⑤−⑥)	기초재공품②	₩0	114,230,000
	직접 재료원가사용예산③	35,420,000	
	직접노무원가예산④	53,280,000	
	제조간접원가예산⑤	25,530,000	
	기말재공품⑥	₩0	
기말제품 재고예산⑧			11,330,000
매출원가예산⑨=(①+⑦−⑧)			₩110,900,000

8) 비제조원가 예산

종합예산의 2단계인 생산예산에서부터 6단계인 매출원가예산은 가치사슬 상 제조부문의 예산편성에 해당한다. 가치사슬 상 제조부문 이외에 해당하는 부문의 예산을 설정

하는 것이 비제조원가 예산(non-manufacturing cost budget)이다. 이 예산의 목적은 목표생산량과 목표판매량을 달성할 수 있도록 기업의 활동을 원활히 하고, 장기 목표를 달성하는데 필요한 비제조원가 금액을 추정하는 것이다.

비제조원가 중 연구개발/설계원가는 예상 매출액의 1%, 판매비용은 예상 매출액의 0.2%, 유통비용은 예상 매출액의 0.1%, 고객서비스비용은 예상 매출액의 0.15%, 일반관리비는 예상 매출액의 2%이다. 예상 매출액이 ₩121,000,000이므로 여기에 각각의 비율을 곱하여 항목별 예산원가를 산출한다. 여기에서 각 항목 중 고정원가가 차지하는 비중은 60%로 예상하므로 항목별 예상원가를 변동원가 40%, 고정원가 60%로 세분한다.

(주)퍼시스의 20×8년 비제조원가 예산은 다음과 같다.

항목	예상 매출액	비율	항목별 예산원가		
			전체(100%)	변동원가(40%)	고정원가(60%)
연구개발/제품설계	₩121,000,000	1%	₩1,210,000	₩484,000	₩726,000
판매비용		0.2%	242,000	96,800	145,200
유통비용		0.1%	121,000	48,400	72,600
고객서비스비용		0.15%	181,500	72,600	108,900
일반관리비		2%	2,420,000	968,000	1,452,000
합계			₩4,174,500	₩1,669,800	₩2,504,700

9) 예산포괄손익계산서

예산포괄손익계산서(budgeted statement of comprehensive income)는 예산편성과정에서 핵심적인 요소로 기업이 예산기간 동안 얼마의 이익을 달성할 수 있는지를 나타내는 표이다. 예산포괄손익계산서는 이미 편성된 판매예산, 매출원가예산, 비제조원가 예산 등을 기초로 작성된다.

앞의 자료를 이용한 (주)퍼시스의 20×8년 예산포괄손익계산서는 다음과 같다.

항목		금액	
매출액①			₩121,000,000
매출원가②			110,900,000
매출총이익③=(①-②)			10,100,000
판매비와 관리비④	연구개발/제품설계 판매비용 유통비용 고객서비스비용 일반관리비	₩1,210,000 242,000 121,000 181,500 2,420,000	4,174,500
당기순이익⑤=(③-④)			₩5,925,500

10) 현금예산

기업은 현금 창출 능력의 집합체로 볼 수 있다. 즉, 기업이 지급능력을 비롯하여 미래 경영 활동에서 필요로 하는 현금을 충분히 창출할 수 있어야 하고, 이처럼 예상되는 현금유입 및 현금유출항목에 대한 예산을 작성한 것이 현금예산(cash budget)이다. 현금예산을 수립하기 위해서는 먼저 예산기간 초 기업의 현금보유액을 확인하고, 예산기간에 각종 거래 및 수익과 비용 항목으로부터 발생할 수 있는 현금유입액과 현금유출액을 추정해야 한다. 현금유입항목은 매출채권의 회수, 현금판매, 자산의 처분, 주식발행 및 기타현금조달 활동 등이 있으며, 현금유출항목은 매입채무의 지급, 제조원가의 발생, 판매비와 관리비 지급, 법인세 납부, 배당금 지급, 자산의 취득 및 부채의 상환 등이 있다.

예산기간 중에 현금유입액과 유출액이 추정되면 기초현금 잔액에 현금유입액을 가산하고 현금유출액을 차감하여 예산 기말의 현금 잔액을 구한다.

기말현금 잔액=기초현금 잔액+현금유입액−현금유출액

앞의 자료를 이용한 (주)퍼시스의 20×8년 현금예산은 다음과 같다.

현금유입액의 경우 모든 매출은 신용거래로 이루어지며, 매출채권은 판매한 연도에 95%가 회수되고 나머지는 다음 연도에 회수된다고 가정하고 있다. 따라서 기초매출채권 회수액은 20×7년도 재무상태표의 매출채권 잔액 ₩4,500,000이며, 당기매출채권 회수액 ₩114,950,000은 예산매출액 ₩121,000,000에 회수비율 95%를 곱한 값이다.

현금유출액의 경우 모든 매입은 신용거래로 이루어지며, 매입채무는 산 연도에 95%가 지출되고 나머지는 다음 연도에 지급되고, 재료매입액과 감가상각비를 제외한 모든 비용 항목은 현금으로 즉시 지급한다고 가정하고 있다. 따라서 기초매입채무 지급액은 20×7년도 재무상태표의 매입채무 잔액 ₩4,000,000이며, 당기매입채무 지급액 ₩35,568,000은 직접재료매입예산 ₩37,440,000에 지급비율 95%를 곱한 값이다.

제조간접원가 지급액 ₩23,530,000은 제조간접원가예산 ₩25,530,000에서 감가상각비 ₩2,000,000을 차감한 금액이다.

항목		금액	
기초현금①			₩1,400,000
현금유입액②	기초매출채권 회수액 당기매출채권 회수액	₩4,500,000 114,950,000	119,450,000
현금유출액③	기초매입채무 지급액 당기매입채무 지급액 직접노무원가 지급액 제조간접원가 지급액 비제조원가 지급액	₩4,000,000 35,568,000 53,280,000 23,530,000 ₩4,174,500	₩120,552,500
기말현금④=(①+②-③)			₩297,500

11) 예산재무상태표

예산재무상태표(budgeted statement of financial position)는 지금까지 편성한 각종 예산을 바탕으로 기업의 재무상태를 나타낸 표이다.

앞의 자료를 이용하여 작성한 (주)퍼시스의 20×8년 예산재무상태표는 다음과 같다.

매출채권 ₩6,050,000은 기초 ₩4,500,000에 당기매출 ₩121,000,000을 가산하고 전기회수분 ₩4,500,000, 당기분 ₩114,950,000을 차감한 금액이다. 이를 간단히 하면 예산매출액 ₩121,000,000의 5%를 곱한 금액이다.

원재료 ₩3,520,000은 기초 ₩1,500,000에 당기매입 ₩37,440,000을 가산하고 기초사용분

₩1,500,000, 당기매입 사용분 ₩33,920,000을 차감한 금액이다. 제품 ₩11,330,000은 기초 ₩8,000,000에 당기완성 ₩114,230,000을 가산하고 판매분 ₩110,900,000을 차감한 금액이다. 매입채무 ₩1,872,000은 기초 ₩4,000,000에 당기매입 ₩37,440,000을 가산하고 기초지급분 ₩4,000,000, 당기매입 지급분 ₩35,568,000을 차감한 금액이다.

예산재무상태표
20×8년 12월 31일 현재

(주)퍼시스 (단위: 원)

현금	₩297,500	매입채무	₩1,872,000
매출채권	6,050,000	자본금	15,000,000
원재료	3,520,000	자본잉여금	2,400,000
제품	11,330,000	차기이월이익잉여금	7,925,500
유형자산	10,000,000	(당기순이익 5,925,500)	
감가상각누계액	(4,000,000)		
합계	₩27,197,500	합계	₩27,197,500

3 예산설정의 유용성과 운영상의 문제점

경영 활동을 수행하는 데 예산편성이 갖는 장점은 다음과 같다.

첫째, 예산에는 일정 기간 최고경영자가 달성하고자 하는 재무목표와 영업목표가 모두 나타난다. 따라서 예산제도는 하위관리자들이 최고경영진의 경영 의지를 파악할 수 있도록 하는 의사소통 수단이라고 할 수 있다. 또한, 예산을 통하여 하위관리자들에 대하여 기대하는 것을 알리는 역할을 하게 되고 이에 따라 자신의 노력을 통제할 것이다.

둘째, 미래 계획수립을 쉽게 한다. 기업에서 공식적인 예산제도를 도입·운영하게 되면, 경영자들이 미래의 경영 활동에 대한 계획과 통제에 주의를 기울이게 되므로, 장기적인 관점에서 기업의 목표와 성과에 대해 숙고할 기회를 얻게 된다.

셋째, 예산은 성과 평가의 기준을 제공한다. 성과를 평가하기 위해서는 실제 성과를 기준과 비교할 수 있어야 한다. 이때 경영자의 성과를 평가하는 데 있어서 가장 유효한 기준으로 해당 기간에 경영자가 최선의 노력을 기울였더라면 달성되었을 성과인 예산이

될 수 있다.

이와 같은 장점들 이외에 예산을 시행하고 관리하는 과정에서 여러 가지 대리인 문제(agency problem)가 발생할 수 있는데, 몇 가지 예를 들면 다음과 같다.

첫째, 단기 성과주의로 인해 장기적 기업가치 제고 노력이 저하될 수 있다. 대개 조직에서 예산달성 여부를 통해 경영자의 성과를 평가하고 있다. 만약 기업이 1년 단위 예산편성과 이에 대한 평가를 중점적으로 한다면, 기업가치를 증진할 수 있는 투자 활동을 비롯한 경영 활동들이 위축될 수 있다. 예를 들어, 낮은 품질의 원재료를 사용하여 제품을 생산하게 되면 예산상의 목표원가는 쉽게 달성할 수 있으나, 이로 인해 제품의 품질이 저하될 것이고 장기적으로 소비자 만족도가 저하되어 제품판매가 저조하게 되어 수익성이 악화할 것이다.

둘째, 예산은 각 계층의 경영자에게 성과를 조작할 유인을 제공할 수 있다. 예를 들어, 판매부서에서 예산에 정해져 있는 목표매출액을 예산기간 내에 이미 달성했을 경우 판매부서 경영자는 다음 연도 목표매출액 달성을 쉽게 하려고 현재 제품을 주문하는 고객에게 제품의 구매를 내년으로 연기해 달라는 요청을 할 가능성이 있다. 반대로, 예산기말까지도 목표매출액을 달성하지 못할 가능성이 크다고 판단되면, 판매 담당 경영자는 허위로 매출을 발생시켜 목표매출액을 달성한 것으로 처리하고, 다음 연도에 이 제품들이 환입된 것처럼 조작할 수도 있다.

셋째, 각 계층의 경영자가 예산설정 과정에 참여할 수 있는 경우에는 예산이 자기에게 유리하도록 영향력을 행사할 유인을 갖게 된다. 당기에 우수한 매출실적을 달성한 경우 차기 목표매출액은 당기 실적을 반영하여 크게 상승할 가능성이 있다. 그러면 차기에는 목표매출액을 달성하지 못할 가능성이 커지고, 그 결과 성과평가가 나빠질 수 있다. 따라서 이를 우려한 경영자는 당기의 우수한 성과가 자신의 능력이나 노력의 결과가 아니라 우호적인 경영환경에서 비롯된 것이라고 항변함으로써 차기의 목표매출액이 급격히 상승하지 않도록 유도할 것이다. 이러한 시도는 상위 경영자와 하위경영자 사이에 정보비대칭(information asymmetry)이 심할수록 성공할 확률이 높게 된다. 즉, 상위 경영자가 하위경영자가 담당하고 있는 업무와 관련된 정보가 부족할수록 하위경영자는 자신이 달성하기 쉬운 수준의 목표가 설정되도록 더 큰 영향력을 행사할 수 있게 된다.

넷째, 예산은 경영자가 차기에 달성하기 쉬운 예산이 설정되도록 당기의 성과를 낮추려는 유인을 제공한다. 상위 경영자는 하위경영자의 능력이나 노력 수준을 정확히 관찰할 수 없으므로 당기의 성과를 기초로 차기의 목표를 설정하는 경향이 있다. 이 경우 하위경영자는 당기의 우수한 실적으로 좋은 성과평가를 받아 많은 보상을 얻을 수 있지만, 차기에는 높아진 목표로 인해 목표달성 확률이 낮아져 보상이 줄어들 가능성이 커지게 된다. 있다. 즉, 당기 보상과 차기 보상 사이에는 상쇄 관계(trade-off)가 존재한다. 이러한 위험을 줄이기 위해 하위경영자는 노력을 감소시킴으로써 이번 기의 성과를 적절한 수준으로 관리하려고 행동하게 된다. 이러한 행동이 반복적으로 일어날 때 장기적 관점에서 기업가치에 부정적인 영향을 미친다.

제2절 예산설정과 책임회계

종합예산에서 설정된 조직의 목표를 달성하기 위해서는 기업을 구성하고 있는 모든 구성원의 노력이 잘 조화를 이루어야 한다. 이러한 조정은 조직구조에 따라 달라질 수 있다. 조직구조는 기업 내부의 책임을 공식화한 것이라고 할 수 있는데, 일상적인 의사결정 권한이 각 부서의 경영자들에게 위임되어 있고 각 경영자는 자신에게 위임된 의사결정 권한 범위 내에서 독자적으로 의사결정을 내리고 있다.

이렇게 각 부문의 경영자는 책임중심점을 관리하고 있다. 책임중심점(responsibility center)이란 특정 경영자에 의해 통제되는 개별 활동이나 활동의 집합을 의미하는 것으로서 구체적으로는 일정한 조직단위의 형태를 띤다. 예를 들어, 다수의 사업부로 구성된 기업에서는 각 사업부가 하나의 책임중심점이 될 것이다.

책임회계(responsibility accounting)란 책임중심점의 계획, 예산, 활동 및 실제 성과를 측정하는 시스템이다. 일반적으로 각 책임중심점은 중심점이 달성해야 할 일정한 목표를 수립하고 그 목표에 맞추어 관리 활동을 수행하므로 책임중심점을 단위로 하여 통제 활동이 이루어진다. 책임중심점을 담당 경영자의 책임 범위에 따라 다음과 같이 4가지 형태로 분류할 수 있다.

원가중심점(cost center)이란 경영자가 원가의 발생에 대해서만 책임을 지는 책임중심점을 말한다. 따라서 원가중심점의 경영자는 원가의 발생에 대해서만 통제 활동을 수행하며 원가 극소화를 주된 목표로 삼는다.

수익중심점(revenue center)은 경영자가 수익의 창출에 대해서만 책임을 지는 책임중심점을 말한다. 그러므로 수익중심점의 경영자는 수익의 창출에 대해서만 통제 활동을 수행하며, 수익의 극대화를 주된 목표로 삼는다. 제품판매를 담당하는 영업부문이 수익중심점의 예이다.

이익중심점(profit center)은 경영자가 수익과 원가 모두에 대한 책임을 지는 책임중심점을 말한다. 이익중심점의 경영자는 수익과 원가 모두에 대한 책임을 지기 때문에 원가중심점, 수익중심점보다 더욱 많은 권한을 갖는다. 이러한 이익중심점의 성과는 그 중심점의 실제 순이익과 예산 순이익을 비교하는 형식으로 평가된다.

투자중심점(investment center)은 경영자가 이익뿐만 아니라 그 투자금액에 대해서도 책임을 지는 책임중심점을 말한다. 예를 들면 다수의 사업부로 구성된 기업이나 여러 개의 자회사를 거느리고 있는 기업에서는 각 사업부나 자회사를 각각 투자중심점으로 설정할 수 있다.

I. 평가자 체크리스트

※ 다음 서술이 옳으면 T, 옳지 않으면 F를 기재하시오.

14.1 예산이란 미래에 대한 공식적인 활동계획을 화폐가치로 계량화한 것을 말한다.

14.2 종합예산이란 기업전체를 예산대상으로 하여 일반적으로 1년 단위로 편성한 예산이다.

14.3 가장 상위 계층의 최고경영진은 전사에 걸친 가장 광범위하고 포괄적인 수준에서의 계획에 중점을 두게 되는 데 이러한 종류의 계획을 장기계획이라고 한다.

14.4 매출원가 예산이란 기업이 예산기간동안에 생산해야할 목표생산량을 나타내는 것으로 차기의 예상판매량에 차기말의 목표재고량을 가산한후 기초제품 재고량을 차감하여 구한다.

14.5 비제조원가예산이란 가치사슬상 제조부문 이외에 해당하는 부문의 예산을 설정하는 것이다.

14.6 현금예산이란 예산편성과정에서 핵심적인 요소로 기업이 예산기간 동안 얼마의 이익을 달성할 수 있는지를 나타내는 표이다.

14.7 예산포괄손익계산서는 판매예산, 매출원가예산, 비제조원가예산 등을 기초로 작성된다.

14.8 책임회계이란 책임중심점의 계획, 예산, 및 실제성과를 측정하는 시스템이다.

14.9 원가중심점의 경영자는 원가의 발생에 대해서만 통제활동을 수행하며 원가 극소화를 주된 목표로 삼는다.

14.10 수익중심점의 성과는 그 중심점의 실제순이익과 예산순이익을 비교하는 형식으로 평가된다.

Ⅱ. 객관식

14.1 책임회계제도 아래에서 작성되는 내부의 책임중심점에 대한 성과보고서에 관한 설명 중 옳지 않은 것은? [1994년 공인회계사]

① 통제가능원가, 통제불능원가로 구분해야 한다.

② 해당 책임중심점에 배분된 고정제조간접비도 포함해야 한다.

③ 조직도표와 일관성을 유지해야 한다.

④ 통제가능원가의 실제와 표준 간의 차이를 포함해야 한다.

⑤ 예외에 의한 관리가 가능하도록 작성해야 한다.

14.2 다음 중 예산과 관련된 설명으로 옳지 않은 것은? [2009년 세무사]

① 운영예산(Operating Budget)은 다음 예산연도의 운영계획을 나타내며, 예산재무상태표에 총괄된다.

② 종합예산(Master Budget) 편성의 첫 단계는 판매량 예측이다.

③ 연속갱신예산(Rolling Budget) 제도는 예산기간 말에 근시안적으로 판단하는 것을 방지하는 효과가 있다.

④ 참여예산(Participative Budget) 제도를 운용하는 경우에는 예산수립 참여자의 악용 가능성에 대비해야 한다.

⑤ 영기준예산(Zero-based Budget) 제도를 운용하는 경우에는 예산편성을 위한 노력이 많이 든다.

14.3 종업원이 예산편성 과정에 참여하는 참여예산(participative budget)에 관한 설명으로 옳지 않은 것은? [2010년 세무사]

① 종업원들의 다양한 관점과 판단을 예산에 반영할 수 있다.

② 종업원은 최고경영층에서 일방적으로 하달하는 예산목표보다 참여예산의 목표를 더 잘 달성하려는 유인이 있다.

③ 예산 여유(budgetary slack)를 발생시킬 위험이 있다.

④ 예산편성을 위한 소요기간이 길어질 수 있다.

⑤ 예산편성 시 조직 전체의 목표는 고려할 필요가 없으며 각 부서의 목표와 방침에 따른다.

14.4 예산에 관한 다음 설명 중 옳지 않은 것은? [2016년 공인회계사]

① 고정예산(정태예산)은 단 하나의 조업도 수준에 근거하여 작성되므로 성과 평가목적으로 적합한 것이 아니다.

② 변동예산은 일정 범위의 조업도 수준에 관한 예산이며 성과 평가목적을 위해 실제 원가를 실제 조업도 수준에서 예산원가와 비교한다.

③ 원점 기준예산이란 과거의 예산에 일정 비율만큼 증가 또는 감소한 예산을 수립하는 것이 아니라 예산을 원점에서 새로이 수립하는 방법이다.

④ 예산과 관련된 종업원들이 예산편성과정에 참여하는 참여예산의 문제점 중 하나는 예산 슬랙(budgetary slack)이 발생할 가능성이 크다는 것이다.

⑤ 종합예산은 조직의 각 부문 활동에 대해 예산이 종합된 조직 전체의 예산이며 변동예산의 일종이다.

14.5 (주)태희는 한 종류의 상품을 구매하여 판매한다. 20×8년 1월의 매출액은 ₩100,000이고 2월과 3월의 매출액이 각각 ₩150,000, ₩120,000이 될 것으로 예상한다. 이 회사의 매출원가는 매출액의 60%이며 상품은 현금으로 구매한다. 1월 31일의 재고자산은 ₩18,000이고 매월 말의 적정재고량은 다음 달 판매량의 20%이다. 이 회사의 매출액 중 30%는 판매한 달에 회수되고 70%는 판매한 다음 달에 회수된다. 20×8년 2월에 판매비와 관리비로 ₩8,500이 현금으로 지급된다면 2월 중 현금증가예상액은 얼마인가? [1999년 공인회계사]

① (₩97,500) ② (₩37,500) ③ ₩14,500
④ ₩20,100 ⑤ ₩100,500

14.6 다음은 (주)세무의 20×1년 분기별 생산량 예산의 일부 자료이다. 제품생산을 위하여 단위당 2g의 재료가 균일하게 사용되며, 2분기의 재료구매량은 820g으로 추정된다.

항목	2분기	3분기
생산량 예산	400단위	500단위

(주)세무가 다음 분기 예산 재료사용량의 일정 비율만큼을 분기 말 재고로 유지하는 정책을 사용하고 있다면 그 비율은? [2013년 세무사]

① 9% ② 10% ③ 11%
④ 12% ⑤ 13%

14.7 올해 초에 설립된 나도상사는 상품구매원가의 120%로 상품가격을 책정하고 있다. 나도상사는 매월 구매상품 40%는 현금 구매하고 나머지 60%는 외상구매 한다. 외상구매 대금은 구매한 달의 다음 달에 지급한다. 나도상사는 매월 기말재고로 그다음 달 예상판매량의 30%를 보유하는 정책을 펴고 있다. 1, 2, 3월의 예상 매출액은 다음과 같다. 단, 3개월 동안의 판매가격 및 구매단가는 불변이다.

예상 매출액	
1월	₩9,600
2월	12,000
3월	₩15,600

구매대금 지급으로 인한 나도상사의 2월 중 예상 현금지출액은 얼마인가? [2003년 공인회계사]

① ₩8,760 ② ₩9,160 ③ ₩10,960
④ ₩13,152 ⑤ ₩10,512

14.8 (주)설마의 20×8년 1월 매출액은 ₩500,000이고, 2월과 3월 매출은 직전 달보다 각각 10%와 20%씩 증가할 것으로 예상한다. 매출은 현금매출 70%와 외상 매출 30%로 구성되며, 외상 매출은 판매된 달에 60%, 그다음 달에 40%가 회수된다. 이에 따라 (주)설마의 현금예산표상 20×8년 3월의 현금유입액을 계산하면 얼마인가? [2005년 공인회계사]

① ₩440,000 ② ₩484,000 ③ ₩544,000
④ ₩580,800 ⑤ ₩646,800

14.9 (주)강동의 2/4분기 매출 수량과 생산 수량에 대한 예산자료가 다음과 같다.

항목	4월	5월	6월
매출 수량	100,000단위	120,000단위	?
생산 수량	104,000단위	128,000단위	156,000단위

(주)강동의 4월 1일 현재 제품의 재고량은 20,000단위이다. 회사의 정책에 따르면 매월 말 제품의 재고로 다음 달 판매 수량의 20%를 반드시 보유해야 한다. 7월의 매출은 140,000단위가 될 것으로 예상한다. 6월의 예상판매 수량은 얼마인가? [2004년 세무사]

① 188,000단위 ② 160,000단위 ③ 128,000단위
④ 184,000단위 ⑤ 180,000단위

14.10 주요 원재료 A를 가지고 제품 K를 생산·판매하고 있는데 제품 K 한 단위를 생산하는데 원재료 A 3kg이 소요된다. 내년에 이 회사의 분기별 예상판매량과 당기 말 현재 재고자산종류별 재고량은 다음과 같다.

내년도 분기별 예상판매량		당 기말재고량	
분기	판매량	재고자산	재고량
1	8,000단위	원재료 A	5,000kg
2	9,000단위	재공품	없음
3	8,000단위	완제품 K	2,400단위
4	6,000단위		

이 회사의 재고정책에 의하여 각 분기 말 완제품 재고량은 다음 분기 예상판매량의 30%를 유지하도록 한다. 또한, 각 분기 말 원재료재고량은 일정하게 5,000kg씩 유지하며 재공품 재고는 없도록 하는 것을 원칙으로 하고 있다. 이 회사가 내년도 2분기에 구매해야 할 원재료 A의 물량은 얼마인가? [2007년 세무사]

① 24,900kg ② 26,100kg ③ 27,000kg
④ 29,900kg ⑤ 31,100kg

14.11 (주)아리랑은 제품 단위당 4g의 재료를 사용한다. 재료 1g당 ₩0.8이며, 다음 분기 재료사용량의 25%를 분기 말 재고로 유지한다. 분기별 생산량은 다음과 같다. 1분기의 재료구매액은 얼마인가?

1분기 생산량: 24,000 / 2분기 생산량: 35,000

① ₩84,500 ② ₩85,600 ③ ₩86,400
④ ₩87,200 ⑤ ₩88,800

14.12 단일상품을 구매하여 판매하고 있는 (주)우리는 20×1년 초에 당해 연도 2분기 예산을 편성 중에 있다. 20×1년 4월의 외상 매출액은 ₩3,000,000, 5월의 외상 매출액은 ₩3,200,000 그리고 6월의 외상 매출액은 ₩3,600,000으로 예상된다. (주)우리의 매출은 60%가 현금매출이며, 40%가 외상 매출이다. 외상 매출액은 판매일로부터 1달 뒤에 모두 현금으로 회수된다. (주)우리는 상품을 모두 외상으로 매입하며, 외상매입액은 매입일로부터 1달 뒤에 모두 현금으로 지급한다. (주)우리는 다음 달 총판매량의 20%를 월말재고로 보유하며, 매출총이익률은 20%이다. (주)우리가 20×1년 5월 중 상품 매입대금으로 지급할 현금은 얼마인가? (단, 월별 판매 및 구매단가는 변동이 없다고 가정한다.) [2011년 세무사]

① ₩6,000,000 ② ₩6,080,000 ③ ₩6,400,000
④ ₩6,560,000 ⑤ ₩6,600,000

14.13 2008년 1월부터 3월까지의 대한회사의 예상 상품매출액은 다음과 같다.

월별	예상 매출액
1월	₩3,500,000
2월	4,100,000
3월	₩3,800,000

매월 기말재고액은 다음 달 예상 매출원가의 25%이며, 상품의 매출총이익률은 30%이다. 2월의 예상 상품매입액은 얼마인가? [2008년 세무사]

① ₩2,467,500 ② ₩2,817,500
③ ₩2,625,000 ④ ₩3,010,000
⑤ ₩4,672,500

14.14 (주)한국은 단일의 제품 A를 생산 · 판매하고 있다. 이 회사가 20×1년 3월 예산을 수립할 목적으로 수집한 자료 일부는 다음과 같다.

(1) 20×1년 3월, 4월 및 5월에 대한 제품 A의 월별 판매예측은 다음과 같다.

구분	예상판매량
3월	100단위
4월	120단위
5월	140단위

(2) 제품을 한 단위 생산하는데 소요되는 직접재료원가는 ₩20이며, 이는 계속 유지될 것으로 예상한다.
(3) 이 회사는 20×1년 2월 말 현재 재고자산으로 제품 100단위를 생산할 수 있는 직접재료와 40단위의 제품을 보유하고 있다.
(4) 20×1년 3월부터 이 회사는 제품의 경우 다음 달 예상판매량의 50%에 해당하는 제품을 월말에 재고로 보유하며, 직접재료의 경우 다음 달 생산에 필요한 직접재료의 80%를 월말에 재고로 보유하는 재고정책을 취하고 있다.
(5) 직접재료의 매입은 즉시 현금으로 지급된다.
(6) 월초재공품과 월말 재공품은 없다.

(주)한국의 20×1년 3월 직접재료 매입예산 금액은 얼마인가? [2014년 공인회계사]

① ₩2,000 ② ₩2,080
③ ₩2,320 ④ ₩2,480
⑤ ₩2,640

14.15 (주)국세의 월별 상품매출액 예산은 다음과 같다.

월	매출액 예산
1월	₩5,000
2월	10,000
3월	20,000
4월	40,000

매출액에 대한 매출원가의 비율은 80%이고, 월말 재고는 다음 달 예상 매출원가의 20%이다. 3월에 예상되는 상품매입액은? [2015년 세무사]

① ₩12,000 ② ₩16,000
③ ₩18,400 ④ ₩19,200
⑤ ₩20,800

14.16 상품매매기업인 (주)세무의 20×1년 2분기 월별 매출액 예산은 다음과 같다.

항목	4월	5월	6월
매출액	₩480,000	₩560,000	₩600,000

(주)세무의 월별 예상 매출총이익률은 45%이다. (주)세무는 월말 재고로 그다음 달 매출원가의 30%를 보유하는 정책을 펴고 있다. (주)세무의 매월 상품매입 중 30%는 현금매입이며, 70%는 외상매입이다. 외상매입대금은 매입한 달의 다음 달에 전액 지급된다. 매입에누리, 매입환출, 매입할인 등은 발생하지 않는다. 상품매입과 관련하여 (주)세무의 20×1년 5월 예상되는 현금지출액은 얼마인가? [2014년 세무사]

① ₩231,420 ② ₩243,060
③ ₩264,060 ④ ₩277,060
⑤ ₩288,420

Ⅲ. 주관식

14.1 (주)대전은 제품 단위당 4g의 재료를 사용한다. 재료 1g당 가격은 ₩0.8이며, 다음 분기 재료 목표사용량의 25%를 분기말 재고로 유지한다. 분기별 생산량은 다음과 같을 경우, 1분기 재료 구입액은 얼마인가? [기업회계 1급]

분기	1분기	2분기
실제생산량(=목표생산량)	24,000개	35,000개

14.2 (주)호복은 주요 원재료 A를 가지고 제품 K를 생산・판매하고 있는데 제품 K 한 단위를 생산하는데 원재료 A가 2kg 소요된다. 2020년 말 현재 재고자산종류별 재고량과 2021년의 분기별 예상판매량은 다음과 같다. 이 회사의 재고정책에 의하여 각 분기 말 완제품 재고량은 다음 분기 예상판매량의 20%를 유지하도록 한다. 또한, 각 분기 말 원재료재고량은 일정하게 8,000kg씩 유지하며 재공품 재고는 없도록 하는 것을 원칙으로 하고 있다. 이 회사가 2021년 2분기에 구입해야 할 원재료 A의 물량은 얼마인가? [기업회계 1급]

2020년 말 재고량		2021년 분기별 예상판매량	
재고자산	재고량	분기	예상 판매량
원재료 A	8,000kg	1	20,000단위
재공품	없음	2	18,000단위
완제품 K	4,000단위	3	15,000단위
		4	18,000단위

14.3 건강(주)는 단일제품인 압력볼을 생산 및 판매하고 있다. 압력볼 1개를 생산하기 위해 직접재료는 2kg이 필요하고, 직접재료 1kg당 구입가격은 ₩200이다. 1분기 말과 2분기 말 재고자산은 다음과 같다. 2분기 제품판매량이 800개일 경우 2분기의 직접재료 구입예산은 얼마인가? 다만, 재공품은 없는 것으로 가정한다. [기업회계 1급]

	1분기 말	2분기 말
직접재료	1,000kg	800kg
제품	200개	300개

14.4 (주)보석은 주요 원재료인 블루베리를 사용하여 블루베리 잼을 생산하고 있다. 블루베리 잼 1통을 생산하기 위해서 블루베리 원재료 2.5kg이 소요된다. 2020년 말 재고자산 종류별 실제 재고수량과 2021년 분기별 예상판매량은 아래와 같다. (주)보석의 제품 재고정책은 다음 분기 예상판매량의 20%를 각 분기말 제품재고수량으로 유지한다. 또한 1/4분기 기말 원재료는 4,000kg이나 이후 분기말 원재료 재고수량은 3,000kg씩 일정하게 유지하고자 한다. 재공품 재고는 없다. 2021년 2/4분기 중에 구입하여야 할 블루베리 원재료는 몇 kg인가? [기업회계 1급]

2020년 12월 31일 현재 재고수량		2021년 분기별 예상판매량	
재고자산	수량	분기	판매량
		1/4	10,000통
재공품	-	2/4	8,000통
블루베리 잼(제품)	2,500통	3/4	9,000통
		4/4	10,000통

14.5 (주)평택은 3월의 예산편성을 수립하기 위하여 아래와 같은 자료를 수집하였다. 원재료는 다음 달 생산량의 30%를 재고수량으로 유지하며, 단위당 2kg이 소비된다. 3월에 원재료는 몇 kg을 구입하여야 하는가? [기업회계 1급]

구분	2월	3월	4월
매출수량	20,000단위	30,000단위	35,000단위
생산량	30,000단위	31,000단위	33,000단위

14.6 (주)보석은 제품단위당 4g의 재료를 사용한다. 재료 1g당 ₩1.2이며, 다음 분기 재료사용량의 25%를 분기말 재고로 유지한다. 1분기 생산량은 24,000단위이고 2분기 생산량은 35,000단위일 때, 1분기의 재료구입액은 얼마인가? [기업회계 1급]

14.7 (주)호복의 2020년 1월 매출액은 ₩1,500,000이고, 2월과 3월 매출은 직전 달보다 각각 20%와 10%씩 증가할 것으로 예상한다. 매출은 현금매출 80%와 외상매출 20%로 구성되며, 외상매출은 판매된 달에 70%, 그 다음 달에 30%가 회수된다. 이에 따라 (주)호복의 현금예산표상 2020년 3월의 현금유입액을 계산하면 얼마인가? [기업회계 1급]

제 15 장

단기의사결정과 관련원가분석

학습
목표

경영자는 관리회계 정보를 활용하여 합리적으로 의사결정을 내릴 수 있어야 한다. 단기 의사결정에서는 각 대안에 있어 현금흐름의 절대적 크기에 대한 정보가 활용된다. 이 경우 다양한 종류의 의사결정과 관련하여 각기 다른 원가가 이용된다. 따라서 본 장의 학습 목표는 다음과 같다.

1. 재무적 정보와 비재무적 정보는 어떻게 구분되며, 그 중요성은 무엇인가?
2. 관련 원가와 관련 수익은 무엇인가?
3. 관련 원가분석에서 왜 증분 접근법이 더 유용한가?
4. 변동원가와 고정원가는 관련 원가 범주에 모두 속하는가?
5. 특수 의사결정에 관한 사례를 얼마나 합리적이고 객관적으로 해결할 수 있는가?
6. 단기의사결정과 성과평가는 어떻게 방향이 설정되어야 하는가?

제1절 서론

과거 전통적인 관리회계의 관점은 정보생산에 초점을 맞추었으나, 현대에는 관리회계 정보에 기반을 둔 의사결정에 중점을 두고 있다. 즉 회계전문가는 관리회계적 시각을 갖고서 경영자의 올바른 행동에 대해 동기를 부여하고, 의사결정에 도움이 될 수 있도록 회계 정보를 제공해야 한다. 구체적으로 회계전문가는 경영진이 다음의 의사결정을 수행하는데 필요한 정보를 제공해야 한다.

① 특별주문의 수락 또는 거절
② 부품의 자가제조 또는 외부구매
③ 제품라인의 추가 또는 폐지
④ 기존설비의 대체
⑤ 생산능력 제약하에서의 제품배합 결정

회계 정보의 형태는 다음과 같이 재무적 정보(financial information)와 비재무적 정보(non-financial information), 양적 정보(quantitative information)와 질적 정보(qualitative information)로 구분할 수 있다. 그리고 이렇게 분류되는 정보는 조직의 경영 활동과 관련된 사례를 갖고 정리하면 다음과 같다.

분류	재무적 정보 (화폐단위로 표시할 수 있는 정보)	비재무적 정보 (화폐단위로 표시할 수 없는 정보)
양적 정보 (수치로 표시할 수 있는 정보)	직접재료원가, 매출액 등	불량률, 배달시간 등
질적 정보 (수치로 표시할 수 없는 정보)	-	종업원 사기, 조직문화 등

기업경영과 관련하여 문제가 발생하면 경영자는 이를 해결할 수 있도록 가장 좋은 방안을 마련해야 한다. 여기에서 경영자는 우선 그 문제의 성격이나 영향을 명확히 파악하고 여러 대안을 마련해 내는데, 의사결정이란 이들 대안 중에서 당시의 상황 또는 추

구하는 목표에 비추어 가장 적합한 방안을 선택하는 것이다.

경영 의사결정을 수행하는 데 그 과정은 다음과 같다.

첫 번째 단계는 고려 중인 대안들을 분석하는데 필요한 자료를 수집하는 것이다. 여기에서 수집된 자료를 가지고 역사적 원가와 함께 미래의 원가행태나 수익양상에 영향을 미칠 만한 사건들이 있는가를 파악한다. 두 번째 단계는 미래에 대한 예측방법을 결정하는 것이다. 이때 가장 쉽게 생각할 수 있는 예측방법은 첫 단계에서 수집했던 과거기간의 자료를 그대로 받아들여 미래에도 같은 형태로 발생할 것이라 간주하는 것이다. 세 번째 단계에서는 의사결정 모형을 수립하고 지금까지 수집한 정보를 토대로 최적의 대안을 선택한다. 네 번째 단계는 선택된 대안을 실제로 실행하는 단계이다. 다섯 번째 단계는 실제 성과를 처음의 목표와 비교하여 평가하는 성과 평가단계이다. 이는 미래의 의사결정을 개선하는 데 있어서 중요한 기반이 되는 환류 정보를 제공한다.

본 장에서는 단기적인 의사결정에 있어서 회계 정보가 어떻게 유용하게 사용되는지를 살펴보고자 한다. 일반적으로 화폐의 시간가치(time value of money)를 고려하여 의사결정을 수행하는지에 따라 단기와 장기로 기간을 구분한다. 즉 현금흐름의 발생이 비교적 짧은 기간에 이루어지는 단기 의사결정에서는 일반적으로 화폐의 시간가치를 고려할 필요 없이 현금흐름의 크기 자체가 더 중요시된다. 이에 비교해 장기 의사결정에서는 현금흐름의 절대적 크기보다는 화폐의 시간가치를 고려한 현금흐름 정보가 의사결정에 더 유용하다.

제2절 의사결정의 기본개념

1 관련 원가와 관련 수익

관련 원가(relevant costs)는 특정 의사결정과 관련된 대안 간에 차이가 있는 미래원가를 말하며, 비관련 원가(irrelevant costs)는 특정 의사결정과 관련된 대안 간에 차이가 없거나 이미 발생한 원가이다. 관련 원가의 대표적인 예로는 여러 대안과 선택된 대안 사이에서 발생하는 원가의 차이인 차액원가(differential cost)를 들 수 있으며, 비관련 원가의 대표적인 예로는 이미 발생하였으므로 의사결정에 아무런 영향을 주지 못하는 매몰원가(sunk cost)를 들 수 있다. 의사결정 시에 관련 원가와 비관련 원가를 명확하게 구분하지 못하면 잘못된 의사결정을 내릴 수 있다. 특정 원가가 관련 원가인지 아닌지는 절대적으로 정해진 것이 아니라, 주어진 의사결정 상황에 따라 달라진다. 같은 원가항목이라도 어떤 경우에는 관련 원가이지만 다른 경우에는 비관련 원가가 될 수 있는데, 이는 다른 목적에 따른 다른 원가(different costs for different purposes)라는 원가의 특성이 반영되기 때문이다. 따라서 기업에서는 의사결정을 할 때마다 특정 원가정보가 해당 의사결정에 관련성이 있는지를 구체적으로 검토해야 한다.

관련 수익(relevant revenue)은 관련 원가의 개념과 유사하게 특정 의사결정과 관련된 대안 간에 차이가 있는 미래수익을 말하며, 비관련 수익(irrelevant revenue)은 특정 의사결정과 관련된 대안 간에 차이가 없거나 이미 발생한 수익이다. 단기 의사결정 시 관련 수익의 인식은 쉽지만, 관련 원가의 분석은 고려사항이 많아 주로 관련 원가에 초점을 맞추고 있는데, 관련 수익 및 관련 원가분석을 줄여서 관련 원가분석이라고 부르는 것은 이에 근거한다.

2 총액접근법과 증분접근법

관련 원가분석에서는 총액접근법과 증분접근법으로 정보를 마련하여 의사결정을 내린다. 총액접근법은 대안별로 총수익과 총원가를 산출하여 각 대안 중 가장 큰 이익을 보이는 대안을 선택하는 방법이다. 이에 반해 증분접근법은 각 대안 간의 차이가 발생하는 항목에 대해서만 수익과 원가를 산출하여 이익의 증감정보를 통해 의사결정을 하게 된다. 물론 총액접근법, 증분접근법 사용 여부와 관계없이 의사결정의 대안선택은 같다.

2가지 접근법 중 일반적으로 증분접근법이 사용된다. 그 이유는 총액접근법은 모든 수익과 원가를 가지고 관련 분석을 하는 것이므로, 이익의 증감만을 고려하는 증분접근법에 비교해 노력이 많이 소요되고, 의사결정과 관련 없는 비관련 원가까지 분석함으로써 관련 원가가 무엇인지를 알기 어려운 단점이 있기 때문이다.

3 변동원가와 고정원가

대체로 변동원가는 관련 원가이기 때문에, 모든 변동원가가 관련 원가라고 생각하기 쉬우나, 변동원가가 비관련 원가인 대안이 있다는 사실에 유의해야 한다. 반대로 많은 경우 고정원가가 비관련 원가이기 때문에, 모든 고정원가는 비관련 원가로 볼 수 있으나, 고정원가가 관련 원가인 대안이 있다는 사실에도 유념해야 한다.

제3절 특수 의사결정에 관한 사례

본 장에서 살펴볼 의사결정 유형은 일상적으로 반복되는 문제에 대하여 하나의 해결책을 구하고 그 이후에 계속 적용하는 경상적 의사결정이 아니라, 문제가 발생할 때마다 새로운 해결책을 구해야 하는 비경상적이고 특수한 환경에서 발생하는 의사결정이다.

1 일회성 특별주문의 수락 또는 거절

기업은 고객으로부터 예상하지 않았던 특별주문(special order)을 받는 경우가 있다. 예를 들어, 전혀 거래가 없던 고객이 대량구매를 하는 조건으로 가격을 할인해 달라는 제의를 해오는 경우이다. 이러한 일회성 특별주문에 대한 의사결정은 다음 사례를 통해 알아보자.

(주)롯데칠성음료는 음료수를 생산하고 있는 기업이다. 월 4,800병의 생산능력이 있는데, 현재 월 3,000병을 생산하고 있다. 모든 판매는 대형할인점을 통해 이루어진다. 모든 원가는 생산수량과의 비례 여부에 따라 변동원가와 고정원가로 분류하고 있다.

(주)롯데칠성음료는 2008년 8월 창업기념 행사를 준비하는 (주)롯데카드로부터 음료수 1병당 ₩140에 1,000병을 구매하겠다는 제안을 받았다. 이 일회성 특별주문으로 판매비와 관리비는 추가로 발생하지 않는다. 또한, 기존의 유휴생산설비를 이용하여 특별

주문 수량을 생산할 것이므로, 고정제조간접원가는 변화하지 않는다. 그리고 기존 고객에게 판매되는 제품의 가격이나 수량에는 영향을 미치지 않을 것이다. 이러한 조건으로 (주)롯데칠성음료는 (주)롯데카드의 제안을 받아들여야 하는지 분석해 보자.

다음은 2008년 8월 추정 포괄손익계산서를 보여주고 있다.

항목	단위당 금액 (A)	수량 (B)	금액 (C)=(A×B)
매출액①	₩200	3,000	₩600,000
직접재료원가②	80	3,000	240,000
직접노무원가③	20	3,000	60,000
변동제조간접원가④	30	3,000	90,000
고정제조간접원가⑤	20	3,000	60,000
매출원가⑥=(②+③+④+⑤)	150	3,000	450,000
변동판매비와 관리비⑦	10	3,000	30,000
고정판매비와 관리비⑧	5	3,000	15,000
판매비와 관리비⑨=(⑦+⑧)	₩15	3,000	45,000
영업이익⑩=(①−⑥−⑨)			₩105,000

(주)롯데칠성음료는 전부원가계산 방법을 통해 제품원가를 계산하고 있는데, 특별주문에 대해서는 판매비와 관리비가 발생하지 않기 때문에 경영진은 제품원가에만 관심을 기울일 것이다. 그러나 전부원가계산에 따른 단위당 원가가 ₩150으로서 (주)롯데카드가 제안한 구매가격 ₩140보다 높다. 따라서 현재의 전부원가기준 제품원가정보를 바탕으로 의사결정을 내리게 된다면 경영자는 특별주문 제안을 거절할 것이다.

더욱 정확한 의사결정을 내리기 위해 증분접근법을 이용하여 (주)롯데카드의 특별주문 1,000단위를 수락함에 따른 이익의 증감을 분석하면 다음과 같다.

특별주문을 수락함으로써 차이가 나게 되는 관련 수익은 ₩140,000이며, 관련 원가는 ₩130,000이다. 따라서 이 특별주문을 수락함으로써 (주)롯데칠성음료는 영업이익 ₩10,000을 추가로 얻게 된다.

고정제조간접원가, 변동판매비와 관리비, 고정판매비와 관리비는 특별주문의 수락 시에도 총액이 변화하지 않기 때문에 비관련 원가이다. 앞서 설명한 바와 같이 변동원가도 비관련 원가가 될 수 있으며, 전부원가계산 하의 제품원가 ₩150에 대한 정보만 제공되었다면 특별주문을 거부하는 잘못된 의사결정을 내렸을 것이다.

본 사례에서는 문제를 단순화하기 위하여 기존의 고객에게 판매되는 제품의 가격이나 수량에는 영향을 미치지 않을 것이며 유휴설비가 존재한다고 가정했다. 그러나 실제 경영 의사결정에서는 이러한 주문이 기업의 장기적인 가격구조와 미래의 판매량에 미칠지도 모르는 잠재적인 영향과 그 특별주문을 소화할 수 있는 생산설비가 충분히 존재하는지를 파악하고 의사결정을 내려야 한다.

항목	단위당 금액 (A)	수량 (B)	금액 (C)=(A×B)
매출액①	₩140	1,000	₩140,000
직접재료원가②	80	1,000	80,000
직접노무원가③	20	1,000	20,000
변동제조간접원가④	30	1,000	30,000
고정제조간접원가⑤			0
매출원가⑥=(②+③+④+⑤)	₩130	1,000	130,000
변동판매비와 관리비⑦			0
고정판매비와 관리비⑧			0
판매비와 관리비⑨=(⑦+⑧)			0
영업이익⑩=(①-⑥-⑨)			₩10,000

2 부품의 자가제조 또는 외부구매

제조기업에서 생산 활동에 드는 부품은 대부분 외부로부터 구매(outsourcing)하는 것이 일반적이다. 그러나 제품의 특성에 따라 표준화되어 있지 않은 부품이나 특정 기업에서만 사용되는 특수부품들은 시장가격이 형성되어 있지 않으면 안정적인 부품공급과 품질관리 측면에서 부품을 직접 제조하여 내부조달(insourcing) 하는 것이 유리할 수도 있다. 따라서 부품을 기업 내부에서 직접 생산할 것인지 아니면, 외부에서 구매하여 조달할 것인지에 대한 의사결정(make-or-buy decisions)이 경영 활동의 효율성을 제고시키는 데 필요하다.

자가제조 또는 외부구매와 관련된 양적 정보는 특별주문과 유사하게 외부구매가격과 비교되는 자가제조원가이다. 더불어 안정적인 외부공급원이 존재하는가, 그 외부공급업자는 성실하며 믿을 만한 기업인가, 그 외부공급업자는 연구개발투자를 지속해서 수행하고 있는가 하는 등의 질적 정보를 신중히 고려한 후에 의사결정을 내려야 한다.

자가제조에 따른 제조원가 산정이 포함되는 관련 원가는 현재 기업이 부품생산에 사용할 수 있는 유휴설비 유무와 그 설비의 대체적인 용도의 유무에 따라 달라진다. 기업이 부품생산에 사용할 수 있는 유휴설비를 가지고 있고 유휴설비의 대체적 용도가 없는 경우에는 부품의 자가제조에 따른 관련 원가는 직접재료원가, 직접노무원가, 변동제조간접원가 등의 변동제조원가이다. 그러나 부품생산에 사용할 수 있는 유휴설비를 가지고 있고, 그 설비를 임대할 수 있거나 다른 제품의 제조 등 유휴설비의 대체적 용도가 있는 경우에는 부품의 변동제조원가에 유휴설비의 대체적 용도에 따른 이익도 고려해야 한다. 한편, 부품의 자가제조에 사용할 수 있는 유휴설비가 없는 경우에는 부품의 자가제조에 필요한 설비를 임차하거나 구매해야 하는데, 이때 설비의 임차료나 취득원가는 자가제조에 따른 관련 원가가 된다.

부품의 자가제조 또는 외부구매 의사결정은 다음 사례를 통해 알아보자. (주)롯데칠성음료는 음료 생산을 위해 유리병을 자가제조하고 있다. (주)롯데칠성음료는 월초에 외부공급업체로부터 단위당 ₩70에 유리병을 공급하겠다는 제의를 받았다고 하자. 유리병을 외부에서 구매할 경우 원재료 취급과 작업준비를 지원하는 근로자의 고정급여 ₩10,000이 절감된다. 이러한 조건으로 (주)롯데칠성음료는 이 제안을 받아들여야 하는지 알아보자.

(주)롯데칠성음료의 부품 자가제조 또는 외부구매 의사결정에 관련된 원가정보는 다음과 같다.

유리병을 외부공급업체에서 공급받음에 따라 고정제조간접원가 ₩10,000이 절감되므로, 고정제조간접원가는 ₩30,000에서 ₩20,000으로 줄어든다. 그리고 외부구매원가가 ₩210,000이기 때문에 총 관련 원가는 ₩230,000이 되어, 자가제조 시의 원가와 비교하면 두 대안 간의 차액원가가 ₩5,000(=₩230,000-₩225,000)이 된다. 따라서 유리병을 자가제조하는 것이 유리하여 외부공급업체의 제안을 거부해야 한다. 여기서 차액원가는 두 대안 간의 총원가 차이를 의미한다.

항목	자가제조 시 관련 원가			외부구매 시 관련 원가			차액 원가 (G)=(F−C)
	단위당 금액 (A)	수량 (B)	금액 (C)=(A×B)	단위당 금액 (D)	수량 (E)	금액 (F)=(D×E)	
유리병의 외부구매원가①				₩70	3,000	₩210,000	
직접재료원가②	₩40	3,000	₩120,000				
직접노무원가③	10	3,000	30,000				
변동제조간접원가④	15	3,000	45,000				
고정제조간접원가⑤	10	3,000	30,000			20,000	
총 관련 원가⑥=(①+②+③+④+⑤)	₩75	3,000	₩225,000			₩230,000	₩5,000

만약 유리병을 외부에서 구매할 경우 기존의 공장 설비를 임대할 수 있어 월 ₩20,000의 임대수익을 얻을 수 있다고 하면 자가제조 또는 외부구매의 의사결정은 어떻게 달라질 것인지 알아보사.

이러한 조건에서 (주)롯데칠성음료의 부품 자가제조 또는 외부구매 의사결정에 관련된 정보는 다음과 같다.

기존의 공장 설비를 임대할 수 없는 경우와 비교하여 임대수익을 얻을 수 있는 경우에는 유리병을 외부에 구매함으로써 이익이 ₩15,000 증가하므로, 유리병을 외부에서 구매하는 것이 올바른 의사결정이다.

항목	자가제조 시 관련 원가 및 수익			외부구매 시 관련 원가 및 수익			차액수익 및 차액원가 (G)=(F−C)
	단위당 금액 (A)	수량 (B)	금액 (C)=(A×B)	단위당 금액 (D)	수량 (E)	금액 (F)=(D×E)	
공장설비 임대수익①						₩20,000	₩20,000
유리병의 외부구매원가②				₩70	3,000	210,000	
직접재료원가③	₩40	3,000	₩120,000				
직접노무원가④	10	3,000	30,000				
변동제조간접원가⑤	15	3,000	45,000				
고정제조간접원가⑥	10	3,000	30,000			20,000	
총 관련 원가⑦=(②+③+④+⑤+⑥)	₩75	3,000	₩225,000			₩230,000	5,000
증분 이익⑧=(①−⑦)							₩15,000

참고로 위의 두 가지 상황에서의 의사결정을 증분접근법을 이용하여 분석하면 다음과 같다. 원가의 증가분은 외부구매원가로서 단위당 ₩70의 유리병을 3,000개 구매하면 발생하는 매입원가 ₩210,000이다. 원가의 감소분은 자가제조로 인한 원가로서 단위당 직접재료원가 ₩40, 단위당 직접노무원가 ₩10, 단위당 변동제조간접원가 ₩15의 합인 단위당 변동제조원가 ₩65에 유리병 수량 3,000개를 곱하여 산출한 ₩195,000에 고정제조간접원가 절감액 ₩10,000을 합산한 ₩205,000이다.

항목		외부구매 시 임대수익이 발생하지 않는 경우			외부구매 시 임대수익이 ₩20,000 발생하는 경우		
		단위당 금액 (A)	수량 (B)	금액 (C)=(A×B)	단위당 금액 (D)	수량 (E)	금액 (F)=(D×E)
수익증가	설비임대수익			-			₩20,000
수익감소				-			-
원가증가	외부구매원가	₩70	3,000	(₩210,000)	₩70	3,000	(210,000)
원가감소	직접재료원가	40	3,000	120,000	40	3,000	120,000
	직접노무원가	10	3,000	30,000	10	3,000	30,000
	변동제조간접원가	₩15	3,000	45,000	₩15	3,000	45,000
	고정제조간접원가			10,000			10,000
증분이익				(₩5,000)			₩15,000

3 제품라인의 추가 또는 폐지

수익성이 저하된 제품라인의 폐지문제와 새로운 제품라인의 추가문제는 경영자가 직면하게 되는 어려운 의사결정 문제 중의 하나이다. 제품라인의 추가 또는 폐지에 관한 의사결정은 이것이 순이익에 얼마만큼의 영향을 미치는가를 기준으로 이루어진다. 즉 제품라인을 유지하는 경우에 이것이 기업 전체에 이바지하는 공헌이익과 제품라인을 폐지하는 경우에 절감할 수 있는 회피가능원가를 비교하는 것이다. 회피가능원가(avoidable cost)는 특정한 대안을 선택함으로써 절약되거나 발생하지 않는 원가를 말한다. 특정 제품라인의 공헌이익보다 더 큰 금액의 원가를 회피할 수 있으면, 순이익을 증가시키므로 폐지하는 것이 바람직하다. 반면에 회피가능원가가 공헌이익보다 작으면, 그 제품라인의 폐지는 순이익을 감소시키므로 계속 유지하는 것이 바람직하다.

(주)TG삼보는 노트북 컴퓨터, 데스크톱 컴퓨터, 모니터 등 3가지 제품을 생산하고 있다. (주)TG삼보의 당기제품별 포괄손익계산서는 다음과 같다.

항목	노트북 컴퓨터 (A)	데스크톱 컴퓨터 (B)	모니터 (C)	합계 (D)=(A+B+C)
매출액①	₩200,000	₩300,000	₩500,000	₩1,000,000
변동원가②	180,000	200,000	220,000	600,000
고정원가③	60,000	90,000	150,000	300,000
영업이익(손실)④=(①-②-③)	(₩40,000)	₩10,000	₩130,000	₩100,000

경영자는 노트북 컴퓨터에서 손실이 발생하고 있으므로, 이 제품라인을 폐지할 것을 검토하고 있다. 변동원가는 제품라인을 폐지하면 발생하지 않지만, 고정원가는 제품라인을 폐지해도 계속 발생한다면 노트북 컴퓨터의 생산라인을 폐지해야 하는지 알아보자.

다음은 노트북 컴퓨터의 생산라인을 폐지한 후의 포괄손익계산서이다.

노트북 컴퓨터의 생산라인을 폐지한 후에도 고정원가는 계속해서 발생하고, 노트북 컴퓨터의 판매로 인한 공헌이익이 ₩20,000(=매출액-변동원가=₩200,000-₩180,000) 감소한다. 따라서 노트북 컴퓨터의 영업손실이 ₩40,000에서 ₩60,000으로 증가하게 되므로, 노트북 컴퓨터의 생산라인을 폐지하게 되면, (주)TG삼보의 영업이익이 ₩100,000에서 ₩80,000으로 감소하게 된다. 따라서 경영자는 노트북 컴퓨터의 생산라인을 폐지하면 안 된다.

항목	노트북 컴퓨터 (A)	데스크톱 컴퓨터 (B)	모니터 (C)	합계 (D)=(A+B+C)
매출액①		₩300,000	₩500,000	₩800,000
변동원가②		200,000	220,000	420,000
고정원가③	₩60,000	90,000	150,000	300,000
영업이익(손실)④=(①-②-③)	(₩60,000)	₩10,000	₩130,000	₩80,000

만약 노트북 컴퓨터의 생산라인을 폐지한 후에 ₩20,000의 고정원가를 회피할 수 있

다면, 노트북 컴퓨터의 생산라인 폐지에 대한 의사결정은 어떻게 변화하는지 알아보자.

다음은 노트북 컴퓨터의 생산라인을 폐지한 후, 회피가능 고정원가가 ₩20,000인 경우 포괄손익계산서이다.

노트북 컴퓨터의 생산라인을 폐지한 후에 고정원가는 ₩20,000이 감소하고, 공헌이익이 ₩20,000(=매출액-변동원가=₩200,000-₩180,000) 감소하므로, 노트북 컴퓨터의 영업손실이 ₩40,000으로 노트북 컴퓨터의 생산라인을 유지하는 경우와 같다. 따라서 노트북 컴퓨터의 생산라인을 폐지하든지 아니면 노트북 컴퓨터의 생산라인을 유지하든지 간에 (주)TG삼보의 영업이익이 ₩100,000으로 같게 되므로 두 대안은 무차별하게 된다. 곧 회피가능 고정원가가 ₩20,000을 초과하게 되면, 노트북 컴퓨터의 생산라인을 폐지하는 것이 유리하고, 회피가능 고정원가가 ₩20,000 미만일 경우에는 노트북 컴퓨터의 생산라인을 유지하는 것이 유리하다.

항목	노트북 컴퓨터 (A)	데스크톱 컴퓨터 (B)	모니터 (C)	합계 (D)=(A+B+C)
매출액①		₩300,000	₩500,000	₩800,000
변동원가②		200,000	220,000	420,000
고정원가③	₩40,000	90,000	150,000	280,000
영업이익(손실)④=(①-②-③)	(₩40,000)	₩10,000	₩130,000	₩100,000

참고로 위의 두 가지 상황에서의 의사결정을 증분접근법을 이용하여 분석하면 다음과 같다.

항목		노트북 컴퓨터 생산라인 폐지 시 고정원가가 절감되지 않는 경우	노트북 컴퓨터 생산라인 폐지 시 고정원가 ₩20,000이 절감되는 경우
수익증가		-	-
수익감소	매출감소	(₩200,000)	(₩200,000)
원가증가		-	-
원가감소	변동원가	180,000	180,000
	고정원가		20,000
증분이익		(₩20,000)	₩0

4 기존설비의 대체

기업은 사용 중인 기존 생산설비의 물리적 내용연수를 지나게 되면 새로운 설비로 대체하게 된다. 그러나 기술혁신이 이루어지면서 현재 사용하고 있는 생산설비들은 진부화되어 경제적 내용연수에 이르게 된다. 이 경우 비록 현재 사용 중인 구설비의 물리적 내용연수가 남아 있더라도, 더욱 나은 성능의 생산효율이 높고 수선유지원가가 낮은 신설비로의 대체를 검토하게 된다.

기존설비의 대체에 관한 의사결정을 내리기 위해서는 구설비를 계속 사용하는 경우와 신설비를 사용하는 경우에 발생하는 원가를 비교해야 한다.

(주)두산중공업은 구기계를 효율성이 좋은 신기계로 대체하려고 한다. 신기계로 교체해도 매출에는 영향이 없다고 가정한다. 감가상각 방법은 정액법을 사용하고 있으며, 화폐의 시간가치와 법인세는 무시한다. 구기계와 신기계에 대한 자료는 다음과 같다.

항목	구기계	신기계
취득원가	₩500,000	₩300,000
감가상각누계액	300,000	
장부가액	200,000	
현행처분가치	20,000	
최종처분가치	0	
연간현금지출원가	₩400,000	₩230,000
내용연수	5년	2년
사용연수	3년	0년
잔여내용연수	2년	2년

(주)두산중공업의 기계장치 교체 여부 의사결정을 위하여 각 항목에 대한 관련성 여부를 판단하면 다음과 같다.

먼저 구기계의 장부가액 ₩200,000은 과거 원가인 매몰원가로서 비관련 원가이다. 구기계의 현행처분가치 ₩20,000은 구기계 처분 시 발생한 미래수익이기 때문에 관련 수익 항목이다. 구기계 장부가액 ₩200,000과 현행처분가치 ₩20,000의 차이로 인해 ₩180,000의 유형자산처분손실이 발생한다. 그런데 구기계의 장부가액은 비관련 원가로, 구기계의 현행처분가치는 관련 수익으로 각각 인식하였기 때문에 유형자산처분손실은 의사결정에 포함되지 않는 정보이다. 신기계의 취득원가 ₩300,000은 신기계를 구매함으로써 발생하는 미래원가이기 때문에 의사결정에 영향을 주는 관련 원가이다. 이상의 정보를 이용하여 두 대안 간의 차이를 비교하면 다음과 같다.

구기계를 신기계로 교체하면, 총원가가 ₩60,000 감소하게 되어 영업이익이 그만큼 증가하므로 신기계로 교체하는 것이 올바른 의사결정이다.

항목	교체			유지			차이 (G)=(C−F)
	연간현금 지출원가 (A)	잔여 내용연수 (B)	금액 (C)=(A×B)	연간현금 지출원가 (D)	잔여 내용연수 (E)	금액 (F)=(D×E)	
현금지출원가①	₩230,000	2년	₩460,000	400,000	2년	₩800,000	(₩340,000)
현행처분가치②			(20,000)				(20,000)
신기계취득원가③			300,000				300,000
총관련 원가 ④=(①+②+③)			₩740,000			₩800,000	(₩60,000)

참고로 위의 상황에서의 의사결정을 증분접근법을 이용하여 분석하면 다음과 같다. 원가의 증가분 ₩760,000은 교체 시 발생하는 신기계 취득원가 ₩300,000과 연간현금지출원가 ₩230,000에 잔여내용연수 2년을 곱하여 산출한 ₩430,000을 합산한 값이다. 원가의 감소분 ₩800,000은 유지 시 발생하는 연간현금지출원가 ₩400,000에 잔여내용연수 2년을 곱한 값이다.

항목		구기계를 신기계로 교체 시		
		연간현금지출원가 (A)	잔여내용연수 (B)	금액 (C)=(A×B)
수익증가	현행처분가치			₩20,000
수익감소				-
원가증가	신기계 취득원가			(300,000)
	연간현금지출원가	₩230,000	2년	(460,000)
원가감소	연간현금지출원가	₩400,000	2년	800,000
증분이익				₩60,000

5 생산능력 제약하에서의 제품배합 결정

기업은 생산 활동을 수행하는데 여러 가지 자원을 투입하게 된다. 그런데 이러한 자원은 일반적으로 한정되어 있으므로 부족한 자원을 어떻게 효율적으로 이용하여 생산 활동을 수행할 것인가에 대한 의사결정 문제에 경영자는 직면하게 된다. 즉 기업은 생산능력 및 수요와 같은 주어진 제약조건(constraint) 아래에서 이익을 최대화할 수 있는 제품배합 의사결정(product mix decision)을 해야 한다. 이러한 제품배합 결정은 공헌이익 분석을 통해 영업이익을 최대화하는 자원 단위당 공헌이익이 큰 제품을 선택하는 것이다. 여기에서 생산능력 제약에 관련된 문제를 해결하는 최적 의사결정 기준은 제품 단위당 공헌이익이 아닌 자원단위당 공헌이익임을 기억해야 한다.

다음은 햇반과 다시다를 생산·판매하고 있는 (주)CJ제일제당의 생산 관련 자료이다. 고정제조간접원가는 ₩50,000이고 (주)CJ제일제당이 이용 가능한 직접노동시간은 총 1,200시간이다. 그리고 햇반을 생산하기 위해서는 단위당 2시간의 직접노동시간이 필요하며 다시다는 단위당 10시간의 직접노동시간이 소요된다. 햇반과 다시다에 대한 수요는 각각 500단위이다.

항목	햇반	다시다
단위당 판매가격	₩2,000	₩3,000
단위당 변동제조원가	₩1,500	₩1,000
단위당 직접노동시간	2시간	10시간
수요량	500단위	500단위

(주)CJ제일제당이 총공헌이익을 극대화하기 위해서 선택해야 할 제품배합을 파악해 보자. 제품배합을 선택하기 위해서는 제약자원당 공헌이익이 큰 제품을 먼저 생산해야 한다. 따라서 햇반과 다시다의 제약자원인 직접노동시간당 공헌이익을 비교하면, 햇반이 다시다보다 ₩50이 크므로 먼저 햇반에 대한 수요를 고려하여 생산하고, 잔여 가용 직접노동시간을 이용하여 다시다를 생산해야 한다.

항목	햇반	다시다
단위당 판매가격①	₩2,000	₩3,000
단위당 변동제조원가②	1,500	1,000
단위당 공헌이익③=(①-②)	₩500	₩2,000
단위당 직접노동시간④	2시간	10시간
직접노무시간당 공헌이익⑤=(③÷④)	₩250	₩200
생산우선순위	1순위	2순위

구체적인 제품별 생산량을 계산하면 다음과 같다. 제약자원인 직접노동시간당 공헌이익이 더 큰 햇반을 수요에 맞추어 500단위를 먼저 생산하고 나면 200 직접노동시간이 남게 된다. 이를 이용하여 다시다를 20단위 생산하게 되므로, 총공헌이익을 극대화하기 위해서 선택해야 할 (주)CJ제일제당의 제품배합은 햇반 500단위, 다시다 20단위이다.

항목	결과
가용직접노동시간①	1,200시간
햇반 수요량②	500단위
햇반 단위당 직접노동시간③	2시간
햇반 총 직접노동시간④=(②×③)	1,000시간
햇반 생산 후 잔여 가용직접노동시간⑤=(①-④)	200시간
다시다 단위당 직접노동시간⑥	10시간
다시다 생산량⑦=(⑤÷⑥)	20단위

지금까지 자원제약이 한 개인 경우의 제품배합 의사결정을 살펴보았다. 그러나 다양한 종류의 제품을 생산하는 기업에서 제약자원의 종류가 여러 가지일 경우가 일반적이다. 이 경우에는 문제가 매우 복잡하게 되므로, 선형계획법(LP: linear programming)을 이용하여 공헌이익을 극대화하는 제품배합과 제약자원의 배합문제를 풀어야 한다.

선형계획법에서 제약조건이 2개인 경우에는 도해법(graph method)을 이용하여 해를 도출할 수 있으나, 제약조건이 3개 이상이면 그래프를 이용하여 해를 도출할 수 없는 때도 있어 심플렉스법(simplex method)을 이용해야 한다. 이에 대한 자세한 내용은 계량 의사결정론 관련 서적을 참고하기로 하고 도해법을 이용하여 의사결정을 하는 방법에 관해서만 설명하기로 한다. 도해법의 기본개념은 제약조건을 그래프 상에 표시하여 실행 가능 영역을 도출한 뒤 이 영역에서 목적함수를 최대화 또는 최소화하는 의사결정 변수의 값을 선택하는 것이다.

다음의 (주)CJ제일제당의 자료를 이용하여 총공헌이익을 최대화할 수 있는 햇반과 다시다의 최적 제품배합과 그때의 총공헌이익을 구해보자. 단, 이용 가능한 직접노동시간은 총 1,200시간이고, 기계시간은 총 1,000시간이다.

항목	햇반	다시다
단위당 판매가격	₩2,000	₩3,000
단위당 변동제조원가	₩1,500	₩1,000
단위당 직접노동시간	2시간	10시간
단위당 기계시간	3시간	5시간
수요량	무한대	무한대

먼저 목적함수를 설정하면 각 제품의 생산량 및 배합에 따라 달라지는 각각의 총공헌이익 가운데에서 총공헌이익을 극대화하는 것이다. 총공헌이익을 Z, 햇반의 생산량을 X, 다시다의 생산량을 Y라고 하면 목적함수는 다음과 같이 나타낼 수 있다.

최대화 Z=₩500 · X+₩2,000 · Y

제한된 자원인 직접노동시간, 기계시간에 대한 제약조건은 다음과 같이 나타낼 수 있다.

직접노동시간: $2 \cdot X + 10 \cdot Y \leq 1{,}200$
기계시간: $3 \cdot X + 5 \cdot Y \leq 1{,}000$
$X,\ Y \geq 0$

이를 그림으로 나타낼 경우, 제약조건을 충족하는 실행 가능 영역을 표시한 후 꼭짓점을 찾아 목적함수를 적용하여 그 중 목적함수가 가장 커지는 꼭짓점이 최적 해이다.

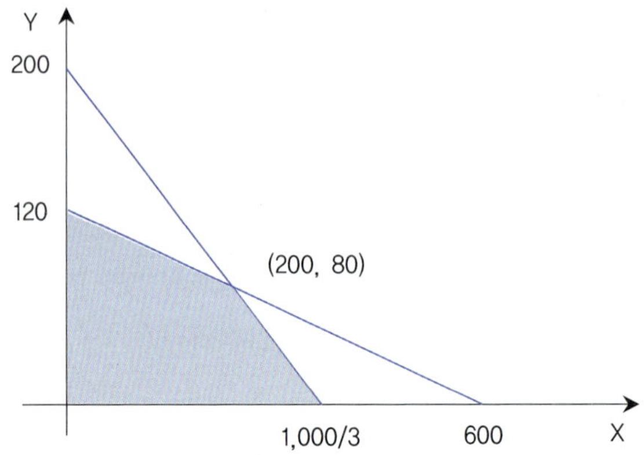

다음은 꼭짓점 좌표를 목적함수에 대입하여 계산한 총공헌이익 정보이다. 따라서 공헌이익을 최대화하기 위한 제품배합은 햇반 200단위, 다시다 80단위이고, 이때의 총공헌이익은 ₩260,000이다.

꼭짓점 좌표	총공헌이익
(0, 0)	₩0
(0, 120)	240,000
(200, 80)	260,000
(1,000/3, 0)	₩166,667

제4절 의사결정과 성과평가

기업의 모든 의사결정은 성과평가 및 보상체계의 방향과 일치시켜야 한다. 기업경영과 관련하여 경영자는 자신의 성과평가가 극대화되도록 의사결정을 내리는 동시에, 기업이 최적의 경제성을 확보할 수 있도록 의사결정을 수행해야 한다. 기업의 성과 평가체제가 결과적으로 기업의 이익을 극대화하는 방향으로 설계되고, 이를 지속해서 개발시킴으로써 보다 최적의 의사결정을 행사할 수 있다.

경영자들은 자주 단기이익을 극대화하는 방향으로 의사결정을 하거나 경영 활동을 수행한다. 이를테면, 단기적 관점에서 성과평가가 최고가 될 수 있게 하는 대안을 선택하려 한다.

의사결정 모형과 성과 평가체제가 충돌을 일으키면 경영자는 어떤 선택을 해야 하는가? 경영자는 단순히 경제적 의사결정을 내리는 것이 아니라, 자신의 성과평가 측면을 중시해서 의사결정을 왜곡시킬 수도 있다. 예를 들어, 구기계를 처분하고 신기계를 구매할 때 유형자산 처분손실로 인해 재무성과가 나빠질 수도 있다. 이 경우 경영자는 신기계 구매를 통한 생산능력의 유지 또는 향상이라는 경제적 필요성을 무시하고 구기계를 유지함으로써 자신의 성과평가를 극대화하는 방향으로 의사결정을 왜곡할 우려가 있다. 이러한 문제점을 해결하기 위해서는, 경영 활동을 이끄는 의사결정 모형과 경영자의 성과 평가방법이 같은 목적을 달성할 수 있도록 설계되어야 한다.

Ⅰ. 평가자 체크리스트

※ 다음 서술이 옳으면 T, 옳지 않으면 F를 기재하시오.

15.1 직접재료원가, 매출액, 불량률 등을 재무적 정보라고 한다.

15.2 특정 의사결정과 관련된 대안 간에 차이가 있는 미래원가를 관련원가라고 한다.

15.3 관련원가의 대표적인 예로는 이미 발생한 매몰원가를 들 수 있다.

15.4 관련원가분석에서는 총액접근법과 증분접근법으로 정보를 마련하여 의사결정을 내린다.

15.5 총액접근법, 증분접근법 사용여부에 따라 의사결정의 대안선택은 달라질 수 있다.

15.6 특정한 대안을 선택함으로써 절약되거나 발생하지 않는 원가를 회피가능원가라고 한다.

15.7 회피가능원가가 공헌이익보다 크면, 그 제품라인의 폐지는 순이익을 감소시키므로 계속 유지하는 것이 바람직하다.

15.8 생산능력 제약에 관련된 문제를 해결하는 최적 의사결정기준은 제품 단위당 공헌이익이 아닌 자원단위당 공헌이익이다.

15.9 일반적으로 단기의사결정에서는 화폐의 시간가치를 고려한 현금흐름정보가 의사결정에 더 유용하다.

15.10 부문의 자가제조에 사용할 수 있는 유휴설비가 없는 경우에는 부품의 자가제조에 필요한 설비를 임차하거나 구입해야 하는데, 이때 설비의 임차료나 취득원가는 자가제조에 따른 관련원가가 된다.

Ⅱ. 객관식

15.1 (주)평생은 기계설비의 여유로 인해 특별주문생산이 증가하고 있다. 특별주문의 의사결정과 관련하여 관계없는 것은? [1998년 공인회계사]

① 이상공손 ② 직접재료비
③ 고정제조간접원가 ④ 직접노무원가
⑤ 변동제조간접원가

15.2 매월 9,000단위의 제품을 생산하는 (주)선일의 단위당 변동원가는 ₩120이고, 고정원가는 월 ₩360,000이며, 단위당 판매가격은 ₩180이다. 단위당 ₩160에 1,000개의 특별주문에 대한 의사결정을 함에 있어서 관련 항목은 다음 중 어느 것인가? 단, 특별주문을 소화하기 위한 유휴설비능력은 충분하고, 이 특별주문 건의 경우 ₩2,000의 주문처리를 위한 거래비용(예: 원재료 추가구매를 위한 구매부대비, 주문처리를 위한 사무비용 등)이 발생한다. [2001년 공인회계사]

① 특별주문 수락 전의 단위당 고정원가, ₩40
② 특별주문 수락 후의 단위당 고정원가, ₩36
③ 추가의 거래비용, ₩3,000
④ 특별주문가-단위당 변동원가-단위당 거래처리비용, ₩38
⑤ 특별주문가-특별주문 수락 후의 단위당 원가, ₩4

15.3 오각회사는 5가지의 제품을 생산하고 있다. 이 회사는 다른 자원은 충분한데 기계의 가동시간(M)은 한정되어 제약조건이 되고 있다. 각 제품 1단위당 기계소요시간을 Mi라고 하고 각 제품의 판매가격은 Pi이고 변동비는 Vi라고 하자. 이 회사의 최적 생산량을 결정하기 위해서는 다음 중 어느 것이 높은 제품을 먼저 생산할 것인가? [1999년 공인회계사]

① Pi-Vi (제품 단위당 공헌이익)
② (Pi-Vi)÷Pi (제품 단위당 공헌이익률)
③ (Pi-Vi)÷Mi (제품의 기계시간당 공헌이익)
④ (Pi-Vi)÷Pi÷Mi (제품의 기계시간당 공헌이익률)
⑤ Mi÷(Pi-Vi)(제품의 공헌이익당 기계시간)

15.4 분당회사는 부품 R을 자가제조하고 있다. 10,000개 자가제조 시 단위당 원가는 다음과 같다.

직접재료비	₩480
직접노무비	700
변동제조간접비	320
고정제조간접비	1,000
총원가	₩2,500

평촌상사는 분당회사에 부품 R을 단위당 ₩2,300에 연간 10,000개를 납품하겠다고 제의하였다. 분당회사가 수락 시 시설임대료 연 ₩5,000,000의 수입임대료가 가능하고 R 제품에 배부된 고정제조간접비 ₩600을 외부구매로 회피 가능할 때 다음 중 옳은 것은?

[1994년 공인회계사]

① 외부구매 ₩3,000,000(유리)
② 외부구매 ₩7,000,000(유리)
③ 자가제조 ₩2,000,000(유리)
④ 자가제조 ₩3,000,000(유리)
⑤ 외부구매 ₩2,000,000(유리)

15.5 (주)현대는 제품 10,000개를 판매하였다. 제품 단위당 판매가격은 ₩160, 변동제조원가는 ₩80, 변동판매비와 일반관리비는 ₩20이다. (주)현대는 (주)대우로부터 5,000개의 제품을 ₩110에 판매하라는 특별주문을 받았다. 이때 소요되는 판매비와 일반관리비는 ₩26,000이다. 회사의 최대생산능력은 14,000개이므로 이 특별주문을 받아들이면 정상생산품 중 1,000개의 판매가 감소하게 된다. 이 특별주문을 수락하는 경우 손익에 미치는 영향은?

[1995년 공인회계사]

① ₩36,000 감소
② ₩26,000 감소
③ ₩64,000 증가
④ ₩90,000 증가
⑤ ₩24,000 증가

15.6 동연(주)은 A 부문과 B 부문으로 구성되어 있다. A 부문이 부품을 생산, 판매하기 위한 변동제조비와 변동판매비는 각각 단위당 ₩1,470과 ₩300이다. A 부문이 B 부문에 부품을 판매할 경우 변동판매비를 단위당 ₩40씩 절감할 수 있으며, B 부문은 부품을 A 부문이나 외부로부터 구매할 수 있으며, 외부구매 시 단위당 ₩2,000이 소요된다. 내부대체거래가 이루어지지 않으면 유휴생산시설의 유무에 관계없이 기업 전체의 관점에서 같은 손실이 발생한다. A 부문의 부품 단위당 외부판매가격은 얼마인가?

[1997년 공인회계사]

① ₩1,650
② ₩1,690
③ ₩1,730
④ ₩1,770
⑤ ₩1,960

15.7 (주)충정은 자체제조공정에서 사용되는 부품 G를 20,000단위 제조하고 있다. 부품 G의 단위당 원가는 다음과 같다.

직접재료비	₩6
직접노무비	30
변동제조간접비	12
고정제조간접비	16
합계	₩64

종로회사는 (주)충정에 이 부품을 단위당 ₩60에 20,000단위를 판매하겠다는 제의를 했다. (주)충정은 ₩25,000의 절약을 가져올 수 있다면 이 부품을 구매하기로 했다. (주)충정이 종로회사의 제의를 수락하면 단위당 ₩9의 고정제조간접비가 절약될 것이다. 더욱이 (주)충정이 이 제의를 받아들임으로써 생기는 여유설비는 부품 H의 제조에 사용되어 관련 원가의 절약이 기대된다. 전체적으로 ₩25,000을 절약하기 위해서는 부품 H의 제조에 여유설비를 사용함에 따라 절약되어야 할 관련 원가는 얼마인가? [1997년 세무사]

① ₩80,000 ② ₩125,000 ③ ₩85,000
④ ₩140,000 ⑤ ₩145,000

15.8 완희(주)는 프린터를 제조하는 회사로서 특별주문을 받기 전의 추정손익계산서는 다음과 같다. (조업도 200,000단위)

항목	금액(₩)	단위당 금액(₩)
매출	₩2,000,000	₩10.00
매출원가	1,600,000	8.00
매출총이익	400,000	2.00
판매비와 관리비	300,000	1.50
영업이익	₩100,000	₩0.50

위의 추정 포괄손익계산서의 매출원가 중에서 ₩600,000, 판매비·일반관리비 중에서 ₩100,000은 고정원가이다. 완희(주)는 한 고객으로부터 50,000개의 프린터를 개당 ₩7에 매입하겠다는 특별주문을 받았다. 이러한 특별주문은 변동판매비와 일반관리비를 발생시키지 않으며 회사는 50,000개의 프린터를 추가로 제조할 충분한 유휴생산 설비를 보유하고 있다. 만약 회사가 특별주문을 수락하면 영업이익은 어떻게 변할 것인가?

[1998년 세무사]

① 영업이익 ₩50,000 감소 ② 영업이익 ₩50,000 증가
③ 영업이익 ₩10,000 감소 ④ 영업이익 ₩100,000 증가
⑤ 영업이익 ₩150,000 증가

15.9 신라회사의 20×8년 예산내역을 요약하면 다음과 같다.

항목	금액
매출액(25,000단위 단위당 ₩100)	₩2,500,000
변동제조비용과 판매비	1,500,000
공헌이익	1,000,000
고정원가	600,000
영업이익	₩400,000

회사의 연간 최대조업능력은 35,000단위이다. 그런데 외국 판매상이 20×8년 초에 단위당 ₩80에 15,000단위를 사겠다고 제의했다. 신라회사가 만약, 이 제의를 수락하고 설비능력을 초과하지 않는 범위 내에서 단골로부터 기존의 거래를 감소시키면, 20×8년 총영업이익은 예산보다 얼마나 변화하겠는가?

[1999년 세무사]

① ₩300,000 증가 ② ₩100,000 증가 ③ ₩200,000 증가
④ ₩100,000 감소 ⑤ ₩200,000 감소

15.10 (주)한국은 판매가격과 단위당 변동원가가 각각 ₩500과 ₩300인 A 제품과 ₩1,000과 ₩600인 B 제품을 생산, 판매하고 있다. 월간 고정비는 ₩5,000이 발생하며 제조에 관한 자료는 다음과 같다.

월간사용가능 기계시간	제품 단위당 사용기계시간		월간사용가능 원재료	제품 단위당 사용원재료	
	A 제품	B 제품		A 제품	B 제품
120 기계시간	2	6	220단위	6	4

최적의 제품생산배합으로 얻을 수 있는 최대의 월간 영업이익은 얼마인가?

[2002년 공인회계사]

① ₩2,333 ② ₩3,000 ③ ₩5,000
④ ₩7,333 ⑤ ₩10,000

15.11 북한강전자(주)는 계산기를 제조하여 개당 ₩2,000에 판매하고 있다. 북한강전자(주)의 생산능력은 매기 12,000개이며, 이때 개당 생산원가는 직접재료비 ₩750, 직접노무비 ₩550, 제조간접비(변동비 75%, 회피 불능고정비 25%) ₩480이다. 해외바이어가 방문하여 2,500개의 계산기를 특별 주문하였다. 이 특별주문에 따른 유일한 판매비용은 운송료로 개당 ₩100이 소요된다. 현재 북한강전자(주)는 7,200개를 생산·판매하여 정상적인 판매경로를 통하여 판매하고 있다. 북한강전자(주)가 이 특별주문과 관련하여 받아야 하는 최소금액은 얼마인가?

[2000년 세무사]

① ₩1,760　② ₩2,000　③ ₩1,660
④ ₩1,780　⑤ ₩1,820

15.12 쏙빼 복사집의 복사능력은 시간당 1,800부이다. 준비시간 및 용지 재공급시간으로 인해 하루 실제 가동시간은 7시간이다. 대학 주변에는 난립하여 있는 복사집들 간의 경쟁이 극심한 편이다. 따라서 고객이 원하는 시간 준수는 필수사항이다. 이 복사집의 1일 복사 수요량은 10,000부이다. 가격은 1부당 ₩40이고, 총변동원가는 ₩16이다. 그런데 한 고객이 하루의 업무 시작 시점에 찾아와서 5,000부의 복사물을 업무 마감 시간까지 1부당 ₩32에 복사해달라고 요구하였다. 이 특별주문의 수락 또는 기각 여부와 관련하여 예상되는 순이익의 효과는? [2001년 세무사]

① 기각하는 경우와 수락하는 경우에 순이익의 차이는 없다.
② 기각하는 경우가 ₩62,400의 순이익이 작다.
③ 기각하는 경우가 ₩62,400의 순이익이 크다.
④ 수락하는 경우가 ₩22,400의 순이익이 작다.
⑤ 수락하는 경우가 ₩22,400의 순이익이 크다.

15.13 (주)제아는 청소기와 공기청정기를 생산하고 있다. 제품생산과 관련된 정보는 다음과 같다.

구분	청소기	공기청정기
최대 판매가능수량	6,000개	9,000개
단위당 공헌이익	₩50	₩60
단위당 소요기계시간	2시간	3시간

생산에 투입 가능한 최대 기계시간이 33,000시간이라고 할 때, 추가적인 설비투자 없이 최적 생산량을 생산한다면 (주)제아가 달성할 수 있는 최대 공헌이익은 얼마인가? [2008년 공인회계사]

① ₩369,600　② ₩690,000　③ ₩720,000
④ ₩780,000　⑤ ₩840,000

15.14 (주)한국완구는 매년 완구생산에 필요한 부품인 모터 3,000개 중 일부를 자체생산하고, 나머지 부족한 부분은 외주로 충당하고 있다. 자체생산은 모터부서에서 담당하며 연간 총 2,000개의 모터를 생산한다. 모터 1개당 변동제조원가는 ₩55이며, 모터부서의 총고정원가는 연간 ₩150,000이다. 자체생산 시 발생하는 모터부서의 총고정원가 중 80%만이 모터부서 폐지 시 회피 가능한 원가이다. 외주로 조달하는 모터는 연간 총 1,000개이다. 당기 초 외주업체는 전격적으로 모터의 판매가격을 모터 1개당 ₩120에서 ₩100으로 인하하였다. 이에 따라 (주)한국완구는 기업 내 모터부서를 폐지하고, 모터 3,000개를 전량 외주업체에서 구매할 것을 검토하기 시작하였다. 이에 모터부서는 부서 폐지를 막으려는 자구방안으로 단위당 변동제조원가 ₩10과 회피가능 고정원가 ₩10,000을 동시에 절감하였다. 만약 (주)한국완구가 외주업체로부터 모터 3,000개 전량을 구매할 경우 (주)한국완구의 순이익에 미치는 영향은 얼마인가? 단, 모터부서의 최대 생산능력은 자구방안과 관계없이 항상 2,000개이다. [2008년 공인회계사]

① ₩0
② ₩10,000 증가
③ ₩30,000 증가
④ ₩40,000 증가
⑤ ₩40,000 감소

15.15 (주)대한은 다음과 같은 3가지 제품을 같은 생산라인에서 기계작업을 통하여 생산・판매하고 있다. 생산・판매와 관련된 자료는 다음과 같다.

항목	A 제품	B 제품	C 제품
단위당 판매가격	₩500	₩350	₩500
단위당 변동원가	₩200	₩100	₩100
단위당 기계소요시간	2시간	1시간	2시간
월간 시장수요	150개	270개	40개

(주)대한의 월간 최대기계가동시간은 450시간이며 월 ₩40,000의 고정원가가 발생한다. 현재 (주)대한은 기계를 가장 효율적으로 가동하고 있으며, 새로운 D 제품을 생산라인에 추가할지를 고려하고 있다. D 제품의 단위당 변동원가는 ₩300이며 단위당 기계소요시간은 4시간이다. (주)대한이 생산한 제품은 모두 판매할 수 있으며, D 제품을 추가하여도 판매가격과 원가의 변동은 없다. D 제품을 생산라인에 추가하여서 영업이익을 증가시키고자 한다면, D 제품의 단위당 판매가격은 최소한 얼마를 초과해야 하는가? [2009년 세무사]

① ₩700
② ₩800
③ ₩900
④ ₩1,000
⑤ ₩1,100

15.16 (주)성도는 연간 최대생산량이 10,000단위인 생산설비를 보유하고 있으며, 당기에 제품 단위당 ₩500의 판매가격에 8,000단위의 제품을 판매할 수 있을 것으로 예상한다. 현재의 생산설비에 의한 (주)성도의 제품 단위당 변동제조원가는 ₩300이다. (주)성도가 당기에 예상판매량을 1,000단위 줄이고 제품 3,000단위를 판매할 수 있는 특별주문을 고려한다면, 이러한 특별주문 제품의 단위당 최저판매가격은 얼마인가? 단, (주)성도가 판매하는 모든 제품의 변동판매관리비는 단위당 ₩80이다. [2009년 공인회계사]

① ₩500 ② ₩420
③ ₩400 ④ ₩380
⑤ ₩300

15.17 (주)부산은 20×1년에 제품 A 100,000단위를 생산하여 모두 판매하였다. 20×1년의 제품 단위당 판매가격은 ₩5이었으며, 제품 A의 생산과 관련하여 투입된 제조원가는 다음과 같다.

항목	금액	단위당 원가
직접재료원가	₩120,000	₩1.2
직접노무원가	150,000	1.5
고정제조간접원가	200,000	2.0
합계	₩470,000	₩4.7

(주)부산의 경영자는 20×2년에 단위당 원가가 ₩1인 직접재료로 교체하고, 판매단가를 ₩4으로 인하하면 판매량이 40,000단위 증가할 것으로 예상한다. 기본원가(prime costs)는 변동원가이며, 제조간접원가는 모두 고정원가라고 가정한다. 경영자의 예상을 따른다면 20×2년의 이익은 20×1년의 이익에 비교하여 얼마만큼 증가(혹은 감소)하는가? (단, 20×1년과 20×2년 모두 기초 및 기말재고자산은 없으며, 제조원가 이외의 원가는 고려하지 않는다.) [2010년 세무사]

① ₩48,000 증가 ② ₩25,000 감소
③ ₩20,000 감소 ④ ₩15,000 증가
⑤ ₩10,000 증가

15.18 (주)울산은 A, B, C 세 종류의 제품을 생산·판매하고 있다. 20×1년 (주)울산의 제품별 손익을 살펴본 결과 다음과 같이 나타났다.

항목	A 제품	B 제품	C 제품	합계
매출액	₩1,000,000	₩2,000,000	₩1,000,000	₩4,000,000
변동원가	500,000	1,800,000	700,000	3,000,000
공헌이익	₩500,000	₩200,000	₩300,000	₩1,000,000
고정원가	200,000	400,000	200,000	800,000
이익	₩300,000	(₩200,000)	₩100,000	₩200,000

경영자는 손실을 보이는 B 제품의 생산 중단을 고려하고 있으며, 이에 대한 자료를 다음과 같이 수집하였다. 총고정원가 ₩800,000은 각 제품의 매출액에 비례하여 배부한 것이며, B 제품생산을 중단할 때 총고정원가의 10%는 회피가능하고, 또한 C 제품의 매출액이 20% 감소할 것으로 예상한다. (주)울산이 B 제품의 생산을 중단할 경우 회사 전체 이익은 얼마나 감소하는가?

[2010년 세무사]

① ₩120,000 ② ₩150,000 ③ ₩170,000
④ ₩180,000 ⑤ ₩200,000

15.19 (주)대한은 한복 A와 한복 B를 생산하여 판매하고 있다. 한복 A와 한복 B의 제작에 사용되는 재료인 명주와 염료는 1년에 각각 100kg과 150리터만 확보할 수 있다. 한복 A에 대한 시장수요는 무한하나, 한복 B에 대한 시장수요는 연간 70단위이다. 단위당 공헌이익 및 생산 관련 재료사용량이 다음과 같을 때 최적 제품배합에 의한 총공헌이익은 얼마인가?

[2013년 공인회계사]

구분	한복 A	한복 B
단위당 공헌이익	₩3,000	₩1,000
단위당 명주 사용량	1kg	1kg
단위당 염료 사용량	2리터	1리터

① ₩225,000 ② ₩200,000 ③ ₩160,000
④ ₩150,000 ⑤ ₩100,000

15.20 (주)세무의 정상판매량에 기초한 20×1년 예산 손익계산서는 다음과 같다.

항목	금액
매출액(5,000단위 ₩60)	₩300,000
변동매출원가	150,000
변동판매비	60,000
공헌이익	₩90,000
고정제조간접원가	50,000
고정판매비	20,000
영업이익	₩20,000

(주)세무의 연간 최대생산능력은 6,000단위이다. 새로운 고객이 20×1년 초 1,500단위를 단위당 ₩50에 구매하겠다고 제의하였으며, 이 제의는 부분 수락할 수 없다. 이 제의를 수락하고, 정상가격에 의한 기존의 거래를 감소시켜 영업이익을 극대화한다면, 20×1년에 증가하는 영업이익은? [2013년 세무사]

① ₩1,000 ② ₩3,000 ③ ₩9,000
④ ₩14,000 ⑤ ₩17,000

15.21 (주)우리는 현재 제품생산에 필요한 부품 10,000단위를 자가제조하여 사용하고 있는데, 최근에 외부의 제조업자가 이 부품을 전량 납품하겠다고 제의하였다. (주)우리가 이러한 제의에 대한 수락 여부를 검토하기 위하여 원가자료를 수집한 결과, 10,000단위의 부품을 제조하는데 발생하는 총제조원가는 다음과 같으며, 최대로 허용 가능한 부품의 단위당 구매가격은 ₩330으로 분석되었다.

항목	금액
직접재료원가	₩1,800,000
직접노무원가	700,000
변동제조간접원가	500,000
고정제조간접원가	500,000
총제조원가	₩3,500,000

이 경우, (주)우리가 회피 가능한 고정제조간접원가로 추정한 최대 금액은 얼마인가? [2012년 세무사]

① ₩150,000 ② ₩200,000 ③ ₩250,000
④ ₩300,000 ⑤ ₩500,000

15.22 (주)우리는 세 종류의 제품 A, B, C를 독점하여 생산·판매하고 있다. 제품생산을 위해 사용되는 공용설비의 연간 사용시간은 총 80,000시간으로 제한되어 있다. 20×1년도 예상자료는 다음과 같다.

구분	제품 A	제품 B	제품 C
단위당 판매가격	₩1,000	₩1,500	₩2,000
단위당 변동원가	₩300	₩600	₩1,200
단위당 공용설비사용시간	10시간	20시간	16시간
연간 최대시장수요량	2,000단위	3,000단위	2,000단위

위 자료에 근거한 설명으로 옳은 것은? [2011년 세무사]

① 제품 단위당 공헌이익이 가장 큰 제품은 A이다.
② 공용설비사용시간 단위당 공헌이익이 가장 큰 제품은 C이다.
③ (주)우리가 20×1년에 획득할 수 있는 최대공헌이익은 ₩4,260,000이다.
④ (주)우리가 20×1년 공헌이익을 최대화하는 경우, 생산된 총 제품 수량은 5,500개이다.
⑤ (주)우리가 20×1년 공헌이익을 최대화하기 위해서는 제품 C, 제품 B, 제품 A의 순서로 생산한 후 판매해야 한다.

15.23 태양회사는 A, B, C 주스를 생산한다. 각 제품의 상자당 자료는 다음과 같다.

항목	A	B	C
판매가	₩2,600	₩2,200	₩2,500
변동비	₩1,400	₩1,200	₩1,420
재료사용량	3kg	2kg	2.4kg

재료 총공급량이 18,000kg으로 제한되어 있고, 각 제품의 최대 판매량은 3,000상자이다. 이익을 최대화하기 위해 각 제품을 몇 상자씩 판매하여야 하는가? [2005년 세무사]

	A	B	C
①	3,000	650	3,000
②	3,000	3,000	1,250
③	3,000	3,000	1,450
④	2,000	3,000	3,000
⑤	1,600	3,000	3,000

15.24 (주)한국은 두 개의 보조부문(부문 S1과 부문 S2)과 두 개의 제조부문(부문 P1과 부문 P2)을 사용하여 제품을 생산하고 있다. 20×1 회계연도에 각 보조부문이 생산하여 타 부문에 제공할 용역의 양과 보조부문의 원가에 관한 예산자료는 다음과 같다.

(1) 보조부문의 용역생산량과 타 부문에 제공할 용역량

보조부문	보조부문의 용역생산량	각 보조부문이 타 부문에 제공할 용역량			
		S1	S2	P1	P2
S1	200단위	–	40단위	100단위	60단위
S2	200단위	100단위	–	20단위	80단위

(2) 보조부문의 원가

항목	부문 S1	부문 S2
간접재료원가(변동비)	₩560,000	₩80,000
감독자 급여(고정비)	80,000	80,000
감가상각비(고정비)	200,000	240,000
계	₩840,000	₩400,000

20×0년 말 (주)한국은 (주)대한으로부터 현재 부문 S2에서 제공하고 있는 용역을 단위당 ₩1,400에 공급해 주겠다는 제안을 받았다. 만약 이 제안을 20×1년 초에 수락할 경우 (주)한국은 부문 S2의 간접재료원가를 회피할 수 있으며 부문 S2의 감독자급여를 50%만큼 절감할 수 있다. 그리고 부문 S2의 설비는 타사에 임대하여 연간 ₩24,000의 수익을 얻을 수 있다. 만약 20×1년 초에 (주)한국이 (주)대한의 제안을 수락함으로써 부문 S2를 폐쇄하고 (주)대한으로부터 용역을 구매하기로 하는 경우, 이러한 결정은 (주)한국의 20×1 회계연도 이익에 어떠한 영향을 미치게 될 것인가? [2015년 공인회계사]

① ₩1,000 증가 ② ₩2,000 증가 ③ ₩3,000 증가
④ ₩4,000 증가 ⑤ ₩5,000 증가

Ⅲ. 주관식

15.1 (주)호복은 사업부 A와 사업부 B를 운영하고 있다. 사업부 B는 사업부 A에 고급형 지우개를 매월 20,000단위 공급해 줄 것을 요청하였다. 사업부 A는 현재 일반형 지우개를 매월 70,000단위를 생산, 판매하고 있으나, 고급형 지우개는 생산하고 있지 않다. 회계부서의 원가분석에 의하면 고급형 지우개의 단위당 변동제조원가는 ₩140, 단위당 변동판매관리비는 ₩10으로 예상된다. 사업부 A가 고급형 지우개 한 단위를 생산하기 위해서는 일반형 지우개 1.5단위의 생산을 포기하여야 한다. 일반형 지우개는 현재 단위당 ₩440에 판매되고 있으며, 단위당 변동제조원가와 단위당 변동판매관리비는 각각 ₩190과 ₩90이다. 사업부 A의 월 고정원가 총액은 사업부 B의 요청을 수락하더라도 변동이 없다. 사업부 A가 현재와 동일한 영업이익을 유지하기 위한 고급형 지우개의 단위당 최소판매가격은 얼마인가? [기업회계 1급]

15.2 에어컨 제조회사인 (주)호복은 소형모터를 자가제조하고 있다. 소형모터 6,000개를 자가제조하는 경우, 단위당 원가는 다음과 같다. (주)한국이 (주)호복에게 소형모터 6,000개를 단위당 ₩37에 공급할 것을 제안하였다. (주)호복이 (주)한국의 공급제안을 수용하는 경우, 소형모터 제작을 위해 사용하던 특수기계는 다른 용도로 사용 및 처분을 할 수 없으며, 소형모터에 배부된 공통제조간접원가의 50%를 절감할 수 있다. (주)호복이 (주)한국의 공급제안을 수용한다면, 자가제조하는 것 보다 얼마나 유리 또는 불리한가? [기업회계 1급]

항목	금액	항목	금액
직접재료원가	₩15	특수기계 감가상각비	₩3
직접노무원가	₩7	공통제조간접원가 배부액	₩10
변동제조간접원가	₩4		

15.3 (주)전주는 연간 최대생산량이 1,000단위인 생산설비를 보유하고 있다. (주)전주는 당기에 제품 단위당 ₩1,000의 판매가격에 800단위의 제품을 판매할 수 있을 것으로 예상하고 있다. (주)전주는 제품 단위당 변동제조원가는 ₩500이고, 제품단위당 변동판매관리비는 ₩100이다. (주)전주는 예상판매량 300단위를 줄이고 제품 500단위를 판매할 수 있는 특별주문 수락을 고민 중이라면 특별주문 제품의 단위당 최저판매가격은 얼마인가? [기업회계 1급]

15.4 소다(주)는 소모품을 자체생산하고 있다. 현재 필요한 수량은 월 10단위이고 단위당 변동제조원가는 ₩200이며 고정제조원가는 월 ₩1,000이다. 이 소모품을 외부에서 구입할 경우 해당 생산설비를 월 ₩500에 임대할 수 있다. 소모품을 외부에서 구입할 때, 월 지급할 수 있는 단위당 최대금액은 얼마인가? [기업회계 1급]

15.5 미소제조(주)는 제품 A를 단위당 ₩200에 판매하고 있는데, (주)다소로부터 제품 A 1,000단위를 단위당 ₩80에 구입하겠다는 제안을 받았다. 제품 A의 단위당 원가는 다음과 같다. 미소제조(주)가 (주)다소의 제안을 수락하는 경우 증가되는 영업이익은? 단, 미소제조(주)가 (주)다소의 제안을 수락할 수 있는 충분한 유휴생산능력을 보유하고 있다고 가정한다. [기업회계 1급]

항목	금액	항목	금액
직접재료원가	₩30	직접노무원가	₩10
변동제조간접원가	₩15	고정제조간접원가	₩20

15.6 (주)가하는 컴퓨터용 스피커 부품 2개를 생산하고 있다. 부품별 공헌이익손익계산서는 다음과 같다. 부품A의 생산라인을 폐지하면 유휴설비를 통해 연간 임대수익 ₩15,000을 얻을 수 있으며, 부품A의 고정 제조원가는 모두 회피할 수 있다. 부품 A라인을 폐지할 경우 발생되는 증분 영업이익은 얼마인가? [기업회계 1급]

구분	부품A	부품B
매출액	₩150,000	₩200,000
변동원가	₩110,000	₩150,000
공헌이익	₩40,000	₩50,000
고정 제조원가	₩50,000	₩30,000
고정 판매비와관리비	₩20,000	₩10,000
영업이익	₩(30,000)	₩10,000

15.7 (주)경남은 축구공을 생산하는 기업으로 축구공의 단위당 판매가격은 ₩10,000이다. 동 제품에 대한 단위당 변동제조원가는 ₩5,500이며, 총고정원가는 매월 ₩450,000이 발생한다. 현재 생산되고 있는 축구공은 월 평균 500개이며, 전량 판매되고 있다. (주)경남은 라디오 광고비 지출을 매월 증가시키면 매출액이 30% 증가할 것으로 기대하고 있다. 회사의 이익에 영향을 미치지 않기 위한 매월 광고비 최대 지출 가능 금액은 얼마인가? (단, (주)경남은 추가 설비확장이 없이 매출증가분에 대한 생산능력을 보유하고 있다고 가정함.) [기업회계 1급]

15.8 (주)목련은 A사업부에서 중간재를 생산하고 B사업부에서 완제품을 생산하고 있다. A사업부는 중간재를 외부에 판매하거나 B사업부에 대체할 수 있다. A사업부의 중간재 제조원가는 단위당 ₩700이며 B사업부의 추가변동원가는 단위당 ₩600이다. A사업부의 경영자는 다음의 두 가지 대안을 고려중이다. 대안 1은 중간재 1,000단위를 단위당 ₩1,200에 전량 외부 판매하는 것이고, 대안 2는 중간재 600단위를 단위당 ₩1,400에 외부판매하고 나머지 400단위를 B사업부에 적절한 가격으로 대체하는 것이다. A사업부의 경영자가 두 가지 대안을 동일하게 판단할 수 있도록 하려면 B사업부의 대체가격은 단위당 최소 얼마가 되어야 하는가? [기업회계 1급]

제16장

성과측정과 성과관리

학습 목표

대부분 기업이 사용하고 있는 분권화는 조직목표 및 전략의 일체화를 위하여 필요하나, 중복투자 혹은 각 부서 간의 협력 저해 등의 단점도 있다. 결과적으로 기업경영 활동과 통제 등을 성과관리에 어떻게 연결해 각 구성원에게 동기를 부여할 수 있느냐의 문제가 남게 된다. 따라서 본 장에서는 관리회계시스템의 가장 핵심적인 요소인 성과측정과 성과관리에 대하여 전반적으로 파악해 본다. 설정된 학습 목표는 다음과 같다.

1. 분권화의 장단점에는 무엇이 있는가?
2. 책임 중심점별 성과 평가란 무엇인가?
3. 수익중심점과 원가중심점의 세부분석은 어떻게 하는가?
3. 투자책임 단위 성과 평가지표에는 무엇이 있는가?
4. 투자수익률, 잔여 이익, 경제적 부가가치는 어떻게 차이가 있는가?
5. 성과평가에서 보상의 종류에는 어떠한 것이 있는가?
6. 균형성과표를 관리시스템으로 파악하는 이유는 무엇인가?
7. 균형성과표의 4가지 관점은 어떻게 상호 연결되는가?
8. 균형성과표의 특징으로는 무엇을 들 수 있는가?

제1절 분권화

기업의 활동영역이 전 세계로 확대되고 그 규모가 커지게 됨에 따라 기업 전체를 효율적으로 계획·통제하는 것이 매우 어렵게 되었다. 이러한 이유로 많은 기업은 의사결정 권한을 여러 부문(segment) 또는 사업부(division)의 경영자에게 위임하는 분권화(decentralization)를 채택하고 있다.

분권화의 장점을 서술하면 다음과 같다.

장점	설명
적시대응	• 의사결정이 각 사업부에서 독립적으로 이루어지게 되면 예기치 못했던 상황이 발생할 때도 즉각적으로 대처할 수 있다. • 즉, 모든 문제에 대하여 일일이 최고경영자에게 보고하여 승인을 받은 뒤에 조처하는 것보다 문제가 발생하는 즉시 현장에서 의사결정을 내려 문제를 해결하는 것이 시간이 절약되고 효율적이라고 할 수 있다.
전략적 의사결정에 도움	• 최고경영자가 일상적 업무에 관한 의사결정에 많은 시간을 소비하게 되면 기업의 생존과 발전에 관련된 중요한 전략적 의사결정에 소홀해질 수밖에 없다. • 따라서 조직의 효율성을 증대시키기 위해서는 최고경영자가 기업의 장기계획이나 전략 등에 보다 많은 시간을 할애하도록 하고, 일상적인 업무에 관한 의사결정은 하위경영자가 수행하도록 조직을 설계하는 것이 필요하다.
동기부여 및 직무 만족의 증가	• 하위경영자들이 독자적으로 의사결정을 내리고 이를 집행할 수 있다면 그들은 더욱 진취적으로 자신의 업무달성에 몰두할 것이고, 이로 인해 조직의 효율성도 향상될 것이다. • 그러나 여기서 유의할 점은 하위경영자의 노력이 조직 전체의 목표와 일치되어야 한다는 점이다.
하위경영자의 능력개발 및 훈련	• 분권화된 조직에 있어서 각 사업부는 하나의 준독립 기업과 다름이 없으므로 분권화를 실시하면 사업부의 경영자는 기업이 부딪치는 모든 문제를 사업부 경영으로부터 경험하게 되므로 각 사업부는 하위경영자의 훌륭한 교육장이 된다. • 또한, 최고경영자는 각 사업부의 성과를 평가하고 그 결과를 장래 최고경영자의 선정을 위한 자료로 활용할 수도 있다.
성과평가의 기반 제공	• 책임회계의 실행에서는 책임중심점의 설정이 전제되어야 하고 이러한 책임중심점은 분권화의 기본이 되기 때문에 성과평가의 기반을 제공한다고 볼 수 있다.

분권화의 단점을 서술하면 다음과 같다.

단점	설명
부분 최적화 의사결정	• 하위경영자들은 해당 사업부의 성과에 의해 성과평가를 받게 되므로 하위경영자의 노력이 조직 전체의 목표와 일치되지 않는 경우가 발생할 수 있다. • 예를 들어 이익중심점의 경우에는 생산량을 늘리기 위해서 생산가동률을 높일 것이다. 이는 기말재고수준을 과도하게 높이 설정함으로써 해당 회계 기간의 당기순이익을 높이려는 의도인데 이익중심점 이외의 부서나 조직 전체의 목표와는 상충할 수 있다.
활동의 중복	• 조직을 분권화하고 하위조직에 자율성을 부여하게 되면 각 사업부는 개별적으로 회계 및 법률과 같은 전문분야에 대한 지원부문을 갖추어야 한다. • 이 경우 하나의 조직 내에 여러 지원기능이 중복되어 추가적인 비용과 자원의 낭비를 초래하게 된다.
사업부 간 협력의 저해	• 분권화된 조직에서는 사업부 경영자들이 각기 자기의 성과평가를 유리하게 하는 방향으로만 행동을 취할 가능성이 있으므로 사업부 간의 협력이 이루어지지 못할 수 있다.
정보수집 비용 증가	• 분권화를 통한 사업부별 회계보고서 및 기타 경영에 관련된 보고서를 작성하는 데 분권화 이전보다 많은 정보가 필요하므로 이에 따른 추가비용이 소요되게 된다.
통제력의 약화	• 분권화로 인하여 최고경영자의 통제력이 약화할 수 있다. 분권화된 조직의 최고경영자는 대부분은 하위경영자에 대한 직접적인 통제를 할 수 없고 성과보고서를 통한 간접적인 통제밖에 할 수 없다. 이 경우 최고경영자의 통제력 약화로 인해 조직의 효율성이 떨어질 수 있다. • 그런데 정보기술의 발달에 힘입어 조직의 분권화를 실행하면서도 정보를 신속하게 공유할 수 있게 되어 최근에는 분권화의 비용이 감소하는 추세이다.

제2절 책임중심점의 성과평가

책임회계제도는 먼저 원가 발생에 대한 책임소재를 명확히 규정한 다음 책임자별로 원가를 집계함으로써 효율적인 원가관리를 달성하는 것을 목적으로 한다. 책임회계제도는 원가관리뿐만 아니라 수익관리 관점까지 연결할 수 있다. 즉 수익 발생에 대한 책임 소재를 명확히 규정하고 책임자별로 수익을 집계함으로써 효율적으로 관리할 수 있다면 수익의 집계 단위를 판매부서 전체가 아니라 각 담당 책임자별로 설정함으로써 수익에 대한 책임회계제도를 확립할 수 있다.

책임회계제도에 기반을 둔 경영체제가 운영되기 위해서는 책임중심점이 있어야 한다. 일반적으로 다음과 같은 네 가지 형태가 있다.

책임중심점	설명
수익중심점	• 수익의 획득에 대해서만 통제책임을 지는 중심점이다. • 이를테면, 수익중심점은 산출물만을 화폐로 측정하여 통제할 뿐 투입물과 산출물 모두에 의해 결정되는 이익에 대해서는 책임을 지지 않는다.
원가중심점	• 특정 원가의 발생에 대해서만 통제책임을 지는 중심점이다. • 여기에서는 산출물을 화폐단위로 측정할 필요가 없으며 판매 또는 수익창출에는 책임을 지지 않는다.
이익중심점	• 원가와 수익 모두에 대해 통제책임을 지는 중심점이다. • 이익중심점은 하나의 기업 그 자체가 될 수도 있지만, 생산부서, 판매부서와 같이 기업의 특정부서로 구성되는 것이 일반적이다.
투자중심점	• 원가, 수익뿐만 아니라 투자의사 결정에 대해서도 통제책임을 지는 책임중심점으로써 가장 포괄적이다. • 여기서 투자의사 결정에 대한 책임이란 책임중심점이 유형자산 및 재고자산의 구매, 매출채권의 설정, 경영전략 등을 결정하여 자원이 투자됨에 따라 부담해야 하는 책임을 뜻한다. 이러한 책임회계제도를 구현하기 위한 방식 중 하나로 부문별 보고를 들 수 있다.

1 성과보고서

성과보고서(performance report)는 경영자나 관련 종업원에게 예산과 실제의 차이에 대한 정보를 제공함으로써 조직의 목적을 달성하는 데 도움을 준다. 성과보고서를 개발하고 사용하는 데 있어서 가장 중요하게 고려해야 할 요소는 인적자원이다. 이런 의미에서 성과보고서는 조직구성원들이 바람직한 방향으로 행동하도록 동기를 부여할 수 있어야 하며 다음 네 가지 조건이 필요하다.

첫째, 표준을 어떻게 도출하였는가를 관련 조직구성원들이 이해할 수 있도록 설정하여 표준을 정당한 것으로 받아들일 수 있어야 한다.

둘째, 조직구성원들이 자신의 성과 및 작업표준을 수립하는 데 참여할 수 있어야 한다.

셋째, 이상적인 상황을 기준으로 하여 표준을 설정해서는 안 되며, 필수적으로 발생하게 되는 여유시간을 고려하여 설정해야 한다.

넷째, 성과 평가자료를 경영 의사결정을 위해 상위 경영자들에게 제공해야 할 뿐만 아니라, 그 과정에 직접 관련된 사람들에게도 환류되어야 한다.

성과보고서를 작성할 때는 보고서에 포함된 정보가 과연 정보이용자의 의사결정에 적합한가를 항상 염두에 두어야 한다. 즉, 발생 가능한 문제점들과 대안들에 초점을 맞추어 간결하게 작성해야 하며, 특히 성과보고서를 성과 평가목적으로 사용할 때는 피평가자가 통제 가능한 요소만을 포함하여 작성해야 한다. 피평가자가 통제할 수 있는 요소에만 한정하여 성과보고서를 작성하고 이를 기초로 성과평가 하는 것이 바로 책임회계제도의 기본정신이다.

다음은 (주)현대의 판매부서 예산과 실적에 관한 자료이다. 이를 기초로 성과보고서를 이해해 보도록 한다.

항목	실제		예산	
단위당 판매가격①		₩250		₩200
판매량②		3,500개		4,000개
직접재료원가③	₩6 × 0.5kg =	₩3	₩8 × 1kg =	₩8
직접노무원가④	₩12 × 2.5시간 =	₩30	₩12 × 2시간 =	₩24
변동제조간접원가⑤	₩4 × 2.5시간 =	₩10	₩4 × 2시간 =	₩8
변동제조원가⑥=(③+④+⑤)		₩43		₩40
변동판매관리비⑦		₩8		₩10
고정제조간접원가⑧		₩100,000		₩80,000
고정판매관리비⑨		₩50,000		₩60,000

위의 자료를 이용하여 성과보고서를 작성하면 다음과 같다.

실제성과는 실제 판매가격 또는 실제 원가에 실제 매출 수량을 곱한 값이며, 변동예산은 예산판매가격 또는 예산원가에 실제 매출 수량을 곱한 값이며, 고정예산은 예산판매가격 또는 예산원가에 예산매출 수량을 곱한 값이다.

성과보고서는 매출액에서 변동원가(=변동매출원가+변동판매관리비)를 차감하여 공헌이익을 산출하고 고정원가(=고정제조간접원가+고정판매관리비)를 차감하여 영업이익을 산출한다.

실제성과와 변동예산의 차이는 변동예산차이이고, 변동예산과 고정예산의 차이는 매출조업도 차이이다. 변동예산차이와 매출조업도 차이의 합인 실제성과와 고정예산의 차이는 고정예산차이이다.

(주)현대의 예산 및 실적자료를 이용하여 산출한 실제 영업이익은 ₩546,500, 변동예산영업이익은 ₩385,000이므로 변동예산차이는 ₩161,500(유리)이다. 그리고 변동예산영업이익은 ₩385,000, 고정예산영업이익은 ₩460,000이므로 매출조업도 차이는 ₩75,000 (불리)이다. 따라서 고정예산차이는 변동예산차이 ₩161,500(유리)와 매출조업도 차이 ₩75,000(불리)의 합으로 ₩86,500(유리)이다.

항목	실제성과	변동예산	고정예산
매출액	₩250×3,500개=₩875,000	₩200×3,500개=₩700,000	₩200×4,000개=₩800,000
변동매출원가	₩43×3,500개=₩150,500	₩40×3,500개=₩140,000	₩40×4,000개=₩160,000
변동판매관리비	₩8×3,500개=₩28,000	₩10×3,500개=₩35,000	₩10×4,000개=₩40,000
변동원가 합계	₩178,500	₩175,000	₩200,000
공헌이익	₩696,500	₩525,000	₩600,000
고정제조간접원가	₩100,000	₩80,000	₩80,000
고정판매관리비	₩50,000	₩60,000	₩60,000
고정원가 합계	₩150,000	₩140,000	₩140,000
영업이익	₩546,500	₩385,000	₩460,000

변동예산차이
₩161,500(유리)

매출조업도 차이
₩75,000(불리)

고정예산차이
₩86,500(유리)

2 수익중심점의 성과평가

수익중심점(revenue center)은 중심점의 경영자가 수익창출에 대하여 일차적인 책임을 지는 중심점을 말하며, 이러한 수익중심점에 대해서는 해당 중심점이 달성한 수익의 크기를 기초로 그 성과를 평가한다. 수익중심점에 대한 성과평가는 실제 매출액과 목표 매출액을 비교하는 형식으로 이루어진다.

그러나 이처럼 매출액만을 기준으로 수익중심점의 성과를 평가하면 수익중심점의 경영자는 매출액의 증대에만 노력을 집중시키고 판매비 등에 대한 원가통제에는 관심을 매우 적게 기울일 우려가 있다. 이러한 성과평가와 관련된 문제점을 극복하기 위해서는 수익중심점의 대표적인 예인 판매부서 담당자의 성과를 매출액과 통제가능원가와의 차이인 부문통제가능이익에 따라 평가할 필요가 있는 것이다. 이 경우 판매부서는 단순한 수익중심점이 아니라 보다 포괄적인 책임을 지는 이익중심점이 된다. 판매부서를 이익중심점으로 설계하고 성과를 평가하면 단순한 수익중심점으로 설계하는 경우에 비교하여 판매부서담당자의 행동을 더욱더 바람직한 방향으로 유도할 수 있다.

2.1. 매출총차이

판매부서의 성과보고서는 실제성과와 예산성과를 비교하는 형식으로 작성한다. 판매부서의 매출총차이(total sales variance)는 전적으로 판매가격이나 매출 수량의 차이에 의해 발생하며 그 크기는 실제 공헌이익과 예산공헌이익의 차이로써 측정된다. 여기서 실제 공헌이익은 실제 판매가격에서 실제 변동원가를 차감한 실제의 공헌이익을 지칭하는 것이 아니라 실제 판매가격에서 표준변동원가를 차감한 공헌이익임에 유의해야 한다.

실제 공헌이익과 예산공헌이익을 계산할 때는 표준변동원가를 사용한다. 여기서 표준변동원가는 변동제조원가와 변동판매비와 관리비에 모두 적용되는 것임에 유의할 필요가 있다. 모든 변동원가에 대하여 표준변동원가를 적용하는 이유는 매출총차이를 판매가격의 차이 및 매출 수량의 차이로 인한 효과만으로 파악하기 위한 것이다. 이렇게 함으로써 판매부서의 성과평가에 원가차이로 인한 영향을 제거할 수 있다. 매출총차이는 크게 판매가격의 변동에 의한 판매가격 차이와 매출 수량의 변동에 의한 매출조업도 차이로 나누어진다.

판매가격차이(selling price variance)는 실제 판매가격과 예산판매가격 간의 차이로 인한 공헌이익의 차이를 의미하는데 이때 매출 수량으로는 실제 매출 수량을 적용한다.

매출조업도차이(sales volume variance)는 실제 매출 수량과 예산 매출 수량 간의 차이로 인한 공헌이익의 차이를 의미하는데 이때 판매가격은 예산판매가격을 적용한다. 그러므로 매출조업도차이는 순수한 매출 수량에 의한 차이만을 의미한다.

매출총차이를 이처럼 가격차이와 조업도차이로 구분하는 이유는 결국 예산공헌이익과 실제 공헌이익 간의 차이의 원인을 판매가격의 측면과 매출 수량의 측면에서 각각 파악하기 위한 것이다. 이상의 내용을 요약하면 다음과 같다.

실제성과	변동예산	고정예산
(AP−SV)×AQ	(BP−SV)×AQ	(BP−SV)×BQ
판매가격차이 (AP−BP)×AQ	매출조업도차이 (BP−SV)×(AQ−BQ)	
매출총차이 (AP−SV)×AQ−(BP−SV)×BQ		

여기에서, AP(Actual Price): 실제 판매가격 SV(Standard Variable cost): 표준(예산)변동원가
AQ(Actual Quantity): 실제 매출 수량 BP(Budgeted Price): 예산판매가격
BQ(Budgeted Quantity): 예산매출 수량

(주)현대의 예산 및 실적자료를 이용하여 산출한 판매부서 매출총차이는 다음과 같다. 표준변동원가 ₩50은 표준변동제조원가 ₩40과 표준변동판매관리비 ₩10의 합이다.

실제성과	변동예산	고정예산
(AP−SV)×AQ	(BP−SV)×AQ	(BP−SV)×BQ
(₩250−₩50)×3,500개 =₩700,000	(₩200−₩50)×3,500개 =₩525,000	(₩200−₩50)×4,000개 =₩600,000
판매가격차이 ₩175,000(유리)	매출조업도차이 ₩75,000(불리)	
매출총차이 ₩100,000(유리)		

2) 복수제품의 경우

앞에서는 기업이 한 종류의 제품만을 생산 · 판매한다고 가정하고 차이분석을 수행하였으나 현재 대부분 기업은 단위당 공헌이익이 서로 다른 여러 종류의 제품을 생산 · 판매하고 있다. 이처럼 복수제품을 생산 · 판매하는 경우에는 판매가격, 전체매출 수량이 차이가 없다 하더라도 각 제품의 실제 판매비율이 예산판매비율과 달라 매출차이가 발생할 수 있다. 따라서 복수제품을 생산 · 판매하는 기업의 경우에는 이러한 매출배합 차이를 고려하여 매출총차이를 더욱더 세밀하게 분석해야만 판매 활동에 대한 충분한 정보를 얻을 수 있다.

(1) 매출배합차이와 매출수량차이

매출조업도차이는 실제 매출 수량에 예산 단위당 공헌이익을 곱한 금액과 예산매출 수량에 예산 단위당 공헌이익을 곱한 금액 간의 차이를 나타내는 것이다. 이때 예산 단위당 공헌이익 및 고정원가가 실제와 예산 간에 차이가 없다고 가정하면, 위의 두 금액을 비교하는 것은 곧 실제의 영업이익과 종합예산의 영업이익을 비교하는 것과 같은 것이 된다. 매출조업도차이를 매출수량차이와 매출배합차이로 분리하는 경우 각 차이에 대하여 살펴본다.

매출배합차이(sales mix variance)는 예산 단위당 공헌이익과 실제 총매출 수량이 그대로 유지된다고 가정할 때 실제 매출배합과 예산매출배합의 차이에 따른 변동 예산상의 공헌이익의 차이를 나타낸다.

여기에서 $ATQ \times AM_i$은 실제 총매출 수량에 제품 i의 실제 매출배합을 곱한 것이므로 곧 제품 i의 실제 매출 수량(AQ_i)이 된다.

매출수량차이(sales quantity variance)는 예산 단위당 공헌이익과 예산매출배합이 그대로 유지된다고 가정할 때 실제 총매출 수량과 예산 총매출 수량의 차이에 따른 변동 예산상의 공헌이익과 종합 예산상의 공헌이익의 차이를 나타낸다. 이를 식으로 표시하면 다음과 같다.

여기에서, $BTQ \times BM_i$는 예산 총매출 수량에 제품 i의 예산매출배합을 곱한 것이므로 곧 제품 i의 예산매출 수량(BQ_i)을 의미한다.

이상의 내용을 요약하면 다음과 같다.

변동예산(실제 배합)	변동예산(예산배합)	고정예산
$\Sigma(BP_i-SV_i)\times ATQ\times AM_i$ $=\Sigma(BP_i-SV_i)\times AQ_i$	$\Sigma(BP_i-SV_i)\times ATQ\times BM_i$	$\Sigma(BP_i-SV_i)\times BTQ\times BM_i$ $=\Sigma(BP_i-SV_i)\times BQ_i$

매출배합차이: $\Sigma(BP_i-SV_i)\times ATQ\times(AM_i-BM_i)$

매출수량차이: $\Sigma(BP_i-SV_i)\times BM_i\times(ATQ-BTQ)$

매출조업도차이: $\Sigma(BP_i-SV_i)\times(AM_i\times ATQ-BM_i\times BTQ)$

여기에서, BP_i(Budgeted Price): 제품 i의 예산판매가격
SV_i(Standard Variable cost): 제품 i의 표준(예산)변동원가
ATQ(Actual Total Quantity): 실제 총매출 수량
BTQ(Budgeted Total Quantity): 예산 총매출 수량
AM_i(Actual sales Mix): 제품 i의 실제 매출배합
BM_i(Budgeted sales Mix): 제품 i의 예산매출배합

다음은 냉장고와 세탁기를 생산·판매하는 (주)삼성의 예산 및 실제 자료이다.

항목	실제		예산(표준)	
	냉장고	세탁기	냉장고	세탁기
매출 수량	400대	600대	360대	840대
단위당 판매가격	₩80	₩120	₩100	₩90
단위당 변동원가	₩50	₩60	₩60	₩40
고정원가	₩20,000		₩25,000	

(주)삼성의 매출총차이를 분석하기 위한 항목별 금액은 다음과 같다.

① 실제

$\Sigma(AP_i - SV_i) \times ATQ \times AM_i$
$= \Sigma(AP_i - SV_i)) \times AQ_i$

= 냉장고 + 세탁기

$$= (₩80 - ₩60) \times (400대 + 600대) \times \frac{400대}{(400대 + 600대)} + (₩120 - ₩40) \times (400대 + 600대) \times \frac{600대}{(400대 + 600대)}$$

$= (₩80 - ₩60) \times 400대 + (₩120 - ₩40) \times 600대$

$= ₩56,000$

② 변동예산(실제 배합)

$\Sigma(BP_i - SV_i) \times ATQ \times AM_i$
$= \Sigma(BP_i - SV_i) \times AQ_i$

= 냉장고 + 세탁기

$$= (₩100 - ₩60) \times (400대 + 600대) \times \frac{400대}{(400대 + 600대)} + (₩90 - ₩40) \times (400대 + 600대) \times \frac{600대}{(400대 + 600대)}$$

$= (₩100 - ₩60) \times 400대 + (₩90 - ₩40) \times 600대$

$= ₩46,000$

③ 변동예산(예산배합)

$\Sigma(BP_i - SV_i) \times ATQ \times BM_i$

= 냉장고 + 세탁기

$$= (₩100 - ₩60) \times (400대 + 600대) \times \frac{360대}{(360대 + 840대)} + (₩90 - ₩40) \times (400대 + 600대) \times \frac{840대}{(360대 + 840대)}$$

$= (₩100 - ₩60) \times 300대 + (₩90 - ₩40) \times 700대$

$= ₩47,000$

④ 고정예산

$\Sigma(BP_i - SV_i) \times BTQ \times BM_i$
$\Sigma(BP_i - SV_i) \times BQ_i$

= 냉장고 + 세탁기

$$= (₩100 - ₩60) \times (360대 + 840대) \times \frac{360대}{(360대 + 840대)} + (₩90 - ₩40) \times (360대 + 840대) \times \frac{840대}{(360대 + 840대)}$$

$= (₩100 - ₩60) \times 360대 + (₩90 - ₩40) \times 840대$

$= ₩56,400$

매출총차이와 하위 차이항목들의 분석결과를 정리하면 다음과 같다.

<table>
<tr><td>판매가격차이
① 실제－② 변동예산(실제 배합)
＝₩56,000－₩46,000＝₩10,000(유리)</td><td></td><td rowspan="3">매출총차이
① 실제
－④ 고정예산
＝₩56,000
－₩56,400
＝400(불리)</td></tr>
<tr><td>매출배합차이
② 변동예산(실제 배합)－③ 변동예산(예산배합)
＝₩46,000－₩47,000＝₩1,000(불리)</td><td rowspan="2">매출조업도차이
② 변동예산(실제 배합)
－④ 고정예산
＝₩46,000－₩56,400
＝₩10,400(불리)</td></tr>
<tr><td>매출수량차이
③ 변동예산(예산배합)－④ 고정예산
＝₩47,000－₩56,400＝₩9,400(불리)</td></tr>
</table>

이상의 분석을 도식화하면 다음과 같다.

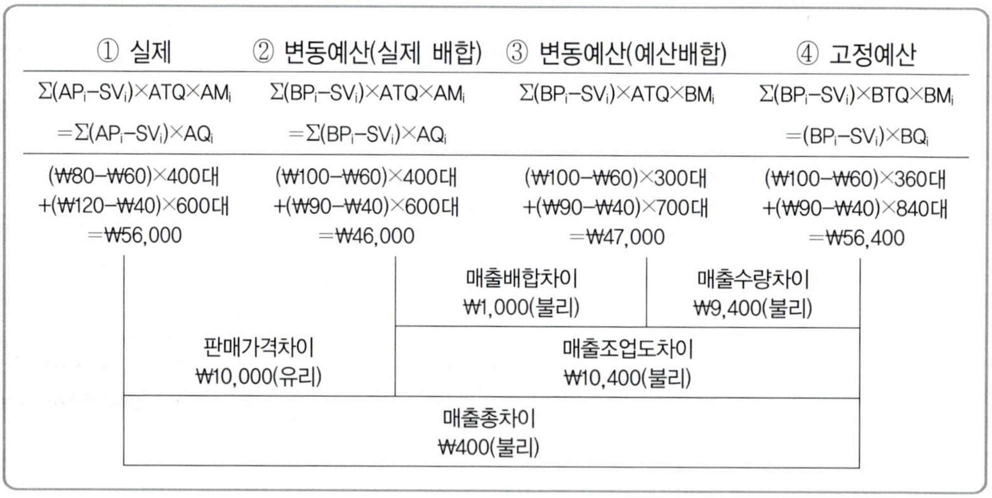

(2) 시장점유율차이와 시장규모차이

제품시장에서 취급되는 전체거래량 중에서 특정 기업이 차지하는 비율인 시장점유율(market share)과 특정업종의 제품시장 크기인 시장규모(market size)는 기업의 매출수량에 영향을 미치는 중요한 요소이다. 즉, 다른 요인이 일정할 때 시장규모가 확대되거나 시장점유율이 높아지면 그 기업의 매출 수량도 아울러 증가하게 된다. 이 중 산업의 총수요를 나타내는 시장규모는 기업 측면에서 볼 때 통제가 불가능한 요소이지만 시장점유율은 기업이 통제할 수 있는 요소이다. 이러한 관점에서 시장규모차이나 시장점유율차이는 전체매출 수량을 대상으로 파악해야 한다.

단일제품의 경우와는 달리 복수제품의 시장규모차이와 시장점유율차이를 파악하기 위해서는 예산평균공헌이익(budgeted average contribution margin)을 사용한다. 예산평균공헌이익이란 제품들의 예산공헌이익(budgeted contribution margin)을 예산매출배합비율로 가중평균한 것이다.

$$\text{예산평균공헌이익} = \Sigma(BP_i - SV_i) \times BM_i$$

여기에서, BP_i(Budgeted Price): 제품 i의 예산가격
SV_i(Standard Variable cost): 제품 i의 표준(예산)변동원가
BM_i(Budgeted sales Mix): 제품 i의 예산매출배합

시장점유율차이(market share variances)는 실제 시장규모 하에서 실제 시장점유율과 예산시장점유율 간의 차이에 따른 예산공헌이익의 차이를 측정하는 것이다. 여기에서 실제 시장규모(AMS)×실제 시장점유율(AMH)은 실제 시장규모(AMS)×실제 총매출 수량(ATQ)÷실제 시장규모(AMS)이므로 실제 총매출 수량(ATQ)과 같은 값이다.

시장규모차이(market size variances)는 예산시장점유율이 그대로 유지된다고 가정할 때 실제 시장규모와 예산 시장규모 간의 차이에 따른 예산공헌이익의 차이를 측정하는 것이다. 여기에서 예산 시장규모(BMS)×예산시장점유율(BMH)은 예산 시장규모(BMS)×예산 총매출 수량(BTQ)÷예산 시장규모(BMS)이므로 예산 총매출 수량(BTQ)과 같은 값이다.

이를 요약하면 다음과 같다.

변동예산 (실제 시장규모, 실제 시장점유율)	변동예산 (실제 시장규모, 예산시장점유율)	고정예산 (예산 시장규모, 예산시장점유율)
$\Sigma(BP_i-SV_i)\times BM_i \times AMS\times AMH = \Sigma(BPi-SV_i)\times BM_i\times ATQ$	$\Sigma(BP_i-SV_i)\times BM_i \times AMS\times BMH$	$\Sigma(BP_i-SV_i)\times BM_i \times BMS\times BMH = \Sigma(BP_i-SV_i)\times BM_i\times BTQ$

시장점유율차이
$\Sigma(BP_i-SV_i)\times BM_i \times AMS\times(AMH-BMH)$

시장규모차이
$\Sigma(BP_i-SV_i)\times BM_i \times BMH\times(AMS-BMS)$

매출수량차이
$\Sigma(BP_i-SV_i)\times BM_i \times(AMS\times AMH-BMS\times BMH)$

여기에서, BP_i(Budgeted Price): 제품 i의 예산가격
SV_i(Standard Variable cost): 제품 i의 표준(예산)변동원가
BM_i(Budgeted sales Mix): 제품 i의 예산매출배합
AMS(Actual Market Size): 실제 시장규모
BMS(Budgeted Market Size): 예산 시장규모
AMH(Actual Market sHare): 실제 시장점유율
BMH(Budgeted Market sHare): 예산시장점유율
ATQ(Actual Total Quantity): 실제 총매출 수량
BTQ(Budgeted Total Quantity): 예산 총매출 수량

냉장고와 세탁기를 생산하는 (주)삼성의 실제 시장규모가 25,000대이고, 예산 시장규모가 24,000대일 때 매출수량차이를 분석하면 다음과 같다.

매출수량차이를 시장점유율차이와 시장규모차이를 분석하기 위해서는 기초가 되는 예산평균공헌이익은 $\Sigma(BP_i-SV_i)\times BM_i$로서 [(₩100-₩60) × 360대÷(360대+840대) + (₩90 − ₩40) × 840대÷(360대+840대)]으로 계산되며 ₩47이 도출된다.

변동예산(실제 시장규모, 실제 시장점유율)에서 AMS×AMH는 25,000대 × (400대 + 600대)÷25,000대로 실제 매출 수량 1,000대와 같은 개념이다. 유사하게 고정예산(예산 시장규모, 예산시장점유율)에서 BMS × BMH는 24,000대×(360대+840대)÷24,000대로 예산매출 수량 1,200대와 같은 개념이다.

변동예산 (실제 시장규모, 실제 시장점유율) $\Sigma(BP_i-SV_i)\times BM_i$ $\times AMS$ $\times AMH$	변동예산 (실제 시장규모, 예산시장점유율) $\Sigma(BP_i-SV_i)\times BM_i$ $\times AMS$ $\times BMH$	고정예산 (예산 시장규모, 예산시장점유율) $\Sigma(BP_i-SV_i)\times BM_i$ $\times BMS$ $\times BMH$
[(₩100−₩60)×360대÷(360대+840대)+(₩90−₩40)×840대÷(360대+840대)] ×25,000대 ×(400대+600대)÷25,000대	[(₩100−₩60)×360대÷(360대+840대)+(₩90−₩40)×840대÷(360대+840대)] ×25,000대 ×(360대+840대)÷24,000대	[(₩100−₩60)×360대÷(360대+840대)+(₩90−₩40)×840대÷(360대+840대)] ×24,000대 ×(360대+840대)÷24,000대
=₩47×25,000대×4% =₩47,000	=₩47×25,000대×5% =₩58,750	=₩47×24,000대×5% =₩56,400

시장점유율차이 ₩11,750(불리) | 시장규모차이 ₩2,350(유리)

매출수량차이 ₩9,400(불리)

지금까지 논의된 수익중심점의 성과평가를 위한 차이분석을 요약하면 다음과 같다. 매출총차이는 판매가격차이와 매출조업도차이로, 다시 매출조업도 차이는 매출수량차이와 매출배합차이로 세분화할 수 있다. 다시 매출수량차이는 시장규모차이와 시장점유율 차이로 세분화할 수 있다. 분석 시 i제품의 실제 변동원가 AV_i는 고려할 필요가 없다는 점에 유의해야 한다.

실제	변동예산 (실제 배합)	변동예산 (예산배합)	고정예산
$\Sigma(AP_i-SV_i)\times ATQ$ $\times AM_i$	$\Sigma(BP_i-SV_i)\times ATQ$ $\times AM_i$	$\Sigma(BP_i-SV_i)\times ATQ$ $\times BM_i$	$\Sigma(BP_i-SV_i)\times BTQ$ $\times BM_i$
$=\Sigma(AP_i-SV_i)\times AQ_i$	$=\Sigma(BP_i-SV_i)\times AQ_i$		$=\Sigma(BP_i-SV_i)\times BQ_i$

변동예산 (실제 시장규모, 실제 시장점유율)	(실제 시장규모, 예산시장점유율)	고정예산 (예산 시장규모, 예산시장점유율)
$\Sigma(BP_i-SV_i)\times BM_i$ $\times AMS\times AMH$	$\Sigma(BP_i-SV_i)\times BM_i$ $\times AMS\times BMH$	$\Sigma(BP_i-SV_i)\times BM_i$ $\times BMS\times BMH$

시장점유율차이 | 시장규모차이

매출배합차이 | 매출수량차이

판매가격차이 | 매출조업도차이

매출총차이

여기에서, AP_i(Actual Price): 제품 i의 실제 판매가격
ATQ(Actual Total Quantity): 실제 총매출 수량
AM_i(Actual sales Mix): 제품 i의 실제 매출배합
AQ_i(Actual Quantity): 제품 i의 실제 매출 수량
AMS(Actual Market Size): 실제 시장규모
AMH(Actual Market sHare): 실제 시장점유율
BP_i(Budgeted Price): 제품 i의 예산판매가격
SV_i(Standard Variable cost): 제품 i의 표준(예산)변동원가
BTQ(Budgeted Total Quantity): 예산 총매출 수량
BM_i(Budgeted sales Mix): 제품 i의 예산매출배합
BQ_i(Budgeted Quantity): 제품 i의 예산매출 수량
BMS(Budgeted Market Size): 예산 시장규모
BMH(Budgeted Market sHare): 예산시장점유율

3 원가중심점의 성과평가

원가중심점이란 특정 원가의 발생에 대해서만 통제책임을 지는 책임중심점으로 투입물만을 화폐로 측정하여 통제하는 책임중심점이다. 따라서 산출물은 화폐단위로 측정하지 않고 판매나 수익창출에 대해서는 책임을 지지 않는다. 단일제품 생산원가에 대한 여러 차이분석에 대해서는 제3장에서 이미 살펴본 바 있다. 따라서 여기서는 복수제품을 생산・판매하는 경우 생산부문의 수량(능률)차이를 살펴보고자 한다. 생산부문의 원가차이 분석은 매출 차이분석과는 분석항목은 다르지만, 분석상의 논리는 거의 유사하다.

1) 배합차이와 수율차이

배합차이(mix variance)는 실제 생산과정에서 그때그때의 사정에 따라 원재료 또는 직접노동에 대한 예산배합과는 다른 배합을 사용함으로써 배합의 변화로 인한 수량(능률)차이를 말한다. 다만, 배합차이는 기술 여건상으로 원재료의 배합을 절대 변경시킬 수 없는 정밀화학제품이나 단일의 원재료로 생산되는 제품의 경우에는 개념적으로 발생할 수 없다.

이 차이는 여러 종류의 원재료(직접노동) 중에서 어느 하나의 원재료(직접노동)에 대한 배합차이를 계산하는 식이다. 그러므로 여러 종류의 원재료(직접노동)를 투입하여

한 종류의 제품을 생산하는 경우의 총배합차이를 구하려면 먼저 개별 원재료(직접노동)의 배합차이를 계산한 다음 이들을 모두 합산해야 한다.

수율차이(yield variance)는 생산요소의 표준투입량과 그로부터 산출되는 제품생산량과의 비율 차이로 인한 차이를 말한다. 이 차이도 역시 어느 하나의 원재료(직접노동)에 대한 수율차이를 계산하는 식이므로 총수율차이를 구하려면 먼저 개별 원재료(직접노동)의 수율차이를 계산한 다음 이들을 모두 합산해야 한다.

배합차이와 수율차이의 계산식을 살펴보면 바로 이 둘을 합계한 것이 전통적 수량(능률)차이임을 확인할 수 있다.

이상의 내용을 요약하면 다음과 같다.

실제	실제 사용량(시간)에 대한 표준원가(실제 배합)	실제 사용량(시간)에 대한 표준원가(예산배합)	실제 생산량에 대한 허용예산
$\sum(AP_i \times AQ_i)$	$\sum(SP_i \times AQ_i)$	$\sum(SP_i \times ATQ \times BM_i)$	$\sum(SP_i \times SQ_i)$

- 가격차이 (실제 ~ 실제 사용량에 대한 표준원가(실제 배합))
- 배합차이 $\sum[SP_i \times (AQ_i - ATQ \times BM_i)]$
- 수율차이 $\sum[SP \times (ATQ \times BM_i - SQ_i)]$
- 수량(능률)차이 $\sum[SP \times (AQ_i - SQ_i)]$

여기에서, AP_i(Actual Price): 생산요소 i의 실제 가격
SP_i(Standard Price): 생산요소 i의 표준(예산)원가
AQ_i(Actual Quantity): 생산요소 i의 실제사용수량
ATQ(Actual Total Quantity): 생산요소의 실제 총사용 수량
BM_i(Budgeted Mix): 생산요소 i의 예산배합
SQ_i(Standard Quantity): 생산요소 i의 실제 생산량에 대한 허용 수량

반도체 생산업체인 (주)첨단의 직접노무와 관련된 지난 1개월간의 실제 생산량, 실제 원가 및 표준원가자료는 다음과 같다.

항목	실제	표준
생산량	900단위	
숙련공 직접노무원가	₩6×2,000시간=₩12,000	₩5×4시간=₩20
비숙련공 직접노무원가	₩2×4,000시간=₩8,000	₩3×2시간=₩6
합계	₩20,000	₩26

(주)첨단의 직접노무원가 능률차이 분석은 다음과 같다. 먼저 숙련공의 직접노무시간당 표준원가 ₩5과 비숙련공의 직접노무시간당 표준원가 ₩3을 고정한다.

배합차이는 숙련공의 실제 직접노무시간 2,000시간, 비숙련공의 실제 직접노무시간 4,000시간과 직접노무시간의 예산배합에 따른 숙련공의 직접노무시간 4,000시간[=(2,000시간+4,000시간)×4시간÷(2시간+4시간)], 비숙련공의 직접노무시간 2,000시간[=(2,000시간+4,000시간)×2시간÷(2시간+4시간)]과의 차이로 인해 ₩4,000(유리)가 도출된다.

또한, 수율차이는 직접노무시간의 예산배합에 따른 숙련공의 직접노무시간 4,000시간, 비숙련공의 직접노무시간 2,000시간과 실제 생산량에 허용된 표준 노무시간에 따른 숙련공의 직접노무시간 3,600시간(=900단위×4시간), 비숙련공의 직접노무시간 1,800시간(=900단위×2시간)과의 차이로 인해 ₩2,600(불리)가 도출된다.

이상에서 살펴본 바와 같이 능률차이를 배합차이와 수율차이로 분리하면, 수율이 일정한 경우의 순수한 배합 효과와 배합이 일정한 경우의 순수한 수율 효과를 구분하여 파악할 수 있다.

실제	실제 사용량(시간)에 대한 표준원가(실제배합)	실제 사용량(시간)에 대한 표준원가(예산배합)	실제 생산량에 대한 허용예산
$\Sigma(AP_i \times AQ_i)$	$\Sigma(SP_i \times AQ_i)$	$\Sigma(SP_i \times ATQ \times BM_i)$	$\Sigma(SP_i \times SQ_i)$
₩6×2,000시간 +₩2×4,000시간 =₩20,000	₩5×2,000시간 +₩3×4,000시간 =₩22,000	₩5×(2,000시간+4,000시간)×4시간÷(2시간+4시간) +₩3×(2,000시간+4,000시간)×2시간÷(2시간+4시간) =₩26,000	₩5×900단위×4시간 +₩3×900단위×2시간 =₩23,400

가격차이	배합차이	수율차이
₩2,000(유리)	₩4,000(유리)	₩2,600(불리)
	수량(능률)차이 ₩1,400(유리)	
직접노무원가 총차이 ₩3,400(유리)		

4 투자중심점의 성과평가

1) 투자수익률

투자수익률(ROI: Return On Investment)은 미국의 듀퐁(Du Pont)사에서 수익성 및 성과평가에 사용하기 위해 개발한 지표인데, 투자수익을 투자액으로 나누어 산출된 성과측정치이다.

$$\text{투자수익률(ROI)} = \frac{\text{투자수익}}{\text{투자액}}$$

한편, 투자수익률은 다음과 같이 매출액 수익률(return on sales), 자산회전율(asset turnover), 부채비율(debt ratio)의 곱으로 나타낼 수 있다.

$$\text{투자수익률(ROI)} = \frac{\text{투자수익}}{\text{투자액}}$$

$$= \frac{\text{투자수익}}{\text{매출액}} \times \frac{\text{매출액}}{\text{총투자액}} \times \frac{\text{총투자액}}{\text{투자액}}$$

$$= \underbrace{\frac{\text{투자수익}}{\text{매출액}}}_{\text{매출액 수익률}} \times \underbrace{\frac{\text{매출액}}{\text{총자산}}}_{\text{자산회전율}} \times (1+\underbrace{\frac{\text{관련 부채}}{\text{순자산}}}_{\text{부채비율}})$$

우선, 매출액 수익률은 기업의 수익성을 판단할 수 있는 매우 중요한 재무정보이다. 매출액과 비교하면 어느 정도의 이익을 창출하는지는 제품과 용역의 원가경쟁력, 가격정책, 브랜드가치, 제품혁신 정도 등 모든 핵심역량(core competence)을 이용한 경쟁의 결과물이기 때문이다. 일반적으로 매출액 수익률은 업종별로 일정 범위 내에서 결정될 가능성이 크므로 수익성이 경쟁기업에 비교해 어떤 위치에 있는가를 평가하는데 활용할 수 있다. 또한, 매출액 수익률을 개선하기 위해서는 지속해서 원가를 절감해야 하는데, 기업이 매출증대 노력을 최선을 다해 수행하고 있는 상황에서 매출액 수익률은 원가통제에 대한 노력 정도를 간접적으로 보여주는 지표라고 할 수 있다.

둘째, 자산회전율은 기업 전체의 관점에서 경영자가 투자자산을 얼마나 효율적으로 활용하고 있는가를 판단할 수 있는 중요한 정보이다. 자산회전율은 투자된 자산이 매출을 창출하는데 이바지한 정도와 기업이 자원을 최소한으로 사용하려고 노력한 정도를 나타내기 때문이다.

셋째, 부채비율은 재무레버리지 효과에 대한 정보를 반영한다. 즉 이자비용의 법인세 효과로 인해 채무불이행위험이 크지 않은 적절한 수준까지는 부채를 많이 사용할수록 투자수익률이 개선될 수 있다.

한편, 매출액은 매출액 수익률의 분모와 자산회전율의 분자에 모두 포함되기 때문에, 이를 증가시키는 것은 매출액 수익률의 감소와 자산회전율의 증가를 동시에 가져와서 투자수익률에 아무런 영향을 못 미치리라 판단할 수 있다. 그러나 대부분 기업에는 고정원가가 존재하기 때문에 매출액과 총원가가 1:1로 비례하여 변화하지 않는다. 이를테면, 유휴설비가 있는 경우에는 새로운 투자 없이, 즉 고정원가의 증가 없이 생산을 증가시켜 매출액을 증대시킬 수 있다. 이 경우 투자수익의 증가율이 매출액의 증가율에 비교하여 훨씬 더 클 것이고 매출액 수익률은 증가하게 되는데, 이러한 현상은 고정원가가 지레 작용을 하여 매출액 증가보다 이익의 증가가 더 크게 나타나는 레버리지 효과에 해당한다. 한편, 매출액과 투자자산이 같은 비율로 변화하지 않을 때는 매출액의 변화에 따라 자산회전율이 변화한다. 요컨대, 매출액의 증대가 투자수익률의 증대로 연결될 수 있다.

요약하면, 매출액 수익률 및 자산회전율을 높이고, 부채를 적절하게 활용함으로써 기업은 투자수익률을 높일 수 있다. 즉 투자수익률을 매출액 수익률, 자산회전율 및 부채비율로 각각 나누어서 그 의미를 분석함으로써 효과적인 경영전략 및 재무전략을 수립할 수 있다.

한편 투자수익률을 분석할 때, 투자의 개념을 어떻게 설정하느냐에 따라 투자액 및 투자수익의 정의가 달라질 수 있다. 첫째, 투자를 좁은 의미로 해석하여 분모의 투자액을 경영자가 이익을 창출할 목적으로 영업 활동에 투입한 영업자산에 한정할 수 있다. 영업자산은 현금, 외상 매출금, 재고자산 등 영업 활동에 사용할 목적으로 보유하고 있는 자산이다. 이 경우 분모는 기초영업자산과 기말영업자산의 평균으로 측정한다. 그리고 분자의 이익은 분모에 영업자산을 사용하기 때문에 이에 대응되는 영업이익(operating income)을 사용한다. 영업이익은 이자비용과 법인세차감전 순이익(EBIT: Earning Before Interest and Taxes)을 말한다. 따라서 좁은 의미의 투자수익률은 경영자가 가장 관심 있는 성과지표인 영업자산수익률(ROA: Return On operating Assets)로 정의할 수 있다.

둘째, 투자를 넓은 의미로 해석하여 분모의 투자액을 주주가 제공한 자본금과 기업이 영업 활동으로 벌어들인 잉여금 중 주주에게 배당되지 않고 기업 내 유보되어 재투자된 금액을 합한 순자산(=자산-부채)으로 정의할 수 있다. 이 경우 분자는 기업 전체의 이익 중에서 최종적으로 주주에게 귀속되는 당기순이익이 된다. 따라서 넓은 의미의 투자수익률은 주주가 가장 관심 있는 성과지표인 순자산 수익률(ROE: Return On Equity)로 정의할 수 있다.

영업자산수익률과 순자산 수익률은 각각 다음과 같다.

$$영업자산수익률 = \frac{영업이익}{매출액} \times \frac{매출액}{영업자산} \times (1+\frac{영업부채}{순영업자산})$$

$$순자산\ 수익률 = \frac{당기순이익}{매출액} \times \frac{매출액}{총자산} \times (1+\frac{총부채}{순자산})$$

다음은 (주)현대자동차의 투자중심점인 승용차 사업부의 2007년 영업 활동 자료를 이용하여 투자수익률을 분석하는 사례이다.

항목	금액	항목	금액
기초영업자산	₩200,000	기초총부채	250,000
기말영업자산	400,000	기말총부채	300,000
기초총자산	500,000	매출액	600,000
기말총자산	700,000	영업이익	120,000
기초영업부채	25,000	당기순이익	₩50,000
기말영업부채	50,000		

(1) 영업자산수익률

(주)현대자동차의 승용차 사업부의 영업자산수익률을 계산하면 다음과 같다.

항목	금액
영업이익①	₩120,000
기초영업자산②	200,000
기초영업부채③	25,000
기초 순영업자산④=(②-③)	175,000
기말영업자산⑤	400,000
기말영업부채⑥	50,000
기말 순영업자산⑦=(⑤-⑥)	350,000
평균 순영업자산⑧=[(④+⑦)÷2]	₩262,500
승용차 사업부 영업자산수익률⑨=(①÷⑧)	45.71%

위의 영업자산수익률을 매출액 이익률, 자산회전율 및 부채비율로 나누어 계산하면 다음과 같다. 매출액 수익률은 영업이익을 매출액으로 나누어 20%가 산출되었고, 자산회전율은 매출액을 평균 영업자산으로 나누어 2회가 계산되었으며, 평균 영업부채를 평균 순영업자산으로 나눈 영업부채비율은 14.29%로 산출되었다. 이들을 곱하여 영업자산수익률은 45.71%가 산출되었다.

항목	결과
영업이익①	₩120,000
매출액②	₩600,000
매출액 수익률③=(①÷②)	20%
항목	결과
매출액④	₩600,000
기초영업자산⑤	200,000
기말영업자산⑥	400,000
평균 영업자산⑦=(⑤+⑥)÷2	₩300,000
자산회전율⑧=(④÷⑦)	2회
항목	결과
기초영업부채⑨	₩25,000
기말영업부채⑩	50,000
평균 영업부채⑪=(⑨+⑩)÷2	37,500
평균 순영업자산⑫	₩262,500
부채비율⑬=(⑪÷⑫)	14.29%
항목	결과
영업자산수익률⑭=[③×⑧×(1+⑬)]	45.71%

(2) 순자산 수익률

(주)현대자동차의 승용차 사업부의 순자산 수익률을 계산하면 다음과 같다.

항목	결과
당기순이익①	₩50,000
기초총자산②	₩500,000
기초총부채③	₩250,000
기초순자산④=(②-③)	₩250,000
기말총자산⑤	₩700,000
기말총부채⑥	₩300,000
기말순자산⑦=(⑤-⑥)	₩400,000
평균 순자산=⑧=[(④+⑦)÷2]	₩325,000
승용차 사업부 순자산 수익률⑨=(①÷⑧)	15.38%

위의 순자산 수익률을 매출액 이익률, 자산회전율 및 부채비율로 나누어 계산하면 다음과 같다. 매출액 수익률은 당기순이익을 매출액으로 나누어 8.33%가 산출되었고, 자산회전율은 매출액을 평균 총자산으로 나누어 1회가 계산되었으며, 평균 총부채를 평균 순자산으로 나눈 부채비율은 84.62%로 산출되었다. 이들을 곱하여 순자산 수익률은 15.38%가 산출되었다.

항목	결과
당기순이익①	₩50,000
매출액②	₩600,000
매출액 수익률③=(①÷②)	8.33%
항목	결과
매출액④	₩600,000
기초총자산⑤	500,000
기말총자산⑥	700,000
평균 총자산⑦=(⑤+⑥)÷2	₩600,000
자산회전율⑧=(④÷⑦)	1회
항목	결과
기초총부채⑨	₩250,000
기말총부채⑩	300,000
평균 총부채⑪=(⑨+⑩)÷2	275,000
평균 순자산⑫	₩325,000
부채비율⑬=(⑪÷⑫)	84.62%
항목	결과
순자산 수익률⑭=[③×⑧×(1+⑬)]	15.38%

(3) 투자수익률의 장점

투자수익률은 투자중심점인 경영자의 원가절감 노력, 수익창출 노력, 투자액 최소화 노력에 대한 평가를 가능하게 한다. 다시 말해서, 중심점 자체의 성과평가뿐만 아니라 중심점 경영자의 성과를 평가하는 데에도 매우 유용하다.

투자수익률은 투자금액에 대한 이익의 비율을 나타내는 수익성 지표이므로, 단지 획득한 이익의 크기만을 놓고 투자안의 수익성을 평가하는 것보다 더 바람직하다. 또한, 투자수익률은 비율로 표시되어 투자안 간의 수익률을 수월하게 비교할 수 있으므로 효과적인 수익성 지표라고 할 수 있다.

(4) 투자수익률의 한계점

하나의 기업이 여러 개의 투자중심점으로 구성되어 있고, 각 투자중심점의 사업내용이 각기 다른 경우에는 적용되는 회계원칙이 각기 다를 수 있다. 그러므로 분자인 영업이익의 비교 가능성이 떨어지게 되어 투자수익률을 이용한 투자중심점간의 성과 비교가 무의미할 수 있다. 또한, 사업내용이 각기 다른 경우에 각 투자중심점이 처해 있는 환경이 다르고, 더불어 위험요소가 다름에도 불구하고, 투자수익률은 이를 고려하지 못하고 있다.

투자수익률은 장기 수익성을 평가·관리하는 지표라기보다는 단기 수익성을 평가하는 지표이다. 예컨대, 영업이익 계산 시 사용되는 총원가에 고정원가가 포함되어 있어 투자중심점 경영자가 통제할 수 없는 부분도 포함되어 있으므로 투자안의 장기 수익성 분석에는 한계가 있다.

투자수익률을 기준으로 투자안을 선택할 경우 준최적화문제가 발생할 수 있다. 즉, 기업 전체적으로는 이익이 되는 투자안이지만, 투자중심점 측면에서는 수익률을 낮추게 되어 투자안을 거부하는 결과를 낳을 수 있다.

이를 (주)현대자동차의 사례를 통해 알아보자. 승용차 사업부가 신모델 자동차 생산라인에 대한 투자안을 고려하고 있다. 기업 전체의 최저필수수익률이 5%라고 할 때, 투자수익률로 성과평가를 받는 승용차 사업부 경영자는 신모델 자동차를 생산할 것인지를 분석하면 다음과 같다.

구모델의 수익률이 40%인데 반해, 신모델의 투자수익률은 25%로 예상된다. 신모델을 생산하면 사업부 전체 수익률은 30%로서 구모델 수익률 40%보다 낮은 투자수익률을 보이게 되므로, 사업부는 신모델 생산 투자안을 기각하게 된다. 반면 기업 전체의 최저필수수익률은 5%이므로, 기업 전체로서는 신모델을 생산하는 것이 기업가치를 증진할 수 있다. 그러나 승용차 사업부 경영자로서는 기존 투자안보다 낮은 투자수익률을 보이는 신규 투자안은 사업부 전체의 투자수익률을 낮추게 되므로, 새로운 투자안을 기각하게 된다.

항목	구모델	신모델	사업부 전체
영업이익①	₩120,000	₩150,000	₩270,000
기초영업자산②	200,000	400,000	600,000
기말영업자산③	400,000	800,000	1,200,000
평균 영업자산④=[(②+③)÷2]	₩300,000	₩600,000	₩900,000
투자수익률⑤=(①÷④)	40%	25%	30%

2) 잔여 이익

잔여 이익(RI: Residual Income)이란 투자중심점이 투자한 투자액으로부터 획득해야 하는 최소한의 이익을 초과하는 영업이익이다. 이는 영업이익에서 영업자산에 대한 암묵적 이자를 차감한 것이다. 잔여 이익은 다음과 같은 산식으로 계산된다.

잔여 이익 = 투자중심점의 영업이익 − 투자중심점의 영업자산에 대한 암묵적 이자
= 투자중심점의 영업이익 − (투자중심점의 영업자산 × 최저필수수익률)

잔여 이익을 계산하는 데 핵심은 투자중심점이 보유하고 있는 영업자산에 대한 최저필수수익률을 결정하는 것이다. 이는 기업 전체의 자본비용 또는 암묵적 이자율을 기초로 하여 해당 투자중심점과 관련된 위험을 추가로 고려하여 결정해야 한다. 특정 투자중심점의 위험은 기업 전체의 위험과 다른 것이 일반적이므로, 기업의 자본비용에 투자중심점의 고유위험을 가감하여 투자중심점의 요구수익률을 조정해야 한다. 예를 들어, 기

업 전체의 위험 수준보다 큰 위험을 지닌 투자중심점의 경우에는 기업 전체의 자본비용에 자신의 고유위험을 추가로 반영하여 기업 전체의 자본비용보다 높게 최저필수수익률이 결정되어야 한다.

투자중심점의 경영자는 순현재가치법을 사용할 때와 유사하게 특정 투자안의 잔여 이익이 영(0)보다 크면 투자안을 채택하고 영(0)보다 작으면 그것을 기각한다. 그리고 기업 전체의 잔여 이익은 개별 투자중심점의 잔여 이익의 합계가 된다.

(주)현대자동차 기업 전체의 최저필수수익률은 5%이고, 구모델 자동차의 고유위험이 반영된 이자율이 5%이다. 다음 자료를 이용하여 승용차 사업부의 구모델 자동차 잔여 이익을 계산하면 다음과 같다.

기업 전체의 최저필수수익률은 5%이고, 투자안의 고유위험이 반영된 최저필수수익률이 5%이므로 구모델 자동차 투자안의 최저필수수익률은 10%가 되고, 투자안의 영업자산에 대한 암묵적 이자는 평균 영업자산에 최저필수수익률을 곱한 ₩30,000이므로 이를 반영한 잔여 이익은 ₩90,000이 된다.

항목	자료
영업이익①	₩120,000
기초영업자산②	200,000
기말영업자산③	400,000
평균 영업자산④=[(②+③)÷2]	₩300,000
기업 전체 최저필수수익률⑤	5%
투자안 고유위험에 따른 최저필수수익률⑥	5%
투자안 최저필수수익률⑦=(⑤+⑥)	10%
투자안의 영업자산에 대한 암묵적이자⑧=(④×⑦)	₩30,000
잔여 이익⑨=(①-⑧)	₩90,000

(1) 잔여 이익의 장점

투자수익률이 가진 준 최적화 문제를 극복하기 위해서 도입한 성과지표가 잔여 이익이다. 즉 잔여 이익을 이용할 경우 투자자금에 여유가 있는 한, 최저필수수익률을 초과하는 투자안을 투자중심점의 경영자가 모두 채택하게 되므로 투자중심점과 기업 전체의 잔여 이익을 동시에 극대화할 수 있다. 이러한 잔여 이익의 장점을 (주)현대자동차의 사례를 이용하여 알아보자. 추가 정보로 신모델 자동차의 고유위험에 따른 최저필수수익률은 2%이다. 이에 따른 신모델 자동차 투자안의 잔여 이익을 계산하여 구모델의 잔여 이익과 비교하면 다음과 같다.

신모델의 잔여 이익은 ₩108,000으로서 영(0)보다 크기 때문에, 투자수익률을 기준으로 의사결정을 했을 때와 달리 신모델을 생산하는 의사결정을 내리게 되어, 준최적화문제가 발생하지 않는다. 또한, 잔여 이익을 기준으로 하여 투자중심점의 성과를 평가하는 경우에는 투자중심점별 위험에 대한 차이를 투자중심점의 최저필수수익률을 조정함으로써 매우 간단하게 수행할 수 있다.

항목	구모델 (A)	신모델 (B)	합계 (C)=(A+B)
영업이익①	₩120,000	₩150,000	₩270,000
기초영업자산②	200,000	400,000	600,000
기말영업자산③	400,000	800,000	1,200,000
평균 영업자산④=[(②+③)÷2]	₩300,000	₩600,000	900,000
기업 전체 최저필수수익률⑤	5%	5%	
투자안 고유위험에 따른 최저필수수익률⑥	5%	2%	
투자안 최저필수수익률⑦=(⑤+⑥)	10%	7%	
투자안의 영업자산에 대한 암묵적이자⑧=(④×⑦)	₩30,000	₩42,000	
잔여 이익⑨=(①-⑧)	₩90,000	₩108,000	₩198,000

(2) 잔여 이익의 한계점

잔여 이익의 가장 큰 한계점은 투자 규모가 커질수록 잔여 이익이 커진다는 것이다. 즉, 투자수익률이 같은 경우 규모가 큰 투자중심점은 규모가 작은 투자중심점에 비교하여 더욱더 큰 잔여 이익을 보고하게 되는데, 이것은 규모가 큰 투자중심점의 경영자가 반드시 경영을 잘했기 때문이라고 단정 지을 수 없다.

다음은 투자수익률은 동일하나, 투자 규모가 다른 투자안의 잔여 이익을 비교한 것이다. 잔여 이익 기준으로 투자안 B가 투자안 A보다 2배로 수익성이 더 좋은 것으로 평가된다. 그러나 투자수익률은 두 투자안 모두 40%로 같은데, 이는 투자안 A가 상대적으로 더 효율적인 투자안일 가능성을 의미한다. 이처럼 잔여 이익법은 투자 규모에 영향을 받는다.

항목	투자안 A	투자안 B
영업이익①	₩120,000	₩240,000
평균 영업자산②	₩300,000	₩600,000
기업 전체 최저필수수익률③	5%	5%
잔여 이익④=(①-②×③)	₩105,000	₩210,000
투자수익률⑤=(①÷②)	40%	40%

3) 경제적 부가가치

경제적 부가가치(EVA: Economic Value Added)란 경영컨설팅사인 스턴 스튜어트(Stern Stewart)에서 개발한 개념이다. 경제적 부가가치는 이익 위주의 전통적인 투자평가지표의 한계성을 극복하고, 주주의 부를 극대화하기 위해 기업가치를 평가할 수 있는 새로운 성과지표를 개발할 필요성에서 도출되었다. 나아가 기업가치의 극대화를 경영의 목적으로 삼고, 이를 실천하기 위해 조직의 역량을 집중하는 가치 중심경영인 경제적 부가가치경영으로 확대·발전되었다.

경제적 부가가치는 기업의 실질적인 수익성을 측정하는 평가지표이며, 기업의 영업활동을 반영하고, 현금흐름에 기초하여 측정되는 세후 영업이익을 기준으로 도출된다. 이는 투자수익률 등과 같은 기존의 평가지표가 손익계산서에 기재된 명시적 비용만을 고려한 세후 순이익을 기초로 산출되는 반면에, 경제적 부가가치는 기회원가 성격인 자기자본비용도 고려하여 산출된다.

세후 영업이익은 영업이익에서 법인세를 차감한 이익이며, 투하자본에 대한 자본비용은 채권자와 주주가 기업에 투자한 금액에 대해 요구한 최저필수수익률이다. 따라서 경제적 부가가치는 채권자와 주주가 기업에 투자하여 획득할 수 있는 초과수익이다. 그러나 채권자는 투자액에 대해 사전에 설정된 이자율만큼의 수익만을 획득하게 되므로, 잔여 이익은 주주의 몫이 된다. 경제적 부가가치는 기업이 투자한 자본을 활용하여 어느 정도의 부가가치를 창출했는가를 보여주는 지표이다. 다시 말해서, 경제적 부가가치는 잔여 이익의 특별한 형태라고 할 수 있다.

$$\text{경제적 부가가치} = \text{세후 영업이익} - \text{투하자본에 대한 자본비용}$$
$$= \text{세후 영업이익} - \text{가중평균자본비용} \times \text{투하자본}$$

경제적 부가가치의 핵심은 가중평균 자본비용(WACC: Weighted Average Cost of Capital)을 구하는 것으로 이는 세후 타인자본비용과 자기자본비용을 자기자본 시장가치와 타인자본 시장가치로 가중해서 산출된다.

$$\text{가중평균자본비용} = \text{자기자본비용} \times \frac{\text{자기자본 시장가치}}{\text{자기자본 시장가치} + \text{타인자본 시장가치}}$$
$$+ \text{세후 타인자본비용} \times \frac{\text{타인자본 시장가치}}{\text{자기자본 시장가치} + \text{타인자본 시장가치}}$$
$$= \text{자기자본비용} \times \frac{\text{자기자본 시장가치}}{\text{자기자본 시장가치} + \text{타인자본 시장가치}}$$
$$+ \text{타인자본비용} \times (1 - \text{법인세율}) \times \frac{\text{타인자본 시장가치}}{\text{자기자본 시장가치} + \text{타인자본 시장가치}}$$

투하자본은 자본비용이 발생하는 재무상태표 항목으로 총자산에서 유동부채를 차감하여 계산한다. 유동부채는 이자가 발생하지 않는 부채로 간주하기 때문이다. 총자산은 비유동자산과 유동자산으로 이루어지며, 유동자산에서 유동부채를 차감한 값은 순운전자본이다. 이러한 관계를 이용하여 경제적 부가가치를 다시 나타내면 다음과 같다.

$$\text{경제적 부가가치} = \text{세전 영업이익} \times (1 - \text{법인세율}) - \text{가중평균자본비용} \times (\text{총자산} - \text{유동부채})$$
$$= \text{세전 영업이익} \times (1 - \text{법인세율}) - \text{가중평균자본비용} \times (\text{비유동자산} + \text{유동자산} - \text{유동부채})$$
$$= \text{세전 영업이익} \times (1 - \text{법인세율}) - \text{가중평균자본비용} \times (\text{비유동자산} + \text{순운전자본})$$

경제적 부가가치경영이란 기업가치의 극대화를 위하여 현금흐름을 중시하는 가치 중심경영을 의미한다. 그런데, 실무상 현금흐름 중시 경영의 도입이 부진했던 이유는 기존 회계시스템을 활용하여 현금흐름을 파악하고 관리하는 것에 큰 비용과 시간이 소비되기 때문이다. 따라서 경제적 부가가치는 기존의 회계시스템을 활용하여 현금흐름을 중시하는 실용적인 방법이란 점에서 그 의미가 크다고 할 수 있다.

다음은 (주)현대자동차에 관한 자료이다. 이를 이용하여 (주)현대자동차의 경제적 부가가치를 계산하면 다음과 같다.

항목	자료
세전 영업이익	₩200,000
총자산	100,000
유동부채	20,000
부채의 장부(시장)가치	60,000
자본의 장부가치	40,000
자본의 시장가치	₩60,000
타인자본비용	10%
자기자본비용	12%
법인세율	40%

먼저 세후 영업이익을 구하면 다음과 같다.

항목	자료
세전 영업이익①	₩200,000
법인세율②	40%
세후 영업이익③=[①-(①×②)]	₩120,000

(주)현대자동차의 가중평균자본비용은 다음과 같다.

항목	자료
타인자본비용④	10%
법인세율⑤	40%
부채의 시장가치⑥	₩60,000
자기자본비용⑦	12%
자본의 시장가치⑧	₩60,000
가중평균자본비용⑨=[④×(100%-⑤)×⑥÷(⑥+⑧)+⑦×⑧÷(⑥+⑧)]	9%

투하자본은 다음과 같이 계산된다.

항목	금액
총자산⑩	₩100,000
유동부채⑪	20,000
투하자본⑫=(⑩-⑪)	₩80,000

이상의 자료를 이용하여 (주)현대자동차의 경제적 부가가치를 계산하면 다음과 같다.

항목	금액
세후 영업이익③	₩120,000
가중평균자본비용⑨	9%
투하자본⑫	₩80,000
경제적 부가가치⑬=[③-(⑨×⑫)]	₩112,800

(1) 경제적 부가가치의 장점

첫째, 경제적 부가가치를 경영자의 성과평가 및 보상체계와 연계시키면, 경영자의 행동이 조직의 실질적인 부가이익과 직결되며, 경영자와 주주의 이해관계가 일치하게 되어 조직의 효율성을 높일 수 있다.

둘째, 경제적 부가가치는 투자자의 기대수익까지 반영하여 기업의 실질적인 부의 창출을 직접 측정하는 지표로서 투자안의 경제성 평가 기준으로 사용될 수 있다. 또한, 순현재가치법이나 내부수익률법은 사전적 투자의사 결정기준으로는 유용하지만 사후적으로는 투자안의 관리가 어려운 데 반하여, 경제적 부가가치는 투자의 사후관리가 쉽다는 장점이 있다.

셋째, 경제적 부가가치경영을 수행할 경우 기업과 투자자 간의 효과적인 의사소통이 가능하다. 즉, 경제적 부가가치경영은 자원을 효율적으로 활용하는 방향으로 개선해 나갈 수 있으므로, 비합리적이고 무분별한 자원의 사용을 억제할 수 있으므로 투자자가 경영 활동을 효과적으로 감시할 수 있다.

(2) 경제적 부가가치의 한계점

경제적 부가가치가 활용되기 위해서는 다음과 같은 한계점을 고려해야 한다.

첫째, 회계원칙상의 문제점으로서 회계기준에서 대체적인 회계처리방법이 인정되므로 그 방법에 따라 세후 영업이익이 달라질 수 있다.

둘째, 경제적 부가가치 산정기준이 다르고 가중평균자본비용의 산정이 어렵다. 즉, 경제적 부가가치의 산정기준이 정형화되어 있지 않아 그 기준에 따라 결과가 다르게 산출될 수 있다.

(3) 잔여 이익과의 비교

잔여 이익에서 영업이익은 법인세차감전 순이익(EBIT: Earning Before Interest and Taxes)이고, 경제적 부가가치는 세후 영업이익개념이다. 또한, 자본비용에 있어서 경제적 부가가치는 자기자본을 추가로 고려한다는 점이 잔여이익과는 다른 개념이다.

잔여 이익에 있어서 투자액은 기초영업자산과 기말영업자산의 평균개념인 데 반해, 경제적 부가가치는 총자산에서 유동부채를 차감한 금액이다.

제3절 성과평가

오늘날 기업에서 소유와 경영의 분리는 보편화된 현상으로서 소유주는 기업경영에 대한 전문적인 지식을 갖춘 전문경영자를 고용하여 기업경영에 관한 전반적인 의사결정 권한을 전문경영자에게 위임한다. 소유주는 이렇게 권한을 위임받은 전문경영자가 소유주의 목표를 극대화하는 방향으로 의사결정을 할 것이라고 기대하지만, 경영자는 이기적이기 때문에 특정 의사결정을 행할 때, 소유주의 목표를 극대화하기보다는 자기 자신의 목표를 극대화하는 대안을 선택할 것이다.

물론, 이때 소유주가 경영자의 행동을 완벽하게 관찰할 수 있다면, 어떤 벌칙규정을 설정함으로써 소유주의 이익에 반하는 경영자의 행위를 사전에 방지할 수 있지만, 소유와 경영이 분리된 상황에서 소유주는 경영자의 행동을 완벽하게 관찰할 수 없어 이 같은 경영자의 행위를 방지할 수 없는 것이 일반적이다.

따라서 오늘날 소유와 경영이 분리된 많은 기업이 직면하고 있는 문제는 각 구성원이 자발적으로 필요한 노력을 제공하도록 동기를 부여하는 문제와 기업 전체의 목표를 달성할 수 있도록 각 구성원의 다양한 이해관계를 조화시키는 문제라고 할 수 있다. 이러한 문제를 해결하기 위해 오늘날 대부분 기업은 여러 가지 형태의 성과 평가제도(performance evaluation system)를 개발하여 이용하고 있다.

성과평가와 인센티브 문제를 다룰 때 유용하게 사용되는 이론으로 대리인이론(agency theory)이 있다. 대리인이론에는 주인(principal)과 주인으로부터 의사결정 권한을 위임받은 대리인(agent)이라는 두 당사자가 존재한다. 주식회사를 예로 들면 소유주 또는 주주가 주인이 되고, 주주들이 주주총회를 통해 고용한 최고경영자나 이사들이 대리인이 된다. 이때 최고경영자나 이사는 주인의 이익을 위해 기업을 관리해 주는 임무를 띠고 고용된다. 주인은 경영 의사결정 권한을 위임받은 대리인이 주인의 부(wealth)를 극대화하기 위해 최선의 노력을 해 줄 것을 기대한다. 그러나 대리인은 주인을 위해 열심히 노력할 경우 급여의 증가, 승진 등의 효익(benefit)도 발생하지만, 회사 일에만 충실할 경우 본인이나 가족의 여가, 휴식 등을 포기해야 하는 원가(costs)가 발생한다. 따라서 대리인은 효익과 원가를 비교하여 자신의 효용을 극대화하는 수준에서 노력을 기울이게 된다. 이처럼 대리인은 자신이 주인이었더라면 기울였을 노력보다는 적은 노력을 기울이게 된다. 따라서 주인과 대리인 간에 이해관계가 상충하는 문제가 발생한다.

인센티브(incentives)란 측정된 성과에 따라 부여하는 보상을 말하는데, 바로 주인과 대리인 간의 이해관계가 상충하는 정도를 줄이기 위해 효과적으로 사용될 수 있다. 만약 최고경영자에게 성과에 상관없이 고정급을 지급할 경우 기업의 가치를 극대화하기 위해 노력하는 대신 자신의 효용을 극대화하기 위해 노력할 것이다. 반면에, 최고경영자에게 고정급이 아니라 성과에 따라 급여를 지급할 경우 성과를 높이기 위해 노력을 증가시키고 자신의 여가를 희생할 충분한 여지를 갖게 된다. 따라서 인센티브는 바로 주인-대리인 관계에서 발생하는 비효율을 줄이기 위해 사용된다.

그렇다면 기업의 성과 평가시스템은 여기서 무슨 역할을 하는가? 대리인의 노력이나 성과의 정도를 측정하는 역할을 한다. 성과 평가시스템이 잘 설계된 경우에는 대리인의 노력과 성과를 제대로 측정할 수 있어, 대리인이 대리인의 역할을 충실히 했는가를 잘 보여줄 수 있으므로 주인-대리인 관계에서 발생하는 비효율을 제거하는데 이바지할 수 있다.

1 성과 평가제도

성과 평가제도는 소유주가 경영자가 투입한 노력의 정도를 파악하여 자신의 이해와 일치하는 방향으로 경영자의 행동을 유도할 수 있고, 경영자는 성과 평가제도에 의해 보상이 결정되기 때문에 모두에게 있어 중요하다. 일반적으로 성과 평가제도는 다음과 같은 특성을 보인다.

1) 성과 평가제도의 구성요소

성과 평가제도를 좁게 해석하면 평가지표(performance measure), 가중치(weight), 평가방법(evaluation method), 보상제도(compensation plan) 등으로 구성된다. 여기에 성과 평가제도를 이용하여 성과평가를 직접 수행하는 평가자(rater), 평가시스템 설계자(designer), 피평가자(ratee), 평가시스템을 총괄하여 주관하는 평가주관자 등 인적 요소를 추가함으로써 성과 평가제도를 넓게 해석할 수 있다. 주의할 점은 평가자와 피평가자는 계약관계에 따라 상대적 개념으로 해석할 수 있다는 것이다. 즉 주주와 경영자 사이의 대리계약에서는 평가자는 주주이고 피평가자는 경영자가 되지만, 경영자와 종업원 사이의 대리계약에서는 경영자가 평가자이고 종업원이 피평가자가 된다.

일반적으로 평가자가 평가시스템을 통해 피평가자를 평가한 결과는 점수나 등수로 표현된다. 평가자는 평가시스템 설계자와 같은 예도 있으나 다른 예도 있다. 예를 들어, 평가시스템은 기업 외부의 경영컨설턴트가 설계하고 조직 내부의 전문가나 조직 외부의 평가 전문가가 평가자가 되면 평가자와 평가시스템 설계자가 일치하지 않게 된다. 어떤 경우에는 평가자가 평가시스템을 직접 설계하여 운영하기도 한다. 평가주관자는 기업의 성과 평가제도를 전체적으로 주관하는 주체로서 평가주관자도 성과 평가시스템의 특성을 결정하는 중요한 구성요소가 될 수 있으나, 때로는 평가자와 동일인이거나 또는 같은 인센티브를 가질 수도 있다. 소유주와 경영자 사이에서는 소유주가 평가주관자가 되고, 경영자와 종업원 사이에서는 경영자가 평가주관자가 된다. 다음 그림은 넓은 의미에서의 성과 평가제도를 개관한 것으로 단순화를 위해 평가주관자는 생략되어 있다.

광의의 성과 평가제도

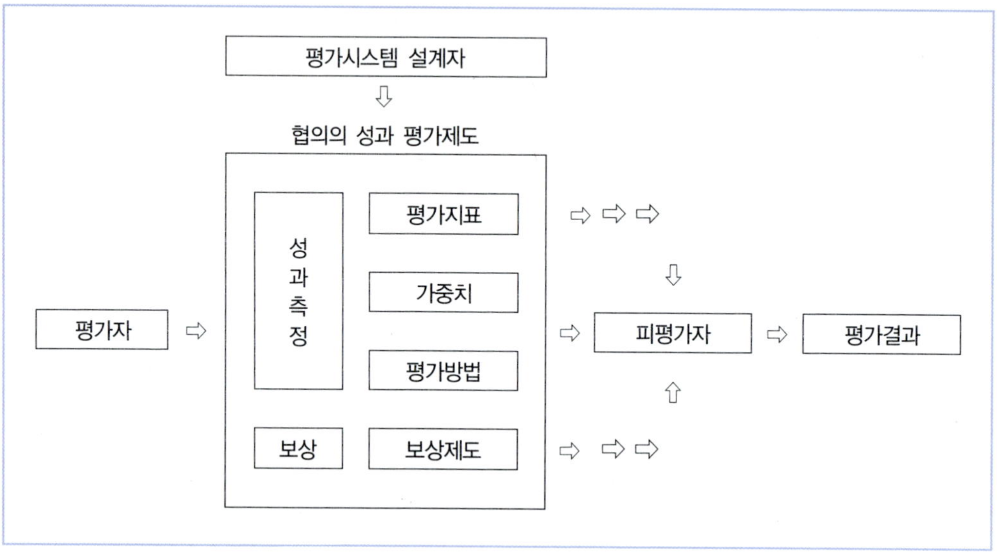

2) 성과 평가제도의 효익과 비용[8)]

(1) 성과 평가제도의 효과

성과 평가제도를 성공적으로 활용하기 위한 핵심원리는 주인과 대리인 사이의 이해관계를 일치시키고 대리인이 최선의 노력을 다하도록 유도하는 것이다. 따라서 성과 평가제도가 합리적으로 설계되고 효과적으로 운용되고 있다면 다음과 같은 두 가지 단계적인 효익을 기대할 수 있다.

첫째, 일차적 효익으로서 종업원의 노력효과(effort effect)와 선택 효과(selection effect)를 들 수 있다. 노력효과란 성과 평가로부터 좋은 결과를 받아 많은 보상을 얻을 목적으

8) 소유주와 경영자 사이의 대리계약에서 평가자는 소유주가 되고, 피평가자는 경영자이다. 또한, 경영자와 종업원 사이의 대리계약에서 평가자는 경영자이고, 피평가자는 종업원이다. 일반적으로 기업경영은 경영자에게 위임되어 있으므로, 이하에서는 경영자와 종업원의 대리관계를 기준으로 성과 평가제도를 설명한다.

로 대리인 스스로가 더욱 효율적으로 노력을 배분하거나, 노력 수준을 증가시키는 현상을 의미한다. 선택 효과는 성과 평가제도에 적극적으로 적응하여 기대하는 수준의 보상을 얻을 수 있는 역량을 갖춘 대리인만 조직에 남고, 성과 평가제도에 적응하지 못하거나 기대하는 수준의 보상을 얻을 수 없는 역량이 부족한 대리인은 조직을 떠나는 현상을 의미한다.

둘째, 이차적 효익은 일차적 효익의 결과로서 나타나는 부가가치활동의 증가효과(value-added activities effect)이다. 즉 노력효과와 선택 효과가 조직 전반에 체화됨에 따라 비부가가치활동이 감소하고 부가가치활동이 보다 효율적으로 이루어지게 된다.

이상에서 성과 평가제도를 도입하였을 때 기대할 수 있는 효익을 단계별로 살펴보았다. 성공적인 성과 평가제도는 이러한 단계별 효익이 궁극적으로는 조직의 전체적인 성과향상으로 이어져야 한다.

(2) 성과 평가제도의 비용

성과 평가제도와 관련하여 여러 가지 비용이 발생할 수 있다. 우선 성과 평가제도의 도입단계에서 설계 및 구축비용이 발생한다. 성과 평가제도를 내부적으로 개발할 때는 전담 인력의 확충이나 기존 인력 활용에 따른 각종 비용이 발생한다. 성과 평가제도를 외부의 전문 컨설팅 업체를 활용하여 구축하는 예도 실무적으로 빈번하며, 이 경우 외주용역비가 발생할 수 있다. 이처럼 도입단계에서 발생하는 비용은 명시적 비용인 특징이 있다.

다음으로 성과 평가제도의 운용단계에서 발생하는 비용으로 위험프리미엄(risk premium), 감시비용(monitoring costs) 및 실패비용(failure costs)을 들 수 있다. 위험프리미엄은 성과 평가결과에 기초하여 보상이 지급되기 때문에 대리인으로서는 보상의 변동성이 높아지게 된다. 즉 대리인이 감내해야 하는 보상의 위험 수준이 증가한 것으로 대리인은 이에 대한 프리미엄을 요구하게 되며, 그 결과 기업은 높은 수준의 보상을 제공하게 된다. 또한, 선택 효과로 인해 조직에 남거나 신규로 채용한 우수한 인력에 대해서는 상대적으로 높은 수준의 보상을 제공하여야 한다. 감시비용은 성과 평가제도를 실제로 유지 및 운영을 위해 지출하는 비용으로 평가 전담팀 운용과 관련된 비용, 평가 자체와 관련된 비용 등을 포함한다. 또한, 감시비용에는 환경 변화에 따라 성과 평가제도를 지속해서 개선하기 위해 투자하는 비용까지도 포함된다. 실패비용은 도입한 성과 평가제도가 잘못 설계된 상태로 운용되거나, 조직구성원의 저항이나 낮은 수용도로 인하여 설계된 대로 운용되지 않는 등 도입 당시의 기대효과를 가져오지 못하여 발생하는 기회원가를 의미한다. 이외에도 성과 평가제도의 운용에 있어서 실무적인 한계점도 실패비용을 발생시킬 수 있다. 이와 같은 위험프리미엄과 실패비용은 암묵적 비용의 특성을 보이지만, 감시비용은 명시적 비용인 특징이 있다.

3) 성과 평가제도의 운영상 주요 고려사항

(1) 평가지표의 선정

성공적인 성과 평가제도를 설계하기 위해서 가장 중요한 절차 중의 하나는 평가지표(performance measure)를 선정하는 것이다. 이를 위해서는 평가지표가 갖추어야 할 속성에 대한 이해가 선행되어야 하는데, 이러한 속성은 평가지표를 합리적으로 선정하기 위한 중요한 원칙으로서 역할을 하기 때문이다. 다음 표는 합리적인 평가지표가 갖추어야 할 여러 가지 질적 속성의 예를 보여주고 있다.

주요 질적 속성	내용
정보력	측정된 성과가 종업원의 행동과 노력의 내용과 수준을 잘 설명할 수 있는 능력
인과관계	원인이 된 종업원의 행동과 그 행동으로부터 나타난 결과를 명확하게 측정하는지 여부
전략과의 연계성	측정하려는 종업원의 행동이 기업의 경영전략 및 전략적 목표와 연계된 정도
민감도	종업원의 행동 변화가 가져오는 성과의 변화 정도
정확성	종업원의 행동 변화가 가져오는 성과의 변화를 정확히 측정하는 정도
통제 가능성	종업원의 노력으로 성과가 변동될 수 있는지 여부
가치창출능력	측정된 성과의 개선이 궁극적으로 기업가치 향상을 가져오는지 여부
정보의 입수가능성	측정하려는 종업원의 행동과 관련된 정보를 경영자가 확보할 수 있는지 여부

다음으로는 평가지표의 유형에 대해 고려가 필요하다. 이는 평가과정에서 실제로 평가지표를 어떻게 적용할 것인가에 대한 의사결정과도 관련이 되어 있다. 다음 표는 여러

가지 기준에 따른 평가지표의 유형의 예를 보여주고 있다.

분류기준	유형	내용
평가범위	공통지표	모든 종업원의 성과평가에 공통으로 활용되는 평가지표
	고유지표	특정 종업원의 성과평가에 개별적으로 활용되는 평가지표
평가방식	주관지표	경영자의 경험과 지식 등을 기초로 내려진 전문가적 판단 때문에 평가하는 평가지표. 정성평가에 주로 활용됨
	객관지표	종업원이 제시하는 입증자료를 기초로 평가하는 평가지표. 정량평가에 주로 활용됨
재무정보 활용여부	재무지표	재무회계 정보로 측정된 종업원의 성과를 평가하는 평가지표
	비재무지표	재무회계 이외의 정보로 측정된 종업원의 성과를 평가하는 평가지표
계량화된 정보의 활용여부	계량지표	계량화된 성과측정치를 기초로 종업원의 성과를 평가하는 평가지표
	비계량지표	계량화되지 않은 성과측정치를 기초로 종업원의 성과를 평가하는 평가지표
성과의 발생순서	선행지표	종업원의 행동으로 인해 두 가지 이상의 성과가 연속적으로 발생할 경우, 앞서서 발생하는 성과를 측정하는 평가지표
	후행지표	종업원의 행동으로 인해 두 가지 이상의 성과가 연속적으로 발생할 경우, 나중에 발생하는 성과를 측정하는 평가지표
평가대상	개인지표	개인의 행동으로 인해 발생하는 성과를 측정하는 평가지표
	그룹지표	집단의 행동으로 인해 발생하는 성과를 측정하는 평가지표
평가수준	부서단위지표	특정성과에 대하여 부서 단위 노력의 결과로 발생한 부분을 측정하는 평가지표
	기업단위지표	특정성과에 대하여 기업 전체 노력의 결과로 발생한 부분을 측정하는 평가지표

(2) 가중치의 결정

평가지표의 가중치(weight)는 성과평가에 사용되는 전체 평가지표의 상대적인 중요성(relative importance)을 의미한다. 중요성에 관한 판단은 가치판단의 문제이므로 경영자의 경영철학이나 경영전략에 따라 가중치를 다르게 부여할 수 있다. 예를 들어, 고객을 가장 중요하게 생각하는 경영자는 고객만족도를 측정하는 평가지표에 높은 가중치를 부여할 수 있고, 소유주의 부를 가장 중요하게 생각하는 경영자는 순자산수익률이나 경제적 부가가치 등의 평가지표에 높은 가중치를 부여할 수 있다. 또한, 기업의 외형적인 성장을 추구하는 경영자라면 매출액증가율이나 총자산증가율 등의 평가지표에 높은 가중치를 부여하지만, 기업의 장기적인 성장을 중요시하는 경영자는 연구개발비 증가율이나 교육훈련비증가율 등에 상대적으로 높은 가중치를 부여할 것이다. 따라서 가중치는 단순히 수많은 평가지표 사이의 배점에 불과한 것이 아니라, 경영자의 비전과 경영목표가 반영된 것이다.

이러한 점에서 성과 평가제도를 성공적으로 운영하기 위하여 가중치를 어떻게 결정하는지는 매우 중요하다. 이를 위해서는 평가지표의 질적 속성에 대해 고려가 선행되어야 한다. 즉 종업원의 행동에 대해서 경영자가 원하는 내용을 원하는 수준으로 측정할 수 있는 평가지표인지에 대한 확인이 이루어져야 한다. 그 후에는 평가지표 사이의 상호의존성(interdependency)과 상호보완성(complementation)이 추가로 고려되어야 한다. 상호의존성은 종업원의 한 가지 행동이 여러 가지 평가지표가 측정하려는 성과에 동시적으로 영향을 미칠 가능성을 대비한 것이다. 단지 하나의 개선된 행동으로부터 여러 평가지표에서 우수한 성과를 달성한 것으로 평가받는 것은 종업원의 도덕적 해이를 유발할 수 있으므로 유의하여야 한다. 상호보완성은 종업원의 행동이 다양한 부문에 영향을 가져오는 경우 하나의 평가지표로는 종업원의 성과를 충분하게 측정하지 못할 가능성이 있다. 이 경우에는 여러 가지 평가지표를 활용하여 가능한 모든 영향을 성과평가에 반영하도록 할 필요가 있다.

(3) 목표의 설정

적합한 평가지표를 선정하고, 각 평가지표 사이에 가중치를 적절하게 배분하였다 하더라도 개별 평가지표의 목표(target 또는 standard)를 어떻게 설정하는지에 따라 성과평가제도가 효과를 발휘할 수도, 그렇지 않을 수도 있다. 합리적인 목표설정을 위해서는 목표 수준과 목표설정 방법에 대해 고려가 필요하다.

우선 목표 수준으로는 도전적인 목표(challengeable target)와 달성 가능한 목표(attainable target)를 생각할 수 있다. 도전적인 목표는 종업원의 능력이나 여건을 고려할 때 상대적으로 높은 수준으로 목표를 설정하는 것으로, 종업원으로서는 달성 가능성이 작게 받아들여질 수 있다. 도전적인 목표는 종업원의 도전정신을 자극하고 동기부여를 강화함으로써 높은 성과를 유도하는 긍정적인 효과를 기대할 수도 있지만, 종업원이 불확실성이나 복잡성이 높은 업무를 부여받으면 성과가 많이 감소하는 부정적인 효과가 나타날 가능성이 있다. 한편, 달성 가능한 목표는 종업원이 조금만 더 노력하면 쉽게 달성할 수 있는 수준의 목표를 의미한다. 실무에서는 달성 가능한 목표를 설정하려는 현상이 지배적인데, 실제로 종업원의 80~90%는 목표를 달성하고 있는 것으로 조사되고 있다.

다음으로 목표설정 방법으로는 다양한 방법이 활용될 수 있다. 첫째, 목표를 설정하는 주체에 따라 외부목표설정 방법과 내부목표설정 방법이 있다. 외부목표설정 방법은 동료집단의 성과나 기업 전체의 자본비용 등과 같이 개별 종업원의 행동이나 성과와 관계없는 성과 평가제도 외부의 기준으로부터 목표를 설정하는 것이다. 이 방법은 종업원의 의도나 행동에 목표 수준이 영향을 적게 받는 장점이 있지만, 종업원의 능력이나 업무특성과 연관성이 낮은 목표가 설정되는 단점이 있다. 내부목표설정 방법은 종업원의 전기목표와 같이 성과 평가제도 내의 기준으로부터 목표를 설정하는 것이다. 이 방법은 종업원의 개별적인 상황을 충분히 반영할 수 있는 장점이 있지만, 종업원의 재량적 행동에 쉽게 영향을 받는 단점이 있다.

둘째, 공식에 의한 목표설정 방법과 판단에 의한 목표설정 방법이 있다. 공식에 의한 목표설정 방법은 과거의 성과나 기타 관련 정보를 미리 정해진 공식에 대입하여 기계적으로 산출하는 목표를 산출하는 방법이다. 일반적으로 평가자는 성과평가에 필요한 정보를 피평가자로부터 받기 때문에 피평가자의 재량적 행동에 노출될 위험이 있다. 판단에 의한 목표설정 방법은 평가자의 전문가적 판단 때문에 목표 수준을 결정하는 방법으로, 평가자의 편의(bias) 또는 오류(error)가 개입될 가능성이 존재한다.

(4) 종업원의 참여

성과 평가과정에 종업원을 어느 정도 참여시킬 것인가에 대해 고려도 매우 중요하다. 분권화가 진행됨에 따라 많은 권한이 종업원에게 이양되고 있으므로, 평가제도 및 평가결과의 수용도를 높이기 위해서는 종업원의 적극적인 참여를 유도할 필요가 있다. 높은 수용도는 강력한 동기부여효과를 제공할 수 있다. 또한, 종업원의 능력이나 업무 특성에 대해서는 종업원 본인이 가장 많은 정보를 보유하고 있으므로, 합리적인 평가지표의 선정과 목표 수준의 결정을 위해서 경영자는 종업원으로부터 충분한 정보를 받아야만 한다.

그러나 정보 우위에 있는 종업원은 참여를 통해 얼마든지 전략적 선택을 할 수 있다. 즉 여러 가지 평가지표 대안 중에서 자신에게 유리한 결과를 가져오는 평가지표가 선택되거나, 매우 높은 성과를 발휘할 수 있는 능력과 여건이 갖추어진 상황에서도 이러한 사실을 숨김으로써 낮은 목표가 설정되도록 유도할 수 있다. 그 결과 종업원의 성과 평가결과는 좋지만, 기업가치의 향상은 이루어지지 않는 문제가 발생할 수 있다.

종업원의 참여는 성과 평가제도를 성공적으로 운용하는 데 필수적이지만, 동시에 여러 가지 대리인 문제를 발생시키기도 한다. 참여를 통해 얻을 것으로 기대되는 경제적 효익과 이에 수반하는 대리인 비용을 합리적으로 고려함으로써 적정한 수준으로 종업원의 참여를 유도할 필요가 있다.

(5) 이해관계자의 인센티브

성과 평가제도에서 경영자와 종업원은 중요한 이해관계자이다. 이들은 각기 다른 인센티브에 노출되어 있으므로, 이로부터 여러 가지 운영상 문제점이 파생될 수 있다. 다음 표는 경영자 측면과 종업원 측면에서 파악한 인센티브를 예시하고 있다.

성과 평가제도를 성공적으로 운용하기 위해서는 이해관계자들 사이에서 발생할 수 있는 인센티브를 사전적으로 차단하거나 적절하게 관리하는 것이 매우 중요하다. 그렇지 못하면 평가결과에 대한 신뢰성이 크게 훼손됨으로써 성과 평가제도는 의미 없는 자원 낭비로 전락할 수 있기 때문이다.

관점	인센티브	내용
경영자 측면	불공정한 평가 (unfairness)	경영자가 개인적인 관계, 친밀도 등으로 인해 특정 종업원을 과도하게 우호적으로 평가하는 현상
	중심화 경향 (central tendency)	종업원의 불만을 최소화시키거나, 경영자 자신의 이미지를 유지하거나 평가결과의 증명 책임을 회피하기 위해서 종업원을 비슷한 수준으로 평가함으로써 평가결과의 편차가 작아지도록 평가하는 현상
	관대화 경향 (leniency)	종업원의 불만을 최소화시키거나, 경영자 자신의 이미지를 유지하거나 평가결과의 증명 책임을 회피하기 위해서 모든 종업원을 우호적으로 평가하는 현상
	후광효과	종업원의 긍정적인 이미지나 한 가지 우수(저조)한 성과에 현혹

관점	인센티브	내용
	(hallow effect)	되어 다른 모든 성과를 우호적(부정적)으로 평가하는 현상
	공통지표편의 (common measure bias)	종업원의 능력이나 업무 특성을 이해하기 위해 노력을 투입할 필요가 없으면서 평가결과를 이용해 종업원 사이의 상대평가가 쉬운 공통지표에 경영자가 더 많은 가중치를 부여하고 더 집중적으로 평가하는 현상
종업원 측면	차별성 효과 (discrimination effect)	여러 가지 평가지표 중에서 투입한 노력 대비 성과개선의 효과가 큰 평가지표에 더 큰 노력을 배분하는 현상
	이중효과 (dual effect)	같은 노력 투입으로 여러 가지 평가지표의 성과가 개선되는 평가지표에 더 큰 노력을 배분하는 현상
	톱니 효과 (ratchet effect)	과거 성과를 기초로 목표를 설정할 경우, 미래에 높은 목표가 설정되어 기대보상이 낮아지는 것을 방지하고자 현재의 성과 수준을 감소시키는 현상

2 보상

성공적인 성과 평가제도는 성과평가 그 자체로 끝나는 것이 아니라, 합리적인 보상제도를 통해 대리인(또는 종업원)을 효과적으로 동기부여 할 수 있어야 한다. 즉 조직의 목표를 달성하도록 대리인에게 동기를 부여하기 위해서는 적절한 보상을 제공함으로써 가능하다. 물론 성과는 조직의 목표를 달성하는데 이바지하여야 하고, 대리인은 이러한 성과가 보상과 어떻게 연결되는지에 대해 명확하게 이해하고 있어야 한다.

1) 보상의 종류

(1) 외재적 보상과 내재적 보상

대리인에게 부여하는 보상은 외재적 보상과 내재적 보상이 있다. 외재적 보상(extrinsic rewards)은 한 사람이 다른 사람에게 부여하는 보상을 의미하는데, 예를 들면 포상금, 주식 보너스, 사보 게재, 상장 수여 등과 같은 보상이 있다. 내재적 보상(intrinsic rewards)은 개인의 내부로부터 오는 보상을 뜻하는데, 자신의 가치관과 일치하는 일을 함으로써 오는 만족감이 그 예이다.

외재적 보상은 다양하게 분류할 수 있다. 현금이나 주식과 같이 당기의 성과에 따라 지급하는 단기적인 보상이 있지만, 주식매수선택권과 같이 일정 기간 보유한 후에 해당 기업의 주식가격에 따라 가치가 결정되는 장기적인 보상이 있다. 또한, 외재적 보상을 금전적 보상과 비금전적 보상으로 나눌 수 있는데, 현금 및 주식 등은 금전적 보상의 예이고, 특별휴가 · 주차권 · 골프 회원권 · 전용 차량 · 생명 또는 의료보험 혜택 부여 등은 비금전적 보상에 속한다.

(2) 금전적 보상

① 현금보상과 주식보상

현금보상은 가장 대표적인 보상형태로서, 해당 기간의 기업 전체 이익이나 개인의 성과에 따라 회계 기간 말이나 직후에 현금의 형태로 상여금을 지급하는 것이 가장 일반적인 형태이다. 주식보상은 현금보상과 마찬가지로 해당 회계 기간 말의 성과에 따라 보상 금액을 결정하여 현금 대신 주식의 형태로 보상을 부여하는 방식이다.

그런데 현금보상을 결정하는 방식은 다음과 같이 두 가지로 구분된다.

이익배분참여방식(profit sharing)은 조직단위별로 발생한 이익의 일정 비율을 현금보상으로 계산하여 지급하는 방식인데, 그룹성과에 근거하여 보상을 지급하는 방식이며 회계이익과 같은 단기성과지표에 근거한 보상이다. 일반적으로 이익배분참여방식에서는 배분 대상 이익의 결정방식, 배분 대상 종업원, 종업원별 배분공식 등을 구체적으로 정의하고 있다.

이익배분참여방식 이외에도 일정한 목표치 이상의 성과를 달성한 부분에 대해 현금보상을 부여하는 성과초과분 배분참여(gain sharing) 방식이 있다. 이 방법도 그룹성과에 의해 보상하는 방식인데, 부문이나 지점 등의 조직단위의 종업원 전체를 대상으로 적용되는 것이 일반적이다. 기준성과치가 있고 기준성과치를 초과하여 달성한 성과 부분에 대해 이익을 분배하는 시스템이다.

② 이연보상

보상이 특정 시점까지 미뤄지는 경우를 이연보상(deferred compensation)이라 한다. 이연보상은 보상형태(현금 또는 주식)와 무관하며, 보상의 지급 시기가 성과달성 기간과 상관없이 일정 기간 연기되는 경우를 말한다.

③ 주식매수선택권

주식매수선택권(stock option)이란 미래의 특정 시점에 특정가격(행사가격)으로 기업의 주식을 구매할 수 있는 권리를 부여하는 것을 말한다. 미래의 특정 시점에 기업의 주식가격이 높을수록 주식매수선택권의 가치가 올라가기 때문에 주식매수선택권을 가진 임원들은 주식가격으로 대변되는 기업의 가치를 높이기 위해 노력하게 된다. 따라서 주식가격이 올라가는 경우 투자자들에게도 이익이 되고, 경영자에게도 이익이 되어 투자자의 이해관계와 경영자의 이해관계를 일치하게 하는 좋은 수단이 될 수 있다.

2) 보상의 결정기준

성과 평가제도를 성공적으로 운용하기 위해서는 보상이 객관적이고 공정한 기준에 따라 결정되어야 한다. 일반적으로 성과 기준보상(performance-based compensation)은 합리적인 보상을 위한 기본 원칙으로 받아들여지고 있다. 이러한 원칙에 따라 구체적으로 보상을 결정하는 기준은 다음과 같다.

(1) 성과보상 관계

성과 기준보상제도를 도입한 기업은 성과 수준에 따라 얼마의 금전적 보상을 지급할지를 종업원과 사전적(ex-ante)으로 약정하게 되는데, 이를 또는 성과보상 관계(pay performance relation) 또는 성과보상함수(compensation function)라고 한다. 성과보상 관계가 명확하게 정의된 경우, 종업원은 자신이 원하는 크기의 보상을 얻기 위해서 달성해야 하는 성과 수준을 예측할 수 있다. 따라서 기업은 성과보상 관계를 사전에 공식화함으로써 종업원이 스스로 적절한 수준의 노력을 투입하도록 동기를 부여하는 효과를 얻을 수 있다. 다음 그림은 일반적인 형태의 성과보상 관계를 나타낸다.

세로축은 금전적 보상의 크기이고, 가로축은 성과 수준을 의미한다. 성과 수준은 종업원이 투입한 노력의 함수로, 노력을 많이 기울일수록 높은 성과를 달성하는 것으로 가정한다. 종업원은 P_0의 성과를 달성하지 못하면 최소한의 보상(B_0)만을 받을 수 있고, 이를 초과하면 성과가 증가할수록 더 큰 보상을 얻게 된다. 종업원이 계속 노력을 증가시키면 더 큰 규모의 보상을 얻을 수 있지만, P_{max}의 성과를 초과하면 보상은 더 증가하지 않고 B_{max}로 일정하게 지급된다. 즉, 종업원이 최대로 얻을 수 있는 보상의 크기는 P_{max}의 성과를 달성한 경우인 B_{max}이다. 만일 종업원이 목표로 하는 보상 수준이 B*라면, 이를 얻기 위해 P8의 성과를 달성해야 한다. 따라서 B*는 목표보너스(target bonus)이고 P*는 성과목표(performance standard)가 된다.

성과보상 관계

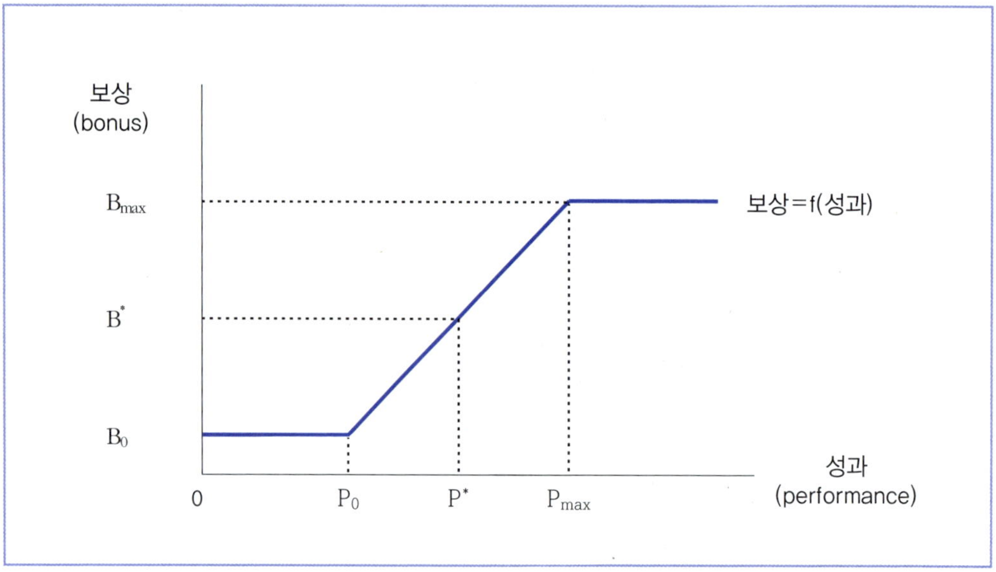

한편, 종업원은 자신이 아무리 노력해도 P_0보다 낮은 성과를 낼 것으로 예상한다면 차라리 아무런 노력을 하지 않으려 할 것이다. 노력 수준과는 관계없이 기대되는 보상이 최소 수준(B_0)으로 고정되어 있기 때문이다. 종업원이 P_0를 초과하는 성과를 달성할 것으로 예상한다면 계속해서 더 큰 노력을 투입하려 할 것이다. 성과보상 관계에 따라 더 큰 노력을 투입할수록 성과가 증가하여 더 큰 보상을 기대할 수 있기 때문이다. 즉, P_0는 성과보상 관계가 작동을 시작하는 임계점(performance threshold)의 기능을 한다. 그러나 종업원은 자신이 더 큰 노력을 투입할 경우 P_{max}보다 더 높은 성과를 낼 것으로 예상하더라도 더 추가적인 노력을 투입하지 않고 P_{max}의 성과를 거두려 할 것이다. 성과가 더 증가해도 기대되는 보상은 최대보너스(B_{max})에서 더 증가하지 않기 때문이다. 따라서 P_{max}는 경영자가 종업원으로부터 기대할 수 있는 최대성과(performance maximum)

가 된다.

한편 성과가 P_0에 미달하거나 P_{max}를 초과할 것으로 예상하면 종업원은 더 노력을 투입하지 않으려 한다. 즉 이들 구간에서 종업원은 성과보상 관계 때문에 동기부여 되지 않으므로 비동기 구역(incentive free zone)이라고 부른다. 반면 성과가 P_0를 초과할 것으로 예상하면 종업원은 스스로 더 큰 노력을 투입하려 하므로 P_0와 P_{max} 사이를 동기구역(incentive zone)이라고 부른다. 따라서 기업이 성과 기준보상제도를 성공적으로 운용하기 위해서는 동기구역을 합리적으로 설정하는 것이 중요하다.

(2) 재무성과와 비재무성과

전통적으로 외재적 보상 또는 금전적 보상은 기업 전체나 부문의 매출액, 이익 등과 같은 재무성과(financial performance)와 연동시켜 결정된다. 즉 이익의 일정 비율이나 사전에 설정한 목표의 달성 정도에 따라 상여금을 주는 방식 등이 이에 해당한다. 예를 들어, 판매 사원에게 매출액의 3%를 상여금으로 지급하도록 보상제도를 설계할 수 있다.

이러한 재무성과에 기초한 보상은 오랫동안 사용됐으나, 최근에는 이에 대한 비판이 제기되고 있다. 이익과 같은 재무지표를 사용할 경우 단기적인 이익목표는 달성할 수 있지만, 장기적인 성과는 희생될 가능성이 크다는 것이다. 예를 들어, 당기의 연구개발비를 축소하여 이익을 증가시킬 경우 당기의 이익목표는 달성할 수 있지만, 신기술 축적이나 신제품개발 등과 같이 장기적인 성장 동력을 확충할 수 없으므로 장기적으로는 기업가치가 훼손될 가능성이 있다.

이에 따라 비재무성과(non-financial performance)를 추가로 고려할 필요가 있다. 예를 들어, 경제적 부가가치(EVA), 고객만족도, 시장점유율, 종업원의 사기, 연구개발 활동 등 다양한 비재무적 평가지표를 성과평가에 포함할 수 있다. 현재 많은 기업에서 재무적인 평가지표와 비재무적인 평가지표를 종합적으로 사용하여 성과를 평가하고, 그 결과에 따라 보상을 지급하려고 노력하고 있다. 이러한 예로 균형성과표(BSC: Balanced ScoreCards)가 있다.

(3) 개인성과와 집단성과

보상을 결정할 때 개인의 성과(personal performance)와 집단의 성과(organizational performance) 중에서 어떤 것을 선택할 것인가에 대해 고려가 필요하다. 개인의 성과에 의해서만 보상을 결정하게 되면, 대리인은 개인의 이익을 위해 팀이나 기업 전체의 이익을 희생하는 행동을 할 가능성이 있다. 즉 개인과 조직의 목표 불일치가 발생함으로써 준최적화문제가 발생하게 된다. 한편 집단의 성과에 의해서만 보상을 결정하는 경우, 개인의 성과와 집단의 성과 사이에 상관관계를 확인하기 어려우므로 동기부여가 제대로 이루어지지 않고, 업무를 회피하거나 무임승차를 하려는 대리문제가 발생할 수 있다.

최근 많은 기업이 분권화를 강조하면서 팀 단위 활동을 유도하고 있다. 보상을 결정할 때 개인의 성과에만 의존할 경우 팀 조직은 의미를 상실하고, 팀 성과에만 의존할 경우 개인의 동기부여가 약화할 수 있다. 개인의 성과와 조직의 성과를 적절하게 배합하여 보상제도를 설계할 필요가 있다. 예를 들어, 먼저 집단의 성과에 따라 보상 규모를 확정한 후, 집단 내 개인의 성과에 따라 이를 차등적으로 배분하는 방식을 생각해 볼 수 있다.

제4절 균형성과표

기업들이 책임중심점의 성과를 평가하기 위해 이용한 투자수익률, 잔여 이익, 경제적 부가가치 등이 사용될 수 있다. 그러나 이러한 성과지표는 모두 재무성과지표라는 공통점이 있다. 재무성과지표는 주로 기업의 회계 정보시스템에서 수집된 정보에 근거하여 산출되기 때문에 대부분 과거 지향적(backward looking)이라는 특성을 갖는다. 그러나 이는 기업의 핵심적인 활동의 결과가 재무적 수치로 전환된 것일 뿐, 활동 그 자체에 대한 정보를 제공하지는 못한다.

기업은 핵심적인 활동을 지속해서 개선함으로써 가치를 창출할 수 있다. 예를 들면, 적극적인 고객서비스 활동을 통해 고객만족도가 개선되어 궁극적으로는 매출 및 이익이 증가할 것이다. 또한, 효율적인 생산활동을 통해 결함률이나 불량률을 감소시킴으로써 원가를 절감하고 이익을 증가시킬 수 있다. 공격적인 연구개발 활동은 경쟁력 있는 신제품개발을 가능하게 하여 향후 매출증대를 가져올 수 있다. 이와 같은 고객서비스 활동, 효율적인 생산활동, 연구개발 활동 등의 성과지표는 기업의 성장잠재력 및 경쟁우위의 원천을 확충함으로써 기업가치를 증가시킬 것으로 예상하는 미래지향적(forward looking)이라는 특성을 갖는다. 또한, 이들은 기존의 회계 정보시스템에서는 확보할 수 없는 비재무성과지표인 경우가 많다.

재무성과지표와 비재무성과지표의 특성을 비교해보면, 비재무성과지표는 주로 원인이 되는 활동의 성과를 측정하는 반면, 재무성과지표는 활동의 결과로 나타난 재무적 성과를 측정하는 것을 알 수 있다. 이러한 의미에서 비재무성과지표를 선행지표(leading indicator)라 하고, 재무성과지표를 후행지표(lagging indicator)로 부르기도 한다. 정보화 시대의 기업들이 고객과 공급자, 종업원, 프로세스, 그리고 혁신에 대한 투자를 통하여 미래가치를 창출하고자 경영 활동을 수행하는 것을 고려할 때 재무성과지표만으로는 성과 평가제도를 성공적으로 운용하기에 한계가 존재한다.

기존의 재무성과지표의 이러한 한계점을 극복하고자 개발된 새로운 평가체계가 균형성과표(BSC: Balanced ScoreCards)이다. 균형성과표는 과거의 성과에 대한 재무성과지표에 미래성과를 창출할 수 있는 동인(driver)에 대한 성과지표를 추가하여 재무성과지표의 한계를 보완하고 있다. 균형성과표의 목표와 성과지표들은 조직의 비전과 전략으로부터 도출된다. 이 목표와 성과지표는 4가지 관점(재무적 관점, 고객 관점, 내부 비즈니스 프로세스 관점, 학습과 성장 관점)에서 조직의 성과를 조망해 볼 수 있을 뿐만 아니라, 균형성과표에 관한 틀을 제공하고 있다.

균형성과표는 요약된 재무적인 성과지표를 뛰어넘어서 사업부의 목표들을 확장한다. 기업의 경영진은 이제 사업부가 어떻게 현재와 미래 고객들을 위해 가치를 창조할 것인지, 그리고 미래성과를 향상하는데 필요한 인적자원, 시스템, 프로세스에 대한 투자와 내부역량 등을 어떠한 방법으로 고양할 것인지를 측정할 수 있다. 균형성과표는 조직의 구성원들이 수행해야 할 핵심적인 가치창조 행위들을 포착한다. 그리고 재무적인 관점으로서 단기적인 성과에 여전히 관심을 기울이는 한편, 또 다른 측면에서는 뛰어난 재무적, 경쟁적 성과를 달성할 수 있는 가치동인(value driver)들을 명확하게 규명한다.

1 관리시스템으로서의 균형성과표

기업들은 이미 재무적, 비재무적 성과지표들을 포괄한 성과 평가시스템을 가지고 있다. 하지만 재무적, 비재무적 성과지표들을 단기적인 운영에 대한 피드백이나 통제를 위해서만 사용하고 있다.

균형성과표는 재무적, 비재무적인 성과지표들이 반드시 조직의 모든 계층에 있는 구성원들을 위한 정보시스템 일부분이 되어야 한다는 점을 강조하고 있다. 일선에서 근무하고 있는 직원들은 그들이 내린 의사결정이나 행동들의 결과로 나타나는 재무적인 성과를 이해할 수 있어야 하며, 경영진들은 장기적인 재무적 성과를 향상할 수 있는 동인들을 반드시 파악해야 한다. 균형성과표의 목표와 핵심성과지표(KPI: Key Performance Indicators)들은 단지 재무적, 비재무적인 성과지표들을 모아 놓은 것 이상이어야 하며, 사업부의 사명(mission, vision)과 전략에 의하여 설정된 하향식 프로세스(top-down process)로부터 도출되어야 한다.

균형성과표에서는 사업단위의 사명과 전략들을 가시적인 목표와 성과지표들로 전환한다. 균형성과표에서는 조직경영에 있어 주주와 고객을 위한 외부적인 성과지표들과 핵심적인 비즈니스 프로세스, 혁신, 그리고 학습과 성장이라는 내부적인 성과지표 간의 균형을 나타낸다. 또한, 조직이 과거 노력에 대한 성과지표들과 미래성과를 끌어낼 수 있는 성과지표 간의 균형을 맞추어야 하는 것을 나타낸다. 그리고 객관적으로 쉽게 계량화할 수 있는 정량 성과지표(quantitative measures)와 주관적으로 다소 판단을 요구하는 정성 성과지표(qualitative measures)들과도 균형을 이루어야 한다.

관리시스템으로서의 균형성과표는 구체적으로 다음과 같은 역할을 한다.

구분	설명
비전과 전략을 명확하게 하고 동인들을 식별하게 한다.	• 조직은 수립된 재무적 목표와 고객 목표들을 가지고 조직 내부의 비즈니스 프로세스를 위한 목표와 성과지표의 실체를 밝혀내야 한다. • 특히 목표 고객과 세분된 시장을 반드시 규명해야 하며, 균형성과표는 고객과 주주를 위하여 획기적인 성과를 달성하는데 가장 핵심적인 프로세스를 강조한다. • 균형성과표 구축 프로세스는 전략적인 목표들을 명확하게 해 줄 뿐 아니라, 그 목표들을 달성하면서 핵심적인 몇 개의 동인들을 식별하게 해 준다.

구분	설명
전략적인 목표와 성과지표들을 전달하고 연결한다.	• 균형성과표의 전략적인 목표들과 성과지표들은 기업 사보나 게시판, 비디오 또는 그룹웨어와 네트워크로 상호 연결된 개인용 컴퓨터를 통한 전자적인 매체 등에 의하여 조직 전체에 전달된다. • 일단 모든 조직구성원들이 상위 목표와 성과지표들을 이해하게 되면 사업단위의 포괄적인 전략을 지원할 세부적인 목표를 세울 수 있게 된다.
기획 및 목표를 설정하고, 전략적인 이니시어티브(initiative) 들을 정렬시킨다.	• 균형성과표는 조직의 변화를 위하여 전개될 때 가장 큰 영향을 미친다. 경영진은 기업을 변화시키기 위해 장기적인 목표를 수립한다. 일단 고객, 내부 비즈니스 프로세스, 학습과 성장을 위한 목표가 수립되면, 경영진은 이 획기적인 목적을 달성하기 위하여 전략적인 품질과 대응시간, 리엔지니어링 이니시어티브들을 정렬시킬 수 있다. 따라서 균형성과표는 지속적인 개선과 리엔지니어링, 그리고 혁신 프로그램의 통합뿐만 아니라 사전적으로 이를 정당화(front-end justification)할 수 있는 근거도 제공한다. • 균형성과표는 또한 조직이 전략기획과 연간 예산 프로세스를 통합할 수 있도록 한다. 기획과 목표설정 과정은 조직이 달성하고자 하는 장기적인 성과를 계량화한다. 또한, 성과들을 달성하기 위한 구조를 판정하고 지원을 제공한다. 그리고 균형성과표상의 재무적, 비재무적인 성과지표를 위하여 단기적인 계획을 수립하게 된다.
전략적인 피드백과 학습을 고양한다.	• 최종적인 관리 프로세스는 균형성과표를 전략적인 학습 틀에 새겨 넣는 것이다. 이러한 프로세스가 전체적인 균형성과표에서 가장 중요하고 혁신적인 측면이다. • 균형성과표는 경영진이 전략실행을 모니터링하고 조정할 수 있도록 해주며, 필요할 때는 전략 그 자체 내에서 근본적인 변화를 가져올 수 있게 해준다. • 전략적인 학습 프로세스는 조직 전체가 달성하고자 하는 공통의 비전을 구체화함으로써 시작된다. 측정을 하나의 언어처럼 활용하면 복잡하면서도 때로는 모호한 개념들을 더 정확한 형식으로 전환하므로, 고위 경영진들 간에 합의를 이룰 수 있게 된다. • 중요한 피드백의 과정은 계획된 전략이 여전히 실행할 수 있고 성공적인 전략인가에 대한 피드백이 필요하다. 어떤 사례이건 간에 균형성과표는 핵심 경영진들을 위해 그들의 전략을 실행할 가능성과 그 타당성에 대한 학습을 촉진한다.

2 균형성과표의 4가지 관점

균형성과표를 구축하기 위한 4가지 관점은 다음 그림에서 나타내고 있는 전략적인 틀에서와 같이 운영되는 것으로, 다음에서는 각 관점에 대하여 구체적으로 살펴본다.

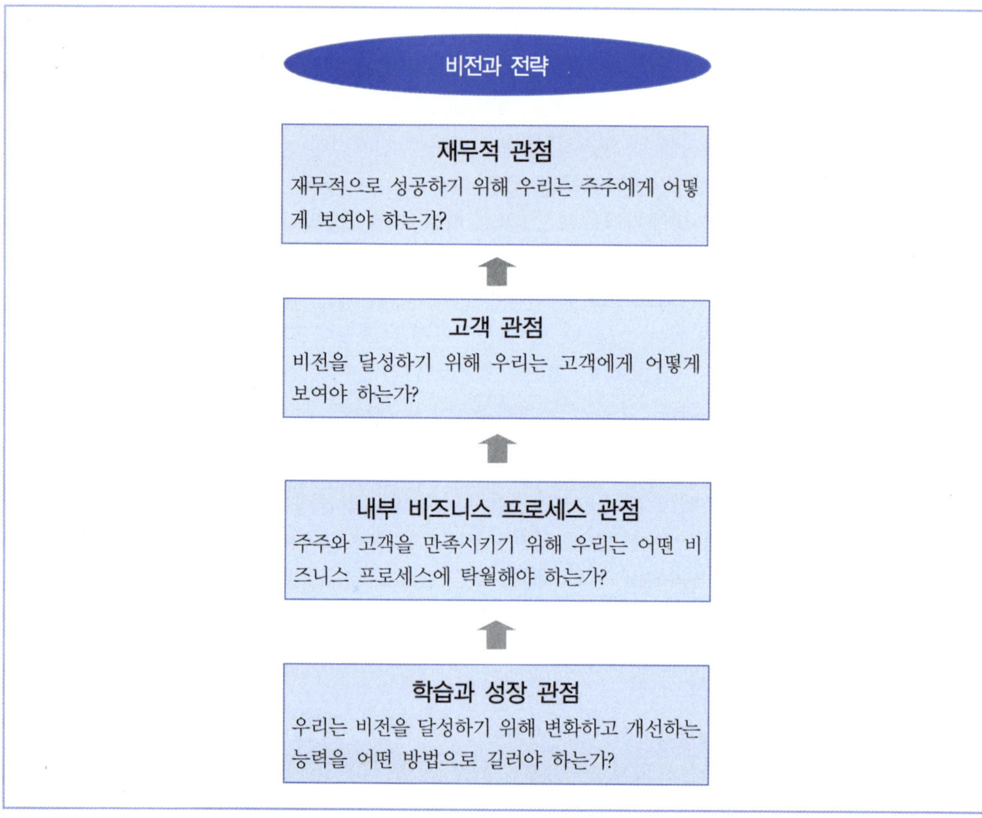

1) 재무적 관점의 성과지표

재무적 관점의 성과지표는 사업단위에 투자된 자본에 대한 수익성을 평가하는 지표이다. 균형성과표는 재무적 목표를 명백하게 밝히고, 성장, 유지, 수확 단계의 사업단위들이 자신의 위치에 맞는 재무적 목적을 설정할 수 있도록 해준다.

재무적 관점의 성과지표는 기업의 장기적 목표가 투자자에게 재무적 성과를 달성하게 한다는 것을 명백히 인식시켜야 하며, 모든 전략과 프로그램 및 이니시어티브는 사업단위의 재무적 목표달성에 도움을 주어야 한다. 그리고 균형성과표에 선택된 모든 성과지표는 인과관계로 연결되어야 하며, 그 귀착점은 사업단위의 전략적 논지를 나타내는 재무적 목표가 되어야 한다. 이런 재무적 관점의 성과지표는 다른 관점들과 상호보완적이어야 한다. 대부분 조직에서 수익의 증진, 원가 및 생산성 향상, 자산 활용의 강화, 위험감소 등의 재무적 관점의 성과지표는 균형성과표의 4가지 측면과 연결할 수 있다.

전통적인 성과지표로는 자산수익률(ROA), 투하자본수익률(ROCE: Return On Capital Employed), 투자수익률(ROI) 등을 들 수 있는데 이러한 성과지표들은 사업부의 일률적인 평가를 가능하게 하므로 사용됐다. 이들 성과지표가 가지고 있는 한계점은 사업부별 전략이 반영되지 않았다는 점이다.

균형성과표에 사용되는 핵심 재무성과지표에는 매출증가율과 매출배합, 원가 절감률, 생산성, 자산활용도, 위험관리 등을 들 수 있는데, 이러한 지표들은 사업단위의 전략에 따라 적절히 선택되어야 한다. 전략에 따른 재무적 관점의 성과지표를 예시하면 다음과 같다.

전략	재무적 관점의 성과지표
성장전략	부문별 매출성장률, 신제품매출비율, 매출액 대비 투자액 등
유지전략	부문별 매출, 경쟁기업의 원가, 자산 활용률 등
수확전략	고객/제품 라인별 수익성, 단위원가, 거래 건당 원가, 투자회수기간 등

2) 고객 관점의 성과지표

고객 관점의 성과지표는 조직의 목표와 전략을 목표 고객과 목표시장에 관한 구체적인 목표로 전환하는 임무를 수행한다.

경영자들은 목표로 삼은 고객과 세분된 시장을 정확히 이해해야 하고, 목표가 된 이 시장에 대하여 시장점유율과 고객유지율, 고객획득률, 고객만족도 및 고객수익성과 같은 핵심적 성과지표를 선정해야 한다. 이러한 성과지표들은 기업의 마케팅, 운영, 물류, 제품 및 서비스의 개발프로세스가 추구해야 할 목표를 나타낸다. 그러나 이 지표들은 전통적인 재무적 성과지표에서 발견되는 몇 가지 한계점을 가지고 있는데, 후행지표라는 점이 그중 하나다. 즉 조직구성원들이 고객만족도나 고객유지율 측면에서 자신들의 성과를 알게 되었을 때는 성과를 향상할 수 없는 경우가 일반적이며, 이러한 성과지표를 향상하기 위해 조직의 구성원들이 일상적인 활동 내에서 무엇을 해야 할지를 알려주지도 않는다.

관리자는 또한 목표시장에서 고객들이 무엇을 가치 있게 여기는가를 파악해야 하며, 그 후 만일 만족이 된다면 사업을 유지하고 확장하게 해주는 다음과 같은 - 1. 제품 및 서비스 속성: 기능성, 품질, 가격, 2. 고객 관계: 구매 경험과 인적관계의 질, 3. 이미지와 평판 - 3가지 가치명제로부터 도출한 목표들과 성과지표들을 선정할 수 있게 된다.

경영자들은 이 같은 가치명제에 대한 구체적 목표와 성과지표를 선정함으로써, 목표시장에 탁월한 가치명제를 전달하는 조직을 확립하는 일에 초점을 맞출 수 있을 것이다.

고객 관점의 성과지표 간의 연관 관계

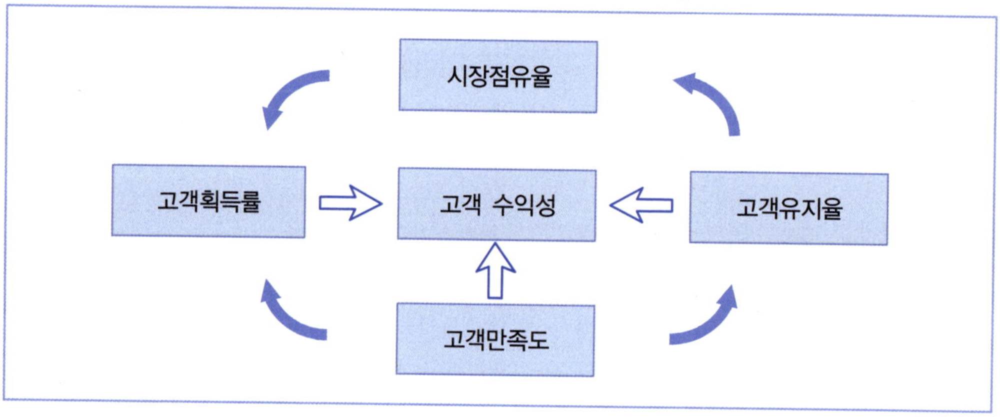

고객 관점의 성과지표의 예는 다음과 같다.

성과지표	설명
시장점유율	목표시장 내에서 고객의 수와 지출금액, 판매량에서 사업단위가 차지하는 비율을 나타낸다.
고객획득률	절대적 또는 상대적 측면에서 사업단위가 새로운 고객이나 사업을 유인하거나 획득하는 비율을 측정한다.
고객유지율	절대적 또는 상대적 측면에서 사업단위가 기존 고객과의 관계를 존속시키거나 유지하는 비율을 추적한다.
고객만족도	가치명제 내의 구체적 성과 기준에 따라 고객의 만족 수준을 평가한다.
고객 수익성	고객을 지원하는 데 필요한 기본적인 지출을 제외한 후, 고객 또는 목표시장의 순수익을 측정한다.

3) 내부 비즈니스 프로세스 관점의 성과지표

이 관점은 고객을 위한 가치를 창출하고 그에 의해 주주가치를 증가시켜 재무적 관점의 성과지표를 향상하는 내부영업 활동에 초점을 맞추는 것이다. 기업 고유의 내부프로세스 관점의 기본이 될 만한 일반 가치사슬 모형이 존재하는데 - 1. 혁신 프로세스, 2. 운영 프로세스, 3. 판매 후 서비스 프로세스 - 3가지의 주요 프로세스로 구성된다.

가치사슬 모형과 비즈니스 프로세스

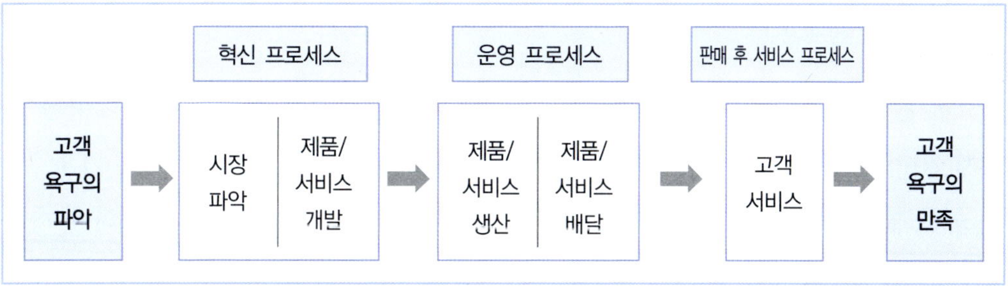

경영자는 주주, 목표 고객, 목표시장에서 목표를 달성하기 위해 필요한 주요 프로세스를 파악한다. 전통적인 성과 평가시스템은 단지 기존 프로세스의 원가, 품질, 시간에 대한 성과지표를 통제하거나 향상하는 데에만 초점을 맞춘다. 반면에 균형성과표의 접근방법은 내부프로세스 성과에 대한 요구가 개별적인 외부고객의 기대로부터 도출될 수 있도록 유도한다.

균형성과표의 또 하나의 기여점은 혁신 프로세스를 내부프로세스 관점의 필수적인 구성요소로 포함한 것이다. 혁신 프로세스는 조직이 미래의 제품과 서비스로 접근하고자 하는 목표시장을 파악하는 것이 무엇보다도 시급한 일임을 강조한다. 그다음으로 목표시장을 만족시킬 제품과 서비스의 설계 및 개발이 중요함을 강조한다. 이러한 접근방법은 조직이 새로운 제품과 서비스 및 시장을 창출하는 연구, 설계, 개발 프로세스에 중요성을 부여할 수 있도록 한다.

조직은 현재의 목표 고객에게 뛰어난 제품과 서비스를 전달할 수 있는 원가, 품질, 시간 등의 특성을 파악해야 한다. 또한, 판매 후 서비스 프로세스는 제품이나 서비스가 고객에게 배달된 후에 이루어지는 주요 서비스를 기업가 적절한 시기에 제공할 수 있어야 한다는 것을 강조한다.

(1) 혁신 프로세스

혁신 프로세스는 시장파악과 제품, 서비스를 창출하는 과정을 가리키는 말이다. 현대 산업 환경에서는 연구·개발의 효과성, 효율성, 적시성이 일상적인 운영의 효율성보다 중요하다. 설계단계에서 전체 프로세스에서 발생하는 원가 대부분이 결정되기 때문에, 혁신 프로세스에 도출된 자료는 원가기획에 있어 유용하게 활용될 수 있다. 그러나 이러한 혁신의 효과는 장기적이므로 단기적인 관점에서 이 프로세스를 평가해서는 안 된다.

(2) 운영 프로세스

운영 프로세스는 고객의 욕구를 충족시켜 줄 기존의 제품과 서비스를 생산하여 고객에게 전달하는 과정이다. 전통적 성과 평가시스템에서는 차이분석, 노무 효율, 기계가동률 등을 성과 평가지표로 이용하고 있는데, 이러한 성과 평가지표는 준 최적화 문제를 발생시킬 수 있다. 예를 들어, 구매부서 경영자가 차이분석을 통해 성과평가를 받는다고 한다면, 유리한 차이를 달성하기 위해서는 원재료의 원가를 낮게 계상해야 하고, 이를 위해서는 질이 낮은 원자재를 구매한다든지 많은 양을 구매하게 된다. 그러나 이는 생산부서, 보관부서, 판매 후 서비스부서에 원가를 전가하게 되므로, 기업 전체적으로는 부정적인 영향을 가져올 수 있을 것이다. 운영 프로세스에 대한 대표적인 성과지표로 프로세스 시간(사이클 타임), 프로세스 품질, 프로세스 원가가 있다.

성과지표	설명
프로세스 시간	• 고객 주문접수에서 제품, 서비스의 인도 시점까지 걸리는 시간을 말한다. • 프로세스 시간은 처리시간(processing time), 검사시간(inspection time), 이동시간(movement time, 대기시간(waiting time)의 합으로 나타낼 수 있다. • 이중 부가가치를 창출하는 시간은 처리시간이므로 나머지 검사시간, 이동시간, 대기시간은 될 수 있는 대로 짧게 하는 것이 부가가치 창출을 위해 바람직할 것이다.
프로세스 품질	• 제조업 프로세스 품질에 대한 성과지표로는 불량률, 양품률, 낭비율, 재작업률, 반품률 등을 들 수 있다. • 서비스업에 관련하여 프로세스 품질에 대한 성과지표로는 대기시간, 부정확한 정보, 거래처리 미수행, 부정확한 의사전달 등이 있다.

성과지표	설명
프로세스 원가	• 전통적인 회계시스템에서는 부문별 원가계산을 중심으로 하고 있으므로 프로세스에 대한 원가정보는 제공하지 않고 있다. • 그러나 활동기준원가계산시스템을 도입함으로써 활동별로 원가를 집계하고 제품이나 서비스가 각 활동을 사용한 정도에 따라 원가정보를 산출할 수 있으므로, 활동의 집합체인 프로세스에 대한 원가계산도 가능하다.

(3) 판매 후 서비스 프로세스

판매 후 서비스 프로세스는 제품이나 서비스를 고객에게 전달한 이후, 고객에서 서비스와 지원활동을 제공하는 프로세스이다. 성과지표로는 고객서비스 요청 후 대응시간, 판매 후 서비스 만족도 등이 있다.

4) 학습과 성장 관점의 성과지표

균형성과표의 마지막 관점은 학습과 성장 관점이다. 이는 고객과 주주를 위한 가치를 창출할 수 있는 내부프로세스를 구축하기 위하여 조직 및 조직구성원이 가져야 능력을 파악하는 관점이다. 학습과 성장 측면에는 1. 종업원의 능력, 2. 정보시스템의 능력, 3. 동기부여와 권한 위양과 같은 3가지 중요한 영역이 존재한다.

학습과 성장 관점의 기본 틀은 다음과 같다. 궁극적으로 재무, 고객, 내부 비즈니스 프로세스의 목표를 충족시키는 근본적인 동인은 조직의 학습과 성장역량에 달려있다. 일반적으로 전략이 효과적으로 달성되기 위해서는 조직의 역량을 구축하도록 도와주는 인적자원, 시스템, 그리고 프로세스에 대해 상당한 투자가 필요할 것이다. 이는 균형성과표의 성공적인 도입과 운영을 위해서도 필요한 사항이다.

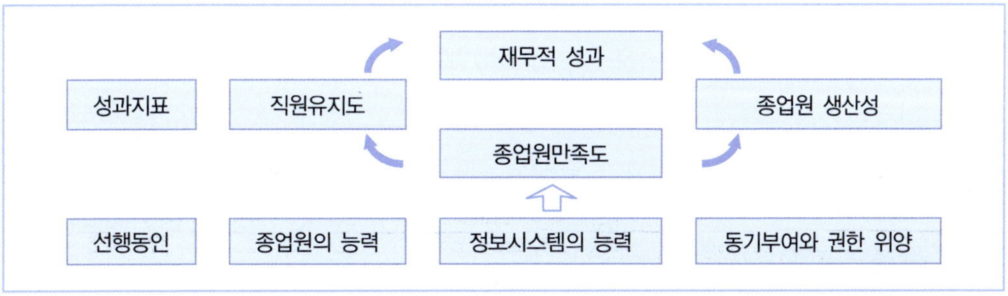

학습과 성장 관점의 성과지표를 예시하면 다음과 같다.

구분	성과지표
종업원의 능력	직무만족도, 핵심종업원의 이직률, 종업원 1인당 매출액, 종업원 1인당 부가가치, 종업원 재교육률, 전략직무충족률 등
정보시스템의 능력	시간, 사이클 타임, 품질 정보가 제공되는 프로세스의 비율, 고객별 수익성 정보 제공 고객 비율, 독점적 소프트웨어 보유 여부, 특허권 수, 저작권 수
동기부여와 권한 위양	종업원 1인당 제안 건수, 채택된 제안 건수, 경영층이 성과평가의 틀에 대한 인식의 정도, 개인 목표와 조직목표의 조화 정도

3 균형성과표의 특징

균형성과표에는 네 가지 관점 내에 포함된 성과지표들 간의 인과관계가 설정되어 있다. 조직의 전략은 원인과 결과에 대한 일련의 가설이기 때문에, 성과 평가시스템은 적절하게 전략을 관리할 수 있도록 목표 간, 성과지표 간에 인과관계가 있어야 한다.

균형성과표는 내부 비즈니스 프로세스, 고객서비스, 제품의 개선이 어떻게 재무적 성과로 나타나는지를 보여준다. 즉 성과지표간의 인과관계는 재무적 성과로 귀결되어야 한다.

균형성과표는 결과평가지표와 동인평가지표가 균형을 이루고 있다. 동인평가지표가 없는 경우에는 평가지표는 어떻게 결과가 달성되는지를 설명할 수 없고, 전략이 성공적으로 조직 내부에 이해되는지를 사전에 제시하지 못한다. 반대로 결과평가지표가 없는 경우 동인평가지표는 단기적인 프로세스의 개선을 가져올 수는 있지만, 프로세스 개선으로 인해 고객 관점의 성과가 얼마나 개선되었는지, 그리고 궁극적으로 재무적 성과가 얼마나 향상되는지 등은 밝혀낼 수 없게 된다.

균형성과표의 성과지표는 조직의 행동과 프로세스를 변화시킬 수 있다. 따라서 각 성과지표는 바람직한 성과를 가져올 수 있도록 변화관리프로그램과 반드시 연결되어야 한다. 이 프로그램을 통해 어떻게 성과가 달성되는지 각 구성원이 이해할 수 있을 것이다.

Ⅰ. 평가자 체크리스트

※ 다음 서술이 옳으면 T, 옳지 않으면 F를 기재하시오.

16.1 분권화로부터 얻을 수 있는 효익으로 내부이전가격의 신속한 결정을 들 수 있다.

16.2 잔여이익이 갖고 있는 준최적화 문제점을 극복하기 위하여 투자수익률이라는 개념이 출현하였다.

16.3 투자수익률이란 수익성지표의 일종으로 이는 투하된 자본금액에 대한 이익의 비율을 나타낸다.

16.4 경제적 부가가치는 세후영업이익에서 투하자본에 대한 자본비용을 차감하여 계산할 수 있다.

16.5 경제적 부가가치의 관점에서는 당기순이익보다 영업이익이 기업의 경영성과를 평가하는데 유용한 지표라고 본다.

16.6 균형성과표는 재무적인 성과지표를 중심으로 하는 전통적인 성과측정제도의 문제점을 보완할 수 있는 성과측정시스템으로 인식되고 있다.

16.7 균형성과표는 일반적으로 재무관점, 고객관점, 내부프로세스관점, 학습과 성장관점의 다양한 성과지표에 의하여 조직의 성과를 측정하고자 한다.

16.8 총자산회전율이 커져도 매출이익률이 작아지면 총자산이익률은 작아질 수 있다.

16.9 균형성과표의 전략에 근거하여 도출한 비재무적 성과측정치는 재무적 성과측정치의 후행지표가 된다.

16.10 균형성과표의 고객관점에서 고객만족에 대한 성과를 측정하는데 시장점유율을 사용한다.

Ⅱ. 객관식

16.1 분권화와 책임회계, 성과평가와 관련하여 다음의 설명 중에서 가장 적절한 것은?

[2002년 세무사]

① 분권화(decentralization)로부터 얻을 수 있는 효익으로 내부이전가격의 신속한 결정을 들 수 있다.

② 원가중심점은 특정 원가의 발생에만 통제책임을 지는 책임중심점으로 판매부문이 한 예가 될 수 있다.

③ 하부경영자가 자신의 성과측정치를 극대화할 때 기업의 목표도 동시에 극대화될 수 있도록 하부경영자의 성과측정치를 설정해야 하는데, 이를 목표 일치성(goal congruence)이라고 한다.

④ 잔여 이익(residual income)이 가진 준 최적화(sub-optimization)의 문제점을 극복하기 위하여 투자수익률이라는 개념이 출현하였다.

⑤ 투자수익률법은 투자 규모가 다른 투자중심점을 상호 비교하기가 어렵다는 문제점이 있는 반면에 잔여이익법에는 이런 문제점이 없다.

16.2 다음 중 분권화된 조직에서의 책임회계제도, 대체가격, 투자중심점, 성과평가 등과 관련한 설명으로 옳지 않은 것은?

[2005년 세무사]

① 책임회계제도는 조직의 자원이 어느 기능을 위하여 사용되었는가보다는 누가 사용하였는가에 관심을 둔다.

② 이익중심점이란 수익과 비용 모두에 대하여 책임이 부여된 조직의 하위단위 또는 부문을 말한다.

③ 잔여 이익이란 투자중심점이 사용하는 영업자산으로부터 당해 투자중심점이 획득해야 하는 최소한의 이익을 초과하는 영업이익을 말한다.

④ 조직의 하위부문 사이에 재화를 주고받으면 각 하위부문에 대한 공정한 성과평가를 하려면 공급부문에 변동원가에 근거하여 대체가격을 설정하는 것이 바람직하다.

⑤ 투자수익률이란 수익성 지표의 일종으로서 이는 투하된 자본 금액에 대한 이익의 비율을 나타낸다.

16.3 투자중심점(investment center)의 투자성과 평가지표에 관한 다음의 설명 중 가장 타당하지 않은 것은? [2009년 공인회계사]

① 투자수익률(return on investment: ROI)은 투하자본에 대한 투자이익의 비율을 나타내는 수익성 지표이며, 매출이익률에 자산회전율을 곱하여 계산할 수 있다.

② 투자수익률은 기업의 여러 투자중심점의 성과를 비교하는데 유용할 수 있지만, 투자수익률의 수준이 투자중심점 경영자의 성과평가 기준으로 사용될 때는 목표 불일치 문제를 일으킬 수 있다.

③ 잔여 이익에 의한 투자중심점 성과평가는 투자수익률에 의한 준 최적화 문제를 해결할 수 있으며, 각기 다른 투자 규모의 투자중심점들의 성과를 잔여 이익에 의하여 직접 비교 평가할 수 있는 장점이 있다.

④ 경제적 부가가치(economic value added: EVA)는 세후 영업이익에서 투하자본에 대한 자본비용을 차감하여 계산할 수 있다.

⑤ 경제적 부가가치의 관점에서는 영업이익이 당기순이익보다 기업의 경영성과를 평가하는데 유용한 지표라고 본다.

16.4 균형성과표(balanced scorecard: BSC)에 관한 다음의 설명 중 가장 타당하지 않은 것은? [2009년 공인회계사]

① 균형성과표는 재무적인 성과지표를 중심으로 하는 전통적인 성과측정제도의 문제점을 보완할 수 있는 성과측정시스템으로 인식되고 있다.

② 균형성과표는 조직의 비전과 전략을 성과지표로 구체화함으로써 조직의 전략수행을 지원한다.

③ 균형성과표의 다양한 성과지표 간의 인과관계를 통하여 조직의 전략목표 달성과정을 제시하는 성과지표의 체계를 전략지도(strategy map)라고 한다.

④ 균형성과표는 일반적으로 재무관점, 고객 관점, 내부프로세스 관점, 학습과 성장 관점의 다양한 성과지표에 의하여 조직의 성과를 측정하고자 한다.

⑤ 균형성과표는 조직의 수익성을 최종적인 목표로 설정하기 때문에 4가지 관점의 성과지표 중에서 학습과 성장 관점의 성과지표를 가장 중시한다.

16.5 성과평가와 관련된 다음 설명 중 옳지 않은 것은? [2012년 공인회계사]

① 경제적 부가가치(EVA)를 계산할 때 연구개발비 자산화는 경제적 부가가치를 감소시킬 수 있다.

② 균형성과표(BSC)는 내부관점(내부프로세스 관점, 학습과 성장 관점)과 외부관점(재무적 관점, 고객 관점)간의 균형을 추구한다.

③ 기업의 균형성과표(BSC)에서 내부프로세스 관점의 성과지표는 학습과 성장 관점의 성과지표에 대해 선행지표인 것이 일반적이다.

④ 총자산회전율이 커져도 매출이익률이 작아지면 총자산이익률은 작아질 수 있다.

⑤ 원가중심점(원가 책임 단위), 수익중심점(수익 책임 단위) 등의 분류는 통제 가능성의 원칙이 적용된 것이다.

16.6 책임중심점(responsibility center)의 설계 및 성과 평가방법에 대한 다음 내용 중 가장 옳은 것은? [2007년 공인회계사]

① 서비스 지원부서와 같은 비용중심점(expense center)에서는 서비스를 소비하는 부서로부터 그 사용 대가를 징수하지 않는 것이 서비스의 과소비를 줄이는 데 효과적이다.

② 어떤 부서의 원가함수에 관한 지식을 본부가 알 수 없을 때는 그 부서를 원가중심점으로 설정하는 것이 그 부서를 통제하는 데 효과적이다.

③ 투자수익률과 같은 비율척도로 투자중심점의 성과를 평가할 경우 회사 전체의 이익 극대화와 상충할 수 있다.

④ 책임중심점의 성과를 평가할 때 원칙적으로 통제 가능 여부와 관계없이 관련된 모든 업무에 대한 책임을 물어야 한다.

⑤ 투자중심점의 성과평가 척도의 하나로 사용되는 경제적 부가가치는 세후 영업이익에서 부채에 대한 이자비용을 차감한 금액이다.

16.7 균형성과표(Balanced Scorecard: BSC)에 관한 내용 중 옳지 않은 것은? [2013년 세무사]

① 전사적인 BSC는 하부조직의 BSC를 먼저 수립한 후 하의상달식으로 구축한다.

② BSC에서 관점의 수와 명칭은 조직별로 다를 수 있다.

③ BSC는 대학교나 정부 기관과 같은 비영리조직에도 적용된다.

④ 성과지표는 조직의 비전과 전략에 연계되어 선정되어야 한다.

⑤ 전략 체계도는 관점 간의 인과관계를 보여준다.

16.8 성과평가 및 보상에 관한 설명으로 옳은 것은? [2015년 세무사]

① 투자이익률(return on investment, ROI)은 사업부 또는 하위 사업단위의 성과평가에 적용될 수 있으나, 개별 투자안의 성과평가에는 적용되지 않는다.

② 잔여 이익(residual income, RI)은 영업이익으로부터 산출되며, 평가대상의 위험을 반영하지 못한다.

③ 투자이익률(ROI)보다 잔여 이익(RI)은 투자 규모가 서로 다른 사업부의 성과를 비교·평가하기가 쉽다.

④ 상대평가보다 절대평가는 인구, 경제 상황, 규제정책 등 공통의 통제 불가능한 요소가 성과평가에 미치는 영향을 제거하기 쉽다.

⑤ 경영자가 장기적 성과에 관심을 두도록 동기 부여하기 위해 회사의 주가를 기준으로 보상을 결정하는 방법이 있다.

16.9 (주)서울에는 A와 B의 두 개의 사업부가 있는데 다음은 성과평가와 관련된 자료이다.

구분	A 부문	B 부문
투자액	2,000억 원	4,000억 원
순이익	400억 원	720억 원

(주)서울이 사업부의 평가를 투자수익률, 잔여 이익(최저필수수익률 10%)으로 평가하는 경우 어떠한 평가가 이루어지겠는가? [2000년 세무사]

① 투자수익률로 평가하는 경우에는 A 부문, 잔여 이익으로 평가하는 경우에는 B 부문이 각각 더 우수한 결과가 나온다.

② 투자수익률로 평가하는 경우에는 B 부문, 잔여 이익으로 평가하는 경우에는 A 부문이 각각 더 우수한 결과가 나온다.

③ A 부문이 투자수익률이나 잔여 이익 모두 더 우수하다는 결과가 나온다.

④ B 부문이 투자수익률이나 잔여 이익 모두 더 우수하다는 결과가 나온다.

⑤ A 부문과 B 부문 모두 성과의 차이가 없다.

16.10 (주)세무는 전자제품을 생산 · 판매하는 회사로서, 세 개의 사업부 A, B, C는 모두 투자중심점으로 설계 · 운영되고 있다. 회사 및 각 사업부의 최저필수수익률은 20%이며, 각 사업부의 20×1년도 매출액, 영업이익 및 영업자산에 관한 자료는 다음과 같다.

항목	사업부 A	사업부 B	사업부 C
매출액	₩400,000	₩500,000	₩300,000
영업이익	32,000	30,000	21,000
평균 영업자산	100,000	50,000	50,000

현재 사업부 A는 ₩40,000을 투자하면 연간 ₩10,000의 영업이익을 추가로 얻을 수 있는 새로운 투자안을 고려하고 있다. 이 새로운 투자에 드는 예산은 현재의 자본비용 수준으로 조달할 수 있다. (주)세무가 투자수익률 혹은 잔여 이익으로 사업부를 평가하는 경우, 다음 설명 중 옳지 않은 것은? [2014년 세무사]

① 투자수익률로 사업부를 평가하는 경우, 20×1년에는 사업부 B가 가장 우수하다.

② 잔여 이익으로 사업부를 평가하는 경우, 20×1년에는 사업부 B가 가장 우수하다.

③ 잔여 이익으로 사업부를 평가하는 경우, 사업부 A의 경영자는 동 사업부가 현재 고려 중인 투자안을 채택할 것이다.

④ 투자수익률로 사업부를 평가하는 경우, 사업부 A의 경영자는 동 사업부가 현재 고려 중인 투자안을 채택할 것이다.

⑤ 투자수익률 혹은 잔여 이익 중 어느 것으로 사업부를 평가하는 경우라도, 회사 전체 관점에서는 사업부 A가 고려 중인 투자안을 채택하는 것이 유리하다.

16.11 (주)서울의 A 부문의 2001년도 회계자료는 아래와 같다.

항목	자료
매출	₩1,000,000
변동비	600,000
고정비(추적가능 원가)	100,000
평균투자자본	₩200,000
부가이자율(최저필수수익률)	6%

위의 자료에 따라 잔여 이익을 구하면 얼마인가? [2001년 세무사]

① ₩168,000 ② ₩202,000 ③ ₩288,000

④ ₩312,000 ⑤ ₩420,000

16.12 당기 초 새 기계를 구매하였다. 이 기계의 잔존가치는 없으며 정액법 기준으로 10년에 걸쳐서 감가상각한다. 새기계는 향후 10년간 영업 활동과 관련하여 매년 법인세비용차감전 ₩3,300,000의 현금유입을 창출할 수 있을 것으로 기대되고 있다. 투자자본에 대한 투자수익률(법인세비용차감전 기준)이 10%로 예상된다면, 새 기계의 원가는 얼마이겠는가?

[1999년 세무사]

① ₩33,000,000　② ₩27,500,000　③ ₩12,500,000
④ ₩15,000,000　⑤ ₩16,500,000

16.13 다음은 (주)세리의 남부사업부와 중부사업부의 재무상태표와 포괄손익계산서 자료의 일부이다.

항목	남부사업부	중부사업부
총자산	₩2,000,000	₩10,000,000
유동부채	₩500,000	₩3,000,000
세전 영업이익	₩250,000	₩2,000,000

(주)세리의 가중평균자본비용 계산에 관련된 자료는 다음과 같다.

장기부채	시장가치 ₩7,000,000	이자율 10%
자기자본	시장가치 ₩7,000,000	자본비용 14%

법인세율은 40%이다. 남부사업부와 중부사업부의 경제적 부가가치(EVA)는 얼마인가? (단, 각 사업부에는 같은 가중평균자본비용을 적용한다.)　[2006년 공인회계사]

	남부사업소	중부사업소
①	₩100,000	₩130,000
②	₩50,000	₩130,000
③	₩0	₩500,000
④	₩50,000	₩200,000
⑤	₩100,000	₩200,000

16.14 (주)한해는 당기 초부터 고객에 대한 신용매출 기간을 3개월에서 6개월로 연장하는 판매촉진정책을 시행하였다. 그 결과 당기에는 전기보다 매출액과 세후 이익이 모두 증가하였고, 재고자산과 매출채권은 각각 ₩4,000과 ₩3,500만큼 증가하였다. 회사가 제시한 비교손익계산서와 법인세율 및 자본비용(cost of capital)은 다음과 같다.

항목	당기	전기	증감
매출액	₩275,000	₩250,000	10% 증가
차감			
매출원가	₩192,500	₩175,000	
판매관리비	55,000	50,000	
이자비용	1,400	1,400	
세전 이익	₩26,100	₩23,600	
법인세비용	9,135	8,260	
세후 이익	₩16,965	₩15,340	10.6% 증가
법인세율	35%	35%	
자본비용	15%	15%	

새로운 판매촉진정책의 시행으로 인하여 당기의 경제적 부가가치(economic value added, EVA)는 전기보다 얼마만큼 증가(혹은 감소)하였는가? (단, 세후 영업이익에 대한 추가적인 조정은 없으며 재고자산과 매출채권 이외에 투하자본(invested capital)의 변동은 없다고 가정한다) [2010년 공인회계사]

① ₩825 감소　② ₩1,400 감소　③ ₩500 증가
④ ₩1,125 증가　⑤ ₩1,625 증가

16.15 (주)현대는 두 제품 A, B만을 판매하고 있다. 제품 A의 예상판매량은 1,000개, 예상되는 단위당 공헌이익은 ₩40, 제품 B의 예상판매량은 2,000개, 예상되는 단위당 공헌이익은 ₩10이었다. 실제로 제품 A는 ₩42씩에 900개가 팔렸고, 제품 B는 ₩9씩에 2,500개가 팔렸을 때, 회사 전체의 매출배합차이와 매출조업도차이를 순서대로 구한 것은? [1997년 세무사]

① ₩7,000 (불리), ₩7,990 (유리)　② ₩7,000 (유리), ₩1,000 (불리)
③ ₩6,990 (불리), ₩8,000 (유리)　④ ₩6,990 (유리), ₩8,000 (불리)
⑤ ₩6,990 (불리), ₩1,000 (유리)

16.16 테헤란벤처기업은 인터넷 서비스업을 제공하면서 전문가와 비전문 주부 사원을 함께 채용하고 있다. 이들에 대한 1분당 표준임금과 그에 따른 서비스 1회의 표준원가는 다음과 같다.

항목	표준시간	표준 임률	표준원가
표준임금 전문가	3분	1분당 ₩300	₩900
표준임금 비전문가	7분	1분당 ₩100	₩700
서비스 단위당 표준원가	₩1,600		

이 회사는 지난 1주일간 500회의 서비스를 제공하였으며, 이에 따라 실제로 발생한 임금은 다음과 같았다.

항목	실제 시간	실제 임률	실제 원가
실제 임금 전문가	1,200분	1분당 ₩400	₩480,000
실제 임금 비전문가	4,000분	1분당 ₩130	₩520,000
실제 원가 총액	₩1,000,000		

테헤란벤처기업이 설정한 표준원가를 기초로 변동예산과 실제 원가의 차이를 임률차이와 능률차이로 분해하고, 능률차이를 다시 배합차이와 수율차이로 분해할 때, 정확한 수율차이(yield variance)는 얼마인가? [2002년 공인회계사]

① ₩32,000 (불리) ② ₩72,000 (불리) ③ ₩32,000 (유리)
④ ₩40,000 (유리) ⑤ ₩72,000 (유리)

16.17 (주)대광의 3월 예산 대비 실적자료는 다음과 같다. 동 자료를 토대로 당초 예상보다 영업이익이 ₩200만큼 줄어든 원인을 (i) 판매가격차이, (ii) 변동원가차이, (iii) 고정원가차이 이외에 중요한 차이항목인 매출조업도차이(net sales volume variance: 일명, 순판매수량차이)를 추가하여 경영진에게 의미 있게 요약·보고하고자 한다. 매출조업도차이의 금액은 얼마인가? [2003년 공인회계사]

항목	3월 실적(actual)	3월 예산(budget)
판매 수량	400개	300개
매출액	₩7,200	₩6,000
변동원가	₩4,800	₩3,000
고정원가	₩1,400	₩1,800
영업이익	₩1,000	₩1,200

① ₩1,800 (유리) ② ₩600 (유리) ③ ₩1,000 (불리)
④ ₩1,800 (불리) ⑤ ₩1,000 (유리)

16.18 대한회사는 A와 B의 두 제품을 생산 · 판매하고 있다. 예산에 의하면 제품 A의 단위당 공헌이익은 ₩20이고, 제품 B의 공헌이익은 ₩4이다. 2007년의 예산매출 수량은 제품 A가 800단위, 제품 B는 1,200단위로 총 2,000단위였다. 그러나 실제 매출 수량은 제품 A가 500단위, 제품 B가 2,000단위로 총 2,500단위였다. 대한회사의 2007년 매출배합차이와 매출수량차이를 계산하면 각각 얼마인가? [2008년 세무사]

	매출배합차이	매출수량차이
①	₩8,000 유리	₩5,200 불리
②	₩8,000 유리	₩5,200 유리
③	₩5,200 불리	₩8,000 불리
④	₩5,200 유리	₩8,000 불리
⑤	₩8,000 불리	₩5,200 유리

16.19 (주)세무는 제품 A와 B를 생산 · 판매하고 있다. 20×1년 1월 관련 자료가 다음과 같을 때 매출배합차이는? [2013년 세무사]

항목	제품 A	제품 B
실제 단위당 판매가격	₩7	₩12
예산 단위당 판매가격	6	10
예산 단위당 변동원가	₩4	₩6
예산판매량	144단위	36단위
실제판매량	126단위	84단위

① ₩80 유리 ② ₩82 유리 ③ ₩84 유리
④ ₩86 유리 ⑤ ₩88 유리

16.20 (주)대한은 분권화된 세 개의 사업부(X, Y, Z)를 운영하고 있다. 이들은 모두 투자중심점으로 설계되어 있으며, (주)대한의 최저필수수익률은 20%이다. 각 사업부와 관련된 정보는 다음과 같다.

항목	X	Y	Z
자산회전율	4회	6회	5회
영업이익	₩400,000	₩200,000	₩210,000
매출액	₩4,000,000	₩2,000,000	₩3,000,000

투자수익률(ROI)이 높은 사업부 순서대로 옳게 배열한 것은? [2012년 세무사]

① X>Y>Z ② X>Z>Y ③ Y>X>Z
④ Y>Z>X ⑤ Z>Y>X

16.21 대한전자의 제1사업부는 에어컨을 생산·판매하고 있다. 대한전자의 제1사업부는 투자중심점으로 운영되며, 사업부장의 성과는 투자수익률(ROI)에 근거하여 평가한다. 제1사업부의 목표 투자수익률은 15%이다. 1년 동안 대한전자의 제1사업부와 에어컨의 생산·판매에 관한 예상자료는 다음과 같다.

- 제1사업부 연간 총고정비: ₩2,000,000,000
- 에어컨 단위당 변동비: ₩300,000
- 에어컨 연간 판매 대수: 5,000대
- 제1사업부 평균 총자산: ₩3,000,000,000

제1사업부의 사업부장이 목표 투자수익률을 달성하기 위한 에어컨의 단위당 최소판매가격은 얼마인가? [2007년 세무사]

① ₩700,000 ② ₩720,000 ③ ₩750,000
④ ₩790,000 ⑤ ₩820,000

16.22 상호 대체 가능한 제품 P와 제품 Q 두 가지 종류만을 판매하는 (주)한국에 대한 20×1 회계연도 자료는 다음과 같다.

구분	제품 P	제품 Q
예산판매 수량	800단위	1,200단위
실제 판매 수량	500단위	2,000단위
단위당 예산판매가격	₩50	₩20
단위당 실제 판매가격	₩55	₩18
단위당 표준변동원가	₩30	₩16
단위당 실제 변동원가	₩32	₩15

(주)한국의 20×1 회계연도 매출배합차이와 매출수량차이를 계산하면 각각 얼마인가? [2015년 공인회계사]

	매출배합차이	매출수량차이
①	₩8,000 유리	₩5,200 불리
②	₩8,000 유리	₩5,200 유리
③	₩5,200 불리	₩8,000 불리
④	₩5,200 유리	₩8,000 불리
⑤	₩8,000 불리	₩5,200 유리

16.23 (주)한국은 상호대체가 가능한 두 종류의 노무 등급인 고급노무인력과 저급노무인력을 제조공정에 투입하여 제품을 생산한다. 이 회사는 표준원가계산제도를 사용하여 직접노무원가에 대해 매월 실제 원가와 표준원가의 차이를 분석하고자 한다. 이를 위한 20×1년 2월의 각 노무 등급별 표준 직접노무원가에 관한 자료는 다음과 같다. [2014년 공인회계사]

항목	표준 임률	실제 생산량에 허용된 표준 노무시간
고급노무인력	₩20	200시간
저급노무인력	₩12	200시간

20×1년 2월의 각 노무 등급별 실제 임률과 실제로 사용된 직접노무시간은 다음과 같다.

항목	실제 임률	실제 사용된 직접노무시간
고급노무인력	₩21	220시간
저급노무인력	₩13	160시간

(주)한국의 20×1년 2월 직접노무원가의 배합차이와 수율차이는 각각 얼마인가?

	배합차이	수율차이
①	₩280 유리	₩300 유리
②	₩280 유리	₩300 불리
③	₩240 불리	₩300 유리
④	₩240 불리	₩320 유리
⑤	₩240 불리	₩320 불리

16.24 (주)한국이 판매부문의 20×1년도 성과 평가목적으로 작성한 예산과 실적치를 대비한 자료는 다음과 같다.

구분		고정예산	실적치
판매량		25,000단위	27,500단위
매출액		₩250,000	₩253,000
변동원가	제조원가	148,500	153,450
	판매관리비	39,000	44,550
공헌이익		₩62,500	₩55,000
고정원가	제조원가	12,500	15,000
	판매관리비	27,500	30,000
영업이익		₩22,500	₩10,000

(주)한국의 CEO는 20×1년도 실제판매량이 목표판매량보다 10% 증가하였는데도 불구하고 영업이익은 오히려 감소한 원인을 파악하고자 한다. 이를 위해 매출가격차이(sales price variance)와 매출수량차이(매출조업도차이: sales volume variance)를 계산하면 각각 얼마인가? 단, U는 불리한 차이, F는 유리한 차이를 의미한다. [2016년 공인회계사]

	매출가격차이	매출수량차이
①	₩22,000U	₩6,250F
②	₩22,000U	₩6,500F
③	₩22,000U	₩6,750F
④	₩20,000U	₩6,500F
⑤	₩20,000U	₩6,750F

Ⅲ. 주관식

16.1 (주)대전은 A사업부와 B사업부로 구성되어 있는데 이들은 각각 투자중심점으로 운영되고 있다. 각 사업부의 당기 자료는 다음과 같다. 각 사업부의 잔여이익을 계산하시오. 단, 최저필수수익률은 10%이다. [기업회계 1급]

	A사업부	B사업부
영업자산	₩12,000,000	₩8,000,000
매 출 액	₩25,000,000	₩15,000,000
영업이익	₩3,800,000	₩1,500,000

16.2 (주)호복은 항공기 티켓 서비스업을 제공하면서 지상 판매원과 온라인 판매원을 함께 채용하고 있다. 이들에 대한 1분당 표준임금과 그에 따른 서비스 1회의 표준원가는 다음과 같다. 이 회사는 지난 1주일간 1,500회의 서비스를 제공하였으며, 이에 따라 실제로 발생한 임금은 다음과 같았다. (주)호복이 설정한 표준원가를 기초로 변동예산과 실제원가의 차이를 임률차이와 능률차이로 분해하고, 능률차이를 다시 배합차이와 수율차이로 분해하여 각각 구하시오(소수점발생시 소수첫째자리에서 반올림할 것) [기업회계 1급]

표준임금	표준시간	표준임률	표준원가
지상판매원	4분	1분당 ₩350	₩1,400
온라인 판매원	10분	1분당 ₩210	₩2,100
서비스 단위당 표준원가			₩3,500

실제임금	실제시간	실제임률	실제원가
지상판매원	7,000분	1분당 ₩400	₩2,800,000
온라인 판매원	12,000분	1분당 ₩160	₩1,920,000
실제원가 총액	19,000분		₩4,720,000

16.3 (주)호복은 제품 A와 재품 B를 제조 및 판매하고 있다. 제품 A의 예산판매량은 200개이고 예산상의 단위당 공헌이익은 ₩100, 제품 B의 예산판매량은 800개이고 예산상의 단위당 공헌이익은 ₩50이다. 실제 판매량은 제품 A와 제품 B가 각각 360개, 840개이고, 실제 단위당 공헌이익은 제품 A와 제품 B가 각각 ₩84, ₩18이었다. 회사 전체의 매출배합 차이와 매출수량 차이는 각각 얼마인가? [기업회계 1급]

16.4 (주)호복은 비영리법인이다. 다음 자료에 의하여 첫해의 EVA를 계산하면 얼마인가? 소수 셋째 자리에서 반올림한다. [기업회계 1급]

(가) 영업현금흐름은 ₩1,050,000이다.
(나) 최초투자액은 ₩3,000,000이며 잔존가치는 ₩0이다.
(다) 정액법으로 상각하고 내용연수는 6년이다.
(라) 가중평균자본비용은 15%이다.

16.5 (주)재무는 최저필수수익률에 의한 잔여이익으로 부문의 성과평가를 실시하고 있으나 투자수익률로 평가를 전환하려 한다. 다음의 A사업부 관련 자료를 분석할 때, 동일한 성과가 발생하기 위한 투자수익률은? [기업회계 1급]

투자액	최저필수수익률	잔여이익
₩35,000,000	4%	₩280,000

16.6 (주)평택은 다음과 같은 3개의 사업부(A, B, C)를 갖고 있다. 다음 자료를 이용하여 각 사업부를 잔여이익으로 평가했을 때 성과가 높은 사업부 순서대로 나타내시오. [기업회계 1급]

구분	A	B	C
투자액	₩1,300,000	₩1,200,000	₩1,500,000
영업이익	₩300,000	₩330,000	₩350,000
최저필수수익률	15%	19%	16%

16.7 (주)화성의 K부문의 2020년도 회계자료는 아래와 같을 때 자료에 따라 잔여이익을 구하면 얼마인가? [기업회계 1급]

항목	금액	항목	금액
매출	₩1,200,000	평균투자자본	₩500,000
변동비	₩400,000	최저필수수익률	6%
고정비(추적가능원가)	₩200,000		

16.8 다음은 투자의사결정을 위한 자료이다. 최저필수수익률을 구하시오. [기업회계 1급]

총투자액	기대 예상이익	잔여이익
₩8,000,000	₩308,000	₩28,000

정답 및 해설

학습 목표

제 1 장 조직에서의 원가회계의 이해
제 2 장 원가의 개념 및 분류
제 3 장 제조기업의 원가흐름과 집계
제 4 장 실제개별원가계산
제 5 장 정상개별원가계산
제 6 장 부문별 원가계산
제 7 장 종합원가계산
제 8 장 결합원가계산
제 9 장 원가행태의 결정
제10장 원가-조업도-이익 분석
제11장 표준원가와 차이분석
제12장 전부원가계산과 변동원가계산
제13장 활동기준원가계산
제14장 종합예산 편성과 책임회계
제15장 단기의사결정과 관련원가분석
제16장 성과측정과 성과관리

제1장 조직에서의 원가회계의 이해

Ⅰ. 평가자 체크리스트

1.1 해설 F 내부이용자들과 외부이용자들로 구성되어 있다.

1.2 해설 T

1.3 해설 T

1.4 해설 T

1.5 해설 T

1.6 해설 F 생산원가자료는 관리회계와 재무회계에 이용된다.

1.7 해설 F 재무회계는 일반적으로 인정된 회계원칙에 의하여 이루어진다.

1.8 해설 F 원가를 측정하는 방법에 따라 실제원가계산, 정상원가계산, 표준원가계산으로 분류한다.

1.9 해설 T

1.10 해설 T

Ⅱ. 객관식

1.1 정답 ③

해설 관리회계 목적으로 제공되는 원가정보는 기업회계기준을 따를 필요가 없으며, 이용목적에 의해 다양한 방법으로 정보를 산출한다.

Ⅲ. 주관식

1.1 해설 정보이용자들이 필요로 하는 원가정보를 확인 · 분류 · 집계하여 제공하는 것을 목적으로 하는 원가회계는 ① 재무제표상의 재고자산평가액 결정을 위한 제품원가 정보의 제공, ② 경영계획수립 및 통제를 위한 원가정보의 제공, ③ 세무보고서의 작성을 위한 원가정보의 제공, ④ 원가보상계약에 있어서의 보상금액 결정 혹은 이와 유사한 성격의 가격결정을 위한 원가정보의 제공의 역할을 한다.

1.2 해설 ① 원가를 집계하는 방법에 따른 분류: 개별원가계산과 종합원가계산으로 분류할 수 있다. 개별원가계산이란 개별작업별로 원가를 구분하여 계산하는 방법을 말하며, 종합원가계산이란 공정이나 부문별로 원가를 집계한 후, 집계된 원가를 총산출물에 균등히 배부하여 단위당 원가

를 계산하는 방법이다.

② 제품원가를 계산하는 방법에 따른 분류
전부원가계산과 변동원가계산으로 분류할 수 있다. 전부원가계산은 고정제조간접비를 포함한 모든 원가를 제품이 판매되는 시점에서 수익에 대응시켜 비용으로 계상할 수 있도록 제품원가로 처리하고, 판매 및 관리활동에서 발생한 원가는 기간비용으로 처리하는 원가계산방법이다. 이에 반해 변동원가계산은 고정제조간접비를 제외한 변동제조원가만을 제품원가로 처리하고, 고정제조간접비는 판매 및 관리활동에서 발생한 원가와 함께 발생한 기간의 수익에 대응시켜 기간비용으로 처리하는 원가계산방법이다.

③ 원가를 측정하는 방법에 따른 분류
실제원가계산, 정상원가계산, 표준원가계산으로 분류할 수 있다.
실제원가계산이란 개별 생산요소의 실제의 구입가격 및 실제의 사용수량을 기준으로 제품의 원가를 측정하는 방법을 말한다. 이에 반해 표준원가계산이란 개별 생산요소에 대해 사전에 정해진 표준가격 및 표준사용수량을 바탕으로 원가를 측정하는 방법이다. 정상원가계산은 실제원가계산과 표준원가계산을 결합한 원가측정방법으로 직접재료비와 직접노무비는 실제원가를 적용하고, 제조간접비는 미리 정해놓은 예정배부율에 따라 결정된 원가(일종의 표준원가)를 적용하는 원가측정방법이다.

1.3 해설

구분	재무회계	관리회계
목적	기업의 외부이해관계자인 주주나 채권자 등에게 유용한 정보제공	기업의 내부이해관계자인 경영자 등에게 유용한 정보의 제공
회계정보이용자	외부정보이용자(주주, 채권자 등)	내부정보이용자(경영자 등)
원칙의 유무	일반적으로 인정된 회계원칙(GAAP)	기업이 내부적으로 설정한 원칙이나 규정
정보의 특성	객관성, 신뢰성	목적적합성, 적시성
정보의 유형	재무적 정보	재무적/비재무적 정보
범위	기업경영 전반의 기초적인 범위(기업전체)	경영활동의 각기 목적에 부합되는 범위(기업전체/사업부문/팀/개인)
시간적 관점	과거지향적임	미래에 대한 예측에 초점을 둠
보고수단	공표용 재무제표(재무보고)	특수한 의사결정 목적에 적합한 보고서
보고빈도	정기	수시

1.4 해설 ① 외부보고를 위한 회계 (F)
② 내부이용자를 위한 회계 (M)
③ 계획과 통제기법을 주로 다루는 회계 (M)
④ 주주와 채권자를 위한 회계정보 제공 (F)
⑤ 경영자에게 보고하기 위한 회계 (M)
⑥ 업적평가를 위한 회계 (M)
⑦ 의사결정을 위한 회계 (M)
⑧ 조직전체보다 조직의 부문에 관심을 더 집중한다. (M)
⑨ 비영리단체에도 적용 가능하다. (M)
⑩ 공식적인 원칙이나 기준이 없다. (M)

제2장 원가의 개념 및 분류

Ⅰ. 평가자 체크리스트

2.1 해설 T

2.2 해설 F 원가회계는 관리회계와 재무회계를 위한 정보를 모두 제공한다. 예를 들면, 제품원가 계산은 재무회계의 재고자산평가 목적과 관리회계의 의사결정 목적 모두에 관련된 원가회계의 기능이다.

2.3 해설 T

2.4 해설 T

2.5 해설 T

2.6 해설 T

2.7 해설 F 원가행태에 따라 직접원가와 간접원가가 아닌 변동원가와 고정원가로 분류된다.

2.8 해설 F 변동비에 대한 설명이다.

2.9 해설 T

2.10 해설 F 준변동비에 대한 설명이다.

Ⅱ. 객관식

2.1 정답 ④

해설 ① 직접재료비는 기초원가이다.
② 매몰원가는 의사결정과정에 영향을 미치지 않는 원가를 말한다.
③ 고정원가는 일정 조업도 내에서 일정하게 발생하는 원가를 말한다.
⑤ 공장 감독자 급여는 간접노무비이므로 가공원가에 포함된다.

2.2 정답 ④

해설 매몰원가는 과거 원가로서, 미래 의사결정에 전혀 관련성이 없으므로 의사결정과정에서 고려해선 안 되는 비관련원가에 해당한다.

2.3 정답 ④

해설 기업내부 이해관계자의 관리적 의사결정에 대한 유용한 정보제공

2.4 정답 ③

해설 공장감독자의 급여: 간접노무비
기본원가: 직접재료비, 직접노무비
가공원가: 직접노무비, 제조간접비

2.5 정답 ②

해설 ① 원가요소에 따른 분류기준　　③ 원가행태에 따른 분류기준
④ 제조활동에 따른 분류기준　　⑤ 제조활동 관련성에 따른 분류기준

2.6 정답 ②

해설 간접노무비, 외주가공비, 공장감가상각비는 제조부문에서만 발생

2.7 정답 ④

해설 기본원가 = 직접재료비 + 직접노무비
가공원가 = 직접노무비 + 제조간접비
제조원가 = 직접재료비 + 직접노무비 + 제조간접비
기본원가와 가공원가를 합하면 직접노무비가 중복된다.

2.8 정답 ③

해설 관리비는 제조원가에 포함되지 않는다(포괄손익계산서에서 비용 처리된다).

2.9 정답 ⑤

해설 공장 차량운반구의 감가상각비는 제조원가이다.

2.10 정답 ③

해설 제조간접비는 가공원가에 포함되며, 고정제조간접비와 변동제조간접비 모두에서 발생한다.
생산직 근로자의 임금은 직접노무비에 해당하므로 기본원가에 포함된다.

2.11 정답 ④

해설 공장보험료는 제조간접비이므로 가공원가이다.

2.12 정답 ①

해설 직접원가는 통제가능원가이다.

2.13 정답 ④

해설 ①, ②, ③, ⑤는 통제가능원가와 임의원가에 해당된다.

2.14 정답 ③

해설 당월직접재료비소비액 = 기초 ₩15,000 + 당월매입 ₩95,000 − 기말 ₩10,000
= ₩100,000
당월직접노무비소비액 = 당월지급 ₩60,000 + 당월미지급 ₩10,000 − 전월미지급 ₩20,000
= ₩50,000
기본원가 = 당월직접재료비소비액 ₩100,000 + 당월직접노무비소비액 ₩50,000
= ₩150,000

2.15 정답 ⑤

해설 가공원가 = 직접노무비 + 제조간접비(= 변동제조간접비 + 고정제조간접비)
= ₩1,500,000 + ₩800,000 + ₩200,000
= ₩2,500,000

2.16 정답 ②

해설 기본원가 = 직접재료비 + 직접노무비(= ₩50,000 + ₩80,000 = ₩130,000)
가공원가 = 직접노무비 + 제조간접비(= ₩80,000 + ₩40,000 + ₩5,000 + ₩15,000
+ ₩25,000) = ₩165,000

2.17 정답 ③

해설 당기총제조원가 = 직접재료비 ₩200,000 + 직접노무비 ₩300,000 + 제조간접비 ₩400,000
= ₩900,000

2.18 정답 ④

해설 제조원가 = ₩2,000,000
판매관리비 = ₩2,000,000 × 0.15 = ₩300,000
판매이익 = ₩2,300,000 × 0.1 = ₩230,000
따라서 판매가격은 ₩2,300,000(총원가) + ₩230,000(판매이익) = ₩2,530,000

2.19 정답 ④

해설 총원가 = 제조원가 + 비제조원가(판매비와관리비)
₩1,250,000 = X + 0.25X
X = ₩1,250,000 ÷ 1.25 = ₩1,000,000

2.20 정답 ①

해설 총원가 = ₩12,000,000 ÷ 1.2 = ₩10,000,000
제조원가 = ₩1,000,000 + ₩2,000,000 + ₩3,000,000 = ₩6,000,000
판매비와관리비 = ₩10,000,000 − ₩6,000,000 = ₩4,000,000

2.21 정답 ④

해설 기회비용은 의사결정에 영향을 미치는 관련원가이다.

2.22 정답 ② ₩30,000

해설 매몰원가는 이미 과거에 발생한 원가로 의사결정에 영향을 미치지 않는 원가이다. 따라서, 대학교 1학년 때 수험서적 구매를 위해 지출한 ₩30,000이 매몰원가이다.

2.23 정답 ② 매몰원가

해설 수영을 배우기 위해 선택을 했을 때, 이미 지출한 피아노학원비는 의사결정에 아무런 관련이 없는 매몰원가에 해당한다.

2.24 정답 ① 승용차용 타이어 원가

해설 ① 승용차용 타이어 원가 − 직접원가이면서 변동원가이다.
② 공장 감가상각비 − 간접원가이면서 고정원가이다.

③ 공장장 급여 – 간접원가이면서 고정원가이다.
④ 식당 운영비 – 간접원가이면서 고정원가이다.
⑤ 공장 재산세 – 간접원가이면서 고정원가이다.

Ⅲ. 주관식

2.1 정답 a, b, c, f

해설 제조간접비: a, b, c, f, 직접노무비: d, 판매비및관리비: e, g, h

2.2 정답 ₩1,000,000 + (₩1,500,000 – ₩800,000) = ₩1,700,000

해설 기본원가 = 직접재료비 + 직접노무비
가공원가 = 직접노무비 + 제조간접비
따라서 직접노무비 = 가공원가-제조간접비

2.3 정답 ₩500,000

해설 지전노무비는 기본원가와 가공원가 모두에 해닥뒤다.

2.4 해설 ₩500,000(직접노무비) + ₩500,000 ÷ 0.2(제조간접원가) = ₩3,000,000

2.5 해설 (a): ①, ②, ④, ⑧, ⑨, ⑩
(b): ③, ⑤, ⑥, ⑦
(c): ①, ⑨
(d): ①, ②, ④, ⑧, ⑩

2.6 해설 (1) 기본원가(직접재료비 + 직접노무비)
= 원재료소비액 ₩1,000,000 + 직접노무비 ₩800,000
\+ 직접노동자의 복리후생비 ₩50,000) = ₩1,850,000
(2) 가공원가(직접노무비 + 제조간접원가)
= 직접노무비 ₩800,000 + 직접노동자의 복리후생비 ₩50,000
\+ 공장건물재산세 ₩20,000 + 공장감독자급료 ₩100,000 + 공장수도광열비 ₩30,000
\+ 공장기계감가상각비 ₩200,000
= ₩1,200,000
(3) 당기총제조원가 = 기초원가 ₩1,850,000 + 제조간접원가 ₩350,000 = ₩2,200,000
(4) 기간원가 = 본사사무실 비품 감가상각비 ₩50,000 + 본사사무원 급료 ₩100,000
\+ 광고비 ₩250,000 + 본사사무실 잡비 ₩50,000
= ₩450,000

2.7 정답 10억 원

해설 매몰원가란 과거의 의사결정으로 인하여 이미 발생한 원가로서 대안 간에 차이가 발생하지 않는 원가이다. 삼일이 과거 5년 전에 기계장치를 구입하기 위하여 지출한 10억 원은 방안 A와 방안 B의 대안 간에 차이를 발생시키지 않는 원가이므로 매몰원가이다.

2.8 해설 (1) 직접원가 = 직접재료비 ₩600,000 + 직접노무비 ₩200,000 = ₩800,000

(2)제조원가 = 직접원가 ₩800,000 + 간접원가(= ₩400,000 + ₩300,000 + ₩2,000,000)
= ₩3,500,000

(3) 총원가 = 제조원가 ₩3,500,000 + 판매관리비(= ₩80,000 + ₩90,000 + ₩70,000
+ ₩95,000 + ₩5,000 + ₩90,000) = ₩3,930,000

(4) 판매가격 = 총원가 ₩3,930,000 × 1.2 = ₩4,716,000

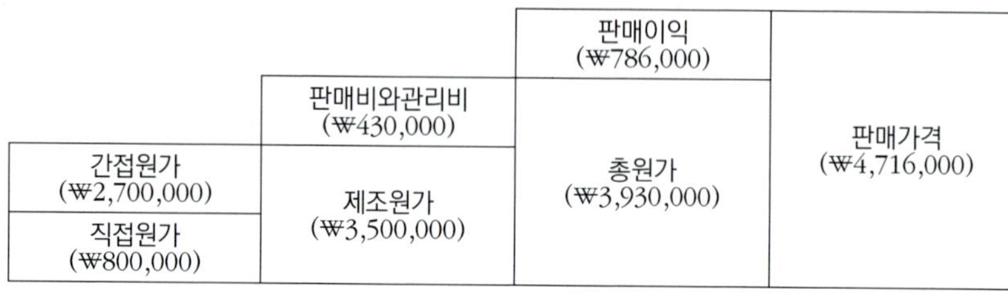

2.9 해 설 가공원가 ₩500,000 = 직접노무비 + 제조간접원가 = X + Y
제조간접원가(Y) = 1.5X를 가공원가에 대입하면, 500,000 = 2.5X
따라서 X(직접노무비) = ₩200,000, Y(제조간접원가) = ₩300,000
기초원가 ₩250,000 = 직접재료비 + 직접노무비 = ₩50,000 + ₩200,000
판매가격(S) = 총원가 + 판매이익 = ₩1,050,000 + 0.4S
0.6S = ₩1,050,000, S = ₩1,750,000

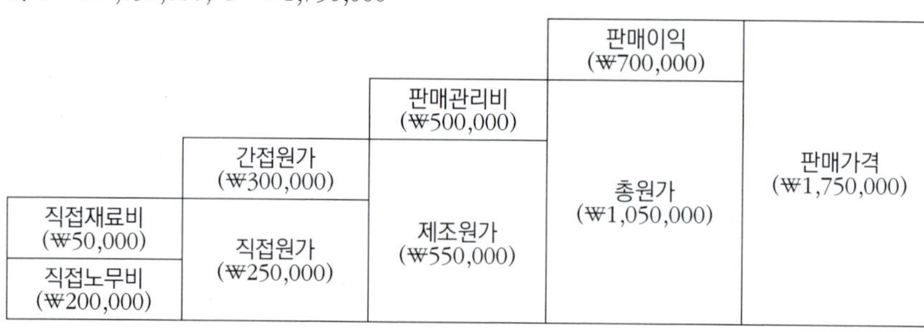

2.10 정 답 ₩42,000

해 설

재공품

기초재고액	50,000	완성품원가	80,000[1]
직접재료비	20,000[2]		
직접노무비	22,000[3]		
제조간접비	33,000	기말재고액	45,000
	125,000		125,000

1) ₩90,000 + ₩60,000 − ₩70,000 = ₩80,000
2) ₩3,000 + ₩21,000 − ₩4,000 = ₩20,000
3) ₩125,000 − ₩50,000 − ₩20,000 × 40% = ₩22,000
기초원가 = ₩20,000 + ₩22,000 = ₩42,000

제3장 제조기업의 원가흐름과 집계

Ⅰ. 평가자 체크리스트

3.1 해설 T

3.2 해설 T

3.3 해설 T

3.4 해설 F 완성품의 원가만큼 제품계정으로 할당된다.

3.5 해설 F 당기제품제조원가라 한다.

3.6 해설 T

3.7 해설 F 당기제품제조원가와 매출원가는 동일해진다.

3.8 해설 F 기초재공품재고액은 표시되나, 기초제품재고액은 표시되지 않는다.

3.9 해설 T

3.10 해설 T

Ⅱ. 객관식

3.1 정답 ④

해설 요소별 원가계산→부문별 원가계산→제품별 원가계산→매출원가
재료비, 노무비, 경비→재공품→제품→매출원가

3.2 정답 ④

해설 기말제품재고액은 제조원가명세서에 나타난다.

3.3 정답 ④

해설 ① 당기총제조비용은 재공품계정 차변으로 대체
② 당기제품제조원가는 제품계정 차변으로 대체
③ 당기매출원가는 제품매출원가계정 차변으로 대체
⑤ 당기노무비소비액은 재공품계정 차변으로 대체

3.4 정답 ④

해설 당기총제조원가>당기제품제조원가=기말재공품액>기초재공품액

3.5 정답 ②

해설 월초 재고액+당월 매입액=원재료 소비액+월말 재고액
원재료 소비액=월초 재고액+당월 매입액−월말 재고액
=₩100,000+₩500,000−₩200,000=₩400,000

3.6 정답 ③

해설 직접재료비소비액=당기제품제조원가 ₩80,000+기말재공품재고액 ₩20,000
−(기초재공품재고액 ₩10,000+직접노무비소비액 ₩20,000
+제조간접비소비액 ₩30,000)=₩40,000
당기직접재료매입액=기말직접재료재고액 ₩10,000+직접재료소비액 ₩40,000
−기초직접재료재고액 ₩20,000=₩30,000

3.7 정답 ④

해설 당월 지급 ₩100,000+당월 미지급 ₩50,000−전월 선급 ₩10,000=₩140,000

3.8 정답 ①

해설 기초재공품+직접재료비+직접노무비+제조간접비=당기제품제조원가+기말재공품
X+Y(당기총제조원가)=X+₩500,000, Y=₩500,000
₩500,000×2÷10=₩100,000

3.9 정답 ⑤

해설 공장재산세=₩6,000(=₩72,000÷12개월)+공장소모품비 ₩11,000
+기계수선비 ₩4,000(=₩24,000÷6개월)
+공장보험료 ₩6,000(=₩18,000÷3개월)
+기계감가상각비 ₩3,000(=₩18,000÷6개월)=₩30,000

3.10 정답 ④

해설 (300Kwh−100Kwh)×₩100=₩20,000

3.11 정답 ①

해설 당기총제조원가=직접재료비+직접노무비+제조간접비
=₩10,000+₩30,000+₩50,000=₩90,000

3.12 정답 ①

해설 기말재공품재고액=₩300,000(기초재공품재고액)+₩1,000,000(당기총제조원가)
−당기제품제조원가 ₩1,200,000(=₩1,500,000−₩500,000+₩200,000)
=₩100,000

3.13 정답 ③

해설 당기제품제조원가=매출원가 ₩300,000+기말제품재고액 ₩200,000
−기초제품재고액 ₩50,000=₩450,000
기말재공품재고액=기초재공품재고액 ₩100,000+당기총제조비용 ₩550,000
−당기제품제조원가 ₩450,000=₩200,000

3.14 정답 ②

해설 기초재공품재고액=당기제품제조원가 ₩18,000,000+기말재공품재고액 ₩2,000,000
−당기총제조원가 ₩15,000,000=₩5,000,000

3.15 정답 ①

해설 직접재료비소비액 = 당월원재료 매입액 ₩10,000 + 기초원재료
− 기말원재료(= 기초원재료 + ₩2,000)
= ₩7,000 − ₩2,000 = ₩5,000

직접노무비 = ₩5,000 × 130% = ₩6,500

당기총제조원가 = 직접재료비 ₩5,000 + 직접노무비 ₩6,500 + 제조간접비 ₩6,000 = ₩20,000

Y(당기제품제조원가) = 기초재공품 + 당기총제조원가 ₩20,000
− 기말재공품(= 기초재공품+₩10,000)

3.16 정답 ④

3.17 정답 ①

해설 당기제품제조원가 = ₩150,000 + ₩1,500,000 − ₩250,000 = ₩1,400,000

매출원가 = ₩300,000 + ₩1,400,000 − ₩700,000 = ₩1,000,000

3.18 정답 ③

해설 당기제품제조원가 = 기초재공품재고액 + 당기총제조비용 − 기말재공품재고액
= ₩200,000 + ₩1,300,000 − ₩300,000 = ₩1,200,000

당기제품매출원가 = 기초제품재고액 + 당기제품제조원가 − 기말제품재고액
= ₩100,000 + ₩1,200,000 − ₩200,000 = ₩1,100,000

판매가능액 = 기초제품재고액 + 당기제품제조원가
= ₩100,000 + ₩1,200,000 = ₩1,300,000

3.19 정답 ③

해설

원재료

기 초	₩300	직접재료비	₩200
매 입	0	기 말	100
	₩300		₩300

재공품

기 초	₩1,000	당 기 제 품 제 조 원 가	₩1,050
직접재료비	200		
직접노무비	300		
제조간접비	350	기 말	800
	₩1,850		₩1,850

3.20 정답 ④

해설 ㉣의 금액은 ₩1,600,000이다.

3.21 정답 ③ ₩230,000

해설
- 순매출액 = 상품총매출액(₩1,600,000) − 매출에누리와 환입(₩170,000) = ₩1,430,000
- 매출원가 = 기초상품(₩110,000) + [당기매입(₩1,200,000) − 매입에누리와 환출(₩10,000)
+ 매입운임(₩40,000)] − 기말상품(₩140,000) = ₩1,200,000
- 매출총이익 = ₩1,430,000 − ₩1,200,000 = ₩230,000
- 판매운임은 판매관리비 항목이다.

3.22 정답 ③ ₩270,000

해설 • 매출총이익 = 매출액 ₩1,000,000 − 매출원가 ₩600,000 = ₩400,000
• 영업이익 = 매출총이익 ₩400,000 − 판매관리비 ₩60,000 = ₩340,000
• 당기순이익 = 영업이익 ₩340,000 − 법인세비용 ₩70,000 = ₩270,000
• 총포괄이익 = 당기순이익 ₩270,000 + 기타포괄손익(= 토지재평가이익 ₩50,000 + 매도가능금융자산평가이익 ₩100,000) = ₩420,000

3.23 정답 ② ₩50,000

해설 (1) 당기제품제조원가 ₩210,000 = 기초재공품 ₩40,000 + 당기총제조원가 − 기말재공품₩25,000 → 당기총제조원가 = ₩195,000
(2) 당기총제조원가 ₩195,000 = 직접재료원가[= 기초재고 ₩40,000 + 당기매입 ₩100,000 − 기말재고 ₩30,000] + 직접노무원가 + 제조간접원가 → 직접노무원가 + 제조간접원가 = ₩85,000
(3) 직접노무원가(= 제조간접원가 × 0.7) + 제조간접원가 = ₩85,000 → 제조간접원가 = ₩50,000

3.24 정답 ② ₩1,370,000

해설 기초 상품재고액 ₩700,000 + (당기 총매입액 ₩1,200,000 + 상품매입운반비 ₩20,000 − 매입환출 및 에누리 ₩150,000) − 기말 상품재고액 ₩400,000 = ₩1,370,000

3.25 정답 ② ₩2,100,000

해설 판매비와관리비 = 급여 ₩1,500,000 + 복리후생비 ₩600,000 = ₩2,100,000

3.26 정답 ② 당기 기말제품 재고액

해설 당기 기말제품재고액은 손익계산서에서 매출원가를 산출하는데 필요한 자료이므로 제조원가명세서와는 상관없는 자료이다.

3.27 정답 ② ₩9,000,000

해설 • 직접재료비 = 기초원재료재고 ₩500,000 + 당기매입원재료 ₩5,000,000 − 기말원재료재고 ₩2,000,000 = ₩3,500,000
• 당기총제조원가 = 직접재료원가 ₩3,500,000 + 직접노무원가 ₩3,500,000 + 제조간접원가 ₩2,000,000 = ₩9,000,000

3.28 정답 ②

해설 • 기초재공품원가와 기말재공품원가가 같다면 당기제품제조원가와 당기총제조원가는 동일하다.
• 당기총제조원가 ₩100,500 = 직접재료비 ₩13,500 + 직접노무비 + 제조간접비 ₩14,000 → 직접노무비 = ₩73,000

3.29 정답 ③

해설 • 당기총제조원가 ₩130,000 = 직접재료비 ₩30,000 + 직접노무비 ₩40,000 + 제조간접비(= ₩40,000 × 150%)
• 당기제품제조원가 ₩135,000 = 기초재공품 ₩25,000 + 당기총제조원가 ₩130,000 − 기말재공품 ₩20,000

3.30 정답 ①

해설 당기총제조원가: (₩800,000 + ₩1,000,000) × 110% = ₩1,980,000
직접재료비: ₩1,980,000 − ₩1,800,000 = ₩180,000
원재료매입액: (₩180,000 + ₩200,000) − ₩300,000 = ₩80,000

3.31 정답 ④

해설 당기가공원가(X) × 60% = ₩1,200,000
∴ X = ₩2,000,000

기초 원재료	₩200,000	기말원재료	₩300,000
당기 매입	₩900,000	당기총제조원가	₩2,800,000
당기가공원가	₩2,000,000		
	₩3,100,000		₩3,100,000

3.32 정답 ② ₩4,400,000

해설
- 제조원가 = 당기 직접재료비 ₩1,200,000 + 공장직원의 인건비 ₩1,600,000 + 공장기계장치수선비 ₩500,000 + 공장수도광열비 ₩300,000 + 공장기계장치감가상각비 ₩800,000 = ₩4,400,000
- 판매관리비 = 제품광고선전비 ₩400,000 + 본사영업부의 임차료 ₩3,300,000 + 본사영업부의 차량유지비 ₩900,000 = ₩4,600,000

3.33 정답 ③

해설
- 직접재료비: 총제조비용 ₩1,070,000 − 가공비 ₩706,000 = ₩364,000
  → 재료비: 직접재료비 ₩364,000 ÷ 0.7 = ₩520,000
- 노무비를 y라 하면, 가공비 ₩706,000 = 직접노무비(0.8y) + 제조간접비 ₩402,000
  ∴ 노무비 ₩380,000
- 경비: 총제조비용 ₩1,070,000 − (재료비 ₩520,000 + 노무비 ₩380,000) = ₩170,000
  ∴ 재료비와 노무비의 차액 = ₩520,000 − ₩380,000 = ₩140,000
  ∴ 노무비와 경비의 차액 = ₩380,000 − ₩170,000 = ₩210,000

3.34 정답 ②

해설 1단계) 당기제품제조원가
- 직접재료비 = ₩80,000(기초원재료) + ₩700,000(당기매입액) − ₩100,000(기말원재료) = ₩680,000
- 당기총제조원가 = ₩680,000(직접재료비) + ₩400,000(직접노무비) + ₩510,000(제조간접비) = ₩1,590,000
- 당기제품제조원가 = ₩120,000(기초재공품) + ₩1,590,000(당기총제조원가) − ₩140,000(기말재공품) = ₩1,570,000

2단계) 매출원가
- 매출원가 = ₩100,000(기초제품) + ₩1,570,000(당기제품제조원가) − ₩180,000(기말제품) = ₩1,490,000

3.35 정답 ①

해설 당기총제조원가 = 직접재료비 + 직접노무비 + 제조간접원가(간접재료비 + 간접노무비 + 경비)

3.36 정답 ① 당기제품제조원가는 ₩23,000,000이다.

제조원가명세서		
1. 재료비		₩12,000,000
당기매입액	₩13,000,000	
기말원재료재고	₩ 1,000,000	
2. 노무비		₩ 8,000,000
3. 제조간접비		₩ 6,000,000
4. (당기총제조원가)		₩26,000,000
5. (기초재공품재고액)		₩ 1,000,000
6. 합계		₩27,000,000
7. (기말재공품재고액)		₩ 4,000,000
8. (당기제품제조원가)		(₩23,000,000)

3.37 정답 ① 매출원가 > 당기제품제조원가 > 당기총제조원가

해설 기초제품재고액과 기초재공품재고액이 존재하고 기말 재고가 없으므로 원가의 크기는 매출원가 > 당기제품제조원가 > 당기총제조원가 순서로 정리된다.

3.38 정답 ① ₩400,000

해설

재공품계정

기초재공품	450,000	제품	650,000
당기총제조원가	800,000	기말재공품	600,000

제품계정

기초제품	300,000	매출원가	400,000
재공품	650,000	기말제품	550,000

3.39 정답 ③

해설 직접노무원가와 제조간접원가의 합계액을 가공원가라고 한다.

3.40 정답 ④

해설 제품원가는 제품이 판매된 때 손익계산서에 비용으로 계상된다.

3.41 정답 ② ₩800,000

해설 매출원가(₩2,000,000 − ₩300,000) = 기초재공품 + 당기총제조원가(₩1,000,000 + ₩500,000 + ₩200,000) − 기말재공품(₩800,000)

∴ 기초재공품 = ₩800,000

3.42 정답 ① ₩37,000

해설

직접재료원가

기초	₩6,000	사용	₩55,000
매입	₩52,000	기말	₩3,000
	₩58,000		₩58,000

직접노무원가 = ₩130,000 − ₩55,000 − ₩38,000 = ₩37,000

3.43 정답 ①

해설

재고자산(원재료, 재공품)

기초재공품	₩200,000	기말재공품	₩300,000
기초원재료	₩300,000	기말원재료	₩400,000
당기매입	₩800,000	당기제품제조원가	₩2,600,000
당기가공원가	₩2,000,000		
계	₩3,300,000	계	₩3,300,000

3.44 정답 ② ₩3,870

해설
- 기말재공품재고액: 기초재공품재고액 ₩15,860 ÷ 1.3 = ₩12,200
- 당기총제품제조원가: 기초재공품 ₩15,860 + 당기총제조비용(a)
  = 당기제품제조원가(1.5 × a) + 기말재공품 ₩12,200
  ∴ 당기총제조비용 ₩7,320
- 당기발생 직접노무비
  당기총제조비용 ₩7,320 − 직접재료비 ₩1,250 − 제조간접비 ₩2,200 = ₩3,870

3.45 정답 ④ 2, 3, 5

해설 2. 노무비의 계산에서 상여금과 같이 지급시기가 일정하지 않은 항목은 회계연도 중의 원가계산 기간에 안분할 수 있음
3. 노무비의 당기선급은 차기의 비용으로 인식
5. 외주가공비 별도 과목 기재 가능

3.46 정답 ①

해설 매출액 − 매출원가 = 매출총이익
- 거실장과 식탁판매액 ₩750,000 − 구입원가 ₩250,000 = 매출총이익 ₩500,000
- 매출총이익 ₩500,000 − 판매비와일반관리비(= 급여 ₩100,000 + 임차료 ₩100,000)
  = 영업이익 ₩300,000
- 차입금에 대한 이자비용은 영업외비용이다.

3.47 정답 ②

해설 기말 제품은 제품 계정에 표시된다.

3.48 정답 ①

해설 과거에 발생한 원가로서 의사결정에 고려되어서는 안되는 원가는 매몰원가이다.

3.49 정답 ①, ③

해설 직접노무비는 제조간접비에 해당하지 않는다.

3.50 정답 ④

해설 ① 감가상각비가 당기총제조원가에 포함되지 않아 감소된다.
② 매출원가에 감가상각비가 포함되지 않아 감소된다.
③ 판매관리비에 감가상각비가 포함되어 증가된다.
④ 매출원가가 감소되어 매출총이익은 증가된다.
⑤ 판매관리비가 증가하여 영업이익은 감소된다.

3.51 정답 ③ ₩15,000

해설 가공원가 = 직접노무원가 + 제조간접원가
가공원가 = 직접노무원가 + (가공원가 × 0.3)
0.7 × 가공원가 = 직접노무원가 = ₩35,000
∴ 가공원가 = ₩50,000
∴ 제조간접원가 = 가공원가 × 0.3 = ₩50,000 × 0.3 = ₩15,000

3.52 정답 ① ₩5,000,000

해설
- 당기총제조원가 = 당기제품제조원가 ₩10,000,000 + 기말재공품 ₩2,000,000 − 기초재공품 ₩2,000,000 = ₩10,000,000
- 제조간접비 = 당기총제조원가 ₩10,000,000 − 직접재료비 ₩3,000,000 − 직접노무비 ₩2,000,000 = ₩5,000,000

Ⅲ. 주관식

3.1 정답 ₩700

해설 당기완성품 수량 = 판매수량 600개 + 월말제품 100개 − 월초제품 200개 = 500개
당기제품제조원가 = ₩470,000 − ₩120,000 = ₩350,000
완성된 제품의 단위당 원가 = ₩350,000 ÷ 500개 = ₩700

3.2 정답 ₩1,100,000

해설 제조간접비 = ₩2,000,000 × 20% = ₩400,000
직접노무비 = ₩400,000 ÷ 80% = ₩500,000
직접재료비 = ₩2,000,000 − ₩500,000 − ₩400,000 = ₩1,100,000

3.3 정답 ₩125,000

해설 직접재료비 소비액 = ₩10,000 + ₩100,000 − ₩30,000 = ₩80,000
직접노무비 소비액 = 총제조원가 − 직접재료비 소비액 − 제조간접비
= ₩250,000 − ₩80,000 − ₩45,000 = ₩125,000

3.4 정답 ₩500,000

해설 기말재공품재고액 = 당기제품제조원가 − 당기총제조원가 − 기초재공품재고액
₩500,000 = ₩8,000,000 − ₩5,000,000 − ₩3,500,000
당기총제조원가 = 직접재료비소비액 + 직접노무비소비액 + 제조간접비 + 외주가공비
₩5,000,000 = ₩1,000,000 + ₩2,000,000 + ₩1,500,000 + ₩500,000

3.5 정답 ₩1,800,000

해설 당기제품제조원가 ₩2,100,000 = 기초재공품 ₩250,000 + 당기총제조원가 ₩2,000,000 − 기말재공품 ₩150,000
매출원가 ₩1,800,000 = 기초제품 ₩200,000 + 당기제품제조원가 ₩2,100,000 − 기말제품 ₩500,000

3.6 정답 ₩600,000

해설 당기제품제조원가 = 매출원가 ₩500,000 − 기초제품 ₩100,000 + 기말제품 ₩150,000
= ₩550,000
당기총제조원가 = 당기제품제조원가 ₩550,000 − 기초재공품 ₩120,000
+ 기말재공품 ₩170,000 = ₩600,000

3.7 정답 ₩1,000,000
해설 당기총제조원가 = 직접재료원가 + 직접노무원가 + 제조간접원가
= ₩600,000 + ₩400,000 + ₩ 500,000 = ₩1,500,000
당기제품제조원가 = 기초재공품재고액 + 당기총제조원가 − 기말재공품재고액
= ₩150,000 + ₩1,500,000 − ₩650,000 = ₩1,000,000

3.8 정답 ₩950,000
해설 매출원가 = 기초재고액 ₩175,000 + 당월원재료매입액 ₩500,000 + 직접노무비 ₩250,000
+ 제조간접비 ₩170,000 − 기말재고액 ₩145,000 = ₩950,000

3.9 정답 ₩400,000

3.10 정답 (가): ₩700,000, (나): 당기제품제조원가, (다): ₩500,000

제4장 실제개별원가계산

Ⅰ. 평가자 체크리스트

4.1 해설 T

4.2 해설 F 개별원가계산이다.

4.3 해설 F 기말재료 재고액이 기초재료 재고액보다 많은 것은 당기소비액이 당기매입액보다 적은 것을 의미한다.

4.4 해설 T

4.5 해설 F 당기매출원가는 포괄손익계산서에서 파악할 수 있다.

4.6 해설 T

4.7 해설 F 제품생산의 형태에 따라 개별원가계산과 종합원가계산으로 구분된다.

4.8 해설 F 간접재료비는 제조간접비계정에 기입한 후 재공품에 배부한다.

4.9 해설 F 당기 완성품 제조원가는 재공품 계정에서 제품 계정으로 대체된다.

4.10 해설 T

Ⅱ. 객관식

4.1 정답 ①

4.2 정답 ④

4.3 정답 ④

4.4 정답 ①

해설 제품 보관을 위해 투입된 원가는 판매관리비에 해당한다.

4.5 정답 ⑤

4.6 정답 ④

해설 개별원가계산은 개별작업별로 원가계산이 이루어지므로 종합원가계산에 비하여 비용이 많이 소요된다.

4.7 정답 ②

해설 실제제조간접비 합계와 배부율이 기말시점에 파악되므로 제품원가계산이 기말시점으로 지연된다.

4.8 정답 ④

해설 제조간접비배부율 = ₩160,000 ÷ ₩200,000 = 80%

당기총제조원가 = 직접재료비 + 직접노무비 + 제조간접비

= ₩30,000 + ₩40,000 + ₩40,000 × 0.8 = ₩102,000

단위당 원가 = ₩102,000 ÷ 4대 = ₩25,500

4.9 정답 ①

해설 TV = 540 ÷ (540 + 360) × ₩75,000 = ₩45,000

라디오 = 360 ÷ (540 + 360) × ₩75,000 = ₩30,000

4.10 정답 ③

해설 제조간접비 배부율 = ₩72,000 ÷ ₩80,000 = 0.9

책상의 제조간접비 배부액 = ₩60,000 × 0.9 = ₩54,000

4.11 정답 ①

해설 제조간접원가배부율 = ₩750,000 ÷ ₩1,000,000 = 0.75

#333 제조간접원가 = ₩460,000 × 0.75 = ₩345,000

4.12 정답 ③

해설 A부문 직접노무원가 = 제조간접원가 ÷ A부문 제조간접원가배부율

= ₩60,000 ÷ 150% = ₩40,000

B부문 제조간접원가 = 직접노무원가 × B부문 제조간접원가배부율

= ₩40,000 × 50% = ₩20,000

총원가 = 직접재료원가 + 직접노무원가 + 제조간접원가

= (₩50,000 + 10,000) + (₩40,000 + 40,000) + (₩60,000 + 20,000) = ₩220,000

4.13 정답 ⑤

해설 제조간접원가는 당기총제조원가의 25%이므로 ₩1,500,000
₩1,500,000 = 직접재료비의 60%이므로 직접재료비는 ₩2,500,000
따라서 기말원재료재고액 = 당기매입액 ₩3,000,000 − ₩2,500,000 = ₩500,000
기말재공품재고액 = ₩6,000,000 − ₩4,900,000 = ₩1,100,000
기말제품재고액 = ₩4,900,000 − ₩4,000,000 = ₩900,000

4.14 정답 ①

해설 제조간접비 작업#1 배부액 = ₩8,400 × ₩8,000 ÷ ₩14,000 = ₩4,800
작업#1의 제조원가는 직접재료비 ₩4,000
직접노무비 ₩8,000
제조간접비 ₩4,800
계 ₩16,800

4.15 정답 ④

해설 제조간접비 배부율 = ₩600,000 ÷ 200 = 단위당 ₩3,000
#2 제조간접비 배부액 = 150 × ₩3,000 = ₩450,000
#2 제조원가 = ₩1,200,000 + ₩1,800,000 + ₩450,000 = ₩3,450,000

4.16 정답 ⑤

해설 #201 직접노무원가 = ₩1,058,400 ÷ 1.2 = ₩882,000
#301 총원가 = ₩294,000 + ₩735,000 + ₩735,000 × 1.2 = ₩1,911,000

4.17 정답 ④

해설 지시서 #2 제조간접비: ₩9,000 × [₩2,000 ÷ (₩2,000 + 2,000 + 1,000)] = ₩3,600
지시서 #3 제조간접비: ₩9,000 × [₩1,000 ÷ (₩2,000 + 2,000 + 1,000)] = ₩1,800
(∵ 제조간접비는 직접재료비를 기준으로 배부)
재공품 기말재고액 = 직접재료비 + 직접노무비 + 제조간접비
= ₩2,000 + ₩1,000 + ₩6,000 + ₩2,500 + ₩3,600 + ₩1,800 = ₩16,900

4.18 정답 ①

해설 기초제품재고액 + 당기제품제조원가 = 매출원가 + 기말제품재고액
₩300,000 + ₩2,000,000 = X + ₩500,000
매출원가(X) = ₩1,800,000

4.19 정답 ③

해설 직접재료비소비액 = 기초 ₩20,000 + 매입액 ₩480,000 − 기말 ₩50,000
= ₩450,000
당기제품제조원가 = 기초 ₩50,000 + 당기총제조원가(= ₩450,000 + ₩250,000 + ₩300,000)
− 기말 ₩150,000 = ₩900,000
매출원가 = 기초 ₩40,000 + 당기제품제조원가 ₩900,000 − 기말 ₩140,000 = ₩800,000

4.20 정답 ①

해설 종합원가계산에 대한 설명이다.

4.21 정답 ③ 개별원가계산

해설 단일제품의 소량생산에 적합한 원가계산방법은 개별원가계산방법이다.

4.22 정답 ③

해설
- 제조간접원가 배부율 : ₩2,500,000 ÷ 50,000시간 = 단위당 ₩50/시간
- #187과 #197로 시작하여 #187이 완성되었으므로 #197의 재공품 원가계산을 해야 한다.
- #197재공품원가 = ₩140,000 + ₩80,000 + 2,800시간 × 단위당 ₩50/시간
  = ₩360,000

4.23 정답 ③

해설 종합원가계산의 특징이다.

4.24 정답 ①

해설 개별원가계산은 각 작업별로 직접원가는 추적가능하므로 별도로 집계하고, 간접원가는 추적이 불가능하므로 배부하여 원가를 계산하는 방법이다.

4.25 정답 ③

해설 개별원가계산의 경우에는 제조간접비의 배분이 매우 중요하다.

4.26 정답 ② ₩2,000

해설
- 당기제조간접원가 = 당기총제조원가 ₩8,000 × 25% = ₩2,000
- 직접노무원가 × 50% = 제조간접원가 ₩2,000 → 직접노무원가 = ₩4,000
- 직접재료원가 = 당기총제조원가 ₩8,000 − 직접노무원가 ₩4,000 − 제조간접원가 ₩2,000
  = ₩2,000

Ⅲ. 주관식

4.1 정답 ₩1,000,000

해설 원재료소비액 = 월초재고액 ₩200,000 + 당월매입액 ₩900,000 − 월말재고액 ₩100,000
= ₩1,000,000

4.2 정답 ₩1,100,000

해설 노무비소비액 = 당월지급액 ₩1,000,000 + 당월미지급액 ₩150,000 − 전월미지급액 ₩50,000
= ₩1,100,000

4.3 정답 ₩2,100,000

해설 제조간접비 배부율 = 제조간접비 ÷ 직접원가 = ₩7,500,000 ÷ 2,500,000 = @₩3/직접원가
제조간접비 배부액 = ₩700,000 × @₩3 = ₩2,100,000

4.4 정답 ₩840,000

해설 원재료소비액 = ₩50,000 + ₩300,000 − ₩60,000 = ₩290,000
당기제품제조원가 = ₩70,000 + ₩290,000 + ₩250,000 + ₩320,000 − ₩80,000 = ₩850,000
매출원가 = ₩90,000 + ₩850,000 − ₩100,000 = ₩840,000

4.5 정답 ₩880,000, ₩1,175,000

해설 1) 직접노무비 × 125% = ₩1,100,000

$$직접노무비 = \frac{₩1,100,000}{1.25} = ₩880,000$$

2)

직접재료비	₩500,000
직접노무비	300,000
제조간접비(₩300,000 × 125%)	375,000
총원가	₩1,175,000

4.6 정답 ₩38,000

해설 재공품재고액(을제품)

을제품

기초재고액	0	제조원가	38,000
직접재료비	20,000	(기말재고)	
직접노무비	10,000		
제조간접비	8,000*		

제조간접비 = ₩20,000 + ₩50,000 + ₩50,000(= ₩30,000 + ₩15,000 + ₩50,000 − ₩25,000 − ₩20,000) = ₩120,000

₩120,000 ÷ ₩150,000 = 0.8/직접노무비

*: ₩10,000 × 0.8 = ₩8,000

을제품은 미완성품이므로 제조원가가 기말재고액이 된다. 즉, 기말재고액은 ₩38,000임.

4.7 정답 ₩75,000

해설

갑제품

기초재고액	0	제조원가	75,000
직접재료비	30,000		
직접노무비	25,000		
제조간접비	20,000*		

*: ₩25,000 × 0.8 = ₩20,000

4.8 정답 ₩257,000

해설

재공품

기초재고	20,000	당기제품제조원가	
직접재료비	80,000	갑제품	75,000
직접노무비	150,000	기타제품	257,000
제조간접비	120,000	기말재고(을제품)	38,000

따라서, 당월 제품제조원가 ₩332,000 − 갑제품 제조원가 ₩75,000 = ₩257,000

4.9 정답 ₩1,090,000

해설 원재료 소비액 = 기초재고 + 당기매입 − 기말재고

= X + ₩500,000 − (X − ₩20,000) = ₩520,000

당기제품제조원가 = 기초재고 + 직접재료비 + 직접노무비 + 제조간접비 − 기말재고

= ₩0 + ₩520,000 + ₩220,000 + ₩400,000 − ₩0 = ₩1,140,000

매출원가 = 기초재고 + 당기제품제조원가 − 기말재고
= X + ₩1,140,000 − (X + ₩50,000) = ₩1,090,000

4.10 해설 세무조정계약건에 대한 원가는 직접원가와 간접원가로 나누어 계산한다. 직접원가는 시간당 급여를 사용하거나 직접 집계하고 간접원가는 배부율을 구하여 배부한다.

직접원가:		
직접노무원가		
책임세무사(₩800,000,000 ÷ 16,000시간 × 200시간)	₩10,000,000	
담당세무사(₩1,600,000,000 ÷ 64,000시간 × 400시간)	10,000,000	₩20,000,000
기타 직접원가		2,600,000
간접원가:		
일반관리비(₩240,000,000 ÷ 80,000시간 × 600시간)		1,800,000
보험료(₩96,000,000 ÷ ₩2,400,000,000 × ₩20,000,000)		800,000
비서실운영비(₩160,000,000 ÷ 16,000시간 × 200시간)		2,000,000
총원가		₩27,200,000

제5장 정상개별원가계산

Ⅰ. 평가자 체크리스트

5.1 해설 T

5.2 해설 T

5.3 해설 F 과소배부라 한다.

5.4 해설 T

5.5 해설 T

5.6 해설 F 예상 총제조간접원가가 실제 총제조간접원가보다 크더라도 예상 총배부기준량이 실제 총배부기준량보다 크면, 예정배부율이 실제배부율보다 작을 수 있고 이때 제조간접원가가 과소배부된다.

5.7 해설 F 과소배부란 실제발생액보다 예정배부액이 적은 경우이므로 상향조정하여야 한다.

5.8 해설 T

5.9 해설 T

5.10 해설 F 매출원가법은 제조간접원가가 매출원가에 배부되지만, 원가요소비례법은 매출원가, 재공품, 제품에 배부된다. 따라서 원가요소비례법이 매출원가법보다 매출원가가 더 적게 계상된다.

Ⅱ. 객관식

5.1 정답 ②

해설 실제배부법은 계절별 생산량이 큰 차이가 있는 경우에 제품의 단위당 원가가 계절별로 다르게 되는 문제점이 있다.

5.2 정답 ②

해설 정상원가계산의 경우 직접재료비와 직접노무비를 실제원가로 측정하고 제조간접비는 예정배부액으로 산정하는 원가계산방법이다.

5.3 정답 ②

해설 먼저 예정제조간접비를 배부하고, 원가계산 기말에 실제 발생액을 산출한 다음, 배부차이액을 계산하고, 배부차이액에 대해 회계처리한다.

5.4 정답 ②

5.5 정답 ②

해설 ₩100 × 10,000시간 + ₩100,000 = ₩1,100,000

5.6 정답 ③

해설 예정제조간접비배부율 = ₩5,000,000 ÷ 10,000시간 = ₩500
제조간접비예정배부액 = 1,000시간 × ₩500 = ₩500,000

5.7 정답 ③

해설 제조간접비 배부차이 조정으로 매출원가조정법, 비례배분법, 영업외손익법이 있다.

5.8 정답 ⑤

5.9 정답 ④

해설 ① ㉠은 당기제품제조원가가 ₩4,000임을 표시한다.
② ㉡은 제조간접비의 예정배부액이 ₩2,000이라는 것을 표시한다.
③ ㉢은 제조간접비를 예정배부할 때 ₩300 과소하게 배부되었다는 것을 표시한다.
⑤ ㉣은 간접경비에 해당되는 실제제조간접비가 ₩7,000이라는 것을 표시한다.

5.10 정답 ①

해설 제조간접비배부차액의 배부부족액을 매출원가가 부담

5.11 정답 ③

해설 예정제조간접비는 계획단계의 수치이고, 결산 시 배부차이는 실제치와 예정배부액과의 차이

5.12 정답 ④

해설 재공품 배부액 = ₩50,000 × (₩100,000 ÷ ₩1,000,000) = ₩5,000

5.13 정답 ①

해설 예정배부액 = ₩3,000,000

실제배부액 = ₩3,100,000 이므로 ₩100,000 과소배부됨.

5.14 정답 ④

해설 제조간접원가 예정배부율 = ₩1,000,000 ÷ (400시간 × ₩5,000) = 시간당 ₩0.5
제조간접원가 예정배부액 = ₩0.5 × (410시간 × ₩5,000) = ₩1,025,000
배부차이 = ₩1,100,000 − ₩1,025,000 = ₩75,000(과소배부)

5.15 정답 ②

해설 #5의 제조간접비 배부액 = ₩2,000 × 80% = ₩1,600
기말재공품잔액 = ₩4,000 + ₩24,000 + ₩16,000 + ₩12,800 − ₩48,000 = ₩8,800
#5의 재료비 = ₩8,800 − ₩1,600 − ₩2,000 = ₩5,200

5.16 정답 ②

해설 제조간접원가 예정배부율 = ₩255,000 ÷ 100,000시간 = ₩2.55
제조간접원가 예정배부액 = ₩2.55 × 105,000시간 = ₩267,750
배부차이 = ₩270,000 − ₩267,750 = ₩2,250(과소배부)

5.17 정답 ④

해설 ₩10,000 × 800시간 + ₩1,000,000 = ₩9,000,000

5.18 정답 ②

해설 제조간접비 배부액 = 60,000시간 × ₩200 = ₩12,000,000
제조간접비 실제발생액 = ₩12,000,000 − ₩300,000 = ₩11,700,000

5.19 정답 ②

해설 제조간접비 과대배부: 실제발생액 < 예정배부액
실제발생액 ₩2,150,000 + 과대배부액 ₩250,000 = 제조간접비배부액 ₩2,400,000
제조간접비 예정배부율 = ₩2,400,000 ÷ ₩75,000 = ₩32
제조간접비 예상액 = ₩70,000 × ₩32 = ₩2,240,000

5.20 정답 ①

해설 제조간접비 과소배부액 ₩1,000,000을 각 조정법별 회계처리는 다음과 같다.

- 총원가기준법의 경우

(차)	재 공 품	200,000	(대) 제조간접비	1,000,000
	제　　품	200,000		
	매출원가	600,000		

- 매출원가일괄조정의 경우

(차)	매출원가	1,000,000	(대) 제조간접비	1,000,000

- 총원가기준법 적용시 영업이익 감소분: ₩600,000
- 매출원가에서 적용시 영업이익 감소분: ₩1,000,000
- 차이: ₩400,000

5.21 정답 ④ ₩18,000 과소배부

해설 (1) 예정배부율 = 제조간접원가예산 ₩2,040,000 ÷ 예정배부기준 800,000 직접노동시간
= ₩2.55/직접노동시간
(2) 예정배부액 = 예정배부율(₩2.55/직접노동시간) × 실제배부기준 840,000 직접노동시간

=₩2,142,000

(3) 배부차이=제조간접원가 실제발생액 ₩2,160,000−제조간접원가 예정배부액 ₩2,142,000
=₩18,000(>0, 과소배부)

5.22 정답 ① ₩2,000,000 과대배부

해설 1,100시간×₩20,000=₩22,000,000
₩22,000,000−₩20,000,000=₩2,000,000 과대배부

5.23 정답 ③

해설 예정배부율=₩1,000,000÷50,000시간=₩20
예정배부액=50,000시간×₩20=₩1,000,000
실제 제조간접비 발생액=예정배부액−과대배부액=₩1,000,000−₩50,000
=₩950,000

5.24 정답 ②

해설 초과배부액=배부액−실제액=₩2,000
=예정배부율×50시간−₩10,000=₩2,000
예정배부율=단위당 ₩240/시간

5.25 정답 ③

해설 실제개별원가계산의 경우 모두 실제발생원가로 계산하며 정상개별원가계산의 경우 직접재료비, 직접노무비는 실제발생원가로 계산하며 제조간접비만 예정배부원가로 계산한다.

5.26 정답 ③ ₩304,000

해설 배부차이 ₩10,000을 재공품 20%, 제품 40%, 매출원가 40% 비율대로 안분하면 매출원가에 가산되는 금액은 ₩4,000이고 조정배부 후 매출원가는 ₩304,000이다.

5.27 정답 ② 단위당 ₩248/시간

해설 제조간접원가 배부액: ₩6,000,000+₩200,000=₩6,200,000
제조간접원가 배부율: ₩6,200,000÷25,000시간(실제직접노무시간)=단위당 ₩248

5.28 정답 ④ ₩2,600,000 과소배부

해설 제조간접비 예정배부율: ₩40,000,000÷25,000시간=단위당 ₩1,600/시간
제조간접비 예정배부액: 단위당 ₩1,600×24,000시간=₩38,400,000
배부차이: ₩38,400,000−₩41,000,000=₩2,600,000 과소배부

5.29 정답 ② 2, 3, 5

해설 2. 제조간접비의 예정배부에 적용되는 배부율은 생산부문에 따라 다른 배부율 적용 가능
3. 제조간접비의 배부차액을 제품의 기말재고액에 부담시킬 수 있음
5. 월별로 제조간접비 배부차액을 분석하면 연간 총 차액은 0이 되지 않을 수 있음

5.30 정답 ③ ₩97,500 과대배부

해설 1단계) 제조간접원가 배부액 추정
=기본원가×50%=₩975,000×50%=₩487,500
2단계) 매출원가 추정

=매출액×매출원가율=₩1,300,000×75%=₩975,000

3단계) 당기제품제조원가 추정

-X원(당기제품제조원가)=₩975,000(매출원가)+₩234,000(기말제품)
=₩1,209,000

4단계) 당기총제조원가 추정

-X원(당기총제조원가)=₩1,209,000(당기제품제조원가)+₩156,000(기말재공품)
=₩1,365,000

5단계) 제조간접원가 발생액 추정

-X원(제조간접원가 발생액)=₩1,365,000(당기총제조원가)-₩975,000(기본원가)
=₩390,000

6단계) 제조간접원가 배부차이 추정

=₩487,500(제조간접원가 배부액)-₩390,000(제조간접원가 실제 발생액)
=₩97,500(과대배부)

5.31 정답 ③ ₩12,200,000

해설 예정배부액: 5,000시간×₩2,500=₩12,500,000
예정배부액이 ₩300,000 과대배부된 경우라면 실제발생액은 ₩12,200,000이다.

5.32 정답 ④ ₩100,000

해설 배부차이는 영업외비용으로 처리되므로, 매출원가에는 영향 없다.

5.33 정답 ③ ₩30,000 초과배부

해설 배부액 ₩80,000-실제발생액 ₩50,000=₩30,000(초과배부)

5.34 정답 ② 610시간

해설 제조간접원가 배부율: ₩420,000÷600시간=@₩700/시간
제조간접원가 배부액: 예정배부율×실제조업도=@₩700/시간×실제조업도=₩427,000
∴ 실제조업도(기계시간): 610시간

5.35 정답 ③ 2, 3, 4

해설 2. 기초제품 재고가 없으면 당기제품제조원가와 당기제품매출원가는 동일
3. 다품종 소량생산에 적합
4. 재공품 재고가 없으면 당기총제조비용과 당기제품제조원가는 동일

5.36 정답 ② ₩910,500

해설
- '갑'제조부문의 제조간접비 예정배부액
(₩1,800,000÷7,200시간)×650시간=₩162,500
- '갑'제조부문의 제조간접비 배부차액
예정배부액 ₩162,500-실제발생액 ₩184,000=₩21,500(불리)
- '을'제조부문의 제조간접비 배부차액
'갑' 제조부문 ₩21,500(불리)-'을' 제조부문 배부차액=₩8,000(유리)
∴ '을' 제조부문 배부차액 ₩29,500(유리)
- '을'제조부문 실제발생액
실제발생액-예정배부액(@₩376×2,500시간)=₩29,500(유리)
∴ '을' 제조부문 실제발생액 ₩910,500

5.37 정답 ② ₩10,000 증가

해설 실제 ₩150,000 − 배부액 ₩130,000 = 과소배부 ₩20,000

총원가비례법과 매출원가조정법

	재공품	제 품	매출원가	합계
금액	₩40,000	₩60,000	₩100,000	₩200,000
비율	20%	30%	50%	100%
배부액	₩4,000	₩6,000	₩10,000	₩20,000
항목	매출원가 조정법	총원가비례법		
수정전 매출원가	₩100,000	₩100,000	매출원가 ₩10,000 증가	
배부차이	₩20,000	₩10,000		
수정 후 매출원가	₩120,000	₩110,000		

5.38 정답 ③ ₩6,650,000

구분	기말재공품	기말제품	매출원가
배부 전 금액(1)	₩7,000,000	₩4,000,000	₩5,000,000
비율(2)	0.4375 7/16	0.25 4/16	0.3125 5/16
제조간접원가 과대배부차이(3)	₩800,000	₩800,000	₩800,000
배부액(4) = (2)×(3)	₩350,000	₩200,000	₩250,000
배부 후 금액 (5) = (1) − (4)	₩6,650,00	₩3,800,000	₩4,750,000

Ⅲ. 주관식

5.1 정답 ₩150,000

해설 기말재공품원가 = 기초재공품원가 + (직접재료비 + 직접노무비 + 예정제조간접비배부액)
− 당기제품제조원가
= ₩20,000 + (₩80,000 + ₩100,000 + ₩150,000) − ₩200,000 = ₩150,000

5.2 해설 1) ₩150,000 ÷ 1,000시간 = ₩150/직접노동시간

2) ₩150 × 1,050시간 = ₩157,500

3) 과대배부액 = ₩157,500 − ₩155,000 = ₩2,500

5.3 정답 65,000시간

해설 제조간접비 예정배부율 = ₩1,000,000 ÷ 50,000 직접노동시간 = ₩20/직접노동시간

배부차이 = 예정배부액 − 실제발생액
= (₩20 × 실제직접노동시간) − ₩1,200,000 = ₩100,000(초과배부)

실제직접노동시간 = (₩1,200,000 + ₩100,000) ÷ ₩20 = 65,000시간

5.4 해설 1)

	No.1	No.2
직접재료비	₩10,000	₩20,000
직접노무비	₩30,000	₩50,000
제조간접비	₩10,000	₩20,000
계	₩50,000	₩90,000
생산량	10,000단위	15,000단위
단위당 원가	₩5	₩6

2) (차) 제 품 140,000 (대) 재공품 140,000

3) 기말재공품(No.3): ₩30,000 + ₩50,000 + ₩40,000 = ₩120,000

5.5 해설

재공품(No.1~3)

기초재고액	100,000	제품(No.1~2)	900,000
직접재료비	200,000	기말재고액(No.3)	200,000
직접노무비	500,000		
제조간접비	300,000		

기말재고액(No.3): 직접재료비 ₩ ?

직접노무비 ₩100,000

제조간접비(₩100,000 × 0.6) ₩60,000

₩200,000

따라서, 직접재료비는 ₩40,000임.

5.6 정답 ₩1,480

해설

재공품

기초재공품	₩1,000	당기제품제조원가	₩12,000
직접재료원가	6,000	기말재공품	2,200
직접노무원가	4,000		
제조간접원가	3,200		
계	₩14,200	계	₩14,200

기말재공품 ₩2,200
- 직접재료원가 ₩1,480
- 직접노무원가 400
- 제조간접원가 320 = ₩400×80%

5.7 정답 ₩112,500

해설

재 공 품

월초재공품	15,000	제 품	112,500
직접재료비	34,000	월말재공품	11,500*
직접노무비	30,000		
제조간접비	45,000**		
	124,000		124,000

* 월말재공품재고: ₩4,000 + ₩3,000 + (₩3,000 × 150%) = ₩11,500

** 제조간접비 예정배부액: ₩30,000 × 150% = ₩45,000

5.8 해설 1) ₩100,000

2) ₩70,000

3) (차) 매출원가 30,000 (대) 제조간접비배부차이 30,000

제조간접비계정 하나로 발생액과 배부액을 기록할 때에는 발생액이 차변에, 배부액이 대변에 기록된다.

5.9 해설 1) ₩10,000,000 ÷ 20,000시간 = ₩500/직접노동시간

2) ₩500 × 21,000시간 = ₩10,500,000

3) 과소배부액 = ₩12,000,000 − ₩10,500,000 = ₩1,500,000

(분개)			
재공품	10,500,000	제조간접비	12,000,000
제조간접비배부차이	1,500,000		

4) 매출원가 1,500,000 제조간접비배부차이 1,500,000

5.10 해설 1) 총원가기준법:

$$\text{재공품: } ₩100,000 \times \frac{₩100,000}{(₩100,000 + ₩150,000 + ₩250,000)} = ₩20,000$$

$$\text{제품: } ₩100,000 \times \frac{₩150,000}{(₩100,000 + ₩150,000 + ₩250,000)} = ₩30,000$$

$$\text{매출원가: } ₩100,000 \times \frac{₩250,000}{(₩100,000 + ₩150,000 + ₩250,000)} = ₩50,000$$

재공품 20,000

제 품 30,000

매출원가 50,000 / 제조간접비배부차이 100,000

2) 제조간접원가기준법:

$$\text{재공품: } ₩100,000 \times \frac{₩50,000}{(₩50,000 + ₩100,000 + ₩150,000)} = ₩16,667$$

$$\text{제품: } ₩100,000 \times \frac{₩100,000}{(₩50,000 + ₩100,000 + ₩150,000)} = ₩33,333$$

$$\text{매출원가: } ₩100,000 \times \frac{₩150,000}{(₩50,000 + ₩100,000 + ₩150,000)} = ₩50,000$$

재공품 16,667

제 품 33,333

매출원가 50,000 / 제조간접비배부차이 100,000

3) 매출원가조정법:

매출원가 100,000 / 제조간접비배부차이 100,000

제6장 부문별 원가계산

Ⅰ. 평가자 체크리스트

6.1 해설 T

6.2 해설 T

6.3 해설 F 원가배부기준은 인과관계기준뿐만 아니라 수혜기준, 부담능력기준, 공정성과 공평성 기준 등이 있다.

6.4 해설 F 제조간접비가 전체 제조원가에서 차지하는 비중이 증가할수록 다양한 원가배분기준을 설정해야 보다 정확한 원가계산을 할 수 있다.

6.5 해설 T

6.6 해설 F 보조부문비의 배부기준은 원가배부에 특별한 결함이 발견되지 않는 한 변경하여서는 안 된다.

6.7 해설 T

6.8 해설 F 보조부문비의 배분방법에 따라 제조부문에 배분되는 금액이 달라지나 회사의 총이익은 동일하다.

6.9 해설 T

6.10 해설 T

Ⅱ. 객관식

6.1 정답 ③

해설 간접원가(제조간접비)는 별도의 배부방법을 사용하여 원가대상에 할당하여야 하는데 이를 원가배부라 한다.

6.2 정답 ③

해설 ㉠ 부문별로 개별적으로 파악이 가능한 직접비를 먼저 배분한다.
㉡ 부문공통비는 원가발생과 인과관계가 높은 배부기준을 이용해 각 부문에 배분한다.
㉢ 보조부문의 원가로 결국 제품원가에 포함되어야 하므로 제조부문에 배분한 뒤 제조부문의 원가와 합쳐 최종적으로 제품에 배부하게 된다.

6.3 정답 ④

해설 원가배부는 이익측정, 정확한 원가정보, 성과평가 활용 등을 위해 필요하다.

6.4 정답 ②

해설 원가 배분 불필요

6.5 정답 ④

해설 공정성과 공평성 기준은 포괄적인 개념이기 때문에 구체적으로 적용가능한 원가배부기준이 아니다.

6.6 정답 ①

해설 직접배부법은 보조부문 상호간의 용역수수관계를 전혀 고려하지 않는 방법이다.

6.7 정답 ④

해설 단계배부법이 직접배부법과 상호배부법의 중간형태의 원가배부 방식이다.

6.8 정답 ⑤

해설 배부기준이 원가와 인과관계가 있어야 한다.

6.9 정답 ②

해설 핸드폰에 배부될 제조간접비 = ₩400,000 × (500시간 ÷ 1,000시간)
+ ₩100,000 × (600시간 ÷ 1,000시간) = ₩260,000

6.10 정답 ④

해설 제1제조부문 = ₩1,800,000 × (1,000 ÷ 6,000) = ₩300,000
제2제조부문 = ₩1,800,000 × (5,000 ÷ 6,000) = ₩1,500,000

6.11 정답 ④

해설 동력부문비 배부액: ₩30,000 × 40 ÷ (40 + 20) = ₩20,000
수선부문비 배부액: ₩40,000 × 5 ÷ (5 + 3) = ₩25,000
절단부문에 배부되는 보조부문의 합계: ₩20,000 + ₩25,000 = ₩45,000

6.12 정답 ③

해설 $600,000 \times \frac{5,000}{10,000+5,000} + 200,000 \times \frac{20,000}{30,000+20,000} =$ ₩280,000

6.13 정답 ④

해설

	보조부문		제조부문	
	동력부문	수선부문	절단부문	조립부문
배분 전 원가	₩760,000	₩236,500		
동력부문 원가배분	(760,000)	76,000[1]	₩380,000[2]	₩304,000[3]
수선부문 원가배분		(312,500)[4]	156,250[5]	156,250[6]

1) ₩760,000 × 0.1
2) ₩760,000 × 0.5
3) ₩760,000 × 0.4
4) ₩236,500 + ₩76,000
5) ₩312,500 × [0.4 ÷ (0.4 + 0.4)]
6) ₩312,500 × [0.4 ÷ (0.4 + 0.4)]

6.14 정답 ⑤

해설 전력부문(제조간접비 ₩200,000) – 제조부문 및 수선부문에 1차 배분하므로 수선부문은 ₩200,000 × 100kw ÷ (300 + 100 + 100)kw = ₩40,000을 합산한 ₩400,000(₩360,000 + ₩40,000)을 수선부문에서 조립부문 및 절단부문에 수선시간을 기준으로 배부한다.

∴ 절단부문의 제조간접비배부액 = ₩400,000 × 40시간 ÷ (10 + 40)시간 = ₩320,000

6.15 정답 ②

해설

	보조부문		제조부문	
	S1	S2	P1	P2
배분 전 원가	₩500,000	₩300,000	₩1,500,000	₩1,200,000
S1 배분	(₩500,000)	₩150,000	₩100,000	₩250,000
S2 배분	–	(₩450,000)	₩250,000	₩200,000
배분 후 원가	₩0	₩0	₩1,850,000	₩1,650,000

6.16 정답 ④

해설

	보조부문		제조부문	
	A	B	X	Y
배분 전 원가	₩200,000	₩100,000	₩300,000	₩400,000
S1 배분	(₩200,000)	₩40,000	₩100,000	₩60,000
S2 배분	–	(₩140,000)	₩28,000	₩112,000
배분 후 원가	₩0	₩0	₩428,000	₩572,000

6.17 정답 ③

해설 A = ₩100,000 + 0.2B

B = ₩200,000 + 0.3A

6.18 정답 ③

해설 A = ₩15,000 + 0.2B　　A = ₩20,000

B = ₩20,000 + 0.25A　　B = ₩25,000

6.19 정답 ②

해설 X = ₩23,000 + 0.3Y,　X = ₩35,000

Y = ₩26,000 + 0.4X,　Y = ₩40,000

따라서, B = (₩35,000 × 0.4) + (₩40,000 × 0.3) = ₩26,000

6.20 정답 ④

해설 X = ₩160,000 + 0.3Y

Y = ₩200,000 + 0.4X를 연립하여 풀면

X = ₩250,000, Y = ₩300,000이므로

A부문에 배분되는 총보조부문원가는

₩250,000 × 0.2 + ₩300,000 × 0.6 = ₩230,000

6.21 정답 ①

해설 직접배부법은 보조부문간 용역수수관계를 전혀 고려하지 않는 배부방법이다.

6.22 정답 ④

해설 X부문에 Y부문이 50% 제공하는 것이므로 X=₩500,000+0.5Y 이고, Y부문에 X부문이 70% 제공하는 것이므로 Y=₩300,000+0.7X 이다.

6.23 정답 ② 종업원복리후생부문: 종업원 수

해설 ① 건물관리부문: 사용면적
③ 식당부문: 종업원
④ 구매부문: 주문횟수, 주문수량
⑤ 수선부문: 수선횟수, 수선시간

6.24 정답 ①

해설 직접배부법은 보조부문 상호간의 용역제공관계를 무시하므로 계산이 가장 간단한 방법이다.

6.25 정답 ② ₩110,000

해설 B에 배부되는 보조부문원가
=S1[₩100,000 × (35% ÷ 70%)]+S2[₩80,000 × (60% ÷ 80%)]
=₩110,000

6.26 정답 ④ 2, 4, 5

해설 1. 보조부문비의 배부에 방법 선택과 관계없이 당기순이익은 동일
3. 직접배부법에서는 보조부문간의 상호 용역제공을 전혀 고려하지 못함

6.27 정답 ① ₩42,500

해설

구분	A	B	Y
X 배부기준	0.25 (600 ÷ 2,400)	0.25 (600 ÷ 2,400)	0.5 (1,200÷2,400)
X 배부액(1)	₩12,500 (₩50,000 × 0.25)	₩12,500 (₩50,000 × 0.25)	₩25,000 (₩50,000×0.5)
Y 배부기준	0.5 (1,000 ÷ 2,000)	0.5 (1,000 ÷ 2,000)	
Y 배부액(2) (₩35,000+₩25,000)	₩30,000 (₩60,000 × 0.5)	₩30,000 (₩60,000 × 0.5)	
합계(3)=(1)+(2)	₩42,500	₩42,500	

6.28 정답 ③

해설 ① 부문별 제조간접원가 배부율을 사용하는 경우에는 보조부문 원가 배분방법에 의해 제조간접원가 배부율은 영향을 받는다.
② 이중배부율법은 변동원가와 고정원가를 구분해서 변동원가는 실제사용량을 기준으로 배분하고 고정원가는 최대사용량을 기준으로 배분한다.
④ 단계배부법과 상호배부법의 배부 후의 결과는 다를 수 있다.
⑤ 직접배부법은 보조부문의 상호용역수수관계를 고려하지 않는다.

6.29 정답 ④

해설 건물관리부문은 점유면적을 기준으로 배부하는 것이 타당하다.

6.30 정답 ①

해설 • 단계배부법을 선택할 경우 공장사무부의 수선부 용역 제공비율은 11.1%, 수선부의 공장사무부 용역 제공비율 13.0%로 수선부가 1순위

• 단계배부법에 의한 배분액

구분	제조부문		보조부문	
	제1제조부문	제2제조부문	공장사무부	수선부
배분액	₩64,000	₩73,000	₩48,000	₩69,000
수선부배분액	₩36,000	₩24,000	₩ 9,000	
공장사무부배분액	₩34,200	₩22,800	₩57,000	
합계	₩134,200	₩119,800		

• 직접배부법에 의한 배분액

구분	제조부문		보조부문	
	제1제조부문	제2제조부문	공장사무부	수선부
배분액	₩64,000	₩73,000	₩48,000	₩69,000
수선부배분액	₩41,400	₩27,600		
공장사무부배분액	₩28,800	₩19,200		
합계	₩134,200	₩119,800		

6.31 정답 ③ ₩272,000

해설 단일배부율 사용 시 실제수선유지시간으로 배부한다.

수선부문 발생원가 ₩680,000 × X부문 실제사용비율(400시간 ÷ 1,000시간)

= ₩680,000 × 0.4 = ₩272,000

6.32 정답 ③ ₩76,000

해설 S2 → B = S2 발생원가 ₩190,000 × 배부율[36% ÷ (36% + 36% + 18%)]

= ₩76,000

6.33 정답 ② 단계배부법, 이중배부율법

해설 (1) 이중배부율법의 설명이다.

(2), (3) 단계배부법의 설명이다.

6.34 정답 ③ ₩90,000

해설 • 동력부문 → 수선부문: 동력부문발생원가 ₩200,000 × 수선부문배부율 20% = ₩40,000

• 수선부문원가 = 자기발생원가 ₩140,000 + 동력배부원가 ₩40,000 = ₩180,000

• 수선부문 → 조립부문: 수선부문원가 ₩180,000 × 조립부문배부율[42% ÷ (42% + 42%)]

= ₩180,000 × 0.5 = ₩90,000

6.35 정답 ④ ₩1,375

해설 직접배부법은 보조부문의 상호용역관계는 고려하지 않는다.

- 수선 → 절단: 수선부문발생원가 ₩2,000 × 절단부문비율[30% ÷ (30% + 50%)]
  = ₩2,000 × 0.375 = ₩750
- 동력 → 절단: 동력부문발생원가 ₩1,000 × 절단부문비율[50% ÷ (30% + 50%)]
  = ₩1,000 × 0.625 = ₩625
- 총 ₩750 + ₩625 = ₩1,375

Ⅲ. 주관식

6.1 정답 ₩44,000

해설 조립부에 배부될 관리부 원가 = ₩99,000 × 40 ÷ 90 = ₩44,000

6.2 정답 ₩66,800

해설 동력부부터 배부

	보조부문		생산부문	
	동력부	수선부	A	B
배분 전 원가	₩20,000	₩40,000	₩20,000	₩30,000
동력부 배분	(₩20,000)	₩6,000	₩10,000	₩4,000
수선부 배분	–	(₩46,000)	₩36,800	₩9,200
배분 후 원가	₩0	₩0	₩66,800	₩43,200

6.3 해설 1)

	보조부문			제조부문	
	동력부	수선부	관리부	엔진부	조립부
발생원가	₩100,000	₩150,000	₩50,000	₩200,000	₩300,000
동력부	(₩100,000)			₩40,000	₩60,000
수선부		(₩150,000)		₩60,000	₩90,000
관리부			(₩50,000)	₩10,000	₩40,000
배부원가	₩0	₩0	₩0	₩310,000	₩490,000

2) 엔진제조부문비 110,000   동력부문비 100,000
조립제조부문비 190,000   수선부문비 150,000
관리부문비 50,000

6.4 해설 1)

	보조부문			제조부문	
	동력부	수선부	관리부	엔진부	조립부
발생원가	₩100,000	₩150,000	₩50,000	₩200,000	₩300,000
동력부	(₩100,000)	₩25,000	₩12,500	₩25,000	₩37,500
수선부		(₩175,000)	₩35,000	₩56,000	₩84,000
관리부			(₩97,500)	₩19,500	₩78,000
배부원가	₩0	₩0	₩0	₩300,500	₩499,500

2) 엔진제조부문비 100,500   동력부문비 100,000
조립제조부문비 199,500   수선부문비 150,000
관리부문비 50,000

6.5 해설 1) 보조부문비: A = ₩200,000 + 0.1B .... (ㄱ)

B = ₩450,000 + 0.2A .... (ㄴ)

(ㄴ)식을 (ㄱ)식에 대입하면,

A = ₩200,000 + 0.1(₩450,000 + 0.2A) = ₩250,000

B = ₩450,000 + 0.2 × ₩250,000 = ₩500,000

따라서,

A를 갑과 을에 배부: 갑 제조: ₩250,000 × 0.5 = ₩125,000

을 제조: ₩250,000 × 0.3 = ₩75,000

B를 갑과 을에 배부: 갑 제조: ₩500,000 × 0.6 = ₩300,000

을 제조: ₩500,000 × 0.3 = ₩150,000

2) 갑제조부문비 425,000　　A보조부문비 200,000

을제조부문비 225,000　　B보조부문비 450,000

6.6 해설 용역수수관계:

	S1	S2	P1	P2	합 계
배분전원가	₩48,000	₩60,000	₩62,000	₩100,000	₩270,000
S1	–	40%	50%	10%	100%
S2	30%	–	20%	50%	100%

직접배부법

	S1	S2	P1	P2	합 계
배분전원가	₩48,000	₩60,000	₩62,000	₩100,000	₩270,000
S1	(48,000)	–	40,000	8,000	0
S2	–	(60,000)	17,143	42,857	0
배분후원가	₩0	₩0	₩119,143	₩150,857	₩270,000

S1 = 50%:10%, S2 = 20%:50%

6.7 해설 단계배부법

	S1	S2	P1	P2	합 계
배분전원가	₩48,000	₩60,000	₩62,000	₩100,000	₩270,000
S1	(48,000)	19,200	24,000	4,800	0
S2	×*	(79,200)	22,629	56,571	0
배분후원가	₩0	₩0	₩108,629	₩161,371	₩270,000

S1 = S2:P1:P2 = 40%:50%:10%, S2 = P1:P2 = 20%:50%

6.8 해설 1) 연립방정식 도출: S1 = ₩48,000 + 0.3S2

S2 = ₩60,000 + 0.4S1

즉, 연립방정식을 통하여 S1, S2 값을 구하면,

S1 = ₩75,000, S2 = ₩90,000

2) 보조부문 원가배분(상호배부법)

	S1	S2	P1	P2	합 계
배분전원가	₩48,000	₩60,000	₩62,000	₩100,000	₩270,000
S1	(75,000)	30,000	37,500①	7,500	0
S2	27,000	(90,000)	18,000②	45,000	0
배분후원가	₩0	₩0	₩117,500	₩152,500	₩270,000

①: ₩37,500 = ₩75,000 × 50% = 0.5 × S1
②: ₩18,000 = ₩90,000 × 20% = 0.2 × S2

6.9 해설 1) ₩880,000 ÷ 8,000시간 = ₩110

2) 가공부 = 자가부문 ₩200,000
+ 동력부 ₩24,000(= ₩60,000 × 600 ÷ 1,500)
+ 운반부 ₩20,000(= ₩80,000 × 100 ÷ 400)
+ 관리부 ₩24,000(= ₩40,000 × 30 ÷ 50)
= ₩268,000
예정배부율 = ₩268,000 ÷ 2,000시간 = ₩134
도색부 = 자가부문 ₩500,000
+ 동력부 ₩36,000(= ₩60,000 × 900 ÷ 1,500)
+ 운반부 ₩60,000(= ₩80,000 × 300 ÷ 400)
+ 관리부 ₩16,000(= ₩40,000 × 20 ÷ 50)
= ₩612,000
예정배부율 = ₩612,000 ÷ 6,000시간 = ₩102

6.10 해설 보조부문비

T = ₩60,000 + 0.1V .... (1)
V = ₩80,000 + 0.3T .... (2)
식(2)를 식(1)에 대입
T = ₩60,000 + 0.1(₩80,000 + 0.3T) = ₩70,103
V = ₩80,000 + 0.3 × ₩70,103 = ₩101,031
T를 1과 2에 배부
제조부문 1: ₩70,103 × 50% = ₩35,051
제조부문 2: ₩70,103 × 20% = ₩14,021
V를 1과 2에 배부
제조부문 1: ₩101,031 × 60% = ₩60,619
제조부문 2: ₩101,031 × 30% = ₩30,309

	보조 부문		제조 부문		
	T	V	1	2	계
배부전 제조간접비 예산	₩60,000	₩80,000	₩30,000	₩25,000	₩195,000
T 보조부문비	(70,103)	21,031	35,051	14,021	
V 보조부문비	10,103	(101,031)	60,619	30,309	
배부후 제조부문비	₩0	₩0	₩125,670	₩69,330	₩195,000

제7장 종합원가계산

I. 평가자 체크리스트

7.1 해설 T

7.2 해설 F 항상 크거나 같다.

7.3 해설 F 210단위

7.4 해설 T

7.5 해설 T

7.6 해설 T

7.7 해설 F 선입선출법이 적용된 방법이다.

7.8 해설 T

7.9 해설 T

7.10 해설 F 선입선출법은 당기작업량과 당기투입원가에 중점을 맞추고 있으므로 계획과 통제 및 제조부문의 성과평가에도 유용한 정보를 제공할 수 있다.

II. 객관식

7.1 정답 ③

해설 소금제조업, 얼음제조업과 같이 단일의 공정을 통해서 대량의 동질적인 제품을 생산하는 방식에 적합한 원가계산방법을 단일종합원가계산이라고 한다.

7.2 정답 ③

해설 평균법에 의한 완성품 환산량 단위당 원가는 당기총제조원가에 기초재공품원가를 가산한 합계액을 완성품환산량으로 나누어 계산한다.

7.3 정답 ⑤

해설 평균법에서는 기초재공품원가도 당기투입원가로 가정한다.

7.4 정답 ②

해설 종합원가계산에서 기말재공품의 완성도를 높게 적용하는 경우 기말재공품의 완성품환산량이 높아져 재공품계정이 과대평가된다.

7.5 정답 ③

해설 재공품 가공비의 완성품 환산량은 당기투입량에 완성도를 곱하여 계산되므로 재공품 가공비의 완성품환산량은 투입량보다 작게 된다.

7.6 정답 ①

해설 재공품 재료비의 완성품환산량은 당기투입량에 완성도를 곱하여 계산되므로 재공품 재료비의 완성품환산량은 투입량보다 작거나 같게 된다.

7.7 정답 ①

해설 기말재공품에 대한 완성도가 실제보다 과대평가되었다면 기말재공품환산량 및 완성품환산량이 과대평가되고, 완성품환산량 단위당 원가 및 완성품원가는 상대적으로 과소평가되며, 기말재공품원가는 과대평가된다.

7.8 정답 ④

해설 선입선출법에 의한 가공비환산량은 10,000단위이다.

	평균법				선입선출법	
	재료비	가공비			제료비	기공비
완성품	9,000	9,000	완성품	– 기초	–	1,200
				– 당기투입	7,000	7,000
기말재공품	3,000	1,800			3,000	1,800
완성품환산량	12,000	10,800			10,000	10,000

재료비단위원가: ₩54,000 ÷ 12,000 = ₩4.5 재료비단위원가: ₩52,000 ÷ 10,000 = ₩5.2

7.9 정답 ③

해설 재료비: 완성수량 400개 + (기말재공품 × 100%) = 500개
가공비: 완성수량 400개 + (기말재공품 × 50%) = 450개

7.10 정답 ⑤

해설 재료비 6,000개, 가공비 5,500개[= 4,500 + (2,000 × 50%)]

7.11 정답 ③

해설 재료비와 가공비 완성품환산량 = 200 + 2,100 + 200 = 2,500단위
당기투입원가 = 재료비 ₩5,000,000 + 가공비 ₩2,500,000 = ₩7,500,000
완성품환산량 단위당원가 = ₩7,500,000 ÷ 2,500단위 = ₩3,000
월말재공품 완성품환산량 = 400개 × 50% = 200단위
월말재공품의 재료비와 가공비 합계 = 200단위 × ₩3,000 = ₩600,000

7.12 정답 ①

해설 평균법과 선입선출법은 기초재공품의 완성도 고려여부에 따라 차이가 발생한다.
평균법: 30,000개 + 15,000개 × 40% = 36,000개
선입선출법: (30,000개 + 15,000개 × 40%) − 5,000개 × 20% = 35,000개

7.13 정답 ④

해설 평균법: 재료비환산량 2,500개, 가공비환산량 2,200개

선입선출법: 재료비환산량(2,500개 − 600개 = 1,900개)
가공비환산량(2,200개 − 300개 = 1,900개)

7.14 정답 ①

해설 재료비환산량: 완성 72,000단위 + 기말 16,000단위 = 88,000단위
가공비환산량: 완성 74,000단위 + 기말 10,000단위 = 84,000단위

7.15 정답 ③

해설 완성품원가 + 기말재공품원가 = 기초재공품원가 + 당기발생원가.
총제조원가 ₩4,500,000 = 총발생원가 ₩5,000,000 − 기초재공품원가 ₩500,000
완성품환산량 = ₩4,500,000 ÷ 500개 = 9,000개

7.16 정답 ⑤

해설 재료비환산량 = 완성품환산량 80,000개 + 기말재공품환산량 20,000개 = 100,000개
가공비환산량 = 완성품환산량 80,000개 + 기말재공품환산량 12,000개 = 92,000개

7.17 정답 ③

해설

	① 물량흐름	② 환 산 량	
		직접재료비	가공비
완성품			
기초재공품	100(50%)	0	50
당기투입량	100	100	100
기말재공품(50%)	100	100	50
합 계	300	200	200

③ 총제조원가 집계:

	직접재료비	가공비
당기총제조원가	₩200,000	₩300,000

④ 환산량 단위당 제조원가 계산:

직접재료비	가공비
₩1,000	₩1,500

⑤ 총제조원가 배분:
- 완성품 원가 = (100 × ₩1,000) + (150 × ₩1,500) + ₩60,000 = ₩385,000
- 기말재공품 원가 = (100 × ₩1,000) + (50 × ₩1,500) = ₩175,000

7.18 정답 ④

해설 재료비 환산량: 60,000개, 당기총재료비: ₩420,000, 재료비단가: ₩7
가공비 환산량: 54,000개, 당기총가공비: ₩270,000, 가공비단가: ₩5
당기제품제조원가: 50,000개 × ₩12 = ₩600,000
기말재고액: 10,000개 × ₩7 + 4,000개 × ₩5 = ₩90,000

7.19 정답 ①

해설 재료비 환산량: 9,000개, 가공비 환산량: 10,200개

	① 물량흐름	② 환산량 직접재료비	가공비
완성품			
기초재공품	3,000(80%)	0	2,400
당기투입량	7,000	7,000	7,000
기말재공품(40%)	2,000	2,000	800
합 계	12,000	9,000	10,200

7.20 정답 ②

해설 환산량 단위당원가 – 재료비: ₩448,000 ÷ 1,400개 = ₩320
– 가공비: ₩204,000 ÷ 1,360개 = ₩150

완성품원가: (1,300개 × ₩320) + (1,300개 × ₩150) = ₩611,000

7.21 정답 ③ 40%

해설

기초	2,000단위(? %)	완성	5,000단위	전기착수당기완성	2,000단위(? %)
				당기착수당기완성	3,000단위(100%)
착수	6,000단위	기말	3,000단위(완성도 60%)		
합계	8,000단위	합계	8,000단위		

- 가공원가의 평균법과 선입선출법 완성품환산량의 차이 = 기초재공품의 완성도
  → 가공원가의 평균법 완성품환산량 6,800단위 – 선입선출법 완성품환산량 6,000단위
  = 800단위 = 2,000단위 × X%
  ∴ X% = 800단위 ÷ 2,000단위 = 0.4

〈별해 1〉

선입선출법 완성품환산량 6,000단위 = [완성 5,000단위 – 기초(2,000단위 × X%)]
+ 기말(3,000단위 × 60%)

→ 6,000단위 = 6,800단위 – 기초(2,000단위 × X%)

→ 기초(2,000단위 × X%) = 800단위

∴ X% = 800단위 ÷ 2,000단위 = 0.4

〈별해 2〉

선입선출법 완성품환산량 6,000단위 = 완성품[2,000단위 × (1 – X%) + 3,000단위 × 100%]
+ 기말(3,000단위 × 60%)

→ 2,000단위 × (1 – X%) + 4,800단위 = 6,000단위

→ 2,000단위 × (1 – X%) = 1,200단위

→ 1 – X% = 0.6

∴ X% = 0.4

7.22 정답 ③ 5,000개

해설 재료비 완성품 환산량 = 당기 완성품 수량 4,000개(100%) + 기말 재공품 수량 1,000개(100%)
= 5,000개

7.23 정답 ②

해설 물량 흐름 파악 → 원가요소별 완성품환산량 계산 → 원가요소별 기초재공품원가와 당기발생원가 집계 → 완성품환산량 단위당 원가계산 → 완성품과 기말재공품에 원가 배분

7.24 정답 ④

해설 기말재공품원가 = 기말재공품수량 × 완성도 × 완성품환산량당 단위원가

- 재공품수량은 동일하면서 '기초 재공품원가 < 기말 재공품원가'가 되기 위해서는 (1) 기말 재공품의 완성도가 증가 또는 (2) 완성품환산량당 단위원가가 전기보다 증가하여야 한다.
- 완성품환산량당 단위원가가 전기보다 증가하기 위해서는 평균법에 의한 완성품환산량 단위당 원가 = (기초재공품원가 + 당기투입원가) ÷ 총완성품환산량, 분자에 해당하는 노무비와 고정제조간접비의 증가는 완성품환산량 단위당 원가를 증가하게 된다.

7.25 정답 ③ ₩2,250

해설 당기제품제조원가 = (750개 ÷ 1,000개) × ₩1,000 + (750개 ÷ 850개) × ₩1,700 = ₩2,250

7.26 정답 ①

해설

월초재공품	1,000개	당기완성품	2,600개
당기착수	2,200개	월말재공품	600개
계	3,200개	계	3,200개

재료원가	가공원가
완성품 2,600개	2,600개
기말재공품 600개	150개
완성품환산량 3,200개	2,750개

재료원가 완성품환산량 단위당 원가 $= \dfrac{₩260{,}000 + ₩764{,}000}{3{,}200개} = ₩320$

가공원가 완성품환산량 단위당 원가 $= \dfrac{₩50{,}000 + ₩472{,}500}{2{,}750개} = ₩190$

7.27 정답 ③

해설 개별작업지시서에 따라 제품을 제조하는 경우는 개별원가계산방식이다.

7.28 정답 ⑤ 70%

해설 선입선출법 완성품환산량 4,500개 = 완성품 수량 4,000개 + 기말재공품(2,000개 × 60%) − 기초재공품(1,000개 × X%) → 기초재공품(1,000개 × X%) = 700개

∴ X% = 700개 ÷ 2,000개 = 0.7

〈별해 1〉

선입선출법 완성품환산량 4,500개 = 완성품[1,000개 × (1 − X%) + 3,000개 × 100%)]
+ 기말(2,000개 × 60%)

→ 1,000개 × (1 − X%) + 4,200개 = 4,500개

→ 1,000개 × (1 − X%) = 300개

→ 1 − X% = 0.3

∴ X% = 0.7

7.29 정답 ④

해설 정상공손품에 투입된 제조원가는 당기 완성품 및 기말재공품 원가에 포함시킨다.

7.30 정답 ③ 140개

해설 검사시점을 통과한 수량은 1,200개(완성) + 200개(기말) = 1,400개이다.
합격품의 10%인 140개가 정상공손수량이다.

7.31 정답 ④

해설 ① 공손품이란 품질 및 규격이 표준에 미달하는 불량을 말한다.
② 작업폐물이란 생산에 투입된 원재료의 찌꺼기나 조각을 의미한다.
③ 부산물이란 제조과정에서 부수적으로 생산되는 제품으로 판매가치가 상대적으로 낮은 제품이다.
④ 감손의 정의이다.
⑤ 주산물이란 결합제품 중 판매가치가 상대적으로 중요한 제품을 말한다.

7.32 정답 ③

해설 개별원가계산(job order costing)에서 비정상공손원가는 재고가능원가로 간주되지 않으며, 그 공손이 발견된 기간의 비용으로 처리된다.

7.33 정답 ① 990개

해설 선입선출법 완성품환산량 = 완성품 1,000개 − 기초재공품 전기완성도(100개 × 50%) + 기말재공(200개 × 20%) = 1,000개 − 50개 + 40개 = 990개

7.34 정답 ④ 완성품환산량의 감소로 완성품환산량 단위당 원가가 과대계상된다.

해설 기말재공품 완성도 과소평가 → 기말재공품 완성품환산량 과소평가 → 완성품환산량 과소평가가 → 완성품환산량 단위당 원가 과대평가 → 매출원가 과대평가, 기말재공품 과소평가 → 매출총이익, 당기순이익 과소평가

7.35 정답 ③

해설 ① 공손품 = 기초재공품 500개 + 당기착수량 1,500개 − 완성품 1,500개 − 기말재공품 400개
= 100개
② 비정상공손품원가는 영업외비용으로 처리한다.
③ 정상공손원가는 검사시점 통과여부에 따라 완성품과 기말재공품에 배분할 수 있다. 문제에서 검사시점이 주어지지 않았기에 배분 여부를 정확히 알 수 없다.
④ 정상공손 = 완성품 1,500개 × 0.05 = 75개
⑤ 정상공손 = 완성품 1,500개 × 0.04 = 60개 → 비정상공손 = 100개 − 60개 = 40개

7.36 정답 ①

해설 선입선출법은 당기완성품환산량의 단위당 원가 계산시 당기발생원가만 고려한다. 그러나 평균법은 기초재공품에 포함된 원가와 당기발생원가 둘 다 고려한다. 따라서 기초재공품이 없는 경우 선입선출법과 평균법의 완성품환산량 단위당 원가는 동일하다.

7.37 정답 ③ ₩1,720,000

해설

			재료비	가공비
당기완성	기초재공품	10,000(20%)	0	8,000단위
25,000	당기착수량	15,000	15,000단위	15,000단위
	기말	5,000(40%)	5,000단위	2,000단위
		완성품환산량	20,000단위	25,000단위
		당기투입원가	₩400,000	₩1,000,000
당기투입원가 ÷ 완성품환산량		단위당 원가	₩20	₩40

• 완성품원가 = ₩500,000(기초재공품 원가) + 15,000단위 × ₩20 + 23,000단위 × ₩40
= ₩1,720,000

7.38 정답 ③

해설 공손수량 = 500개(기초재공품) + 4,500개(당기착수량) − 3,050개(당기제품생산량)
− 1,500개(기말재공품) = 450개

구분	수량	검사시점	
		20%	100%
기초재공품(40%) − 전기착수당기완성품(1)	500개	0개	500개
당기착수 − 완성품(2)	2,550개	2,550개	2,550개
기말재공품(70%)(3)	1500개	1,500개	0개
합격품수량(4) = (1) + (2) + (3)	−	4,050개	3,050개
정상공손(합격품의 10%)(5) = (4) × 10%		405개	305개
공손수량합계(6)		450개	450개
비정상공손(7) = (6) − (5)		45개	145개

7.39 정답 ③

해설 기말재공품의 완성품환산량 계산시 공정진행시점 60%는 재료비의 투입시점인 20%를 지나갔으므로 100% 모두 포함되며, 가공비는 공정 전반에 균등 투입되므로 60%가 투입된 것으로 본다.

7.40 정답 ④

해설 기말재공품 완성도 과대평가 → 기말재공품 완성품환산량 과대평가 → 완성품환산량 과대평가 → 완성품환산량 단위당 원가 과소평가(원가/완성품환산량) → 완성품원가 과소평가 → 기말재공품 원가 과대평가

7.41 정답 ② ₩153,000

해설 기말재공품 재료비: 300개 × ₩350 = ₩105,000
기말재공품 가공비: (300개 × 0.8) × ₩200 = ₩48,000
기말재공품 원가: ₩105,000 + ₩48,000 = ₩153,000

7.42 정답 ③

해설 ①, ②, ④, ⑤는 개별원가계산에 관한 설명이다.

7.43 정답 ①

해설 평균법: 완성량 600개 + 기말재공품(400개 × 70%) = 880개
선입선출법: 완성량 600개 − 기초재공품 완성도(200개 × 30%) + 기말재공품(400개 × 70%)
= 820개

7.44 정답 ① 974단위

해설 가공원가완성품 환산량 = 완성품 860단위 − 기초재공품완성도(200단위 × 20%)
+ 기말재공품(220단위 × 70%)
= 860단위 − 40단위 + 154단위 = 974단위

Ⅲ. 주관식

7.1 정답 7,300개

해설 2,000개 × (1 − 0.30) + 5,000개 + 3,000개 × 0.30 = 7,300개

7.2 정답 30,000개

해설 20,000개 + (20,000개 × 0.50) = 30,000개

7.3 해설 1)

	물량흐름	환 산 량	
		직접재료비	가 공 비
기초재공품	5,000		
당기투입량	80,000		
합 계	85,000		
완성품	83,000	83,000	83,000
기말재공품	2,000	1,600(80%)	1,000(50%)
합 계	85,000	84,600	84,000

2)

	물량흐름	환 산 량	
		직접재료비	가 공 비
기초재공품	5,000		
당기투입량	80,000		
합 계	85,000		
완성품			
기초재공품	5,000	2,000(40%)	1,000(20%)
당기투입량	78,000	78,000	78,000
기말재공품	2,000	1,600(80%)	1,000(50%)
합 계	85,000	81,600	80,000

7.4 해설 1)

	물량흐름	환 산 량	
		직접재료비	가 공 비
기초재공품	5,000(70%)		
당기투입량	85,000		
합 계	90,000		
완성품	80,000	80,000	80,000
기말재공품	10,000(60%)	9,200*	6,000**
합 계	90,000	89,200	86,000

*: (10,000×0.8) + (10,000×0.2×0.6) = 9,200단위
**: 10,000×0.6 = 6,000단위

2)

	물량흐름	환 산 량	
		직접재료비	가 공 비
기초재공품	5,000(70%)		
당기투입량	85,000		
합 계	90,000		
완성품			
기초재공품	5,000	300*	1,500**
당기투입량	75,000	75,000	75,000
기말재공품	10,000(60%)	9,200***	6,000****
합 계	90,000	84,500	82,500

*: 5,000×(0.2×0.3) = 300단위
**: 5,000×0.3 = 1,500단위
***: 10,000×(0.8 + 0.2×0.6) = 9,200단위
****: 10,000×0.6 = 6,000단위

7.5 해설

		재료비	가공비
완성품			
기초재공품	300	0	210(70%)
당기투입량	2,000	2,000	2,000
기말재공품	500	500(100%)	200(40%)
합계	2,800	2,500	2,410

7.6 해설 평균법:

완성품환산량: 재료비 8,000개, 가공비 8,000개
기말재공품환산량: 재료비 2,000개, 가공비 1,000개
총제조원가: 재료비 ₩80,000, 가공비 ₩90,000
완성품 환산량 단위당 원가: 재료비(₩80,000 ÷ 10,000개 = ₩8),
가공비(₩90,000 ÷ 9,000개 = ₩10)
기말재공품원가 = 재료비(2,000개 × ₩8) + 가공비(1,000개 × ₩10) = ₩26,000
완성품원가 = 8,000개 × ₩18 = 144,000

선입선출법:
완성품환산량: 재료비 7,000개, 가공비 7,600개
기말재공품환산량: 재료비 2,000개, 가공비 1,000개
총제조원가: 재료비 ₩70,000, 가공비 ₩78,000
완성품 환산량 단위당 원가: 재료비(₩70,000 ÷ 9,000개 = ₩7.78),
가공비(₩78,000 ÷ 8,600개 = ₩9.07)
기말재공품원가 = 재료비(2,000개 × ₩7.78) + 가공비(1,000개 × ₩9.07) = ₩24,630
완성품원가 = ₩170,000 − ₩24,630 = ₩145,370

7.7 해설 1)

	① 물량흐름	② 환 산 량	
		직접재료비	가 공 비
기초재공품	1,000		
당기투입량	55,000		
합 계	56,000		
완성품	50,000	50,000	50,000
기말재공품	6,000(50%)	6,000	3,000
합 계	56,000	56,000	53,000

③ 총제조원가 집계:

	직접재료비	가공비
기초재공품원가	₩18,000	₩12,000
당기총제조원가	₩150,000	₩200,000
합 계	₩168,000	₩212,000

④ 환산량 단위당 제조원가 계산:

직접재료비	가공비
₩168,000	₩212,000
÷ 56,000	÷ 53,000
₩3	₩4

⑤ 총제조원가 배분:

- 완성품 원가 = (50,000 × ₩3) + (50,000 × ₩4) = ₩350,000
- 기말재공품 원가 = (6,000 × ₩3) + (3,000 × ₩4) = ₩30,000

2)

	① 물량흐름	② 환 산 량	
		직접재료비	가 공 비
기초재공품(50%)	1,000		
당기투입량	55,000		
합 계	56,000		
완성품			
기초재공품	1,000(50%)	0	500
당기투입량	49,000	49,000	49,000
기말재공품(50%)	6,000	6,000	3,000
합 계	56,000	55,000	52,500

③ 총제조원가 집계:

	직접재료비	가 공 비
기초재공품원가	₩0	₩0
당기총제조원가	₩150,000	₩200,000
합 계	₩150,000	₩200,000

④ 환산량 단위당 제조원가 계산:

직접재료비	가 공 비
₩150,000	₩200,000
÷ 55,000	÷ 52,500
₩2.73	₩3.81

⑤ 총제조원가 배분:

- 완성품 원가 = (49,000 × ₩2.73) + (49,500 × ₩3.81) + 30,000 = ₩352,365
- 기말재공품 원가 = (6,000 × ₩2.73) + (3,000 × ₩3.81) = ₩27,810(끝수조정)

7.8 해설 1)

	① 물량흐름	② 환산량 직접재료비	가공비
기초재공품	5,000		
당기투입량	95,000		
합 계	100,000		
완성품			
기초재공품	5,000	0	2,000(40%)
당기투입량	93,000	93,000	93,000
기말재공품	2,000	2,000	1,000(50%)
합 계	56,000	95,000	96,000

③ 총제조원가 집계:

	직접재료비	가공비
기초재공품원가	₩0	₩0
당기총제조원가	₩1,045,000	₩1,248,000
합 계	₩1,045,000	₩1,248,000

④ 환산량 단위당 제조원가 계산:

직접재료비	가공비
₩1,045,000	₩1,248,000
÷ 95,000	÷ 96,000
₩11	₩13

⑤ 기말재공품 배분:

– 기말재공품 원가 = (2,000 × ₩11) + (1,000 × ₩13) = ₩35,000

2) 선입선출법은 기초재공품의 완성품환산량을 제외한 상태에서 당기만의 완성품 환산량을 계산하며, 평균법은 기초재공품의 완성품환산량을 포함한 상태에서 완성품환산량을 계산한다. 따라서, 양자간의 차이는 기초재공품의 포함여부이다.

	① 물량흐름	② 환산량 직접재료비	가공비
기초재공품	5,000		
당기투입량	95,000		
합 계	100,000		
완성품			
기초재공품	5,000	0	2,000(40%)
당기투입량	93,000	93,000	93,000
기말재공품	2,000	2,000	1,000(50%)
합 계	100,000	95,000	96,000
기초재공품수량 추가		5,000	3,000(60%)
합 계		100,000	99,000

7.9 정답 50%

해설 1) 총가공비에서 기말재공품이 차지하는 비율: ₩50,000 ÷ ₩250,000 = 20%

2) 기말재공품의 완성도(X): 1,000X = (2,000 + 1,000X) × 0.2

X = 50%

7.10 해설 1)

	물량흐름	환산량	
		직접재료비	가공비
기초재공품	10,000(80%)		
당기투입량	100,000		
합 계	110,000		
완성품			
기초재공품	10,000(20%)	0	2,000
당기투입량	80,000	80,000	80,000
기말재공품	20,000(40%)	20,000	8,000
합 계		100,000	90,000
단위당 원가		₩15①	₩10②

①: ₩1,500,000 ÷ 100,000 = ₩15, ②: ₩900,000 ÷ 90,000 = ₩10

2) 기말재공품원가 = 20,000 × ₩15 + 8,000 × ₩10 = ₩380,000

완성품원가 = 기초 재공품원가 + 당기 투입원가 − 기말 재공품원가

= ₩453,800 + ₩2,400,000 − ₩380,000

= ₩2,473,800

제8장 결합원가계산

Ⅰ. 평가자 체크리스트

8.1 해설 T

8.2 해설 T

8.3 해설 F 생산량을 사용한다.

8.4 해설 T

8.5 해설 F 순실현가치법을 사용할 수 있다.

8.6 해설 T

8.7 해설 T

8.8 해설 T

8.9 해설 T

8.10 해설 F 분리점에서 증분수익과 증분원가만이 의사결정에 관련된다.

Ⅱ. 객관식

8.1 정답 ③

해설 결합원가는 일반적으로 제조원가로 구성된다.

8.2 정답 ③

해설 연산품B의 판매가치가 상대적으로 하락한다면 연산품A의 판매가치가 상대적으로 높아지게 되므로 배분되는 원가도 연산품A가 증가하게 된다.

8.3 정답 ④

해설 A의 판매가치: ₩200,000, B의 판매가치: ₩200,000,
따라서 결합원가 배분액은 각각 ₩100,000이다.
A의 단위당 원가: ₩100,000 ÷ 200개 = ₩500
B의 단위당 원가: ₩100,000 ÷ 400개 = ₩250

8.4 정답 ④

해설 배분되는 결합원가: ₩93,000
컵의 순실현가치: 10,000단위 × (₩4 − ₩2) = ₩20,000
쟁반의 순실현가치: 5,000단위 × (₩10 − ₩2) = ₩40,000
컵에 배분되는 결합원가: ₩93,000 × 20,000 ÷ 60,000 = ₩31,000
컵의 제품원가: ₩31,000 + ₩20,000 = ₩51,000
쟁반에 배분되는 결합원가: ₩93,000 × 40,000 ÷ 60,000 = ₩62,000
쟁반의 단위당 제품원가: ₩10,000 + ₩62,000 = ₩72,000

8.5 정답 ②

해설 순실현가치
X제품: 300개 × (@₩1,200 − @₩200) − ₩120,000 = ₩180,000(60%)
Y제품: 200개 × (@₩2,000 − @₩300) − ₩220,000 = ₩120,000(40%)

제조원가
X제품: ₩250,000 × 0.6 + ₩120,000 = ₩270,000
Y제품: ₩250,000 × 0.4 + ₩220,000 = ₩320,000

기말재고액
X제품: ₩270,000 × 90 ÷ 300 = ₩81,000
Y제품: ₩320,000 × 50 ÷ 200 = ₩80,000
₩161,000

8.6 정답 ②

해설 순실현가능가치의 계산:

	단위당 판매가격	단위당 추가가공비	단위당 순실현가능가치	생산량	순실현가능가치
갑	1,000	200	800	100	80,000
을	800	100	700	80	56,000

결합원가의 배분: 갑 = ₩4,080,000 × (80 ÷ 136) = ₩2,400,000
을 = ₩4,080,000 × (56 ÷ 136) = ₩1,680,000

8.7 정답 ②

해설 순실현가치:

X제품: 200개 × @₩3,000 − ₩200,000 = ₩400,000(40%)

Y제품: 240개 × @₩4,000 − ₩360,000 = ₩600,000(60%)

결합원가의 배분:

X제품: ₩500,000 × 0.4 = ₩200,000

Y제품: ₩500,000 × 0.6 = ₩300,000

8.8 정답 ③

해설

	매출수익	추가가공비	순실현가능가액
'갑'	₩9,100,000	−	₩9,100,000
'을'	₩2,700,000	₩300,000	₩2,400,000
			₩11,500,000

결합원가 배분액: '갑' = ₩23,000,000 × (₩9,100,000 ÷ ₩11,500,000)
= ₩18,200,000
'을' = ₩23,000,000 × (₩2,400,000 ÷ ₩11,500,000)
= ₩4,800,000

8.9 정답 ①

해설 결합원가배분표

	A	B	C	합 계
생 산 량	?	?	50개	250개
결합원가	₩24,000	?	₩15,000[3]	₩60,000
분리점의 판매가치	48,000[1]	₩42,000	₩30,000[2]	₩120,000

1) $₩48,000 = ₩120,000 \times \frac{₩24,000}{₩60,000}$

2) ₩30,000 = ₩120,000 − ₩48,000 − ₩42,000

3) $₩15,000 = ₩60,000 \times \frac{₩30,000}{₩120,000}$

∴ C제품의 매출총이익 = 50개 × ₩700 − (₩15,000 + ₩8,000) = ₩12,000

8.10 정답 ②

해설
- 단위당 순실현가능가액:
  - '갑': @₩750 − @₩500 = @₩250
  - '을': @₩250 − @₩50 = @₩200
- 제품별 순실현가능가액
  - '갑': @₩250 × 200개 = ₩50,000
  - '을': @₩200 × 50개 = ₩10,000

8.11 정답 ③

해설 1) 판매가치비율

제품	판매가치	결합원가
갑제품	₩1,400,000(70%)	₩280,000
을제품	₩600,000(30%)	?

2) 결합원가를 X라 하면, X = ₩280,000 ÷ 70% = ₩400,000

8.12 정답 ①

해설 결합원가 ₩1,000,000을 순실현가치 기준으로 배분하는 단순한 문제이다.
유연휘발유의 순실현가치: 8,000 L × ₩95 − ₩40,000 = ₩720,000
무연휘발유의 순실현가치: 12,000 L × ₩120 − ₩160,000 = ₩1,280,000
유연휘발유의 제조원가: ₩1,000,000 × ₩720,000 ÷ (₩720,000 + ₩1,280,000)
+ ₩40,000 = ₩400,000

8.13 정답 ②

해설 ※ 문제에서 판매가격은 단위당 판매가가 아닌 총판매가치를 의미한다고 본다.

A의 순실현가치 = 60,000 − 40,000 =	₩20,000
B의 순실현가치 = 90,000 − 30,000 =	60,000
순실현가치 합계	₩80,000

A에 배분된 결합원가 = ₩70,000 × ₩20,000 ÷ ₩80,000 = ₩17,500
B에 배분된 결합원가 = ₩70,000 × ₩60,000 ÷ ₩80,000 = ₩52,500
B제품 판매시 매출총이익 = 최종판매가치 − 결합원가 배분액 − 추가가공비
= ₩90,000 − ₩ 52,500 − ₩30,000
= ₩7,500

8.14 정답 ②

해설 분말초콜릿원액의 상대적 판매가치: ₩2,500 × 400 L = ₩1,000,000
밀크초콜릿원액의 상대적 판매가치: ₩4,000 × 500 L = ₩2,000,000
분말초콜릿원액의 결합원가 배분액: ₩3,600,000 × 1/3 = ₩1,200,000

8.15 정답 ②

해설

PP의 순실현가치 = 20kg×₩10,000/kg − ₩40,000 =	₩160,000
KK의 순실현가치 = 80kg× ₩5,000/kg − ₩60,000 =	340,000
순실현가치 합계	₩500,000

P에 배분할 결합원가 = ₩30,000×₩160,000÷₩500,000 = ₩9,600
K에 배분할 결합원가 = ₩30,000×₩340,000÷₩500,000 = ₩20,400

8.16 정답 ①

해설

분리점 판매가치		비 율		결합원가의 배분
A: 5,000×₩1,600 =	₩8,000,000	(2/3)		결합원가×2/3 = ₩2,400,000
B: 4,000×₩1,000 =	4,000,000	(1/3)	⇒	결합원가 = ₩3,600,000
	₩12,000,000			

8.17 정답 ②

해설 C제품의 분리점에서의 판매가치: ₩800,000 − ₩400,000* − ₩280,000 = ₩120,000

$* ₩800,000 \times \frac{₩180,000}{₩360,000} = ₩400,000$

C제품의 매출총이익 = ₩500 × 400개 − ₩14,000 − ₩54,000* = ₩132,000

$* ₩360,000 \times \frac{₩120,000}{₩800,000} = ₩54,000$

8.18 정답 ⑤

해설

구분	NRV	비 율	결합원가	추가가공원가	총원가
A	₩280,000	40%	₩128,000	−	₩128,000
C	420,000	60%	192,000	₩80,000	272,000
	₩700,000	100%	₩320,000	₩80,000	₩400,000

구분	매출총이익률
A	(₩280,000 − ₩128,000) ÷ ₩280,000 = 54.29%
C	(₩500,000 − ₩272,000) ÷ ₩500,000 = 45.60%

8.19 정답 ③

해설 고급비누에 배분될 결합원가 = ₩10,000,000 × 고급비누 순실현가치 ₩14,000,000 ÷ 순실현가치합 ₩20,000,000 = ₩7,000,000

8.20 정답 ④

해설 분리점 이전에 발생한 제조원가를 결합원가라 하며, 이는 의사결정과정에 영향을 미치지 않는다.

8.21 정답 ② ₩240,000

해설

	순실현가치	비율	결합원가배분
X	₩2,800,000	4/7	₩240,000
Y	₩2,100,000	3/7	₩180,000
계	₩4,900,000	1	₩420,000

8.22 정답 ④

해설 순실현가치법은 각 제품의 원가부담능력에 따라 결합원가를 배분하는 방법이고, 각 제품의 수혜도에 따라 배분하는 방법은 상대적 물량기준법이다.

8.23 정답 ① ₩5,600,000

해설 1단계) 기업 전체 매출원가 추정

= 기업전체 매출원가(= 결합원가 + 총추가원가)

= ₩7,500,000(결합원가) + ₩1,460,000(A제품 추가원가) + ₩1,000,000(B제품 추가원가)

= ₩9,960,000

2단계) 기업 전체 최종판매가격 추정

= A제품 매출액 + B제품 매출액

= 700단위 × @₩6,000 + 1,500단위 × @₩5,500 = ₩12,450,000

3단계) 기업 전체 매출원가율 추정
=기업전체 매출원가(=결합원가+총추가원가)÷기업전체 최종판매가격
=₩9,960,000÷₩12,450,000=0.8

4단계) 결합원가 배분

제품	최종판매가(매출액) (1)	매출원가(총제조원가) (2)=(1)×0.8	추가 원가 (3)	결합원가 배분액 (4)=(2)-(3)
A	₩4,200,000	₩4,200,000×80% =₩3,360,000	₩1,460,000	₩1,900,000
B	₩8,250,000	₩8,250,000×80% =₩6,600,000	₩1,000,000	₩5,600,000
계	₩12,450,000		₩2,460,000	₩7,500,000

8.24 정답 ③ ₩8,640,000

해설
- 홍삼엑기스 순실현가치=2,000개×₩13,000-₩4,000,000=₩22,000,000
- 화장품 순실현가치=4,000개×₩6,000-₩6,000,000=₩18,000,000
- 미용비누 순실현가치=6,000개×₩2,000-₩2,000,000=₩10,000,000

	홍삼엑기스	화장품	미용비누	계
순실현가치	₩22,000,000	₩18,000,000	₩10,000,000	₩50,000,000
배부율	44%	36%	20%	100%
결합원가배부액	₩10,560,000	₩8,640,000	₩4,800,000	₩24,000,000

8.25 정답 ② ₩180,000

해설
A의 NRV=1,000개×₩200/개= ₩200,000
B의 NRV=2,000개×₩160/개-₩20,000= ₩300,000
합계 ₩500,000

B에 배분할 금액=₩300,000×₩300,000÷₩500,000=₩180,000

8.26 정답 ④

해설
1단계) B 제품에 배분되는 결합원가
=₩240,000(총 결합원가)×₩180,000(B제품 분리점의 판매가치)
÷₩600,000(분리점의 총 판매가치)=₩72,000

2단계) C 제품에 배분되는 결합원가
=₩240,000(총 결합원가)-[₩60,000(A제품에 배부된 결합원가)
+₩72,000(B제품에 배부된 결합원가)]=₩108,000

3단계) C 제품의 매출총이익
=200개×₩1,500(매출액)-[₩108,000(결합원가)+₩3,000(추가가공원가)]
=₩189,000

참고) C 제품의 분리점의 판매가치가 200개×@₩1,500-₩3,000=₩297,000이 아님을 주의해야 함

Ⅲ. 주관식

8.1 해설 물량 기준법:

	제품 A	제품 B	제품 C
생산비율	20%	30%	50%
결합원가	₩8,000	₩12,000	₩20,000
	(=₩40,000×0.2)	(=₩40,000×0.3)	(=₩40,000×0.5)

8.2 해설 상대적 판매가치법:

	상대적 판매가치	
제품 A: ₩40,000×0.3=₩12,000	₩120,000	30.0%
제품 B: ₩40,000×0.325=₩13,000	₩130,000	32.5%
제품 C: ₩40,000×0.375=₩15,000	₩150,000	37.5%

8.3 해설 1) 물량기준:

	제품 A	제품 B	제품 C
매출액	₩120,000	₩130,000	₩150,000
결합원가	8,000	12,000	20,000
추가가공비	10,000	15,000	20,000
매출총이익	₩102,000	₩103,000	₩110,000

2) 상대적 판매가치기준법:

	제품 A	제품 B	제품 C
매출액	₩120,000	₩130,000	₩150,000
결합원가	12,000	13,000	15,000
추가가공비	10,000	15,000	20,000
매출총이익	₩ 98,000	₩102,000	₩115,000

8.4 해설

	A	B	계
판매가치:			
1,000×₩100; 500×₩80	₩100,000	₩40,000	₩140,000
분리후 가공비	70,000	20,000	90,000
분리점에서 순실현가치	30,000	20,000	50,000
가중치(%)	60%	40%	
결합원가 배분액	₩48,000	₩32,000	₩80,000

8.5 해설 순실현가치법:

제품	최종판매가치	추가가공비	순실현가치	배분원가	제조원가
A	₩500,000	₩100,000	₩400,000	₩200,000①	₩300,000
B	₩400,000	₩300,000	₩100,000	₩50,000	₩350,000
C	₩600,000	₩100,000	₩500,000	₩250,000	₩350,000

①: $₩500,000 \times \frac{₩400,000}{(₩400,000 + ₩100,000 + ₩500,000)} = ₩200,000$

8.6 해설 순실현가치법:

	최종판매가치	추가가공비	순실현가치	결합원가배분
A	₩100,000	₩20,000	₩80,000	₩16,000
B	135,000	15,000	120,000	24,000
C	100,000	–	100,000	20,000
D	230,000	30,000	200,000	40,000
합계			₩500,000	₩100,000

결합원가 배분 후 매출총이익 :

	제품 A	제품 B	제품 C	제품 D
매출액	₩100,000	₩135,000	₩100,000	₩230,000
결합원가	16,000	24,000	20,000	40,000
추가가공비	20,000	15,000	–	30,000
매출총이익	₩64,000	₩96,000	₩80,000	₩160,000

8.7 해설

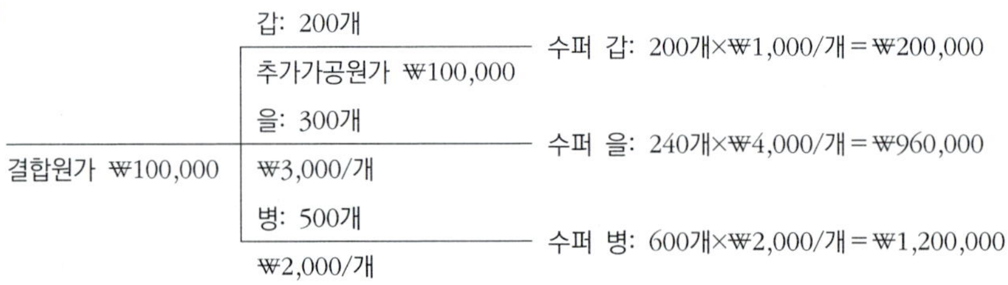

제품	순실현가치	배분 비율	결합원가 배분액	추가가공비	총원가	단위당 원가
(수퍼)갑	₩100,000①	5%	₩5,000	₩100,000	₩105,000	₩525
을	900,000	45%	45,000	0	45,000	150
병	1,000,000	50%	50,000	0	50,000	100
합계	₩2,000,000	100%	₩100,000	₩100,000	₩200,000	

①: 200개 × ₩1,000/개 − ₩100,000 = ₩100,000

8.8 해설

	수퍼 갑	을	병
Ⅰ. 매출액	₩200,000	₩900,000	₩1,000,000
Ⅱ. 매출원가(결합원가＋개별원가)	105,000	45,000	50,000
Ⅲ. 매출총이익	₩95,000	₩855,000	₩950,000
Ⅳ. 매출총이익률	47.5%	95%	95%

8.9 해설

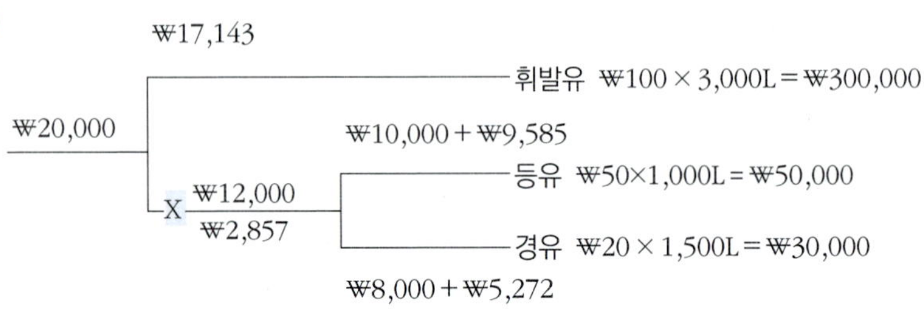

휘발유와 X중간제품
₩20,000 × (₩300,000 ÷ ₩350,000) = ₩17,143
₩20,000 × (₩50,000 ÷ ₩350,000) = ₩2,857
*₩50,000 = ₩80,000 − ₩18,000 − ₩12,000
등유와 경유
₩14,857 × (₩40,000 ÷ ₩62,000) = ₩9,585
₩14,857 × (₩22,000 ÷ ₩62,000) = ₩5,272
휘발유: ₩17,143, 등유:₩9,585, 경유:₩5,272

8.10 해설 순실현가치
A제품: 500개 × (@₩1,000 − @₩500) − ₩50,000 = ₩200,000
B제품: 300개 × (@₩2,000 − @₩1,000) − ₩100,000 = ₩200,000
제조원가
A제품: ₩200,000 × 0.5 + ₩50,000 = ₩150,000
B제품: ₩200,000 × 0.5 + ₩100,000 = ₩200,000

제9장 원가행태의 결정

Ⅰ. 평가자 체크리스트

9.1 해설 F 고정비이거나 준고정원가(계단원가)이다.

9.2 해설 F 감가상각비는 고정비이다.

9.3 해설 F 관련범위가 변하면 고정비도 변할 수 있기 때문에 관련범위는 고정비를 측정하는데 매우 중요하다.

9.4 해설 T

9.5 해설 T

9.6 해설 T

9.7 해설 T

9.8 해설 T

9.9 해설 F 고저점법을 적용할 경우 원가동인의 최고치와 최저치가 비정상적인 상황이라면 원가함수는 정상적인 상황을 대표하지 못하게 된다. 즉 이상치에 영향을 받을 수 있는 단점이 있다.

9.10 해설 F 원가에 영향을 주는 원가동인은 생산량, 판매량 이외에 많은 활동들이 있다. 예를 들면, 운송거리, 병원에서의 침상수, 비행시간 등이다.

Ⅱ. 객관식

9.1 정답 ③

해설 조업도가 증가하는 경우 단위당 고정원가는 감소한다.

9.2 정답 ④

해설 임차료는 관련범위 내에서 일정하게 발생한다.

9.3 정답 ⑤

해설 단위당 고정비는 조업도가 증가하면 감소한다.

9.4 정답 ①

해설 제품의 단위당 변동비는 조업도에 관계없이 일정하다.

9.5 정답 ②

해설 ① 변동비, ③준변동비, ④변동비, ⑤변동비에 대한 설명이다.

9.6 정답 ②

해설 변동원가와 고정원가를 원가행태에 따른 분류라고 한다.

9.7 정답 ③

해설 ① 고정원가, ② 준고정원가 ③ 준변동원가, ④ 변동원가, ⑤ 조업도 범위에 따라 준고정원가와 준변동원가의 성격을 가진다.

9.8 정답 ①

해설 ②, ③, ④, ⑤는 과거의 원가자료를 근거로 원가를 추정하는 방법임

9.9 정답 ④

해설

고정비	₩6,000
변동비 ₩3 × 3,000	9,000
총원가	₩15,000

9.10 정답 ②

해설 ₩100,000 − ₩80,000 = ₩20,000

₩20,000 ÷ ₩4 = 5,000단위

9.11 정답 ①

해설

₩0.40 × 9,000시간	₩3,600
₩0.25 × 18,000시간	₩4,500

	시간	원가
최고조업도	18,000	₩4,500
최저조업도	9,000	3,600
차 이	9,000	₩900

₩900 ÷ 9,000시간 = ₩0.1/시간당

₩4,500 − (₩0.1 × 18,000시간) = ₩2,700(고정비)

고정비	₩2,700
변동비: ₩0.1 × 13,000시간	1,300
총원가	₩4,000

9.12 정답 ②

해설 직접재료비 ₩300 + 직접노무비 ₩220 + 변동제조간접비 2시간 × ₩20 = ₩560

9.13 정답 ②

해설 단위당 변동비: ₩2,400 ÷ 600톤 = @₩4
800톤 생산시 총원가: (@₩4 × 800톤) + ₩3,000 = ₩6,200
단위당 원가: ₩6,200 ÷ 800톤 = @₩7.75

9.14 정답 ③

해설 Y = ₩80,000 + 100X
= ₩80,000 + 100 × 5,000km
= ₩580,000

9.15 정답 ①

해설 ₩1,000,000 − ₩700,000 = ₩300,000
₩300,000 ÷ ₩10 = 30,000단위

9.16 정답 ④

해설 시간당 변동비(₩80,000 − ₩20,000) ÷ (1,000시간 − 200시간) = ₩75

9.17 정답 ②

해설 추정식은 1년에 대한 추정식이므로 이를 월로 전환하여 추정식이 필요하다.
₩60,000 ÷ 12월 = ₩5,000 → ₩5,000 + 10,000시간 × ₩2 = ₩25,000

9.18 정답 ①

해설 b = (₩340,000 − ₩100,000) ÷ (100,000단위 − 20,000단위) = ₩3
₩340,000 = a + ₩3 × 100,000단위, a = ₩40,000
y = ₩40,000 + ₩3 × 80,000단위 = ₩280,000

9.19 정답 ①

해설 b = (₩19,800 − ₩13,400) ÷ (3,650시간 − 2,050시간) = ₩4

9.20 정답 ①

해설 단위당 변동비 = (₩680,000 − ₩575,000) ÷ (30,000단위 − 25,000단위) = ₩21
단위당 변동제조간접비 = ₩21 − (₩5 + ₩6) = ₩10
기간당 고정제조간접비 = ₩680,000 − 30,000단위 × ₩21 = ₩50,000

9.21 정답 ① 계정분석법 − 고저점법

해설 (A)는 계정분석법에 대한 설명이다.
(B)는 고저점법에 대한 설명이다.

9.22 정답 ②

해설 직접비는 원가의 추적가능성에 따른 분류 중 하나에 해당한다.

9.23 정답 ② 직접비와 간접비

해설 원가요소의 추적가능성에 따른 분류는 직접비와 간접비이다.

9.24 정답 ③ 준변동비

해설 일정한 고정비에 추가시간에 따라 원가가 증가하는 형태이므로 준변동비로 분류한다.

9.25 정답 ④ ₩844,000

해설
- 수선유지비(변동비)의 시간당 원가 = ₩209,000 ÷ 380시간 = ₩550
- 4월의 수도광열비: 세금과공과(고정비) ₩131,000 + 250시간 × ₩550 + 수도광열비 = ₩1,175,000

  ∴ 수도광열비 ₩906,500
- 수도광열비 단위당 원가: (₩939,000 − ₩906,500) ÷ (380시간 − 250시간) = ₩250
- 수도광열비의 고정원가: ₩906,500 − (250시간 × ₩250) = ₩844,000

9.26 정답 ② 준변동비

해설 기본급에 추가 1명당 인원에 대하여 급료를 추가로 받으므로 준변동비에 해당한다.

9.27 정답 ① 고정비

해설 해당 요금제는 월정액만 고정 지출하면 제한없이 데이터를 사용할 수 있기 때문에, 월정액이 고정비가 된다.

9.28 정답 ④ ₩6,000,000

해설 변동원가: (₩3,000,000 ÷ 30,000개) × 40,000개 = ₩4,000,000
고정원가: 연간 조업도 범위 내에 있으므로 ₩2,000,000이다.
총원가: ₩4,000,000 + ₩2,000,000 = ₩6,000,000

9.29 정답 ①

해설 ② 관련범위 내에서 조업도가 증가하더라도 단위당 고정비는 감소한다.
③ 관련범위 내에서 조업도가 증가함에 따라 총 변동비는 증가한다.
④ 관련범위 내에서 조업도가 증가함에 따라 총 고정비는 일정하다.

Ⅲ. 주관식

9.1 해설 1) 변동제조간접비: ₩38,000 ÷ 100시간 = ₩380
고정제조간접비: ₩30,000
y = ₩30,000 + ₩380x
2) y = ₩30,000 + ₩380 × 300시간 = ₩144,000

9.2 해설 1)

등록률	등록학생수	월간교육비
96%	960	960명×30일×₩15,000 = ₩432,000,000
88%	880	₩150,000,000 + ₩250,000,000 = ₩400,000,000

b(단위당 변동비) = (₩432,000,000 − ₩400,000,000) ÷ (960명 − 880명)
= ₩32,000,000 ÷ 80명
= ₩400,000/명

2) 432,000,000 = a + ₩400,000 × 960명
a = ₩48,000,000(월별 고정비)
y = ₩48,000,000 + ₩400,000χ

3) y = ₩48,000,000 + ₩400,000 × 950명 = ₩428,000,000

9.3 해설 1) 고정비 = ₩500,000(= 노무비 ₩300,000 + 전화요금 ₩40,000 + 전기료 ₩20,000
+ 광고비 ₩100,000 + 보험료 ₩40,000)
단위당 변동비 = ₩2,000,000(= 재료비 ₩1,500,000 + 노무비 ₩500,000) ÷ 2,000개
= ₩1,000
원가함수: Y = ₩500,000 + 1,000X
총원가: Y = ₩500,000 + (₩1,000 × 2,000개) = ₩2,500,000

2) 원가함수: Y = ₩500,000 + 1,000X이므로
Y = ₩500,000 + 1,000 × 2,500개
Y = ₩3,000,000

9.4 정답 ₩5,000

해설 단위당 변동비: (₩5,000 − ₩2,000) ÷ (500h − 100h) = ₩7.5
고정비: ₩2,000 = a + ₩7.5 × 100h, a = ₩1,250
원가함수: y = ₩1,250 + 7.5x
총제조간접비: y = ₩1,250 + ₩7.5 × 500h
y = ₩5,000

9.5 정답 ₩13,000

해설 단위당 변동원가 = (최고조업도의 총원가 − 최저조업도의 총원가) ÷ (최고조업도 − 최저조업도)
₩40 = (₩15,000 − x) ÷ (250 − 200)
x = ₩13,000

9.6 정답 ₩1,500

해설 단위당 변동비 = {(₩3,500,000 + ₩1,500,000) ÷ 10,000개} + ₩1,000 = ₩1,500

9.7 해설 단위당 변동비 = (₩70,000,000 − ₩50,000,000) ÷ (2,000개 − 1,000개) = ₩20,000
총고정비 = ₩70,000,000 − (₩20,000 × 2,000개) = ₩30,000,000
총제조원가 = ₩30,000,000 × 1.2 + ₩20,000 × 0.6 × 3,000개 = ₩72,000,000

9.8 해설 Y = ax + b

$b \equiv \frac{36,000-20,000}{800-400} = 40$, a = 20,000-40 × 400 = 4,000

Y = 40x + 4,000

9.9 해설 단위당 변동제조간접비 = (₩720,000 − ₩160,000) ÷ (50 − 10) = ₩14,000
총고정제조간접비 = ₩160,000 − 14,000 × 10 = ₩20,000
y = 20,000 + 14,000x = ₩1,000,000

9.10 정답 ₩31,500,000
해설 단위당 원가 = 단위당 변동원가 + 단위당 고정원가

직접노동시간×	단위당 원가=	총원가
20,000	₩1,500	₩30,000,000
30,000	₩1,200	₩36,000,000

조업도→직접노동시간
y = a + bx
₩36,000,000 = a + 30,000b
₩30,000,000 = a + 20,000b
b = 600시간, a = ₩18,000,000
y = ₩18,000,000 + 600x
y' = ₩18,000,000 + 600 × 22,500
y' = ₩31,500,000

제10장 원가-조업도-이익 분석

I. 평가자 체크리스트

10.1 해설 F 손익분기점의 조업도 수준만이 아니라 다양한 조업도 수준에서의 원가와 이익의 관계를 분석하는 기법이다.

10.2 해설 T

10.3 해설 T

10.4 해설 F 1년 이내의 단기투자의사결정에 유용한 분석방법이다.

10.5 해설 T

10.6 해설 F 변동원가 비중이 높으면 공헌이익률이 낮게 나타난다.

10.7 해설 T

10.8 해설 T

10.9 해설 T

10.10 해설 F 원가함수가 선형이라는 가정에 따른 것이다.

Ⅱ. 객관식

10.1 정답 ③

해설 수익과 원가형태는 관련범위내에서 직선으로 가정한다.

10.2 정답 ⑤

해설 생산량이 증가할 때 단위당 변동원가는 일정하고 단위당 고정원가는 감소한다.

10.3 정답 ③

해설 총공헌이익은 매출액에서 총변동원가를 차감한다.

손익분기점 매출액 $= \dfrac{\text{고정원가}}{1-\text{단위당 변동원가} \div \text{단위당 판매가격}}$ 이므로 총고정원가가 증가하면 손익분기점 매출액은 증가한다.

10.4 정답 ①

해설 손익분기점 매출액 $= \dfrac{\text{고정원가}}{1-\text{단위당 변동원가} \div \text{단위당 판매가격}}$

10.5 정답 ③

해설 일반적으로, 고정비 비율이 클수록 이익의 안정성이 작아진다.

10.6 정답 ④

해설 P＝₩100, V＝₩50, FC＝₩100,000

변동비율＝V ÷ P＝₩50 ÷ ₩100＝0.5

공헌이익률＝1－V ÷ P＝1－₩50 ÷ ₩100＝0.5

단위당 공헌이익＝P－V＝₩100－₩50＝₩50

10.7 정답 ①

해설 손익분기점에서 영업이익＝₩1,000,000 × 0.4－고정원가＝0

⇒ 고정원가 ＝ ₩400,000

영업이익이 ₩250,000일 때, ₩250,000＝매출액 × 0.4－₩400,000

⇒ 매출액＝₩650,000 ÷ 0.4＝₩1,625,000

10.8 정답 ④

해설 목표이익 ＝ 매출액 － 변동원가 － 고정원가

0.2S＝S－0.7S－FC

⇒ 0.1S＝ FC

⇒ S＝ FC ÷ 0.1

10.9 정답 ①

해설 손익분기점 매출액＝₩1,300,000 ÷ 0.65＝₩2,000,000

(0.65＝1－₩350 ÷ ₩1,000)

10.10 정답 ②

해설 P－V＝₩100, FC＝₩100,000, TP＝₩50,000

$$Q=\frac{FC+TP}{P-V}=\frac{₩100,000+₩50,000}{₩100}=1,500\text{개}$$

10.11 정답 ①

해설 단위당 공헌이익＝100－60＝40
변동비율＝60 ÷ 100＝60%
공헌이익율＝1－0.6＝0.4
손익분기점 판매량＝100,000 ÷ (100－60)＝2,500개
손익분기점 매출액＝100,000 ÷ 0.4＝250,000

10.12 정답 ④

해설 $\text{목표이익 판매량}=\frac{\text{고정원가}+\text{목표이익}}{\text{단위당 공헌이익}}$
＝(₩30,000＋₩50,000) ÷ (₩500－₩100)＝200개

10.13 정답 ②

해설 목표매출액
영업이익＝공헌이익－고정비
₩60,000＝S × 0.3－₩150,000
∴ S＝₩700,000

10.14 정답 ③

해설 손익분기점은 총공헌이익과 고정원가가 같다.
고정원가＝손익분기점매출액 × 공헌이익률＝200,000 × ₩4 × 25%＝₩200,000

10.15 정답 ③

해설 (₩20,000＋₩30,000 ÷ 0.8) ÷ ₩10＝5,750단위

10.16 정답 ②

해설
판매가격	₩100	100%
변동비	₩60	60%
공헌이익	₩40	40%

40% × ₩100,000＝₩40,000

10.17 정답 ③

해설 판매량＝고정비＋(세후이익 ÷ (1－t)) ÷ (판매가격－변동비)
＝₩10,000,000＋(₩1,200,000 ÷ 0.6) ÷ ₩8,000
＝1,500개

10.18 정답 ④

해설 손익분기판매량＝₩30,000,000 ÷ ₩10,000－₩4,000＝5,000대
안전한계판매량＝12,000대－5,000대＝7,000대

10.19 정답 ④

해설 1,000단위 × ₩50 − ₩20,500 = ₩29,500

10.20 **정답** ②

해설 판매량 = 고정비 + (세후이익 ÷ (1 − t)) ÷ (판매가격 − 변동비)
= ₩60,000 + (₩61,200 ÷ (1 − 0.4)) ÷ (₩20 − ₩14) = 27,000단위

10.21 **정답** ⑤ 법인세율이 30%인 경우, 세후목표이익 ₩14,000을 달성하기 위한 판매량은 6,400개이다.

해설 ① 변동원가율 60% + 공헌이익률 = 1
② 단위당 공헌이익 = 단위당 판매가격 ₩25 × 공헌이익률 40% = ₩10
→ 손익분기점 판매량 = 총고정원가 ₩50,000 ÷ 단위당 공헌이익 ₩10 = 5,000개
③ 손익분기점 매출액 = 단위당 판매가격 ₩25 × 손익분기점판매량 5,000개 = ₩125,000
→ 안전한계매출액 = 실제 매출액 ₩125,000 − 손익분기점 매출액 ₩125,000 = ₩0
④ 고정원가 20% 감소 → ₩50,000 × (1 − 20%) = ₩40,000
→ 손익분기점 판매량 = 총고정원가 ₩40,000 ÷ 단위당 공헌이익 ₩10 = 4,000개
→ 손익분기점 판매량 20% 감소 → 5,000개 × (1 − 20%) = 4,000개
⑤ 세전목표이익 = 세후이익 ÷ (1 − 세율) = ₩14,000 ÷ (1 − 30%) = ₩20,000
→ 목표판매량 = [총고정원가 ₩50,000 + 목표이익 ₩20,000] ÷ 단위당 공헌이익 ₩10
= 7,000개

10.22 **정답** ④ 3, 4, 5

해설 3. 제품 단위당 변동원가는 레버리지에 영향을 미침
4. 영업레버리지와 손실에서 이익으로의 전환용이성과는 무관
5. 고정원가의 비중이 낮은 노동집약적 산업은 레버리지가 낮게 나타남

10.23 **정답** ③ ₩750

해설 손익분기점 매출액 = 매출액 ₩1,800,000 − 안전한계액 ₩360,000 = ₩1,440,000

$$₩1,440,000 = \frac{\text{총고정원가 } ₩540,000}{1 - [\text{단위당 변동비} \div \text{단위당 판매가격 } ₩1,200]}$$

∴ 단위당 변동원가 = ₩750

10.24 **정답** ③ ₩2,600,000

해설 단위당 공헌이익 = 가격 ₩400 − 변동원가[= 변동제조원가 ₩150 + 변동판매비 ₩120]
= ₩130
총공헌이익 = 단위당 공헌이익 ₩130 × 판매수량 20,000개 = ₩2,600,000

10.25 **정답** ①

해설
- 목표판매량 10,000개 = [총고정원가 ₩4,000,000 + 목표영업이익 ₩2,000,000]
÷ 단위당 공헌이익
- 단위당 공헌이익 = ₩6,000,000 ÷ 10,000개 = ₩600
- 공헌이익률 50% = 단위당 공헌이익 ₩600 ÷ 단위당 판매가격
- 단위당 판매가격 = ₩600 ÷ 0.5 = ₩1,200
- 변동비율 = 1 − 공헌이익률 50% = 50%
- 변동원가 = 단위당 판매가격 ₩1,200 × 변동비율 50% = ₩600

10.26 정답 ① 안전한계

해설 안전한계의 정의이다.

10.27 정답 ④ ₩4,400,000

해설
- 단위당 공헌이익 = 단위당 판매가격 ₩1,000 − 단위당 변동원가 ₩750 = ₩250
- 공헌이익률 = 단위당 공헌이익 ₩250 ÷ 단위당 판매가격 ₩1,000 = 0.25
- 세전목표이익 = 세후목표이익 ₩70,000 ÷ (1 − 세율 30%) = ₩100,000
- 목표매출액 = [총고정원가 ₩1,000,000 + 세전목표이익 ₩100,000] ÷ 공헌이익률 0.25
  = ₩1,100,000 ÷ 0.25 = ₩4,400,000

10.28 정답 ④ 40%

해설
- 총공헌이익 = 매출액 ₩5,000 × 공헌이익률 50% = ₩2,500
- 영업이익 = 공헌이익 ₩2,500 − 고정원가 ₩1,500 = ₩1,000
- 안전한계율 = 영업이익 ₩1,000 ÷ 총공헌이익 ₩2,500 = 0.4

10.29 정답 ④ ₩300

해설
- 공헌이익률 = 고정원가 ₩10,000 ÷ 손익분기점매출액 ₩25,000 = 0.4
- 목표매출액 = [총고정원가 ₩10,000 + 목표영업이익 ₩2,000] ÷ 공헌이익률 0.4
  = ₩12,000 ÷ 0.4 = ₩30,000
- 목표매출액 ₩30,000 = 단위당 판매가격 ₩X × 100단위
  ∴ ₩X = ₩300

10.30 정답 ⑤ 공헌이익의 증가

해설 ① 공헌이익률은 (단위당 판매가격 − 단위당 변동원가) ÷ 단위당 매출액으로 계산되므로 판매수량과는 관련 없음

②, ③ 판매수량과 손익분기점은 관련이 없음

④ 총고정원가와 판매수량은 관련없음

⑤ 공헌이익 = (단위당 판매가격 − 단위당 변동원가) × 판매수량이므로 판매수량이 증가하면 공헌이익도 증가한다.

10.31 정답 ④ 40%

해설 공헌이익 = 매출액 × 공헌이익률

$$안전한계율 = \frac{영업이익(매출액 \times 공헌이익률 - 고정원가)}{공헌이익(매출액 \times 공헌이익률)} = 25\%$$

$$안전한계율\ 25\% = \frac{(₩30{,}000{,}000 \times X\% - ₩9{,}000{,}000)}{(₩30{,}000{,}000 \times X\%)}$$

∴ 공헌이익률 = 0.4

Ⅲ. 주관식

10.1 해설 1) 공헌이익 = ₩50,000,000 − ₩30,000,000 = ₩20,000,000

공헌이익률 = ₩20,000,000 ÷ ₩50,000,000 = 40%

변동비율 = ₩30,000,000 ÷ ₩50,000,000 = 60%

2) 손익분기점 판매량 = ₩5,000,000 ÷ ₩20,000 = 250대
손익분기점 매출액 = ₩5,000,000 ÷ (1 − 0.6) = ₩12,500,000
3) (₩5,000,000 + ₩5,000,000) ÷ 0.4 = ₩25,000,000

10.2 해설 손익분기 연간점유 객실수 = 고정원가 ÷ 객실당 공헌이익
= ₩1,200,000,000 ÷ (₩50,000/실 − ₩10,000/실)
= 30,000실
연간 임대가능한 총객실수 = 100실/일 × 365일 = 36,500실
점유율 = 30,000실 ÷ 36,500실 = 82.2%

10.3 해설 세전이익 = 세후이익 ÷ (1 − 세율)
= ₩1,600,000 ÷ (1 − 0.2) = ₩2,000,000
세전이익 = 판매량 × 단위당 공헌이익 − 고정비
₩2,000,000 = 판매량 × (₩200,000 − ₩150,000) − ₩3,000,000
⇒ 판매량 = (₩2,000,000 + ₩3,000,000) ÷ ₩50,000 = 100개

10.4 해설 세후 순이익 ₩3,000,000을 얻기 위한 세전 이익을 x라 하면
x = ₩3,000,000 ÷ 0.6
∴ x = ₩5,000,000
세전이익 ₩5,000,000을 얻기 위한 판매량(Q)
Q = (₩1,000,000 + ₩5,000,000) ÷ 400 = 15,000개

10.5 해설 1) 단위당 공헌이익: ₩500 − ₩300 = ₩200
공헌이익률: ₩200,000 ÷ ₩500,000 또는 ₩200 ÷ ₩500 = 40%
변동원가율: ₩300,000 ÷ ₩500,000 또는 ₩300 ÷ ₩500 = 60%
2) 손익분기 판매량 = 고정원가 ÷ 단위당 공헌이익
= ₩150,000 ÷ (₩200,000 ÷ 1,000개) = 750개
손익분기 매출액 = 고정원가 ÷ 공헌이익률
= ₩150,000 ÷ 0.4 = 375,000
3) 목표판매량 = (고정원가 + 목표이익) ÷ 단위당 공헌이익
= (₩150,000 + ₩80,000) ÷ ₩200 = 1,150개
4) 목표매출액 = [고정원가 + 목표이익 ÷ (1 − 세율)] ÷ 공헌이익률
= [₩150,000 + ₩70,000 ÷ (1 − 0.3)] ÷ 0.4
= ₩625,000
또는 다음과 같은 방법으로도 구할 수 있다.
세전목표이익 = 세후목표이익 ÷ (1 − 법인세율) = ₩70,000 ÷ 0.7 = ₩100,000
세전목표이익 = 매출액 × 공헌이익률 − 고정원가
₩100,000 = 매출액 × 0.4 − ₩150,000
매출액 = ₩250,000 ÷ 0.4 = ₩625,000

10.6 해설 1) p: ₩500, v: ₩200, p − v: ₩300 FC: ₩1,500,000
Q = ₩1,500,000 ÷ ₩300 = 5,000개
2) 목표매출액을 X로 놓고 풀면,
X = (₩1,500,000 + 0.3X) ÷ 0.6
0.6X = ₩1,500,000 + 0.3X

$0.3X = ₩1,500,000$

$X = ₩5,000,000$

3) $= ₩1,500,000 + (₩900,000 \div 0.6) \div 0.6$

$= ₩5,000,000$

10.7 해설 1) (₩200,000 + ₩300,000) ÷ ₩20,000 = 25단위

2) 30단위 판매 계획시

① 총수익 ₩100,000 × 30 = ₩3,000,000

② 총공헌이익 ₩20,000 × 30 = ₩600,000

③ 세전 순이익 ₩600,000 − ₩200,000 = ₩400,000

④ 안전한계 ₩3,000,000 − ₩2,500,000 = ₩500,000

⑤ 안전한계율 ₩500,000 ÷ ₩3,000,000 = 16.67%

$$BEP_Q = \frac{FC}{P - V} = \frac{₩200,000}{₩20,000} = 10\text{개}$$

$$BEP_{PQ} = \frac{FC}{1 - V \div P} = \frac{₩200,000}{1 - 0.8} = ₩1,000,000$$

10.8 해설 제품단위당 판매가격을 P라 하면,

매출액 × 공헌이익률 − 고정원가 = 목표이익

20,000개 × P × 40% − ₩4,000,000 = ₩1,000,000

P = ₩625

10.9 해설 목표이익 매출액의 10%를 실현하기 위한 매출액을 S 라하면.

S − (₩100,000 ÷ ₩200,000)S − ₩60,000 = 0.10S

S = ₩150,000

10.10 해설 1) 고정비 계산

$$\frac{\text{고정비}}{\text{공헌이익률}} = \text{손익분기매출액}$$

$$\frac{FC}{0.3} = ₩360,000$$

FC = ₩108,000

2) 목표매출액

영업이익 = 공헌이익 − 고정비

₩84,000 = S × 0.3 − ₩108,000

∴ S = ₩640,000

제11장 표준원가와 차이분석

I. 평가자 체크리스트

11.1 해설 T

11.2 해설 T

11.3 해설 F 표준원가계산제도는 표준원가와 실제발생원가가 중요한 차이를 보이는 항목에 대해 관리하는 예외에 의한 관리를 가능하게 하며, 차이의 원인을 파악하여 원가를 절감하는 원가통제를 가능하게 한다. 이때 중요한 차이를 보이는 항목에는 유리하거나 불리한 차이를 불문한다.

11.4 해설 F 구매담당자는 가격차이, 생산관리자는 능률차이에 대한 책임을 질 가능성이 높다.

11.5 해설 T

11.6 해설 T

11.7 해설 F 차이분석 및 차이의 원인을 파악하여 성과평가에 반영하게 된다.

11.8 해설 F 불리하다는 것은 단지 그것이 이익 산정에 (−) 효과를 가져온다는 의미이다.

11.9 해설 T

11.10 해설 F 표준원가계산 시스템하에서 재공품 차변에 표시되는 재료비는 표준수량에 표준가격을 곱한 금액이다.

II. 객관식

11.1 정답 ③
해설 단위당 표준원가가 설정되어 있기 때문에 원가흐름의 가정이 필요 없으며 단지 재고자산의 물량만 파악하면 된다.

11.2 정답 ⑤
해설 불량품질의 재료를 사용한 경우에는 공손품 및 작업폐물 등이 발생하므로 수량차이

11.3 정답 ④
해설 규정시간을 초과하여 작업을 한 경우는 임률차이

11.4 정답 ①
해설 제조간접비 소비차이는 물가변동, 계절적인 요인에 의한 소비량의 증감, 예산편성의 오류, 소모품·전력 등의 낭비와 같은 원인으로 발생한다.

11.5 정답 ③

해설 표준원가계산으로 제조기술 자체가 향상될 수는 없다.

11.6 정답 ②

해설 재료가격차이 = (실제단가 − 표준단가) × 실제소비량
(₩15 − ₩10) × 3,200 = ₩16,000(불리)
재료수량차이 = (실제소비량 − 표준소비량) × 표준단가
(3,200 − 3,000) × ₩10 = ₩2,000(불리)

11.7 정답 ①

해설

직접재료비차이

실제소비량 × 실제가격	실제소비량 × 표준가격	표준수량 × 표준가격
(　　) × ₩600	(　　) × ₩400	(　　) × ₩400
	가격차이	능률차이
	₩280,000(불리)	(?)

실제소비량 = ₩280,000 ÷ (실제가격 − 표준가격) = ₩280,000 ÷ (₩600 − ₩400)
= 1,400kg
표준수량 = 370개 × 4kg = 1,480kg
능률차이 = (1,400kg × ₩400) − (1,480kg × ₩400) = − ₩32,000(유리)

11.8 정답 ⑤

해설 직접재료원가 능률차이 = (실제사용량 − 표준사용량) × 표준가격
= (₩5,200 ÷ ₩12.5 − 100개 × 5) × ₩10 / 개
= (416개 − 500개) × ₩10 / 개
= ₩840(유리)

* 가격차이 = (실제가격 − 표준가격) × 실제사용량
= (₩12.5 / 개 − ₩10 / 개) × 416개
= ₩1,040(불리)

11.9 정답 ④

해설 구입가격차이: AQ × (AP − SP) = 1,000kg × (₩100 − SP) = ₩20,000(유리)
따라서 SP = ₩120
능률차이: (AQ − SQ) × SP = (800kg − 850kg) × ₩120 = ₩6,000(유리)

11.10 정답 ①

해설 능률차이: (AQ − SQ) × SP = (실제노동시간 − 2,000시간) × ₩200 = ₩20,000
실제노동시간 = 2,100시간

11.11 정답 ④

해설 능률차이: (AQ − SQ) × SP = (6,000시간 − 2,600단위 × 2.4hr) × ₩11,000.
= ₩2,640,000(유리)

11.12 정답 ①

해설 능률차이 (−)₩300,000 유리 = (실제노무시간 − 1,000 × 2) × ₩3,000

실제노무시간 = 1,900시간
임률차이 ₩190,000 불리 = (실제임률 − ₩3,000) × 1,900
실제임률 = ₩3,100

11.13 정답 ②

해설 능률차이 = 표준임률 × (실제직접노동시간 − 표준직접노동시간)
₩5,300,000 불리 = ₩5,000 × (실제직접노동시간 − 10,000시간)
실제직접노동시간 = ₩5,300,000 ÷ ₩5,000 + 10,000시간 = 11,060시간
직접노무비 임률차이 = (₩4,800 − ₩5,000) × 11,060시간 = ₩2,212,000(유리)

11.14 정답 ⑤

해설

AP × AQ	SP × AQ	SP × SQ
	SP × AQ	SP×24시간/단위 × 2,000단위
₩4,000,000	= ₩5,200,000	= ₩4,800,000

₩1,200,000(유리) 임률차이 ₩400,000(불리) 시간차이

SP = ₩4,800,000 / (24시간 / 단위 × 2,000단위) = ₩100 / 시간
AQ = ₩5,200,000 / ₩100 = 52,000시간

11.15 정답 ②

해설

AQ × AP	AQ × SP	SQ × SP
7,520시간 × ₩9,500/시간 = ₩71,440,000	AQ* × ₩10,000/시간 = ₩75,200,000	8,000시간 × ₩10,000/시간 = ₩80,000,000

임률차이 ₩3,760,000(유리) 능률차이 ₩4,800,000(유리)

* 능률차이를 이용하면 AQ = 7,520시간

11.16 정답 ②

해설 총노무비 = 실제임률 × 실제 작업시간 1,000시간 = ₩100,000
실제임률 = ₩100
임률차이 = (₩100 − 표준임률) × 1,000시간 = ₩3,000
표준임률 = ₩97
시간차이 = (1,000시간 − 1,200시간) × ₩97 = − ₩19,400(유리)

11.17 정답 ③

해설 시간차이 = (실제시간 − 2,000시간) × ₩10 = ₩1,000
실제 작업시간 = 1,900시간

11.18 정답 ④

해설 능률차이: (AQ − SQ) × SP = (21,000시간 − 10,000개 × 2시간) × ₩3 = ₩3,000(불리)

11.19 정답 ②

해설 변동제조간접비 능률차이 = [10,500시간 × ₩3] − [5,000단위 × 2시간 × ₩3]
= ₩1,500(불리)

11.20 정답 ②

해설 고정제조간접원가 표준배부율 $= \frac{54,000}{12,000} =$ ₩4.5

조업도차이 = (12,000시간 − 15,000시간) × ₩4.5 = ₩13,500 유리

Ⅲ. 주관식

11.1. 해설 1)

	실제	예산	차이
생산량	900단위	1,000단위	100단위(U)
간접재료비	₩130,000	₩150,000	₩20,000(F)
간접노무비	160,000	180,000	20,000(F)
소모품	110,000	120,000	10,000(F)
감가상각비	180,000	200,000	20,000(F)
합계	₩580,000	₩650,000	₩70,000(F)

2)

	실제	예산	차이
생산량	900단위	900단위	−
간접재료비	₩130,000	₩135,000(①)	₩5,000(F)
간접노무비	₩160,000	₩162,000(②)	₩2,000(F)
소모품	₩110,000	₩108,000(③)	₩2,000(U)
감가상각비	₩180,000	₩200,000(④)	₩20,000(F)
합계	₩580,000	₩605,000	₩25,000(F)

* 단위당 변동비:

① 간접재료비 = ₩150,000 ÷ 1,000단위 = ₩150 × 900단위 = ₩135,000

② 간접노무비 = ₩180,000 ÷ 1,000단위 = ₩180 × 900단위 = ₩162,000

③ 소모품 = ₩120,000 ÷ 1,000단위 = ₩120 × 900단위 = ₩108,000

④ 감가상각비 = ₩200,000

11.2 해설 가격차이 = 실제직접재료비 − 실제산출량에 대한 표준직접재료비

= (AP × AQ) − (SP × AQ)

= (AP − SP) × AQ

= (AP − ₩10) × 2,500 = − ₩10,000, AP = ₩6

11.3 해설 (X − ₩4.0) × 1,500 = − ₩240 X = ₩3.84

11.4 해설 (실제사용량 − 10,000kg) × ₩50 = − ₩500,000

실제사용량 = 2,000kg

가격차이 = (₩60 − ₩50) × 2,000kg = ₩20,000(불리한 차이)

11.5 해설

실제원가 AP × AQ	실제수량에 대한 표준원가 SP × AQ	변동예산원가 SP × SQ
₩100 × (3kg × 800단위) = ₩240,000	₩150 × (3kg × 800단위) = ₩360,000	₩150 × (2kg × 800단위) = ₩240,000
가격차이 ₩120,000F	능률차이 ₩120,000U	
총차이 ₩0		

11.6 해설 실제임률 = ₩150,000 ÷ 10,000시간 = ₩15
임률차이 = (₩15 − 표준임률) × 10,000시간 = ₩5,000
표준임률 = ₩14.5
시간차이 = (10,000 − 12,000) × ₩14.5 = − ₩29,000(F)

11.7 해설 임률차이 = 실제 지급임금지급액 − (₩100 × 1,300시간) = − ₩10,000
실제 임금지급액 = ₩120,000

11.8 해설 능률차이 = (실제시간 − 실제생산량에 허용된 표준시간) × 표준임률
= (13,000시간 − 1,100개 × 10시간) × ₩1,000
= ₩2,000,000(불리한 차이)

11.9 해설 시간차이 = (실제시간 − 20,000시간) × ₩100 = ₩200,000
실제 작업시간 = 22,000시간

11.10 해설 1) 직접재료원가차이
(1) 구입가격차이 = 실제 직접재료원가 구입액 − 표준가격 × 구입수량
= ₩145,000 − ₩3/kg × 50,000kg
= ₩5,000(유리)
(2) 수량차이 = (실제투입수량 − 표준수량) × 표준가격
= (18,000kg − 5kg/개 × 2,500개) × ₩3/kg
= ₩16,500(불리)

2) 직접노무원가차이
(1) 임률차이 = 실제 직접노무원가 발생액 − 표준임률 × 실제시간
= ₩105,000 − ₩4/시간 × 23,000시간
= ₩13,000(불리)
(2) 능률차이 = (실제시간 − 표준시간) × 표준임률
= (23,000시간 − 8시간/개 × 2,500개) × ₩4/시간
= ₩12,000(불리)

3) 변동제조간접원가차이
(1) 소비차이 = 실제발생액 − 표준배부율 × 실제배부기준량
= ₩1,200,000 × 0.6 − ₩24/시간 × 26,000시간
= ₩96,000(불리)
(2) 능률차이 = (실제배부기준량 − 표준배부기준량) × 표준배부율
= (26,000시간 − 10시간/개 × 2,500개) × ₩24/시간
= (26,000시간 − 25,000시간) × ₩24/시간
= ₩24,000(불리)

4) 고정제조간접원가차이

(1) 예산차이 = 실제발생액 − 예산
= 실제발생액 − 배부율 × 단위당 표준시간 × 기준조업도
= ₩1,200,000 × 0.4 − (₩45/시간 − ₩24/시간) × 10시간/개 × 2,400개
= ₩480,000 − ₩504,000
= ₩24,000(유리)

(2) 조업도차이 = 예산 − 배부액
= 배부율 × 단위당 표준시간 × (기준조업도 − 실제생산량)
= ₩21/시간 × 10시간/개 × (2,400개 − 2,500개)
= ₩21,000(유리)

제12장 전부원가계산과 변동원가계산

Ⅰ. 평가자 체크리스트

12.1 해설 T

12.2 해설 F 변동원가계산하에서는 고정제조원가는 모두 당기의 기간비용으로 처리되므로 기말재공품에 포함되지 않는다.

12.3 해설 T

12.4 해설 T

12.5 해설 F 변동원가계산은 외부보고목적을 위한 재무제표를 작성하기에는 적합하지 않다.

12.6 해설 F 재고수량이 증가하게 되면 전부원가계산에 의한 영업이익이 변동원가계산에 의한 영업이익보다 크다.

12.7 해설 F 변동 판매관리비와 고정 판매관리비는 변동원가계산방법에서 기간비용으로 취급하고 전부원가계산 방법에서도 같다. 두 원가계산 방법에서 유일한 차이는 고정제조간접비 처리에 있다.

12.8 해설 T

12.9 해설 T

12.10 해설 T

Ⅱ. 객관식

12.1 정답 ①

해설 변동원가계산은 단기의사결정에는 유용하다.

12.2 정답 ③

해설 변동원가계산은 직접재료비, 직접노무비, 변동제조간접비만을 제품원가로 계산하고, 고정제조간접비는 기간비용으로 처리한다.

12.3 정답 ②

해설 변동제조간접원가는 제품원가에 포함된다.

12.4 정답 ②

해설 전부원가계산은 장기의사결정에 유용하나, 변동원가계산은 단기의사결정에 유용하다.

12.5 정답 ③

해설 기초재고수량이 있는 경우에는 생산량과 판매량이 같더라도 두 원가계산에 의한 영업이익이 항상 일치하지는 않는다. 전기의 제조원가와 당기의 제소원가는 다를 수 있기 때문이다.

12.6 정답 ④

해설 변동원가계산방법에서는 고정비를 모두 기간비용으로 처리하므로 당기순이익을 가장 적게 나타낸다.

12.7 정답 ⑤

해설 a: 변동원가계산, b: 전부원가계산, c: 전부원가계산, d: 변동원가계산

12.8 정답 ①

해설 단위당 고정제조간접비 ₩2(=₩20,000 ÷ 10,000단위) × 재고수량 1,000단위 = ₩2,000

12.9 정답 ②

해설 전부원가계산 = 직접재료비 + 직접노무비 + 변동제조간접비 + 고정제조간접비
= ₩100 + ₩350 + ₩150 + ₩500 = ₩1,100

12.10 정답 ①

해설 변동원가계산 = 직접재료비 + 직접노무비 + 변동제조간접비
= ₩100 + ₩350 + ₩150 = ₩600

12.11 정답 ④

해설 전부원가계산 = ₩10,000 + ₩20,000 + ₩5,000 + (₩10,000,000 ÷ 200 = ₩50,000)
= ₩85,000
변동원가계산 = ₩10,000 + ₩20,000 + ₩5,000 = ₩35,000

12.12 정답 ③

해설 예정고정제조간접비: ₩400 × 10,000대 = ₩4,000,000
실제고정제조간접비: ₩4,000,000 + ₩250,000 = ₩4,250,000

단위당 실제고정제조간접비: ₩4,250,000 ÷ 8,500대 = ₩500/대
단위당 실제제조원가: ₩1,600 + ₩680 + ₩220 + ₩500 = ₩3,000

12.13 정답 ④

해설 제품단위당 공헌이익 = ₩1,800 − (₩300 + ₩250 + ₩100 + ₩150) = ₩1,000
순이익 = 제품단위당 공헌이익 × 판매수량 − 총고정비
= ₩1,000 × 1,500단위 − ₩600,000 = ₩900,000

12.14 정답 ④

해설

매출	₩1,000÷개×80,000개	=	₩80,000,000
변동원가	₩(200 + 125 + 75 + 100)/개×80,000개	=	40,000,000
공헌이익			₩40,000,000
고정원가	₩12,000,000 + 7,000,000	=	19,000,000
영업이익			₩21,000,000

12.15 정답 ①

해설 ₩18,000 ÷ 1,200개 = @₩15
@₩15 × 200개 = ₩3,000

12.16 정답 ②

해설 단위당 고정제조간접비 ₩20 × 재고수량 1,000단위 = ₩20,000

12.17 정답 ①

해설 ₩200 = 재고증가량 × (₩2,000 ÷ 1,000개), 재고증가량 = 100개

12.18 정답 ②

해설 기말제품에 포함된 고정제조간접비 = (₩960,000 ÷ 1,500개) × 450개 = ₩288,000

변동원가계산에 의한 영업이익

전부원가계산에 의한 영업이익	₩368,000
기초제품에 포함된 고정제조간접비	₩120,000
기말제품에 포함된 고정제조간접비	(₩288,000)
변동원가계산에 의한 영업이익	₩200,000

* 변동원가계산에 의한 기말제품재고액도 계산할 수 있다.

변동원가계산에 의한 기말제품재고액

전부원가계산에 의한 기말제품재고액	₩780,000
기말제품에 포함된 고정제조간접비	(₩288,000)
변동원가계산에 의한 기말제품재고액	₩492,000

12.19 정답 ③

해설 생산량 > 판매량: 전부원가계산 순이익 > 변동원가계산 순이익
(기말수량 − 기초수량) × 단위당 고정제조간접비

$(3{,}000\text{개} - 1{,}000\text{개}) \times \frac{₩100{,}000}{10{,}000\text{개}}$ = ₩20,000만큼 전부원가계산의 순이익이 더 크다.

12.20 정답 ⑤

해설 전부원가계산의 영업이익 − 변동원가계산의 영업이익
= 총고정제조간접원가 ÷ 생산량 × (생산량 − 판매량)
= ₩45,000,000 ÷ 3,000개 × (3,000개 − 판매량) = ₩15,000,000
⇒ 판매량 = 3,000개 − 1,000개 = 2,000개

12.21 정답 ① ₩8

해설
- 공헌이익 = 영업이익 ₩175,000 + 고정원가총액 ₩107,200 = ₩282,200
- 당기매출원가(변동비) = 매출 ₩325,000 − 공헌이익 ₩282,200 = ₩42,800
- 당기매출수량 = 제조수량 5,800단위 − 기말수량 450단위 = 5,350단위
- 제품단위당 매출원가 = 당기매출원가 ₩42,800 ÷ 당기매출수량 5,350단위 = ₩8

12.22 정답 ③ 2, 4, 5

해설 1. 재고자산이 없는 경우, 두 원가계산 방법에 의한 영업이익에는 차이가 없음
3. 기초재고가 없고 생산량보다 판매량이 적은 경우 변동원가계산의 이익이 적음

12.23 정답 ④ (ㄴ), (ㄹ)

해설 (ㄱ) 기업회계기준에서 인정하는 원가계산제도는 전부원가계산이다.
(ㄷ) 변동원가계산은 고정원가를 기간비용으로 처리하기 때문에 고정원가를 제품에 배부시킴으로써 야기되는 혼란을 없앨 수 있다.

12.24 정답 ② 직접재료원가, 직접노무원가, 변동제조간접원가

해설 변동원가계산은 직접재료원가, 직접노무원가, 변동제조간접원가만을 제품원가로 포함시킨다.

12.25 정답 ③ ₩300 감소

해설
- 전부원가계산 기말재고자산 = 변동원가(@₩10 × 100단위) + 고정원가(@₩3 × 100단위)
- 변동원가계산 기말재고자산 = 변동원가(@₩10 × 100단위)
- 전부원가계산과 변동원가계산의 기말재고자산 차이 = 고정원가(@₩3 × 100단위) = ₩300 감소

12.26 정답 ①

해설
- 원가부착이란 제품생산과 관련한 원가의 행태에 관계없이 모두 제품의 원가로 보는 개념이다.
- 원가회피란 발생한 원가가 미래에 동일한 원가의 발생을 방지할 수 없다면 그 원가는 자산성을 인정할 수 없다는 개념이다.

12.27 정답 ⑤ ₩22,000

해설

변동원가계산 순이익	₩X
기초재고 고정제조간접원가	− ₩18,000
+ 기말재고 고정제조간접원가	+ ₩16,000
= 전부원가계산 순이익	+ ₩20,000

∴ ₩X = ₩22,000

12.28 정답 ⑤ 4,500개

해설 • 기초 제품 0개 + 생산량 X개 = 판매량 750개 + 기말제품(X − 750개)

• 전부원가계산 영업이익 − 변동원가계산 영업이익 = ₩750,000 = 기말제품에 포함된 고정제조간접원가
• 단위당 고정원가 = 총고정원가 ₩900,000 ÷ 생산량 X개
• 기말제품에 포함된 고정제조간접원가 ₩750,000 = 단위당 고정원가(₩900,000 ÷ X개) × 기말제품(X − 750개)
∴ X개 = 4,500개

Ⅲ. 주관식

12.1 해설 (₩900,000 + ₩100,000) ÷ 10,000단위 = ₩100

12.2 해설 1. 단위당 제품원가 = (₩1,000,000 + ₩600,000 + ₩400,000 + ₩100,000) ÷ 1,000단위 = ₩2,100
기말제품 재고액 = 200단위 × ₩2,100 = ₩420,000
2. 단위당 제품원가 = (₩1,000,000 + ₩600,000 + ₩400,000) ÷ 1,000단위 = ₩2,000
기말제품 재고액 = 200단위 × ₩2,000 = ₩400,000

12.3 해설 1) 변동원가계산(₩1,000 × 200단위 = ₩200,000)에 의한 재고액이다.

	전부원가계산	변동원가계산
직접재료비	₩500	₩500
직접노무비	₩300	₩300
변동제조간접비	₩200	₩200
고정제조간접비	₩150	
단위당 제조원가	₩1,150	₩1,000

2) 변동원가계산에 의해 계산된 제품의 기말재고액 ₩200,000은 외부보고목적으로 이용될 수 없다. 따라서 외부보고 목적을 위한 기말재고액은 전부원가계산에 의한 원가 즉, ₩230,000(= ₩1,150 × 200단위)이다.

12.4 정답 ₩1,440,000

해설 당기 단위당 고정제조간접비 = ₩2,000,000 ÷ 8,000단위 = ₩250
당기 단위당 제조원가 = ₩2,440,000 ÷ 4,000단위 = ₩610
단위당 변동제조원가 = ₩610 − ₩250 = ₩360
변동원가계산에 의한 기말제품재고액 = ₩360 × 4,000단위 = ₩1,440,000

12.5 정답 ₩120,000

해설

변동원가계산에 의한 영업이익	₩90,000
+ 기말재고에 포함된 고정제조간접비 ₩20 × 1,500개 =	₩30,000
전부원가계산에 의한 영업이익	₩120,000

12.6 정답 ₩330

해설

	2006년 1월	2006년 2월
단위당 고정제조원가	₩1,350 ÷ 90개 = ₩15	₩1,400 ÷ 100개 = ₩14
재고수량	0개 + 90개 − 70개 = 20개	20개 + 100개 − 90개 = 30개

변동원가계산 영업이익		₩210
(−) 기초재고에 포함된 고정제조간접원가	₩15×20개 =	300
(+) 기말재고에 포함된 고정제조간접원가	₩14×30개 =	420
전부원가계산 영업이익		₩330

12.7 해설 1)

Ⅰ. 매출액		₩900,000
Ⅱ. 변동매출원가		
1. 기초제품재고액	₩0	
2. 당기제품제조원가	600,000	
3. 기말제품재고액	60,000	540,000
Ⅲ. 변동판매관리비		90,000
Ⅳ. 공헌이익		270,000
Ⅴ. 고정비		
1. 고정제조간접비		20,000
2. 고정판매관리비		50,000
Ⅵ. 영업이익		200,000

2)

변동원가계산하의 영입이익	₩200,000
기말제품에 포함될 고정제조간접비 (1,000단위 × ₩2(= ₩20,000 ÷ 10,000단위))	2,000
전부원가계산하의 영업이익	₩202,000

12.8 해설 1)

Ⅰ. 매출액(13,000단위 × ₩1,000)		₩13,000,000
Ⅱ. 변동매출원가		
1. 기초제품재고액	₩0	
2. 당기제품제조원가(15,000단위 × ₩600*)	9,000,000	
3. 기말제품재고액(2,000단위 × ₩600)	1,200,000	7,800,000
Ⅲ. 변동판매관리비		700,000
Ⅳ. 공헌이익		4,500,000
Ⅴ. 고정비		
1. 고정제조간접비		3,000,000
2. 고정판매관리비		1,300,000
Ⅵ. 영업이익		₩200,000

*: 제품 단위당 제조원가 = ₩800
단위당 고정제조간접비 = ₩3,000,000 ÷ 15,000단위 = ₩200
단위당 변동제조원가 = ₩800 − ₩200 = ₩600

2) 영업이익 차이는 ₩400,000

변동원가계산 영업이익	₩200,000
+ 기말재고에 포함된 고정제조간접비(2,000단위 × ₩200)	400,000
전부원가계산 영업이익	₩600,000

또는,
영업이익 차이 = 기말수량 × 단위당 고정제조간접비
= 2,000단위 × ₩200
= ₩400,000

12.9 해설 1)

손익계산서 (20×8년 1월 1일 ~ 12월 31일)		
Ⅰ. 매출액(1,200단위 × ₩1,000)		₩1,200,000
Ⅱ. 매출원가		
1. 기초제품재고액(₩500,000 ÷ 1,000단위 × 200단위)	₩100,000	
2. 당기제품제조원가	500,000	
3. 기말제품재고액	0	600,000
Ⅲ. 매출총이익		600,000
Ⅳ. 판매관리비		
1. 변동판매관리비(₩400 × 1,200단위)	480,000	
2. 고정판매관리비	100,000	580,000
Ⅴ. 영업이익		₩20,000

2)

공헌 손익계산서 (20×8년 1월 1일 ~ 12월 31일)		
Ⅰ. 매출액(1,200단위 × ₩1,000)		₩1,200,000
Ⅱ. 변동매출원가		
1. 기초제품재고액(₩450,000 ÷ 1,000단위 × 200단위)	₩90,000	
2. 당기제품제조원가	450,000	
3. 기말제품재고액	0	540,000
Ⅲ. 변동판매관리비(₩400 × 1,200단위)		480,000
Ⅳ. 공헌이익		180,000
Ⅴ. 고정비		
1. 고정제조간접비	50,000	
2. 고정판매관리비	100,000	150,000
Ⅵ. 영업이익		₩30,000

12.10 해설 1차연도의 생산량과 판매량은 동일하므로 전부원가계산과 변동원가계산의 영업이익 ₩20,000은 동일하게 된다.

	1차연도	2차연도	3차연도
Ⅰ. 매출액	₩800,000	₩600,000	₩800,000
Ⅱ. 변동비			
변동매출원가	200,000①	150,000	200,000
변동판매관리비	80,000②	60,000	80,000
Ⅲ. 공헌이익	520,000	390,000	520,000
Ⅳ. 고정비			
고정제조원가	400,000	400,000	400,000
고정판매관리비	100,000	100,000	100,000
Ⅴ. 영업이익	₩20,000	(₩110,000)	₩20,000

① ₩5 × 판매량 40,000개

② ₩2 × 판매량 40,000개

1차연도:	단위당 판매가격(₩800,000 ÷ 40,000개)	₩20
	단위당 변동제조원가	5
	단위당 변동판매관리비(₩80,000 ÷ 40,000개)	2
	단위당 공헌이익	₩13

변동판매관리비는 영업이익 ₩100,000을 역산하여 계산한다.

제13장 활동기준원가계산

Ⅰ. 평가자 체크리스트

13.1 해설 F 활동기준원가계산은 비부가가치원가를 계산할 수 있다.

13.2 해설 T

13.3 해설 T

13.4 해설 F 활동기준원가계산은 일반적으로 사후에 발생한 소비된 원가를 이용한다.

13.5 해설 T

13.6 해설 T

13.7 해설 T

13.8 해설 F 설비유지활동에 대한 설명이다.

13.9 해설 F 제조원가뿐만 아니라 판매관리비에도 활동기준원가계산이 적용된다.

13.10 해설 T

Ⅱ. 객관식

13.1 정답 ⑤

해설 ① 원가배부기준은 인과관계기준뿐만 아니라 수혜기준, 부담능력기준, 공정성 또는 공평성 기준, 증분 기준 등이 있다.

② 제조간접원가가 전체 제조원가에서 차지하는 비중이 증가할수록 다양한 원가배부기준을 설정해야 더욱 정확한 원가계산을 할 수 있다.

③ 활동기준원가계산제도에서는 제품의 생산수량과 직접 관련이 없는 비단위기준원가동인을 사용한다. 배치활동, 제품유지활동, 설비수준활동 등이 이러한 예이다.

④ 제조간접원가의 배부가 정확하게 이루어진다면 원가배부는 경제적 의사결정을 위한 정보를 제공한다.

13.2 정답 ④

해설 고정원가로 처리하고자 하는 것은 아니다.

13.3 정답 ⑤

해설 일반적으로 사후에 발생한 소비된 원가를 이용한다.

13.4 정답 ③

해설 서비스를 주로 제공하는 기업의 경우, 실제 제조간접원가의 발생과 비례하지 않는 기준으로 제조간접원가를 배부함으로써 원가왜곡 문제가 발생한다. 따라서 경영자의 의사결정과 조직구성원의 동기부여에 큰 도움을 주지 못하는 것으로 지적됐다. 1990년대의 제조업 위주의 사례연구들에서는 ABC 도입의 긍정적 효과를 보고하였으나, 실제 ABC의 효과가 더 클 것으로 기대되는 업종은 서비스업종이다.

13.5 정답 ②

해설 전수(제품전량)에 대한 검사원가라면 단위수준으로 분류되어야 한다.

13.6 정답 ③

해설 ⓒ → ⓐ → ⓑ → ⓔ → ⓓ

13.7 정답 ⑤

해설 모두 정답

13.8 정답 ②

해설 활동기준원가계산제도는 직접노무비가 감소하는 경우에 적합하다.

13.9 정답 ⑤

해설 생산과 판매에 자신 있는 제품의 이익은 높고 생산과 판매에 자신 없는 제품의 이익이 낮은 경우에는 원가계산이 적절하므로 활동기준 원가계산의 효과는 낮다.

13.10 정답 ③

해설 제품유지활동 → 설비유지활동

13.11 정답 ③

해설 제조원가뿐만 아니라 판매관리비에도 활동기준원가계산이 적용된다.

13.12 정답 ①

해설

항목	산식	결과
총매출		₩8,000
반품 – 액수(판매가)		(2,000)
순매출액		6,000
매출원가	₩6,000×0.75	4,500
매출총이익		1,500
우편주문처리비	₩50×4건	200
반품처리	₩100×4개	400
고객유지		500
고객 '갑' 이익		₩400

13.13 정답 ⑤

해설

항목	원가 (A)	최대활동량 (B)	단위당 원가 (C) = (A÷B)	작업 A 활동소비량 (D)	작업 A 원가 (E) = (C×D)
생산준비	₩20,000	1,000시간	₩20/시간	30시간	₩600
재료처리	30,000	2,000회	₩15/회	56회	840
기계사용	500,000	20,000시간	₩25/시간	4,000시간	100,000
품질관리	100,000	12,500회	₩8/회	70회	560
수선유지비	40,000	20,000시간	₩2/시간	4,000시간	8,000
기초원가					300,000
합계					₩410,000

13.14 정답 ④

해설

항목	산식	결과
단위당 판매가격		₩2,000
재료비		₩300
세척	₩300,000 ÷ 100,000리터 × 20리터	₩60
압착	₩900,000 ÷ 45,000리터 × 30시간	₩600
분쇄	(₩1,050,000 − ₩504,000) ÷ 21,000시간 × 10시간	₩260
단위당 제조공헌이익		₩780

13.15 정답 ④

해설

항목	산식	결과
활동 1	₩20,000 × 100 ÷ 500	₩4,000
활동 2	₩37,000 × 800 ÷ 1,000	₩29,600
활동 3	₩91,200 × 800 ÷ 3,800	₩19,200
합계		₩52,800
단위당 제조간접원가	₩52,800 ÷ 8,000단위	₩6.6

13.16 정답 ⑤

해설

항목	산식	결과
매출		₩500,000
매출원가	매출액의 80%	₩400,000
매출원가 외 원가	(300회×₩70) + (300회 × 0.7 × ₩100) + (140회 × ₩450) + ₩80,000	₩185,000
손익		(₩85,000)

13.17 정답 ②

해설

항목	산식	결과
기계가동원가	₩100,000 × 20%	(₩20,000)
작업준비원가	₩50,000 × 25%	(₩12,500)
검사원가	₩100,000 × 20%	₩20,000
재작업원가 절감액	₩100,000 × 20%	(₩20,000)
합계		(₩32,500)
단위당 제조간접원가 절감액	(₩32,500) ÷ 100단위	₩325

13.18 정답 ⑤

해설

항목	산식	결과
기계시간당 기계절삭작업원가	₩100,000÷(2,240시간+3,380시간+4,380시간)	₩10
조립시간당 조립작업원가	₩80,000÷(330시간+660시간+1,010시간)	₩40
품질검사횟수당 품질검사원가	₩40,000÷(12회+13회+15회)	₩1,000
제품 A의 단위당 활동원가	(2,240시간×₩10+330시간×₩40+12회×₩1,000)÷1,500단위	₩31.73
제품 B의 단위당 활동원가	(3,380시간×₩10+660시간×₩40+13회×₩1,000)÷1,000단위	₩73.2
제품 C의 단위당 활동원가	(4,380시간×₩10+1,010시간×₩40+15회×₩1,000)÷500단위	₩198.4

13.19 정답 ③

해설

항목	산식	결과
주당 처리시간	(1,450건 × 6분 + 1,200건 × 15분) × 5일 ÷ 60분	2,225시간
직원 수	2,225시간÷40시간/주	55.625명
55명인 경우 주당 원가	55명 × ₩320,000 + (2,225시간 − 55명 × 40시간) × ₩12,000	₩17,900,000
56명인 경우 주당 원가	56명 × ₩320,000	₩17,920,000
신규채용인원	55명 − 50명	5명

13.20 정답 ②

해설

활동	원가동인	단위당 배부율 (A)	제품 A 활동량 (B)	제품 A 원가 (C) = (A×B)
재료처리	부품 수	₩10	200개	₩2,000
기계작업	기계시간	₩120	10시간	1,200
조립작업	조립시간	₩75	20시간	1,500
검사	검사시간	₩100	5시간	500
합계				₩5,200

항목	산식	결과
단위당 직접재료원가	(₩50,000 − ₩5,200 − 단위당 직접재료원가) × 50단위 = ₩1,500,000	₩14,800

13.21 정답 ①

해설

활동	활동원가 (A)	원가동인 수량 (B)	4월 중 활동 (C)	4월 활동원가 (D) = (A÷B×C)
재료이동	₩5,000,000	이동횟수 1,000회	X	₩5,000X
성형	₩3,000,000	제품생산량 24,000단위	2,000단위	₩250,000
도색	₩1,500,000	직접노동시간 6,000시간	500시간	₩125,000
조립	₩2,000,000	기계작업시간 2,000시간	200시간	₩200,000
합계				₩1,050,000
이동횟수(X)				95회

13.22 정답 ④

해설

항목	활동원가 동인당 배부율 (A)	고객 A		고객 B	
		활동량 (B)	금액 (C) = (A×B)	활동량 (D)	금액 (E) = (A×D)
매출액①			₩1,400		₩750
재료원가② = (① ÷ 200%)			₩700		₩375
정규주문 처리원가	₩5	25건	₩125	8건	₩40
긴급주문 처리원가	₩15	10건	₩150	8건	₩120
특별서비스 처리원가	₩50	4건	₩200	7건	₩350
고객 원가	₩100	1명	₩100	1명	₩100
손익			₩125		(₩235)

13.23 정답 ①

해설 활동기준원가계산이 기존의 전통적 원가분석 방법에 비하여 가장 큰 장점이 단순히 물리적 원가뿐만 아니라 고객, 서비스 비용 등 무형의 원가 발생 대상에 대해서도 활동으로 구분하여 원가를 산출할 수 있다는 것이다.

13.24 정답 ③

해설 직접재료원가: ₩50,000 × 제품 20개 = ₩1,000,000

가공원가(활동기준배부)

기계활동 제품 20개 × 기계시간 5시간 × ₩400 = ₩40,000

조립활동 제품 20개 × 부품 10개 × ₩10,000 = ₩2,000,000

검사활동 제품 20개 × ₩5,000 = ₩100,000

Ⅲ. 주관식

13.1 해설 1) 각 활동 자원동인비율: 세척 ₩400,000 ÷ 10,000리터 = ₩40

압착 ₩4,000,000 ÷ 5,000시간 = ₩800

분쇄 (₩1,500,000 − ₩600,000) ÷ 30,000시간 = ₩30

2) 총제조원가: 직접재료비 300단위 × ₩3,000 = ₩900,000

세척활동원가 300단위 × 25리터 × ₩40 = ₩300,000

압착활동원가 300단위 × 20분 ÷ 60분 × ₩800 = ₩80,000

분쇄활동원가 300단위 × 5시간 × ₩30 = ₩45,000
고정활동원가 ₩600,000
총제조원가 ₩1,925,000

13.2 해설 1. 확보된 응답활동시간: 10명 × 300일 × 8시간 = 24,000시간
2. 응답 시간당 원가: 10명 × ₩43,200 ÷ 24,000시간 = ₩18
3. 사용된 응답활동시간: ₩300,000 × 10% × 0.5시간 = 15,000시간
4. 미사용활동원가: (24,000시간 − 15,000시간) × ₩18 = ₩162,000

13.3 해설 전통적 원가계산 = 5시간(직접노무시간) × ₩150,000(직접노무시간당 제조간접비 배부액) ÷ 100단위 = ₩7,500
활동기준 원가계산 = 각 활동별 원가[각 활동의 원가동인 × 배부] ÷ 100단위
각 활동별 원가 = 500개(재료취급활동) × ₩1,000(부품당 배부율) + 5시간(직접노무시간) × ₩12,000(시간당 배부율) + 5분(검사시간) × ₩10,000(분당 배부율) = ₩610,000
활동기준원가계산 = ₩610,000 ÷ 100단위 = ₩6,100
활동기준원가계산방법을 적용하는 경우 단위당 제조간접비가 ₩1,400만큼 감소한다.

13.4 해설

항목	가공원가(1)	원가동인(2)	금액(3) = (1)÷(2)
재료처리당 원가	₩6,000,000	8,000단위	₩750/단위
기계회전수당 원가	₩3,000,000	1,000회	₩3,000/회
부품수당 원가	₩1,500,000	1,000단위	₩1,500/단위
조립시간당 원가	₩1,000,000	2,000시간	₩500/시간

B제품의 가공원가 계산

활동기준별 단위당 가공원가 항목		제품 B의 원가동인(2)	금액(3) = (1)×(2)
항목	단위당 원가(1)		
재료처리당 원가	₩750/단위	5,000단위	₩3,750,000
기계회전수당 원가	₩3,000회	500회	₩1,500,000
부품수당 원가	₩1,500/단위	800단위	₩1,200,000
조립시간당 원가(7)	₩500/시간	1,000시간	₩500,000
제품 B의 가공원가 합계(4)			₩6,950,000
생산수량(5)			5,000단위
제품 B의 단위당 가공원가(6) = (4) ÷ (5)			₩1,390/단위

13.5 해설 (1) 활동원가동인당 배부율
주문처리활동: ₩66,000 ÷ 4,000회 = ₩16.5
고객지원활동: ₩303,000 ÷ 40명 = ₩7,575
(2) 고객 A의 연간이익
매출총이익: ₩80,000 × (1 − 70%) = ₩24,000
활동별원가: ₩99 + 7,575 = ₩7,674
• 주문처리활동 = ₩16.5 × 6회 = ₩99
• 고객지원활동 = ₩7,575
연간이익: ₩16,326

13.6 해설 전통적 원가계산 = 10시간(직접노무시간) × ₩180,000(직접노무시간당 제조간접비 배부액) ÷ 200단위 = ₩9,000

활동기준 원가계산 = 각활동별 원가[각활동의 원가동인 × 배부] ÷ 200단위

각활동별 원가 = 1,000개(재료취급활동) × ₩1,200(부품당 배부율) + 10시간(직접노무시간) × ₩12,000(시간당 배부율) + 10분(검사시간) × ₩10,000(분당 배부율) = ₩1,420,000

활동기준원가계산 = ₩1,420,000 ÷ 200단위 = ₩7,100

활동기준원가계산방법을 적용하는 경우 1단위당 제조간접비가 ₩1,900만큼 감소한다.

13.7 해설 제품 A 1단위당 제조간접원가: ₩64,000 ÷ 200단위 = ₩320

활동 집합	제조간접원가	원가동인의 수			제조간접원가 배부율	제품A 제조간접원가
제품 A	제품 B	합계				
활동 1	₩20,000	100	400	500	₩40/동인수	₩4,000
활동 2	₩50,000	200	300	500	₩100/동인수	₩20,000
활동 3	₩100,000	800	1,200	2,000	₩50/동인수	₩40,000
	합계					₩64,000

13.8 해설

항목	산식	결과
단위당 판매가격		₩3,400
재료비		₩500
세척	(₩200,000 ÷ 50,000리터) × 30리터	₩120
압착	(₩120,000 ÷ 8,000시간) × 20시간	₩300
분쇄	[(₩768,000 − ₩400,000) ÷ 16,000시간] × 10시간	₩230
단위당 제조공헌이익		₩2,250

13.9 해설

항목	산식	결과
판매가격		₩1,200
재료비		₩200
가공원가-세척	20리터 × (₩300,000 ÷ 100,000리터)	₩60
가공원가-압착	30시간 × (₩900,000 ÷ 45,000시간)	₩600
가공원가-분쇄	10시간 × (₩1,050,000 − ₩504,000) ÷ 21,000시간	₩260
공헌제조이익	₩1,200 − ₩200 − (₩60 + ₩600 + ₩260)	₩80

13.10 해설 1) 매출원가: ₩500,000 × 0.4 = ₩200,000

2) 제조간접원가: ₩50 × 10회 + ₩300 × 500개 + ₩200 × 30시간 + ₩150 × 10시간 + ₩100 × 15회 = ₩159,500

3) 주원가(기초원가): ₩200,000 − ₩159,500 = ₩40,500

제14장 종합예산 편성과 책임회계

Ⅰ. 평가자 체크리스트

14.1 해설 T

14.2 해설 T

14.3 해설 F 최고경영진은 전략계획, 중간관리자들의 수행하는 계획을 장기계획이라고 한다.

14.4 해설 F 생산예산에 대한 정의이다.

14.5 해설 T

14.6 해설 F 예산포괄손익계산서의 정의이다.

14.7 해설 T

14.8 해설 T

14.9 해설 T

14.10 해설 F 이익중심점의 성과평가에 대한 설명이다.

Ⅱ. 객관식

14.1 정답 ②

해설 통제 가능 고정제조간접원가만을 책임중심점의 성과보고서에 포함해야 한다.

14.2 정답 ①

해설 운영예산(operating budget)은 예산 손익계산서에 총괄된다.

14.3 정답 ⑤

해설 참여예산은 조직구성원이 조직목표를 설정하는 데 참여하는 것이다. 따라서 목표는 조직 전체의 목표인 것이다.

14.4 정답 ⑤

해설 종합예산(master budget)이란 기업 전체의 공식적인 행동계획을 화폐로 측정한 것으로 판매예산, 구매 예산, 판매관리비 예산, 현금예산 등을 기초로 예산손익계산서와 예산재무상태표를 수립하는 예산이다. 종합예산은 변동예산과 고정예산 모두 가능하다.

14.5 정답 ④

해설

항목		1월	2월	3월
1월 매출액 미회수분①		₩100,000×0.7=₩70,000		
2월 매출액 당월 회수분②			₩150,000×0.3=₩45,000	
현금유입액③=(①+②)			₩115,000	
2월 상품 구매액 지급	예산 매출액④		₩150,000	₩120,000
	원가율⑤		60%	60%
	예산 매출원가⑥=(④×⑤)		₩90,000	₩72,000
	목표 재고액⑦		₩72,000×20%=14,400	
	기초재고액⑧		18,000	
	상품 구매액⑨=(⑥+⑦−⑧)		₩86,400	
2월 판매비와 관리비⑩			8,500	
현금유출액⑪=(⑨+⑩)			₩94,900	
순현금유입액⑫=(③−⑪)			₩20,100	

14.6 정답 ②

해설

항목	산식	결과
재고유지비율	2분기초 재고+구매량=사용량+2분기말 재고 400단위×2g×X+820g=400단위×2g+500단위×2g×X	10%

14.7 정답 ③

해설

항목	1월	2월	3월
매출액①	₩9,600	₩12,000	₩15,600
매출원가②=(①÷120%)	8,000	10,000	13,000
기말재고③=(다음 달 매출원가×30%)	3,000	3,900	
기초재고④=전월 기말재고	0	3,000	₩3,900
상품 구매액⑤=(②+③−④)	₩11,000	10,900	
당월 구매액 대금 지급⑥=(⑤×40%)		4,360	
전월 구매액 대금 지급⑦=(1월 상품 구매액×60%)		6,600	
예상 현금지출액⑧=(⑥+⑦)		₩10,960	

14.8 정답 ⑤

해설

항목	산식	결과
1월 매출①		₩500,000
2월 매출②	① × (1 + 10%)	₩550,000
3월 매출③	② × (1 + 20%)	₩660,000
3월 현금매출④	③ × 70%	₩462,000
3월 외상 매출 회수분⑤	③ × 30% × 60%	₩118,800
2월 외상 매출 회수분⑥	② × 30% × 40%	₩66,000
3월 현금유입액⑦ = (④ + ⑤ + ⑥)		₩646,800

14.9 정답 ②

해설

항목	4월	5월	6월	7월
예산 판매수량①	100,000	120,000	X	140,000
목표 재고수량②	120,000×20% = 24,000	X×20% = 0.2X	140,000×20% = 28,000	
기초 재고수량③	20,000	24,000	0.2X	
예산 생산수량 ④ = (① + ② − ③)	104,000	120,000 + 0.2X − 24,000 = 128,000	X + 28,000 − 0.2X = 156,000	
6월 예상판매수량(X)		160,000단위		

14.10 정답 ②

해설

항목	1분기	2분기	3분기	4분기
제품 K 예산 판매수량①	8,000	9,000	8,000	6,000
제품 K 목표 재고수량②	9,000×30% = 2,700	8,000×30% = 2,400	6,000×30% = 1,800	
제품 K 기초 재고수량③	2,400	2,700	2,400	
제품 K 예산 생산수량④ = (① + ② − ③)	8,300	8,700	7,400	
제품 K 단위당 원재료 A 소요량⑤	3kg	3kg	3kg	
원재료 A 사용량⑥ = (④ × ⑤)	24,900	26,100	22,200	
원재료 A 목표 재고수량⑦	5,000	5,000	5,000	
원재료 A 기초 재고수량⑧	5,000	5,000	5,000	
원재료 A 예산 구매수량⑨ = (⑥ + ⑦ − ⑧)	24,900	26,100	22,200	

14.11 정답 ②

해설

항목	산식	결과
재료구매량	1분기 초 재고량 + 구매량 = 사용량 + 1분기 말 재고량 24,000 × 4g × 25% + Xg = 24,000 × 4g + 35,000 × 4g × 25%	107,000g
재료구매액	₩0.8 × 107,000g	₩85,600

14.12 정답 ②

해설

항목	산식	결과
매입액	4월 초 재고[1]+매입액(X)=매출원가+4월 말 재고 [₩3,000,000 ÷ 40% × (1 − 20%) × 20%] + X = [₩3,000,000 ÷ 40% × (1 − 20%)] + [₩3,200,000 ÷ 40% × (1 − 20%) × 20%]	₩6,080,000

1) 4월 외상매출액÷외상매출비율 × (1 − 매출액 총이익률) × 월말 재고 보유비율.

14.13 정답 ②

해설

항목	산식	결과
매입액	2월 초 재고+매입액(X) = 매출원가 + 2월 말 재고 [₩4,100,000 × (1 − 30%) × 25%] + X = [₩4,100,000 × (1 − 30%)] + [₩3,800,000 × (1 − 30%) × 25%]	₩2,817,500

14.14 정답 ④

해설

항목	3월	4월	5월
예산판매량①	100	120	140
다음 달 예상판매량②	120	140	
유지수준③	50%	50%	
기말제품재고④ = (② × ③)	60	70	
기초제품재고⑤	40	60	
제품생산량⑥ = (① + ④ − ⑤)	120	130	
다음 달 예산생산량⑦	130		
유지수준⑧	80%		
기말직접재료재고⑨ = (⑦ × ⑧)	104		
기초직접재료재고⑩	100		
직접재료매입량⑪ = (⑥ + ⑨ − ⑩)	124		
단위당 직접재료원가⑫	₩20		
직접재료 매입예산⑬ = (⑪ × ⑫)	₩2,480		

14.15 정답 ④

해설

항목	매출액 예산 (A)	예상매출원가 (B) = (A)×80%	예상월말재고 (C) = 다음 달 예상매출원가 × 20%
1월	₩5,000	₩4,000	₩1,600
2월	10,000	8,000	3,200
3월	20,000	16,000	₩6,400
4월	₩40,000	₩32,000	

항목	산식	결과
3월 매입액	3월 기초재고 + 3월 매입액 = 3월 매출원가 + 3월 기말재고 ₩3,200 + 3월 매입액 = ₩16,000 + ₩6,400	₩19,200

14.16 정답 ⑤

해설

항목	3월	4월	5월	6월	결과
매출액①		₩480,000	₩560,000	₩600,000	
매출원가②=[①×(1−45%)]		264,000	308,000	₩330,000	
월말 재고③=다음 달 매출원가×30%	₩79,200	92,400	99,000		
기초재고④=전월 말 재고		79,200	92,400		
당기매입⑤=(②+③−④)		₩277,200	₩314,600		
5월 예상 현금지출액	=4월 매입액×70%+5월 매입액×30% =₩277,200×70%+₩314,600×30%				₩288,420

Ⅲ. 주관식

14.1 해설 원재료 사용량 24,000단위×4g=96,000g
기말 원재료 35,000단위×4g×0.25=35,000g
총필요량=131,000g
기초원재료=24,000단위×4g×0.25=24,000g
원재료 구입량=131,000g-24,000g=107,000g
재료구입액 107,000g×₩0.8=₩85,600

14.2 해설

항목	1분기	2분기	3분기	4분기
제품 K 예산 판매수량①	20,000단위	18,000단위	15,000단위	18,000단위
제품 K 목표 재고수량②	18,000단위×20% =3,600단위	15,000단위×20% =3,000단위	18,000단위×20% =3,600단위	
제품 K 기초 재고수량③	4,000단위	3,600단위	3,000단위	
제품 K 예산 생산수량 ④=(①+②-③)	19,600단위	17,400단위	15,600단위	
제품 K 단위당 원재료 A 소요량⑤	2kg	2kg	2kg	
원재료 A 사용량 ⑥=(④×⑤)	39,200kg	34,800kg	31,200kg	
원재료 A 목표 재고수량⑦	8,000kg	8,000kg	8,000kg	
원재료 A 기초 재고수량⑧	8,000kg	8,000kg	8,000kg	
원재료 A 예산 구입수량 ⑨=(⑥+⑦−⑧)	39,200kg	34,800kg	31,200kg	

14.3 해설 2분기 제품생산량=2분기 판매량 800개+2분기 기말제품 300개−2분기 기초제품 200개
=900개
2분기 직접재료구입량=2분기 생산량(900개×2.0kg)+2분기 기말 원재료 800kg
−2분기 기초 원재료 1,000kg=1,600kg
2분기 직접재료구입예산=1,600kg×₩200=₩320,000

14.4 해설

원재료 블루베리(2/4분기)	
기초 4,000kg	사용 20,500kg (8,200통 × 2.5kg)
구입 19,500kg	기말 3,000kg

제품 블루베리 잼(2/4분기)	
기초 1,600통 (8,000통 × 20%)	판매 8,000통
생산 8,200통	기말 1,800통 (9,000통 × 20%)

14.5 해설 구입량(X): 월초(31,000단위 × 2kg × 0.3) + 구입(X) = 사용(31,000단위 × 2kg) + 기말(33,000단위 × 2kg × 0.3) 따라서 X = 63,200kg

14.6 해설

항목	산식	결과
재료구입량	1분기초 재고량 + 구입량 = 사용량 + 1분기말 재고량 24,000단위 × 4g × 25% + Xg = 24,000단위 × 4g + 35,000단위 × 4g × 25%	107,000g
재료구입액	₩1.2×107,000g	₩128,400

14.7 해설

항목	산식	결과
1월 매출①		₩1,500,000
2월 매출②	① × (1 + 20%)	₩1,800,000
3월 매출③	② × (1 + 10%)	₩1,980,000
3월 현금매출④	③ × 80%	₩1,584,000
3월 외상매출 회수분⑤	③ × 20% × 70%	₩277,200
2월 외상매출 회수분⑥	② × 20% × 30%	₩108,000
3월 현금유입액⑦ = (④ + ⑤ + ⑥)		₩1,969,200

제15장 단기의사결정과 관련원가분석

Ⅰ. 평가자 체크리스트

15.1 해설 F 불량률, 배달시간 등은 비재무적 정보에 해당한다.

15.2 해설 T

15.3 해설 F 매몰원가는 비관련원가의 대표적인 예이며, 관련원가의 대표적인 예는 차액원가이다.

15.4 해설 T

15.5 해설 F 총액접근법, 증분적근법 사용여부와 관계없이 의사결정의 대안선택은 동일하다.

15.6 해설 T

15.7 해설 F 회피가능원가가 공헌이익보다 작으면, 그 제품라인의 폐지는 순이익을 감소시키므로 계속 유지하는 것이 바람직하다.

15.8 해설 T

15.9 해설 F 일반적으로 장기의사결정에서는 화폐의 시간가치를 고려한 현금흐름정보가 의사결정에 더 유용하다. 단기의사결정에서는 화폐의 시간가치를 고려할 필요없이 현금흐름의 크기 자체가 더 중요시된다.

15.10 해설 T

Ⅱ. 객관식

15.1 정답 ③

해설 유휴 기계설비가 있으므로 고정원가는 특별주문 의사결정과 관련성이 없다.

15.2 정답 ④

해설

항목	산식	결과
증분수익	공헌이익의 증가 (₩160－₩120)×1,000개	₩40,000
증분원가	주문처리 거래비용	2,000
증분이익		38,000
단위당 이익	₩38,000÷1,000개	₩38

15.3 정답 ③

해설 제약조건이 기계시간이므로 이익극대화를 위해서는 기계시간당 공헌이익이 큰 순서대로 생산하면 된다.

15.4 정답 ①

해설

항목		산식	결과
증분수익	시설임대료		₩5,000,000
차액원가	구매원가 증가	₩2,300 × 10,000개	(23,000,000)
	직접재료비 감소	₩480 × 10,000개	4,800,000
	직접노무비 감소	₩700 × 10,000개	7,000,000
	변동제조간접비 감소	₩320 × 10,000개	3,200,000
	고정제조간접비 감소	₩600 × 10,000개	6,000,000
증분이익			₩3,000,000

15.5 정답 ③

해설

항목	정상판매로 인한 손익 (A)	특별주문으로 인한 손익 (B)	특별주문 수락 시 손익 (C)=(A+B)
판매량①	(1,000개)	5,000개	
판매가격②	₩160	₩110	
매출액③=(①×②)	(160,000)	550,000	
변동제조원가④=(₩80×①)	80,000	400,000	
변동판매비와 일반관리비⑤=(₩20×①)	20,000	26,000	
영업이익⑥=(③−④−⑤)	(₩60,000)	₩124,000	₩64,000

15.6 정답 ④

해설

항목	산식	결과
외부판매가격	변동판매비+변동제조비=₩1,470+₩300	₩1,770

15.7 정답 ③

해설

항목	자가제조 시			외부구매 시			차액수익 및 원가 (G)=(F−C)
	단위당 금액 (A)	수량 (B)	금액 (C)=(A×B)	단위당 금액 (D)	수량 (E)	금액 (F)=(D×E)	
외부구매원가				₩60	20,000	₩1,200,000	
직접재료원가	₩6	20,000	₩120,000				
직접노무원가	30	20,000	600,000				
변동제조간접원가	12	20,000	240,000				
고정제조간접원가	16	20,000	320,000	₩7	20,000	140,000	
절감액						(85,000)	
총 관련 원가 합계	₩64	20,000	₩1,280,000			₩1,255,000	(₩25,000)

15.8 정답 ④

해설

항목	산식	결과
증분수익	₩7×50,000개	₩350,000
증분원가	(₩1,600,000−₩600,000)÷200,000단위×50,000개	250,000
증분이익		₩100,000

15.9 정답 ②

해설

항목	산식	합계
외국판매에 의한 수익증가	₩80×15,000단위	₩1,200,000
기존판매감소에 의한 원가감소	(₩1,500,000÷25,000단위)×5,000단위	300,000
기존판매감소에 의한 수익감소	₩100×5,000단위	(500,000)
외국판매에 의한 원가증가	(₩1,500,000÷25,000단위)×15,000단위	(900,000)
합계		₩100,000

15.10 정답 ③

해설

항목	산식	결과
A	극대화 Z = ₩200A + ₩400B − ₩5,000 2A + 6B ≤ 120, 6A + 4B ≤ 220	30단위
B		10단위
최대영업이익	₩200 × 30단위 + ₩400 × 10단위 − ₩5,000	₩5,000

15.11 정답 ①

해설

항목	산식	결과
직접재료비		₩750
직접노무비		550
변동제조간접비	₩480×75%	360
운송료		100
증분 비용		₩1,760

15.12 정답 ⑤

해설

항목	산식	결과
최대생산능력①	1,800부 × 7시간	12,600부
현재 수요량②		10,000부
유휴생산능력③ = (① − ②)		2,600부
특별주문④		5,000부
기존판매 포기 수량⑤ = (③ − ④)		2,400부
특별주문 공헌이익의 증가	5,000부 × (₩32 − ₩16)	₩80,000
기존주문 공헌이익의 감소	2,400부 × (₩40 − ₩16)	57,600
특별주문 수락 시 증분이익		₩22,400

15.13 정답 ③

해설

항목	청소기	공기청정기	합계
기계시간당 공헌이익	₩50÷2시간 = ₩25	₩60÷3시간 = ₩20	
생산우선순위	①	②	
공헌이익	6,000개 × ₩50 = ₩300,000	(33,000시간 − 6,000개 × 2시간) ÷ 3시간 × ₩60 = ₩420,000	₩720,000

15.14 정답 ①

해설

항목		산식	결과
증분수익	변동원가감소	2,000개 × (₩55 − ₩10)	₩90,000
	회피가능 고정원가	₩150,000 × 80% − ₩10,000	110,000
증분원가	구매원가	2,000개 × ₩100	200,000
증분이익			₩0

15.15 정답 ③

해설

항목	A 제품	B 제품	C 제품
단위당 공헌이익	₩300	₩250	₩400
단위당 기계소요시간	2시간	1시간	2시간
단위 기계 소요시간당 공헌이익	₩150	₩250	₩200
생산우선순위	③	①	②

항목	산식	결과
D 제품의 최소 단위당 판매가격	A 제품의 단위 시간당 공헌이익을 초과하면 된다. ₩150×4시간 + ₩300	₩900

15.16 정답 ②

해설

항목	산식	결과
최저판매가격	단위당 변동원가 + 단위당 기회원가 ₩300 + ₩80 + [(₩500 − ₩300 − ₩80) × 1,000단위] ÷ 3,000단위	₩420

15.17 정답 ③

해설

항목	산식	결과
20×2년 이익	140,000단위×(₩4 − ₩2.5)	₩210,000
20×1년 이익	100,000단위×(₩5 − ₩2.7)	230,000
이익증감액		(₩20,000)

15.18 정답 ④

해설

항목	산식	결과
C 제품 공헌이익 감소	₩300,000 × 20%	(₩60,000)
B 제품 공헌이익 감소		(200,000)
고정원가 감소	₩800,000 × 10%	80,000
이익증감		(₩180,000)

15.19 정답 ②

해설

항목	산식	결과
한복 A	목적함수: Z = ₩3,000A + ₩1,000B	50단위
한복 B	제약조건: A × 1kg + B × 1kg ≤ 100kg, A × 2리터 + B×1리터 ≤ 150리터	50단위
총공헌이익	₩3,000×50단위 + ₩1,000×50단위	₩200,000

15.20 정답 ②

해설

항목	산식	결과
단위당 변동원가	(₩150,000 + ₩60,000)÷5,000단위	₩42
특별주문 수락 시 기준판매 수량감소	6,000단위 − 5,000단위 − 1,500단위	500단위
증가하는 영업이익	1,500단위 × (₩50 − ₩42) − 500단위 × (₩60 − ₩42)	₩3,000

15.21 정답 ④

해설

항목	산식	결과
회피 불가능한 고정제조간접원가	₩3,500,000 = ₩330 × 10,000단위 + X	₩200,000
회피 가능한 고정제조간접원가	₩500,000 − ₩200,000	₩300,000

15.22 정답 ③

해설

항목	제품 A	제품 B	제품 C	합계
단위당 판매가격①	₩1,000	₩1,500	₩2,000	
단위당 변동원가②	₩300	₩600	₩1,200	
단위당 공헌이익③ = (① − ②)	₩700	₩900	₩800	
단위당 공용설비사용시간④	10시간	20시간	16시간	
공용설비사용시간당 공헌이익⑤ = (③ ÷ ④)	₩70	₩45	₩50	
생산우선순위	①	③	②	
생산수량⑥	2,000단위	1,400단위	2,000단위	5,400단위
공용설비사용시간⑦ = (④ × ⑥)	20,000시간	28,000시간	32,000시간	80,000시간
총공헌이익⑧ = (③ × ⑥)	₩1,400,000	₩1,260,000	₩1,600,000	₩4,260,000

15.23 정답 ⑤

해설

항목	A	B	C
단위당 공헌이익	₩1,200	₩1,000	₩1,080
단위당 재료사용량	÷ 3kg	÷ 2kg	÷ 2.4kg
kg당 공헌이익	₩400	₩500	₩450
우선순위	3순위	1순위	2순위
생산량	(18,000kg − 6,000kg − 7,200kg) ÷ 3kg = 1,600상자	3,000상자	3,000상자
재료사용량		6,000kg	7,200kg

15.24 정답 ④

해설

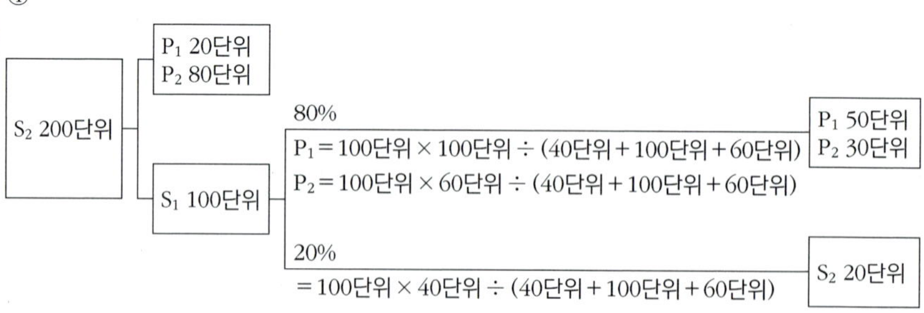

항목	산식	결과
S_2 설비임대수익		₩24,000
S_2 구매원가증가	₩1,400 × (200단위 − S_2 자가소비 20단위)	(252,000)
S_2 감독자급여감소	₩80,000 × 50%	40,000
S_2 간접재료원가감소		80,000
S_1 간접재료원가감소	₩560,000 ÷ 200단위 × 40단위	112,000
증분이익		₩4,000

Ⅲ. 주관식

15.1 해설 1. 사업부A의 기회비용 계산

1) 고급형 지우개 20,000단위 × 제품 1단위당 포기해야 하는 일반형 지우개 1.5단위 = 30,000단위

2) 30,000단위 × (₩440 − ₩190-₩90) = ₩4,800,000

2. 최소판매가격 결정

₩140 + ₩10 + ₩240(= ₩4,800,000 ÷ 20,000단위) = ₩390

15.2 해설

항목	산식	결과
단위당 감소원가	직접재료원가 ₩15 + 직접노무원가 ₩7 + 변동제조간접원가 ₩4 + 공통제조간접원가(= ₩10 × 50%)	₩31
단위당 증가원가		₩37
외부구매시 증분손실	(₩31 − ₩37) × 6,000개	(₩36,000)

15.3 해설 증분수익: 500단위 × A(최저판매가격)

증분비용: {500단위 × (₩500 + ₩100)} + {300단위 × (₩1,000 − ₩500 − ₩100)}
= ₩420,000

500단위 × A = ₩420,000 따라서, 최저판매가격(A)는 ₩840

15.4 해설 (외부구입시)

증분수익: 임대료수익분 ₩500

증분비용: 10단위 × 단위당 구입가격

변동제조원가 감소분: 10단위 × ₩200 = ₩2,000

고정원가 감소분: ₩0

10단위 × 단위당 구입가격 − ₩2,000

증분이익 ≥ 0이 되려면 지불할 수 있는 단위당 최대 구입가격은 ₩250이다.

15.5 해설 특별주문 의사결정

증분수익: 1,000단위 × ₩80 = ₩80,000

증분비용: 1,000단위 × ₩55(= 직접재료원가 ₩30 + 직접노무원가 ₩10 + 변동제조간접원가 ₩15)
= ₩55,000

증분이익: ₩25,000

15.6 해설 부품 A 라인을 폐지할 경우

증분수익: 고정 제조원가 회피금액 ₩50,000+임대수익 ₩15,000=₩65,000

증분비용: 부품A의 공헌이익 감소 ₩40,000

증분 영업이익: ₩25,000

15.7 해설

증분수익			
매출액 증가분	₩10,000×500개×30%		1,500,000
증분비용			
변동원가 증가분	(500개×30%×₩5,500)	₩825,000	₩825,000
광고비 증가분		X	₩675,000
증분이익			₩0

15.8 해설 대안1의 공헌이익=(외부판매가격-중간재 제조원가)×외부판매량

대안1의 공헌이익=(₩1,200-₩700)×1,000단위=₩500,000

대안2의 공헌이익=[(외부판매가격−중간재 제조원가)×외부판매량]
+[(B사업부 대체가격-중간재제조원가)×B사업부판매량]

대안2의 공헌이익=[(₩1,400-₩700)×600단위]+[(X-₩700)×400단위]

₩500,000(대안1의 공헌이익)=[(₩1,400−₩700)×600단위]+[(X−₩700)×400단위]

∴ X=₩900

제16장 성과측정과 성과관리

Ⅰ. 평가자 체크리스트

16.1 해설 F 분권화는 각 사업부간의 신속한 의사결정을 할 수 없다는 것이 단점이 된다.

16.2 해설 F 투자수익률이 가지고 있는 준최적화의 문제점을 극복하기 위하여 잔여이익개념이 도입되었다.

16.3 해설 T

16.4 해설 T

16.5 해설 F 경제적부가가치의 관점에서는 영업이익이 당기순이익보다 기업의 경영성과를 평가하는데 유용한 지표라고 본다.

16.6 해설 T

16.7 해설 T

16.8 해설 T

16.9 해설 F 비재무적 성과측정치는 재무적 성과측정치의 선행지표가 된다.

16.10 해설 T

Ⅱ. 객관식

16.1 정답 ③

해설 ① 분권화는 각 사업부간의 신속한 의사결정을 할 수 없다는 것이 단점이 된다.
② 판매부문은 수익중심점 또는 이익중심점이기에 원가중심점은 될 수 없다.
④ 투자수익률이 가지고 있는 준최적화의 문제점을 극복하기 위하여 잔여 이익의 개념이 도입되었다.
⑤ 잔여이익법은 투자 규모가 다른 투자중심점을 상호 비교하기 어렵다는 단점이 있다.

16.2 정답 ④

해설 공정한 평가를 위해서는 시장가격이나 표준원가를 사용하여야 한다.

16.3 정답 ③

해설 잔여이익법은 각기 다른 투자중심점의 성과를 직접 비교할 수 없다. 그 이유는 잔여 이익으로 성과를 평가하면 투자 규모가 큰 투자중심점이 투자 규모가 작은 투자중심점에 비교하여 상대적으로 유리하게 된다.

16.4 정답 ⑤

해설 재무성과를 가장 중시한다.

16.5 정답 ③

해설 학습과 성장 관점의 성과지표가 내부프로세스 관점의 성과지표에 대해 선행지표인 것이 일반적이다.

16.6 정답 ③

해설 투자수익률로 투자성과를 측정할 경우 투자이익의 총액이 고려되지 않으므로 이익극대화와 상충할 수 있다.

16.7 정답 ①

해설 전사적인 BSC는 상부조직의 BSC를 먼저 수립한 후 상의하달식으로 구축한다.

16.8 정답 ⑤

해설 ① 투자수익률은 개별 투자안의 성과평가에도 적용할 수 있다.
② 잔여 이익은 영업이익에서 투자금액에 대한 최저필수수익률을 차감하여 계산하며, 평가대상의 위험을 최저필수수익률에 반영한다.
③ 잔여 이익은 투자 규모가 큰 투자중심점이 상대적으로 유리해지므로, 투자 규모에 영향을 받지 않는 투자이익률이 투자 규모가 다른 사업부의 성과를 비교 및 평가하기 쉽다.
④ 절대평가는 인구, 경제 상황, 규제정책 등 공통의 통제 불가능한 요소가 성과에 미치는 영향을 제거하기 어렵다.
⑤ 이연보상으로서 주식매입선택권 등을 들 수 있다.

16.9 정답 ①

해설

항목	A부문	B부문	평가
투자수익률	400억 원 ÷ 2,000억 원 = 20%	720억 원÷4,000억 원 = 18%	A부문 더 우수
잔여 이익	400억 원 − 2,000억 원 × 10% = 200억 원	720억 원 − 4,000억 원 × 10% = 320억 원	B부문 더 우수

16.10 정답 ④

해설 새로운 투자안의 투자수익률 25%는 기존수익률 32%보다 낮으므로 새로운 투자안을 채택하지 않을 것이다.

항목	사업부 A	사업부 B	사업부 C	새로운 투자안
영업이익①	₩32,000	₩30,000	₩21,000	₩10,000
평균 영업자산②	₩100,000	₩50,000	₩50,000	₩40,000
투자수익률③ = (① ÷ ②)	32%	60%	42%	25%
최저필수수익률④	20%	20%	20%	20%
잔여 이익⑤ = (① − ② × ④)	₩12,000	₩20,000	₩11,000	₩2,000

16.11 정답 ③

해설

항목	산식	결과
영업이익	₩1,000,000 − ₩600,000 − ₩100,000	₩300,000
잔여 이익	₩300,000 − ₩200,000 × 6%	₩288,000

16.12 정답 ⑤

해설

항목	산식	결과
투자액 (기계의 원가)	투자수익률 = 당기순이익÷기계의 원가(투자액) 당기순이익 = 현금흐름 − 감가상각비 감가상각비 = 기계의 원가 × 1/10년 투자수익률 = (현금흐름 − 기계의 원가 × 1/10년) ÷ 기계의 원가 10% = (₩3,300,000 − 기계의 원가 × 1/10년) ÷ 기계의 원가	₩16,500,000

16.13 정답 ③

해설

항목	산식	결과
가중평균자본비용	[10%×(1 − 40%) × ₩7,000,000 ÷ ₩14,000,000] + [14% × ₩7,000,000 ÷ ₩14,000,000]	10%
남부사업부 경제적 부가가치	₩250,000 × (1 − 40%) − (₩2,000,000 − ₩500,000) × 10%	₩0
중부사업부 경제적 부가가치	₩2,000,000×(1 − 40%) − (₩10,000,000 − ₩3,000,000) × 10%	₩500,000

16.14 정답 ③

해설

항목	산식	결과
EVA 증가액	₩16,965 − ₩15,340 − (₩4,000 + ₩3,500) × 0.15	₩500

16.15 정답 ⑤

해설

제품	실제배합	예산배합	종합예산
A제품	900개×₩40= ₩36,000	(900개+2,500개)×1,000개 ÷(1,000개+2,000개)×₩40= ₩45,320	1,000개×₩40= ₩40,000
B제품	2,500개×₩10= ₩25,000	(900개+2,500개)×2,000개 ÷(1,000개+2,000개)×₩10= ₩22,670	2,000개×₩10= ₩20,000
합계	₩61,000	₩67,990	₩60,000
	매출배합차이 ₩6,990(불리)	매출수량차이 ₩7,990(유리)	
		매출조업도차이 ₩1,000(유리)	

16.16 정답 ①

해설

항목	총투입시간×표준배합비율×표준임률	표준투입시간×표준임률
전문가	5,200분×0.3×₩300=₩468,000	3분×500회×₩300=₩450,000
비전문가	5,200분×0.7×₩100=₩364,000	7분×500회×₩100=₩350,000
합계	₩832,000	₩800,000
	₩32,000(불리)	

16.17 정답 ⑤

해설

항목	산식	결과
매출조업도 차이	단위당 표준공헌이익×(실제판매량－예상판매량) [(₩6,000－₩3,000)÷300단위]×(400단위－300단위)	₩1,000(유리)

16.18 정답 ⑤

해설

제품	(BP－SC)×AQ	(BP－SC)×ΣAQ×BM	(BP－SC)×BQ
A	₩20×500단위= ₩10,000	₩20×2,500단위×0.4= ₩20,000	₩20×800단위= ₩16,000
B	₩4×2,000단위= ₩8,000	₩4×2,500단위×0.6= ₩6,000	₩4×1,200단위= ₩4,800
계	₩18,000	₩26,000	₩20,800
	매출배합차이 ₩8,000(불리)	수량차이 ₩5,200(유리)	

16.19 정답 ③

해설

제품	(BP－SC)×AQ	(BP－SC)×ΣAQ×BM	(BP－SC)×BQ
A	126단위×(₩6－₩4)	(126단위+84단위)×144단위 ÷(144단위+36단위)×(₩6－₩4)	
B	84단위×(₩10－₩6)	(126단위+84단위)×36단위 ÷(144단위+36단위)×(₩10－₩6)	
계	₩588	₩504	
	매출배합차이 ₩84(유리)		

16.20 정답 ③

해설

항목	산식	결과
ROI(X)	₩400,000÷(₩4,000,000÷4회)	40%
ROI(Y)	₩200,000÷(₩2,000,000÷6회)	60%
ROI(Z)	₩210,000÷(₩3,000,000÷5회)	35%

16.21 정답 ④

해설

항목	산식	수량
단위당 최소판매가격	(P − ₩300,000) × 5,000대 = ₩2,000,000,000 + ₩3,000,000,000 × 15%	₩790,000

16.22 정답 ⑤

해설

제품	(BP − SV) × AQ	(BP − SV) × ΣAQ × BM	(BP − SV) × BQ
P	(₩50 − ₩30) × 500단위 = ₩10,000	(₩50 − ₩30) × (500단위 + 2,000단위) × 800단위 ÷ (800단위 + 1,200단위) = ₩20,000	(₩50 − ₩30) × 800단위 = ₩16,000
Q	(₩20 − ₩16) × 2,000단위 = ₩8,000	(₩20 − ₩16) × (500단위 + 2,000단위) × 1,200단위 ÷ (800단위 + 1,200단위) = ₩6,000	(₩20 − ₩16) × 1,200단위 = ₩4,800
계	₩18,000	₩26,000	₩20,800

매출배합차이 ₩8,000(불리)	매출수량차이 ₩5,200(유리)

16.23 정답 ④

해설

	SP × AQ	SP × ΣAQ×BM	SP × BQ
고급	₩20 × 220시간 = ₩4,400	₩20×380시간×200시간÷(200시간 + 200시간) = ₩3,800	₩20 × 200시간 = ₩4,000
저급	₩12 × 160시간 = ₩1,920	₩12×380시간×200시간÷(200시간 + 200시간) = ₩2,280	₩12 × 200시간 = ₩2,400
계	₩6,320	₩6,080	₩6,400

배합차이 ₩240(불리)	수율차이 ₩320(유리)

16.24 정답 ①

해설

(AP − SV) × AQ	(BP − SV) × AQ	(BP − SV) × BQ
AP = ₩253,000 ÷ 27,500단위 = ₩9.2 SV = ₩187,500 ÷ 25,000단위 = ₩7.5 AQ: 27,500단위	BP = ₩250,000 ÷ 25,000단위 = ₩10	BQ = 25,000단위
(₩9.2 − ₩7.5) × 27,500단위 = ₩46,750	(₩10 − ₩7.5) × 27,500단위 = ₩68,750	(₩10 − ₩7.5) × 25,000단위 = ₩62,500

₩22,000(불리)	₩6,250(유리)

Ⅲ. 주관식

16.1 해설

항목	산식
A사업부	₩3,800,000 − ₩12,000,000 × 0.1 = ₩2,600,000
B사업부	₩1,500,000 − ₩8,000,000 × 0.1 = ₩700,000

16.2 해설

AQ×SP	실제투입량×표준비율×SP	SQ×SP
7,000분 × ₩350 = ₩2,450,000	19,000분 × 4분 ÷ 14분 × ₩350 = ₩1,900,000	1,500회 × 4분 × ₩350 = ₩2,100,000
12,000분 × ₩210 = ₩2,520,000	19,000분 × 10분 ÷ 14분 × ₩210 = ₩2,850,000	1,500회 × 10분 × ₩210 = ₩3,150,000
총 ₩4,970,000	총 ₩4,750,000	총 ₩5,250,000

배합차이 ₩220,000(불리)　　수율차이 ₩500,000(유리)

16.3 해설

항목	변동예산 실제판매량 × 단위당 예산공헌이익		실제판매량 × 예산배합비율 × 단위당 예산공헌이익		고정예산 예산판매량 × 단위당 예산공헌이익	
A	360개 × ₩100	= ₩36,000	1,200개×1/5×₩100	= ₩24,000	200개×₩100	= ₩20,000
B	840개 × ₩50	= ₩42,000	1,200개×4/5×₩50	= ₩48,000	800개×₩50	= ₩40,000
계	1,200개	₩78,000		₩72,000		₩60,000

매출배합차이 ₩6,000(유리)　　매출수량차이 ₩12,000(유리)

16.4 해설

항목	산식	결과
세후 영업이익①	₩1,050,000 − (₩3,000,000 ÷ 6년)	₩550,000
투하자본 × 가중평균자본비용②	₩3,000,000 × 15%	₩450,000
EVA ③ = (① − ②)		₩100,000

16.5 해설 기대이익-(투자액 ₩35,000,000 × 4%) = 잔여이익 ₩280,000

∴ 기대이익 = ₩1,680,000

₩35,000,000 × 투자수익률 = ₩1,680,000

∴ 최저 투자수익률 = 4.8%

16.6 해설 C > A > B

A 사업부 잔여이익: ₩300,000 − ₩1,300,000 × 15% = ₩105,000

B 사업부 잔여이익: ₩330,000 − ₩1,200,000 × 19% = ₩102,000

C 사업부 잔여이익: ₩350,000 − ₩1,500,000 × 16% = ₩110,000

16.7 해설 순이익 = ₩1,200,000 − ₩400,000 − ₩200,000 = ₩600,000

잔여이익 = ₩600,000 − ₩500,000 × 6% = ₩570,000

16.8 해설 기대이익 ₩308,000 − (₩8,000,000 × 최저필수수익률) = 잔여이익 ₩28,000

∴ 최저필수수익률 3.5%

▌찾아보기▐

저/자/약/력

김이배

서울대학교를 졸업하고 숭실대학교에서 경영학 박사학위(회계학전공)를 수여받았다. 현재 덕성여자대학교 회계학과 교수로 재직 중이다. 한국회계학회 부회장, 한국회계정책학회 회장, 한국사회적기업진흥원 감사, 금융위원회 회계제도심의위원회 위원 등으로 활동하였다. 또한 [한국공항공사의 합리적 예산편성 및 운영방안], [사회적기업 회계 개선방안], [IFRS하 재무제표분석] 등 다수의 논문을 발표하였다.

김재준

숭실대학교에서 경영학 박사학위(회계학전공)를 수여받았다. 현재 안산대학교 세무회계과 교수로 재직 중이다. 한국회계학회 상임이사, 한국관리회계학회 상임이사, 대학수학능력시험 출제위원, 중소기업학회 편집위원, 한국사회적기업진흥원 위원, 재경부 사회적협동조합 위원 등으로 활동하였다. 또한 [우리나라 제조업의 X-비효율성 분석], [원가효율성의 가치관련성에 관한 연구], [코스닥기업의 DEA효율성과 수익성의 관련성 연구], [감사품질과 비대칭적 원가행태], [돌봄서비스 종사자 처우개선을 위한 적정수가산정] 등 다수의 논문을 발표하였다.

정형록

서울대학교를 졸업하고 동 대학교에서 경영학 박사학위(회계학전공)를 수여받았다. 가톨릭대학교 경영학부 회계학전공 교수로 재직했으며, 현재 경희대학교 경영대학 회계 · 세무학과 교수로 재직 중이다. 한국회계학회 상임이사, 한국경영학회 상임이사, 한국관리회계학회 상임이사, 한국경영교육학회 상임이사, 회계저널 편집위원으로 활동하였다. 또한 [한국 제조기업의 비대칭적 원가행태], [보험회사 활동기준원가계산 도입 사례연구] 등 다수의 논문을 발표하였다.

김미옥

가톨릭대학교 회계학과를 졸업하고 경희대학교 일반대학원에서 경영학 석사 · 박사학위(회계학전공)를 수여받았다. 현재 배화여자대학교 세무회계학과 강의전담 조교수로 재직 중이다. [IBS 연구단 유치기관지원비 개선 방안 수립연구], [2012년 의료기관 간병서비스의 제도적 수용방안] 외 다수의 연구과제를 수행하였으며 [지분율 괴리도와 투자이상현상], [공공기관의 하방경직적 지출행태에 관한 연구], [제조원가명세서 자발적 공시의 결정요인에 관한 연구], [이익조정 측정모형으로서 발생액모형과 수익모형의 적합성, 검정력 비교연구] 등 다수의 논문을 발표하였다.

한 권으로 끝내는
원가관리회계

2021년 2월 25일 1판 1쇄 발행
2024년 3월 25일 1판 2쇄 발행

공저자 : 김 이 배 · 김 재 준
정 형 록 · 김 미 옥
발행자 : 한 정 주
발행처 : 교 육 과 학 사

저자와의 협의하에 인지생략

경기도 파주시 광인사길 71
전화(031)955-6956~8/팩스(031)955-6037
Home-page: www.kyoyookbook.co.kr
E-mail: kyoyook@chol.com
등록: 1970년 5월 18일 제2-73호

낙장 · 파본은 교환해 드립니다. 정가 35,000원
Printed in Korea. ISBN 978-89-254-1570-3